KB069489

교육과정 리더십

개발과 실행 전략

Allan A. Glatthorn · Floyd Boschee
Bruce M. Whitehead 공저
강충열 · 정광순 · 유위준 공역

학지사

역자 서문

교육 선진국에서는 교육 리더십의 중심이 행정에서 교육과정으로 변화하고 있다. 즉, '학교를 잘 경영한다'는 것은 곧 학교 운영에서의 행정력 발휘라고 보던 과거의 관점에서 벗어나, 학교교육과정 개발에 주력함으로써 운영에 영향을 준다는 개념으로 바뀌고 있다. 따라서 교장 및 교감 같은 학교 행정가, 지역 교육청의 장학 전문가, 그리고 학교의 주요 보직을 맡은 교사와 같은 교육 리더들은 그 역할 수준과 범위는 서로 다르겠지만 모두 '행정을 위한 행정'의 차원보다는 '교육과정을 위한 행정'의 차원에서 리더십을 발휘할 것을 요구받고 있다.

이렇게 교육과정에서의 리더십 발휘에 대한 요구는 궁극적으로 학교의 핵심적 역할이 학생들의 학습 경험의 질을 높이는 데 있다는 인식에서 비롯된다. 학교의 외양을 보기 좋게 하고 시설을 확충하고 교사들에 대한 관리 및 행정을 잘하는 것도 중요하지만, 더 중요한 것은 학교가 책임을 맡고 있는 학생들이 학교에서 제공하는 교육 경험을 통해 최적으로 성장하도록 돕는 교육과정 개발과 운영이다.

우리나라에서도 이런 학교 차원에서의 교육과정 개발과 운영의 중요성을 인식하고 1992년 제6차 교육과정에서부터 학교교육과정 개발 정책을 도입하여 현재에 이르고 있다. 그러나 학교교육과정 개발 정책을 1970~1980년부터 시작한 영국이나 미국과 같은 선진국에 비해 우리나라는 약 12~20년 정도 늦은 셈이다.

School-Based Curriculum Development 또는 줄여서 SBCD라고 부르는 학교교육과정 개발이란 학교가 지역사회와 학생들의 요구를 반영하여 국가 및 지역 교육청 수준의 교육과정을 학교 수준으로 적합화하는 것을 말한다. 학교교육과정 개발이 확산되는 까닭은 정보화 시대에 더 민감해지고 있는 인간성 존중, 자율과 책임, 이 두 개념을 학교에서 가르치는 것, 즉 교육과정에 반영하고자 하는 정책 때문이다.

교육과학기술부도 이런 시대적 변화를 반영하여 산업교육 모델의 효율성을 기반으로 더 나아가서 인간교육 모델로의 전환을 지향하는 과정에서 학생들의 다양성과 개별성을 존중하는 교육의 개념을 펼쳐 나가려고 하고 있다. 아울러 그런 역할을 국가만 할 것이 아니라 지역 교육청 및 학교가 함께 담당하고자 하며, 이를 위해서 교육에 대한 단위 학교의 자율과 책임의 개념을 확대할 수밖에 없다.

학교교육과정 개발의 궁극적인 목적이 개별 학생들의 학습 경험의 질을 최적화하는 데 있기 때문에, 학교교육과정 개발에서 인간성 존중의 개념은 자율과 책임의 개념보다 항상 우선적인 위치에 있으며, 국가가 지역 교육청 및 학교에 자율권을 이양하는 것은 자율 그 자체 때문이 아니라 학생들의 학습 경험의 질을 실질적으로 책임질 수 있기 때문이다. 따라서 지역 교육청 및 학교의 자율이라는 개념은 학생들의 학습에 대한 책임이라는 개념보다 우선시할 수 없고 그것에 항상 종속적이다.

학교교육과정 개발에서 자율은 지역 교육청 및 학교가 국가 수준의 교육과정을 무시하고 마음대로 교육과정을 만드는 것을 의미하는 것은 아니다. 학교교육과정 개발은 국가 수준의 교육과정을 학교와 학생에게 맞춰 적합화하는 것이기 때문에, '위에서 아래로의(top-down)' 접근과 '아래에서 위로의(bottom-up)' 접근을 조화시키는 것이다. 학교교육과정 개발의 이런 성격을 '느슨히 결합된 체제(loosely coupled system)'라고 부르는데, 이는 학교교육과정 개발은 국가 교육과정에 적응적인 동시에 학교 특수적임을 의미한다. 실제로 외국의 경우, 학교교육과정 개발은 나라마다 약간씩 차이가 있지만, 대개 틀 적응적인 측면은 70~90%, 학교 특수적인 측면은 10~30% 정도다. 따라서 이 10~30%에 해당되는 부분이 학교마다 다르고, 그 결과 학교들은 상호간에 공통적이면서도 서로 다른 학교교육과정을 갖게 된다.

학교 행정가, 장학전문가, 교사들의 교육과정 리더십은 학교교육과정의 이 10~30%의 부분에서 십분 발휘되어야 하며, 여기에 필요한 역량을 발휘하는 데 필요한 이론적 지식과 실천에 필요한 기능 및 정보를 이 역서가 제공하고 있다.

의사는 환자의 건강을 위해 의학적 기능과 지식을 갖추어 의사로서의 전문성을 발휘한다. 이와 마찬가지로 교사도 학생의 성장을 위해 교육적 기능과 지식을 갖추

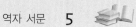

고 교사로서의 전문성을 발휘할 수 있어야 하며, 이렇게 할 때 비로소 전문가로 인정받을 수 있다. 특히 교육과정에 대한 리더십은 최근 교육 전문성 개발에서 핵심으로 자리 잡고 있다. 역자들은 이 역서를 내면서 학교 현장에서 교육과정에 대한 리더십이 증진되어 학교교육과정이 선진국 수준으로 발달하고 우리의 학교가 학생들이 가고 싶어 하는 곳으로 변모되었으면 하는 기대를 갖는다.

　끝으로 역서를 내기 위해 함께 토론하고 처음부터 마지막까지 원고를 교정하고 정리하는 작업을 해 주었으며 한국교원대학교 대학원에서 초등교육 학도의 길을 동행하고 있기도 한 문정표, 박지현, 김수희, 김세영, 이정표 선생님께 마음을 담아 그 고마움을 전한다.

햇살 가득 드는 오후 연구실에서

역자 대표 강충열

저자 서문

『교육과정 리더십: 개발과 실행 전략』 두 번째 판은 교사나 관련 행정가가 교육과정 리더의 역할을 수행하는 데 현실적으로 활용 가능한 전략을 제공하고자 하였다. 따라서 이 책의 목적은 독자에게는 교육과정 분야의 리더에게 필요한 지식과 기능을 접하게 하고, 요즘 대두하고 있는 글로벌한 도전 과제를 당면하고 있는 교육과정 리더가 이를 보다 잘 준비할 수 있도록 돕는 데 있다.

◆ 교육과정 리더십

훌륭한 리더는 교육과정 개발에서의 중요한 아이디어에 집중하며, 동요하지 않고 교육과정 개발 과정을 이끌어 가며, 변화를 긍정적으로 이해할 뿐만 아니라 촉진한다. 교육과정 리더는 학교마다 다른 다양한 교육과정 상황에 적용 가능한 지식을 갖추어야 한다. 훌륭한 리더는 문제를 파악하고 유사한 교육 개선 정책에 교육과정을 연동할 줄 안다. 교육과정 리더가 되기 위해서는 고도의 어려움을 가진 사안들을 처리하고 위원회 활동을 하며 마음을 수양하고 필요한 능력을 갖추어야 한다. 이렇게 함으로써 리더로서 지엽적인 것에서부터 거국적인 것까지 교육과정에 대한 이해의 폭을 넓힐 수 있다. 교육과정을 개발하여 실행하려는 리더로서의 역할은 어렵지만 중요하다. 이 책은 교육과정 개발 과정에서 적극적인 역할을 할 것으로 예상하는 리더의 영향을 설명한다.

교육과정 리더십의 궁극적인 목적은 어떤 배경의 학생이든 그들 모두에게 보다 나아질 수 있는 기회를 주는 것이다. 교육과정 리더는 학교가 보다 나은 성취를 할 수 있는 방안을 꾸준히 모색해야 한다. 타 분야의 전문가들처럼 그들은 사회로부터 적절한 성과를 요청받을 뿐만 아니라 변화를 적절하게 반영하여 실제로 교육이 해야 할 과업을 재규명하도록 요청받고 있다는 것을 알아야 한다. 교육과정 리더는 지금까지 해 온 기존의 교육과정 개발 및 실행 모형을 계속해서 활용하기 힘들다. 만약 우리가 계속 21세기의 사회 제 현상들이 요청하는 방식으로 학생들을 가르치려면, 교육은 모든 학생을 위해서 빠르게 변해서 산업화 이후의 현대적 모형으로 바뀌어야 할 것이다. 교육과정 리더는 이런 변화를 감당할 최일선에 있는 사람이다.

저자들은 이 책에서 교사와 행정가가 교육과정 개발과 실행과 관련하여 이런 도전을 어떻게 수용해야 할지를 이해하도록 돕고자 했다.

◆ 이 책의 구성

1부 '교육과정의 기초'에서는 교육과정의 기본 이론을 다루었다. 1장에서는 교육과정에 대한 일반적인 개념, 2장에서는 교육과정의 역사, 3장에서는 교육과정 이론, 4장에서는 교육과정 정치학(교육과정을 결정하는 데 연방, 주정부, 지역 수준에서 미치는 영향과 권력)을 설명하였다.

2부 '교육과정 개발'에서는 교육과정을 개발하고 개선하는 과정을 다루었다. 특히 실제로 교육과정 및 교과 교육과정 개선 과정, 학교에서 새로운 과목의 개설, 단원 설계 과정을 구체적으로 설명하였다.

3부 '교육과정 관리'에서는 교육과정을 운영하고 관리하는 데 중점을 두었다. 교육과정 관리란 교육과정을 개발하고 그것을 실행하는 과정을 실제로 효과적으로 하는 것, 바로 그것이다. 4개의 장에 걸쳐서 교육과정 장학, 교육과정 개발과 실행, 국가 및 지역 교육청 교육과정과의 일치, 교육과정 평가에 대해 설명했다.

4부 '교육과정 분야의 최근 경향'에서는 3개의 장에 걸쳐 교과교육의 최근 경향, 통합교육과정의 경향, 교육과정의 개별화 경향에 대해 자세히 다루었다.

◆ 이 책의 구조 및 특성

2판은 다음과 같은 몇 가지 특징이 있다.

◆ 리더십의 열쇠

각 장은 교육과정 리더십에 필요한 핵심사항으로 시작하였다. 교육과정 리더십 분야에서 실제적인 관점이나 통찰 가능한 관점을 제시하였다.

◆ 도움말

모든 장에 걸쳐서 적절한 부분에서 교육과정에 대한 도움말을 넣었다. 이러한 도움말은 교육과정 리더가 교육과정 관련 현재 혹은 미래의 요구를 적절히 반영하는 데 도움이 될 만한 아이디어나 전략이다.

◆ 요약

각 장에서 설명한 주요 내용 및 결과를 요약하였다.

◆ 적용

각 장의 끝 부분에는 독자가 숙고해 볼 만한 것들을 실었다. 즉 본문에서 설명한 이슈를 다시 한 번 짚어 놓았다. 적용 부분에서는 독자가 각 장의 내용을 한 번 더 짚어 보면서 자신의 주장이나 관점도 탐색해 볼 수 있게 하였다.

◆ 사례

각 장의 끝에는 독자가 오늘날 학교교육 관련 쟁점을 접해 볼 수 있도록 하였다. 실제 학교의 교육과정 리더십에 영향을 미칠 수 있는 첨예한 쟁점들을 선정하였다. 그리고 사례 뒤로 도전 과제와 주요 질문을 실었다. 도전과제는 대화나 사고 과정을 통해서 스스로의 이해를 높이도록 구성하였다. 주요 질문은 독자가 이 질문을 중심으로 모종의 대화를 할 수 있도록, 그리고 각 장에서 설명한 이슈나 주요 개념에 대한 보다 깊은 통찰을 할 수 있도록 구성하였다.

◆ 참고 사이트

각 장의 맨 뒤에는 독자가 더 알고 싶은 것에 대해서 더 깊은 탐색을 하고자 할 때 참고할 만한 사이트 주소를 실었다. 다만 이 사이트들은 매우 실질적이면서도 유동적이므로 제시한 웹사이트 목록 중 일부는 경우에 따라서 열리지 않을 수도 있음을 주지하기 바란다.

◆ 주요 용어

중요한 용어에 대해서는 책 중간 중간에 설명을 달아 놓았으며, 책 뒤에는 '찾아보기'를 마련해 두었다.

차례

제1부
교육과정의 기초

제2부
교육과정 개발

제3부
교육과정 관리

제4부
교육과정 분야의 최근 경향

1부
교육과정의 기초

　　교육과정을 기획하는 사람들은 교육과정 개발에 대한 안내가 거의 없는 상태에서 교육과정을 설계한다. 1부에서는 교육과정 기획자들이 교육과정 개발과 실행에 대한 중요한 요소들을 이해할 수 있도록 교육과정을 개관하고, 교육과정을 기본적으로 이해할 수 있도록 하였다.

◆ 제1장 ◆

교육과정의 성격

이 장에서는 교육과정의 분야를 일반적으로 개관하고 분석하기 위한 일련의 개념을 소개하고자 한다. 이를 위해서 교육과정의 개념, 교육과정 유형, 교육과정 요소 그리고 잠재적 교육과정을 설명하였다. 이를 통해 우리는 교육과정을 종합적으로 이해할 수 있을 것이다.

이 장에서는 다음과 같은 질문을 다룬다.

- 교육과정은 무엇이고 왜 중요한가?
- 교육과정에는 어떤 유형과 요소가 있고, 그것들은 어떻게 변해 왔는가?
- 교육과정을 만들고, 조직하고, 풍성하게 하기 위해 어떻게 해야 하는가?
- 왜 교육과정 리더는 '잠재적 교육과정'에 대해 알아야 하는가?

리더십의 열쇠

교육과정 리더들은 교육과정 정책이 교육과정 목표와 일치하는지, 학생의 학습을 지원하는지를 살피고 점검해야 한다.

1. 교육과정의 개념

어떤 의미에서 교육과정의 개념을 정의하는 일은 아마도 가장 힘든 일일 것이다. 왜냐하면 교육과정은 여러 가지 의미로 사용되기 때문이다. 하지만 교육과정은 처방하는 것, 기술하는 것, 혹은 양자 모두로 정의할 수 있다. "처방이란 '해야 하는 것'이고, 그 처방은 학습에 대한 계획, 의도적인 프로그램, 일종의 전문가 의견을 의미한다."(Ellis, 2004, p. 4) 처방으로서의 교육과정은 환자에게 제공하는 처방전과 유사하다. 실제로 이 처방전을 얼마나 따를지는 알 수 없지만, "대부분은 잘 따르지 않는다."(p. 4) 학교 현장에서 교육과정이라는 처방을 궁극적으로 따를 것인지를 결정하는 사람은 교사이다. 기본적으로 "개발자는 제안을 하고 교사는 결정을 한다."(p. 4)

교육과정의 다양성이 갖는 성격과 범위를 이해하기 위해서는 과거와 현재의 교육과정 학자들이 제시한 처방적, 기술적 정의들을 살펴보는 것이 필요하다. 〈표 1-1〉은 교육과정의 처방적 정의들을 시대순으로 배열한 것이다.

〈표 1-1〉 교육과정의 처방적 정의

연도	저자	정의
1902	John Dewey	교육과정은 계속 재구성되는데, 아동의 현재 경험에서 출발하여 우리가 교과라고 부르는 진리의 조직체…인류의 경험으로 이동한다(pp. 11-12).
1918	Flanklin Bobbitt	교육과정은 의도적이든, 비의도적이든 학생의 능력을 개발하기 위한 경험을 말한다. 교육과정은 학교에서 제공하는 의도적인 일련의 경험이다(p. 43).
1927	Harold O. Rugg	교육과정은 학생의 삶과 가장 닮은 경험으로… 학생이 그들의 삶에 필요한 것을 충족시키는 데 필요한 것들을 제공하는 것이다(p. 8).
1935	Hollis Caswell in Caswell & Campbell	교육과정은 아동이 교사의 지도 아래 갖는 모든 경험이다. 그래서 교육과정은 내용뿐만이 아니라 과정과 절차를 포함한다(p. 60, p. 70).
1957	Ralph Tyler	교육과정은 학교가 교육목표를 성취하기 위해 계획하여 제공하는 모든 학습경험이다(p. 79).

1967	Robert Gagne	교육과정은 학습할 내용을 단원별로 정해 놓은 것이다. 학생이 이전 단원을 학습하면, 의도한 능력들을 성취할 수 있다(p. 23).
1970	James Popham & Eva Baker	교육과정은 학교가 계획하는 모든 학습의 결과물이다…. 교육과정은 수업이 의도한 결과이다(p. 48).
1997	J. L. McBrien & R. Brandt	교육과정은 학생들이 배울 것을 계획한 문서이다. 교육과정은 학교에서 제공하는 모든 과정 혹은 특정 교과에서 배우는 내용이다.
2007	Pennsylvania Department of Education	교육과정은 일련의 수업계획이다. 수업을 통해서 학생이 성취해야 할 구체적인 지식이나 기술, 지식의 활용과 같은 것이다(n. p.).

당신은 교육과정을 어떻게 정의합니까? 왜 그렇게 정의하십니까?

〈표 1-2〉에 제시된 교육과정의 기술적 정의는 처방적 정의를 넘어서 "단지 어떻게 되어야 하는가에 관해서가 아니라… 학급에서 실제로 어떻게 다룰 것인가에 대한 것이다."(Ellis, 2004, p. 5) 기술적 교육과정을 정의할 수 있는 또 다른 용어는 경험이며, 경험된 교육과정은 실제 교육과정을 조금이나마 알 수 있게 한다. 〈표 1-2〉의 교육과정에 대한 기술적 정의는 시대순으로 배열한 것이다.

〈표 1-2〉 교육과정의 기술적 정의

연도	저자	정의
1935	Hollis Caswell & Doak Campbell	교육과정은 학생이 교사의 지도 아래에서 가지는 모든 경험이다.
1941	Thomas Hopkins	교육과정은 경험을 기초로 학생이 스스로 선택하고 받아들이고 구체화하는 것이다.
1960	W. B. Ragan	교육과정은 학교의 책임 아래 학생들이 경험하는 모든 것이다.
1987	Glen Hass	교육과정은 학생이 교육을 통해 갖게 되는 실제 경험이며 교육받았다고 생각하는 모든 것이다.
1995	Daniel Tanner & Laurel Tanner	교육과정은 학생이 지적으로 통제할 수 있는 지식과 경험의 재구성이다.
2006	D. F. Brown	교육과정은 학생들이 학교에서 비판적·창의적 사고, 문제해결, 다른 사람과의 협동, 효과적인 의사소통, 효과적인 글쓰기, 분석적으로 읽기, 문제해결을 위한 조사하기 등과 같은 기능과 전략을 습득하는 경험이다.

당신은 교육과정을 어떻게 정의합니까? 왜 그렇게 정의하십니까?

기술적이고 처방적인 교육과정의 정의들은 다양하다. 교육과정의 정의는 두 가지 기준을 만족시켜야 한다. 교육자들이 이해하는 용어이어야 하고, 각 교육과정을 조작적으로 구분할 수 있어야 한다.

 도움말 1.1

이 책에서는 교육과정을 다음과 같이 정의한다. 교육과정이란 학교학습에 대한 계획이다. 일반적으로 이 계획은 여러 수준으로 재생할 수 있는 문서이고, 학습자가 경험할 수 있고, 관찰자가 관찰할 수 있는 것, 교실에서 실제로 일어나는 것이며, 학습 환경에서 경험할 수 있고, 이후 학습에 영향을 미치는 것이다.

이 정의는 몇 가지 점을 강조한다. 첫째, 교육과정이라는 용어는 학습계획과 실제 학습경험 모두를 포함한다. 교육과정은 계획만이 아니다. 계획은 무시되거나 수정될 수 있기 때문이다. 둘째, '재생할 수 있는 문서'는 컴퓨터에 저장 가능하고 인터넷에 공유할 수 있는 디지털화된 형태의 문서들까지 포함한다. 또한 이러한 문서는 몇 가지 수준이 있다. 가령 교육과정 정책문서처럼 매우 형식적이기도 하고, 일일 학습안내서처럼 매우 사적이기도 하다. 셋째, 이 정의는 두 가지 중요한 측면을 지닌다. 하나는 학습자에 의해서 경험되는 교육과정이고, 다른 하나는 관찰 가능한 교육과정이다. 끝으로 경험으로서의 교육과정은 보통 잠재적 교육과정이라고 불리는데 학습에 영향을 미치는 상황에서 발생한다.

이 정의는 너무 간결해서 교육과정과 수업의 관계를 설명하지 못한다. 수업은 교육과정의 한 요소이고 수업의 기능과 중요성은 교육과정의 유형에 따라 달라진다. 첫째, 계획을 안내하는 일련의 기록인 문서로서의 교육과정에서, 수업은 교육과정의 하위요소이다. 문서로서의 교육과정은 전형적으로 다섯 가지 항목으로 제시한다. 교육과정 논리, 목적과 목표, 내용, 교수 방법, 학습 자료와 자원 그리고 평가이다.

수업은 교육과정의 한 요소이고, 교육과정의 실행 수준으로 간주된다. 그러나 계획 혹은 문서로서의 교육과정은 실제 수업에서 중요하다. 왜냐하면 장학사나 행정가들은 교사들이 가르치는 수업을 중심으로 교육과정을 조망하기 때문이다.

2. 교육과정의 유형

교육과정의 계획과 실행 사이에는 큰 차이가 있다. 교육과정(curriculum)이라는 용어의 의미는 (어원적으로) '코스를 달리다'이다. 경주로 주변에 늘어선 거리와 방향 표지판, 신호탄, 급수대, 임원, 코치가 있는 마라톤을 생각해 보면 교육과정의 종류나 개념들이 얼마나 다양한지 알 수 있을 것이다(Willson, 2005).

1970년대 말에 Goodlad와 동료들(1979)은 교육과정의 유형을 다섯 가지로 제시하였다. 관념적 교육과정(ideological curriculum)은 학자들과 교사들이 제시하는 이상적인 교육과정으로 지식 중심이다. 형식적 교육과정(formal curriculum)은 교육청 수준에서 제도적으로 제공하는 교육과정인데 사회의 이익을 대변한다. 가르친 교육과정(perceived curriculum)은 사람들이 생각하는 교육과정으로 교사, 학부모, 일반 사람들이 교육과정이라고 알고 있는 것이다. 실행 교육과정(operational curriculum)은 교실에서 일상적으로 일어나는 교육과정이다. 마지막으로 경험으로서의 교육과정(experienced curriculum)은 학생이 실제로 경험한 것이다.

이러한 구분들은 중요한 것 같지만 교육과정 개발자에게 혼란을 줄 수 있고, 그래서 유용하지 않을 수도 있다. 교육과정 개발 차원에서 볼 때 권고로서의 교육과정(recommended curriculum), 문서로서의 교육과정(written curriculum), 지원으로서의 교육과정(supported curriculum), 가르친 교육과정(taught curriculum), 평가로서의 교육과정(tested curriculum), 학습한 교육과정(learned curriculum) 등과 같은 개념이 더 유용하다. 이들 교육과정 중 네 가지, 즉 권고로서의 교육과정, 지원으로서의 교육과정, 가르친 교육과정, 평가로서의 교육과정은 의도적인 교육과정이다. 의도적인 교육과정은 잠재적 교육과정과는 달리 학교가 의도적으로 제공하는 것이다.

1) 권고로서의 교육과정

권고로서의 교육과정은 학자들, 전문가 단체 및 개혁 위원회에서 권장하는 교육과정으로 연방 및 주 정부와 같은 기관에서 제공하는 교육과정이다. Goodlad의 '관념적 교육과정'과 유사한데, 학생에게 가르쳐야 할 기능이나 개념을 중심으로

도움말 1.2

권고로서의 교육과정은 상급 기관에서 개발하는데, 여기에는 정책적 권고, 도달해야 될 목적, 이수 단위, 각 교과의 내용과 계열에 대한 사항이 포함되어 있다.

'해야 할 것(oughtness)'을 강조한다.

권고로서의 교육과정을 개발하는 데에는 다음과 같은 요소가 영향을 미친다. 첫째, 사회적 풍조의 영향이다. 1980년대 미국에서 유행했던 보수주의 풍조는 당시의 교육과정 개정에 영향을 미쳤다. 둘째, 테크놀로지의 영향이다. 관련 전문가 단체들은 공립학교에서 교육과정 전반에 테크놀로지를 포함하도록 권고했다. 학교에서 정보통신소양(technological literacy)을 증진시키는 것이 중요해졌다.

오늘날 사람들은 테크놀로지가 그들의 삶과 주변에 어떤 영향을 미치는지 이해해야 한다. 학생들에게는 전통적인 주요 교과 내에서 관련 지식과 능력을 개발하는 것만큼 정보통신소양을 얻는 일도 중요하다. 학생들은 교육을 통해서 정보통신소양을 갖출 기회를 가져야 한다(Dugger et al., 2003, pp. 316-317).

전문가 단체와 전문가들 또한 중요한 영향을 미친다. 우선 전국수학교사협의회(National Council of Teachers of Mathematics), 전국중등교장협의회(National Association for Secondary School Principals)와 같은 단체들이 권고로서의 교육과정 개발에 영향을 미친다. 그들은 최근의 연구결과를 기초로 제안서나 자문활동을 통해서 체계적으로 전문적인 의견을 제시함으로써 권고로서의 교육과정에 강력한 영향을 미친다. 또한 제4장에서 논의하겠지만 중앙이나 지방 법령 및 법원 판결문도 큰 영향을 미친다. 장애 학생들을 위한 '최소제한환경(least restrictive environment)'을 규정한 공법(Public Law) 94-142, 차터 스쿨(Charter schools), 홈스쿨링, 학교선택제 및 바우처(vouchers), NCLB(No Child Left Behind Act)에 대한 공법 107-110은 권고로서의 교육과정 개발에 강력한 영향을 미쳤다.

이 새로운 법령들은 신중하게 재검토 중이다. 가령 *Educational Leadership*의 편집자 Amy Azzam(2007)이 말하기를 "NCLB에 대한 관심은 자료를 건성으로 또는 단순하게 해석한 것이기 때문에 유의할 필요가 있다."고 했다. NCLB 발표 이후 전국 규모의 교육단체들은 과학, 수학, 미술, 음악, 외국어, 사회, 영어, 기타 교과들의 표준 교육과정을 자발적으로 규정하는 대규모 연구 과제를 수행했다. 이런 활

동들은 전국적으로 학생들의 요구나 교사의 교수법에 대한 담론을 이끌었다. 또한 교육자들로 하여금 교과교육을 통해서 유치원생부터 고등학생까지 알아야 하고 할 수 있어야 하는 것이 무엇인가를 논의하게 했다. 이것은 공교육에 대한 대화와 성찰을 이끌었고 국가 수준의 표준 교육과정을 정하도록 하는 법안을 제정하게 했다. 권고로서의 교육과정은 몇 가지 장점이 있다. 첫째, 정책적인 권고이기 때문에 교육과정 개발의 정도, 초점, 한계를 정하는 데 중요한 역할을 한다. 예를 들어 모든 고등학생들은 컴퓨터 관련 정보화 기능(technological skills)을 습득하기 위한 과목을 한 학기 이수해야 한다고 권고한다. 둘째, 권고로서의 교육과정은 모든 학생에게 공평하고 수월하다. 즉 모든 학생은 학습방법을 습득하고 학습 자료에 동등하게 접근하며 적절한 지원과 안전, 좋은 학교 환경을 제공받는다. 마지막으로 1990년대 여러 학회들이 제공한 일련의 표준들을 검토하게 함으로써 교육과정 전문가와 교사들로 하여금 21세기 학교교육이 고려해야 할 것들을 다음과 같이 이끌어 내도록 했다.

- 표준 교육과정이 곧 국가 수준 교육과정은 아니다.
- 표준 교육과정이란 모든 학생들이 알아야 하는 것이고 할 수 있어야 하는 것이다.
- 국가 수준 교육과정은 다양한 교육과정들을 고려한 최근의 이론이나 연구를 기초로 한다.
- 표준 교육과정은 학교 현장에서 교사와 학생들이 성취해 온 것을 기초로 개발한다.
- 표준 교육과정은 다양한 교수 방법과 전략들을 기초로 개발한다.
- 국가 수준 교육과정은 학생들의 배경, 요구 및 관심을 고려할 때 학생들이 성취를 높일 수 있다는 점을 강조한다.
- 표준 교육과정은 내용과 방법에 대한 전문적인 검토와 비판의 기준이다.
- 교사는 전문가 집단이고, 여러 전문단체들이 교사의 성장을 지원한다.
- 21세기는 학생들에게 다양한 도구나 텍스트의 의미를 찾을 수 있는 능력을 요구한다(Wilhelm, 1996, pp. 2-13).

여러 학회에서 지적하듯이, 오늘날에는 권고로서의 교육과정이 상당히 강조되고 있다.

국가 수준 혹은 지역 수준을 막론하고 주요 교과의 표준을 정하는 일은 계속 지지 받고 있다. "평가를 위한 표준을 정할 때는 정확한 판단과 현실적인 관점에서 여러 전문가들이 참여하여 최종의 표준을 설정해야 한다."(Pellegino, 2007, p. 541) 이런 맥락에서 국가는 교사가 가르쳐야 하는 것과 학생이 배워야 하는 것이 무엇인가를 명확하게 하기 위해서 표준을 사용하기 시작했다. 학회에서 권고하는 교육과정은 학교교육과정 리더들과 교사들이 자신의 수업 프로그램을 개발할 때 도움이 된다.

학술단체들이 제공하는 교육과정에 대한 권고뿐만 아니라 공립학교 교육과정의 다양성도 중요하다. 그래서 이 책의 저자들은 다문화 교육을 미국의 인종 변화에 따른 대응으로 보고 있다. 이런 관점은 Hanley(1999)의 관점이기도 한데, 그는 "2020년이면 공립학교 학생의 46%가 유색인종이며 전체 학생의 20.1%가 빈곤에 시달릴 것"이라고 밝힌 J. A. Banks와 C. A. M. Banks(1996)의 의견을 지지했다 (n. p.). 결국 "학생이 다양해지는 만큼 학습에 대한 요구도 다양해지며, 이런 다원화 사회의 학생들을 책임지는 것이 미국 공립학교가 직면한 과제이다."(n. p.)

2) 문서로서의 교육과정

Goodlad의 '형식적 교육과정'과 유사한 문서로서의 교육과정은 성취해야 할 교육목표를 중시한다. 즉 통제적인 교육과정이다. 전형적으로 문서로서의 교육과정은 권고로서의 교육과정보다 구체적이고 종합적이다. 그것은 교육과정을 지원하기 위한 근거, 성취해야 할 일반적인 목적, 달성해야 할 구체적 목표, 학습해야 할 것들을 계열화하고 학습 활동의 종류 등을 제공한다. 그러나 Glatthorn(1980)은 이러한 종합성에 대하여 비판적이었으며, 문서로서의 교육과정을 내용 체계표, 교수 자료, 교과별 목표, 학습 자료 목록 등을 묶은 바인더 형태로 교사에게 제공할 것을 권고하였다. 그는 문서로서의 교육과정이 이런 형태일 때 더 실용적일 것이라고 생각했다.

 도움말 1.3
문서로서의 교육과정은 문해력, 즉 효과적으로 읽고 쓰고 생각하는 능력을 중시한다.

학교운영자, 교육과정 리더들, 학자들은 문서로서의 교육과정을 권위 있다고 생각한다. Schmoker(2007)는 "만약 [효과적으로 읽고 쓰고 생각하는 이런 능력]을 교육하여 습득하게 할 수 있다면, 사람들의 생활을 바꿀 수 있고 공교육의 가능성을 재정립할 수 있을 것이다."(p. 488)라고 했다. 문해력이라는 면에서 볼 때, Walker (1979)는 일반 교육과정과 특정 지역의 교육과정을 모두 문서로서의 교육과정으로 보는 사람이다. 이런 교육과정의 개념을 살펴보자.

일반 교육과정은 여러 교육 상황에서 사용할 수 있다. 1960년대에는 주로 연방 정부가 교육과정을 연구, 개발, 보급했다. 지금은 주로 주 정부가 주 수준의 교육과정을 개발한다. 특정 지역의 교육과정은 특정한 지역, 가령 특정 지역의 교육청이나 단위학교에 적절한 교육과정을 개발한다.

문서로서의 교육과정에 영향을 미치는 여러 가지 지역적 요소가 있다. 4장에서 설명하겠지만 우선 연방 정부와 주의 법률 그리고 법령들이 영향을 미친다. 학교가 장애인에게 '최소제한환경'을 제공해야 한다는 공법 94-142는 지역 수준에서 교사들이 장애학생과 일반학생을 '통합'해서 가르칠 수 있는 교육과정을 개발하도록 했다. 이런 교육과정 개발에 후속하여 적절한 교과서와 표준화된 평가도구들을 개발한다. 여기에는 학부모나 지역사회의 요구들이 영향을 미친다.

그러나 일반적으로 지역의 관계자들이 이런 지침 개발에 영향을 미친다. 그들은 교육과정 실무자, 교과별 장학사, 교육과정에 관심 있는 교장, 경력 교사들이다. 그 다음으로 지역 교육청의 '교육지표'가 영향을 미친다. 21세기가 요청하는 새로운 유형의 리더십도 영향을 미친다. 교사 리더십은 학생들의 학습 향상이라는 공동의 임무를 위해 교사와 학교장이 상호 협력하는 쪽으로 바뀌고 있다(Scherer, 2007). 본 책의 저자들은 지역사회 주민들이 교사가 교육과정에 대한 리더십을 지녀야 한다고 생각한다고 본다.

문서로서의 교육과정은 중재, 표준화, 통제 역할을 한다. 우선 권고안의 이상과 학급에서 하는 실제를 중재한다. 이런 의미에서 문서로서의 교육과정은 종종 전문가들이 수상하는 '가르쳐야 하는 것'과 교사가 수상하는 '가르칠 수 있는 것'을 중재한다. 또 문서로서의 교육과정은 행정가들이 생각하는 것과 교사가 선호하는 것을 중재한다. 최고의 중재는 그들의 의견을 일치시키는 것인데 10장의 교육과정 개발과 실행에서 그 방법들을 설명할 것이다.

또한 문서로서의 교육과정은 규모가 큰 지역에서 표준 역할을 한다. 종종 B나 C

학교 학생들과는 전혀 다른 사회과나 국어과를 공부하고 있는 A학교 학생들을 위해 소속 교육청에서는 준수해야 하는 표준을 문서로 제공한다.

지역 교육청이나 학교는 가르치는 것을 통제하기 위해서 교육과정을 표준화하고 중앙집권화한다. 그러나 관리자와 교사는 이런 통제를 다르게 받아들인다. 행정가들은 교육과정을 통제해야 한다고 생각한다. 행정가들은 학교효과성에 대한 연구들을 거론하는데, 이 연구들은 학업성취도가 높은 학교에서는 교장이 문서로서의 교육과정 실행을 보장하기 위해서 교육과정을 직접 감독한다고 밝히고 있다. Waters, Marzano 그리고 McNulty(2003)는 지난 30년간 높은 학업성취를 낸 수업과 학교교육에 대한 연구, 리더십과 학업 성취 간의 관계를 밝힌 연구들(〈표 1-3〉)

〈표 1-3〉 교장 리더십 책무성

영역	역할
문화	운용 절차와 일과에 대한 일련의 표준들을 설정한다.
규율	교사들이 수업에 집중할 수 있도록 보호하는 규칙을 정한다.
자원	교사의 학습 자료 개발 지원 및 전문성 개발을 지원한다.
교육과정, 수업, 평가	교육과정, 수업 평가 계획과 실행에 직접 참여한다.
초점	학교가 지향하는 목표를 분명히 하고, 이 목표들을 전면에 부각시킨다.
교육과정, 수업, 평가에 대한 지식	현재의 교육과정, 수업, 평가를 이해한다.
포상	개인적 성과를 인정하고 포상한다.
의사소통	교사들과 학생들 간의 의사소통 라인을 설정한다.
대외활동	모든 지역 인사들에게 학교에 대한 지지를 호소하고 대변한다.
인화	교사와 교직원의 개인적 사정을 알고 있음을 보여 준다.
긍정	학교교육의 성과는 축하하고, 실패에 대해서 알려 준다.
관계	교사와 교직원 개개인의 면면을 이해하고 관계를 맺는다.
변화 주도	현재 상황에 기꺼이 그리고 적극적으로 도전한다.
최적화	새롭고 도전적인 개혁들을 이끌어 간다.
이상/신념	강력한 이상과 신념으로 학교를 운영하고 의사소통한다.
모니터/평가	학교교육의 실제가 학업성취에 미치는 영향을 모니터한다.
융통성	현재의 상황적 요구에 리더십 행동을 적응시키고 이견을 가진 사람들과도 조화롭게 지낸다.
상황 인식	학교에 작용하고 있는 세세한 것과 이면의 것을 알고, 이 정보를 현재 및 앞으로의 문제를 해결하는 데 사용한다.
지적 자극	교직원들이 최근의 이론과 실제를 이해하고 토론하는 일을 학교의 일상이 되게 한다.

을 수집했다. 이 연구결과는 교사에게 학업성취를 높일 수 있는 교육과정, 수업, 학교교육의 실제에 대한 구체적 지침을 제공해야 한다는 것이었다.

그러나 Walcott(1977)은 지역 교육청의 모니터링에 대한 질적 연구에서 대부분의 교사들이 이러한 교육과정 통제를 싫어하고 거부한다고 보고하였다.

Guilfoyle(2006)은 "한 학년에서 한 집단의 학생으로부터 나온 한 번의 시험성적으로 학교교육 전체를 평가할 수 없다."고 주장함으로써 Walcott과 같은 의견을 제시했다.

문서로서의 교육과정은 특히 지역 교육청마다 다르다. 가장 좋은 것은 권고로서의 교육과정과 지역의 실정을 종합적으로 고려하는 것이다. 잘 개념화되어 있고 주의 깊게 개발된 교육과정은 사용하기도 좋다. 그러나 여러 종류의 교육과정에서 몇 가지 공통적으로 발견되는 문제들이 있다. 목표는 진술된 목적과 관련이 적고, 수업활동은 목표들과 직결되어 있지 않고, 이 활동도 최근 교수·학습 동향을 반영하지 못하고 있으며, 실행 지침들은 대체로 엉성하고 사용하기 불편하다는 것이다.

3) 지원으로서의 교육과정

지원으로서의 교육과정은 교육과정을 구현하기 위한 자원과 지원사항을 함께 제공하는 교육과정이다. 네 가지 종류의 자원이 중요하다. 학교급에 따른 교과별 시간 배당(5학년 사회 수업은 몇 시간이 배정되어야 하는가?), 전체 시수 중 특정 활동을 위한 시간 배당(한 단원을 공부하는 데 몇 시간을 사용해야 하는가?), 학급 크기에 따른 인적 자원의 배치(35명을 기준으로 수업을 할 때 체육 수업을 위한 체육 교사는 몇 명이 필요한가?), 학습을 위한 교과서와 학습 자료(이 교재들로 1년 이상을 버틸 수 있는가?)이다.

지원으로서의 교육과정에 중요한 영향을 미치는 것들이 있다. 첫째, 정부는 지원으로서의 교육과정에 강력한 영향을 미친다. 최소 시간 배당을 명시하며 선택할 수 있는 교과와 교과서의 수를 명시한다.

교육감이 관장하는 지역 교육청은 중요한 역할을 한다. 교육청은 관내의 학교에 일부 교과의 최소 시간 배당을 구체적으로 제시하고, 장학 자료들을 제공하며, 제공할 인적·물적 자원에 대한 예산을 결정한다. 학교 수준에서는 교장이 주요한 영향을 미친다. 교장은 교재와 학습 자료 구입을 결정할 수 있고, 교직원에 대한 인사권을 갖고 있다. 학교장은 학교운영계획을 기초로 해서 학교에서 지원할 것에 대한 우선순위를 정한다.

물론, 교사도 많은 것을 결정한다. 교장의 관여에도 불구하고 교과를 가르치는 데 필요한 시간, 활동에 필요한 시간은 교사가 결정한다. 교사는 상당한 자율권을 갖고 있다.

지원으로서의 교육과정을 검토할 필요가 있다. 이 검토 자료는 무엇을 얼마나 배우느냐에 대한 교육과정의 몇 가지 지침을 명확하게 할 것이다. 첫째, 관련 연구들은 시간이 중요하다고 지적했다. Stallings(1980)의 연구는 다음과 같은 결론을 내렸다. "1970년대 일련의 연구들을 검토해 본 결과, 교사들은 중점 교과에 보다 많은 시간을 배당했고, 학생들은 중점 교과의 학습을 더 많이 했다."(p. 12)

Berliner(1984) 또한 초등학교마다 시간을 배당하는 데 큰 차이가 있다고 지적했다. 5학년을 대상으로 한 교사는 국어에 하루 68분을 배당한 반면에, 또 다른 교사는 137분을 배당했다고 보고하고 있다. 그러나 Karweit(1983)는 과제 수행 시간에 대한 연구를 통해 "학습 효과에 영향을 미치는 다양한 요소들을 제시했는데, 학습 과제 수행 시간과 학습 효과의 관련성은 미미하다"고 주장하며, 시간은 별로 문제가 되지 않는다고 지적했다(p. 46).

둘째, 학급 규모가 중요한 요인이다.

한 교육 평가 기관(The Educational Testing Services Policy Information Center)에서 수행한 연구는 전국 182개의 지역의 20,000명의 4학년과 8학년을 대상으로 한 연구를 통해서 국가 수준의 학업성취도 평가(NAEP)에서 4학년 학생의 성적이 학급 규모가 20명 이상인 학교보다 20명 이하인 학교가 더 높았다고 보고했다(Chambers, 1999, pp. 1-2).

학급의 규모에 대한 몇 가지 연구들이 있다. 테네시의 학급 규모 연구는 학급 규모가 줄어들 때 학생이 더 잘 배운다고 보고했다(Finn & Achilles 1990; Mosteller, 1995). Achilles(1997)는 특히 1학년에서 학급당 학생수가 15명일 때 학업성취가 가장 높다고 보고했다. Farber와 Finn(2000)은 3학년 때 작은 학급에서 있었던 4학년 학생들은 보조교사가 있는 더 큰 규모의 학급에서 학습한 학생들보다 학습에 더 참여적이었다고 했다.

Achilles, Finn, Prout 그리고 Bobbett(2001)는 15~17명 규모의 학급 교사와 20~28명 규모의 정규 학급 교사 사이에 행동 패턴이 다르다는 것을 발견했다. 규모가 큰 학급 교사는 시간이 지남에 따라 성미가 급해지고 날카로워지며 피곤해한다는 것이다. "그들은 눈을 비비고 앉아 있으며, 수업에 지쳐서 엄해졌다. 종종 학생의 일탈, 태만, 과제에서 벗어나는 잘못된 행동 등에 대해서조차도 개입하지 않았다. 교사는 귀찮아하는 듯 보였다."(p. 2) 이와 비교하여 규모가 작은 학급의 교사는 "하루 종일 에너지가 넘친다. 더 오래 일하고 일관성이 있다. 학생들과 교사들은 상호 호혜적이며 긍정적이다."(Achilles et al., 2001, p. 2) 연구에서 밝힌 또 다른 요인은 이산화탄소의 양이다. "이산화탄소는 한 공간 안에 있는 사람의 수와 관련이 있고, 교수와 학습에 영향을 미칠 수도 있는 졸림과 무기력의 원인이다. 학급 규모와 학급에서 보내는 시간이 주요한 변수인 듯하다."(p. 2)

최근 NEA(전국교육협회)(2007)는 정규 학교에서는 15명의 학급 규모가 적절하며 특별한 도움을 필요로 하는 학생을 위해서는 학급의 규모가 더 작아야 한다고 지적했다. NEA 관계자는 교육 개혁안들이 논란의 여지는 있지만 학부모, 교사, 연구자들이 학생의 흥미를 개별화하기 위해서 학급 규모를 줄이는 데 찬성한다고 지적했다. 이것은 규모가 작은 학급의 교사가 각각의 아동들이 성공하도록 돕는 데 더 많은 시간과 에너지를 사용한다고 믿는다는 의미이다. 작은 학급이야말로 교실 내의 안전과 훈육, 질서가 있다. 현대 학교교육에서 자격을 갖춘 교사가 더 작은 학급에서 가르칠 때 아이들은 더 잘 배운다.

끝으로 지원으로서의 교육과정에서는 교과서와 학습 자료의 질이 중요하다. 문헌 검토를 통해서 Doyle(1983)은 교과서의 몇 가지 결함을 지적했다. 예를 들어, 대부분의 교과서들은 정보를 모호하게 제시한다. 교사용 지도서에 나타나 있는 수업의 과정은 불필요할 정도로 복잡하고 활동 안내와 평가 자료는 많지만 설명이 부족하며 내용과 평가 간의 관련성이 떨어진다.

Allington(2002)은 "5∼12학년의 학생들이 그들의 읽기 수준과 맞지 않는 교과서를 배우고 있다."고 지적했다. Chall(Allington, 2002)에 의하면 교과서에 대한 의존도가 높아지는 4학년 학생에게 읽기 능력은 좀 더 중요하다. 예를 들면, "4학년용 어휘는 대화체나 일상어가 아니라 보다 교과적인 용어(삼각주, 고원, 유역)나 추상어(민주주의, 자유, 근본)로 되어 있다. 본질적으로 교과서의 문장들은 복잡하다."(pp. 16-17) 그리고 "교과서에서 사용하는 개념들은 추론적 사고와 선행 지식에 더 의존한다(예를 들어 산업오염에 대하여 저자는 어떤 입장을 취하고 있는가? 다른 사람은 어떤 입장을 취하고 있는가?)."(p. 17) Baumann과 Duffy는 다음과 같이 진술했다

(Allington, 2002).

> 학교는 단일화된 교육과정 지원체제에 의존함으로써 문제를 키워 왔다. 모든 학생에게 똑같은 과학·사회 교과서를 제공해 왔다. 학생들을 학년별로 구분하기 때문에 이렇게 일원화된 교재가 적절하지만, 교재의 일원화가 모든 학생들의 학업성취를 높이지는 못한다(p. 17).

교과서와 관련된 문제들이 계속 나오고 있다. 현재 초등학생이 읽는 글은 몇 가지 결함이 있다. 1학년용 이야기들은 이야기 속의 인물, 동기, 느낌을 충분히 통찰하기 힘들다. 대부분의 이야기들은 실제 이야기가 아니다. 교과서는 논리적이지 않고, 기본 원리보다는 잡다한 것들을 구구절절 늘어놓고 있다. 불행하게도 학업성취를 높이고자 하는 교육자와 정책입안자들은 더 어려운 교과서나 미디어 텍스트에 관심을 돌리고 있다.

그러나 이럴 필요가 없다. 『구텐베르크여 안녕(*Goodbye Gutenberg*)』의 저자 Kirschenbaum(2006)에 의하면 "미래형 교과서에 대한 논쟁은 교과서가 인쇄된 것이냐, 화면이냐에 대한 것이 아니다. 문제는 흑백 책이냐, 컬러 인쇄된 것이냐이다…. 학생들이 바라는 것은 시각적으로 아주 아름답고, 다감각적으로 읽고 쓸 수 있는 것이다."(pp. 49-50) Allington(2002)은 더 어려운 교과서를 개인적인 경험(예를 들어 홈페이지를 만들기)에 비추어서 생각했다. "당신은 너무 쉬워서 책을 거부하는가? 당신은 스스로에게 '이 페이지에는 내가 모르는 단어가 11개밖에 없어. 내겐 어렵지 않아요!'라고 말하는가?"(p. 18) 이런 생각은 교육과정과 수업은 어떠해야 하는가와 관련하여 고려해 봐야 한다.

지원으로서의 교육과정은 교과서와는 전혀 다르다. 예를 들어, Carol Ann Tomlinson(Tomlinson et al., 2002)은 지원으로서의 교육과정이 선택의 가능성이 있어야 하고 병렬 교육과정이어야 한다고 주장한다. Tomlinson은 『병렬 교육과정(*The parallel Curriculum*)』이라는 책에서 개별 학습, 소집단 학습, 집단 학습을 위한 교육과정을 개발·지원할 수 있다고 했다. 병렬이라는 말은 교사가 한 교과 내에서 교육과정을 설계할 때 접근할 수 있는 몇 가지 형태를 의미한다. Tomlinson은 중핵 교육과정, 교육과정과의 연계, 교육과정 실행, 교육과정 정체성 등 네 가지를 동일한 선상에서 설명한다. 이러한 병렬 과정은 연역적이거나 귀납적일 수 있고 학생의 능력과 흥미를 찾아내고 개발하기 위해 사용할 수도 있다. Tomlinson은 이러한 병렬이 주제 중심의 학습을 하도록 돕고 학습자와 무관해 보이는 내용들을 연계하도록 돕는다고 믿었다. 교사는 Tomlinson의 모델을 사용하여 변화에 대한 개념을 정의하고 변화와 관련된 원리를 규명하며 가르쳐야 할 것뿐만 아니라 학생들이 중요한 기능들을 배우도록 도울 수 있다. 교육과정 개발을 위한 Tomlinson의 병렬 모델은 지원으로서의 교육과정을 보완할 수 있는 방식 중 하나이다.

지원으로서의 교육과정은 교육과정 운영에서 중요한 역할을 한다. 첫째, 교육과정을 개발하는 교사는 지원으로서의 교육과정이 제공하는 시간 배당과 학습 자료에 특히 관심을 갖는다. 둘째, 교육과정을 실천하는 데 있어 행정가는 적절한 지원을 제공해야 한다. 11장에서 살펴보겠지만, 교육과정 조정에 참여하는 사람들은 문서로서의 교육과정, 지원으로서의 교육과정, 학습한 교육과정을 종합적으로 고려해야 한다. 끝으로 어떤 교육과정이든 지원으로서의 교육과정을 고려해야 한다. 왜냐하면 지원은 학업성취에 중요하기 때문이다.

4) 가르친 교육과정

문서로서의 교육과정과 가르친 교육과정은 상당히 다르다. 학교는 교육과정의 계획과 실행 간의 격차를 최대한 줄여야 한다. 또 학교에는 여러 교육과정이 혼재한다. 교사는 학교에서 나름대로 자기만의 교육과정을 개발하는 데 있어 이질적인 모든 교육과정을 동시다발적으로 다루고 있다.

도움말 1.4
가르친 교육과정은 교사가 가르칠 때 관찰할 수 있는 교육과정이다.

문서로서의 교육과정의 적절함에 상관없이 가르친 교육과정이 어떻게 개발 가능한가? 이 문제는 교사의 사고, 계획, 의사 결정에 관한 몇 가지 연구들을 종합해야 설명할 수 있다.

따라서 교육과정에 대한 교사의 결정에 영향을 미치는 많은 요인들을 고려해야 한다. 교사의 결정은 마음에 없는 선택이나 계획적인 저항행위라기보다는 자신과 자신의 학급을 위해 여러 가지를 고려해 타협점을 찾은 신중한 판단이다.

5) 평가로서의 교육과정

평가로서의 교육과정은 교사가 만든 학급 평가, 지역 교육청이 개발한 준거 지향 평가 그리고 표준화 검사를 종합한 것이다. 이러한 유형의 평가들은 가르친 교육과정과 어느 정도 관련이 있는가? 이 질문에 대한 답은 매우 다양해 보인다. 우선 평가 준비에서 문제가 있을 수 있다. 평가는 객관적인 정보에 대한 학생의 기억을 측정하는 데 집중하며, 이를 위해 선다 문항을 구성한다. 이런 평가는 실제로 학생의 추측능력을 측정할 뿐이다.

교육과정에 기초한 평가와 수업 사이의 일치도 문제는 좀 다르다. 교육청에서는 교사가 교육과정을 준수하는지를 모니터하기 위해 교육과정에 기초한 평가를 하는데, 결국은 마치 평가가 수업을 이끌어 나가도록 하는 것처럼 보인다. 결과적으로 일치도는 높아지지만, 이런 일치도로 고등 수준의 학습을 중시하는 교사들을 설득시키지는 못한다. 지역 교육청의 교육과정 일치시키기 연구 프로젝트에서 사용된 교육과정에 기초한 평가를 검토해 보면 거의 모든 검사 문항이 구두점, 철자 그리고 품사 등과 같은 것에 관심을 둔다는 것을 알 수 있다.

끝으로 표준화 검사에 대한 연구는 표준화 검사와 교사들이 가르치는 것 사이의 차이가 크다고 지적하고 있다. 일치도의 부재와 형편없는 평가 결과는 점점 심해지고 있다.

역사적으로 볼 때, Berliner는 1984년에 처음으로 가르친 것과 평가가 일치하지 않는 학교에서는 성취가 낮다는 것을 지적했다. 학생들은 수업과 평가가 일치하지 않을 때 불이익을 받게 된다. 학생의 등수와 점수는 그들이 배운 것을 타당하게 평가하지 못한 것이다. 끝으로 승급과 졸업에 대한 결정을 하는 데 사용되는 평가가 적절하지 않을 때는 법적인 문제로 비화될 수도 있다. 법원은 평가가 헌법에 보장된 평등한 보호와 정당한 법 절차를 인정하지 않을 때(졸업을 인정하지 않거나 보류할 때), 학교는 실제로 학급에서 가르쳤다는 것을 증명해야 한다고 규정한다.

오늘날 교육자들은 평가보다 더 중요한 문제에 직면해 있다. James Popham (2007)은 "우리가 만약 학생 성적의 책임을 누구에게 물을 것인가를 정하기 위해서 평가를 한다면, 수업에 영향을 미치는 요소를 알 필요가 있다…. 근본적으로 평가

2. 교육과정의 유형 35

를 기초로 학생 성적의 책임을 묻는다면 수업과 관련이 적은 평가 결과를 옹호할 수 없다."(p. 147)고 하였다.

반가운 소식은 점점 많은 교사들이 지역에서의 평가에 대해서 주와 국가의 기준과 일치성을 높이는 온라인 기반의 평가 프로그램을 사용하고 있다는 것이다. 교사들은 또한 학생의 강점과 약점을 자료에 기초해서 분석한다. 뿐만 아니라 Exam Veiw와 같은 웹사이트는 교사가 온라인으로 사전, 사후 검사를 쉽고 빠르게 할 수 있도록 돕고 있다. 주와 국가의 기준과 일치하는 동시에 타당하고 신뢰할 수 있는 평가 문제를 문제은행에서 선택할 수 있도록 하고 있다. 온라인 평가 프로그램은 또한 필요한 특정 영역을 지도하는 데 필요한 수업 전략을 제공한다.

도움말 1.5
교육과정의 요소들은 가르친 것과 배운 것 간의 일치에 영향을 미친다.

이 시점에서 앞에서 논의했던 네 가지 교육과정, 즉 문서로서의 교육과정, 지원으로서의 교육과정, 가르친 교육과정 그리고 평가로서의 교육과정을 논의하는 것이 유용할 것이다. 이들은 의도적인 교육과정을 구성하고 있으며, 의도적인 교육과정이란 학교가 학생을 위해 의도적으로 제공하는 것이다.

6) 학습한 교육과정

학습한 교육과정이란 학생이 학교 학습을 통해서 경험한 것으로 가치, 인식, 행동의 변화를 의미한다. 이것은 의도적이든 잠재적이든 학생이 이해하고, 배우고, 습득한 것이다. 여기서는 의도적인 교육과정에 초점을 둔다. 잠재적 교육과정에 대해서는 나중에 언급할 것이다.

그렇다면 의도적 교육과정으로부터 학생은 무엇을 배우는가? 학생마다 교사마다 교육과정마다 각각 다르다. 교육과정에 대한 역사적 논의, 교육학적 논의, 철학적 논의도 중요하지만 경험 역시 중요하다(Fleck, 2007). 학교에서 교사가 가르친 교육과정과 학생이 실제 교실에서 학습한 교육과정 사이에 미묘한 차이가 있다(이하 토의 주제는 주로 연구문헌 검토로부터 나왔다.).

우선 학생들은 특히 학급에서 이루어지는 학습에 대한 책임 문제에 민감하다. 학생들은 자신들이 책임져야 할 것만 중시한다. 교사가 무엇을 설명하든 무엇을 강조하든 별 관심이 없다. 학생들은 학급에서의 상호작용이 학습에 대한 그들의 책무성과 관련되어 있을 때만 관심을 갖는다. 즉, "이것이 시험에 나오나요?"가 중요하다.

책임 중심의 학급에서 살아남기 위해서 학생들은 두리뭉실하게 행동하거나 위험을 피하고 본다. 그들은 교사에게 제출해야 할 결과물에서, 그들의 실수를 드러내지 않도록 말을 아끼거나 모호하게 대응한다. 또한 학생들은 교사의 지시를 명확하게 하려고 교사에게 되묻거나 힌트를 요구하거나 사례를 들어 달라고 요구한다. 여기에 덧붙여 학생들은 교사가 가르치는 교육과정에 대해서는 간략하게 해 달라고 요구하고, 그들이 생각하고 조사하며 발견하도록 요구하는 수업은 안 하려고 한다.

Booher-Jennings(2006)에 의하면, 학습 책무성에 대한 논의는 간단하다. 그녀는 정기적으로 평가를 해야 한다고 주장한다. 그리고 평가 결과를 바탕으로 학생 각자의 부족한 점을 확인하고 이후 수업을 조정하자는 것이다. 그러므로 이 책무성 체제는 교육 정책의 기초 자료다. 그러나 McGill-Franzen과 Allington(2006)은 이 주장에 대해 그렇게 긍정적이지 않다. 그들은 학생의 학업성취에 결정적인 네 가지 요인, 즉 여름 방학 중의 읽기 부족, 유급 제도, 시험 준비, 시험에의 적응을 사람들이 간과하고 있다고 주장한다. 이를 반영하여 책무성 정책이나 현재의 관행들이 개선되지 않는다면 학교 효과성에 대한 평가는 신뢰할 수 없고, 정책입안자들은 교육 정책을 계속 그릇된 방향으로 이끌어 갈 것이라고 본다.

요약하자면 학생들이 시험에 나오는 것만 배우고, 문항에 대한 답만 기억한다면, 학생들의 학습은 단편적이게 된다.

3. 교육과정의 요소

몇몇 문헌에서는 교육과정 요소를 교육과정 개발과 관련시켜서 다루고 있다. 그러나 두 분야에서 다루는 교육과정 요소가 같은 것처럼 보이지만 실제로는 매우 다르다. 교육과정 요소는 다음과 같다.

1) 교육과정 정책

어떤 교육제도도 제도화되지 않으면 오래 지속될 수 없고, 학교문화와 학교교육이 먼저 변하지 않으면 어떤 교육도 개혁할 수 없다(Boles & Troen, 2007). 교육과정을 제도화하는 가장 좋은 방법은 좋은 교육과정 정책들을 만드는 것이다.

교육과정 정책이란 학교가 교육과정 개발하고 실행하기 위해 필요한 규정, 준거, 지침을 마련하는 것이다. Kirst(1983)는 교육과정 정책을 거시적 정책과 미시적 정책으로 구분했다. 거시적이란 고등학교에서 무엇을 배워야 하는가를 결정하는 것과 같은 것이고, 미시적이란 수학 교과의 내용영역을 정하는 것과 같은 것이다. 결국, 그는 교육과정 정책을 "갈등하는 것에 대해 권위적인 결정을 하는 것"(p. 282)으로 보았다. 따라서 교육부나 교육청은 고등학교 교육과정에서 과학을 3년간 가르치지만 예술 교과는 그럴 필요가 없다고 결정할 수 있는데, 이러한 결정은 은연중에 미적인 것보다는 과학적인 것의 가치를 더 높이 평가한 것이다. Saylor, Alexander 그리고 Lewis(1981)는 교육과정 정책에 대한 법적 결정(de jure policy making: 법원의 결정, 주 정부의 법률이나 지역의 조례)과 사실상의 결정(de facto policy making: 지역사회 네트워크나 평가국의 결정, 담당자의 확인, 협회의 승인, 전문가의 자문)을 구별하였다.

도움말 1.6
교육자, 행정가, 교사들은 교육과정 실제에 영향을 미치는 지침들을 계속 재검토해야 한다.

학교는 교육과정 방침과 실제를 결정할 때 상당한 영향을 미친다. 예를 들면 교사의 수업에 대한 결정은 교육과정에 대한 학생의 생각에 영향을 미친다. 학급과 학교의 방침은 수업에서 교사-학생 간의 상호작용에 영향을 미친다(Danielson, 2002).

학교는 교육과정 개발에 영향을 미칠 수 있고 실제로 영향을 미치는 수많은 정책들을 운영하고 있다. 이들 중 어떤 것들은 정착되었고, 또 어떤 것들은 계속 시간을 두고 변하고 있다.

2) 교육과정 목적

교육과정 목적은 학교교육을 통해서 성취하고자 하는 보편적이고 장기적인 교육의 결과이다. 이 정의에는 세 가지 중요한 요소가 있는데, 첫째, 목적은 목표보다 더 일반적이다. 예를 들면, 국어 교과의 목적은 '의사소통하기'이다. 국어과의 5학년 목표는 더 구체적인데, 예를 들어 '공동체의 발전을 위한 요청하는 글쓰기'라고 할 수 있다. 둘째, 목적은 단기적이기보다 장기적인 결과이다. 학교는 학생들이 12년간의 정규 교육을 마친 후에 성취할 것을 목적으로 설정한다.

마지막으로, 교육과정 목적은 학교체제가 교육과정을 통해 얻고자 하는 결과물이다. 여기서 교육 목적과 교육과정 목적을 구분해야 한다. 교육 목적이란 학교체제가 전체 교육의 과정을 통해서 얻고자 하는 것이다. 예들 들어 Brown(2006)은 교사, 학부모, 학교 경영자를 대상으로 조사한 연구에서 학생들이 성취해야 할 기능 관련 목적들을 다음과 같이 우선순위에 따라 목록화했다.

① 비판적 사고력
② 문제해결력과 의사결정력
③ 창의력
④ 의사소통능력
⑤ 기초 학습 능력(읽기, 셈하기, 쓰기)
⑥ 문제해결과정에 대한 지식
⑦ 대인 관계 능력
⑧ 정보기술소양 능력
⑨ 건강과 보건에 대한 상식
⑩ 다문화에 대한 이해
⑪ 돈을 관리하는 능력
⑫ 평생 학습 능력

교육과정 정책과 교육과정 목적은 어떤 관계가 있는가? 어떤 의미에서 정책은 게임의 규칙을 정하는 것(보건교육은 3년만 한다.)이고, 목적은 도달점을 정하는 것(3년 후에 당신은 건강한 습관을 형성할 것이다.)이다. 이런 의미에서 목적은 관련된 모든 것을 고려하여 합리적으로 설정해야 한다. 그러나 사정은 그렇지 못하다. 전형적으로 교육과정 방침은 목적과, 목적은 교과와 긴밀하게 연계되어 있지 못하다.

3) 교과

교과(program of study)는 다년간 그리고 몇 개의 학습 영역들을 중심으로 학교가 특정 집단의 학습자에게 제공하는 전체 학습경험이다. 교과는 시간 배당과 이수단위를 포함하여 필수교과와 선택교과로 구분하여 제시한다. 전형적인 초등학교 교과를 예를 들면 다음과 같다.

- 읽기와 국어: 주당 8시간
- 사회: 3시간
- 수학: 4시간
- 미술: 1시간
- 음악: 1시간
- 보건과 체육 교육: 1시간

대학 수준에서 교과는 학생이 수강하고자 하거나, 수강한 강좌를 의미한다.

4) 교과 영역

한 교과의 영역(field of study)은 교과에서 학습할 경험을 분명하게 구분하며 조직하기 위한 것으로 대개 어느 정도 영속적이다. 대부분의 학교교육과정에서 이러한 교과의 영역들은 언어, 수학, 사회, 과학 등의 교과에서 표준적으로 가르치는 것이다. 대학 수준에서는 사회과가 아니라 역사학, 인류학, 사회학과 같은 식이다.

5) 강좌

강좌(course of study)는 교과에 기초한 과목(subject)이다. 강좌는 한 교과별 교육과정 내의 조직화된 학습경험으로서 특정 기간(1년, 1학기 또는 1분기)에 걸쳐 제공되며, 이수자에게는 학점을 부여한다. 대개 강좌 과목에는 과목명, 이수 학년, 일련번호를 부여한다. 따라서 3학년 과학, 영어 II 등이 과목이다. 대학에서 강좌는 학생과 교수에게 가장 중요하다. "나는 이번 학기에 경제학을 수강해." "나는 이번 계절 학기에 엘리자베스 시대의 문학을 가르쳐." 등으로 말한다.

6) 단원

단원(units of study)은 과목의 하위 단위이다. 한 과목에서 각 단원은 보통 1주에서 3주 정도로 제공한다. 여러 단원들은 '신화적 창조물' 혹은 '갈등의 성격'과 같이 널리 걸쳐 있는 특정 개념을 중심으로 조직하기도 한다. 대부분의 고등학교 교사는 그저 수업의 집합으로 간주한다. 예들 들어 '내일은 철자 수업, 모레는 문법 수업' 식으로 수업들을 모아 놓는다.

Robert Marzano(Marzano, Pickering, & Pollock, 2001)는 단원 개발의 계획 단계를 다음과 같이 제시했다.

- 시작 단계, 학습 목표 설정하기
- 중간 단계
  - 학습 목표 달성 과정 정하기
  - 새로운 지식을 도입하기
  - 지식을 연습, 검토, 적용하기
- 마지막 단계, 학생이 학습 목표 달성 정도를 확인하도록 돕기

Marzano는 교사가 단원을 체계적으로 개발해야 한다고 했다. 핵심은 학생들에게 단원의 진행과정과 과정변화, 구체적인 과제를 제시하는 것이다.

7) 차시

한 차시(lessons)는 전형적으로 한두 개의 학습목표를 중심으로 20분에서 60분 단위로 설계한다. 보통 한 차시는 단원의 하위 단위이다.

이렇게 교육과정의 여러 요소들을 구분하는 것은 개념을 명확하게 한다. 각각의

요소들은 어느 정도 서로 다른 과정으로 계획을 이끈다. 따라서 일반적으로 '교육과정을 계획'할 때 교과를 계획하는 것과 과목을 계획하는 것을 서로 구별하지 않는 것은 실수를 초래할 수 있다.

두뇌 연구와 교육과정 설계에 대한 최근의 연구에 따라 좋은 수업을 찾는 일에서 차시 개발이 중요해지고 있다. 이런 관점에서 Marzano와 그의 동료들(2001)은 학생의 성취에 영향을 미치는 중요한 아홉 가지 요인을 아래와 같이 제시했다.

- 공통점과 차이점 찾기
- 요약하기와 노트 필기하기
- 칭찬하고 인정하기
- 숙제와 연습
- 비언어적으로 표현하기
- 함께 학습하기
- 목표 설정과 피드백 제공하기
- 일반화하기와 가설 검증하기
- 질문하기, 힌트 주기, 선행 조직자 제공하기

위에서 보듯이 학생들은 학습할 때 상당한 전략들을 사용한다. 따라서 교사는 교육과정 계획의 전 과정에서 메타인지적 통제가 중요하다는 것을 알아야 한다. 메타인지적 과정은 새로운 학습 결과와 새로운 이해를 만들어 낸다. 교사는 메타인지가 중요하다는 것을 직관적으로 알지만, 구체적으로 인식하고 있지는 않다. 메타인지는 학습의 기술로서 중요하다. 세상은 점점 복잡해지고 정보와 의견은 넘쳐나며 새로운 생각을 요청한다. 이런 변화 때문에 교육에서 메타인지는 점점 중요해질 것이다(Martinez, 2006).

4. 완전학습, 유기적 학습, 심화학습을 위한 교육과정

1980년대 Glatthorn이 제시한 분류한 것이 유용하다. 이것은 특히 교과별 교육과정 영역을 개발하고 개선하는 데 활용할 수 있다.

도움말 1.7
교육과정 리더는 각 교과별로 세 가지 학습 유형을 구별해야 한다. 이 세 가지는 완전학습, 유기적 학습, 심화학습이다.

세 가지 학습 유형은 다음과 같이 구분할 수 있다. 첫째, 교과별로 기본학습과 심화학습으로 구분한다. 기본학습은 모든 학생에게 필수적인 것이다(여기서 모든 학생이란 학습자의 90%를 일컫는데, 학습 부진아와 심각한 학습 장애아는 제외한다.). 심화학습은 좀 더 알고 싶고 좀 더 확장된 지식과 기능을 학습하며 기본적인 것이 아니라 '알아 두면 더 좋은 것'에 해당된다. 따라서 교사는 5학년 사회과의 심화 내용으로 아이슬란드의 바이킹을 정할 수도 있다.

또 기본학습과 심화학습은 구조화 정도로도 구별 가능하다. 여기서 말하는 구조화에는 네 가지 특징이 있다.

① 계열화하기
② 계획하기
③ 평가 가능한 학습 결과
④ 명확한 내용

반면에 비구조화 학습은 주의 깊게 계열화하고, 계획하고, 평가하고, 명시화하지 않아도 된다.

〈표 1-4〉에서 보듯이 구조화 여부에 따라서 완전학습, 유기적 학습, 심화학습 등 세 가지 유형의 교육과정이 있을 수 있다.

〈표 1-4〉 세 가지 유형의 프로그램

	기본	심화
구조화	완전학습	심화
비구조화	유기적 학습	

완전학습은 기본적이고 구조화되어 있다. 2학년 국어과를 예로 들면 다음과 같다.

문장의 첫 단어는 대문자를 쓴다.

그러나 유기적 학습은 기본적이지만 구조화되어 있지 않다. 그것은 일상적인 상호작용과 교류를 통해서 자연스럽게 일어나는 학습이다. 유기적 학습 자체는 특정한 의도에서 일어나지는 않는다. 유기적 학습은 완전학습만큼이나 중요하지만 계열을 정하고 진도를 짜며 계획적으로 하는 학습은 아니다. 2학년 국어과를 예로 들어 보면 다음과 같다.

다른 사람이 말할 때 바른 자세로 듣는다.

교사는 이것을 가르치기 위한 구체적인 학습 상황을 설정하는 것이 아니라, 어떤 상황에서는 학습하도록 한다. 심화학습은 교육과정을 확장한 것으로 기본적으로 해야 하는 것을 넘어선다.

이 세 가지 학습 형태는 학습뿐만 아니라 교육과정 개발에도 중요한 시사점을 제공한다. 일반적으로 지역 교육청의 교육과정 지침과 내용체계는 완전학습해야 할 요소만 제시한다. 유기적 학습을 위해서 직원 연수를 강조할 수 있으나, 이에 대한 지침으로 제공하지는 않는다. 심화학습을 하고자 하는 교사들이 심화학습 내용을 개발할 수 있다.

교육과정에 기초한 시험은 완전학습 요소에만 초점을 둔다. 유기적 학습 요소는 평가하지 않는다. 한 교육청에서는 이런 구분을 무시하고 바른 자세로 듣기에 대한 평가 문항을 개발하는 데 상당한 시간을 낭비하다가 결국 포기했다. 또한 이 세 가지 학습 형태는 교과서 구입에 대한 시사점을 제공한다. 교과서는 완전학습을 중심으로 구입한다. 유기적 학습은 교과서 없이도 지도할 수 있다.

끝으로 이 세 가지 학습 형태는 지역 교육청과 교사의 역할갈등을 해결하는 데도 도움을 준다. 지역 교육청은 구체적인 목표를 제시하는 완전학습용 교육과정을 개발한다. 지역 교육청은 학습 결과를 관리하고, 교사는 학습에 대한 상당한 재량권을 갖는다. 심화학습용 교육과정은 교사가 개발한다. 학생이 흥미 있다고 생각하는 내용은 모두 가능하다.

한편 교사는 두뇌 연구와 학생의 학습방법에 대한 이해를 갖는 것이 중요하다. 교육학자이면서 교육과정 전문가인 Patricia Wolfe(2001)에 따르면 학습은 신경망을 만드는 과정이다. 그녀는 다양한 개념에 대한 정보를 가지고 있는 학생의 두뇌 피질에서 신경망이 만들어진다는 것을 알았다. 그녀는 학습의 세 가지 형태로 구체적 학습, 표상적 또는 상징적 학습, 추상적 학습을 제시했다.

Wolfe에 의하면 구체적 학습은 반복적인 경험과 시각화를 결합하여 두뇌에 저장하고 네트워크화하여 필요할 때 회상하는 것이다.

두 번째 단계인 표상적 또는 상징적 학습은 정보를 연결하고 상호 참조하는 두뇌에 기초한다. 모든 감각 정보는 연합되어 있다. 구체적 경험이 가동하면 감각 자료는 기억할 때 '활성화'된다. 구체적 경험이 없다면 학생에게 아무리 많이 설명하더라도 표상이나 상징이 형성되지 않는다.

세 번째 추상적 학습은 단어나 수와 같은 추상적 정보를 사용하는 두뇌에 기초한다. 구체적 경험과 표상을 형성한 아동은 '마음의 눈'으로 볼 수 있다. 용어, 집합, 유사성을 이해하는 것은 아동의 발달 연령에 의존하고, 학생의 경험과 관련 있는 예를 충분히 제시할 수 있는 교사의 능력에 의존한다. 학생들로 하여금 추상적인 개념을 이해하도록 하기 위해서는 경험을 갖게 하는 것이 중요하다.

많은 연구들은 교사들에게 학생들이 어떻게 학습하는지를 이해하도록 돕고 있다. 예를 들어 읽기 장애아는 유창성에 영향을 미치는 뇌 부분이 비활성화되어 있다는 것을 신경 영상 연구를 통해서 알 수 있었다. Shaywitz와 Shaywitz(2007)에 의해 읽기와 읽기 장애에 영향을 미치는 신경체계를 이해하게 되었다. 이것은 피험자가 구체적인 인지 과제를 수행하는 동안 혈류량이 증가하는 것을 측정함으로써 신경의 활동을 사진으로 찍는 MRI의 발달 때문이었다. 이러한 연구결과는 교사가 가장 성공적이면서 근거에 기반한 읽기 수업 방법을 선택해야 한다는 점을 시사한다. 음소 구분, 발음, 유창성, 어휘, 독해 수업에서 점차 신경 영상 연구결과들이 활용될 것이다.

도움말 1.8
심화 교육과정에서는 학생이 실생활 문제해결 상황에 참여하는 것을 중요시한다.

실생활의 문제를 해결하는 경험은 두뇌 신경망을 가장 강력하게 개발한다. 그래서 많은 학교의 교육과정에서는 비판적 사고와 문제해결 전략을 포함시키고 있다.

5. 잠재적 교육과정

잠재적 교육과정은 학교가 단순한 지식 전달 교육 이상이어야 한다는 의미를 담고 있다. 교사는 가르치고 학생은 배운다는 점에서는 문서로서의 교육과정과 잠재적 교육과정은 다르지 않다(Deutsch, 2004). 잠재적 교육과정은 '가르치지 않은 교육과정' 혹은 '암묵적 교육과정'으로 불리는데, 다음과 같이 정의할 수 있다.

> 잠재적 교육과정은 의도된 교육과정 외에 학생의 가치, 인식, 행동 변화에 영향을 미치는 학교교육의 제 측면을 의미한다.

위의 정의에 의하면 학생은 학교에서 의도된 교육 외에도 많은 것을 배운다. 비록 잠재적 교육과정이라는 말이 흔히 부정적으로 사용되지만 이것은 바람직한 것과 바람직하지 않은 것 모두를 의미한다. 잠재적 교육과정을 이해하기 위해서는 항상성(언제나 존재하는)과 요인(더 나은 것을 추구하는 데서 나오는 요소), 이 두 가지를 알아야 한다.

도움말 1.9
잠재적 교육과정은 학교의 의도를 넘어서 학습한 교육과정이라고 할 수 있다.

1) 잠재적 교육과정의 항상성

잠재적 교육과정은 문화적 제도로서 학교교육 자체에 내재되어 있기 때문에 항상 존재한다. 역사적으로 이런 항상성에 대한 설명들은 Apple(1979), Pinar(1978), Giroux(1979)와 같은 교육과정 재개념학자, Dreeben(1968)과 같은 사회학사, Jackson(1968)과 Goodlad(1984)와 같은 교육학자들에 의해 설명되었다. 잠재적 교육과정의 항상성 중의 하나는 학교교육 전반에 관련되어 있는 거대 담론이다. 따라서 미국 학교들은 민주적 자본주의 이데올로기를 반영할 수밖에 없다.

학교에서 중요한 조직 중 하나는 학급인데, 거기에는 잠재적 교육과정이 가장 잘 작동하는 곳이다. 학급은 복잡하고 통제가 필요한 곳이다. 통제는 여러 가지 모습으로 일어난다. 교사는 내용 선정, 학습방법 선정, 학급 내의 활동 선정, 학급 담화를 주도할 때 권위를 발휘한다. 또한 교사는 평가하고 피드백을 제공함으로써 통제할 책임을 느낀다. 이러한 학급에서 학생들은 무의식 중에 사회적 기교를 배운다. 그들은 시간 안에, 말끔하게, 고분고분하게, 지시대로 하는 법을 배운다. 그들은 줄을 서서 그들의 순번을 기다리는 법을 배운다. Butzin, Carroll 그리고 Lutz(2006)는 또 다른 형태의 잠재적 교육과정을 예시하는데, 학급 담임으로서 교사가 학기 초에 학생들을 알아 가는 동안 교실에서는 수업 결손이 생기고, 학기말 고사 이후에는 평가와 관련이 적은 수업을 하기 때문에 학생은 수업에 소홀해진다는 것을 알게 되었다.

잠재적 교육과정은 항상 있기 때문에 교육과정 리더들이 잠재적 교육과정의 미묘하고 강력한 영향력을 아는 것은 매우 중요하다. 미래의 학교 행정가와 리더 교사가 되려는 사람들은 잠재적 교육과정의 이런 측면과 잠재적 교육과정의 영향을 인식해야 한다.

2) 잠재적 교육과정의 요인

또 잠재적 교육과정은 좀 더 쉽게 변한다. 잠재적 교육과정의 요인을 조직 요인, 사회적 요인, 문화적 요인의 세 가지 범주로 나눠서 설명할 수 있다.

(1) 조직 요인

여기에서 조직 요인이란 수업에서 교사 배치나 학생 편성 등 조직과 관련된 요인이다. 여기서 네 가지 조직에 주목할 필요가 있다. 팀 티칭, 진급 및 유급 제도, 능력별 학급 편성, 진로별 편성(curriculum tracking)이다. 팀 티칭이 학업 성취에 영향을 미치는지는 확실하지 않다. 비록 여러 학교들이 학업성취만을 기초로 학생을 진급시키는 '진급 및 유급 제도'를 시행했지만, 연구들을 종합해 보면, 사회 계층이 학교에 대한 태도, 자아상, 학업성취에 더 영향을 미친다고 보고하고 있다.

집단 편성은 최악의 잠재적 교육과정을 유발하는 것으로 알려져 왔다. Giroux와 Penna(1979)의 비판을 보면,

학급 민주주의를 위한 교육적 기초는 '능력별 학급 편성' 관행을 포기할 때 가능하다. '능력'과 성취에 따라 학급을 편성하는 이런 전통은 교육적으로 가치 있는지 의심스럽다(p. 223).

이런 비판과 관련하여 문헌들을 고찰해 보면 두 가지 문제가 드러난다. 첫째, 교육학자들이 Rosenbaum(1980)의 능력별 학급 편성(학생을 능력에 따라 편성하는)과 진로별 편성(직업학교 교육과정, 일반학교 교육과정, 전문학교 교육과정)의 구분을 등한시한다는 것이고 또 하나는 그들의 주장을 뒷받침할 증거가 없다는 것이다.

학생들이 대학 준비반이나 취업 대비반과 같은 미리 정해진 프로그램을 이수한다는 점에서 진로별 편성은 능력별 학급 편성보다 좀 더 복잡하다. 이 분야에 대한 Rosenbaum(1980)의 연구는 진로별로 학생을 편성하는 데 능력 혹은 사회 계층이 일차적 요인으로 작용하는 것이 불명확하다는 것이다. 몇몇 연구에 의하면 진로 상담가의 조언이 그 진로별 편성을 결정하는 데 핵심적인 역할을 한다고 했다. Rosenbaum에 의하면, 많은 학생들이 자신이 선택한 진로와 다른 교육과정을 이수하고 있다. 진로별 편성이 비교적 안정적이라는 점과 대학 준비반에서 인문계와 실업계 간의 이동이 이런 불일치를 증명하는 것이다.

연구자에 의하면 진로별 편성의 문제점은 일반계 고등학교에서는 거의 개설하지 않는다는 것이다. NCLB법으로 공립학교 학생들이 사립학교로 이동하는 것을 막기 위해 진로별 편성에 대한 접근들이 나타나기 시작했다. 진로별 편성이 의도했던 것을 성취했는가는 불확실하지만, 분명히 '뒤처진 아이들'을 구제할 가능성, 사회적 계층화를 심화시킨다는 것에 대한 관심을 갖게 해 주었다(Rotberg, 2007).

Secada(1992)는 진로별 편성 혹은 능력별 학급 편성이 일반적으로 성취도가 높은 집단에는 효과적이지만, 성취도가 낮은 집단에서는 효과적이지 않다는 결론을 내렸다. 능력에 기초한 집단 편성에 대해 부정적인 실증 연구들이 있다.

- 소수민족과 저소득층 학생들은 하위 능력 집단에 배치된다(Century, 1994).
- 초등학교의 경우, 소수민족과 저소득층 학생들은 백인 학생들과 기득권층 학생에 비해 수학과 과학에서의 경험이 적다(Oakes, Ormseth, Bell, & Camp, 1990).
- 능력이 낮은 반 학생들은 낮은 수준의 수업만 받는다(Secada, 1992).
- 능력이 낮은 반 학생들은 능력이 높은 반으로 옮기기 어렵다(Century, 1994).

능력별 집단 편성의 또 다른 모습은 학급 내에서 능력별로 학습 집단을 편성하는 것이다. 학급 내에서 능력별 학습 집단을 편성할 때 학생들은 그들의 교과별 능력에 따라서 서로 다른 학습 집단에 참여한다. Secada(1992)는 종일반 능력별 편성에서 나타나는 문제들이 여기서도 나타난다는 것을 발견했다.

대부분의 연구자는 능력별 편성이 영재 학생에게는 적절하다고 본다. 능력별 편성을 지지하는 사람이나 반대하는 사람 모두 영재 학생에게는 능력별 편성을 지지하지만, 이런 영재교육 프로그램이 일반 학생에게 그대로 적용되어서는 안 된다고 주장한다(Century, 1994). 그러나 모든 학생들이 정기적으로 평가를 받아서 언제든지 영재반에 편성될 수 있어야 한다.

능력별 학급 편성에 대한 좀 더 나은 대안은 협동학습 집단을 정기적으로 운영하는 것이다. Slavin, Chamberlain 그리고 Daniels(2007)에 따르면 협동학습은 모든 학년에서 효과가 있지만, 특히 중학생에게 적합하다고 한다. 협동학습은 학생들로 하여금 학습하는 과정에 활발하게, 활동적으로, 사회적으로 참여하게 한다. 이질학급에서 협동학습을 할 때 학생들은 심리적 부담과 갈등을 덜 느끼면서 높은 성취를 보여 준다. 학생들은 또한 다른 사람과 함께하는 능력을 획득할 뿐 아니라 개인적으로는 책임감을 배운다.

이러한 연구결과들은 교육 리더들이 잠재적 교육과정에 영향을 미치는 요인들에 관심을 갖고, 진급 제도나 진로에 미치는 영향을 고려해야 한다는 것을 시사한다. 또한 교육과정이 단조롭거나 지루해서는 안 된다는 점도 시사한다.

잠재적 교육과정을 유발하는 또 다른 조직 관련 요인으로는 학급의 규모, 학교의 아침과 점심시간, 비정규 지원 프로그램, 문해 지도, 독서 지도, 부진아 지도와 같은 특별활동뿐만 아니라 방과 후 활동 등이 있다(Cunningham & Allington, 1994).

학급 규모가 교육과정 계획과 실행에 어떤 영향을 미치는가에 대해서는 추가적인 논의가 필요하다. 대부분의 사람들은 학급 규모가 작을수록 가르치기 쉽고 개별학습이 가능하다고 생각한다. 하지만 또 다른 사람들은 그렇지 않다고 생각한다. 소규모 학급이 중요한 요소이기는 하지만 보다 나은 교수·학습을 보장하지는 않는다. 그러나 대부분의 사람들은 학급 규모가 교육과정 실행에 영향을 미치며 따라서 교육과정을 논의하는 데 중요하다고 생각한다. 학교에서 아침과 점심을 먹는 것이 교육과정은 아니지만 수업에는 영향을 미친다. 예를 들어 식당이 있다면 아침과 점심을 먹을 수 있도록 시간을 조정해야 한다. 밥을 늦게 먹거나 못 먹은 학생들이 교육과정 실행 시간과 방식에 영향을 미치기 때문이다.

학교에서는 비정규 지원 프로그램들을 실제로 운영하고, 담당자들은 학생들의 수업 결손을 보충해 준다는 점에서 잠재적으로 수업에 영향을 미친다. 교사는 다른 곳에서 특별 지도를 받고 들어온 학생을 위해서 학습 환경을 조정해야 한다.

읽기 능력을 향상시키기 위해서 교사들은 독서교육을 실시한다(Carbo, 2007). 'Reading Recovery'의 'Reading well'과 같은 읽기 관련 프로그램들은 2002년 NCLB법 제정 이후 최근 학급에서 중시되고 있다. 이들은 음성학에 기반한 프로그램들인데 초등학교 교사들로 하여금 읽기 부진아를 위해 읽기 집중 프로그램을 중심으로 단원과 차시를 재조정하도록 잠재적인 영향을 미쳤다. 이러한 특별 프로그램들이 학급에서의 교육과정 실행에 영향을 미치는 것은 자명하다.

좋은 도서관을 가지고 있거나 책을 쉽게 볼 수 있는 학교는 그렇지 않은 학교에 비해 좋은 학교다. 학생에게 시기적절하게 읽기와 정보를 제공하는 것이 중요하기 때문이다. 비록 잠재적이지만 책과 정보를 활용하는 교사의 능력 차이는 가르치는 데 있어서도 큰 차이를 낸다.

평가와 책무성은 NCLB법의 상징이 되고 있다. 평가와 자료 분석은 언제, 무엇을, 어떻게 교수해야 하는지를 결정하는 데 영향을 끼친다. 평가와 자료를 기초로 교육과정은 전반적으로 수정된다.

비록 평가의 영향을 온전히 이해하거나 인지하고 있지는 않지만, 일과시간의 연장과 방과 후 활동에 미치는 영향은 크다. 교사들은 최근 일과시간을 연장해서 전문성 개발을 위한 연수를 받고, 연수수당도 받고 있다. 전문성 개발에 대한 요청은 교사들이 새로운 것을 배우고 학급에서 새로운 것을 시도할 수 있게 한다. 이러한 변화가 교육과정에 어느 정도 영향을 미치는지는 알 수 없지만 그 영향력은 점점 커지고 있다.

(2) 사회적 요인

연구자들은 학교의 사회 경제적 지위가 인종보다 학생의 학업 성취에 더 큰 영향을 미친다는 것을 발견했다(Kalenberg, 2006). 몇몇 교육 리더들은 지역 교육청의 사회 체제를 검토하고 학생의 사회 경제적 지위를 종합적으로 고려하고 있다.

학교 풍토의 한 측면으로서 사회적 요인이라는 용어는 Tagiuri(1968)가 처음 사용하였는데, 그는 학교 내의 사람들과 집단의 관계 패턴과 관련된 사회적 요인에 대해 언급하였다. 학교 풍토에 대한 Anderson(1982)의 연구는 학생의 학업 성취에 관계있어 보이는 몇 가지 사회적 요인들을 지적하고 있다. 이 중 하나는 교장-교사 관계이다. 교장은 수업에 적극적으로 관여하고 교장과 교사는 건전한 래포를 형성하고 의사소통한다. 교사와 함께 의사 결정을 하고 교사들 간의 사이가 좋다. 또 하나는 교사-학생 관계이다. 교사-학생 간 상호작용이 긍정적이고 건설적이며 학생이 의사 결정에 함께 참여한다. 학생이 활동에 참여할 기회를 많이 제공한다. 이런 모든 요인들은 교장과 교사의 리더십에 따라 바뀔 수 있다.

도움말 1.10
잠재적 교육과정은 사회 경제의 영향을 받는다.

    Head Start나 Even Start와 같이 사회 경제와 관련 있는 프로그램은 경제적으로 어려운 취학 전 아동들을 위한 것이다. Head Start 프로그램은 연방 차원에서 추진한 것으로 1960년부터 시행해 왔다. 일부 교육청에서는 관내 학교에 Head Start 프로그램을 시행하도록 지시하였다. 이 프로그램은 Head Start 대상 아동들이 유치원에 순조롭게 입학할 수 있도록 하였다. 또한 Head Start를 시행한 교육청은 직원 연수를 실시했다. Head Start 교사들과 행정가들이 그들의 교육과정을 함께 계획하고 그동안 생각하지 못했던 것들을 지역 교육청 교육과정에 반영하였다. 따라서 Head Start에 참여한 교사들은 지역 교육청의 의도를 보다 잘 이해하게 되었고, 지역 내 초등학교 교사들과도 상호 협력할 수 있었다.

    Head Start 운동은 두 가지의 큰 성과를 거두었다. 첫째, 이 프로그램은 사회적, 정서적 발달을 강조하였다. 건강을 강조하고 가족에게 사회적 · 교육적 서비스를 종합적으로 제공하였다. 둘째, 이 프로그램에 부모들을 참여시켰다. 단일 요소로서 부모는 자녀의 성장에 가장 강력하게 영향을 미친다(Perkinns-Gough, 2007).

    Even Start는 가족 단위의 문해력 향상 프로그램으로 취학 전 아동과 부모를 대상으로 한다. 아동과 부모가 모두 등교해서 부모는 고등학교 교육을 수료하거나 성인 문해 수업을 받는다. 이 프로그램의 잠재적 측면은 아동에게 취학 전 교육과정을 풍부하게 제공하고, 부모들 또한 자녀의 읽기와 쓰기를 도울 수 있도록 부모 교육을 실시하는 것이다(Cunningham & Allington, 1994).

교육과정에 영향을 미치는 또 다른 사회적 요인은 부모와 지역사회이다. 비록 부모가 교육과정에 직접적으로 영향을 미치지는 않지만, 그들의 승인이나 거절은 학교교육의 내용과 방법에 상당한 영향을 미친다. 한 예로 초등학교에서의 부모 참여와 지원을 들 수 있다. 부모가 학교에 가 보고 그들 자녀에게 미치는 영향을 목격하면 교육적 테크놀로지의 지지자가 되곤 한다. 이런 지지는 학교교육을 위한 특별한 기금을 마련하게 했고, 이 기금은 모든 학년, 심지어 고등학교까지 지원한다.

지역사회는 유사한 방법으로 학교의 교육과정 개발에 영향을 미친다. 지역사회 구성원들이 학교교육을 긍정적으로 생각하면 학교에 경제적 지원을 한다. 이 경제적 지원으로 학교는 더 많은 직원을 채용하고, 교육 여건을 개선하며, 교재를 구입하고, 교사 전문성을 위한 연수를 실시한다. 이것이 교육과정에 미치는 영향이 어느 정도인지는 명료하지 않지만, 분명히 학교교육의 성공에 중요한 영향을 미친다.

(3) 문화적 요인

사회학자 Arlie Hochschild에 의하면 "우리는 우리 주위의 가족이나 친구뿐만 아니라 얼굴도 모르는 다른 사람들과 연결되어 있다."(Hargreaves & Fink, 2006, p. 20) 학교에서 우리는 종종 전혀 접해 본 적이 없는 문화권의 사람이나 이해하기 힘든 문화를 가진 사람들을 만난다. 문화적, 언어적 배경이 다른 학생, 특히 역사적으로 핍박받은 집단의 학생들을 가르치는 일은 단순히 수업을 이끄는 전략 이상이 필요하다. 학습에 영향을 미치는 문화와 언어에 기초한 새로운 교수방식이 요청된다(Villegas & Lucas, 2007).

Tagiuri는 잠재적 교육과정에 영향을 미치는 문화적 요인을, 신념이나 가치, 인지 구조나 의미 등과 관련된 사회적 측면으로 정의했다. Anderson(1982)은 잠재적 교육과정에 영향을 미치는 몇 가지 중요한 요소를 제시한다. 이러한 요소는 학업 성취나 태도를 개선하는 데에도 관련이 있다.

- 학교는 모든 사람들이 지지하는 분명한 목적을 가지고 있다. 이 목적들은 교장과 교사들이 협의한 것이다.
- 교장과 교사는 서로에게 기대가 높으며, 모두 학생의 학업 성취를 중시한다.
- 교장과 교사들은 학생에게 기대감이 크며, 이러한 높은 기대로 학업 성취를 강조한다.

- 보상과 칭찬은 학업 성취에 공공연하게 주어진다. 보상과 처벌은 공정하고 일관성 있게 제공되어야 한다.
- 학교는 개인 간의 경쟁보다는 협동과 집단 경쟁을 강조한다.
- 학생은 학업 성취에 가치를 둔다. 또래 학생들은 이러한 성취 기준을 지지한다.

교장과 교사들이 협동함으로써 잠재적 교육과정에 영향을 미칠 수 있다.

요약하면, 잠재적 교육과정은 학교교육에 늘 있고 다양한 원인으로 발생한다. 어떤 지식이 중요한가의 여부, 관료제도가 요청하는 권력과의 관계에서 잠재적 교육과정은 거대 담론으로서 존재한다. 그러나 교육과정 리더들은 학교교육에 영향을 미치는 조직구조, 사회체제, 영향을 받을 수 있는 문화적 요인에 대해 지속적으로 관심을 가져야 한다.

의도적 교육과정과 잠재적 교육과정은 함께 존재한다. [그림 1-1]은 의도적 교육과정과 잠재적 교육과정이 학습한 교육과정에 어떻게 영향을 미치는지를 보여준다.

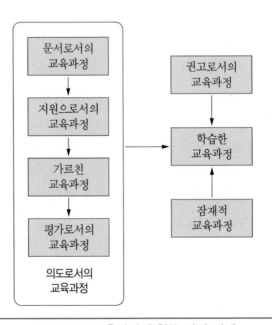

[그림 1-1] 교육과정 유형들 간의 관계

출처: Mark A. Baron(Chairperson, Divising of Educational Administration, School of Education, University of South Dakoda)이 개발함

요약

　　제1장은 교육과정 분야를 개관하고, 교육과정과 관련된 일반적인 개념들을 분석하였다. 1장에서는 여러 종류의 교육과정 개념을 검토하여 교육과정을 종합적으로 이해하고자 하였다. 주요 용어를 중심으로 교육과정 개념을 정의하고, 교육과정 구성요소들을 설명하고, 잠재적 교육과정의 의미를 분석하였다. 1장에서는 교육과정이란 무엇인가, 교육과정이 왜 중요한가, 교육과정의 유형과 요소는 무엇인가, 교육과정은 어떻게 변하는가, 완전학습, 유기적 학습, 심화학습이 무엇이고, 교육과정을 개발할 때 이들이 하는 역할은 무엇인가, 교육과정 리더들이 '잠재적 교육과정'을 이해하는 것이 왜 중요한가를 설명하였다.

적용

1. 제1장에서 정의한 교육과정 개념과 당신이 사용하는 교육과정 개념을 검토해 보고, 교육과정에 대한 스스로의 정의를 써 보시오.

2. 몇몇 교육자들은 '교육과정이란 무엇을 가르치는 것이다.' '수업이란 그것을 가르치는 방법'이라는 식으로 교육과정과 수업에 대한 정의가 더 간단해져야 한다고 지적해 왔다. 당신 입장에서 볼 때 이것만으로도 충분한가? 만약 그렇다면 이런 식으로 설명해 보시오.

3. 교육과정에 대한 정의는 얼핏 보아서 좀 혼란스러울 정도이다. 교육과정 학자들이 제공하는 정의를 중심으로 교육과정을 보편적으로 이해하기 위해서 이 책에서 설명하고 있는 여섯 가지 종류의 정의(권고로서의 교육과정, 문서로서의 교육과정, 지원으로서의 교육과정, 가르친 교육과정, 평가로서의 교육과정, 학습한 교육과정)의 예들을 순서대로 정리해 보시오. 그리고 당신은 왜 그렇게 하였는지, 어떤 기준을 적용하였는지를 설명하시오.

4. 교육과정 리더들은 문서로서의 교육과정과 실제로 가르친 교육과정이 얼마나 일치하는가를 논의해 오면서, 한편으로는 교사가 규정된 교육과정 내용만 가르치면 된다고 주장하고, 또 다른 한편으로는 교사가 주체라는 점에서 교사에게 어느 정도의 자율성을 허용해야 한다고 주장한다. 이 이슈에 대해 당신은 어떤 입장인가?

5. 비록 대부분의 교육과정 문서는 교과, 과목들을 구분하지 않지만, 엄밀하게 구분하자면 이들은 서로 다르다. 이 차이점을 만드는 전제들을 검토하기 위해서 다음과 같이 해 보시오. (1) 초등학교나 중학교 수준에서 가르쳐야 할 교과를 편성할 때 취할 단계를 열거해 보시오. (2) 한 과목을 정해서, 가령 유치원~고등학교에 대해 사회과 과목을 편성할 때 거치는 단계를 열거해 보시오.

6. 제1장에서는 잠재적 교육과정은 '늘 존재하여 쉽게 바뀌지 않는다'고 설명했다. 또 다른 한편에서는 학교가 민주적이고 인간적인 곳으로 바뀌려면 잠재적 교육과정을 바꾸어야 한다고 주장한다. 학교교육의 리더로서 당신은 잠재적 교육과정의 '늘 존재하는 것(항상성)' 혹은 잠재적 교육과정을 유발하는 '요인'에 더 주의를 기울이겠는가?

7. 학업성취나 태도에 영향을 미치는 '문화'를 개선할 수 있는 당신의 전략들을 밝히시오.

사례

Dr. John Summers는 Dover 교육청의 교수·학습 과정을 지원하는 교육과정 책임자이다. 교육장이 Dr. Summers를 선임한 것은 그가 교육과정 개발 능력이 있고 5,000여 명의 학생이 재학 중인 인근 주에서 거둔 뛰어난 성과 때문이다. 전임지에서 그는 높은 학업 성취를 올린 것으로 유명했는데 그는 잘 계획된 교육과정으로 학교장과 교사들을 지원했다.

반면 Dover 교육청의 교육과정은 체계적이지 않고 학업 성취 또한 전국 평균에 미치지 못한다. Dr. Summers는 Dover 교육청의 교육과정 관련자나 학교장들이 교육과정은 표준만 충족하면 되는 것으로 여기고 있다는 것을 알아차렸다. 그들은 가르치는 것을 교육과정으로 여기고 있었다. 그러나 이 교육청에 계획적인 교육과정이 필요하다고 생각하는 사람들은 있지만, 교육과정 이론과 실제의 간극을 메울 수 있는 리더십이 부재했다.

도전 과제

1장에서 교육과정의 개념과 성격을 분석해 보았다. 당신이 Dover 교육청의 교육과정 책임자 Dr. Summers라면 학교장과 학교의 교육과정 리더들이 교육과정 이론과 실제를 연계하도록 도울 수 있는 어떤 유용한 방법들을 제시할 것인가?

주요 질문

1. 당신은 여러 학문들이 문서로서 교육과정에서 어떤 역할을 해야 한다고 생각하는가?

2. 당신은 여러 학문들이 지원으로서의 교육과정, 평가로서의 교육과정, 학습한 교육과정이라는 의도된 교육과정을 증진시키기 위해 어떤 역할을 해야 한다고 생각하는가?

3. 당신은 어떤 형태의 태도 변화가 필요하다고 생각하는가? 그렇다면 어떻게 당신의 태도를 변화시킬 수 있는가? 그렇지 않다면, 왜 필요하지 않다고 생각하는가?

4. 의도된 교육과정은 처방적인가 아니면 기술적인가? 혹은 이 둘 다인가? 왜 그렇게 생각하는가?

5. 권고로서의 교육과정과 잠재적 교육과정은 의도된 교육과정의 개발에 어떤 역할을 하는가?

6. Dr. Summers는 교육과정을 제공할 때 꼭 이수해야 하는 것(mastery curriculum)을 60~70% 정도로 권고한다. Dr. Summers가 주장하는 완전학습 비율에 대해 동의하는가? 왜 그런가?

참고 사이트

Association for Supervision and Curriculum Development

　www.ascd.org

　http://webserver3.ascd.org/handbook/demo/curricrenew/pocr/sectioni.html

Consortium on Chicago School Reserch

　http://ccsr.uchicago.edu

Education Trust

　www.edutrust.org

Education World

　www.educationworld.com

◆ 제2장 ◆

교육과정의 역사

교육과정 학자와 실행가 모두 교육과정 발달사를 이해할 필요가 있다. 이는 교육과정이 좀 더 큰 사회적 영향을 받아 변하기 때문이다. 또 교육과정 혁신 및 개혁을 보는 보다 폭넓은 관점을 제공하고 때로는 교육과정 변화가 과거를 되풀이하기 때문이다.

특히 과거 100년 이상의 교육과정 발달사를 면밀하게 분석함으로써 우리는 교육과정 발달 과정을 더 잘 이해할 수 있을 것이다. 미국 교육과정 발달사는 특히 학교교육에 영향을 미친 관점들을 중심으로 구분해 볼 수 있다. 이는 교육과정 발달사를 좀 더 개괄적으로 이해하도록 돕는다. 물론 정확하게 시대를 구분하기는 힘들다. 역사를 연대기로 구분하는 일은 역사가들의 몫이다. 우리가 말하는 소위 '시대'는 하나의 구분이지 사람들이 그 시대에 사는 것도 아니고 당대의 사건이 일어나는 것도 아니다. 이런 관점에서 지난 한 세기의 교육과정 역사를 여덟 개의 시대로 구분하고 각 시대별 특징을 살펴보고자 한다. 〈표 2-1〉은 지난 100여 년의 교육과정 이론과 실제를 검토하기 위해 구분한 것이다.

시대 구분에 대해서 여러 사람들의 이견이 있을 수 있지만 여기서 제시하는 여덟 개의 시대 구분은 과거에 일어났던 주요 사건을 기초로 교육 개혁을 통찰하고 이해하기 위한 것이다.

〈표 2-1〉 교육과정의 역사 구분

기간	시대
1890~1916	학문적 과학주의(Academic Scientism)
1917~1940	진보적 기능주의(Progressive Functionalism)
1941~1956	발달적 순응주의(Developmental Conformism)
1957~1967	학문적 구조주의(Scholarly Structuralism)
1968~1974	낭만적 급진주의(Romantic Radicalism)
1975~1989	개인적 보수주의(Privatistic Conservatism)
1990~1999	기술공학적 구성주의(Technological Constructionism)
2000~현재	현대적 보수주의(Modern Conservatism)

Sarason(1990)에 의하면, 역사는 우리에게 당대를 휩쓴 특정한 사건만 이야기해 주거나 변화 결과만 알려 주는 것이 아니라, 제도의 특성을 알게 해 준다. 즉 제도는 만들어져서 되풀이되며 잘 드러나지 않게 당대가 무너질 때까지 유지되는 특성이 있다(p. 34).

Sarason은 "사람들은 인간의 무능을 명확하게 깨닫기 위해서 역사를 쓴다."고 결론지었다(p. 146). 또한 "공립학교는 변할 수밖에 없다."고 하였다(Goens & Clover, 1991, p. 3).

이 장에서는 다음과 같은 질문을 다룬다.

- 학문적 과학주의, 진보적 기능주의, 발달적 순응주의, 학문적 구조주의, 낭만적 급진주의, 개인적 보수주의, 기술공학적 구성주의, 현대적 보수주의 시대란 무엇이며, 이런 것들이 교육과정 개발에 왜 중요한가?
- 시대를 초월해서 나타나는 교육과정의 주요 경향은 무엇인가?

리더십의 열쇠

교육과정 역사는 두 가지 관점에서 검토해야 한다. 첫째는 변화의 속도이고 둘째는 변화의 주기와 방향을 찾는 것이다.

1. 학문적 과학주의

학문적 과학주의(Academic Scientism) 시대는 1890년부터 1916년까지에 해당하며, 학문화와 과학화의 영향을 받은 시기이다. 학문화는 학교교육의 제도화 과정에서 학교교육과정에 대학이 영향을 미치면서 형성되었다. 과학화는 새로운 과학 지식을 활용하여 학교교육이 해야 할 일이나 학교에서 가르쳐야 할 내용을 과학적으로 결정하려는 과정에서 미친 영향이다.

도움말 2.1
과거의 교육과정과 오늘날 교육과정은 관련이 있다.

1) 시대적 배경

이 시기 교육의 특징은 사회적 배경을 살펴볼 때 잘 알 수 있다. 이 시기는 무엇보다 한 세기가 끝나가고 새로운 세기가 시작하려는 전환기로, 시민혁명 이후 산업의 발달, 도시의 발달, 철도의 급속한 성장이 있었다.

이 시기의 두 번째 현저한 특징은 매체의 대중화이다. 자동 주조 식자기가 1890년에 등장했고 신문 가격은 1센트까지 떨어졌으며 부수는 두 배로 늘었다. 잡지 또한 대중화되었다. 마지막으로 대륙 간 이주가 있었다. 이주민이 증가해서 본토는 급변했다. 1890년대 이주민은 서부 유럽 국가 사람들이었지만 세기의 전환기 10년 동안의 이주민은 동유럽 국가의 국민들이 더 많았다.

2) 경향

앞에서 언급하였듯이 이 시기 교육의 주요 특징은 학문화와 과학화였다. 대학 교수로서 가장 영향력 있었던 인물은 하버드 대학 총장인 Charles W. Eliot였다. Eliot는 자신의 관점에서 초등, 중등, 고등교육의 교육과정 전체에 대해 조언했다. 본질적으로 Eliot의 관점은 모든 학생에게 가르쳐야 할 최선의 것이 학문적 교육과정이라는 것이었다.

과학이 미친 영향은 직접적이는 않지만 더 강력했다. 과학이 교육에 미치는 영향에 대한 신호는 당시 주요 교육 단체 중 하나에서 나타났는데, 1990년 헤르바르트 협회(Herbart Society)는 교육 과학 연구회(National Society for the Scientific Study of Education)로 이름을 바꾸었던 것이다.

과학적 관점이 교육 사상가들에게 미친 영향은 세 가지 점으로 정리할 수 있다. 먼저 과학은 당시 교육 사상가로부터 폭넓은 지지를 받았던 합리적, 사회 개선적 세계관을 지지하는 지식을 제공하였다. 과학화 과정에서는 이성을 활용하여 문제를 해결할 수 있고 지식을 활용하기 위해서는 보다 많은 지식과 능력이 필요하다는 생각을 제공하였다. 둘째, 과학은 교육과정 내용을 제공하였다. 과학의 중요성을 주장하는 이론가 중 한 사람인 Flexner(1916)는 학교교육을 통해서 학생들이 삶에 적응해야 하며 이런 준비는 물리의 세계와 사회를 공부함으로써 가장 잘 준비할 수 있다고 주장하였다. 마지막으로, 과학은 학교를 개선하는 방식을 제공하였다. 학생에 관한 과학적 지식은 교육과정의 바람직한 성격을 통찰하고 논의하도록 하였다. 또한 합리적인 방식으로 최적의 교수 방법을 찾도록 하였다.

3) 대표자

이 시기 가장 두각을 나타낸 인물은 아마도 G. Stanley Hall과 Francis W. Parker일 것이다.

(1) G. Stanley Hall

G. Stanley Hall(1904/1969)은 유명한 심리학자로 당시 아동 중심 교육학자들을 과학을 지지하도록 이끌었다. 일찍이 발달론자들은 교육과정 결정의 한 요소로서 아동을 연구했는데 이 과정에서 Hall은 카리스마 넘치는 리더였다. 다원학파의 한 사람으로서 그는 사회는 급진적으로 변화하는 것이 아니라, 점진적으로 변한다고 믿었다. 그는 학교 고유의 과업은 우수한 인재를 양성함으로써 이런 점진적 사회 변화를 지원하며, 우수한 학생들에게 개별화된 활동을 통해서 성장할 기회를 제공하는 것이라고 생각했다.

(2) Francis W. Parker

Francis W. Parker는 G. Stanley Hall보다 더 영향력 있었던 인물이다. 실제로 John Dewey(1964)는 Parker를 '진보주의 교육의 아버지'라고 불렀다. Parker는 교수법과 교육과정 개발에 큰 기여를 하였다. 그가 주장한 교수 방식들은 자연스러운 방식, 아동 중심적인 방식이다.

교육과정 이론 분야에 대한 기여도 또한 높았다. 그는 『교육에 대하여(*Talks on pedagogics*)』(1894)라는 저서에서 아동이 직관적으로 알고 있는 것을 중심으로 한 아동 중심 교육과정을 주장하였다.

Hall이 보수적이라면 Parker는 거의 모든 면에서 진보주의자로서 인간 발달을 도모할 수 있는 가장 보편적인 장소를 학교라고 믿었다. 그의 교육학 저서 중 한 장에서 그는 "모든 사회 계층의 자녀들을 모아서 혼합, 융합, 조화시키는 학교는 개인에게 성장을, 사회에는 민주주의 발전을 가져올 수 있는 엄청난 힘을 갖고 있다." (p. 421)라고 하며 사회개혁을 주장했다.

4) 주요 출판물

이 시기 동안 주요 출판물로는 NEA(National Education Association)의 두 위원회의 보고서를 들 수 있다. 10인 위원회는 고등학교 교육과정 권고안을, 15인 위원회는 초등학교 교육과정 권고안을 제출하였다.

(1) 10인 위원회

많은 교육학자들은 10인 위원회를 대학이 교육과정을 지배하려는 시도로 보지만, 10인 위원회의 위원들은 NEA에 의해 임명되었다. 대학을 준비하기 위한 교육과정이 너무 다양하여 학교 행정가들은 좀 더 통일된 교육과정을 원했다.

10인 위원회 보고서의 주요 권고안(NEA, 1893)은 고등학교 학생들이 배워야 할 것은 4개의 프로그램, 즉 고전, 라틴-과학, 모국어, 영어 등이어야 한다는 것이었다. 10인 위원회가 전문가와 대중에게 전하는 메시지는 '모든 학생들이 미래의 삶을 준비하도록 하는 데 학문적 교육과정이 최선'이라는 것이었다.

(2) 15인 위원회

거의 같은 시기에 NEA는 또 하나의 위원회를 위촉하고 초등학교 교육과정과 수업에 대한 권고안을 제출하였다. Eliot는 15인 위원회가 자신이 제시한 권고 중 두 가지를 받아들이도록 하였는데 초등학교 학년 수를 10학년에서 8학년으로 줄이고 7학년과 8학년에서 산수를 대수로 대체한 것이었다. 그러나 15인 위원회는 초등학교 교육과정을 다양화하고 심화하기 위해서 문법과 산수 시간을 줄여야 한다는 그의 권고안을 수용하지 않았다(위원회의 권장사항은 NEA 1895년 보고서에 기록되어 있음).

15인 위원회가 권고한 교육과정은 상당히 보수적인 것이었다. 문법, 문학, 산수, 지리, 역사는 정신을 연마하기 위한 주요 과목으로 간주되었고 이 과목들을 독립적으로 다루도록 하였다. 그리고 매년 가르쳐야 할 과목으로 1학년에서 8학년까지는 독서, 영문법(8학년 제외), 지리, 자연과학, 위생, 일반 역사, 신체 문화, 성악 그리고 그림 그리기가 있었다. 글씨 쓰기는 처음 6년 동안 배우며 4, 5, 6학년에는 철자법을 가르친다. 라틴어는 8학년에 시작하며 7학년과 8학년에는 실과(남학생), 바느질과 요리(여학생)를 가르친다. 수학에서 산수는 처음 6년 동안 배우고 이후 7학년과 8학년에서는 대수를 배운다.

모든 학년에서 역사를 배우며 미국사는 7학년과 8학년의 1학기에 배운다. 헌법은 8학년 2학기에 배운다. 따라서 4학년의 경우 11개 교과를 배우는데, 그것은 읽기, 글씨 쓰기, 철자법, 영문법, 산수, 지리, 자연과 위생, 역사, 신체 활동, 성악, 그림 그리기 교과였다.

15인 위원회 보고서는 궁극적으로 교과 중심의 학교교육과정을 구축하는 데 영향을 미쳤다.

2. 진보적 기능주의

진보적 기능주의(Progressive Functionalism) 시대는 1917년부터 1940년 즈음으로 이 시기는 두 가지 뚜렷한 특징이 있었다. 하나는 진보주의로 John Dewey와 그의 추종자들을 주축으로 하는 아동 중심 교육이다. 다른 하나는 과학을 중심으로 교육과정을 주도한 기능주의이다.

1) 시대적 배경

1920년대는 사회 경제가 가장 발달하고 성장한 시대였다. 주택은 기록적인 속도로 건설되었다. 1929년경 자동차 등록은 2,600만대를 넘었고 인구 5명당 차 한 대의 시대를 열었다.

그러나 이런 발달과 성장은 모두 대공황기와 더딘 회복기를 거치면서 완전히 무너졌다. 이 시기 사람들의 고통은 끔찍했다. 한 통계에서는 인구의 28%가 수입이 전혀 없었다고 집계했다. 적지 않은 학교들이 교사에게 지불할 월급이 없어서 문을 닫았다.

국제 정세도 우울했다. 1930년대에는 자국에서 대량 학살을 감행한 독일의 히틀러와 소련의 스탈린이 나타났기 때문이다. 독일, 이탈리아, 소련, 일본의 제국주의적인 탐욕을 경험한 시대였고, 그동안 서구 민주주의 국가들은 혼란을 겪고 있었다.

2) 경향

앞에서 지적했듯이, 이 시대는 진보주의와 기능주의의 시대였고, 둘은 상반된 원리를 기초로 교육과정과 수업에 동시에 영향을 미쳤다.

(1) 교육에 대한 진보주의의 영향

매우 복잡하고 오해의 소지가 많은 진보주의 교육을 여기서 간단히 요약하기는 쉽지 않다. 지난 10년 동안 교육과정에 지배적 영향을 끼친 것이 학문적 교과였다면 진보주의에서는 아동으로 볼 수 있다. 아동 중심 교육과정은 다소 낭만적이면서도 아동 발달을 상식적으로 바라본다. 아동은 선천적으로 호기심이 많고 창의적이며 학습을 갈망하고 자기를 표현하고 싶어 한다고 본다. 이런 관점은 분명히 교육과정의 내용과 과정 모두에 의미 있는 영향을 미친다. 교육과정을 개발할 때 아동 중심주의자들은 아동의 흥미에서 출발한다. 내용의 적절성은 이런 흥미와의 연계를 기초로 판단한다.

교육과정 내용에도 영향을 미친다. 창의성을 기르는 것이 무엇보다 중요하기 때문에 예술을 강조한다. 반면 아동이 직접적으로 관심을 갖기 힘든 수학, 문법 등의 교과들은 경시하는 경향이 있었다.

(2) 기능주의

여기서 말하는 기능주의란 '사회적 효능주의자'로 불리는 Kliebard(1985)의 교육이론에서 나온 말이다. Kliebard는 기본적으로 성인의 삶의 기능이나 활동에 대한 분석을 기초로 교육과정을 개발해야 한다고 생각했다. 교육과정 이론으로서 기능주의는 분명히 당대의 중요한 두 가지 사상으로부터 영향을 받았다. 하나는 성공적인 실천을 중시하는 Edward Thorndike의 자극-반응 학습 이론이다. 그리고 '과학적 운영'을 중시하는 Frederic Taylor(1911)의 효율성의 영향이다. Taylor는 어떤 과업이든 분석을 필요로 하는데, 그가 주장하는 분석은 숙련공들을 관찰하고 숙련공이 과업을 수행하는 데 쓰는 시간을 기초로 연구하며 불필요한 동작을 제거하여 최대의 효율성을 분석해 냈다. 이런 맥락에서 학습과제를 분석함으로써 보다 효율적인 교육을 할 수 있다고 보았다.

3) 대표자

John Dewey와 Franklin Bobbitt 두 인물이 거론된다. 이 두 사람은 비록 교육과정에 대해 정반대의 견해를 가지고 있지만 둘 다 당시 교육에 강력한 영향을 미쳤다.

(1) John Dewey

물론 어떤 의미에서는 Dewey를 이 시대의 인물로 분류하는 것에 대해서는 이견이 있을 수 있다. 왜냐하면 Dewey는 철학자 그리고 교육학자로서 학문적 과학주의 시대와 진보적 기능주의 두 시대에 걸쳐서 영향을 미친 인물이기 때문이다(Dewey, 1964).

Dewey(1900)는 처음부터 학교와 사회와의 관계를 기초로 교육과정을 인식했고 이론화하였다. Dewey에게 민주주의는 사회적 이상이었다. 그는 다양한 집단들이 공통의 관심사를 갖고 자유롭게 상호작용하며 상호 적응할 때 사회가 발전할 수 있다고 믿었다. Dewey는 그의 저서 『민주주의와 교육』(1916)에서 교육받은 유권자들을 배출해야 한다는 것을 넘어 사회가 학교를 필요로 하는 이유들을 지적하고 있다.

Dewey가 경험을 이렇게까지 강조하는 것도 교육과 학습의 사회적 성격에 대한 그의 관심 때문이다. 그러나 그가 활동 중심 교육과정까지 무조건적으로 옹호하는 것은 아니다. 학습자들이 흥미 있어 하고 그들과 관련 있는 활동만이 교육적으로 가치 있는 활동이다. 경험과 교육에서 Dewey(1938)는 경험이 곧 교육이라고 할 수 없다고 했다. 그의 말대로 하면 어떤 경험은 '비교육적'이다. 바람직한 학습경험은 다음의 기준을 만족시킨다. 민주적이고 인간적이며 성장을 촉진시키는 것, 호기심을 유발하고 직관을 강화하는 것, 개인이 의미를 창조할 수 있도록 하는 것이다.

(2) Franklin Bobbitt

또 한 사람의 교육과정 이론가는 Bobbitt인데 당시 학교교육에 가장 영향력 있었던 인물이며 그의 업적은 오늘날에도 영향을 미치고 있다. 그에게 교육과정은 원재료(아동)가 완제품(성인 모델)이 되기까지의 모든 것이다. 그의 초기 연구에서 그는 교육과정을 다음과 같이 요약했다.

① 우리는 먼저 학교에 맡겨진 학생들을 사회 계층에 따라 혹은 직업에 따라 나누고, 학교는 그들에게 책임지고 가르쳐야 할 능력과 인성적인 측면들을 상세하게 작성해야 한다.
② 다음으로 우리는 이들을 평가할 수 있도록 측정 가능한 용어로 평가 기준을 마련해야 한다.
③ 우리는 평가 기준을 기초로 다양한 학생들의 능력과 상태에 적합하고 적절한 교육의 양을 결정해야 한다.
④ 우리는 각 단계마다 적절하고 보편적인 발달을 이끌어 낼 수 있는 단계별 성취 기준을 마련해야 한다. 사회 계층이나 직업을 기준으로 이 네 가지를 준비한다면 과학적인 것을 추구하는 이 시대에 걸맞는 교육을 위한 과학적 교육과정을 갖추게 될 것이다(Bobbitt, 1913, p. 49).

따라서 Dewey와 Bobbitt 둘 다 학교교육의 목적을 사회 개선에 두지만 교육과정에 대한 개념은 매우 다르다. Dewey(1902)의 관점에서 아동 발달은 교육과정 개발의 출발점이었다. Bobbitt의 관점에서 교육과정의 출발점은 성인의 삶이다. 나아가서 Dewey는 사회와 유기적으로, 비형식적으로 상호작용하는 경험 중심 교육과정을 강조하는 반면, Bobbitt는 교육의 결과와 교육활동을 정확하게 과학적으로 연계하는 데 관심을 두었다.

4) 주요 출판물

Dewey와 Bobbitt의 저서들이 당시 교육 리더들에게 큰 영향을 미친 것은 분명하다. 그러나 『중등 교육의 주요 원리(*Cardinal Principles of Secondary Education*)』(1918)와 『교육과정 개발의 기초(*The Foundation of Curriculum Making*)』(Rugg, 1927)라는 두 개의 출판물이 더 직접적인 영향을 미쳤다. 출판의 의도나 독자는 서로 다르지만, 두 출판물이 강조하고 있는 점은 놀랍게도 서로 비슷하다.

(1) 중등교육의 주요 원리

1913년 NEA는 서로 상이한 중등교육의 몇몇 성격을 조정해야 할 필요성을 인식했고, 이를 위해서 중등교육 개편 위원회를 발족시켰다. 5년간의 숙고 끝에 위원회는 권고문을 제시했다.

일곱 가지의 주요 원리로 건강, 기본 과정의 통달(읽기, 쓰기, 산수, 구어와 문어적 표현), 건강한 가족, 직업교육, 시민교육, 여가 선용, 도덕적 품성이 제시되었다.

이 원리들은 상호 밀접하게 관련되어 있다. 이 목표를 성취하기 위해서 학교는 다음 세 가지를 전제로 학습 프로그램을 개발할 수 있다고 권고하였다. 그것은 필수 과목(공통 이수해야 할 과목), 선택 과목(학생 개인의 목표를 고려하여 선택 가능한 전문 과목 개설), 자유 선택 과목(학생 개개인의 취향에 맞게 선택할 수 있는 과목)이었다.

이 위원회는 중등학교교육과정의 토대를 마련한 것 외에도 두 가지 다른 중요한 임무를 완수했다. 대학으로부터 중등학교교육을 어느 정도 독립시킨 것이고 종합고등학교의 필요성을 강하게 피력한 것이다. 위원회는 미국의 고등학교가 대학을 목표로 하는 학생뿐만 아니라 모든 젊은이들의 요구를 충족시켜야 한다고 보았다.

(2) 제26차 연감

학교 재편성 시도로 인한 논란에 대해 NSE(National Society of Education)(Rugg, 1927)는 앞에서 소개한 두 권의 책과 관련된 모든 전문가들의 생각을 종합하기로 결정하고 제26차 연감을 발간하였는데 연감의 서문을 다음과 같이 썼다. "교육과정에 대해 너무나 다양하고 심지어는 상반되어 보이는 여러 철학들을 한데 모아서 가능한 한 통일하거나 종합하여 권위 있는 안을 마련하고자 한다."(p. 6) Tyler (1971)가 "교육과정 개발의 선구자들"(p. 28)이라고 불렀던 사람들이 만든 이 두 권의 책을 적절하게 요약하는 것은 분명 쉽지 않을 것이다. Tyler에 따르면 Rugg와 Counts의 제안이 담임교사의 중요성을 인식하지 못했다는 결정적인 결함은 있지만, 제26차 연감은 주요 쟁점에 관한 각 전문가들의 의견 일치를 이룬 것이다. 첫째, 위원회는 어린이에 관한 연구이든 어른에 관한 연구이든 상관없이 교육과정의 기초를 마련해야 한다는 점을 인정했다. "교육과정 내용 재료를 선정하고 정당화하려면 전문가들은 성인의 활동과 아동의 흥미 둘 다 분석해야 한다는 점을 강조한다."(Rugg, 1927, pp. 12-13) 또한 위원회는 교육과정의 개인적 요구와 사회적 요구의 중요성을 다음과 같이 진술하였다.

> 개인은 사회에 참여할 때만이 진정한 의미에서 개인이다. … 교육과정은 어린이가 효과적으로 사회생활을 할 수 있도록 준비시키는 것이다. 그것은 성인 사회의 삶을 분석하여 만들어 놓은 목표나 활동과 유사한 경험을 학생 자신의 현재 삶에서 할 수 있도록 함으로써 가능하다(p. 14).

3. 발달적 순응주의

교육사적 맥락에서 다음으로 오는 시대는 발달적 순응주의(Developmental Conformism) 시대(1941~1956)인데, 국가들이 전쟁에 휩쓸려 격변하던 시기였으며 전후의 냉전이 도래하기 전인 과도기였다.

1) 시대적 배경

이 시기는 물론 여러 면에서 혼란의 시대였다. 무엇보다 국제적으로 갈등하고 긴장하는 시기였다. 1941년 미국은 제2차 세계대전에 참전했고 1945년에 와서는 연합군이 승리했다. 그러나 전쟁이 끝난 지 불과 3년 후 미국과 소련 사이에 긴장은 소련의 서베를린 봉쇄로 더 고조되었고 이런 긴장 관계는 이후 40년 넘게 계속 되었다.

이 시대는 또 인종 갈등이 있었던 시기이다. 뿌리 깊은 인종적, 민족적 편견으로 이 시기 대부분은 매우 차별적인 사회였다. 미국의 연방 대법원은 1954년 학교에서의 차별을 금지시켰고 1955년 Rosa Parks는 앨라배마 주 몽고메리 시에서 백인에게 버스 좌석을 양보하기를 거부했다.

마지막으로 이 시대는 원자력 시대를 열었다. 몇몇 사람들이 관찰한 것처럼 원자폭탄은 평범한 시민들로 하여금 지금까지와는 다른 방식으로 세상을 느끼고 생각하도록 하였다.

대부분의 미국인들은 이렇게 격변하는 사회에 조용히 순응하는 삶을 살았다. 이런 암울한 시대에도 불구하고 Truman과 Eisenhower 대통령은 국가가 건재하며 국가의 미래가 밝다는 것을 미국 국민들이 확신할 수 있도록 이끌었다.

2) 경향

이 시기의 교육학적 노력에 대해 두 가지 경향을 찾을 수 있다. 하나는 학생의 능력과 흥미를 개발하고자 한 것이고, 다른 하나는 교육의 목적을 확실히 하고자 한 것이다.

(1) 발달 이론가들

이 시기는 무엇보다 아동과 청소년 발달에 대한 교육적 의미에 관심이 매우 높았던 시대였다. 앞에서 언급했듯이 Dewey는 오래전부터 아동과 청소년의 성장 단계를 밝히는 데 관심을 기울였다.

앞으로 언급하겠지만 교육학자들이 Piaget의 연구에 관심을 갖기 시작했다. 그러나 처음에는 교육학자들이 Piaget 연구가 주는 교육적 의미를 충분히 인식하지는 못했다. 그 대신 이 시기 동안 교육학자들의 주목을 받은 것은 Havighurst의 이론과 연구였다.

Havighurst(1972)는 욕구에 기초해서 '발달 과업'을 개념화했는데, 그는 다음과 같이 정의했다.

개인이 특정한 삶의 시기에 특정한 과업을 성공적으로 성취하면 행복이나 이후 과제 수행의 성공을 성취하며, 실패하면 불행과 사회적 비난을 얻게 되며 이후 과업에서 어려움을 겪는다(p. 2).

Havighurst가 제시한 아동기와 청소년기 학생의 발달 과업에 대한 예시들을 검토해 봄으로써 교육과정에서 이런 발달 과업의 중요성을 짐작할 수 있다.

- 아동 초기
  ① 읽기
  ② 옳은 것과 그른 것을 구별하기
  ③ 성적인 차이와 정숙함을 알기
  ④ 말하기

- 아동 중기
  ① 게임을 할 수 있는 신체적 기술을 학습하기
  ② 동년배와 함께하기
  ③ 적절한 성역할 알기
  ④ 읽기, 쓰기, 셈하기의 기본 기능을 익히기

- 청소년기
  ① 자신의 신체적 특징을 알고 효율적으로 몸을 사용하기
  ② 결혼과 가정생활을 준비하기
  ③ 경제활동으로서 직업을 준비하기
  ④ 사회적으로 책임 있게 행동하기
  ⑤ 시민으로서 필요한 개념과 지적 능력을 개발하기

(2) 교육 목적으로서의 순응

Havighurst의 발달 과업이라는 말이나 개념화가 의미하는 것은 현재 상태에 충실하자는 것이다. 예를 들어 '적절한 남녀의 성역할 익히기' '자신의 신체 특징 알기' '사회적으로 책임 있게 행동하기' '아동 중기의 생리적 변화를 인식하고 적응

하기'와 같은 과업들을 보자. 이런 관점은 아동과 청소년들이 기존 사회 규범을 따르도록 돕는 것을 학교의 중요한 책임 중 하나로 보며, 이것을 교육이 사회에 기여하는 점이라고 본다.

두 번째 전제는 교육과정의 기능을 중시하는 것이다. 교육과정은 학생들에게 직접적인 가치가 있는 실질적인 기능과 지식이어야 한다는 것이다.

이와 관련된 전제는 학문 그 자체를 교과과정 조직의 기초로 고려하기 힘들다는 것이다. 대신 학교는 교과의 구분을 최소화하고 중요한 이슈나 주제를 중심으로 통합 학습할 수 있는 '중핵 교육과정'을 개발해야 한다. Oliver(1977)가 제시하듯이 중핵 교육과정은 일차적으로 "교과를 넘어서 학습자가 보편적으로 필요로 하는 것을 중심으로 통합 학습을 하는 것"을 목표로 한다(p. 246). 예를 들어 Van Til, Vars 그리고 Lounsbury(1961)가 제시한 '경험 중심'의 활동, 예를 들어 친구 사귀기, 신체로 단어 만들기, 새 학교에 적응하기 등이 여기에 해당한다.

이들 문헌에 자주 등장하는 주제는 간단히 말해서 좋은 사회를 유지하는 것이다. 또한 교육의 적절성을 강조하다 보니 진부한 학습, 현재의 필요를 강조하는 교육과정을 너무 자주 제공하였다. 더 나아가 능력에 따라 차별화된 교육과정을 만들도록 했고 빈곤 가정의 자녀들은 질 낮은 교육과정을 이수하게 되었으며 대학 진학에 필요한 교과 학습의 기회를 차단당했다.

3) 대표자

이 시기에 영향력 있었던 교육과정 학자로는 Ralph Tyler와 Hollis Caswell 두 사람이다. 대부분의 경우처럼 이들도 앞에서 구분한 몇몇 시대를 걸쳐 있지만, 이 시대에서 고찰하는 것이 가장 적절해 보인다.

(1) Ralph Tyler

Tyler는 처음 미국 PEA(Progressive Education Association)가 후원한 8년 연구(Eight-Year Study)의 연구책임자로 참여하면서 유명해졌다. 8년 연구는 진보적 교육과정을 운영한 고등학교교육의 결과를 체계적으로 평가하기 위한 것이다. 이 연구 보고서를 Giles, McCutchen 그리고 Zechiel(1942)이 요약했는데, 그들은 교육과정을 개발하고 평가하기 위해서는 네 가지 요소, 즉 목표 설정, 목표를 달성하기 위한 수단의 선정, 수단의 조직, 결과와 평가를 포함해야 한다는 것을 알았다. 이 연구가 당시 시카고 대학의 Tyler에게 영향을 준 것이 확실하다. 널리 알려진 'Tyler 원리'는 바로 시카고 대학의 대학원 교과목인 Education 305(Tyler, 1950)에 실려 있다.

이 강의 계획서에서 Tyler는 교육과정 개발을 위해서 반드시 대답해야 할 첫 번째 질문으로 '학교가 추구할 교육목적은 무엇인가?'를 제시했다. 교육목표 설정을 위해서 먼저 세 원천, 즉 학습자에 대한 연구, 학교 밖의 삶에 대한 연구, 교과 전문가의 제안을 고려해야 한다.

두 번째 질문은 '이를 위한 학습경험을 어떻게 선정할 것인가?'이다. 여기서 그는 교육과정 개발자들에게 지침이 될 몇 가지 원리를 제시했다.

세 번째 질문은 '효과적으로 가르치기 위해서 이들 학습경험을 어떻게 조직할 것인가?'이다. 경험을 조직할 때 교육과정 개발자는 세 가지 기준, 즉 계속성, 계열성, 통합성을 고려해야 한다.

마지막 질문은 '학습경험의 효과를 어떻게 평가할 것인가?'이다. 교육과정에 기초한 타당하고 신뢰할 만한 평가여야 하고, 평가 결과는 교육과정 개선에 활용되어야 한다.

Tyler의 저서는 교육과정 리더들에게 지속적인 영향을 미쳐 왔다. 1985년 판매 부수가 100,000부를 넘어섰다. 이것은 교육과정 개발을 체계화하는 데 기여했으며 교육과정 개발자들은 Tyler의 절차가 명확하고, 종합적이며, 간단하다는 점을 높이 샀다.

(2) Hollis Caswell

Caswell은 교육과정 개발을 위한 전문성 개발의 중요성을 초기에 인식한 사람 중 한 사람이다. 이를 위해서 첫째, 그는 우수한 교사 연수 자료를 개발하고, 참고 문헌을 구축하였는데, 이 자료는 교사들이 아동 발달 및 교육과정 분야의 쟁점들을 이해할 수 있도록 돕는 것이었고, 그와 함께 교육과정 개성 작업을 한 플로리다와 주변의 주에 소속된 교사들의 연수에 활용할 만한 교사 교육 자료였다.

둘째, 그는 교사들이 교육과정 개발에 참여해야 한다고 믿었고 이를 실천한 사람이다. 버지니아 주 교육과정을 개발하면서 교육과정을 연구하고 이슈를 논의하는 데 만여 명의 버지니아 주 교사들을 참여시켰다.

셋째, 그는 교육과정의 세 원천인 학생의 흥미, 사회, 교과를 통합한 일련의 조직 구조를 만들었다. 그는 학생의 주요 흥미를 결정하기 위해서 아동 발달 연구결과들을 검토하기 시작했다.

4) 주요 출판물

다소 관점이 다른 두 가지 유형의 출판물에 주목해 볼 수 있는데, 그것은 유명한 스위스 심리학자 Jean Piaget의 저서와 미국 교육자들로 구성된 한 위원회의 출판물이다.

❏ 인지 심리학

Piaget의 저서는 수많은 세미나 발표 자료로 몇 십 년에 걸쳐 축적되어 있기 때문에 가장 중요한 업적 하나를 선택하기는 쉽지 않다. 그러나 그의 1950년 저서인 『인지 심리학(*The psychology of intelligence*)』은 특히 영향력 있는데, 그 이유는 지적 특성과 아동 발달 단계에 대한 그의 포괄적인 견해를 체계적으로 제시한 초기 저서이기 때문이다.

따라서 그가 제시한 발달 단계는 이런 기본적인 원리를 기초로 한다. Piaget의 여러 저서에서 제시하는 발달의 단계는 4단계로서 감각 운동기, 전 조작기, 구체적 조작기, 형식적 조작기이다. 그는 발달 단계가 순차적으로 발생하며 상호 연계되어 이전 단계는 다음 단계로 통합된다고 보았다.

약 2세까지 지속되는 감각 운동 단계는 언어 이전의 단계로 영아가 환경에 적응하고 새로운 행동을 습득하기 위해 감각 운동 정보에 의존한다. 아동은 간단한 반사 행동부터 시작하면서 이후에는 경험을 기초로 반응을 하게 된다.

다음 단계인 전 조작 단계는 약 6세 또는 7세까지 지속되며 언어적 사고나 상징적 사고를 시작한다. 학습자는 감각 운동 단계의 발달을 재구성하고 이전 지식을 새로운 인지 구조에 통합한다.

7세에서 11세 사이의 구체적 조작 단계 동안 분류하기, 순서 정하기, 수 다루기, 공간 조작하기, 조작적인 수준에서 모든 위계와 관계를 다룰 수 있을 정도로 아동의 인지 능력이 발달한다. 어떤 면에서 구체적 조작 단계는 아동이 사물에 대해 직접 반응하는 대신 표상적 사고를 한다는 것을 제외하면 이전 단계와 매우 유사하다. 이 단계에서 아동은 환경에 반응함으로써 잘 통합된 인지 구조를 갖게 된다. 그러나 아동은 인지적 의미에서 여전히 상징으로서가 아니라 구체물로 다룰 때 효과적으로 사물을 인지할 수 있다.

마지막 단계인 형식적 조작 단계의 청소년들은 실제와 추상을 다 다룰 수 있다. 1950년대 후반과 1960년대 초반 Piaget의 단계를 연구한 초기의 교육자들은 무엇보다 이런 단계 이론을 구축한 연구 자료에 깊은 인상을 받았다.

그러나 이후 다른 연구자들은 Piaget의 단계 이론을 확인하거나 변화를 시도하는 연구에 관심을 두었다. 관련 연구를 검토한 후, Gelman과 Baillargeon(1983)은 "우리의 견해로는 Piaget가 밝힌 유형의 인지발달의 주요 단계를 지지할 수 있는 근거가 거의 없다. 전 조작기 아동이 생각보다 더 많은 능력을 가지고 있다는 증거들이 계속 나오고 있다."(p. 214)고 결론을 내렸다.

이런 논점은 사실상 발달에 대한 보수주의자들의 관점들이다.

4. 학문적 구조주의

1) 시대적 배경

학문적 구조주의(Scholarly Structuralism) 시대(1957~1967)는 역사적으로 흥미로운 시기이다. 이전 시대를 혼란스럽게 했던 요소들이 모여서 강점이 된 것 같은 시대이다. 국제적 긴장은 풀리지 않고 계속되었다.

교육 분야에서는 1957년 스푸트니크 발사가 이슈화되었는데 이 사건으로 미국의 학교교육은 무엇보다 과학과 수학을 강조하게 되었다. 존슨 대통령의 촉구로 미국 의회는 연방 차원에서 수학과 과학 교육을 지원했다.

2) 경향

교육적 관점에서 볼 때 이 시기는 흥미로운 시기이다. 미국 교육사에서 최초로 학문을 하는 학자들이 교육과정 개발에 핵심적인 역할을 한 시기이다. 이들 학자들은 대부분 연방과학재단의 자금 지원 아래 초등과 중등학교의 모든 주요 교과 영역에 속하는 교육과정을 다수 개발하였다.

3) 대표자

이 시기 동안 영향력이 컸던 두 명의 교육과정 이론가는 Jerome Bruner와 Joseph Schwab이다.

(1) Jerome Bruner

Bruner(1960)는 『교육의 과정(*The process of education*)』이라는 저서에서 학문의 구조에 대한 종합적인 논리를 상당히 설득력 있게 진술했다. 먼저 학교교육과정은 일차적으로 학습의 전이를 효과적이고 용이하게 하는 것에 관심을 갖고, 교사는 제한된 시간에 적절하고 효과적인 수단을 찾아야 한다고 주장했다.

원리를 이해하는 것은 특히 20세기 후반에 중시되었다. Bruner는 증가한 과학지식을 이전에는 생각하지 못한 방식인 학문의 구조로 분류하였다. 지식의 폭발적 증가로 학생들은 모든 지식을 배우지 못하게 되었다. 따라서 학문의 구조를 배우는 것은 매우 경제적인 것이었다.

(2) Joseph Schwab

교육과정에 관한 Schwab(1969, 1971, 1973, 1978, 1983)의 논문은 적어도 20년에 걸쳐 있고 교육과정 이론 분야에 상당한 영향을 미쳤다. Bruner처럼 Schwab도 처음에는 학문의 구조에 관심을 가지고 있었다. 엄밀하게 말해서 이 주제에 대한 그의 논문들은 Bruner에 비해 복합적이고 세련된 방식으로 진술되었다고 말하는 것이 더 정확할 것이다.

세계를 이해할 수 있는 방법은 오직 한 가지만 있는 것이 아니다. Schwab은 '허용 가능한 절충주의'를 주장하는데, 이것은 탐구자로 하여금 자연과 인간 현상을 이해하기 위해 어떤 타당한 접근법이라도 사용할 수 있도록 해 준다. 그는 단지 하나의 구조만 있는 학문은 거의 없으며, 과학 분야는 과학자마다 선호하는 것이 너무나 다양하기 때문에 만장일치로 하나의 올바른 양식을 정할 수 없다고 주장했다.

교육과정에 관한 Schwab의 후기 논문들은 학문의 구조보다는 과정에 더 관심을 두고 있다. 그가 희망했던 것은 점진적 변화이고 그 과정은 절충적인 것이며 몇 개의 지식체계와 몇 개의 관점으로부터 도출하는 것이었다.

4) 주요 출판물

두 개의 출판물에 주목할 수 있는데, 코넌트 보고서(The Conant Report)와 물리교육학회(The Physical Science Study Committee: PSSC)의 교육과정 프로젝트이다. 하나는 지나온 과정을 검토한 것이고, 다른 하나는 앞으로의 일을 전망한 것이다.

(1) 코넌트 보고서

1959년 카네기 법인의 책임자인 John Gardner는 하버드 대학교의 전 총장이었고, 제2차 세계대전 후 독일 최고 위원이었던 James Bryant Conant를 영입하여 미국 고등학교 관련 주요 연구를 맡겼다. 그 결과 다음과 같은 교육과정 권고안을 담은 '코넌트 보고서'가 나왔고, 이 보고서는 매우 구체적이면서 전통적이었다.

① 모든 학생은 영어 4년, 사회 3년, 수학 1년, 과학 1년을 필수로 이수해야 한다.
② 학업 성취가 높은 학생은 수학 3년, 외국어 4년, 과학 2년을 추가로 이수한다. 그리고 학생이 원한다면 제2외국어를 추가할 수 있다.
③ 모든 학생은 상급 학년에서 사회과의 한 영역으로서 미국 문제를 다룬다. 이 강좌는 이질적인 학급 편성을 하고, 이질 학급에 편성된 학생들은 이슈화된 쟁점에 대해 자유롭게 토의한다.

국가는 학교교육의 새로운 방향을 모색하고 있었기 때문에 위의 권고안들은 당시 대부분의 교육자들에게 지지를 받았다. 교장과 교사들은 이 보고서의 내용을 자신의 학교를 평가하는 기준으로서 사용했으며 코넌트 보고서의 권고안을 반영하기 위해서 학교교육 프로그램을 변경했다.

(2) PSSC 교육과정 프로젝트

1950년대 후반과 1960년대 초반의 이 교육과정 프로젝트(Physical Science Study Committee, 1961)는 물리학의 지식 구조를 습득하기 위해서 학생들이 발견하고 탐구해야 한다고 주장했다. 학생들은 적어도 그들이 할 수 있는 능력 범위 내에서 물리학자처럼 '물리학을 했다'. 연방의 재정 지원으로 수많은 교사 연수를 통해서 새로운 교수법을 시행했지만 개발자들은 수업의 제 측면을 통제하는 '교사 배제' 교육과정 개발을 시도했다.

5. 낭만적 급진주의

많은 사람들은 낭만적 급진주의(Romantic Radicalism) 시대(1968~1974)를 국가 분열과 격변의 시기로 보는 듯하다. 이 시기에 사회 구조는 전환기를 맞게 되었다.

1) 시대적 배경

무엇보다도 폭력이 난무했던 시기였다. 또한 청소년이 중시되던 시기였다. 인기 작가들은 청소년에게 영광을 부르짖었다. 환각제, 록 음악, 모든 관계에서 강력한 개방, '반문화'의 목소리들이 생겨났고, 이 시대는 동시에 노동, 시간 엄수, 신체 청결과 같은 자본주의 가치를 거부했다.

2) 경향

이 시기는 분명 아동 중심 학교와 프로그램 개발을 시도한 실험적인 시기였다. 이런 실험들은 대안 학교, 열린 교실, 선택 프로그램 세 가지 형태로 나타났다.

(1) 대안 학교

대안 학교는 가장 급진적인 것이다. 나중에는 대안 학교도 전통적인 학교와 유사하게 되었지만, 처음에 대안 학교는 전통적인 학교와 차별화하려고 애썼다. 대안 학교는 완전히 비구조적인 '자유학교'부터 실험적인 학교까지 그 범위가 다양하지만, 그들도 일정한 특징이 있다(대안 학교와 대안 학교 교육과정에 대한 충분한 설명은 Glatthorn, 1975 참조).

먼저 대안 학교는 교사 중심이다. 교장 없이 교사들이 학교를 운영하고 교육과정을 결정하며 전통적 학교에서는 전문가들이 제공했던 서비스를 대안 학교에서는

교사들이 제공한다. 둘째, 대안 학교는 진정한 의미에서 아동 중심이다. 교육과정은 아동의 필요와 흥미를 중심으로 개발하고, 학습 활동은 아동과 부모의 요청사항을 중심으로 하였다. 급진적 대안 학교는 모든 평가를 거부하고, 교사들이 학생들의 자기평가를 기초로 학생의 학교생활에 대한 평가 보고서를 일화로 썼다. 마지막으로 대안 학교는 '선택 학교'이다. 학생들은 대안 학교에 배치되는 것이 아니라 선택한다.

(2) 열린 교실

열린 교실은 아마도 시대의 분위기에 부응하는 교육의 하나일 것이다. 대부분 유명한 영국 사립 초등학교의 영향을 받은 미국의 열린 교실 운동은 정체되었던 진보주의를 부활시켰다. 비록 열린 교실이라는 용어의 의미는 명확하지 않았고, 슬로건 같았지만 몇 가지 중요한 특징이 있었다. 첫째, 풍부한 학습 환경을 강조했다. 열린 교실에서 교사들은 전형적으로 학습을 자극하는 자료나 활동들이 있는 교실을 만드는 것으로부터 시작했다. 흥미 코너는 아동들의 즉각적인 관심을 끌었고, 아이들이 학습할 수 있도록 했다. 아동은 이 코너에서 저 코너로 자유롭게 이동하면서 공부하고, 서로 토의했다. 그러므로 전통적인 교실에서처럼 질서 있지는 않았다. 최고의 교육은 스스로 학습하는 자기주도 학습이었다.

(3) 선택 프로그램

선택 프로그램은 중등학교에서 열린 교실을 활성화하고 관심을 갖게 하려는 하나의 시도로 중학교 1학년으로 확대하기 위한 것이었다. 선택 프로그램의 기본적인 아이디어는 간단하다. 어떤 학생은 일반적으로 배우는 '10학년 영어' 대신 '문학 속의 여성' '스포츠의 로망스' '전쟁과 평화'와 같은 과정들을 선택할 수 있다. 이런 의미에서 '선택'은 학생이 음악을 공부할 것인지 말 것인지를 선택하는 교과 차원의 선택이 아니다.

3) 대표자

이 혁신과 실험의 시대를 대표하는 두 인물이 전통적 의미에서 교육과정 학자가 아니라는 점에서 상징적이다. Carl Rogers는 심리학자였고 John Holt는 교사였다.

(1) Carl Rogers

Rogers는 심리학자로 학교 상담 분야를 이끈 인물이다. Rogers 학파에 따르면 상담자란 의뢰인의 세계 속으로 들어가서 의뢰인의 기준에 적응하고 의뢰인에게 충고하는 것이 아니라 공감해 주는 사람이다.

Rogers(1969)는 Rogers 학파에 관심이 있는 몇몇 동료나 교직원들과 함께 일했지만 그가 기여한 점은 열린 교육자들과 자유학교 지지자들이 분명하게 제시하지 못한 것을 효과적으로 명확하게 설명한 것이다.

(2) John Holt

Rogers가 조언을 신뢰하지 않는 상담자였다면, Holt는 가르치는 것을 신뢰하지 않는 교사라고 할 수 있다. 그는 Jonathan Kozol, James Herndon, Herbert Kuhl처럼 '각성하여 눈 뜬 교사들' 집단을 대표하는 한 인물로 여기에 선정되었다.

비록 교육과정에 영향을 미치는 중요한 인물로 개혁적인 교사를 지적하지만, Holt를 선택한 이유는 그와 그의 동료들이 교육과정 자체에 대해 의문을 제기한 사람으로 이 시대를 대표하는 사람이기 때문이다. Holt(1964)에게는 교사가 교육과정이다. 그의 이런 관점에서 볼 때 학교는 계열성을 구분한 차트, 명확한 목표, 구체적인 학습 활동을 필요로 하지 않는다. 대신에 학교는 학습을 촉진하는 환경을 제공할 줄 알고 학생들을 유의미한 학습경험에 참여시킬 줄 아는 교사를 필요로 한다.

4) 주요 출판물

좀 다른 각도에서 두 개의 출판물을 선택했다. 하나는 열린 교육을 이끌어 냈고 다른 하나는 교육과정 개발에 대한 연방 정부의 간섭을 종식시켰다.

(1) 교실 위기론

Ravitch(1983)는 『교실 위기론(Crisis in the classroom)』을 "마치 이전에는 한 번도 해 본 적이 없었던 것처럼 대중들이 열린 교육에 관심을 갖도록 하였다." (p. 245) 고 평가하였다. 저자 Charles Silberman(1970)은 기자 출신으로 카네기재단이 운영한 교사 연수 프로그램 연구를 수행한 경험이 있는 사람이었다. 그러나

Silberman은 과거에는 열린 교육이 교육을 개혁하고자 했던 하나의 운동이었다는 중요한 사실을 간과했었다는 것에 주목했다.

　Silberman은 매우 전문적인 작가였고 교육의 변화와 같은 재미없는 이야깃거리를 재미있게 말할 줄 알았다. 그는 차별화된 교사들을 매력적으로 묘사했고 신념을 가지고 설명했기 때문에 그가 전하는 메시지를 더 믿을 만한 것으로 보이게 했다.

(2) 인간학 프로젝트

　보통 약자 MACOS(Man: A Course of Study)로 불리는 이 프로젝트(CDA, 1972)는 NSF(National Science Foundation)의 재정 지원으로 개발되었다. 5, 6학년을 위한 사회 교과 프로그램으로서 MACOS는 여러 측면에서 전국적으로 지지를 받았던 프로그램이었다. 이 프로그램은 Bruner의 교육과정 이론에 기초하여 어린 학생들에게 그들이 사회과학의 기본 구조를 이해할 수 있도록 돕고 흥미로운 '발견'들을 할 수 있도록 하고 있다.

6. 개인적 보수주의

1) 시대적 배경

　개인적 보수주의(Privatistic Conservatism) 시대(1975~1989)는 보수적인 철학의 영향으로 강력한 국민 의식이 형성되었던 시기이다. 미국인들은 폭력, 실험, 금욕에 지쳐서 평화, 안정, 전통적 가치를 갈망했다.

　또한 종교와 신자가 증가한 시기이다. 특히 기초주의자들이 정치에 적극적으로 참여하였는데, 그들이 지지하는 후보자를 내세워 재정 지원을 해 주면서 자신들을 대변하게 했다. 이들의 주요 의제는 주로 가족 문제인 낙태 금지, 동성애자의 권리 제한, 공립학교에서의 종교교육 같은 것이었다. 재미있는 것은 미국 내에서 종교 생활의 확산은 해외에서도 병행되었다는 것이다.

　이 시기는 또한 정보화 시대이다. 미국 가정의 98% 이상이 텔레비전을 한 대 이상 보유했고, 대부분은 컬러 TV였다.

　마지막으로 라틴계와 아시아계 이민자가 증가한 시기이다. 1971년부터 1980년까지 10년 동안 이민자의 44% 이상이 남아메리카 또는 중앙 아메리카인이었고 35% 이상이 아시아인이었다. 결국 1970년대의 많은 학교들은 다문화 학생인구의 증가로 어려움을 겪었고, 일부 학교는 사전 대책을 강구하여 다문화 학생들을 지원하였다.

2) 경향

앞에서 언급하였듯이 이 시기는 사회와 학교에 대한 보수적 견해가 지배적이었다. 교육에 대해 보수적인 견해를 가진 사람들은 문화를 전달하고 학생들로 하여금 기술 사회에 적응할 수 있도록 준비시키는 것을 학교의 핵심 기능으로 보았다. 학교가 이런 역할을 수행하기 위해서 학교의 교육과정은 학문적인 교과목 중심이어야 하고 지적으로 엄격해야 하며 교육과정의 효율성을 엄밀하게 점검해야 한다고 보았다. 학교와 학교교육과정에 대한 이런 보수적 견해를 기초로 이 시대 교육의 몇 가지 특징을 제시할 수 있다.

(1) 학교교육의 효율성과 개선
학교교육의 효과에 영향을 미치는 중요한 요인들을 밝히는 기초연구가 광범위하게 수행되었다. 이 분야의 선구적인 연구들의 후속 연구로 가장 주목받은 연구 중 하나는 Purkey와 Smith(1983)의 연구이다. 그들은 관련 연구들을 모두 검토하고, 분석, 종합한 후에 〈표 2-2〉와 같이 학교 효율성에 영향을 미치는 핵심 요소들을 제시하였다.

(2) 엄격한 교육과정
학교교육을 개선하고자 하는 노력의 핵심은 '교육과정을 엄격화'하는 것이었다. 이 슬로건은 미국의 청소년에게 학문 중심 교육과정이 가장 적절하다고 믿는 사람들의 구호였다. 교육과정의 엄격성에 대한 관심은 주의 법률과 지역 교육청의 정책을 통해서도 나타났는데 주로 졸업의 조건을 추가하는 방식이었다.

(3) 비판적 사고
비판적 사고는 새로운 방식으로 교육과정을 엄격하게 하려는 것으로, 이러한 관

〈표 2-2〉 효과적인 학교운영을 위한 요소

조직 및 구조적 요소

1. 학교의 리더와 교사들은 성적 향상을 위한 의사 결정에 대해 상당한 자율권을 갖는다.
2. 교장은 적극적인 수업 리더가 된다.
3. 교사들은 더 나은 성공을 위해 비교적 안정적인 상태를 유지한다.
4. 초등학교 교육과정은 기본적이고 종합적인 기능을 중심으로 한다. 충분한 시간을 제공하고, 학년과 교과를 가로질러서 서로 밀접하게 관련짓는다. 중등학교 교육과정은 지나친 선택 중심보다는 계획적이고 유목적적인 프로그램이어야 한다.
5. 교사의 전문성 개발과 수업을 밀접하게 관련짓는다.
6. 학부모의 참여와 지원이 적극적이다.
7. 학교는 학업 성취의 성공을 상징물이나 축하의식을 통해 깨닫는다.
8. 학교 일과의 대부분을 교과 학습에 할당하고 시간을 효율적으로 활용하며 학생들은 적극적으로 참여한다.
9. 단위 학교에 대한 지역 교육청의 지원이 있다.

과정 요소

1. 교직원들의 관계가 협조적이고 협동하여 학교교육을 계획한다.
2. 포괄적인 공동체 의식이 있다.
3. 학교교육에 대한 목표와 기대를 공유하고 있다.
4. 공정하고, 일관성 있고, 합리적인 규칙을 지킴으로써 질서와 규율이 확립된다.

심은 비판적 사고 교육에 대한 관심으로부터 나왔다. 비판적 사고 운동을 주도하는 사람들은 정보기술 시대에는 더 고차원적인 사고가 필요하다는 것을 강조하였다. 이런 필요성은 국가 교육위원회(Education Commission of the States, 1982)가 주도하였다. 정보화 사회의 요청들을 분석한 위원회는 특별 보고서를 통해서 '내일을 위한 것들'로 평가와 분석 능력, 비판적 사고력, 문제해결력, 조직하고 조회하는 능력, 종합력, 응용력, 창의성, 부족한 정보 상황에서도 의사 결정하는 능력, 의사소통능력 등을 제시하였다.

(4) 책무성

교육과정을 엄격하게 하려는 이것은 동시에 교사와 학생의 책무성 요청과 관계가 있다. 먼저 교육청은 교사들에게 교육과정에 기초해서 가르치고 평가하도록 의도하는 몇몇 프로그램을 채택하는 데 매우 적극적이었다. 이런 프로그램들은 보편적으로 '교육과정과 일치하는 프로그램'으로 불린다. 구체적으로 말하면, 이런 프로그램들은 여러 종류가 있는데, 가르친 내용을 모니터함으로써 문서로서의 교육과정과 가르친 교육과정을 일치시키고자 하는 것, 수업 목표를 중심으로 평가하도록 함으로써 문서로서의 교육과정과 평가로서의 교육과정을 일치시키고자 하는 것들이 주류였다.

이런 보수적 경향은 몇 가지 역작용을 일으켰는데 부진아들의 압박감 증가, 성장을 좋게 보지 않는 분위기, 지식 전수 및 평가에 대한 지나친 강조 등이다.

(5) 바우처

역사가들은 1778년 바우처 제도를 만든 Adam Smith의 생각을 믿었다. Smith는 자녀의 교육에 대한 권리는 부모에게 있으며, 주 정부는 부모가 적절한 교사를 고용할 수 있도록 재정 지원을 해야 한다고 주장했다. 바우처와 선택 제도의 기본적인 아이디어는 사람들에게 세금을 기회로 제공한다는 것이다. 이 제도 지지자들은 경쟁이 학교를 개선시키고 교육의 효율성을 강화할 수 있다고 믿었다. 그러나 공립학교의 바우처와 선택 제도를 반대하는 사람들은 다음과 같이 주장했다.

- 선택은 미국 공립 교육의 기본을 위배하는 개념이다.
- 선택은 종교 활동, 인종차별, 인권보호 법적 절차를 왜곡하는 수단이 된다.
- 선택은 개인적 편견을 표현하고 정치와 종교적 신념을 바탕으로 사회를 유지하며 재구조화하는 수단이다.
- 선택은 일부 학교의 교육의 질을 더 떨어뜨리고 재학생 수의 감소로 교육의 평등권을 위협할 수 있다.
- 교육 재정을 관내의 한 학교에서 다른 학교로 돌리는 것이 아니라 학교 개선에 초점을 맞추어야 한다(Boschee & Hunt, 1990, p. 75).

1980년대 알래스카, 애리조나, 캘리포니아, 플로리다, 아이오와, 루이지애나, 매사추세츠, 미주리, 뉴욕, 버몬트, 위스콘신 주가 다양성과 서로 다른 요청을 반영한 바우처와 선택 제도를 시행했다. Boschee와 Hunt(1990)는 학교 선택이나 바우처 제도에 대한 쟁점들을 다음과 같이 정리했다.

사람들은 이 개념들이 경쟁 시장에서 경제적 삶에 미치는 영향, 교수, 학습, 재정적 책무성과 관련된 교육체제의 조직과 규제에 미치는 영향, 전문직 고용에 미치는 영향, 문화적·사회−심리적·인종적 이슈에 미치는 영향, 부모의 선택에 미치는 영향, 주 정부와 연방 정부의 법률에 미치는 영향, 가치에 미치는 영향 등을 잘 알지 못한 상태에서 이 제도에 지지를 보내거나 반대를 한다(p. 86).

　그리고 Boschee와 Hunt는 사람들이 정말로 바우처와 선택 제도에 대해 지지하는지, 중립적인지 또는 반대하는지 결정하도록 돕기 위해 '바우처와 선택의 찬반양론'이라는 제목의 설문도구를 개발했다. 이 설문은 규제 대 규제 완화, 학교교육의 효과성/효율성, 법률/헌법 이슈들, 역할, 지역·주·지방·연방·학생·교사·학부모, 회계책임/불안정 요인들, 사회·가치·학교교육, 학교교육에 대한 연구로 나누어 7개 영역에 걸쳐 질문했다(이 설문지와 채점 방식은 1990년 3월 NASSP 보고서에 제시되어 있다.).

(6) 다문화 교육

　진보적 교육자와 연구자들은 1980년대에 다문화 교육 관련 연구들을 시작했다. 그들은 학교에서 단순히 유명한 유색인이나 유명한 여성을 다룬 특별한 학습 단원을 다루고, 토큰 강화 프로그램을 추가하는 교육활동을 거부했다.

　오늘날 주 수준의 공립 유치원생~공립 고등학생을 대상으로 한 다문화 교육활동은 다문화 교육을 필요로 하지 않는 것부터 단일 민족 이해 교육의 단계(1단계), 다민족 탐구 단계(2단계), 다민족 교육 단계(3단계), 다문화 교육단계(4단계)까지 다양하다(Banks, 1994). 몇몇 주에서는 다문화 교육을 위한 법령, 모형, 교육과정을 제시하고 있다. 예를 들어 아이오와 주에서는 다문화 교육을 "법적 권한, 문화적·성적 차별이 없는 교육"으로 규정하였다(Iowa Code, Chapter 256. 11). 테네시 주에서는 모든 공립학교에서 흑인의 역사와 문화를 가르치도록 하였다. 하와이 주는 다문화 교육에 필요한 환경을 갖추고 있다. 인디애나 주는 사회과 교육과정에 세계문화교육을 포함시켰다. 네브래스카 주는 관내 모든 학교에 네브래스카 교육부가 인정한 다문화 교육 프로그램을 적용하도록 하였다. 미국 내에 50개 주의 유치원생부터 고등학생까지를 대상으로 한 다문화 교육에 대한 Boschee, Beyer, Engelking 그리고 Boschee(1997)의 조사 연구에 의하면, 실제로 많은 주들이 다문화 교육과정을 강요하지 않았다. 이것은 NCATE의 요구 이후 거의 20년 동안 주

(state)도 교사교육 프로그램도 이에 부응하도록 하는 변화가 부족했다는 것을 의미한다. 그러나 대부분의 주에서는 유치원~고등학교 교육이 다문화적이어야 한다는 점을 권고하고 있었다.

(7) 미국 교육 목표 2000(Goals 2000)

1989년 미국 대통령 George H. W. Bush와 50개 주 정부의 주지사들 중심으로 '미국 학생들을 위한 교육'이라는 역사적인 수뇌급 회의를 열었는데, 이는 미국의 미래에 가장 큰 영향을 미칠 수 있는 이슈를 논의하기 위한 자리였다. 이 회의는 미국의 미래가 위기에 처했다는 긴박감에서 비롯되었고 당시 사우스캐롤라이나 주지사였던 Carroll Campbell과 아칸소 주지사였던 Bill Clinton이 공동 의장을 맡은 1차 교육 정상 회의에서 국가의 위기를 극복하기 위한 여섯 가지의 야심찬 목표를 설정했다.

2000년까지,

① 미국의 모든 어린이는 학습할 준비가 된 상태에서 학교교육을 시작할 것이다.
② 고등학교 졸업생 비율을 적어도 90%까지 올린다.
③ 미국 학생이 4, 8, 12학년이 되면, 영어, 수학, 과학, 역사, 지리 과목 평가를 통과해야 한다. 그리고 미국의 모든 학교는 모든 학생들이 열심히 공부해서 현대 사회에서 좀 더 학식 있고 책임 있는 시민으로, 생산적인 일을 할 수 있도록 준비시켜야 한다.
④ 미국 학생은 수학과 과학에서 세계 최고가 된다.
⑤ 모든 미국 성인은 글을 읽고 쓸 줄 알게 될 것이며, 세계 시장에서 경쟁력 있는 지식과 기술을 습득하여 시민으로서 권리와 책임을 다한다.
⑥ 미국의 모든 학교는 마약과 폭력이 없는 학교를 만들고, 정리된 학습에 좋은 환경을 제공한다(Archived information, n.d.).

1994년에 목표 2000 법안을 통과시키면서 미국 의회는 세 번째 목표에 외국어, 시민과 정부, 경제, 예술 교과를 추가했으며, 다음 두 개의 목표를 추가로 제시했다.

2000년까지,

① 국가는 교사들에게 모든 미국 학생들이 다음 세기를 준비하도록 가르치는 데 필요한 전문적 지식과 기술을 획득할 수 있는 기회와 지속적인 전문성 신장을 위한 프로그램을 제공할 것이다.

② 모든 학교는 학생의 사회적, 정서적, 학업적 성장을 증진시키기 위해서 부모의 참여를 늘림으로써 부모와의 파트너십을 형성하게 될 것이다(Archived information, n.d.).

목표 2000을 분석한 후 Knudsen과 Morrissette(1998)는 "이러한 엄청난 노력에도 불구하고 목표 2000은 미국 공립학교에 수백 만, 어쩌면 수십 억의 달러를 쏟아붓고도 결과물이 없는 학교교육 개혁운동으로서 기억될 것이다"(n.p.)라고 평했다. 목표 2000의 개념은 합의가 부족했다. 이 비전은 대중의 공감을 얻지 못했다. 미국은 국민이 세운 나라이며, 따라서 미국 공교육은 대중이 개혁해야 한다.

3) 대표자

이 시기에 대중적 영향을 미친 인물로 Benjamin Bloom, John Goodlad, James Banks 세 사람을 들 수 있다. 이들은 교육과정 연구와 교육 실제에 각각의 방식으로 기여했고 영향을 미쳤다.

(1) Benjamin Bloom

Bloom은 심리학자로 시카고 대학의 교육학과 교수였다. 그는 'Bloom의 분류학(Bloom's taxonomy)'(Bloom, 1956 참조)이라고 알려진 저서를 출판하면서 유명해졌다. Bloom의 분류학이란 유명한 교육 목표 분류인 지식, 이해, 적용, 분석, 종합, 평가를 말한다. 지적 영역에 대한 교육 목표를 분류한 Bloom의 분류들은 행위 동사로 설명되어 있는데, 행위 동사는 더 높은 수준의 추론 과제를 진술할 때 유용하다(O'Shea, 2005, p. 53).

그의 분류학도 큰 영향을 미쳤지만, 완전학습에 대한 Bloom의 이론이 더 유명하다. 완전학습에 대한 그의 업적을 언급하려면 '완전학습'에 대한 다음 세 가지 해석, 즉 그가 기여한 것은 무엇인가, 그의 제자들은 교육과정 개발에 그의 아이디어를 어떻게 적용하였는가, 몇몇 출판사들이 완전학습을 어떻게 상업화했는가 하는 문제를 구별해 보는 것이 좋다.

그의 이론을 거부하는 사람들도 있지만 Bloom이 교육과정에 미친 영향은 컸고 또 그의 영향력은 아마도 한동안 계속될 것이다.

(2) John I. Goodlad

Goodlad는 교육과정 분야에서 몇 개의 시대에 걸쳐서 영향을 미친 인물이다. 그는 25년 넘게 교육과정을 연구했고 교육의 변화를 주도한 핵심인물이다. 또한 교육과정을 대학원 과정으로 개설한 인물이며 20권 이상의 저서와 200편 이상의 논문을 발표했다. 그는 학교를 이해한 사람이었고 학교교육에 대한 명확한 비전을 가지고 있었으며 학교가 학교교육의 목표를 성취하도록 도울 수 있는 몇 가지 검증된 아이디어를 가진 사람이었다는 점에서 많은 교육과정 학자들이 그를 교육과정 분야의 리더로 인식하는 듯하다.

그는 균형 잡힌 교육과정 내용에 대한 분석을 내놓았다. 교실을 관찰하고 교사와 학생들을 면담하며 교과서와 평가지를 분석하고 교육과정 지침들을 검토하여 영어, 수학, 사회, 과학과 같은 모든 교과가 기초 기능과 사실을 강조하고 있다고 밝혔다. 그리고 어떤 학년에서도 탐구나 비판적 사고 혹은 문제해결에 대해서는 관심을 두지 않고 있으며 이런 현상은 특히 열등한 반에 편성된 학생들에게서 더 심각하게 나타났다고 결론을 내렸다.

(3) James Banks

EdChange의 구성원이며 Hamline 대학의 교육 대학원 부교수인 Paul C. Gorski (1999)는 『다문화 교육의 역사 개관(*A Brief History of Multicultural Education*)』에서 다음과 같이 말했다.

> James Banks는 다문화 교육의 선구자 중 한 사람이다. 그는 다문화 맥락에서 사회적 기관으로서 학교를 연구한 초기 다문화 교육학자 중 한 사람이다. 그는 '교육의 평등'을 기초로 다문화 교육을 개념화했다. Banks는 '다문화 학교 환경'을 위해서라면 학교교육의 정책, 교사의 태도, 수업 자료, 평가 방법, 상담, 가르치는 방식 등을 포함해서 학교교육의 제 측면을 검토하고 바꾸어야 한다고 했다.

4) 주요 출판물

1983년에 9개국의 '학교 개혁' 보고서가 발행되었다. 몇몇 교육 출판사들은 이 보고서들의 개혁의 초점을 안내하는 '일람표'와 '독자 지침'을 발행했는데 3개의 보고서가 특히 눈에 띄었다.

(1) 위기에 처한 국가

『위기에 처한 국가(*A Nation at Risk*)』 보고서는 1981년 당시 교육부 장관 Terrel J. Bell의 지시로 NCEE(National Commission on Excellence in Education, 1983)가 보고한 것이다. 이 보고서는 '위기의 척도'를 제시하고 위기의 심각성을 증명할 만한 통계자료를 세심하게 제시했으며 '위기에 처한 국가'라는 극단적 용어를 사용하였다.

언어가 너무나 극단적이었고 보고의 내용들은 매우 심각했으며 권고안들은 너무나 간단명료하였기 때문에 이 보고서는 널리 확산되었고 특히 공립학교에 크게 영향을 미쳤다. 매스컴은 이 문제를 화제로 삼았고 전국의 학부모와 시민들이 공청회를 했으며 입법가들은 교육 개혁법을 입안할 때마다 이 보고서를 참조했다. 『위기에 처한 국가』가 미친 가장 큰 영향은 교육 개혁이라는 이슈를 극적으로 부각시켰고 개혁에 대한 대중적 논의를 불러일으킨 것이다. 이 보고서는 교육 개혁에 대한 연방정부의 지속적인 지원을 이끌어 내는 데는 성공했다. 그러나 교육과정 측면에서 "학교와 학교교육에 미친 효과는 하나의 환상일 뿐이었다."(Hewit, 2008, p. 579)

(2) 고등학교: 미국의 중등교육에 대한 보고서

Ernest Boyer(1983)의 『고등학교: 미국의 중등교육에 대한 보고서(*High school: A report on secondary education in America*)』는 『위기에 처한 국가』만큼 미디어의 주목을 받지는 못했지만 교육자들이 관심을 가졌고 그래서 더 광범위한 영향을 끼쳤다. 이 보고서는 보다 나은 수업을 위해서 카네기 재단의 재정 지원으로 2년간 이루어진 미국 고등학교교육에 대한 연구결과 보고서다. 연구자들은 문헌을 검토하고 많은 교육 리더들의 자문을 구했으며 각 학교당 20일 동안 15개의 고등학교를 방문했다. 앞에서 언급한 Goodlad가 연구한 것보다는 연구의 범위가 좁고 종합적이지 못하지만 교육 전문가들에게는 더 유용한 몇 가지 권고안을 제시했다.

Boyer 보고서에서 특히 유용한 몇 가지가 있는데 첫째, 위기에 처한 국가의 수사학적 표현처럼 선동적이지 않으면서 미국 학교교육의 성과를 논평했다. 둘째, 많은 사람들이 이 보고서를 읽을 수 있도록 하고자 했기 때문에 계몽적이고 흥미로운 방식으로 연구를 수행했고 견실한 연구결과를 제시했다. 셋째, 특히 중핵 교육과정에 대해 지역의 교육과정 리더들이 유용하게 참고할 만한 구체적인 권고들을 제시했다. 넷째, 어떤 논평자에 의하면 미국 젊은이들이 자기중심적이고 물질적이라는 이 보고서의 지적은 당시 큰 공감을 불러일으켰다.

(3) 다민족 교육: 이론과 실제

James Banks의 다섯 판(1981, 1988, 1994, 2001, 2006)에 걸친 『다민족 교육: 이론과 실제(Multiethnic education: Theory and practice)』는 다원화된 교육에 대한 철학과 개념을 분명히 하고 다인종 상황에서 활용할 수 있는 효과적인 수업 전략을 구안하여 실행할 수 있도록 함으로써 현직 교사 교육과 교사 연수에서 유용하게 활용되었다. 이 저서는 다민족 교육 프로그램 개발과 구현에 대한 유용한 지침을 제공하고 있다. 그리고 매 인쇄판마다 다민족 및 다문화 교육에서 교사들이 참고할 만한 지침들을 제시하고 있다.

이 책에서는 다문화 교육의 단계를 순차적으로 설명하고 있다. I부에서는 다민족 교육의 역사, 목표, 실제를 논의하였다. II부에서는 교육, 다민족, 다문화와 관련하여 이슈화되는 개념과 문제들을 집중 검토하였다. III부에서는 민족성, 교육, 시민성 관련 철학과 이념들을 다루었다. IV부에서는 지난 20년 동안 다문화 교육을 개선하기 위해서 만든 교육과정, 다민족 교육과정의 성격과 목표, 학생의 출신 인종을 반영하여 교육과정을 재구성하는 방법들을 제시하고 있다. V부에서는 사회적 이슈, 학생들의 다양한 출신과 그들의 모국어에 대한 편견을 줄이는 교육과정 지침을 실은 단원 설계에 대해 설명하였다. 부록에서는 교사들의 입장에서 다문화 및 다인종 교육을 이해하도록 도움이 될 만한 참고자료 목록을 풍부하게 제공하였다.

7. 기술공학적 구성주의

1) 시대적 배경

기술공학적 구성주의(Technological Constructionism) 시대(1990~1999)는 인터 넷이 널리 보급된 시대이다. 디지털화와 함께 교육과정은 표준화되고 학교 선택 운동이 확산되었으며 바우처 제도로 종교계 학교에 입학하는 학생에게도 세금 지원을 했고 학생들의 홈스쿨링이 1970년대 10,000명에서 1990년대 거의 1,000,000명으로 증가했으며 목표 2000이 채택된 시기이다.

이 10년 동안 다우존스와 나스닥 증권 시장은 사상 최고에 이르면서 미국이 한창 번영했던 시기였다. 컴퓨터와 인터넷 사용이 확산됨에 따라 '닷컴(dot-commies)'은 새로운 유형의 계층을 이루었다. 더불어 1960년 41%였던 고등학교 졸업생 비율이 82%로 높아졌다. 인터넷 공간을 이용해서 교육 서비스를 제공했고 초·중등 교육법으로 부진아와 영어 사용이 미숙한 학생들을 지원했으며 수학, 과학 수업 개선을 지원했고 마약 예방 교육을 지원했다. 국가는 또한 학교 총기 사건과 같은 끔직한 폭력을 경험했다. NSSC(National School Safety Center)에 따르면 이 10년 동안에 255건의 학교 폭력으로 인한 사망 사건이 일어났다고 한다(Center on Juvenile and Criminal Justice, 2000).

전 테네시 주지사인 Lamar Alexander가 교육부 장관으로 임명되었고 그는 교육부를 대통령과 더욱 가깝게 만들었다. 또 다른 전 주지사인 Richard Riley는 Bill Clinton의 대통령 임기 첫해인 1993년에 Alexander 후임이 되었다. 누구보다 길었던 Riley의 8년 임기 동안 그는 교육부에 대한 의회의 공격을 잘 무마해 냈다. 그는 실질적인 정책들(예를 들어 표준 강화, 책무성 강조, 교육투자 증대)을 추진했고 2000년 대통령 선거에서 핵심적인 교육 공약을 제안했다.

2) 경향

1980년대에 이어서 이 시기 동안 국가는 강력하게 공교육을 개선하고자 했다. 『교육 개혁: 국가의 입장(Educational reform: A national perspective)』이라는 제목의 Infomedia(1993) 보고서는 "『위기에 처한 국가』라는 보고서가 나온 후 지난 10년은 강연과 글쓰기의 10년이었다."고 지적하였다(p. 3).

(1) 차터스쿨

차터스쿨 운동은 수많은 교육 개혁의 아이디어들, 즉 대안 학교, 단위 학교 중심의 학교운영, 마그넷 스쿨, 공립학교 선택, 민영화, 지역-부모의 선택 등으로부터 시작되었다(US Charter school, 2008). 이런 아이디어는 1991년 미네소타 주가 기본 가치, 즉 기회, 선택, 책임을 준거로 최초로 차터스쿨 법안을 통과시키면서부터 나왔다. 다음으로 캘리포니아는 1992년에 그리고 1995년까지 19개 주에서 차터스쿨 법안을 통과시켰다. 2003년에 와서는 콜럼비아 관할의 푸에르토리코 등 전미 40개 주에서 차터스쿨 법안을 통과시켰다. 앨라배마, 켄터키, 메인, 몬타나, 네브래스카, 노스다고타, 사우스다코타, 버몬트, 워싱턴, 웨스트버지니아 주만이 아직 차터스쿨을 시행하지 않고 있다. 차터스쿨은 가장 빠른 속도로 시행된 교육 정책 중 하나로 전 현직 교육부 장관, 주의 입법자, 주지사, 양 의회로부터 지지를 받았다.

차터스쿨은 세금의 지원을 받아 정부가 학교를 관리하지만 학교운영의 자율권이 있다. US Charter School(2008)에 의하면 차터스쿨 법의 의도는 다음과 같다.

- 모든 학생은 질 높은 교육을 받으며 학습할 수 있는 기회를 갖는다.
- 공립학교 체제에서 학부모와 학생에게 선택권을 준다.
- 공교육의 결과에 대한 책무성을 확보한다.
- 수업 개선을 지원한다.
- 교사는 새로운 전문성을 연찬한다.
- 지역사회와 부모가 학교운영에 개입할 것을 권장한다.
- 공교육을 총체적으로 개선한다.

그러나 Murphy와 Shiffman(2002)은 이 시기 동안 차터스쿨이 미친 영향, 즉 단위 학교, 지역사회, 더 넓게는 교육체제에 미친 영향을 증명한 경험적 사례 연구를 하였다. 그들은 "차터스쿨 주창자들에게는 실망스러운 일이지만 데이터에 나타난 차터스쿨의 주요 목표는 현행 미국 교육체제를 점검하는 것이었다."고 밝혔다(p. 216). 뿐만 아니라 "차터스쿨 지지자들이 예상한 것처럼 학생의 학업 성취나 학교의 책무성에 대해서도 긍정적이지 않았다."(p. 216) 이 말은 차터스쿨들이 여전히 차터스쿨을 재정 지원한 사람들이 바라는 학교 개선을 이루어야 한다는 것이다. 따라서 오늘날 대부분의 주에서 운영하는 차터스쿨은 전통적인 공립학교 운영에서 벗어나려는 '대안적인' 학교운영 방식이다. 이들은 차터스쿨을 관리하는 국가 수준의 독립된 기관 및 고등교육기관을 포함하고 있다(Palmer, 2007).

(2) 테크놀로지

교육에서 중요하고 중추적인 위치를 차지했던 교과서는 놀라운 저장 및 검색 능력을 기초로 한 컴퓨터에게 조금씩 밀리고 있었다. 더 이상 교과서 기반 교육으로 새로운 미래 교육을 생각할 수 없게 되었다. 상호 의사소통 그리고 아직 태어나지 않은 미래 세대와의 의사소통 방식에서 인류의 거대한 제3의 변화를 경험한 첫 단계가 바로 이 시기이다. 알파벳과 활자의 발명 후 그것이 수십 년 동안 인간의 모든 노동과 생활을 바꾸어 버린 것처럼 컴퓨터의 발명은 우리와 우리 아이들의 삶을 급격하게 바꾸었고 또 바꾸고 있다.

새로운 테크놀로지는 컴퓨터와 전화 또는 케이블을 활용하여 사람들이 아무리 멀리 떨어져 있어도 또 전 세계 백만 개의 도서관을 동시 연결하였다. 인터넷 브라우저와 검색 엔진은 사람들로 하여금 몇 초 안에 그들이 필요로 하는 정보를 얻을 수 있도록 했다. 그러한 똑같은 도구로 사람들은 어마어마한 양의 정보를 조직하고 분석하여 문제를 해결하고 새로운 기회를 창출하게 되었다. 또한 이런 테크놀로지로 사람들은 다른 사람들 또는 전 세계 수백만의 사람들과 정보를 공유할 수 있게 되었다(Whitehead, Jensen, & Boschee, 2003).

지방의 '디지털 격차'를 '디지털 기회'로 만드는 데 연방의 재정을 지원한 것도 이 시기이다. 1994년 Bill Clinton 대통령과 Al Gore 부통령은 모든 교실과 도서관을 인터넷으로 연결한다는 목표를 세웠다. 1996년 Clinton 대통령은 정보 문해력에 도전하는 발표를 다음과 같이 하고 엄청난 재정 지원을 약속했다. ① 모든 교실에 인터넷을 연결한다. ② 안내식 밀비 컴퓨터를 지원한다. ③ 교육과정에 품질 높은 교육 소프트웨어를 통합한다. ④ 교사들이 그들의 수업에 테크놀로지를 효과적으로 활용한다. 돌이켜 보면 1990년대는 교실에 테크놀로지를 통합한 전례 없던 시기였다. 교육자들은 새로운 테크놀로지를 두려워 할 필요가 없다. NAESP의 전 회장인 Vince Ferrandino(2007)는 리더들은 테크놀로지가 수업에 미치는 도구적 영향을 깨닫는 것이 중요하며 교사, 학부모, 지역사회에 이 기술의 중요성을 강조해야 한다고 말했다.

(3) 표준화 운동(Standard-Based Movement)

1990년대 십년 동안 주 정부는 교육과정을 표준화하고자 했다. 아이오와를 제외한 모든 주에서 표준 교육과정을 설정했다. 아이오와에서는 주 정부 내의 각 교육청들이 각자 지역의 표준을 개발하도록 했다. 주 수준의 표준에 대한 연구는 매우 새로운 시도이며 대부분의 표준화 연구들이 여전히 진행 중이지만 Jones(2000)에 따르면 이들 연구결과는 다음과 같은 시사점을 준다.

① 성취 기준을 모든 사람의 과제로 만들어라. 학생, 학부모, 교사, 기관의 모든 사람들은 성취 기준이 무엇인지 그리고 왜 그것이 중요한지를 알아야 한다. 이 연구는 학생들과 교사들이 그들에게 기대하는 것을 잘 이해하고 있을 때 더 잘 수행한다는 것을 보여 준다.

② 중점, 중점, 중점. 주마다 성취 기준은 다르지만 모두 한 가지 공통점이 있는데 그것은 완전하지 않다는 것이다. 어떤 주의 성취 기준은 너무 모호해서 성취 기준이 의미하는 것을 교사들이 정확하게 알기 힘들다. 어떤 주의 성취 기준은 너무 구체적이고 많아서 유치원과 고등학교까지 13년 동안 이 모든 것을 다 하기는 거의 불가능하다. 콜로라도 주 오로라에 있는 McREL(the Mid-continent Regional Laboratory)의 선임 연구원인 Robert Marzano는 모든 주들의 표준 교육과정을 연구한 결과, 이 기준들을 모두 성취하는 데 23년의 학교교육이 필요하다고 했다. "교사들은 그것을 모두 가르칠 수 없다. … 그리고 학생들도 아마 그것을 모두 배울 수 없을 것이다."

③ 표준에 기반하여 의사 결정을 하라. 만약 당신이 뭔가를 성취하기를 원한다면, 성취 기준이 필요할 것이다. 이 간단한 조언이 의미하는 바는 각각의 결정들, 각 프로그램들, 새로 도입하고자 하는 것들이 학생들의 성취에 미치는 영향을 검토해야 한다는 것이다. 연구자들은 교육청이 성취를 내는 곳에 지원을 해야 한다고 조언한다. 예를 들어 한 교육청이 학생들의 수학 성적 향상을 원한다면 더 능력 있는 수학 교사를 고용해야 한다.

④ 교사에게 투자하라. 대부분의 연구는 교사의 능력은 학생의 학업 성취에 가장 영향을

미친다고 제시해 왔다. 몇몇 연구들은 학생의 성취가 낮은 원인을 지역사회의 낮은 경제력으로 보는데, 이런 지역의 학교들이 자질을 갖추지 못한 교사를 고용하고 있기 때문이라는 사실을 지적하고 있다.

⑤ 교육과정과 평가를 일치시켜라. 만약 당신이 교육과정을 중요하게 생각한다면 모종의 평가를 해야 할 것이다. 평가와 성취 기준을 일치시키는 데 관심을 둘 경우 지역 교육청은 주 교육청과 협력해야 한다. 모든 것이 그냥 잘될 것이라고 생각해서는 안 된다.

⑥ 신중하게 책무성으로 접근하라. 대부분의 연구들은 평가 결과와 기타 성취 기준 관련 데이터를 교과서에서부터 교사에 이르는 교육의 모든 것을 결정하는 자료로 사용할 것을 권고하고 있다.

⑦ 어려움에 처한 학생들을 구제하라. 연구들은 오래전부터 조기 중재의 이점을 주장해 왔다. 많은 연구들은 몇 주 동안 1학년 학생에게 단어를 설명하는 수업을 1:1로 지도한 결과, 많은 부진아들을 구제할 수 있었다는 것을 보여 주고 있다.

국가 수준의 성취 기준 개발이 공교육을 향상시킬 수 있으려면 더 좋은 교사 연수와 교사의 전문성 개발이 필요하다. 나아가서 교육과정, 수업 자료, 학부모의 태도도 변해야 할 것이다. 이런 초기 교육 개혁의 결과로 1990년대는 오늘날 우리가 보는 것처럼 교실에서 성취 기준을 달성하고자 했던 시기이다. 기본적으로 지난 4반세기 동안은 미국에서 학교 성취 기준과 책무성 모델이 주도한 시기였다. 오늘날 이것은 주 정부 혹은 연방 법에 의해 시행되고 있다. 교육과정과 평가 간의 일치 문제가 있고 성취 기준에 대한 정당성은 아직 확보되지 못한 상태에 있다(Barton, 2006).

또한 지난 4반세기 동안 고등학교와 대학교 간의 성취를 연계하기 위한 노력이 있었다. 관내 고등학교들은 교육과정을 수정하고, 이는 학업 성취를 위해 대학에 진학하고자 하는 학생들을 돕기 위함이다. 중등 교육기관에 직업 준비 과정을 개설하였다는 것은 고등학교와 대학의 연계를 돕고 있다는 증거이다. 예를 들어 아이다호 주에서 고등학교 학생들은 기술 인증을 받기 위해서 다른 고등학교에 출석할 수 있다. 이것은 학생들이 고등학교에서 아이다호 주립 대학으로 진학했을 때, 이 강좌를 반복해서 듣지 않고 대학에서 학점 인정을 받을 수 있다는 것이다(North Idaho State College, 2007).

3) 대표자

이 변화의 시기에 E. W. Eisner, R. J. Marzano, J. S. Renzulli 세 인물이 두각을 나타냈다. 이들은 나름대로 교육과정 개발 분야에 영향을 미쳤다.

(1) Eisner

Eisner는 스탠포드 대학의 예술교육학과 교수이다. 그는 예술 교육을 이끄는 이론가로 유명하다. 그의 연구는 국제적으로 유명하다. 그의 수많은 수상 기록 중 하나는 AERA(the American Educational Research Association) 학회에서 주는 Palmer O. Johnson 상을 수상한 것이다. 그는 John Simon Guggenheim 회원이자 풀브라이트 장학생(Fulbright Scholar)이며 NAEA(National Art Education Association), ISA(International Society for education through Art), AERA(American Educational Research Association), 존 듀이협회(John Dewey Society)의 회장을 역임했다(Provenzo, 2003).

Eisner는 주로 세 분야, 예술 교육, 교육과정 연구, 질적 연구 방법론(학교 환경 및 수업 과정에 예술 분야의 비평적인 질적 연구 방법을 정립함)을 주로 연구하였다. 그의 연구 관심은 예술적 방법을 사용하여 교육을 실제로 개선하기 위해서 미학적 지성을 개발하는 데 있다. 화가 출신인 Eisner는 모든 학교교육과정에 예술을 활용함으로써 학교교육을 개선할 수 있다고 믿었다. 그는 예술 교육 분야에서 가장 뛰어난 리더 중 한 사람으로 알려져 있다.

(2) Marzano

Marzano는 콜로라도 주 오로라에 있는 McREL의 수석 회원이며 수많은 저서와 논문을 발표했다. 그는 교육 연구와 이론을 교실 현장으로 옮겨 놓은 사람으로 유명하다. 그는 '학습의 영역(Dimensions in learning)과 사고의 전략(Tactics for thinking)'을 개발한 연구 책임자이다. 최근 그는 『학교 리더십(*School Leadership*

That Works)』(Marzano, Waters, & McNulty, 2005)이라는 자신의 책에서 제시한 것처럼 성취 기준을 개발하고 리더십을 촉진하는 것에 자신의 관심을 집중하고 있다. 그는 교수 방법에 자신의 인지 연구와 이론을 적용해서 유치원생용~고등학생용 교육과정과 프로그램을 개발해 왔다.

(3) Renzulli

코네티컷 대학교 교육심리학 교수인 Renzulli는 NRCGT(the National Research Center on the Gifted and Talented)의 연구 소장이다. 그는 청소년의 창조성과 영재성을 확인하고 개발하는 연구와 단위 학교를 총체적으로 개선하기 위한 교육과정 조직과 전략을 개발하는 연구에 관심이 있다. 그는 APA(American Psychological Association) 회원이었고 영재 교육 분야 백악관 교육 자문가였다. 그는 최근 코네티컷 대학 교수 재단 이사로 임명되었다(Tomlinson et al., 2001).

4) 주요 출판물

이 시기의 교육자들은 개별화 수업, 기술공학, 자료 분석에 관심을 갖기 시작했다. 이 시기 동안 뛰어난 연구들이 있지만, 특히 선구적이며 혁신적인 접근을 보여준 두 개의 출판물이 있다.

(1) 교실에서 하는 일

P. Cunningham과 R. Allington(1994)의 출판물인 『교실에서 하는 일: 그들은 읽고 쓸 수 있다(Classrooms that work: They can read and write)』는 교실에서 효과적인 최고의 전략들을 수록하고 있다. 이 책은 교사와 연구자의 관점에서 학교 교육의 실제를 중심으로 교실 수업을 분석한 초창기 책 중 하나이다. 이 책은 교실 수업에 대한 실질적인 아이디어, 활동, 조직 전략들을 포함하고 있는 중요한 자료이다. 이 책은 다섯 가지 활동 영역, 즉 실질적인 읽기와 쓰기에 참여하기, 독해 활동 지원하기, 쓰기 활동 지원하기, 해석하고 철자를 익히는 활동, 지식을 구성하는 활동에 대해 설명하고 있다. 이 책은 균형 잡힌 교실 활동을 위한 결정적 요소들을 잘 설명하고 있다. 1994년 판을 보완하면서 Allington의 2005년 책 『읽기 부진아의 진정한 문제: 조사에 기초한 프로그램(What really matters for struggling readers:

Desingning research-based programs)』에서 과학적으로 연구한 읽기 연구들의 특징을 설명하고 읽기를 위해서 중요한 몇 개의 교과를 제시하였다. 또 그는 읽기 부진아를 위한 수업, 교실 수업 개선, 집중 학습, 수업 시간 확대, 고학년 읽기 부진아를 위한 지원을 주장했다.

(2) 자료 분석

Victoria Bernhardt(1998)의 책 『자료 분석: 종합적 학교 개선을 위해(*Data analysis: for comprehensive schoolwide improvement)*』는 주 교육국의 담당자, 지역 교육청의 장학사, 교사에게 크게 영향을 미쳤고 학교 개선 과정에 지속적으로 중요한 역할을 했다. 이 책은 교육자들이 자료를 처리하는 방법을 알도록 도왔는데 교사들이 현재 바라는 것, 앞으로 바라는 것 그리고 그것을 얻는 방법에 대한 정보를 어떻게 처리하는지를 알려 주고 있다. Bernhardt는 학교교육 개선을 위해서 왜 자료가 중요한지를 설명한다. 왜냐하면 학교의 모든 학생들의 요구를 충족시키기 위해서 어떤 자료를 수집할지 어떻게 수집하고 분석하며 활용해야 하는지에 의존하기 때문이다. 이 책은 학교에서 자료를 수집하였고 논리적으로 자료를 분석하는 것이 얼마나 강력한 영향을 미치는지를 보여 주었다. 또한 문제의 해답을 얻는 방법, 현재와 미래에 미칠 영향을 이해하는 방법을 보여 주고 있다.

8. 현대적 보수주의

1) 시대적 배경

미국은 21세기의 첫 10년 동안 정치 제도에서 현대적 보수주의의 영향과 통제 아래 있었다. 스스로를 현대적 보수주의자로 인식하는 사람들과 이들의 사회정치적 신념이 확산되었다. 또한 현대적 보수주의(Modern Conservatism) 이념의 확산은 2004년 대통령 선거 결과 때문이었다.

교육 개혁은 21세기 미국의 가장 논쟁적인 이슈 중 하나였다. 교육체제에 대한 관심이 연방 정부, 주 정부 그리고 지역 차원으로 증폭되었다. 미국 교육과 관련된 열띤 논쟁은 여러 해에 걸쳐 언론에서 맹위를 떨쳤지만 NCLB(No Child Left

Behind Act)법의 통과 이후 정치가, 기업의 리더들, 교육자, 학부모 등 다양한 집단의 사람들이 교육 개혁에 대한 논의에 참여했다. 정책 입안을 주도한 사람들은 이 이슈를 더욱 확산시켰다.

미국 공립학교 교육을 위한 교육적 이슈에 덧붙여 Hardy(2004)는 "지난 4년 동안 미국 유권자들은 일련의 야심찬 정책들을 보아 왔고, 각 정책들은 정치적 풍경을 바꾸어 놓을 수 있을 정도였다. 선거 체제는 대통령 선거에서 무너졌고 경제 부흥 정책은 미국 역사상 최악의 비즈니스 스캔들의 출현으로 중단되었다. 그리고 국가는 어마어마한 파괴적인 습격을 견뎌 냈다."(p. 2)고 하였다. 이러한 사건들은 정치적 분열과 정치에 대한 무관심을 초래했다.

2) 경향

미국인들은 점점 교육을 통해서 미국의 젊은이들이 21세기를 성공적으로 준비하도록 해야 한다고 생각했다. 국제적인 마인드, 문제해결, 혁신, 창의성 등의 기능들이 오늘날의 경제무대나 사회에서 더 중요해졌다.

(1) NCLB

미국공립학교에 대한 21세기 가장 유명한 이야기는 2002년 1월에 George W. Bush 대통령이 사인한 1,100페이지에 달하는 NCLB(No Child Left Behind)법이다. 이 법은 연방 수준의 교육 법안으로 양당 합의로 통과했다. 하지만 민주당은 공화당이 이 법을 시행하는 데 필요한 재정 지원을 보류한 것을 비난하고 공화당은 민주당의 학교교육 개혁 포기를 비난하면서 양당 공조협력은 깨졌다.

Phi Delta Kappa의 '13번째 Bracy 보고서'에서 Gerald Bracy(2003)는 NCLB를 "충격과 경외감을 일으키며 공립학교를 겨냥한 대량 살상 무기"(pp. 148-149)라고 설명했다. 결국 미국의 각 주 정부는 이 연방법을 거부했다. 예를 들어 주 정부의 주지사들은 비판적으로 NCLB 개신을 주장했고 이를 시행하기 위한 더 많은 권한을 원했다. 이 법에 대한 비난이 계속되었고 NCLB가 평가와 처벌을 강화한다고 비판했다. 아울러 주 정부 차원에서의 실행과 관련하여 주지사들은 목소리를 내기 시작하였고 NGA(National Governor' Association)는 학교 개선을 위한 권고안들을 제시했다. ① 주 정부는 학생들을 평가하기 위한 최선의 방식을 결정한다. ② '우

〈표 2-3〉 NCLB에 대한 찬반 조사

NCLB는 성공적으로···.	동의함	동의하지 않음	모름
인종, 민족, 가정 배경, 능력에 상관없이 모든 학생을 위한 높은 성취와 기대 수준을 설정했다.			
모든 학생들이 동학년 또는 그 이상의 기준을 성취하도록 했다.			
읽기와 수학을 강조했다.			
지역 교육청은 모든 학생의 평가 결과를 보고했다.			
지역 교육청은 도움이 필요한 학생을 파악했다.			
주 정부는 모든 학생이 성취할 구체적인 목표를 설정했다.			
단위 학교는 연간 교육활동 결과 보고서를 작성했다.			
모든 교실에 자질 높은 교사를 채용했다.			
새로운 요청을 반영할 수 있는 타이틀 I의 전문가를 배치했다.			
합계			

수한' 교사들의 전문성을 규제로 제한하지 않는다. ③ 연방 정부는 주 정부에게 이 법을 충실히 지키기 위해 필요한 재정 지원을 충분히 하되, 어떤 형태의 새로운 평가도 요구하지 않는다(Vu, 2007).

　NAESP(National Association of Elementary School Principals) 회장인 Vince Ferrandino(2003, p. 3)에 의하면 NCLB는 모든 어린이를 위한 교육을 의도했던 것이다. 그 의도는 달성되었는가? 〈표 2-3〉은 NCLB에 대한 당신의 인식을 알아보기 위한 것이다. NCLB에 대한 당신의 의견에 따라 동의함, 동의하지 않음, 모름 칸에 적절히 체크하라.

　NCLB 외의 현대적 보수주의 시대 교육의 다른 특징은 세계화 교육, 스쿨 바우처, 홈스쿨링, P-16 교육이다.

(2) 세계화 교육

　Colin Powell 국무장관은 2001년 9월 11일 테러 공격 이후 다음과 같이 말했다. "미국인은 전보다 더 전 세계의 안전을 보장하는 일에 노력해야 한다. 학교와 고등교육기관이 이 역할을 더 해야 한다."(Czarra, 2002~2003, p. 9) 9월 11일의 비극 이후 미국인들은 세계화 소양 교육이 중요하다는 것과 세계화 소양을 구성하는 세 가지 요소, 즉 문화적 소양, 과학적 소양, 복합적 소양에 대해서 인식하기 시작했다. P-16 교육을 통한 변화를 위해서 Gordon Van de Water과 Carl Krueger (2002)는 5대 목표를 설정하고 이를 성취하기 위한 구체적 강령을 제시했다.

① 모든 학생은 6세가 되면 학교에 갈 수 있다.
② 모든 학생은 8세가 되면 능숙하게 읽어야 한다.
③ 모든 학생은 13세가 되면 기하학과 대수학에 능숙해진다.
④ 모든 학생은 17세까지 필수 과정을 모두 이수한다.
⑤ 모든 학생은 21세까지 대학의 처음 2년의 학습을 한다.

이 목적을 달성하기 위해서 다음 사항을 지킨다.

• 평균 3세에 공교육을 시작한다.
• 현 단계에서 다음 단계로의 진급이 순조로워야 한다.
• 전체적으로는 Carnegie 학점 제도부터 시작하여 능력 기반 제도까지 둔다.
• 청소년들의 학습 기회에 보다 융통성을 준다.
• 의무교육의 종료 시점을 12학년에서 14학년으로 확대한다.

이러한 목표를 달성하기 위해서 P-16 제도는 다음을 강조한다. 즉 학생의 학습하는 시기와 방법을 안내할 수 있는 연구를 수행하는 것, 구체적인 기대 수준을 설정하는 것, 수업의 질을 개선하는 것, 자료를 통해서 학업 성취를 검증하는 것들을 강조한다.

(3) 스쿨 바우처

바우처 제도는 교육 보장을 위한 하나의 방안이다. 2001년 공화당 정부의 출현으로 교육 개혁은 기술적 구조주의에서 현대적 보수주의로 그 방향을 바꾸었다. 특히 George W. Bush 대통령의 바우처 승인이 그 예이다.

Joseph Bast(Bast, Harmer & Dewey, 1997 인용)에 의하면 바우처 제도는 대중의 관심을 끌게 되었다. 그는 전통적 학교교육 모델을 끝내야 한다고 한 노벨상 수상자인 Milton Friedman의 주장을 참고하여 학부모에게 공립학교든 사립학교든 자신의 자녀들을 보내기로 선택한 학교의 수업료를 지불할 세금 기반 증명서 또는

바우처를 주었다. 이 바우처는 공립학교와 사립학교에 모두 사용할 수 있고 저소
득층 가정의 학교 선택권을 증대했다. 그리고 수업료를 보조하는 일종의 정부 보
조금이었다. 바우처 제도는 교육에 대한 학부모의 선택의 폭을 지속적으로 넓히게
되었다.

바우처 제도는 그것이 확대되면 미국 공교육을 파괴할 수 있다고 생각하는 사람
들에게 논란이 되었다. 또 바우처가 학생들의 종교학교 입학에 사용되도록 허용될
때 교육의 종교적 중립성에 대한 법적 이슈가 된다. 이 제도는 계속해서 논란을 불
러일으킬 것이며, 공립학교 대신 종교학교에 바우처를 제출할 수 있게 된다면 연방
법원은 이 제도가 헌법을 위배했다고 판결할 것이다.

Cook(2004)은 몇몇 도시나 주 정부가 실시한 바우처의 사례를 몇몇 찾았다.

- 밀워키는 1990~1991학년도에 바우처를 시행했고, 12,950명의 학생이 102개
  의 사립학교와 종교학교에 등록했다. 공립학교 학생 수의 15%, 약 15,000명
  의 학생이 바우처를 신청했고 비용은 7억 6천만 달러를 넘었다.
- 클리블랜드는 1996~1997학년도에 바우처를 시행했고, 2002~2003년 50개
  의 사립학교와 종교학교에 5,200명의 학생이 등록했다. 바우처는 클리블랜드
  학구에 거주하는 유치원생~3학년 학생으로 제한했다. 그러나 일단 바우처를
  받으면 학생들은 10학년까지 계속해서 바우처를 받을 수 있다. 오하이오 주 의
  회는 2003년 바우처를 1,000명까지 확대했고 사립학교의 학비 지원금은 44%
  까지 늘렸다.
- 플로리다 주는 1999~2000학년도에 바우처를 시작했다. 663명의 학생에게
  장학금을 지원했고 Mckay 장학금을 12,200명의 학생에게, 수입 세금에 대한
  장학금을 14,000~16,000명에게 지원했다. 법인세를 통해서 저소득 가정의
  학생들에게 3,500달러의 바우처를 제공했다. 이런 장학금 제도는 재정적 부
  패, 주 정부의 감시 부족, 학업 성취의 부재나 명확하지 않은 기준 때문에 비난
  이 증가했다. 예를 들어 "교육부는 테러리스트들이 활동하고 있는 탬파 지역
  의 이슬람 학교에 바우처를 제공했다."(p. 14)

스쿨 바우처는 지금까지도 계속 논란이 되고 있다. 예를 들어 작가 Jonathan
Kozol(2007)은 바우처가 가난하고 불리한 위치에 있는 어린이들에게 대단히 유익

한 반면, 바우처의 대상자로 부적격한 사람들이 많이 포함되어 있어 선별과정에 문제가 있다고 지적했다. Kozol이 제시한 많은 사례를 통해서 볼 때 스쿨 바우처는 계속 논란이 될 것이다. 그는 지난 10년간 교육에 대한 담론 중 바우처가 가장 위험한 아이디어라고 주장했다.

(4) 홈스쿨링

지난 20년 동안 일반인들에게 홈스쿨링은 거의 인식되지 못하고 있다가 갑자기 확산되어 친숙해졌다. 오늘날 홈스쿨링 학부모들은 학교에 대한 생각을 재발견하고 있다. 홈스쿨링의 확산과 함께 학교 선택에 관한 연구가 증가했다. 홈스쿨링에 대한 법적인 문제, 규제, 미디어의 공격과 모욕에도 불구하고 홈스쿨링의 인기와 장점들이 널리 퍼지고 있다. Thomas Jefferson의 말처럼 자유를 누리는 대가는 경계를 받는 것이다(Gilmore, 2005). 법정과 주 정부의 입법기관에서 공방이 극심했던 1980년대와 1990년대 미국에서 홈스쿨링은 자유롭지 못했다.

1980년 30개 주에서 홈스쿨링을 불법으로 간주했다. 그러나 1993년까지 50개 주 모두 홈스쿨링을 합법화했다. 정확한 수를 알기는 힘들지만 세계적인 학자 Ray(2006)는 "홈스쿨링은 미국 교육의 형태 중에서 가장 빠른 성장을 했다(연간 7~12%)."고 말했다. 2005~2006년에 대략 190만에서 210만 명의 학생들(유치원생~고등학생)이 홈스쿨링을 했다. 이것은 1999년 봄, 홈스쿨링 인구가 약 85만 명이었던 것에 비해 크게 늘어난 것이다(National Center for Education Statistics, 2004).

(5) 홈스쿨링을 하는 이유

가정마다 홈스쿨링을 하는 가치가 다르고 이유도 다르지만, 연구자들은 홈스쿨링을 하는 몇 가지 이유를 다음과 같이 제시한다. Ray(2006)는 홈스쿨링을 하는 공통적인 이유를 다음과 같이 밝혔다.

- 특별한 가치, 신념, 세계관을 가르치기 위해
- 학교보다 더 높은 학업 성취를 위해
- 어린이에게 맞는 최적화되고 개별화된 교육과정과 학습 환경을 제공하기 위해
- 전형적이고 제도적인 학교교육과는 다른 교육을 시키기 위해
- 어린이, 부모, 형제자매 간 가족 관계를 돈독히 하기 위해

- 유년기 또래 및 어른들과의 엄선되고 합리적인 사회적 상호작용을 제공하기 위해
- 자녀에게 폭력, 마약, 알코올, 심리적 학대, 부적절하고 건강하지 않은 성생활로부터 벗어난 좀 더 안전한 환경을 제공하기 위해

Ray는 또한 홈스쿨링에 반대하는 사람들의 의견을 반박했다. 그는 홈스쿨링 학생들이 학업 성취가 높고 사회적, 정서적, 심리적 발달이 평균 이상이며 성인 생활을 더 성공적으로 한다고 보고했다.

(6) P-16 교육

교육 개혁의 물결은 21세기 초기 10년 동안 온 나라에 넘쳤다. 예를 들어 학교 선택, 차터스쿨, NCLB, 표준 교육과정 등은 엄청난 논란이 되었다. 왜냐하면 미국 교육은 그동안 큰 변화가 없었기 때문이었다(Chamberlain & Plucker, 2008). 결론을 내기에는 아직 좀 이르지만 Chamberlain와 Plucker는 P-16 교육이 사회적으로 요청되기 때문에 실현 가능성이 있다고 생각했다.

여기에는 모든 학생들이 21세기에 성인으로서 경제 생활과 시민 생활을 성공적으로 하기 위해서 학교에서 혹은 대학에서 더 많은 것을 배워야 한다는 점에 대해 포괄적으로 동의하고 있다. 이런 사회적 합의가 시사하는 점은 현재 교육이 이런 성공을 보장하기에는 부적절하다고 본다는 것이다. 다음과 같은 점을 생각해 보자.

- 십대들 10명 중 3명 정도만 학교교육이 '엄격하게 공부를 시킨다.'고 생각한다.
- 가난한 학교의 학생 성적 'A'학점은 부유한 학교의 학생 성적 'C'나 'D'학점과 비슷하다.
- 고등학교 졸업생의 72%가 직업 교육을 받고 있으며 44%만이 대학 진학을 준비한다.
- 대학생의 29%가 읽기, 쓰기, 수학 과목에서 한 개 또는 그 이상의 보충 수업을 듣는다.
- 24세에 고소득층 자녀의 48%가 대학을 졸업하는 것에 비해 저소득층 자녀의 졸업률은 7%이다.

이것은 고등학교에서 대학으로 순조롭게 진행할 수 있도록 돕는 P-16 제도가 필요하다는 표시이다.

3) 대표자

개별화 및 차별화된 학습, 평가 그리고 학교 개선을 위해 특별히 정부가 직접 개입했던 이 특별한 시기 동안 Linda Darling-Hammond와 Carol Ann Tomlinson 두 인물이 두각을 나타냈다. 학교가 표준화된 교육과정을 적용하고 교육에 대한 책임을 지도록 하는 데 지금처럼 연방정부가 직접 개입했던 시기는 거의 없었다.

(1) Linda Darling-Hammond

Darling-Hammond는 스탠포드 대학교의 교육학 교수이다. 또 그녀는 NCTAF (the National Commission on Teaching and America's Future) 회장이다. NCTAF는 1996년에 교육 개혁에 대한 청사진으로 널리 인용되는『가장 중요한 것: 미국의 미래를 위한 교수(*What Matters Most: Teaching for America's Future*)』를 발표했다. Darling-Hammond는 수업, 교사 교육, 학교 재구조화, 교육의 평등 개념을 중심으로 수업과 정책을 연구했다. 그녀는 수업 기준 개발에 적극적이었고 NBPTS (National Board for Professional Teaching Standards)의 회원으로 두 회기 동안 일했으며 신규 교사 자격을 위한 표준 모형을 기안하는 INTASC(Interstate New Teacher Assessment and Support Consortium)의 의장이었다. 그녀는 교육에 대한 『학습권(*The right to learn*)』『교사 자격(*A license to teach*)』『단위 학교의 교사 전문성 개발: 전문성을 개발하는 학교들(*Professional development schools: Schools for developing a profession*)』 등의 저서를 포함하여 6권의 저서, 200개 이상의 편저와 논문을 썼다.

Darling-Hammond는 스탠포드 교사 교육 프로그램(STEP)의 교직원 스폰서로 일하고 있다. 그녀는 새로운 교과교육 표준안을 만들어야 한다는 도전을 받는 상황에서 다양한 학생들을 가르치기 위해서 더 잘 준비된 교사 양성을 위한 교사 교육 프로그램 재구조화에 관여하고 있다(Glass, 2003). 그녀는 교육 분야에 큰 기여를 했고 학교 개혁, 참평가, 학교 단위의 교사 전문성 개발, 교육 연구를 포함하여 교육 정책과 실제에 관한 이슈들을 지속적으로 연구하고 있다.

(2) Carol Ann Tomlinson

Tomlinson은 개별화 수업에 대한 연구로 국제적으로 유명한 학자이다. 그녀는 버지니아 대학교에서 교육 리더십, 기초교육, 교육 정책을 강의하는 부교수이다. 그녀의 연구는 학교 개선에 엄청난 영향을 미쳤다. 그녀는 책에서 우등생과 열등생을 위한 교육과정과 수업에 대한 정보, 다양한 상황에서의 효과적인 수업, 일반교육과 영재교육을 연계하는 정보를 다루었다. 그녀는 100편 이상의 논문, 저서를 썼다. 가장 유명한 책 중 하나는 『차별화된 교실: 모든 학습자의 요구에 반응하기 (The Differentiated Classroom: Responding to the Needs of All Learners)』이다. 또 다른 책은 Jay McTighe와 공동 저술한 『차별화 수업과 이해를 위한 수업 통합설계(Integrating Plus Differentiated Instruction and Understanding by Design)』 (2006)이다. 많은 학교는 교실을 개별화하고 NCLB를 시행하는 과정에서 그녀의 연구에 관심을 갖게 되었다.

4) 주요 출판물

(1) NCLB법

NCLB법(2001)의 통과로 학교는 학생들의 학업 성취를 높이기 위해, 성취 기준과의 일관성, 두뇌연구, 아동의 학습방법에 대한 연구에 더 관심을 갖게 되었다. 다음의 다섯 명의 저자 Charlotte Danielson, Patricia Wolfe, Michael Fullan, Rick Wormeli, William Bender는 이 분야에 크게 기여했다.

(2) 학생 성적 개선

Charlotte Danielson(2002)의 『학업 성취 개선: 학교 개선을 위해(Enhancing Student Achievement: A Framework for School Improvement)』는 교육 분야에서 가장 중요한 책 중 하나이다. Danielson은 학교 전체 프로그램을 평가하는 도구로서 국가 수준과 주 수준의 성취 기준의 일관성을 강조한다. Danielson은 학교를 개선하기 위해 '모든 것을 함께 고려해야 한다'는 것을 교육자들이 배울 때, 모든 학생에게 최고의 교육을 제공하기 위해서 자신의 모든 전문성을 발휘할 수 있게 될 것이라고 보았다.

(3) 두뇌 문제

Patricia Wolfe(2001)가 쓴 『두뇌 문제: 연구를 교실로 옮기기(*Brain Matters: Translating Research Into Classroom Practice*)』는 교실 수업 전략에 중요한 영향을 미쳤다. 이 분야의 대부분의 연구는 경력 교사들이 이미 알고 있는 것을 확인했고 두뇌와 두뇌를 활성화하는 방식을 이해하도록 도왔다. 이 책은 교사들이 매일 교실에서 수집하는 수많은 양의 신경과학 정보를 비판적으로 분석하도록 돕는다. 이 책은 세 부분으로 집필되었는데 I부에서는 두뇌의 이미지화 기법과 두뇌 해부, 두뇌 생리학에 관한 교재이다. II부는 두뇌가 정보를 처리하는 방법을 소개하고 이 과정이 실제 교실에 주는 시사점을 탐색하였다. III부에서는 두뇌가 가장 잘 배우는 방식과 수업을 연계하는 전략으로 프로젝트, 시뮬레이션, 시각화, 음악 기록, 연상기호 등을 제시하였다.

Wolfe의 책은 두뇌 연구에 대한 인식을 넓히고 두뇌와 수업과의 관련성을 밝히는 데 중요한 영향을 미쳤다. 아울러 가르치는 기술과 두뇌가 자극에 반응하는 방법 과학을 적용함으로써 학습을 가장 효과적으로 촉진시키는 신경학적 방법들을 교사가 알아야 할 필요가 있다는 것을 인식시켰다(Willis, 2007).

(4) 변화하는 문화

Michael Fullan은 토론토 대학 온타리오 캠퍼스 교육학부 학장이다. 교사 교육 분야에서 개혁가이면서 리더로서 주요 학교 개혁과 교육 개혁을 설계하면서 파트너십을 발휘했다. 그의 유명하고 선구적인 저서인 『변화하는 문화(*Leading in a Culture of Change*)』(2001)는 현대적 보수주의 시대에 효과적으로 리더십을 이끈 이론, 연구, 사례 연구, 일화를 종합했다. 그는 지속적이며 체계적인 변화를 일으킬 수 있는 리더십의 다섯 가지 구성요소를 확인하고 정교화하였다. 다섯 가지 구성요소는 도덕적인 목적 설정, 변화 이해하기, 관계 만들기, 지식 창조하기, 공유하기, 일관성 있게 하기이다.

Fullan은 점점 더 복잡해지고 빠르게 변화하는 세상에서 조직, 비즈니스, 교육의 모든 영역에서 리더십을 키우는 것이 중요하다고 말한다.

(5) 공정한 것이 항상 평등한 것은 아니다: 차별화 평가와 등급

Rick Wormeli의 2006년 저서는 다음 네 가지를 추구했다. ① 현행 평가와 등급에 대한 반성, ② 효과적으로 평가하고 등급 매기기, ③ 동료나 일반인과 평가에 대한 실질적인 대화를 할 수 있는 언어와 기준, ④ 책무성과 평가.

(6) RTI: 모든 교사를 위해

William Bender의 2007년 저서는 RTI(Response to Intervention)의 핵심 개념과 지침들을 제공한다. RTI는 지금 개발 중이다. Bender의 저서는 교육자들이 최소 제한환경에서 학생들에게 자유롭고 적절한 공립학교 교육(Free and Appropriate Public Education: FAPE)을 제공하도록 돕는 기초적이고 필수적인 단계를 제공한다.

(7) 세계는 평평하다: 21세기의 역사 개관

2005년에 첫 번째 초판을 발행하고 2006년에 '확장 보완', 2007년에 추가 보완하여 출판한 Thomas L. Friedman의 이 저서는 21세기 초에 강조된 세계화 과정을 분석하였다. 이 책의 주제는 상업과 경쟁의 시대에 모든 경쟁자들에게 동등한 기회를 주는 세계를 평평하다고 비유적으로 표현한 것이다. 초판 표지에서 보듯이 표제는 한때 지구를 평평하다고 생각하던 사람들이 후에는 지구가 둥글다는 사실을 받아들인 인식의 전환을 강조한 것이다. 그리고 역사적, 종교적, 지리적 구분이 점점 무너지고 있는 현재의 세계 시장에서 경쟁적인 관계를 유지하기를 원하는 나라, 기업, 개인에게도 이와 비슷한 인식의 전환이 요청된다는 것을 나타내고 있다. 따라서 오늘날 학교교육과정은 세계화 교육을 강조해야 한다고 주장한다.

9. 지난 100년간의 교육과정 경향을 돌아보며

교육과정 역사를 검토하면서 두 가지 경향을 찾을 수 있었다. 첫째는 변화의 속도이다. 처음 다섯 시대는 27년, 24년, 16년, 11년, 7년으로 점점 짧아졌다. 여섯 번째와 일곱 번째 시대, 개인적 보수주의와 기술공학적 구성주의 시대는 각 약 10년 동안 지속되었다. 가장 최근의 현대적 보수주의 시대는 미국 대통령 선거 결과에 영향을 받은 듯하다. 이렇게 언급하고 나니 현대 사회의 빠른 변화 속도를 언급한 미래학자들이 어쩌면 정확했는지도 모르겠다는 생각이 든다. 그러므로 앞으로 교육과정 경향은 비교적 수명이 더 짧을 것이라고 예측할 수 있다.

두 번째는 변화의 리듬과 방향이다. 변화의 리듬과 방향을 설명할 수 있는 적절한 메타포를 찾는 것이 중요하다. 현대 교육학자들은 처음에 양극을 오가는 진자 메타포로 교육과정의 과거와 현재의 방향을 설명하였다. 또 그들은 긴 시간을 두고 반복적인 패턴을 설명하기 위해서 좀 더 추상적인 용어인 사이클로 설명하였다. 이런 메타포가 지난 세기의 교육과정 역사를 잘 설명하는 것 같지는 않다. 오히려 때로는 물이 불어서 때로는 거의 마른 상태로 흐르며, 때로는 분리되고 때로는 합류하며 계속해서 흐르는 지류에 비유하는 것이 더 적절한 것 같다.

Eisner와 Vallance(1974)는 교육과정의 역사적 흐름을 다음과 같이 제시하였다. 그들은 다섯 가지로 교육과정을 유형화했다. 학문적 합리주의로서의 교육과정(가장 가치 있는 교과 학습은 학생의 지적 성장을 촉진하는 것이다.), 개인적 관련성으로서의 교육과정(개인적 의미를 우선시한다.), 인지 과정으로서의 교육과정(학생들은 기초 기능학습과 생각하는 방법을 습득한다.), 사회 적응과 개조로서의 교육과정(사회 조사법을 통해서 교육 목적을 설정한다.), 기술로서의 교육과정(관찰 가능한 행위에 대한 기술 분석을 중심으로 교육과정 실행의 결과를 정한다.)이다. 이 장에서 설명한 여덟 가지 시대인 학문적 과학주의, 진보적 기능주의, 발달적 순응주의, 학문적 구조주의, 낭만적 급진주의, 개인적 보수주의, 기술공학적 구성주의, 현대적 보수주의도 20세기와 21세기 초기의 교육과정의 흐름을 설명한 것으로 볼 수 있다.

[그림 2-1]은 교육과정 역사의 흐름이 어떠한지를 보여 주고 있다. 각 시대마다 다르고 각 시대는 한두 개의 지배적인 경향이 있음을 알 수 있다. 각 시대의 경향은 교육과정에 영향을 미친 당대의 강력한 사회 변화에 의존한다는 것도 알 수 있다. 또 교육자들은 전형적으로 실용적 절충주의를 지지하는 편이었으며 여덟 가지 시대의 흐름이 적어도 어느 지점에서 합류하는 경향도 볼 수 있다.

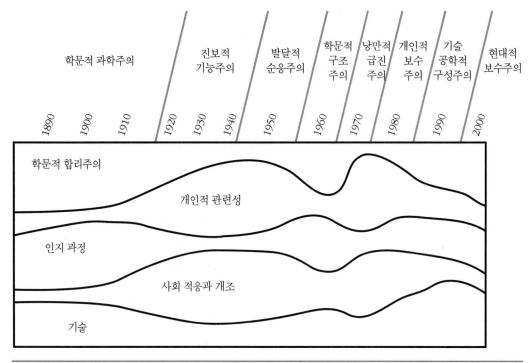

[그림 2-1] 교육과정 역사의 경향

요약

　2장에서는 학자나 교사들이 교육과정 개발의 역사를 이해할 수 있도록 지난 110년간의 교육과정 개발경향을 주의 깊게 분석하였다. 역사적 이해는 교육과정 변화의 요소와 사회적 영향을 얼마나 잘 이해하는가를 의미한다. 2장에서는 흔히 말하는 개혁가나 혁명가들이 교육과정을 인식한 관점들을 광범위하게 통찰하였다. 2장에서는 미국 학교교육에 영향을 미친 중요한 요소들을 다루었고, 독자가 교육과정에 대한 인식을 넓힐 수 있도록 하였다. 특히 학문적 과학주의, 진보적 기능주의, 발달적 순응주의, 학문적 구조주의, 낭만적 급진주의, 개인적 보수주의, 기술공학적 구성주의, 현대적 보수주의의 경향을 설명하고 교육과정을 개발할 때 이것들이 왜 중요한지를 설명하였다. 결국 각 시대별로 교육과정 개발에 영향을 미친 주요 경향들을 제시하였다.

👥:👤 적용

1. 당신이 공부한 교육과정 역사와 당신이 현재 관찰할 수 있는 현상을 기초로 지금이 현대적 보수주의 시대의 막바지라고 할 때 어떤 교육과정 유형이 계속될 것이라고 생각하는가?

2. 어떤 사람은 교육에서는 진정한 새로운 아이디어가 없다고 한다. 흔히 말해서 개혁가들은 이전의 아이디어들을 그냥 재정의한 것이라고 생각한다. 이런 의견에 대해 당신은 동의하는가 동의하지 않는가? 교육과정에 대한 당신의 지식을 기초로 설명하시오.

3. 단위 학교는 중앙에서 내려오는 교육 개혁에 대한 권고안들을 거의 따르지 않는다. 그렇다면 당신은 1990년대와 21세기 초 교육 개혁 보고서들의 영향을 어떻게 설명할 수 있겠는가?

4. NCLB는 단위 학교가 교육과정을 어떻게 설계해야 하는가뿐만 아니라 학생을 어떻게 평가할 것인가 하는 문제에 더 큰 영향을 미쳤다. 당신은 NCLB가 학교교육을 개선하는 데 영향을 미칠 수 있다고 생각하는가? 만약 그렇지 않다면, 어떤 면에서 그렇지 않으며 왜 그렇게 생각하는가?

5. 미국 교육에서 차터스쿨, 바우처 제도, 홈스쿨링은 보편적인 현상이다. 당신은 이들 각각의 현상에 대해 어떻게 생각하는가? 그리고 이들은 앞으로도 계속 영향을 미칠 것이고 생각하는가? 왜 그렇게 생각하는가? 또 아니라면 왜 그렇게 생각하는가?

6. Van de Water와 Krueger(2002)에 의하면 P-16 제도는 좀 더 지켜보아야 한다. 다음 목록 중 가장 달성하기 어려운 것, 또 가장 성취하기 쉬운 것은 무엇인가? 왜 그렇게 생각하는가?

- 포괄성 - 모든 학생들은 성취 기준에 도달해야 한다.
- 일관성 - 성취 기준, 교육과정, 평가가 일치해야 한다.
- 지원 - 모든 학생들이 표준에 도달하도록 지원해야 한다.
- 장애물 제거 - 특히 고등학교에서 대학으로 진학할 때, 예를 들어 고등학교 졸업 요구사항, 대학 입학 요구사항, 대학 진학 평가 관련 사항들을 정비해야 한다.
- 교정 교육 - 높은 기대 수준, 명확한 성취 기준, 확실한 지원은 학생으로 하여금 중등교육 이후 과정을 준비할 수 있도록 한다.

사례

Susan Davenport 박사는 Robert Edwards 박사가 관내의 대학교수로 옮겨가면서 그 후임으로 교장에 부임했다. 그녀의 고용을 심사한 학교 관계자들은 그녀에게 교사들이 연방 정부, 주 정부, 지역 교육청의 성취 기준을 이수할 수 있도록 돕는 교장을 원한다고 말했다.

교사들이 성취 기준을 달성할 수 있도록 하기 위해서 Davenport 박사는 워싱턴 초등학교에 대한 여러 가지 정보가 필요하다고 느꼈다. 그래서 그녀는 전임 교장을 만나기로 했고 Edwards 박사와 Davenport 교장은 교사에 대한 이야기를 나누었다.

워싱턴 초등학교의 6명의 4학년 교사 이야기를 할 때 Edwards 박사는 이 학교에서 40년 근무한 베테랑 교사인 Anderson 선생에 대한 이야기를 했다. Anderson은 다소 보수적인 성격이며, 학문적 과학주의 경향과 진보적 기능주의 경향을 모두 갖고 있는 교사다. 또 그는 집단학습이나 개별학습을 신뢰하지 않는 교사다. 또 다른 교사 Ferrell은 Anderson보다 덜 보수적이다. 그러나 그는 기술공학적 관점에 별 관심이 없고 사회적인 측면에서의 학생에 관심이 있어 발달적 순응주의 경향이 있다.

Ferrell과 가까운 사이인 교사 Bardwell은 책상 줄이 맞아야 수업을 하는, 보다 구조적인 경향이 있는 교사다. 그는 기본을 강조하지만 가끔은, 특히 과학 수업에서는 탐구학습을 적용하곤 한다. Edwards 박사는 Bardwell을 학문적 구조주의 경향(교과의 원리, 개념, 탐구 과정을 중요하게 간주한다.)이 있는 교사로 생각했다. Edwards 박사는 다른 4학년 교사 Tammy Rabine에 대해서는 낭만적 급진주의 경향의 교사로 소개했다. 그는 재미있고 상상력이 풍부한 교사지만 정해진 교육과정을 준수하지 않으며 명확하고 인위적인 수업 목표를 좋아하지 않는다. 그는 학생이 스스로 학습한다고 생각하고, 스스로 탐구하고 발견해야 한다고 생각한다. 이와는 대조적으로 Tammy의 동료교사인 Jack Duringer는 학문적으로 도전적인 교육과정 개발을 중요하게 생각한다. 그는 개인적 보수주의와 기술공학적 구성주의에 위치하는 교사로 평가와 책무성에 대해서도 철저한 교사다.

마지막으로 Edwards 박사가 말해 준 4학년 교사 Juanita Sanchez는 2년차이고, 기술공학을 선호한다. 그는 다문화에 관심이 있고, 교육과정을 통해 다문화적 가치를 가르쳐야 한다고 생각하는 교사다. 그는 성취 기준에 기초해서 수업하고 평가하는 사람으로 기술공학적 구성주의적 경향과 현대적 보수주의적 경향의 교사다.

도전 과제

이런 경우 4학년 교사들의 행동을 분석하라. 새로 온 교장으로서 4학년 교사들이 지역 교육청, 주 정부, 연방 정부의 성취 기준을 준수하도록 하기 위해서 어떤 교사를 리더 교사로 임명해야 할까?

주요 질문

1. 당신이 생각할 때 같이 근무했던 교사들에 대해 이야기하는 전임 교장 Edwards 박사를 윤리적이라고 생각하는가, 그렇지 않은가? 이유는 무엇인가?

2. 교육과정은 종종 더 큰 사회적 변화의 영향을 받는다. 오늘날 교육과정 변화에 영향을 미치는 사회의 변화는 무엇인가?

3. 지역, 주 정부, 연방 정부가 제시하는 기준에 부응하지 못하는 학업 성취 문제를 가진 학교를 지원해야 하는가, 그렇지 않은가? 이유는 무엇인가?

4. 워싱턴 초등학교가 당면하고 있는 문제는 변화에 상응하는 보상체제가 없고, 학교의 특성을 살리지 못하고 있다는 점이다. 관례적이고 뚜렷한 목표 의식의 부재가 이 학교를 나태하게 만들고 있다. 새 교장이 어떤 변화를 시도할 수 있으며, 단위 학교를 '경영'하는 대신 지원할 수 있는 방법을 어떻게 찾을까?

5. 교수·학습 과정을 개선하기 위해서 교장은 다양한 교사들을 어떻게 선임해야 하는가?

e 참고 사이트

Center for Implementing Technology in Education

　　www.cited.org

Global Education

　　www.globaled.org/fianlcopy.pdf

International Society for Technology in Education's National Education Technology Standards

　　www.ksg.harvard.edu/pepg/PDF/Papers/PEPG06-02-PetersonLlaudet.pdf

National Center for Education Statistics

　　http://nces.ed.gov

National Center for the Study of Privatization-US Charter Schools

　　www.uscharterschools.org/cs/r/view/uscs_sp/362

New Commission on the Skills of the American Workforce

　　www.skillscommission.org

P-K Education

http://eric.uoregon.edu/publications/digest159.html

Research Room, EdChange Multicultural Pavilion

www.dechange.org/multicultural/papers/edchange_history.html

Thomas Fordham Foundation sponsorship of charter schools

www.edexcellence.net

U.S. Department of Education

www.ed.gov

◆ 제3장 ◆
교육과정 이론

교육과정 이론과 연구는 교육과정 정책 논의에서 점점 중요해지고 있다. AEI (American Enterprise Institute)의 교육 정책 연구 책임자인 Fredrick Hess(2008)는 "교육 연구에 대한 관심이 증가한 것은 일차적으로 다양한 연구 방법론과 관련되어 있다. 방법론이란 '우수 실천 사례'나 '과학에 기초한' 연구 방법과 교사들이 연구 결과를 활용하는 방법이다."(p. 354)

교육과정 학자들은 교육과정 이론이 교육과정 연구에서 중요하다고 평가하지만, 대부분의 교육과정을 실행하는 사람들은 그들이 하는 일과 별 관련이 없다고 일축한다. 교육과정 이론을 평가절하하는 것을 이해할 만은 하지만, 앞 장에서 살펴보았을 때 이론이란 학자와 실행하는 사람 모두에게 가치 있는 것이었다. 무엇보다도 교육과정 이론은 교육과정 기획안을 분석하는 데, 실제를 설명하는 데, 개선을 안내하는 데 일련의 개념적 도구를 제공한다.

이 장에서는 다음과 같은 질문을 다룬다.

- 교육과정 이론이란 무엇이고 어떤 기능을 하는가?
- 교육과정을 계획할 때 교육과정의 이론과 실제를 왜 함께 고려해야 하는가?

- 교육과정 이론을 개발할 때 리더십은 어떤 역할을 하는가?
- 교육과정 이론을 어떻게 분류할 수 있는가?
- 기술공학은 교육과정 변화를 어떻게 촉진해 왔는가?

리더십의 열쇠

성공적인 교육과정 리더는 교육 이론이 변화를 촉진한다는 것을 알고 있다.

이론과 실제를 연계하는 것은 교육에서 중요하다. 하지만 교육과정 이론이 모든 실제에 잘 맞는 것은 아니다. 교사들은 정보기술, 지식사회 분야에 비해 교육분야는 이론을 통해서 실제를 분석하고, 재평가하며, 수정하기 어렵다는 것을 알고 있다. 또한 다양한 인종, 계층, 경제적·문화적 여건을 고려하여 교육과정을 개발하는 일도 쉽지 않다. 정보기술의 발달로 교육이 끊임없이 변하는 상황에서는 더욱 그렇다. 그럼에도 불구하고 교육과정을 분석하고, 실제를 설명하며, 개선하고자 할 때 교육과정 이론을 알아야 한다.

1. 교육과정 이론의 성격과 기능

교육과정과 교육과정의 이론은 오랫동안 학교교육이나 교육의 개념과 관련되어 왔다. 교육의 개념을 포괄하는 명확하고 종합적인 이론 없이는 무엇이 교육과정 이론이고 무엇이 교육과정 이론이 아닌지에 대해 필요 이상의 논쟁을 일으킬 수 있다. 오늘날 교육자, 연구자, 학부모, 정책입안자들은 모두 성공적인 학교를 만들기 위해 노력하고 있다. 연구결과를 기초로 모든 학생의 교육의 질을 높이기 위해 이론과 실제를 연계하는 방법을 모색하고 있다(Swaim, 2003).

이론을 알기 위해서는 이론의 일반적인 성격을 이해해야 한다. 이 문제에 대해서는 철학가들 사이에서도 이견이 있다. 또 몇몇 사람들은 과학적 이론을 '정설(the Received View)'로 신봉한다.

역사적으로 현상에 적용할 수 있는 수많은 법칙들을 만들고 그것을 연역적으로 연결하는 것이 이론이다. 이론은 개념을, 개념들 간의 관계를 제시하는 구체적인 원리를, 관련된 개념을 구체화하는 정의를 포함하고 있다.

관련 문헌을 검토한 Atkins(1982)는 '이론'이 끊임없이 갱신되어 왔고, '이론'에 존재하는 비판들을 찾았다. 첫째, Suppe(1974)는 원리 도출의 편협성을 비판했다. 몇몇 과학적 이론들은 원리를 적절하게 도출하지 않았고 그렇게 할 수도 없었다고 지적했다. 그는 역동적인 성격에 초점을 두고 이론을 보다 넓은 관점으로 보아야 한다고 주장했다. 또 Hanson(1958)은 '이론'의 가치중립성을 비판했다. Hanson과 같은 사람들은 이론이 가치를 내포한다고 주장한다. 학자들은 객관적일 수 없고, 이론에는 학자들의 가치관과 세계관이 반영된다고 보았다. Popper(1962)는 과학적 이론은 객관적으로 증명될 수 있다는 이 '정설'의 전제를 비판하였다. 그의 관점에서 이론은 오류로 밝혀질 수도 있는 추측이다.

Atkins(1982)가 말했듯이 '정설'의 전제를 비판하는 사람들은 주로 사실주의자나 도구주의자이다. 사실주의자들은 과학을 설명 가능하며 예측 가능한 결과를 중시하는 합리적이고 경험적인 노력으로 본다. 따라서 사실주의의 관점에서 이론은 관찰 가능한 현상에 대한 구조를 진술하는 것이다. 나아가서 이론의 가장 중요한 특징은 현상을 일반화할 때 구조적으로 설명하는 방식이다(Keat & Urry, 1975). 반면 도구주의는 이론의 기능에 관심을 갖는다. 이런 관점에서 이론은 세상에 대한 그림이나 지도라기보다는 세상을 탐구하는 도구이다. 이런 면에서 이론은 참이냐 거짓이냐의 차원에서 판단하는 것이 아니고 이론으로 예측하는 것이다(Kaplan, 1964).

따라서 요즘 학자들은 이론의 성격에 대해 보다 개방적이다. 이런 개방적인 태도는 이론 개발이 초기 단계인 교육학 분야에서는 특히 유용하다. 따라서 3장에서는 교육과정 이론을 다음과 같이 포괄적으로 정의하고자 한다.

교육과정 이론은 교육과정 현상을 체계화하고 조망하는 일련의 개념들이다.

교육과정 이론이 갖는 기능은 무엇인가? 대부분의 학자들은 이론이 하는 역할을 기술하기, 설명하기, 예측하기라고 한다. 교육과정 이론들을 검토해 보면 다음 두 가지 기능을 추가하고 있음을 알 수 있다. Michael Apple과 같은 이론가들은 교육과정 이론이 교육자로 하여금 사회와 학교에 대해 비판적 관점을 갖도록 해 준다고 본다. Apple(1975)과 같은 이론가들은 교육과정 현상을 비판적으로 기술하고 설명하는 데 관심이 있다. Ralph Tyler(1950)와 같은 이론가들은 실행을 안내하는 데 관심이 있다. Tyler와 같은 이론가들은 기술하고 설명도 하지만, 주로 교육자들이 보다 합리적인 선택을 할 수 있도록 돕는다.

교육 목적을 달성하기 위해서 경험을 선정한다. 경험을 선정하면, 최대의 효과를 낼 수 있는 방식으로 조직한다. 교육과정은 평가를 통해서 개선된다. Tyler는 교육과정 개발을 순환적이라고 본다. 최종 결과를 기초로 교육의 과정에서 발생하는 질과 효과를 판단하며 평가 결과는 교육과정을 개선하는 데 활용된다(Burks, 1998).

이론이 이런 기능들을 효과적으로 수행하는 정도는 이론 자체가 가진 복합성이나 완성 정도에 의존하는 듯하다. 여기서 Faix(1964)의 이론 개발 과정에 대한 설명이 유용할 것이다.

- 기초단계(1단계): 아직 검증이 안 된 불확실한 단계이다. 기초단계에서는 검증되지 않은 가설을 설정하고 관련 변수나 개념들도 체계적으로 정의되어 있지 않다. 기초단계는 기술하거나 설명하고 더 나은 이론을 위한 방향만 제시한다. Glatthorn(1980)이 교육과정을 완전학습, 유기적 학습, 심화학습 요소로 구분한 것이 기초단계의 예이다.

- 중간단계(2단계): 경험적으로 가설을 검증한다. 모델을 검토하면서 무관한 변수 및 관계들을 제거한다. 경험적 원리와 일반화가 도출되고 이론은 현상을 밝히며 예측하고 통제하는 데 활용된다. 탐구와 실제를 안내하는 Goodlad(1979)의 '개념 체계'는 이 단계에 해당하는 좋은 예이다.

- 일반화단계(3단계): 체계적으로 탐구 현상 전체를 설명하는 포괄적인 개념적 구조다. 일반화단계의 이론은 중간단계에서 구축한 지식들을 통합한다. Beauchamp(1981)의 포괄적 교육과정 이론은 경험적 근거가 약하다는 비판을 받기는 하지만 일반적 이론의 한 예가 될 수 있다.

2. 교육과정 이론에서의 리더십

교사는 리더 교사를 파트너로 생각해야 하며 그들로부터 그리고 그들과 함께 배워야 한다(Hoerr, 2007~2008). 학교교육과정에 대한 이론적 접근에는 리더십이 필요하다는 것은 상식이다. 오늘날 학교경영자들은 학교교육사에서 가장 도전적인 시대를 살고 있다. 새 리더들은 행동주의에서 비판주의에 이르는 광범위한 교육과정 이론에 익숙해져야 한다. 리더들은 이론을 통해서 실제를, 실제를 통해서 이론을 '보아야' 하며, 이론과 실제가 서로를 어떻게 형성하고 정의하는지를 이해해야 한다.

이론과 실제 사이에 작용하는 리더십은 앞으로 교육과정의 성공과 실패에 결정적인 영향을 미치는 요소가 될 것이다. 따라서 지역사회는 교수와 학습 분야에 능력을 발휘하는 성공적인 리더들을 격려하고 인정해 주어야 한다. 보편적인 지침, 아이디어, 일반화 같은 것은 있지만, 리더로서의 공식이나 규칙이 있는 것은 아니다. 리더들은 첨단 시대에 성공적인 교육을 이끌기 위해 교육과정 이론에 통달할 필요가 있다. 그들이 교육과정 개발의 '내용'과 '이유'를 종합적으로 이해하기 위해서는 리더십 훈련이 필요하다.

또 리더는 교육과정 이론이 순환적이라는 것을 알아야 한다. 이를 위해서 특히 분석, 방법, 평가, 과정, 평가 절차를 검토해야 한다. 교육과정 리더들이 검토해야 할 영역은 다음과 같다.

- 교육과정 연구의 역사
- 교육과정 분야의 최근 이론과 실제
- 교육과정에 대한 거시적·미시적 관점
- 사회·문화적인 고려 사항들
- 교육과정 변천의 과정
- 교육과정에 미치는 기술공학의 영향
- 수업 설계 모형과 절차
- 학습 전략 개발을 위한 모형과 절차
- 적절한 교수법을 수집, 정리하고 적용하기

- 평가 기법 및 평가 절차
- 필요한 교사 연수
- 교육과정 설계와 학생 활동 결과물에 대한 사례

리더십이란 교육과정 설계에 대한 새로운 도전이 요청될 때 교육과정을 이해함으로써 변화에 필요한 행정적 역할과 책임을 다하는 것이다. 이것은 방법과 시기를 조정할 줄 아는 것과 동시에 교육과정에서 중요한 것을 결정할 수 있도록 한다. 이것은 체제 중심에서 학습자 중심으로의 전환에 따른 행정 변화이다. 이런 리더십 스타일의 전환은 교사로 하여금 학습에 가장 영향을 많이 미치는 요소를 더 잘 감지하게 한다. 리더가 교육과정 검토 과정을 잘 이해하는 것이 변화를 위한 기초이며, 새로운 교수 전략을 적용하려는 의지가 바로 향후 학교교육의 성공을 보장한다.

3. 교육과정 이론의 종류

교육과정 이론을 분류하여 범주화하려는 시도가 수도 없이 있었다. 그러나 교육과정은 여전히 역동적이다. Kathy Christie(2007)는 "내일의 '기초'는 오늘의 수준을 높이는 일"이라고 했다(p. 165).

McNeil(1985)은 교육과정 이론을 분류한 문헌들을 검토하여 연성교육과정학자(soft curricularists)와 경성교육과정학자(hard curricularists)를 구분하였다. 그의 관점에서 연성교육과정학자는 종교, 철학, 문학비평과 같은 '연성' 학문 분야를 기초로 한 William Pinar와 재개념론자들을 말한다. Decker Walker와 Mauritz Johnson과 같은 경성교육과정학자들은 경험적 근거에 기초해서 논리적으로 접근한다. 분명히 이렇게 이분화하는 것에는 한계가 있다. 유사한 연구 관점을 가졌다는 점만으로 Elliot Eisner와 Henry Giroux와 같이 서로 다른 이론가들을 같은 '연성교육과정학자'로 분류하게 된다.

Pinar가 분류한 세 가지 범주도 마찬가지이다. 그는 모든 교육과정 이론가를 전통주의자(traditionalists), 개념적 경험주의자(conceptual empiricists), 재개념주의자(reconceptualists)로 구분하였다. 그가 분류한 Ralph Tyler와 같은 전통주의자들은 현재 사회를 유지하고 문화유산을 효과적으로 전수하는 지식 전달에 관심의 초점을 두고 있다(Pinar, 1978).

Tyler와 같은 전통주의자들은 교육과정을 교실, 교사, 교과, 단원, 학습 등의 개념으로 파악한다. 예를 들어 Hirsch(1995)는 그의 많은 저서 중 하나인 『당신이 5학년일 때 알아야 할 것들: 5학년 교육의 기초(*What Your Fifth Grader Needs to Know: Fundamentals of Good Fifth-Grade Education*)』에서 학교교육과정에서의 기초 지식과 문화적 소양을 언급하고자 했다. 그는 초등교육에서 다루어야 할 일련의 핵심 지식들을 구축했다. 정규 학교교육에서는 일반적으로 기초 지식과 수업의 고전적인 구조를 강조한다. 형식 교육에서는 일반적으로 강의 계획서, 수업을 통해서 전달할 지식이나 정보, 목적이나 목표 설정, 평가, 최종 학습 결과물에 관심을 둔다.

비형식 교육을 지지하는 이론가들은 어떤 교육과정을 개발하고 실행해야 하는가에 대해 완전히 다른 인식을 가지고 있다. 개념적 경험주의자와 재개념주의자와 같은 비형식성을 강조하는 사람들은 교육을 보다 실존적인 경험으로 인식한다. Robert Gagne와 같은 개념적 경험주의자들은 물리학의 연구 방법론으로 교사가 학교에서 발생할 수 있는 일을 예측하고 통제할 수 있는 일반론을 제시하였다. 재개념주의자들은 사회에 존재하는 불평등한 관계나 계층 갈등을 반영하는 주관성, 실존적 경험, 해석을 강조한다. 이렇게 분류하는 데 적용한 기준에 이론가들이 취하는 연구 방법론과 정치적 성향이 혼합되어 있다는 것은 이 세 가지 형태의 분류가 가진 단점이다. Eisner(1985)와 같은 또 다른 이론가들은 접근 방식이 비형식적이라는 점에서는 같지만 학교에서 무슨 일이 일어날지를 예측하는 데 보다 관심이 있다. 교육의 비형식성을 지지하는 Eisner는 오랜 시간 동안 새로운 접근 방식으로 교육과정 개정에 참여해 온 이 분야의 리더이다.

예를 들어 교육과정 이론을 분류하는 연구에서 가장 폭넓게 인용되는 저서 중 하나가 Eisner와 Vallance(1974)의 『교육과정의 갈등적 개념들(*Conflicting Conceptions of Curriculum*)』이다. 그들은 교육과정에 대한 서로 다른 개념 혹은 기초를 가진 다섯 가지의 교육과정을 제시하였다. '인지 과정(cognitive-process)으로' 접근하는 유형은 구체적인 내용보다는 지적 기능의 발달에 일차적으로 관심을 갖는다. '기술공학으로서의 교육과정'은 미리 정해 놓은 목표를 달성할 수 있는 가장 효과적인 수단을 강구하는 데 관심을 둔다. '자아실현으로서의 교육과정'은 교육과정을 개인의 성장을 위한 경험으로 본다. '사회 재건으로서의 교육과정'은 개인보다 사회를 강조한다. 이런 성향의 이론가들은 학교가 우선적으로 사회적인 역할을 해야 한다고 생각한다. 마지막으로 '학문적 합리주의(academic rationalism)로서의 교육과정'은 학생들이 서구의 문화적 전통에 입문할 수 있도록 돕기 위해서 표준화 교육과정을 중요시한다.

Eisner와 Vallance의 분류가 이분법이나 세 가지 분류보다 유용해 보이지만, '기술'을 교육과정으로 보는 오류를 범하고 있다. 다른 네 가지는 모두 각각의 원천인 인지 공학, 개인, 사회, 학문에 기초해서 교육과정 내용을 결정한다. 그러나 다른 네 가지 유형에도 활용 가능한 '기술공학으로서의 교육과정'은 교육과정 개발 절차를 제공하는 데 일차적인 관심을 두고 있다.

교육과정 이론을 분류한 세 가지 방식(Eisner & Vallance, 1974; McNeil, 1985; Pinar, 1978) 모두 원천이나 강조점을 기준으로 교육과정 이론을 분류하지 않았다는 오류를 범하고 있다. 이런 점에서 Huenecke(1982)의 분석이 가장 적절한 것 같다. 그녀는 교육과정 이론을 세 가지 형태, 즉 구조형(structural), 일반형(generic), 실제형(substantive)으로 구분하였다. 그녀는 구조형 이론들이 교육과정 분야에서 초기 50년 동안 우위를 점했다고 주장하는데 이 이론들은 의사 결정 구조뿐 아니라 교육과정의 요소와 교육과정들 간의 상호관계를 찾는 데 초점을 두고 있다. 일반형 이론들은 교육과정의 최종 결과물에 가장 관심이 높고 교육과정 결정에 영향을 미치는 전제들, 신념들, 인식들을 밝히는 데 집중한다. 때로는 비판적 이론으로 간주되는데, 이는 그들이 과거 및 현재의 교육과정 관련 개념을 강도 높게 비판하기 때문이다. 그들은 사회의 구속으로부터 개인을 해방시키고자 하는데, 정치적·사회적 이론을 사용하여 교육과정에 미치는 권력, 통제력, 영향력을 분석한다. 실제형 이론들은 어떤 교과 혹은 어떤 내용이 가장 적합한지, 어떤 지식이 가장 가치 있는지를 연구한다.

Huenecke의 유형이 매우 유용하지만, 한 가지 중요한 영역, 즉 Schwab과 같이 교육과정을 결정하는 과정에는 관심을 두지 않았다. Huenecke는 Schwab(1970)을 구조형으로 분류하는데 구조와 과정은 서로 다르다는 점에 주목할 필요가 있다.

따라서 지금까지의 논의를 기초로 교육과정 이론은 다음의 네 가지 유형으로 구분하는 것이 적절해 보인다.

① 구조 중심 이론은 주로 교육과정의 구성요소나 교육과정들 간의 상호관계를

분석한다. 구조 중심 이론은 교육과정의 의도를 기술하고 설명하려는 경향이
있다.

② 가치 중심 이론은 주로 교육과정 개발자나 그들이 개발한 교육과정에 대한 가
치 및 전제들을 분석하는 데 관심이 있다. 가치 중심 이론은 자연히 비판적인
경향이 있다.

③ 내용 중심 이론은 주로 교육과정 내용을 결정하는 데 관심이 있다. 내용 중심
이론은 자연히 규범적인 성향이 있다.

④ 절차 중심 이론은 주로 교육과정을 개발하는 과정을 기술하고, 교육과정을 개
발하는 방법을 안내하는 데 관심이 있다. 절차 중심 이론가 중 어떤 사람들은
교육과정 기술을 강조하고, 또 어떤 사람들은 교육과정 이해를 강조한다.

이 장의 나머지는 몇몇 주요한 교육과정 이론들을 이 분류에 기초해서 설명할 것
이다.

1) 구조 중심의 교육과정 이론

앞에서 언급하였듯이 구조 중심 이론가들은 교육과정의 구성요소와 그들 간의
상호관계에 관심이 있다. 그들은 주로 분석적으로 접근하는데, 교육적 상황에서 교
육과정을 구성하는 요소들이 어떻게 상호작용하는지를 다음과 같이 기술하고 설명
한다.

• 교육과정에서 필수 개념들은 무엇인가? 그것을 어떻게 정의해야 하는가? 예를
들어 교육과정이란 무엇인가?

• 교육과정 개발의 수준은 무엇이고 각 수준은 교육과정에 어떤 영향을 미치는
가? 예를 들어 교사 수준의 교육과정은 어떻게 개발하는가?

• 얼마나 많은 교과들이 학교교육과정에 포함되어야 하는가? 교과와 교과별 교
육과정 영역은 어떻게 다른가?

• 교육과정 내용 선정, 조직, 계열을 정하는 데 어떤 원칙을 적용할 수 있는가?
이들은 어떻게 상세화될 수 있는가?

이러한 질문에 답하기 위해 구조 중심 이론가들은 교육과정 현상을 탐구하는 양적, 질적 방법론을 모두 활용하여 경험적인 연구를 한다.

구조 중심 이론가들은 거시적 혹은 미시적으로 접근한다. 거시적 접근은 교육과정을 구성하는 큰 요소들을 설명하는 포괄적인 이론을 지향한다.

반면 미시적 접근은 학교 수업 수준에서 일어나는 교육과정 현상을 기술하는 데 관심이 있는데, 여기서는 이런 미시적 접근들을 좀 더 자세히 살펴보고자 한다. George Posner는 미시적 접근을 하는 대표적인 학자이다. 수년간의 연구를 통해서 그는 교육과정을 구성하는 몇 가지 미시적 요소들을 검토해 왔다. Kenneth Strike와 함께 연구한 '내용의 계열적 조직을 위한 기준(A Categorization Scheme for Principles of Sequencing Content)'은 그의 대표적인 연구이다(Posner & Strike, 1976). 관련 교육과정 문헌 고찰을 통해서 인식론적으로 구분되는 유용한 개념을 찾음으로써 Posner와 Strike는 교육과정 내용을 계열화할 수 있는 다섯 가지 주요 유형을 제시하였다.

첫째, '세계와의 관련'이다. 즉 사건들, 사람들, 사물들 간의 경험적 관계를 기초로 내용을 구조화할 수 있다. 하위 유형으로 공간적 관계, 시간적 관계, 물리적 속성을 기준으로 한 계열이 있다. 둘째, '개념과의 관련'이다. 교육과정 내용의 계열성은 개념 조직을 기초로 한다. 따라서 하위 유형으로 '논리성'이 있다. 뒤에 오는 개념을 이해하기 위해서는 선행하는 개념을 논리적으로 이해해야 한다는 것을 의미한다. 셋째, '탐구와의 관련'이다. 교육과정 계열성은 Dewey의 문제해결 과정처럼 구체적인 탐구 방식과 관련이 있다. 넷째, '학습과의 관련'이다. 교육과정의 계열성은 학습 심리학적인 지식을 기초로 한다. 따라서 교육과정 계열성은 '내적 흥미와 관련된 내용부터 시작한다' 혹은 '쉬운 것부터 시작한다'는 식으로 결정된다. 다섯째, '실용성과의 관련'이다. 교육과정 계열성은 사회적, 개인적, 직업적으로 유용한 이 세 가지를 기초로 한다.

Posner와 Strike(1976)는 이러한 분류가 교육과정 개발자, 교육과정 평가자, 교육과정 연구자들이 유용하게 활용할 수 있는 일련의 개념을 제공한다고 주장한다.

2) 가치 중심 이론

가치 중심 이론가들은 주로 '의식을 불러일으키는' 일에 관심을 두는데, 이들은 교육자들이 잠재적 교육과정과 문서로서의 교육과정 모두에 존재하는 가치문제에 대해 민감해야 한다고 생각한다. 그들은 주로 비판적이다. 그래서 때로 이들은 '비판 이론'으로 분류하기도 한다. 많은 학자들이 교육과정 재개념화를 주장해 왔기 때문에, 이들은 종종 재개념론자로 불리기도 한다.

가치 중심 이론가들은 다음과 같은 이슈들을 다룬다.

- 사회는 학교에서 어떤 방식으로 영향을 미치는가?
- 교양 있는 사람은 어떤 사람인가? 학교교육은 이들을 어떻게 양성하는가?
- 학교는 어떻게 학생과 청소년들이 의도적으로 혹은 무의도적으로 그들의 인종과 계층별로 이미 정해진 사회적 역할을 재생산하도록 하는가?
- 교육과정 리더는 합리적인 지식을 결정하는 방식, 이런 지식을 결정하는 과정에 편견이 작용하는 방식, 이것이 어린이와 청소년들의 온전한 발달을 제한하는 방식들을 어떻게 밝히는가?
- 학교는 사회적 이슈를 어떻게 다루며, 어떻게 갈등을 최소화하고 제거하는가?

이러한 문제를 해결하기 위해서 대부분의 가치 중심 연구자들은 심리적, 철학적, 역사적, 정치적 연구 방법론을 활용한다.

❏ 주요 가치 중심 이론가들

이들의 비판은 한편으로는 사람에 집중되어 있고, 또 다른 한편으로는 사회정치적 요소에 집중되어 있기 때문에 전자의 대표자로 James Macdonald, 후자의 대표자로 Michael Apple을 소개하고자 한다.

① Macdonald

거의 20년간 J. Macdonald는 교육과정 분야에서 존경받는 비평가였다. 그는 교육자들에게 자신의 전제에 대해 의문을 제기하며 보다 가치 있는 목적의식을 찾고 교육과정에 대한 재개념화에 도전해야 한다고 주장한다. Macdonald는 광범위한 저서 작업을 요약해 왔다.

그의 연구의 기본적인 관점은 인간적인 조건을 검토하는 것이다. 인간적인 조건이란 초월, 즉 자아를 실현하고자 하는 개인의 고군분투를 설명하고자 하는 것이다. C. Jung의 저서에서 많은 영향을 받은 Macdonald(1974)는 '교육에 대한 초월적 발달 이데올로기'라는 메타포를 사용하여 모든 사람들이 본능적으로 관심을 갖는 초월을 설명하였다.

Macdonald가 지나치게 신비롭고 모호하다는 비판에도 불구하고 그의 연구는 교육과정 리더들이 교육과정에 대한 스스로의 생각이나 전제들을 다시 한 번 생각해 보고 교육과정을 재개념화할 수 있도록 하는 데 영향을 끼쳤다. 그는 대부분의 학교에서 제공하는 교육과정이 심각하게 왜곡되어 있다고 보았다. 교육의 목적은 개개인이 자아를 실현하고 자율성의 발달을 촉진하는 데 있어야 한다고 보았다. Macdonald(1977)는 이 문제를 설득력 있게 주장하고 있다.

> 교육과정 학자는 모든 사람이 정치적이라는 사실을 알아야 한다. 미시적으로 교육과정의 담화나 작업은 입법적으로 기능한다. 우리는 … 좋은 삶, 좋은 사회, 좋은 사람을 목적으로 한다 … 교육과정 학자들이 우리가 말하는 것, 우리가 서로 소통하고 있는 이것을 이해한다면 이런 교육의 목적에 대한 가치를 명확하게 알 수 있을 것이다(p. 15).

② Apple

M. Apple은 사회와 학교의 관계에 일차적인 관심을 가진 비판 이론가다. 사회와 학교에 대한 Apple(1975)의 비판 이론의 핵심어는 헤게모니(hegemony)다. 헤게모니는 "우리의 의미, 가치, 행위에 현실적으로 영향을 미치는 것"이다(p. 113). 이러한 관점에서 헤게모니는 지배 문화의 영향이며 사회에 널리 퍼져 있다.

교육에 영향을 미친 이런 문화적 헤게모니 중 하나는 과학이다. 이런 점에서 교육을 '사이비 과학주의'라고 비판한다. Apple(1975)은 거의 모든 교육자들이 과학에 대해 편협하고 고착적인 관점을 갖고 있다고 지적하는데, 그것은 교육에서는 예측 가능하고 통제할 수 있는 합리성과 검증된 것만 과학으로 여기고 과학과 예술, 과학과 신화의 관계를 무시하기 때문이다.

3) 내용 중심 이론

내용 중심 이론가들은 주로 교육과정 내용을 선정하고 조직하는 데 영향을 미치는 것들을 밝히는 데 관심을 갖는다. 내용중심의 교육과정 이론은 그 원천에 따라서 아동 중심 이론, 지식 중심 이론, 사회 중심 이론으로 구분할 수 있다.

(1) 아동 중심 교육과정

아동 중심 교육과정 학자들은 아동을 교육과정의 출발점이요, 교육과정을 결정하는 기준이며, 교육과정 개발의 중신이라고 생각한다. 아동이 발달한다는 것에는 교과 지식의 획득도 포함되지만 교과는 아동의 성장에 기여하는 학습 중 하나로 본다. 아동이 사회에서 발달하고 사회 환경의 영향을 받지만 아동 중심 교육과정에서는 사회의 요구를 중요하게 고려하지 않는다. 아동 중심 교육과정에서 사회는 아동의 성숙과 자율성을 보조하는 것일 뿐이다. 수십 년 전에 Francis Parker(1894)는 "모든 교육운동에서 가장 중요한 것은 아동이다."라고 표현하였다.

지난 30년 동안 3대 아동 중심 교육과정 운동에는 정서 교육, 열린 교육, 발달 교육이 있었다.

① 정서 교육

정서 교육 운동은 아동의 느낌과 가치를 강조한다. 인지 발달을 강조하지만 그것 또한 정서 발달을 기초로 한다. 따라서 교육과정 리더는 주로 아동이 감정을 이해하고 표현하며 가치 판단을 하고 분류하도록 돕는 교수와 학습 활동에 관심을 가져야 한다. 예를 들어 Brown(1975)은 '융합 교육(confluent education)' (신체, 정서, 인지의 종합적 발달을 시도한 교육과정)을 주장하였는데, '신체 여행(fantasy body trip)' 활동을 권장했다. 예를 들어 학생들은 눈을 감고 '자기 몸 안으로' 들어가며, 각자 발가락부터 신체의 모든 부분을 둘러보고, 각자의 경험을 함께 나누도록 했다.

② 열린 교육

앞 장에서 언급하였듯이 열린 교육은 비형식적인 탐구 활동을 통해서 아동의 사회적, 인지적 발달을 강조하는 일종의 아동 중심 교육과정 운동이다. 교육과정에서 '아동'은 출발점이요 중심이다.

열린 교육의 선두 주자 중 한 사람인 Lillian Weber(1971)는 다음과 같이 말했다.

교실의 교육활동은 아동의 발달을 위해 계획해야 한다. 아동에게 가르칠 강의 계

획서가 아니라 그때그때의 상황에 적절한 방식에 따라 학생과의 관련성을 기초로 해
야 한다. 교실에서의 교육계획은 그 자체로 아동에게 적합해야 한다(p. 169).

아동에게 적합한 교실 교육 활동을 계획하기 위해서 교사는 풍요로운 학습 환경
을 제공해야 한다. 구체적이고 상호작용이 일어날 수 있는 자료를 구비한 '학습
코너(learning centers)'를 만들 수도 있다.

수업은 '국어' '수학'과 같이 교과 시간을 배정하지 않고, '통합의 날(integrated
day)'을 정해 여러 가지 기능 발달과 지식을 활용할 수 있는 문제를 해결할 수도
있다.

③ 발달 교육

여기서 사용하는 발달 교육이라는 용어는 아동의 발달 단계를 중심으로 학생에
게 제공하는 모든 것을 결정하는 교육과정 이론을 말한다.

최근 몇몇 교육과정 리더들은 적절한 학습경험을 선정하고 배치하며 구성하는 데
Piaget의 발달 단계를 적용한다. 예를 들어 Brooks(1986)는 Shoreham-Wading
River(뉴욕) 초등학교 교사들이 인지 발달 이론과 연구에 대한 집중 연수를 어떻게
받았는지에 대해 설명하고 있다. 그들은 다양한 공식적·비공식적 방법을 활용하
여 학생의 인지 발달 정도를 검사하는 방법들을 배웠다. 마지막으로 그들은 미리
짜 놓은 교육과정을 다수 학생의 인지 발달 수준에 맞도록 수정하고 적용하는 구체
적인 전략들을 배웠다.

발달 측면에서 교육과정은 아동 발달을 촉진하는 도구이다. 한편으로는 최종 결
과를 예상하고, 다른 한편으로는 아동의 현재 발달 수준을 점검해야 한다. 그리고
학생들에게 불가능한 것을 과하게 요청하지 않으면서 학생이 충분히 성장할 수 있
도록 돕는 도전적인 학습 활동과 내용을 선정한다. 발달적 교육과정에서 교사는 주
로 교육과정을 적용하는 사람으로서, 미리 정해 둔 교육과정을 학습자의 능력과 발
달 수준에 맞게 수정하는 방법을 배운다.

내용을 선정하고 배정하는 데 아동의 발달 수준을 고려하는 것이 유용해 보이지
만, 발달적 교육과정이 다른 교육과정보다 더 효과적이라는 것을 증명하는 명확한
증거 또한 아직은 없다.

(2) 지식 중심의 교육과정

지식 중심의 교육과정을 지지하는 리더들은 학교가 궁극적으로 교과나 지식을 가르쳐야 한다고 주장한다. 그들은 아동 발달 연구들이 내용의 배열을 결정하는 데 영향을 미친다는 것은 인정하지만 교과의 구조, 지식의 성격, 내용의 계열성을 더 중시한다. 그들은 학생이 사회에서 살고 성장한다는 것을 인정하지만 교육과정의 개발에서 사회적 영향은 미미하다고 본다. 일반적으로 지식 중심 교육과정은 두 가지, '학문의 구조'로서의 교육과정과 '앎의 방식'으로서의 교육과정으로 대별된다.

① 학문의 구조

교과를 강조한 교육과정 개혁이 두 차례 있었다. 한 번은 1890~1910년 사이에 일어났다. 이 시기 교육과정 리더들은 학교교육과정을 표준화하고 대학에서 요청하는 학업과 일관성을 갖추는 데 관심을 가졌다. 또 한 번은 1958~1970년 사이에 있었다. 이 시기의 교육과정 개혁은 학교교육과정을 학문의 구조를 강조하는 내용으로 대체해 갔다.

② 앎의 방식

교육과정을 앎의 방식으로 접근하기 시작한 것은 보다 최근의 일이다. Eisner(1985)가 지적하듯이 이 경향은 몇몇 최신 연구들, 인지 과학 연구, 창의성 연구, 두뇌 연구, 지능과 지식에 대한 개념 연구를 기초로 등장했다. Vallance(1985)는 전통적인 교과와는 다른 "교육과정의 새 영토를 개척하는 것(curriculum map)"으로서 앎의 방식에 관심을 가졌다. 앎을 강조하는 것은 분명 지식 중심 교육과정의 연장선상에서 이를 더욱 확산시키고 있다.

요약하면 앎의 방식을 지지하는 사람들은 앎에는 단지 한두 가지 방식만 있는 것이 아니라 다양하다고 주장하며 나아가서 학교교육과정은 이런 앎의 다양성에 더 관심을 가져야 한다고 본다.

(3) 사회 중심 교육과정

몇몇 교육과정 이론가들은 학교교육과정이 사회 질서를 중심으로 개발되어야 한다고 생각한다. 즉 사회 중심 교육과정이 출발점이고 우선시되어야 한다고 생각한다. 이들 간에도 미묘한 차이는 있지만 기본적으로 학교는 사회 질서를 위한 기관이라는 입장을 취하고 있다. 따라서 사회 중심 교육과정은 순응주의, 재건주의, 미래주의, 급진주의로 나눠서 이해할 수 있다.

① 순응주의

순응주의는 질서를 세상에서 가장 중요하다고 생각한다. 그러나 사회 질서에도 문제가 없는 것은 아니지만, 순응주의에게 이런 문제는 그리 중요하지 않으며 성숙한 성인들이 얼마든지 해결할 수 있다고 생각한다. 따라서 교육과정이 해야 할 일은 젊은이들을 훈육하는 것이다. 즉 이 사회 유래를 이해하도록 하고 그 가치를 알도록 가르치며 사회 질서를 지키도록 교육하는 것이다. 사회 질서에 순응할 것을 의도하는 교육과정을 개발할 때 개발자들은 기성 사회의 요구와 제도를 확인함으로써 교육과정을 개발하기 시작하고 이런 사회의 요구를 기초로 교육과정 목표를 설정한다. 교사는 대개 학생들이 자유를 지지하도록 가르쳐야 하는데 경쟁보다 자유가 더 나은 이유를 학생들이 이해하도록 도와주어야 한다.

이런 순응주의의 주장은 교육과정 전 역사의 거의 모든 시기에 지지를 받았다. Bobbitt(1918)은 그의 저서 『교육과정(The Curriculum)』에서 사회적 관점을 견지했는데, 그는 교육과정을 "어린이와 청소년들이 성인의 삶과 일을 잘 준비할 수 있도록 하는 것으로 보고 성인이 경험하는 것 그리고 성인이 해야 하는 모든 것"이라고 정의하였다(p. 42). 많은 비평가들은 1970년대 직업 교육 운동을 순응주의 교육과정으로 보고 있다. Bowers(1977)는 직업 교육의 목적을 "학생들이 현실적인 과업과 기술을 익혀서 사회화하기 위한 것"으로 보았다(p. 44). Ronald Reagan 정부의 교육 자문이었던 William Bennett은 순응주의식의 시민교육을 지지하였다.

② 재건주의

재건주의자로 불리는 사람들은 사회가 궁극적으로 민주적이지만 사회 질서를 개선해야 하며 이를 위한 주요 도구가 교육과정이라고 본다. 학교교육과정은 학생들이 사회적 이슈에 민감하고 사회 문제해결을 위한 지적 도구들을 습득할 수 있도록 개발되어야 한다. 따라서 교육과정 개발자들은 교실 수업에서 사회 문제들, 예를 들어 인종차별문제, 성차별문제, 환경오염문제 등을 조사하는 교육과정을 개발하여 적용한다. 교사는 문제를 제시하고 학생들이 문제를 '의식'하고 정의하며 해결하도록 도와야 한다.

개혁가는 사회가 불안한 시기에 필요하다. 1930년대 Counts(1932)는 보다 자유로운 사회를 만들기 위해서 학교가 적극적으로 나서야 한다고 했다. 그는 자신의 의견을 저서 『감히 학교가 새로운 사회 질서를 구축할 것인가?(*Dare the School Build a New Social Order?*)』에 담아 냈다. 1960년대 후반에서 1970년대 초반에는 교양 교육을 주장하는 학자들이 '문화 혁명'이라고 불렀던 것에 상응하는 그런 교육과정이 지지를 받았다. 예를 들어 Purpel과 Belanger(1972)는 학생들이 사회적 책임감을 갖고 참여할 수 있도록 하는 교육과정을 제도화해야 한다고 주장했다.

③ 미래주의

미래학자는 사회가 가지고 있는 현재 문제보다 앞으로 다가올 것을 조망한다. 그들은 현재 상태를 분석하고 정확한 자료를 기초로 예측하며 대안적인 시나리오를 작성한다. 그들은 미래의 특징을 강조하며 학생들이 더 나은 미래를 개척하는 데 필요한 도구를 학교에서 습득할 수 있도록 해야 한다고 주장한다. 이런 면에서 그들은 2020년의 문제를 해결하고자 하는 개혁가로 설명된다. 이런 관점에서 학교교육과정은 미래지향적이어야 하는데 학생들이 미래에 대해 스스로 선택한 것과 그 선택의 결과를 고려하면서 발전할 수 있도록 돕는 것이 중요하다. 급속한 성장과 새로운 테크놀로지가 학교를 빠르게 변화시킬 것이다. 교육이 점진적으로 변하고자 하는 것으로는 부족하다. 2020년에는 오늘날의 이런 교육제도가 완전히 바뀔 것이다. 다음과 같은 요소들이 이런 변화를 주도할 것이다.

- 산업 사회의 경영 모델이 교육에 도입될 것이다.
- 학부모와 학생들이 이런 체제 변화를 촉진할 것이다.
- 교육에 사기업의 영향이 커질 것이다.
- 테크놀로지가 교육을 바꿀 것이다(imagitrends, n.d.).

테크놀로지는 학습에도 활용될 것이다. 테크놀로지 시대에 컴퓨터는 다른 사람들과 소통하는 것 이상으로 활용될 것이다(Foti, 2007).

최근에는 테크놀로지가 학생의 학습 활동을 증가시켰고 공립학교를 더 융통성 있게 만들었다. 그 결과 컴퓨터 활용이 증가하였고 테크놀로지를 활용하는 프로그램들이 주목을 받게 되었다(Franklin, 2008). 학교는 정보의 홍수 속에 처해 있다.

새로운 정보가 가득한 변화무쌍한 오늘날, 교사와 학생들은 명확한 출처가 있는 정확한 정보를 필요로 한다. 정보에의 접근성은 곧 경쟁력이다.

④ 급진주의

사회를 중시하는 사람들은 변화의 흐름을 드러내서 급진적 변화의 영향을 받는 젊은이에게 그 권한을 부여하는 교육과정을 지지한다. 전형적으로 신마르크스주의자의 견해로 거슬러 올라가 보면 그들은 과학기술 및 자본주의 체제에 내포된 구조적 불평등을 문제 삼는다. 결국 급진주의는 '탈학교(deschooling)'나 교육 혁명을 주장한다.

브라질의 교육자인 Paulo Freire(1970)는 이 분야 대표자다. 그는 『억압받은 교육(Pedagogy of the Oppressed)』으로 브라질 교육계의 급진주의자들에게 크게 영향을 미쳤다. Freire의 관점에서 교육의 목적은 계몽운동(Conscientization, 라틴아메리카에서의 무지한 대중에 대한 계몽운동)이다. 이것은 대중을 계몽시켜서 대중들이 사회 문화적 불공평을 깨우치고 그들의 자유를 제한하는 이런 사회 질서를 스스로 바꾸도록 돕는다. 그는 읽기를 어떻게 가르치는지 설명하면서 이 과정을 명확하게 밝혔다. 성인들은 권력이 있는 어휘, 즉 사회에서 다른 사람들과 의사소통하는 데 실용적 가치를 갖고 있는 love와 person과 같은 단어들을 배운다. 그들은 그들이 살고 있고 살고 싶은 세상을 표현한다. 그들은 삶의 비인간적인 면을 이해하기 위해서 읽기를 배우지만 읽기 학습을 한다고 해서 그들이 원하는 것을 보장받지 못한다는 것을 알고 있다.

4) 절차 중심 이론

지난 20년 동안 교육과정 이론에서 교육과정 연구의 흐름이 체계적으로 정리될 때 교육과정 개발 과정과 개발된 교육과정들을 분류하는 데 필요한 개념 준거를 연구한 몇몇 시도가 있었다(Eisner & Vallance, 1974; Gay, 1980; Schiro, 1978). 그러나 이런 분류체제의 대부분은 두 가지 면에서 약점이 있다. 첫째, 가치 중심 이론, 내용 중심 이론, 절차 중심 이론들이 서로 뒤섞여 있다. 둘째, 교육과정 개발 과정을 소홀히 다루었다는 점이다. 비록 연관관계가 뚜렷하지는 않지만 내용 중심 이론과 과정 중심 이론은 상응하는 면이 있다. 따라서 Gay(Eisner & Vallance, 1974 재인용)는

'교육과정-계획 과정에 대한 개념적 모델들(Conceptual Models of the Curriculum-Planning Process)' 중의 하나를 '실험형'이라고 명명했다. 실험형에 관한 그녀의 설명은 내용을 결정할 때 학생의 요구가 우선시되어야 하며, 유기적, 진화적, 상황적, 탐구 중심과 같은 용어를 사용하여 교육과정을 계획할 것을 강조한다. 그러나 그녀는 계획 과정 하나하나에 대해서는 자세히 설명하지 않았다.

따라서 계획 과정에 대한 대안을 제시하고자 한다면 이미 알려진 것보다는 다른 원천을 찾아봐야 할 것이다. 이런 원천을 제공할 만한 것으로 Short(1983)의 '대안적 교육과정 개발 전략의 형태와 활용(The Forms and Use of Alternative Curriculum Development Strategies)'이라는 논설이 있다. 이 논설은 교육과정 계획 과정에 대한 인식과 설명을 제공하는 문헌을 기초로 이 분야의 종합적인 정보를 제공하기 때문에 대안을 찾을 수 있는 가능성이 커 보인다.

Short의 논설은 두 가지를 목표로 하였다. 첫째, 교육과정 개발 전략의 형태와 활용에 대해 알려져 있는 것들을 분석하는 것이었고, 둘째, 각 전략을 선정·활용하는 데 있어서 정책적인 시사점을 찾고자 하였다.

(1) 교육과정 개발 과정 검토

교육과정 개발 과정을 검토하는 체계적 방안을 구축하는 것은 교육과정 학자와 교사 모두에게 유용하다. 이런 분석 체제는 다음과 같은 특징을 가져야 한다. 첫째, 연구들이 중요하다고 제시하는 모든 과정 요소들을 포함시켜, 교육과정 연구자들이 문서로서의 과정 요소들과 실행된 과정 요소들을 쉽게 구별하도록 해야 한다. 둘째, 형식에 자유를 주어 교사들은 종합적인 대안을 모색할 수 있도록 해야 한다. 셋째, 평가가 아니라 기술과 분석을 강조하여 교육과정 학자와 교사 모두 나름대로 이상적인 것에 대한 결론을 얻을 수 있도록 해야 한다.

이런 분석 기준 개발을 시도한 초기의 연구 중 대표적인 것을 제시하면 〈표 3-1〉과 같다. 여기에 몇 가지 유의점이 있다. 첫째, 이 체크리스트는 문헌 연구와 연구자의 개인적 경험으로부터 나온 것이기 때문에 완벽하거나 정밀하지 않다. 둘째, 이런 체크리스트는 서로 유사하게 보이는 교육과정 개발 전략들을 구분하는 데 성공적이기는 하지만, 좀 더 철저한 검증과 정교화가 필요하다. 따라서 여기서는 초기에 사용한 것들을 소개하는데, 이는 비판과 개선도 필요로 한다.

첫 번째 항목은 개발 과정에의 참여자에 초점을 맞춘다. Short(1983)가 지적했듯

〈표 3-1〉 교육과정 개발 과정을 검토하기 위한 분석 기준

1. 누가 혹은 어떤 집단이 교육과정 개발을 주도하는가?
2. 교육과정 개발의 참여 구조(독백형, 참여형, 대화형)는 어떠한가?
3. 교육과정 개발에 중대한 영향을 미치는 요소들은 무엇인가?
4. 실질적인 숙의 과정에서 어떤 교육과정 요소를 출발점으로 사용하는가?
5. 어떤 교육과정 요소들을 깊이 고려해야 하며 또 어떤 순서로 고려해야 하는가?
6. 어떤 조직 구조를 깊이 고려해야 하는가? 그리고 어떤 순서로 고려해야 하는가? 코스 구조, 단원, 차시, 차시 요소들?
7. 교육과정 개발은 어떻게 진행되는가? 단선형으로 진행하는가, 순환형으로 진행하는가?
8. 교육과정 개발 과정을 어떤 이미지나 메타포로 설명하는가?
9. 개발 과정에서 어떤 유형의 문제해결 방식(절차적 모형, 합리적 모형, 직관적 모형, 협상적 모형)을 활용하는가?
10. 교육과정 산출물의 형식과 내용에 대해 어떤 권고를 내릴 수 있는가?
11. 교육과정 산출물의 실행에 대해 어떤 권고를 내릴 수 있는가?
12. 교육과정 산출물의 평가에 대해 어떤 권고를 내릴 수 있는가?
13. 교육과정 개발 과정의 질과 효과를 평가하기 위해 어떤 기준을 적용해야 하는가?
14. 교육과정 개발자는 교육과정 개발의 정치적인 측면에 대해 어느 정도 민감해야 하는가?

이 참여자들의 능력과 관점은 매우 중요하기 때문에 이에 대한 정보가 요구된다.

두 번째 항목은 토론의 일반적 경향에 관심을 둔다. 독백형은 한 사람만 참여하여 의사 결정을 한다. 대학 교수가 독자적으로 새로운 강좌 개설을 결정하는 것과 같다. 참여형은 한 사람의 통제를 받지만 다른 사람의 조언도 듣는다. 대화형은 중요한 이슈에 대해 합의를 도출하기 위해서 자유롭게 의논한다.

세 번째 항목은 교육과정 의사 결정에 영향을 미치는 요소들을 확인한다. 〈표 3-2〉는 교육과정 결정에 영향을 미치는 여러 가지 요소들인데 교육과정 결정에 서로 다르게 작용한다.

교육과정 개발 과정에 참여해 온 보건교사들은 인증기관의 요건들을 중시했다. 반면 대도시 학교의 교사들은 주로 '책무성'에 관심을 보였다.

네 번째 항목은 실질적인 논의점에 관심을 둔다. 〈표 3-3〉은 교육과정 관련 논의 요소들로서 어느 것이든 논의의 출발점으로 가능하다.

이 표가 제시하는 중요한 의도는 교육과정 개발이 명확한 목표 진술로 시작해야 한다는 관례에서 벗어나야 한다는 것이다.

다섯 번째 항목은 〈표 3-4〉에서 보여 주듯이 강조되는 교육과정 요소들과 그

〈표 3-2〉 교육과정 개발 시 고려해야 할 요소

1. 개발자: 그들이 실제로 체험한 가치, 지식, 능력
2. 학생: 학생의 가치, 능력, 목표, 학습 방식
3. 교사: 교사의 가치, 지식, 교수 방식, 관심사
4. 조직: 조직의 분위기와 구조
5. 조직 관리자: 관리자의 가치, 기대
6. 외부의 개인 및 집단(학부모, 고용인, 압력 단체): 그들의 가치와 기대
7. 인증기관: 그들의 요구 사항과 권장 사항
8. 교육과정 학자: 학자의 조언, 연구 논문, 교과에 대한 관점
9. 지역사회 및 사회: 사회 질서 유지 및 변화에 필요한 것
10. 교과교육에 선행해서 혹은 연계해서 해야 할 것
11. 학생이 요청하는 과목: 이들 과목의 내용, 효과, 요건
12. 교과 시간표 작성: 횟수, 시간, 빈도
13. 책무성 확인 절차: 시험, '교육과정 평가'

〈표 3-3〉 교육과정에 대한 논의점

1. 채택한 논리, 철학 혹은 가치
2. 기관의 목적 및 목표
3. 교과, 단원, 차시 운영 후 최종 결과물로서의 지적 요소: 개념, 사실적 지식
4. 교과, 단원, 차시 운영 후 최종 결과물로서의 기능적 또는 과정적 요소
5. 교과, 단원, 차시 운영 후 최종 결과물로서의 정의적 요소: 가치, 태도
6. 내용 선정: 교과 내용 자체의 고유한 가치에 따라 선정된다(문학 또는 예술 작품, 시대성, 중요한 인물, 중요한 사건 등).
7. 조직 요소: 주제, 개념, 연계 구조
   a. 선행 학습 혹은 후속 학습과 연계하기
   b. 동시에 배우는 과목과 연계하기
   c. 교과 내 단원 간 연계하기
   d. 단원 내 차시들과 연계하기
8. 교수 · 학습 활동
9. 수입 자료와 매체
10. 시간 배정
11. 학생의 학습 평가 방식

요소들이 고려되는 순서에 관심을 둔다.

여섯 번째 항목은 코스 조직에 초점을 맞춘다. 즉 코스를 구성하는 요소들에 초점을 맞춘다. 여기에는 네 가지가 포함되는데 코스 그 자체의 일반적 구조와 이동, 단원, 차시 그리고 차시 요소들이다.

일곱 번째 항목은 토론의 진행 과정을 검토한다. 단선형은 요소에서 요소로 혹은 구조에서 구조로 순차적으로 진행한다. 순환형은 다소 체계적인 방식으로 전후로 이동하여 토론하도록 한다.

여덟 번째 항목은 교육과정 개발 과정에 영향을 주는 이미지나 메타포에 민감할 것을 요구한다. 연구자는 교육과정 개발을 '지하에서 꼭대기까지' '여정 혹은 일련의 여행 경험' '모자이크나 조각 모음'과 같은 개념을 사용하여 설명할 수 있다. 분명히 이런 이미지나 메타포는 개발자의 일관된 신념 체계를 나타내고 연구자의 의사 결정에 미묘하게 영향을 미친다.

아홉 번째 항목은 문제해결 유형을 검토한다. 여러 측면에서 모든 교육과정 개발은 하나의 문제해결 과정이다. 교육과정 개발 문제를 해결하는 방식으로 기술공학형, 합리형, 직관형, 협상형 등 네 가지 유형이 제시되고 있다. 기술공학형은 요구 조사, 이러한 요구를 반영한 목적 진술, 학습 목표 진술을 위한 과제 분석하기, 목표 간의 종적·횡적 관계 명시하기, 수업 활동 구체화하기, 평가 절차 마련하기 등 정해 놓은 절차에 따라 교육과정을 개발한다. 합리형은 기술공학형보다는 느슨하지만 Schwab(1970) 등이 주장한 논리적인 접근이다. 교육과정 개발자들은 최상의 교육과정을 만들기 위해서 적절한 데이터를 수집·검토하고, 교육과정을 정의하고 해결책을 내며 이 해결책을 평가한다. 직관형은 교육과정 개발에 참여한 사람들에게 자신의 직관과 Schon(1983)이 말하는 '반성'과 같은 스스로의 경험을 활용하라고 권장한다. 이는 현명한 선택을 하지만 그것을 어떻게 선택했는지 설명할 수는 없다. 협상형은 협상, 거래, 타협으로 교육과정을 개발한다.

열 번째 항목은 최종 결과물의 형식과 내용을 검토한다. 결과는 상당히 다양할 수 있다. 예를 들어 Glatthorn(1980)은 최종 결과물이란 관련 연구물에 대한 요약 및 필요하면서도 검증 가능한 목표들을 담고 있는 바인더식(loose-leaf, 페이지를 넣었다 뺐다 할 수 있는) 노트이면 충분하다고 주장했다. 그리고 이 노트를 가지고 교사는 목표들을 어떻게 조직하고 어떤 방법과 재료를 사용할지를 결정하는 데 큰 폭의 재량권을 발휘한다.

열한 번째와 열두 번째 항목은 미래에 관심을 두고 실행을 위해 어떻게 계획하고 어떻게 평가할 것인가에 대한 것이다.

　　열세 번째 항목은 교육과정 개발자들이 교육과정 개발에 대한 질을 평가하기 위해 필요한 준거들을 검토한다.

　　마지막 항목은 교육과정 개발 과정이 교육과정 작업의 정치적 측면에 민감했던 정도를 검토한다.

　　이러한 분석 체제를 모두 타당하게 갖춘 것으로는 Tyler의 교육과정 개발 절차만 있는 것이 아니다. 사실상 이런 분석 체제는 교육과정 개발 모형들의 주요 차이점들을 분석하기 위해서 초기에 여러 번 사용된 적이 있다. 〈표 3-4〉는 Doll(1986)의 과정 분석 체제이며, 〈표 3-5〉는 이 책의 8장에서 검토할 '자연주의(naturalistic)' 이론에 기초한 교육과정 분석 체제이다.

〈표 3-4〉 교육과정 개발 과정에 대한 Doll(1986)의 분석

1. 참여자: 교사, 학생, 학교장, 장학사, 교육청 담당자, 학교위원회 위원, 지역사회 인사
2. 참여 구조: 참여형
3. 영향을 미치는 요소: 조직의 풍토, 학생의 요구, 교사의 가치, 지식, 교수 방식, 관심사
4. 출발점: 기관의 목적
5. 고려해야 할 요소: 학교교육의 목적, 교과교육의 목표, 평가 방식, 교육과정 개발 모형, 학습 내용, 단원 간 연계, 차시 간 연계
6. 조직 구조: 구체화하지 않음
7. 진행 과정: 단선형
8. 이미지와 메타포: 사용 안 함
9. 문제해결 방식: 합리형
10. 최종 결과물의 형식과 내용: 진술하지 않음
11. 운영 지침: 구체적인 지침 없음
12. 평가 지침: 다양한 형성 및 누가기록 방법 적용하기
13. 평가 기준: 11가지 기준 제시
14. 정치적 민감성: 제한적임

〈표 3-5〉 Glatthorn(1987)의 교육과정 개발 과정 분석

1. 참여자: 교사들
2. 참여 구조: 대화형
3. 영향을 미치는 요소: 학생, 교사, 관리자, 학자, 코스, 시간표
4. 출발점: 코스의 최종 결과물로서 지식과 기능, 단원 계획 변경의 출발점
5. 고려해야 할 요소: 단원과 차시 수업의 최종 결과물로서 지식과 기능, 주제단원, 교수/학습
   활동, 수업 자료와 매체, 시간 배정, 학생 평가
6. 조직 구조: 단원, 차시
7. 진행 과정: 순환형
8. 이미지와 메타포: 사용 안 함
9. 문제해결 방식: 직관형
10. 최종 결과물의 형식과 내용: 개방형 '시나리오'
11. 운영 지침: 구체적인 지침 없음
12. 평가 지침: 학습경험의 질에 대한 강조
13. 평가 기준: 제공하지 않음
14. 정치적 민감성: 광범위함

(2) 교육과정 개발 과정에 대한 대안적 접근

Glatthorn이 네 가지로 구분한 교육과정은 아직까지 유용하며, 교육과정 이론화의 로드맵을 보여 주고 있다. 나아가서 Smith(1996, 2000)도 교육과정 개발 과정을 다음과 같이 분류하고 있다.

- 정보의 전달: 실라버스(Syllabus, 지도안) 중심의 교육과정 개발
- 결과: 얻고자 하는 결과를 중심으로 한 교육과정 개발
- 과정: 교육과정 개발의 전 과정 기술
- 실행(praxis): 교육과정을 실행한 모든 것을 기술

Smith는 교육과정의 본질을 반영하여 쉽게 이해할 수 있는 네 가지 유형으로 제시하였다. 이런 관점에서 본 책의 저자들은 Glatthorn의 유형에 Smith의 유형을 통합하였다. [그림 3-1]은 Glatthorn과 Smith 유형을 종합하여 수정한 것이다.

모형은 전달해야 할 지식체와 내용, 전달되는 과정과 가치 모델, 결과에 대한 초점화, 실천적이고 기술공학적인 숙의를 모두 포함하고 있다.

Smith와 Glatthorn의 유형을 종합 수정한 모형은 교육과정 이론의 실질적 성격

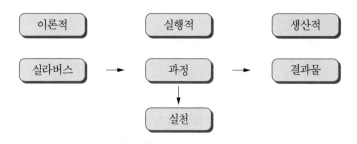

[그림 3-1] 교육과정 이론과 실천

출처: Adapted from Smith(1996, 2000).

과 교육과정 개발에 대한 인식 및 이해의 발달을 모두 고려하였다.

Glatthorn의 구조 중심 이론, 가치 중심 이론, 내용 중심 이론, 절차 중심 이론과 Smith의 정보 전달로서의 교육과정, 결과로서의 교육과정, 과정으로서의 교육과정, 실행으로서의 교육과정 사이의 유사성을 좀 더 자세히 비교해 보자.

① 정보 전달로서의 교육과정

Smith는 교육과정을 전달될 지식체로 간주하고 교육과정을 실라버스(지도안)와 동일시한다. 학자들이 실라버스를 교육과정으로 보는 것은 내용에 의존하는 것일 뿐만 아니라 지식체, 내용, 주제를 조직하는 어떤 특정한 방식에 과도하게 의존하는 것이다.

교육과정을 실라버스와 지식 전달자로 보는 접근은 Glatthorn의 구조 중심 이론과 유사하다. 구조 중심 이론도 보편적으로 지식 전달을 의도하며, 교육과정 현상을 양적·질적으로 연구하는 경험적 연구에 의존하는 편이다.

예를 들어 거시 구조 이론가들은 좀 더 세계화를 지향하고, 교육과정 지식을 전달하는 데 테크놀로지를 활용한다. 이메일과 인터넷 활용은 교육과정의 개발에 큰 영향을 미친다. 교사들은 교육과정 계획과 실라버스를 공유하기 위해 인터넷을 활용한다. 넓게는 정치, 경제, 문화, 계승에 관심이 있고, 이것은 기본 정보를 공유하고 전송할 때 더 명백해진다. 정보 전달로서의 교육과정은 종종 지방 정부의 교육청, 지역사회, 학교와 같은 상부기관의 통제를 받아 지역적인 요구, 관심, 가치, 요청을 반영한다.

② 결과로서의 교육과정

Smith의 교육과정 이론의 두 번째 유형은 성취할 최종 결과물을 중심으로 한다. 이 이론으로 접근하는 사람들의 공통 관심사는 목표다. 교사들은 어떻게 가르칠 것인가 하는 문제보다는 최종 결과물(예를 들어 과학 보고서, 멀티미디어 수학 프로젝트, 작문, 시, 연설문)과 그것을 성취하기 위한 목표에 더 관심이 있다. 이것이 교육과정을 설명하는 개념이다. 중요한 것은 학생들에게 어떤 삶을 준비시키고 어떤 능력, 태도, 습관을 개발하도록 할 것인가이다. 교육과정의 초점은 체계적 학습, 요구조사, 훈련, 실행 그리고 평가로서, 학생들이 만들어 낸 최종 결과물에 주목한다.

결과로서의 교육과정 이론은 Glatthorn의 내용 중심 이론(content-oriented theories)과 매우 유사하다. 이미 언급하였듯이 내용 중심 이론은 교육과정 내용을 선정하고 조직하는 데 영향을 미치는 세부적인 것들뿐만 아니라 주요 원천들을 결정하고 명시화하는 데 관심이 많다.

결과로서의 교육과정을 지지하는 사람들은 주로 다음과 같은 것에 관심을 둔다.

- 실제 문제들: 학생과 활동에 실제적이고 적절한 것
- 실제 청중들: 다른 학생, 학생회, 교사, 단체, 멘터, 지역사회 및 특정한 이익 집단 등 결과와 관련 있는 청중들 활용하기
- 실제 마감일: 시간 관리 기술과 현실적인 계획 장려하기
- 변형: 정보를 그대로 재생하기보다는 창의적으로 조직하기
- 적절한 평가: 사전에 미리 정해 놓은 현실적인 준거에 따라 교육과정 개발의 과정과 결과를 자기평가와 청중의 평가로 이루어 내기(Farmer, 1996)

결과로서의 교육과정에 대한 한 예가 바로 '이해를 위한 교육과정 설계(Understanding by Design)'이다. 이해를 위한 교육과정 설계 모형을 창안한 Grant Wiggins와 Jay McTighe(2005)는 결과를 중심으로 수업을 계획해야 한다고 주장했다. 그들은 이해를 위한 교육과정 설계를 미리 짜 놓은 프로그램이 아니라 순환적인 것으로 생각했다. 이해를 위한 교육과정 설계는 평가할 것에서 출발하여 관련 학습 활동들을 정해 가는 '거꾸로 생각하는 교육과정 개발(backward design)'이다. 이 모형은 단선적인 계열성보다는 학생들이 활용할 수 있는 아이디어와 기능들을 조금씩 더 깊고 더 넓게 학습하도록 한다. 이해를 위한 교육과정을 설계하는 사람들은 교육과

정을 '이해하기'로 보는 경향이 있다. 그래서 이해를 위해서 필요한 개념과 기능들을 정의하고 "역산하여 과정을 거친다(plan backwards)."(Tomlinson & McTighe, 2006)

결과로서의 교육과정을 지지하는 연구자들은 주로 사례 연구를 강조한다. 사례 연구결과는 교육과정 설계자들이 실제 교실을 중심으로 교육과정을 설계할 수 있도록 도와준다. 교사들은 대학에서 배웠던 것과 실제 교실 수업에는 상당한 격차가 있다는 것을 알고 있다. 초보교사가 당면하는 이런 격차를 줄이는 방안으로서 최근 교육 분야에서는 사례 연구에 대한 관심이 급증하고 있다. 사례 연구는 관찰 거울이 장치된 실제 상황을 보는 것과 같기 때문에 이론과 실제 두 측면 모두에서 유용하다. 사례 연구는 실제 교실에서 관찰하고 연구하는 것이 아니지만, 현실적인 상황을 제공하기 때문에 보고서보다 더 생생하고 맥락적이다(Wiggins & McTighe, 2005).

③ 과정으로서의 교육과정

Smith가 분류한 교육과정 이론의 세 번째 유형은 '과정으로서의 교육과정'이다. 이 관점은 최종 결과물 또는 교수·학습 지도안보다는 교사, 학생, 부모, 지식 간의 상호작용을 더 강조한다. 중요한 것은 학습의 과정 그 자체일 뿐만 아니라 교실에서 실제로 일어나는 일이다. 비판적 사고, 듣기, 의사소통은 과정으로서의 교육과정에서 중요한 요소들이다. 피드백을 제공하고, 교육과정이 실행되는 과정에서의 변화뿐만 아니라 계획하기, 절차 확인하기, 실행에 개입을 강조한다.

교육과정을 계획하기 시작할 때 하는 일 중 하나는 수업을 구상하는 것이다. 종종 ISD로 불리는 수업 설계 과정은 심리학 실험실에서 나왔으며, 수업 자료 개발 및 교수 전략 개발에 대한 체제적 접근 방식을 정착시키는 데 기여했다. 수업 설계는 수업의 질을 향상시키기 위해서 교수·학습 이론을 활용하여 수업과 관련된 구체적인 요소들을 체계적으로 개발한다. 수업 설계는 학습에 대한 요구를 분석하고, 목표를 설정하고, 이를 달성하기 위한 전달 체제를 개발하는 일련의 전체적인 과정이다(Shulman, 2003). Robert Gagne(1985)의 『학습의 조건과 수업 이론(*The Conditions of Learing and Theory of Instruction*)』과 『수업 설계의 원리(*Principles of Instructional Design*)』(Gagne, Briggs, & Wager, 1992)는 수업을 설계하는 이러한 과정을 설명하고 있다. Gagne(as cited in Willwerth, 2003)는 다음과 같이 언급했다.

알기, 이해하기, 통찰하기 등등은 관찰 가능한 것이라고 보기 힘들다. 그 의미를 사람마다 다르게 해석한다. … 과학에서 사용하는 행동 목적 진술을 위해서는 행위 동사(action verbs)를 사용한다. 과정으로의 접근은 정의하다, 구성하다, 명명하다, 주문하다, 묘사하다, 시범을 보이다, 진술하다. 적용하다와 같은 동사들을 사용한다 (n. p.).

수업 설계는 교육과정을 계획하고, 실행하고, 평가하는 중요한 과정들의 연속이다.

Allan Glatthorn의 가치 중심 이론이라는 말은 Smith의 과정으로서의 교육과정과 결과로서 교육과정과 상당히 유사하다. 이 이론은 우선 '교육적 마인드'라고 부르는 것을 제고한다. 교사들이 문서로서 교육과정의 핵심을 이루는 가치나 이슈에 대해 민감해야 한다고 생각한다. 가치 중심 이론은 사회 변화, 문화, 경제 관련 정보를 공유하기 위해 컴퓨터에 접속하는데 인터넷과 테크놀로지의 발달은 이를 세계화할 수 있는 기초가 되었다.

가치 중심 이론은 심리분석, 철학적 탐구, 역사적 분석, 정치적 분석 같은 여러 가지 연구 방법들을 적극적으로 절충하여 활용하였다. 예를 들어 NCTE(the National Coucil for Teacher Education)의 의장인 A. N. Maheshwari(2003)는 다음과 같이 말했다.

정보화 시대의 교육의 가치는 정보 자체가 가진 가치와 관련이 있다. 즉 정보의 본질과 관련이 있다(¶ 4). 사람은 오감(시각, 청각, 촉각, 미각, 후각)을 통해 정보를 감지한다. 정보는 가치중립적이다. 시각 정보는 전기전자 주파수로 구성된 전기전자장의 진동으로 전달된다. 진동은 눈으로 전달되어, 다시 뇌로 신호를 보낸다. 전달된 정보에 대한 두뇌의 반응은 무의식 중에 일어난다(¶ 5).

따라서 "미래의 교사는 지, 정, 의의 총체적 발달을 조장하는 학습경험을 제공해야 할 것이다."(¶ 7) 그리고 이를 위한 가치 중심 교육에 대해 교사 연수가 필요하다. "가치 중심 교육에서 교사는 안정성과 변화에 직면한다. 안정은 문화를 유지하고자 하고 변화는 새로운 기술을 요청한다."(¶ 10)

④ 실행으로서의 교육과정

Smith의 교육과정 이론의 네 번째 유형은 실행으로서의 교육과정이다. 실행 모형은 교육과정이 실행되는 실제 그리고 차별화된 교육과정(differentiated curriculum)을 중시한다. 발달된 테크놀로지를 이용하여 교육과정 리더들은 지식의 구조에 접근하게 되었고 간학문적으로 내용을 구성할 수 있게 되었으며 문화적, 경제적, 사회적 경계를 뛰어넘어서 화상을 통한 소통도 할 수 있게 되었다. 실행이라는 용어는 학생과 교사들로 하여금 교육과정 차별화에 대한 안목을 높이고 테크놀로지를 이용하여 이 과정을 보다 촉진하고 있다.

교육과정 차별화는 학습 장애를 지닌 학생을 포함하여 교실의 모든 학생 하나 하나의 잠재력을 최대한 살리는 데 중점을 둔다(Carolan & Guinn, 2007). 교육과정 차별화는 서로 다른 학생이 자신에게 적절히 차별화된 학습을 경험하는 데 필요한 학습 환경과 실제를 의미하는 포괄적인 용어이다. Keirouz(Maheshwari, 2003 재인용)는 차별화의 절차를 다음과 같이 제안하였다.

- 현 교육과정에서 이미 학습한 것 제거하기
- 현 교육과정에서 기대하는 새로운 내용, 과정, 최종 결과들 추가하기
- 현 교육과정을 풍성한 활동으로 확장하기
- 평균 이상의 능력을 지닌 학생에게 필요한 심화학습 과제 제공하기
- 성취가 높은 (영재아) 학생을 위한 새로운 단원이나 강좌 개발하기

여기서 중요한 것은 학생들이 새로운 지식과 기능을 학습하고자 도전하고, 자신의 능력을 최대한 발휘할 수 있도록 격려하는 학습 환경을 조성하는 것이다. 이런 학습 환경은 또한 안정감 있고 융통성 있다. 이런 점에서 차별화된 학습 환경은 다음과 같은 내용들을 필요로 한다.

① 수업을 시작하기 전에 학생들이 이미 알고 있는 것을 섬섬하라.
② 내용(낮은 수준에서 높은 수준으로), 과정(구체적인 것에서 추상적인 것으로), 최종 결과물(간단한 것에서 복잡한 것으로)을 중심으로 교육과정을 조정하라.
③ 학업 성취 수준이 서로 다른 학생들에게 개인적으로 적절한 과제를 제공하라.
④ 모든 학생들에게 큰 기대를 걸어라.

⑤ 표준 교육과정을 확장하고, 대체하며, 보충할 수 있는 경험을 제공하라.

⑥ 높은 수준의 비판적 사고와 다양한 반응을 이끌어 낼 수 있는 과업을 만들어라.

⑦ 학생이 학업에 참여하도록 하라.

⑧ 학생과 교사가 함께 학습에 참여하도록 하라.

⑨ 종종 학생들이 답을 알지 못하는 상황을 만들어라.

⑩ 수업의 속도를 다양하게 하라.

⑪ 일제학습, 집단학습, 독립학습을 혼합해서 사용하라(Principles of differentiation, n.d. Used with permission from the Manteno C.U.S.D #5, Manteno, Illinois.).

풍부한 학습 환경에서의 '교육과정 차별화'는 구성주의와 밀접하게 관련이 있고 의미 있는 학습 환경을 만들며 제공된 교육과정과 경험된 교육과정 간의 상호작용을 촉진한다. 예를 들어 Seymour Papert(1993)는 자신이 선호하는 학습 방식을 개발하고 구성주의(constructionism)라는 용어를 붙이며 다음과 같이 진술한다.

구성주의(constructionism)는 학생이 필요로 하는 지식을 그들 스스로 찾는 것('낚시하는 것')이 최선이라는 점을 전제로 한다. 유기적이고 비형식적인 교육이 가진 강점은 도덕적으로, 심리적으로, 물질적으로, 지적으로 학생이 원하는 것에 맞춘다는 것이다. 이것이 지향하는 것은 최소한으로 가르치고 최대한 배울 수 있도록 하는 것이다(¶ 4).

Papert의 구성주의(constructionism)는 구조주의(constructivism)와는 다르다. 구조주의(constructivism)는 정신구조를 더 강조한다. Racer(2007)에 따르면,

구성주의 교사(constructivist teacher)는 교과의 기초, 훈련, 연습을 너무 많이 생략한다. 교육계가 기본으로 돌아가자고 하는 운동, 책무성에 대한 요청과 교육과정 표준화 운동, 최근의 NCLB 시행을 계속 강조하는 것은 구성주의가 실패했기 때문이다(p. 95).

그러나 구성주의 교사는 구성주의를 마음으로 지지하면서 생활 속에서 구성주

의 역할을 수행하는 데 특히 중요성을 두고 있다. 또 그렇게 함으로써 교육을 정신의 형성으로 보는 이론들에 대항해 왔다. Papert(1993)와 같은 구성주의 학자들은 학습을 "케이크를 만들고 레고를 쌓으며 특별히 개발한 컴퓨터 프로그래밍 언어 LOGO로 학습하는 것"을 학습의 예로 제시한다(¶ 5). 과학자들이 학습에 대해 연구함에 따라 구성주의는 두뇌가 세계를 이해하는 최적의 방식이라고 생각하게 되었다(Papert, 1993). 그러나 교육 분야에서는 누가 구성주의 교사이고 누가 행동주의 교사인지를 구분하기 힘들다. 행동주의 교사의 교실에서는 적절한 대답을 하는 것이 중요하고 전형적인 반응이 나올 때까지 학생들을 계속 조형한다. 구성주의 교사의 교실에서는 학생들의 아이디어가 어디서 기능하는지 어디에서 그것이 부적절한지를 증명하기 위하여 학생 스스로 아이디어들을 계속 실험하고 연습한다(Abbot & Ryan, 1999).

하지만 구성주의나 차별화된 수업은 교사로 하여금 학생의 이해의 차이, 학습양식의 차이, 요구의 차이점에 대해 관심을 갖기를 요청한다. 이것은 많은 시간과 노력을 필요로 하고 여러 가지 접근 방식들을 동시에 사용해야 하기 때문에 쉽지 않다(Perkins, 1999). 차별화된 수업과 구성주의에 대한 비판은 너무 방만하고 엄밀하지 못하다는 것이다. 교사가 교육과정이 내포하고 있는 지식, 사실, 기초 기능들을 무시한다고 비판한다(Scherer, 1999). 게다가 표준 교육과정과 '고비용 평가(high-stakes testing)'가 지속적으로 강조되는 요즘 구성주의적 접근이 과연 적절한가 하는 우려가 있다. 지역 및 국가 수준의 평가, 표준 교육과정과의 일치를 강조하는 요즘 상황에서 어떤 구성주의 학자들은 학생이 습득해야 할 것을 수업이 놓치는 것은 아닌지 걱정한다(Brooks & Brooks, 1999).

고비용 평가를 지지하는 사람들과 구성주의자들 사이의 입장 차이는 테크놀로지의 도움으로 완화될 수 있다. 테크놀로지를 이용하여 교사는 교육과정을 지역 혹은 국가 수준의 평가에 맞출 수 있을 뿐만 아니라 학생들에게 적극적이고, 사회적이며, 창의적으로 활동할 수 있는 학습 환경을 허용할 수 있는 방식이나 도구를 갖게 되었다.

교실에서 일어나는 실제 학습이나 활동을 통해서 학생들은 사례별로, 상황별로 문제를 다루고 문제해결 전략들을 분석해 볼 수 있다. 이런 접근은 기술과 설명을 허용할 뿐만 아니라 예견과 고도의 문제해결을 강조한다. 이런 교육과정으로 교사와 학생은 보다 광범위한 수준에서 자기를 관찰하고, 각자의 입장에서 교수와 학습에 접근할 수 있다. 학습은 탐구이며, 성찰하기, 탐색하기, 직접 경험하기를 기초로 한다. 실행 모형은 살아 있는 경험을 허용하기 때문에 메타인지적이고, 활동 중심이며, 개인(주관)적이다. 교사와 학생은 활발하게 상호작용하고 성찰한다. 오늘날 교사는 테크놀로지의 발달에 힘입어 이런 과정에 더 자주 참여하게 되었고 '가르칠 상황(teachable moment)'을 더 잘 포착할 수 있게 되었다.

4. 교육과정 분야의 변화

교육과정 분야는 연구와 실제 간의 연계가 약하고 불안정하다(Davis, 2007). 교육과정은 잠재적이든 형식적이든 현재의 필요와 현실적인 요청으로 계속 변하는 것 같다. 최근에는 두뇌 연구에 기초한 수업 설계들이 확산되고 있다.

예를 들어 읽기를 습득하는 과정은 두뇌 발달의 역동적 상태에서 일어난다는 것이 밝혀졌다. Willis(2007)는 "첨단 신경영상학 연구에서 학생을 위해서 신경학자와 교육자가 협력해야 한다."고 말했다(p. 80).

D'Arcangelo의 두뇌 연구에 의하면 두뇌는 경험에 따라 생리학적으로 변하며, 개인이 처한 환경은 두뇌의 기능을 활성화하는 데 결정적이라고 밝혔다(Brooks & Brooks, 1999). 두뇌 분야의 연구결과는 교사들에게 유용한 전략들을 제시한다. 교사들이 학생이 어떻게 학습하는지, 어떻게 정보를 받아들이고 처리하며 소통하는지 알 수 있도록 돕는다(Caulfield, Kidd, & Kocher, 2000). 학생의 정서 지능도 주목받고 있다. Daniel Goleman의 『정서지능(Emotional Intelligence)』과 Joseph LeDoux의 『감성적 두뇌(The Emotional Brain)』는 학습에서 정서의 역할을 이해하는 데 도움을 준다. 다중지능과 학습의 영역에 대한 Howard Gardner의 연구는 인간의 지능은 하나의 일반적인 지능이라기보다는 좀 더 넓고 총체적인 능력을 포함한다는 것을 밝혔다(Given, 2000). Bransford, Brown 그리고 Cocking(2001)의 『학습하는 방법: 두뇌, 정신, 경험, 학교(How People Learn: Brain, Mind, Experience, and School)』는 학생이 주요 아이디어와 개념을 중심으로 자신의 지식을 조직하는 것이 중요하다고 지적했다. 학생은 전문가처럼 문제를 '아는 방법을 배우고' '무엇'을 '어떻게' 뿐만 아니라 '왜' 그리고 '언제'에 대해서도 이해해야 한다. 그들은 학생들이 기존의 지식에 새로운 지식을 통합하는 것(구성주의)과 학생들이 자신의

학습과 문제해결 과정을 검토하는 것(메타인지)이 중요하다고 주장했다(Caulfield et al., 2000).

메타인지 능력은 교육에서 점점 중요해지고 있다. Martinez(2006)는 "메타인지가 대개는 의식적이고 의도적인 정신 활동임을 밝혔다—우리는 읽은 글이나 들은 말을 이해하지 않고 있다는 것을 알고 있다."(고딕체는 저자들이 추가한 부분임)고 말했다(p. 697).

최근의 연구와 참여 관찰을 통해서 교사들은 더 이상 학습 부진아를 지도하는 데 있어 '천편일률적인(one size fits all)' 접근을 하지 않는다. 두뇌 기반 연구들은 학습 부진에 대한 다양한 원인을 밝혔고 그 여러 원인들에 대처하는 새로운 전략들을 제공하고 있다.

읽기와 쓰기 부진의 대부분은 근본적으로 신경 발달 기능 장애가 원인이다. Levine과 Barringer(2008)는 "신경 발달 장애가 학생의 학습 및 학업 성취에 얼마나 영향을 미치는지를 알아보기 위해서 여덟 가지 방식을 제시하였다. 이것을 서로 관련 있는 기능별로 묶어서 차별화된 학습을 제공한다."고 말했다(p. 17).

여덟 가지 방식은 다음과 같다.

- **주의**: 집중하는 능력이다. 한 가지 일을 중심으로 과제를 완수하고 자신의 말과 행위를 통제할 수 있는 능력이다.

- **시간적 · 계열 순서**: 알파벳 순으로 나열하기든지 반응 버튼 누르기든지 일련의 정보에 대한 시간과 계열을 이해하는 것은 학습에서 중요하다.

- **공간적 정렬**: 예를 들어 원과 사각형을 구별하는 능력, 관련된 정보를 기억하기 위해 이미지를 활용하는 능력이다.

- **기억**: 사람들이 복잡한 정보를 이해하고, 조직하고, 해석할 수 있다 하더라도 그 정보를 저장하지 못하고 기억해 내지 못한다면 그 수행에 큰 영향을 미친다.

- **언어**: 언어 발달은 발음하기, 소리 구별하기, 상징들을 종합하는 기능을 담당하는 두뇌의 여러 부분들이 관여한다.

- 신경: 운동 혹은 근육 기능을 조정하는 두뇌는 쓰기, 타이핑 등 다양한 학습 영역에서 중요하다.

- 사회적 인지: 학습에서 가장 소홀히 취급되는 것 중 하나가 바로 동료, 부모, 교사와의 사회적 관계를 맺는 능력이다. 친구를 만들고 집단생활을 하며 동료를 따르는 능력이 부족하면 학업적으로도 어려움을 겪는다.

- 고등 사고 기술: 문제를 이해하고 문제를 해결하며 새로운 학습에 도전하고 창의적으로 생각하는 능력이다(Levine & Barringer, 2008, pp. 14-18).

혁신적인 아이디어와 테크놀로지의 발달로 교육과정은 성격상 더 종합적이고 차별화되었다. 이것은 새로운 도전과 변화에 부응하는 식으로 변화하기 때문이다. 교육과정 내용과 교수 · 학습 자료는 성격상 더 기능적이고, 다양하고, 조작적이다. 관련성, 융통성, 필요와 속도가 점점 강조되고 있다. 통계, 인구, 건강, 영양, 환경 등 광범위한 관심사들이 교육과정에서 중요하게 다루어지고 있다.

교육 구조나 교육 방법론들은 의미심장한 변화를 겪고 있다. 웹을 활용하는 프로그램, 교육공학, 미디어 능력, 원격 교육은 교육과정이 전면적으로 직면하고 있는 변화들이다. 세계적으로 전자 매체와 관련된 교육 방법들이나 전략들이 폭주하고 있다. 멀티화를 선도하고 있는 테크놀로지의 발달은 교육과정 분야에서도 나타나고 있다.

1) 교육과정 변화 촉진자로서의 공학

최근 미래의 글로벌 교실을 조성하고자 하는 교육의 실제로 공학적으로 새로운 것들이 도입되고 있다. 분명 공학은 변화의 기폭제다. 자료 중심의 교수는 더 이상 교사들의 직접적 개입을 요구하지 않는다. 학교는 종종 사전 평가를 기초로 작성한 분석 자료와 계획서들을 바인더에 묶어 보관하고, 그 복사본은 교무실이나 교실에서 사용하고 있다(Bambrick-Santoyo, 2007/2008).

테크놀로지의 발달로 인한 변화 중 하나는 무선 휴대용 단말기를 이용하여 협력 학습이나 교육과정 차별화 전략들을 개발하고 있다는 것이다. 최근 학교에서는 학생들이 저렴한 가격의 휴대용 장치를 이용하여 전 세계 네트워크에 접속할 수 있고, 인터넷 학습 과제에 참여하기도 한다. 어떤 교사는 교실에서 지역 교육청의 서버에 접속할 수 있고, 인터넷을 통해서 전 세계 학생과 정보를 교환하고 소통하고 있다.

2) 미래 연구

Patricia Patterson(2007) 교장은 학습공동체로서 미래 학교에 대한 비전을 제시한다. 그녀는 교사와 학생들이 가르치고 배우는 교실에 테크놀로지를 지속적으로 도입하고 있다. 그녀는 두 가지 목적을 설정하고 있다. 첫째, 모든 교사를 테크놀로지를 활용하는 수업에 능숙해지도록 하는 것이다. 둘째, 자기만의 테크놀로지 활용 구조를 창조하도록 하는 것이다.

Patterson은 교육과정과 리더 교사는 웹을 기반으로 학생들의 요구를 조사하고 이를 수업에 반영해야 한다고 생각한다. 앞으로의 리더들은 테크놀로지를 교육과정에 통합하는 데 필요한 하드웨어와 소프트웨어 사용능력을 갖추어야 한다.

앞으로 교사 개인의 훈련과 교사 전문성 개발을 위한 지원 프로그램은 테크놀로지를 이용하여 제공될 것이다. 이런 개발 훈련 계획들은 전문성 개발과 테크놀로지 모델들을 반영할 것이다.

학교가 요청하는 테크놀로지를 지원하기 위해서 재정이 마련될 것이고, 이런 계획을 통해 각 교사는 자신에게 필요한 개별적인 연수를 계획하게 될 것이다.

테크놀로지의 도입은 프로젝트 기반의 학습을 점차 증진시킬 것이다. 최근 학생들은 학생 중심의 교육 환경에서 지식을 탐구하고 협동적으로 학습하며 소통하고 발표를 위한 멀티미디어 자료를 제작하고 있다. 이런 테크놀로지의 도입은 학생과 교사 모두에게 동기와 흥미를 증진시키고 고등사고 기술을 개발시킨다.

앞으로 교육과정과 리더 교사들은 질 높은 기술력을 발휘해야 하고, 모든 학생들이 다가올 미래에 자신들의 가능성을 최대한 발휘할 수 있도록 안정적인 교육 환경을 갖출 수 있어야 한다.

교육비전 2021에서 NAESP(National Association of Elementary School Principals)는 IAF(Institute for Alternative Futures)에 의뢰하여 학교교육에 대한 기회와 불확실성을 연구하도록 했다. IAF는 학교장, 교사, 대중들과 교육의 미래에 대한 대대적인 대화와 토론을 위해서 다음 아홉 가지 사항을 제안했다.

① 앞으로 학교는 다양한 활동을 하는 학습의 장이 되어야 한다. 이는 학교가 세계화 사회가 요청하는 활동들을 연구해야 함을 의미한다.

② 자유 경쟁 도입은 교육의 형평성을 넘어서 학교 선택권을 주고자 하는 것이다. 이는 학교가 선택을 위한 사회적 선호도, 교육의 형평성에 대한 재개념화를 연구해야 함을 의미한다.

③ 하이퍼링크 된 학습은 멀티미디어를 통해서 의미를 탐구한다. 이는 학교가 학습경험을 풍부하게 하고 전환할 수 있는 새로운 능력들을 연구해야 함을 의미한다.

④ 과학적 지식은 아동 발달을 새롭게 이해한다. 이는 학교가 과학적인 연구를 통해서 학생 간의 개인차를 명확히 밝혀 각 학생에게 적합한 차별화된 학습을 제공할 수 있는 방식을 연구해야 함을 의미한다.

⑤ 표준화는 학생의 가능성에 대한 기대를 높인다. 이는 학교가 모든 학생을 교육적으로 지원할 수 있는 적절한 표준을 연구해야 함을 의미한다.

⑥ 학생을 위한 새로운 학습 전략에 대한 혁신적인 방식들을 공유한다. 이는 학교가 단위 학교들이 연구한 결과들을 공유하고 연계할 수 있는 연구를 해야 함을 의미한다.

⑦ 안전을 위한 전자 장치 도입으로 학교는 서로 연결되어야 한다. 이는 학교가 어디서나 감시가 필요하다는 것을 기꺼이 받아들이고 학교 안전에 대해 관심을 가져야 함을 의미한다.

⑧ 사회적으로 증가하고 있는 책무성은 교육에 대한 투자를 줄일 위험이 있다. 이는 학교교육이 직면한 한계에 관심을 갖도록 하고, 교육을 우선시할 수 있는 전환점을 마련해야 함을 의미한다.

⑨ 학교장은 최고의 학습에 대한 기준을 마련해야 한다. 이는 학교장이 학생, 교사, 학부모가 학습에 계속해서 참여할 수 있도록 하고, 학생의 학습을 위한 학습공동체 형성에 관심을 가져야 함을 의미한다.

NAESP의 교육비전 2021에서 볼 수 있듯이 테크놀로지와 학교를 아우르는 새로운 교육 이론이 미치는 영향은 충격적이다. 미래에 교육의 변화에 대한 시사점을 무한정으로 도출할 수 있다.

요약

3장에서는 교육과정 이론이 교육과정 학자와 교사 모두에게 의미 있다는 것을 설명하였다. 왜냐하면 교육과정 이론은 교육과정 계획을 분석하고 실제를 설명하며 개혁의 지침이 되는 일련의 개념적 도구를 제공해 주기 때문이다. 3장에서는 학교교육과정에 대한 이론과 실제를 어떻게 연계하는가 하는 문제가 교육과정 개발 과정에서 아주 중요한 것임을 보여 주었다. 교육과정을 지속적으로 분석하고 재평가하며 개선하는 이론을 적용하기는 어려운데 특히 테크놀로지와 지식의 사회학 분야가 그러하다. 이에 따라 3장에서는 교육과정 계획을 분석하고 실제를 설명하며 개선하는 데 필요한 도구를 제공함으로써 교육과정 이론을 기본적으로 이해할 필요가 있다는 것을 설명했다. 3장은 교육과정 이론의 성격과 기능을 강조했다. 그리고 교육과정 개발 과정에서 이론과 실제를 동시에 고려해야 하는 것이 왜 중요한지를 강조했다. 3장에서는 교육과정 이론 개발에서 리더십이 하는 역할을 설명했고 교육과정 이론의 주요 유형을 설명했다. 마지막으로 테크놀로지의 발달이 교육과정을 얼마나 변화시킬 수 있는지를 다루었다.

적용

1. 3장에서 설명했듯이 교육과정 이론의 가치는 논쟁의 여지가 있다. 당신에게 교육과정 이론은 어떤 전문적 가치가 있는가?

2. 대부분의 이론 연구는 가치 중심 이론과 내용 중심 이론이다. 교육과정 이론가들이 교육과정 구조나 과정에 거의 관심을 갖지 못한 이유를 어떻게 설명하겠는가?

3. 과정 이론을 분석한 몇몇 연구자들은 교육과정 개발 과정을 탐구한 모든 연구들이 타일러의 이론의 변형이라고 주장한다. 이 주장에 대해 당신은 어떻게 생각하는가?

4. 3장에서 제시한 체제를 활용하여 교육과정 개발 과정을 분석해 보라.

5. 교육과정 개발 연구에서 앎의 방식을 적용한 연구는 거의 없다. 만일 교육과정 개발에 앎의 방식을 적용한다면 당신은 어떤 학교교육과정이 될 것이라고 생각하는가?

6. 여러분의 학교를 생각해 보라. 테크놀로지가 교육과정에 어떤 영향을 미쳤다고 생각하는가?

사례

Bruce Novac은 Plentywood 관내에서 지난 2년 동안 PK-5 초등학교 교장을 역임했다. 그는 올해가 3년째이고 재임용 심사를 받고 있다. 그는 자신의 학교 3학년 학생에 대한 평가를 받기 위해서 장학사 Robert Kerr 박사, 교육과정 담당자 Karla Johnson 박사를 만났다. 그 결과 자신의 학교 3학년 학생의 성적이 주 정부나 연방 정부의 표준에 비교해서 평균 이하라는 사실을 알게 되었다. 사실 그의 학교 2학년 학생의 학업 성취도가 3학년 학생보다 더 높다.

Novac은 두 장학사로부터 교육과정 실행 이론을 수행하지 않았냐는 얘기를 들었다. 사실 자신의 학교 교사들은 그가 지향하는 것을 거의 반영하지 않았다. 그는 대안을 찾기 위해서 교과서 집필자들이 제안하는 교육과정 이론을 검토하기 시작했다. 그는 구조 중심 이론, 가치 중심 이론, 내용 중심 이론, 절차 중심 이론이 있다는 것을 알게 되었고, 이것을 통해서 3학년 학생의 낮은 성취도에 대한 대안을 찾아볼 수 있을 것으로 기대했다.

도전 과제

학생의 학업 성취는 종종 교사가 지지하는 교육과정 이론에 의존한다. Novac은 3학년 교사들이 일상적인 교실 수업에 교육과정 이론을 통합할 수 있도록 그들을 어떻게 교육시킬 수 있을까?

주요 질문

1. 장학사가 조언한 것에 대해 당신은 어떻게 생각하는가? 그들이 Novac에게 적절한 조언을 했다고 생각하는가? 왜 그렇게 생각하는가, 또 적절한 조언을 하지 않았다고 생각한다면 왜 그렇게 생각하는가?

2. 당신은 이 초등학교 3학년 교사들을 어떻게 생각하는가?

3. 교장이 3학년 교사를 만나서 무엇을 의논해야 하는가?

4. Novac 학교의 3학년 학생들의 성취도가 낮은 이유는 무엇인가?

5. 학생의 성취도를 향상시키기 위해서 Novac 교장이 적용할 수 있는 교육과정 이론은 무엇인가? 왜 그것이 효과적이라고 생각하는지를 설명하시오.

e 참고 사이트

Curriculum Theory: Understanding by Design/Grant Wiggins

   www.arps.org/grant170/170a/curriculum_theory.htm

Educational Theory Journal

   www.ed.uiuc.edu/EPS/educational-theory

Education Week's Research Center

   www.edweek.org

Education World article on Multiple Intelligences

   www.education-world.com/a_curr/curr054.shtml

Guide to active research

   www.infed.org/research/b-actres.htm

Guide to educational research

   www.eric.ed.gov

Media and Policy Center Foundation

   www.mediapolicycenter.org

National Association of Elementary School Priciples Vision 2021

   www.vision2021.org

University of Maryland, Department of Education: Educational Policy and Leadership

   www.education.umd.edu/EDPL/areas/curriculum.html

제4장

교육과정 정책

Diverse Learning Communities의 부편집장인 Margaret Evans(2008)에 따르면, "학교는 지역의 기관 중 공동체들의 모델이 되는 가장 중요한 기관이다." (p. 63) 실제로 학교에서 가르쳐야 할 것을 결정할 때 여러 요소들이 영향을 미친다. 연방 정부와 주 정부, 전문가 집단, 지역의 교육 위원회, 교과서 출판사, 승인 기관들, 부모, 지역사회의 기관, 학교장 그리고 교사들의 의견이 모두 다르기 때문이다. 이런 혼란은 시간이 지남에 따라 요소들 간의 영향력의 정도가 변하고 어떤 특정 교실에 미치는 특정한 영향을 찾아내기도 힘들어진다. 그러나 교육과정을 개발하고 개선하고자 하는 교육과정 리더들은 교육과정 정책을 이해해야 하고 여러 기관과 개인이 왜 학교에서 가르치는 것에 영향을 미치려고 하는지 그 이유를 알아야 한다. 예를 들어 William Bender와 Cara Shore의 『간섭에 대한 반응: 모든 교사를 위한 실제적인 안내(Response to Intervention: A Practice Guide for Every Teacher)』 (2007), Tomlinson과 McTighe의 『차별화된 수업을 위한 이해 중심의 수업실게 (Intergrating Differentiated Instruction & Understanding by Design)』(2006), Ruby Payne의 『이해를 위한 학습(Understanding Learning)』(2002), John Holt의 『어린이들은 왜 실패하는가(How Children Fail)』(1964), Ivan Illich의 『탈학교론 (Deschooling Sciety)』(1972). Jonathan Kozol의 『야만적인 불평등: 미국 학교 어린이들(*Savage Inequalities: Children in America's Schools*)』(1991), Grace Llewellyn의 『10대의 자유 편람: 학교를 버려라 그리고 진정한 삶과 자유를 얻어라 (*Teenage Liberation Handbook: How to Qiut School and Get a Real Life and Education*)』(1997) 등 수많은 교육개혁 관련 서적들이 출판되어 베스트셀러가 되었다. 따라서 4장에서는 이런 책들이 어떤 방식으로 교육에 영향을 미쳤는지를 알아보고 좀 더 강력한 영향을 미친 기관들을 검토해 보고자 한다.

> **이 장에서는 다음과 같은 질문을 다룬다.**
>
> • 연방 정부가 교육과정 개발에 어떤 영향을 어떻게 미치는가?
> • 오늘날 주 정부는 교육과정 개발에서 어떤 역할을 하며 그 역할이 교육과정 변화에 어떤 영향을 미치는가?
> • 최근 교육기관들, 법원, 교육 리더들, 교사들은 교육과정 개발에서 어떤 역할을 하는가?

> **리더십의 열쇠**
> 교육과정 리더들은 우리가 전 세계적으로 지식을 공유하고 활용하는 시대에 산다는 것을 알고 있다.

1. 교육과정에 영향을 미치는 과정

자료를 수집하고 분석하는 일 자체가 교육 정책의 고질적인 문제들을 해결하는 것은 아니다. 정책입안자의 생각의 전환도 필요하다(Ingersoll, 2008). 여러 집단과 개인이 어떻게 교육과정 개발과 정책에 영향을 미치는가를 이해하기 위해 그들이 아무 이유 없이 그냥 이런 영향을 미치는 것은 아니라는 점을 알아야 한다.

이런 영향은 복잡한 사회 문화적 환경, 즉 어떤 신념 체계와 실제들이 힘을 얻을지를 결정하는 환경을 배경으로 한다.

Henig(2008)에 따르면,

역사적으로 유치원~고등학교 교육은 가장 지역화된 형태의 교육이다. 지역주의는 오랫동안 해 온 과거의 것으로만 치부하기 어려우며 아직도 변화하고 있다. 주 정부는 1980년대에 재정자립을 했고, 주별로 학업 성취 기준을 정했다. NCLB(No Child Left Behind Act)의 출현으로 워싱턴 D. C.가 교육에 개입하는 시대를 열고 있다(p. 360).

Conners(2007)는 "우리가 역사를 통해서 배운 것이 있다면, 계획한 사람들은 언제든 그것의 효과를 측정한다는 것"이라고 했다(p. 520).

문헌 검토를 해 보면 Schon(1971)이 이를 가장 잘 설명하고 있다. '새로운' 아이디어는 어떤 구체적인 매개체를 통해서 주류에 합류한다. 주류와 양립할 수 없는 새 아이디어는 체제의 압박을 받지만, 선구자들은 주류들이 위기를 느낄 때까지 이를 살려 놓는다. 이때 새 아이디어들은 매스미디어를 타고 널리 확산된다. 하지만 새 아이디어들이 수용되기 전에는 큰 논쟁을 일으킨다. Schon이 지적했듯이 새 아이디어는 권력을 가지려고 하기 때문에 몇몇 제한된 '지위'에 있는 사람들만 알고 있다. 이런 식으로 새 아이디어에 대한 연구는 점점 더 정치화된다. 광범위한 지지를 받는 강력한 아이디어는 특정 정치가의 지지와 결합되면서 입법화된다. 이렇게 해서 새 아이디어는 공식화된다.

1954년 7월 1일에 NCATE(National Council for Accreditation of Teacher Education)가 발족했다. 다섯 개 기관, 즉 AACTE(American Association of Colleges for Teacher Education), NASDTEC(National Association of State Directors of Teacher Education and Certification), NEA(National Education Association), CCSSO(Council of Chief State School Officers), NSBA(National School Boards Association)가 NCATE의 창립에 기여했다. NCATE가 교사 교육 인준 기관으로서 독립기구가 되면서 기존의 AACTE를 대체하게 되었다. 비록 가입은 자발적이었지만 NCATE는 초등과 중등학교에서 근무할 교사 교육 및 학교교육 전문가를 양성하는 대학을 인준해 주는 기구이다. NCATE의 승인을 주도한 사람들은 경쟁력 있는

도움말 4.1
교육과정 개발 과정의 영향력 싸움은 아주 격렬하며 그 양상은 연방 정부, 주 정부 그리고 지역의 교육청마다 다르다. 어떤 경우에는 권고로서의 교육과정, 문서로서의 교육과정, 가르친 교육과정에 긍정적 영향을 미친다.

승인 기구가 필요하다는 점, 질 높은 교사와 학교교육 관련 전문가를 양성해야 한다는 점을 강조했다(NCATE, 2007).

1970년대 말 공립학교 교육의 목적과 형태가 다양해지기 시작했다. 경제 지표를 보면 개인의 수입과 주 정부의 재정이 감소했으며 교육비용은 급격하게 치솟았다. 공립학교 재적 학생 수는 부모들이 자녀들을 사립학교나 교외 학교로 전학시키면서 감소했다. 공립학교의 재정 문제는 특히 도심지 학교에서 더 심각했다. 지역의 예산 지원은 60%에서 30%까지 감소했고 주 정부의 역할이 커졌다. 연방 정부의 교육 지원은 10% 정도에서 유지되었다. 주 정부의 지원이 증가함에 따라 정치적 영향력도 높아졌다.

한편 Ronald Reagan 대통령이 당선되자 연방 수준에서 보수주의가 다시 확산되었다. 학교의 학생 수 감소와 비용의 증가로 학교교육의 어려움은 더 커졌고 더 보수적으로 변했다. 보수주의는 '기본으로 돌아가라(Back to the Basic)'는 슬로건을 내세웠고, 책무성을 물었다.

연방 정부 수준에서 영향력 싸움은 주로 은밀하게 진행되었다. 여러 힘 있는 집단과 개인들은 행정부나 입법부의 위원들을 영입하고 설득하기 시작했다. Bell(1986)은 Reagan의 두 번째 집권 기간 동안 교육부(the Department of Education)를 폐지하지 않기로 한 결정이 어떻게 나왔는지를 설명했다. 1984년 미 공화당은 Bell이 보수주의자로 부르는 사람들이 발의한 교육부 폐지 안건을 기각했다. Bell이 지적했듯이 1984년에 활동한 주요 인물들은 대부분 공화당 사람들이었다. 그들은 『위기에 처한 국가(A Nation at Risk)』를 읽었고 대중들이 교육에 관심이 많다는 것을 알았으며 유권자들에게 교육을 반대하는 사람으로 알려지는 것을 원하지 않았다. 비록 '보수주의'는 주도권을 잡기 위해서 Reagan을 계속해서 설득했지만 Bell이 보기에 Reagan은 실용주의자였고, 그의 관심은 다른 것에 있었다. 그는 교육부의 존폐 문제보다는 대학등록금, 바우처 제도, 학교교육이 바라는 것에 대해 더 관심이 많았다. 그는 교육부 폐지가 전폭적인 지지를 받지 못한다는 것을 알고 있었고 이 문제에 정치력을 발휘할 마음이 없었다. Reagan은 교육부 폐지 안건을 조용히 보류시켜 뒀고, 나중에도 이 문제는 재고하지 않았다.

연방 정부 수준에서 로비 단체들이 보이지 않는 역할을 했다. Levine과 Wexler (1981)는 특수아와 장애아 관련 집단들이 장애인에게 영향을 미치는 법률인 공법 94-142를 제정하는 데 어떤 역할을 했는지를 정확하게 설명하였다. 이 로비스트들은 장애 담당 교육 부서의 담당자와 긴밀하게 접촉해 왔고 교육 위원회 분과 관계자들과 밀접하게 관계를 맺어 왔으며 모든 의원들 앞에서 전문적으로 의사 표명을 했다. 주 정부 수준에서도 전문 기관 배후에 로비 단체들이 만든 정책들이 나왔다. 예를 들어 펜실베이니아 주는 새로운 교육과정 조항을 채택하고 1981년 주 교육과정을 급진적으로 개정했는데 학생의 능력에 맞게 이수할 수 있도록 선택 과목 목록을 제시했다. 로비스트들(전문가 집단의 인사들), 주의 교육 위원 그리고 교육부 관계자들은 2년 동안 이런 변화를 위해서 협의했다. 어떤 실천도 일어나지 않았고 주 입법가들은 무관심했으며 한 입법위원은 이를 다음과 같이 표현했다.

> 능력 중심 교육과정이 거론되었을 때 입법부는 거의 반응하지 않았다. 그들은 이 문제에 개입하기 싫어했고, …그리고 여러 연구결과들이 보고되었다. 그들은 성급하게 누가 이런 문제에 관심이 있는지를 알고 싶어 했다. …그러다가 갑자기 '해보자'는 분위기가 되었고 원하는 사람들이 나왔다(Lynch, 1986, p. 74).

주지사는 '변하자'라는 권고문을 학교에 배포했고 백악관은 전통적인 교과를 강조하는 좀 더 엄격한 교육과정을 개발하는 법안을 통과시켰다. 상원 의회는 주 교육 위원회(The State Board of Education)로 하여금 직접적인 조치를 취하도록 했고 주에서는 개정된 교육과정을 적용했다. 이 모든 일이 여섯 달 사이에 일어났다.

여러 기관과 개인들이 주 수준의 이런 정치적 분위기에 다양한 영향을 미쳤다. 미국 동부에 위치한 한 주의 정책입안에 대한 Marshall(1985)의 연구에서는 15개 집단들이 정치력을 발휘했다고 밝혔다. 주지사와 관련 인물들, 주 교육감, 입법부 의원들과 입법부 직원들, 교육 관련 압력 단체들이 가장 큰 영향을 미쳤고, 그다음으로는 교사단체, 주 교육위원회, 행정가 조직이었다. 법원, 연방 정부, 학교 위원회 연합회, 비교육자 단체, 연구자들도 미미하지만 영향을 미쳤다.

각국의 우수성을 평가하기 위한 '국제적인' 학생 평가를 도입한 것도 이때였다. 다른 나라에 비해 미국 학생의 성취가 낮다는 것이 걱정거리였다. Berliner와 Biddle의 책 『조작된 위기(*The Manufactured Crisis*)』(1997)에서는 독일 학생의 상위 10%가 미국 학생의 상위 50%에 상응한다고 언급함으로써 이 논쟁을 무마시켰다. Berliner와 Biddle은 미국의 가장 똑똑한 학생이라면 어떤 평가를 하더라도 유럽의 상위권 학생과 경쟁할 수 있다고 주장했다.

그럼에도 불구하고 진보주의 교육에 대한 비판은 계속되었다. AEI(American Enterprise Institute)의 책임자인 Hess(2008)는 "최근 교육의 엄격성과 질에 대한 관심이 증가하고 있다. 이런 관심은 주 정부가 학생의 성취 자료를 수집한 결과이다." 라고 말했다(p. 354). 샌프란시스코 주립대학 교수인 Phillips(2007)는 "이런 정책적 방향에서 학교에 NCLB가 전면 도입되었고 주 정부 수준의 표준 교육과정과도 밀접하게 관련되어 있다. 성취 기준, 평가, 책무성이 중요해졌다."고 덧붙였다(p. 712). 이처럼 미국의 학교교육은 표준 교육과정뿐만 아니라 NCLB, RTI(Response to Intervention)로 주 정부의 지시를 받게 되었다.

지역 수준에서도 단지 인물만 다를 뿐 유사한 갈등을 했고 기관연대적인 영향을 미쳤다. 지역에서 주요 교육과정 정책을 결정할 때 그것은 너무나 민감한 것이어서 지역사회 전반에 영향을 미치기는 어려웠다. 이런 상황에서 교육장이 의사 결정을 하며 학교와 지역의 요구에 대한 그의 인식이 강력한 영향을 미친다. 동시에 연방의 로비단체와 긴밀한 관계에 있는 지역의 압력 단체들은 지역의 교육과정이 성교육, 진화론, 창조론, 가치교육과 같은 보수적인 이슈들을 포함하도록 하는 데 영향을 미쳤다.

일단 지역 교육청 수준에서 정책을 결정하면 교육과정 리더, 학교장, 교사들이 '문서로서의 교육과정'에 대한 주요 결정을 내린다. 지역 교육청의 교육과정 및 수업 담당 부장학관, 교과 담당 장학사들을 중심으로 수학 K-12(유치원~고등학교) 단계와 같은 교과 분야의 교육과정을 개발하고 개선한다. 부장학관 혹은 장학사는 교장, 교과 대표자, 2~5명의 리더 교사 그리고 학부모로 구성된 위원회를 조직한다. 교과의 폭과 깊이를 결정하기 위해서 위원회는 대개 여러 기관의 전문가를 정보원으로 참여시킨다. 주 정부의 지침과 성취 기준을 검토하고 검사 도구를 점검하고 교과서를 검토하며 전문가와 협의하고 다른 지역 교육청의 지침과 전문 기관의 안내 자료들을 검토하고 교사들의 의견을 조사한다. 이 숙의 과정에서 갈등이 생기면 위원회는 일반적으로 정치적 절차, 협상, 타협 그리고 권한을 가진 사람에게 이 일을 위임하는 절차를 거쳐서 문제를 해결한다.

학교 수준에서의 정책 결정은 좀 다르다. 초등학교에서는 교육과정 우선권을 결정하고 교육과정을 감독하는 데 리더 교사뿐만 아니라 교장이 핵심적인 역할을 한다. 갈등이 생긴다면 그것은 교장과 교육과정 자율권을 갈망하는 리더 교사들 사이에서 일어난다. 중등학교에서 교장은 대부분의 경우 교과별 리더 교사에게 그 책임을 위임하는데 여기서는 교과 전문성이 더 부각되기 때문이다. 중학교 수준에서 교육과정 관련 분쟁은 교과 부서들 간에 더 격렬한데 적은 자원을 두고 서로 경쟁하기 때문이다.

교실 학습에 대해 폐쇄적이었던 과거에는 교사가 곧 교육과정이었다. 당시에는 교사가 지역의 지침, 교과서, 교육과정 및 성취 기준 중심의 평가 문항, 교과에 대한 교사의 지식과 인식, 학생의 흥미와 준비에 대한 교사의 진단과 같은 몇 가지 요소를 중심으로 각자 다소 직관적인 의사 결정을 했다. 그러나 오늘날 교사들은 교육과정을 스스로 결정했던 당시의 교사들보다 교육과정을 독자적으로 결정하기 힘들다. 학생의 성취 결과에 대한 자료뿐만 아니라 새로운 정보기술, 교육과정 관련 사항들을 반영해야 하기 때문이다.

따라서 교육과정을 결정하는 데 영향을 미치는 변수들은 교육과정 의사 결정 수준에 따라 서로 다르다. 그러나 모든 수준의 교육과정 결정에 고도의 정치력이 작용하는 것 같다. 권력과 통제가 교육과정을 결정하는 데 영향을 미친다. 이 시점에서 이런 변수들을 좀 더 자세히 검토해 볼 필요가 있다.

2. 연방 정부의 역할

학교에 대한 연방 정부의 개입이 늘고 있다. Fugate(2007)에 따르면,

　　대부분의 의원들이 학생이었던 시절인 1950년대와 1960년대에는 모든 학생이 졸업하지 못했다. 적지 않은 학생들이 일을 하기 위해서, 봉사활동을 하기 위해서, 혹은 결혼을 하기 위해서 중간에 학교를 그만두었다. 대부분의 학생들은 대학에 진학하거나 직업을 선택했다. 오늘날 학생들은 그들이 원하든 원하지 않든, 그들이 필요로 하든 그렇지 않든 상관없이 똑같은 교육을 받는다(p. 72).

따라서 대부분의 정부 지도자들은 학교에 높은 성취 수준, 잘 훈련된 교사, 안전한 환경을 제공해야 한다고 확신하는 것 같다.

문헌들은 1970년 이후 미국에서는 공립학교를 대체하는 등 모종의 목적을 가지고 학교를 침범하는 분야들이 등장해 왔다. Nixon 행정부 첫 번째 집권기(1968~

1972)에 연방 정부는 세금을 놓고 학교들이 서로 경쟁하도록 하는 '수행 계약'을 도입했다. 더 최근에 George W. Bush 행정부는 공립학교에 대한 공적 신뢰를 무너뜨리는 수단으로 시험과 바우처 제도를 시행했다(Wiles & Lundt, 2004).

따라서 이제 2장에서 검토한 최근의 세 시대인 학문적 구조주의(1957~1967), 낭만적 급진주의(1968~1974), 개인적 보수주의(1975~1989)가 미친 영향을 검토해 보자. Kliebard(1979)는 1950년대 이전으로 얘기했지만 교육과정에 대한 연방 정부의 개입이 없었던 1957년 전후에는 교육에 대한 연방 정부의 역할이란 것이 명망 있는 집단을 소집하고 전문 학회를 만들며 저명한 학자의 권고안에 대한 세미나를 하는 정도였다.

도움말 4.2

학교교육과정에 영향을 준 연방 정부의 역할을 역사적 관점에서 검토해 보는 것은 유용하다. 왜냐하면 과거 몇십 년 동안 영향을 끼치는 패턴이 주기적으로 변해 왔기 때문이다.

1) 1957~1967: 학문적 구조주의

이 시기 전 미국은 '러시아를 따라잡자'는 슬로건에 열광했다. 인공위성 스푸트니크 호의 발사는 연방 정부로 하여금 교육과정에 직접 개입하도록 만들었다. 이 시기 교육은 Atkin과 House(1981)가 말하는 '기술공학적' 관점이 지배적이었다. 교육 리더들은 합리적이고 기술공학적인 접근으로 학교 문제를 해결할 수 있다고 믿었다. 수업을 기술로 간주했다. 수업의 주요 기능들을 찾아서 이를 체계적으로 가르쳤다. 교육과정도 합리적 절차를 적용해서 개발했다. 학자가 내용을 선정하고, 교사는 검증된 방식으로 가르쳐야 했다. 심지어 변화의 과정에서도 이런 관점이 적용되었다. 변화 촉진 모형의 연구를 수행함으로써 그리고 연구결과를 '변화 기관'에 적용함으로써 학교를 적절하게 변화시킬 수 있다고 생각했다.

연방 정부가 채택한 개입 전략은 표준 교육과정을 개발하여 보급하는 것이었다. '알파벳 교육과정(alphabet-soup curricula)' 개발자들은 1장에서 설명한 권고로서의 교육과정, 문서로서의 교육과정, 가르친 교육과정을 하나로 묶는 시도를 했다. 그들은 그들의 이상적인 권고안들이 지역 교육과정 지침으로 구체화되고 교사들이 이를 실행할 것이라고 확신했다. 표준 교육과정 개발자들은 주로 교과 내용에 집중했다. NSF(National Science Foundation)는 '교과 내용 향상 프로그램'을 개발하고 지원했는데 이것은 후에 미국 교육부(U.S. Office of Education)가 채택한 것과 비슷한 프로그램인 '교육과정 향상 프로그램'에 강력한 영향을 미쳤다. 그들에게 교육과정과 내용은 같은 것이었다. 그들의 관점에서 내용은 교육자들이 아니라 교과 전문가들이 결정하는 것이었다. 교과의 지식 구조를 이해하고 핵심 개념을 확인할 수 있으며 내용을 배열하고 조직하는 방법을 아는 사람들은 학자들뿐이라고 보았다.

학자들이 이런 이상적인 교육과정을 개발한 후 보급하는 노력이 시작되었다. 대대적인 홍보가 이루어졌는데 전문 학술지를 통해서 논문들이 발표되었고 교재 채택을 위한 전문가 협의회를 열어서 세미나를 하였다. 교사들은 여름 연수 기관을 통해서 연수를 받았다. 30개 이상의 지역 연수원이 교육과정 개발과 보급에 재정 지원을 했고 교육과정은 상업화된 수업 자료로 다시 제작되었다.

연방 정부의 자금 지원으로 개발한 교육과정이 처음에는 성공적인 것처럼 보였다. 새로 만든 자료집들은 이전에 개발한 것들과는 (특히 과학과 수학에서) 확연히 달랐다. 심지어 주요 출판사들이 만든 교과서에도 학자들이 만든 교육과정에 있는 개념들이 들어 있었다. 헌신적이고 지적이고 선구적인 교사들이 여기에 열정적인 지지를 했다.

그러나 이 시기 끝 무렵에 연방 정부가 직접 개입해서 교육과정을 개혁하고자 하는 것에 저항이 일어나기 시작했다. 무엇보다 먼저 이것이 국가 수준 교육과정(federal curriculum)이라는 점이 쟁점이 되었고 국가 수준 교육과정이 지역의 교육과정 자율권을 감소시킬 수 있다는 우려를 드러냈다. 물론 다른 사람들은 연방의 이런 노력들이 적어도 몇몇 교과에서는 전혀 반대라고 주장했다. 사회과 교육과정이 나왔을 때 사실상 사회과의 경우, 국가 수준의 표준 교육과정이 미국 역사의 개관, 초등학교 단계에서는 지리만 다루는 것, 중학교에서는 시민을, 고등학교에서는 '민주주의 문제'를 다루도록 한 것은 효과적이었다. 사회과 교육과정은 더 풍부한 대안들을 제시했고 학교에서는 학문적 깊이가 있는 자료들을 활용하여 경제학, 문화인류학, 사회학을 가르칠 수 있었다.

반대 의견은 또한 구체적인 내용에 대한 것이었다. 수많은 교사들이 학생들에게는 이 자료가 어렵다고 평했다. 학부모나 일반 비평가들은 '기초'를 소홀히 한다고 지적했는데, 수학에서는 계산 기술, 영어에서는 철자법과 문법이 소홀히 다루어진다고 평했다. 사회와 과학과 교육과정에 대한 문제는 대부분 가치 문제였다. 대부분의 개인과 기관들은 국가 주도 프로젝트가 너무 자유롭고 허용적인 가치들을 다루었다고 평가했다. 2장에서 살펴보았듯이 이런 논쟁은 『인간학(*Man: A course of Study*)』(MACOS; Curriculum Development Association, 1972) 프로젝트의 등장으로 극에 달했다.

마지막으로 소위 '교사 배재 교육과정(teacher-proof curricular)'은 실패할 것이라는 평가였다. 그들은 교육과정 개발에서 교사를 배재했다. 이 교육과정을 개발한 사람들은 학교교육의 성격과 교실 생활의 복잡성을 인식하지 못한 것처럼 보였다. 그들은 순진하게도 그들이 개발한 교육과정이 보급되어 계획대로 실행될 것이라고 생각했다. 그들은 어리석게도 교사들이 사용하고 있는 전략과는 상당히 다른 교수 전략들을 새롭게 배우고 내면화해서 활용할 것이라고 기대했다.

2) 1968~1974: 낭만적 급진주의

이 시기 동안에 국가 상황이 바뀌었다. 베트남 전쟁과 같은 국제적 이슈들이 대서특필되었지만 대부분의 사람들은 개인적이었다. 책임이 아닌 '권리'가 중요한 화두였다. 흑인, 장애인, 동성애자, 여성과 이민 집단 모두가 자신들의 자유와 권리를 주장했다.

이 7년 동안 이전 시대를 지배했던 기술공학적 관점과는 대비되는 소위 Atkin와 House(1981)가 말하는 정치적 관점이 대두되었다. 정치적 관점은 궁극적으로 교육 개혁을 정치적 과정으로 간주한다. 상호 갈등적인 여러 관점들은 정치적으로 정당하게 인정될 때 타협과 교섭을 통해서 해결되었다.

정치적 관점은 의회와 여러 정부 기관들이 연방 법을 준수하도록 강화하는 데 영향을 미쳤다. 정부의 개입 전략은 '당근과 채찍'이었다. 학교를 변화시킬 수 있는 구체적인 정책들을 개발하고 그것을 잘 준수하는 학교에는 재정 지원을 했다. 학교 교육과정에 대한 정치적 영향이 잘 나타난 것은 다음 두 영역이었다. 하나는 이중 언어 사용 교육의 필요성이고 다른 하나는 장애인의 교육적 권리에 대한 논의였다.

(1) 이중 언어 사용 교육

Ravitch(1983)는 역사적 관점에서 이중 언어 사용 교육에 대한 요구가 민족성을 공공 정책의 기초로 보는 새로운 민족중심주의에서 기원한다고 지적했다. 처음에 이런 요구는 소극적이었다. Ravitch의 지적처럼 1967년 의회의 공청회에서 이중 언어 사용 교육을 주장한 사람들은 스페인계 자녀들의 특별한 교육 요구를 만족시켜 주기 위한 시범적 프로젝트에 재정 지원을 해 주는 정도였다. 그들의 관점에서 이중 언어 사용 교육의 목적은 스페인계 아이들이 영어를 터득하도록 돕는 것이었다. 그러나 1968년 이중 언어 사용 교육 법안은 종국에는 초·중등교육법 Title Ⅶ이 되었는데 이 법은 스페인계 자녀뿐만 아니라 영어가 안 되는 모든 학생, 특히 저소득층 자녀를 모두 포함하고 있다. 그 법은 의도적으로 주요한 사항에 대해 모호하게 진술했다. 이중 언어 사용 교육의 정의나 목적이 명확하지 않았다.

비록 법률 그 자체에서는 각 지역구에 이중 언어 사용 프로그램을 제공하도록 강제하지 않았지만 1970년 OCR(Office of Civil Rights)은 이중 언어 교육법 7항에 따라 소수 민족 어린이가 5% 이상인 지역의 모든 학교는 언어적 결함을 보충할 수 있는 '확실한 방안'을 마련하라고 통지했다. OCR의 지침은 Lau v. Nichols(1974)에 대한 대법원의 결정으로 유지, 확산되었다. 법원은 '영어를 사용하지 않는 어린이'를 위해 학교가 특별한 프로그램을 개발하여 흔히 말하는 '언어의 결함'을 바로잡아야 한다고 했다.

또 1974년 의회는 1968년 법안을 갱신, 연장하여 소수 민족을 대표하는 이익 집단의 로비에 부응하여 몇 가지 중요한 변화를 시도했다. 첫째, 저소득층 자녀만이 아니라 모든 어린이를 대상으로 했다. 그들에게 영어를 가르치는 것 대신에 모국어와 모국의 문화유산의 중요성을 인정하고 유지할 수 있도록 하는 데 중점을 두었다. Ravitch(1983)는 1974년 법안이 지역의 교육에 직접적이고 구체적으로 접근한 최소의 법안이라고 덧붙였다.

스페인계 학생을 돕기 위해 시범적으로 시작한 이 교육 프로그램은 7개 에스키모 어와 20개 미국의 원주민어를 포함하여 68개 언어를 가르치는 기금을 마련하는 거대한 프로그램이 되었다.

(2) 장애인 교육

여러 가지 점에서 연방 정부가 장애인의 교육권을 보장하는 데 개입했다. 본토 태생이 아닌 이민자 자녀의 교육을 돕고자 했던 것과 같은 배경을 갖고 있다. 처음에는 미미하게 출발했지만 나중에는 연방 정부의 재정 지원을 받을 수 있는 중요한 정책이 되었다. 1965년 이전에 연방은 장애인의 교육에 어떤 재정 지원도 하지 않았다. 그러나 시민운동을 계속해 온 CEC(Council for Exceptional Children)와 NARC(National Association for Retarded Citizens)와 같은 기구의 리더들은 함께 협력하기 시작했다. 그들의 노력은 곧 효과를 나타냈다. 1966년 의회는 교육부 안에 BEH(Bureau of Education for the Handicapped)를 설치하도록 했고 1970년 장애인의 교육에 재정을 지원하는 법안을 통과시켰으며 장애의 범위 또한 신체 장애와 사회적·정서적 장애로 확대하였다.

두 번에 걸친 법원의 결정은 이 분야에 대한 그 후의 노력을 더 강화했다. 1971년 연방 법원은 펜실베이니아 주에서 6세에서 21세의 모든 특수 아동에게 무료 교육을 제공한다는 판결을 내렸다. 그리고 1972년 컬럼비아 지역의 법원은 이 지역 모든 학령기 아동이 "어린이의 정신적, 육체적 혹은 정서적 장애와는 관계없이 적절한 교육을 받아야 한다."고 판결했다(Mills v. Board of Education, 1972).

이때 의회는 1973년 장애인 갱생 법(The Rehabilitation Act)을 제정했다. 이것은 Ravitch가 "1964년 시민 권리에 관한 법(the Civil Rights Act) Ⅵ항의 장애인에 상응하는 것"이라고 말한 Section 504를 포함하고 있다(p. 307). 1975년 공법 94-142가 성문으로 제정되었다. 여러 측면에서 이 특별법은 지금까지 의회를 통과한 가장 규범적인 법률이다. 이 법은 모든 어린이가 개별화 교육 프로그램(Individualized Educational Program)에 참여해야 하며 심지어는 교육의 내용에 대한 계획도 구체화할 것을 요청했다. 내용으로는 어린이의 현재 성취 수준, 연간 교육의 목적과 단기 목표, 받아야 할 교육서비스, 어린이가 정규 학교 활동에 참여할 수 있게 하는 범위를 진술했다. 또 목표 성취 여부를 판단할 수 있는 출발 시점, 프로그램 적용 기간, 목표에 대한 준거, 평가 절차, 스케줄을 포함해야 했다. 마침내 그 법은 장애인 통합교육을 요청했다. 장애가 있는 어린이들은 장애를 갖고 있지 않은 어린이들과 '최대로 적정한 범위' 내에서 함께 교육받아야 한다는 것이었다.

일반적으로 내용 중심 교과 개발이 지속적으로 영향을 주지 못한 반면, 입법화하고, 당근-채찍으로 접근한 제도는 서서히 영향을 미쳤다. 당시 대부분의 교육 리더들은 지역이 통제할 수 없는 것에 대해서는 연방 정부와 의회가 개입해야 한다고 생각했다.

3) 1975~1989: 개인적 보수주의

물론 이 시기는 Ronald Reagan 대통령 집권기였다. 그는 보수주의를 기반으로 선출되었고 그는 보수적인 과업들을 실행하는 데 리더십을 발휘했다. 당시 교육 자문이었던 Terrel H. Bell(1986)은 Reagan 대통령이 6개의 교육 목표를 가지고 있었다고 말했다. 연방의 지출은 실질적으로 줄이고 주 정부의 권한을 강화하며 연방 정부의 역할을 주 정부로 이행하였다. 또한 부모의 선택을 확대하며 교육에 대한 연방법의 활동을 줄이고 교육부를 축소하였다.

Reagan 행정부의 계획은 교육과정에 확실히 영향을 미쳤다. 교육에 대한 주의 역할을 강화하고 사립학교 학생들에게도 동등한 교육을 제공하기 위해서 Reagan 의 지휘 아래 의회는 주 정부에 포괄적 자금 제도(block-grant program)를 운영했다. 1981년 교육 개혁에 대한 법안(The Education Consolidation and Improvement) 으로 각 주에 적용했던 30개 이상의 재정 지원 프로그램을 통폐합했다. 포괄적 자금 지원의 효과에 대한 Hertling(1986)의 연구에 의하면 연방은 컴퓨터 기반 교육, 교육과정 개발, 교직원 교육, 새로운 프로그램 개발 정책 등에 재정 지원을 했다. 비록 포괄적 자금 지원 제도로 도심 지역들이 상당한 재정을 지원받지 못했지만 75%의 지역에서 학생 1인당 교육 지원금이 증가하였고, 사립학교에 대한 지원이 증가했다.

주에서 개발한 대부분의 교육과정은 교육에 대한 William J. Bennett의 자문 내용 '선택, 내용, 인성, 시민'에 상응하는 듯하다. 그는 34개 기관으로부터 재량껏 쓸 수 있는 250만 달러 이상의 재정 지원을 받아서 인성교육 자료를 개발한 11개 기관과 교육과정의 학문적 내용을 강화하는 데 흥미 있는 7개 기관에 재정 지원을 했다.

Bennett은 연방 정부가 개입하여 이중 언어 교육을 수정해야 한다고 생각했다. 그는 이중 언어 교육 관련 조항에 대한 수정을 제안했다. 지역 교육청은 영어 사용 능력이 부족한 학생들이 더 빨리 정규 학급에서 공부할 수 있도록 하기 위해서 이중 언어 교육 프로그램에 영어를 추가했고 지역 교육청은 이 프로그램에 더 많은 재정을 지원했다.

4) 1990~1999: 기술공학적 구성주의

1990년대 보수주의는 보수적인 여러 가지 프로그램뿐만 아니라, 국가 공인 교사 자격(National Board Certification)과 표준 교육과정을 통해서 교육에 대한 자신들의 관심을 강조했다. 표준 교육과정과 기술공학적인 교육 개혁은 국가, 주, 지역으로부터 지속적인 지지를 받았다. 특히 주 정부의 교육감(주의 교육위원들이 선출한)과 교육위원들은 학생의 능력을 평가하고 시험을 쳐서 강화하려고 했다. 표준과 학생 성취에 관심이 증가하면서 미국 교육부와 의회는 경제적으로 부자인 지역과 가난한 지역 학생들 간의 성취 격차를 해소할 수 있는 효과적인 방안을 모색하기 시작했다.

이 시기에 Jonathan Kozol의 저서 『야만스러운 불평등(*Savage Inequalities*)』 (1991)은 미국에서 가장 가난한 지역과 가장 부자인 지역의 공립학교 사이에 존재하는 빈부 격차를 보여 주고 있다. Kozol의 연구는 공교육의 불평등을 조명하였다. 이전 10년간 Reagan의 정책은 이런 불평등을 더욱 악화시켰다(Schugurensky, 2003).

1994년 3월 26일 Clinton 대통령의 '미국 교육 목표 2000(Goals 2000: Educate America Act)'이 의회를 통과했다. 이 법안의 의도는 다음과 같다.

> 국가 수준에서 교육 개혁 틀을 제공함으로써 학교의 교수·학습을 향상한다. 연구를 장려하고 의견을 모으며 모든 학생들이 동등하게 교육받을 수 있는 기회를 보장하고 고도의 학업 성취를 내는 데 필요한 체제를 갖추고, … [그리고] 표준 기능과 기준을 포함한 국가 수준의 표준화 체제를 개발하여 적용한다(Schugurensky, 2003, ¶ 1).

법안의 1부(part A)에서 교육의 목표를 제시하고 2000년까지 성취할 것을 밝혔다. 목표는 총 8개 영역으로 제시하였다. ① 학교의 준비성, ② 학교 완성도, ③ 학생의 학업 성취와 시민의식(체육 및 보건 교육 포함), ④ 교사 교육과 교사 전문성 개발, ⑤ 수학과 과학, ⑥ 성인의 문해력과 평생 학습, ⑦ 안전하고 잘 정비된 마약 없는 학교, ⑧ 학교와 가정의 파트너십이었다.

목표 2000은 원거리 통신 기술을 이용하여 지역과 주가 함께 완성한 것이다. 목표 2000은 인터넷 수요의 증가 및 사용자의 증가를 원천으로 시행되었을 뿐만 아니라 학교교육 육성 프로젝트(the Star Schools project)이기도 했다. 목표 2000의 계획과 실행은 교육분야에서의 의사소통을 활성화시켰다.

　학교와 지역사회를 돕기 위해서, 특히 가난한 아이들의 교육을 지원하기 위해서, 성취 기준을 강화했고 1997년 미국 교육부와 의회는 종합적인 학교교육 개선안(The Comprehensive School Reform Demonstration: CSRD)을 발표했다(Part-nerships 1990~2000: Ten Years of Supporting Education, 2003). CSRD는 단위 학교가 학생 개인 혹은 특정한 교과가 아니라 학교교육의 전반적인 개선에 초점을 둔 연구 중심의 접근(research-based models)에 필요한 재정을 좀 더 융통성 있게 사용할 수 있도록 한 것이었다. CSRD는 학교와 지역이 서로 관심을 갖고 수업을 개선하며 더 수준 높은 교육을 할 수 있도록 하였다. 학교는 연구에 기반해서 학교교육을 개선하고 학생의 학업 성취를 높일 수 있는 전략을 개발하는 데 기술적 도움을 폭넓게 받았다.

　국가 수준에서 교육을 개선하는 새로운 전략들이 증가하자 지역 교육청은 공립학교 개선에 대한 요구와 도전을 점점 더 절실하게 인식하기 시작했다. 사람들은 높은 학업 성취와 학생 자신이나 가족을 위해서 더 많이 노력할 수 있는 학교교육을 요청했다. 그러나 이런 어마어마한 목표를 성취하기 위해서 필요한 재정 지원, 인적 지원, 행정적 자원은 부족했다. 이런 상황에서 파트너십은 학교교육을 개선하고 강화할 수 있는 강력한 전략으로 떠올랐다. 여러 지역에서 학생의 성취를 높이고 특별한 도움이 필요한 학생들의 교육에 대한 성공 여부는 자원 확보에 달려 있었다.

　예를 들어 1990년대에 개정된 새로운 법안 IDEA(Individuals with Disabilities Education Act)는 4개 부분으로 재구성되었다. Part A는 일반적인 규정, Part B는 장애가 있는 모든 어린이 교육에 대한 지원, Part C는 장애를 가진 영유아, Part D는 장애를 가진 어린이 교육을 위한 국가의 활동(Summary of the Individuals with Disabilities Education Act[IDEA], 2003)으로 재구성되었다. 또 콜롬비아 고등학교 총기 사건과 같은 비극으로부터 학생의 권리와 학교의 안전에 대한 관심이 새롭게 등장했다. 홈스쿨링 역시 증가했다.

　학교 지도자들은 교육 목표를 달성하고 최근의 도전들을 극복하기 위해서 지역의 자원을 활용하는 새로운 방식을 찾았다. 학교와 지역사회가 서로 공조하는 이런 분위기는 이 시대의 막바지 즈음에는 개인주의를 벗어나 협력 관계로 발전하였다. 학교는 대학과 협력 프로그램들을 통해서 교사 연수와 전문성을 개발하기 시작했다. 또 크고 작은 기업체와의 공조로 학교는 보다 나은 인적, 물적 자원을 제공하는 방식을 배우게 되었다. 지역사회 기관들과 공조함으로써 공립학교는 자원을 한데 모아 종합적이고 예방적인 교육서비스를 지속적으로 제공하기 시작했다. 보수주의적이고 사적인 자유를 존중하는 연방 정부의 움직임은 앞으로도 계속 될 것이다.

5) 2000~현재: 현대적 보수주의

현대적 보수주의와 더불어, 미국 정부의 체제하에서는 교육이 민주적이어야 한다는 신념이 자리 잡았다(Garrison, 2008). 기회만 되면 대부분의 사람들이 열심히 일하는 것을 선택한다는 새로운 경제이론을 근거로 학생과 학부모 역시 선택의 기회가 오면 합리적으로 선택할 것이라고 생각한 것이다(Lewis, 2007a).

불행하게도 정부의 이런 체제 아래서 우리는 모든 학생의 수행을 똑같이 만들고 있다. 학생의 능력을 평가하고 교육과정을 표준화한 것은 점점 규격화된다는 의미이다. 학생의 흥미와 그들의 정서 상태는 점점 뒷전이 되었다. 교육과정 표준화와 표준화 평가로 '교육 사업'은 빠르게 재정적으로 독립해 갔다(Wiles & Lundt, 2004).

2001년 교육 개혁은 기술적 구성주의에서 벗어나 좀 더 개인적이고 보수적인 성향이 되었다. 차터스쿨, 바우처 제도, 세금 공제 제도를 도입한 George W. Bush 대통령 시대가 특히 그렇다. 차터스쿨, 바우처 제도, 세금 공제를 지지하는 사람들은 연방 정부가 학교교육에 관여해서는 안 되며, 사립학교, 교구 부속 학교, 차터스쿨, 홈스쿨링 등 부모가 어떤 학교를 선택하든 간에 주 정부는 교육 지원금을 지불해야 한다고 생각했다. 차터스쿨은 일반적으로 재정 지원을 통해서 사립학교에 공식적으로 개입할 수 있다고 알려져 있다. 그들은 의례적으로 정규 공립학교보다 적은 규칙을 따르고 있었다. 다른 한편으로 행정가들은 바우처 제도에 대해 학교 선택을 구현하는 수단으로 간주했다. 바우처를 교부받은 학부모들은 공립학교 혹은 사립학교를 선택할 수 있게 되었다('Parents Choose', 2003). 이것은 학교 선택 운동으로 불리게 되었는데 부모는 자녀가 다닐 학교를 지역 내의 모든 학교 중에서 선택할 수 있게 된 것이다. 학교 선택에 대한 기본적인 철학은 소득의 많고 적음에 관계없이 자녀의 교육에 대한 권리가 근본적으로 부모에게 있다는 것이다. 그러나 학교 선택을 사립학교, 교구 부속학교, 홈스쿨링으로 확대할 수 있는가 하는 문제는 정치적인 이슈가 되었다.

현대적 보수주의의 또 다른 측면은 공립학교의 표준 교육과정, 표준화 평가, 책무성이 바우처 제도나 차터스쿨과 연관되어 있는 것이다. 이것은 2002년 NCLB(No Child Left Behind)법과 맞닿아 있다. 2003년 ECS(Education Commission of the States)에 의하면 NCLB와 개정 초·중등교육법은 새로운 요건, 보상 체계, 자원이 합해져서 나왔고 중대한 도전을 맞았다. 이 법은 주 정부가 시험의 범위와 횟수를 늘리고 책무성 여부를 정확하게 하며 자격 있는 교사를 채용하도록 했다. NCLB는 주 정부로 하여금 수학과 읽기에서 학생의 능력을 평가한 결과와 사회적으로 혜택을 받거나 받지 못한 학생 사이에 시험 점수의 차이가 좁아지고 있다는 것을 증명할 만한 성과 보고서를 매년 작성하도록 요구했다.

기본적으로 NCLB는 미국 학교가 모든 어린이의 성적을 책임지고 우수한 교육을 할 것을 요청한다. 이러한 접근은 여러 가지 사항을 심사숙고하도록 했다. 예를 들어 Hill과 Flynn(2006)은 '모두'는 '모든'을 의미하는 것으로 간주했다. 그들은 "만약 NCLB를 구현하기 위해서는 '모두는 모든 것을 의미한다'라는 이 구절을 영어 학습자(English Language learners: ELLs)뿐만 아니라 다른 언어를 모국어로 가진 미국 학생들에게도 적용해야 한다."고 주장했다(p. vii).

> NCLB는 모든 학생들을 위한 교육의 질과 책무성을 요청한다. NCLB에서 미사여구로 설명하는 것을 실현하려면, '모두는 모든 것을 의미한다(all means all)'는 것처럼 영어를 사용하는 학생뿐만 아니라 모든 미국 학생을 대상으로 해야 한다(p. vii).

NCLB를 검토하면서 *Washington Post*의 기자 Jay Mathews는 2003년 초부터 NCLB는 야심 있는 법안으로 주 정부가 모든 학생의 성취를 더 빨리, 더 향상시키도록 요구했다고 지적했다. 더 나아가 Mathews는 "이 법안을 마련한 사람들과 이 법안을 집행한 실행가, 즉 전국 90,000개 공립학교들 사이에 이견이 거의 없었다."고 지적했다(p. A12).

더 최근에 Anne Lewis(2007b)는 NCLB가 관련성이 없어 보이는 데 주목했다. 그녀는 만일 NCLB 정책과 목적이 학생과 사회를 위해서 최선인 교수·학습의 변화를 지원하지 못한다면 NCLB의 영향은 계속해서 줄어들 것이라고 생각했다.

분명히 변화가 있을 것이다. 매년 이루어지는 진보 정도, 협의한 표준, NCLB의 교육에 대한 통제 등을 강조하는 것은 미래를 위해 필요한 공유된 비전을 반영하고 있지 못하다. Jon Wiles와 John Lundt(2004)는 세계적으로 지식을 교류하고 응용하는 시대지만, 여전히 학교는 변하지 않는다는 것에 주목했다. 그들은 학교가 일련의 정치적 패러다임 변화에 빨리 대응해야 한다고 지적하면서, 학교는 다음과 같이 해야 한다고 말했다.

- 학습과 의사소통을 위한 새로운 방안을 마련해야 할 것이다.
- 교육과정의 표준화는 약화되어야 할 것이다.
- 개인차와 능력 차이를 존중해야 할 것이다.
- 새로운 시설을 구상하고 만들어야 할 것이다.
- 기술공학과 관련하여 상당한 액수의 초기 시설 재정을 늘려야 할 것이다.
- 기술공학 연수에 많은 투자를 해야 할 것이다.
- 새로운 종류의 교사들을 채용해야 할 것이다.
- 교사와 학생에게 자율권을 주어야 할 것이다.
- 지식은 습득하는 것보다 활용할 때 가치 있을 것이다.

따라서 앞으로 교육 개혁에서 교육에 대한 연방 정부의 개입을 제한하려는, 정치적·행정적 노력이 당면할 주요 문제는 계속 남아 있을 것이다. 주 정부와 지역 교육청은 교육체제를 개선하는 문제를 계속 고민할 것이다. 어쨌든 교육 개혁 과정은 현대적 보수주의 운동의 도전을 계속 받을 것이다.

현재의 교육과정 표준화와 평가를 강조하는 관점은 한동안 계속될 것이다. 표준 교육과정이 계속될지 아닐지는 시간이 말해 줄 것이다. Marge Scherer(2007~2008)에 따르면 "학생들이 시험 점수보다 학습하는 것 자체가 중요하다는 것을 이해할 때 아마도 단편적인 질문들을 멈추고 스스로 학습해 나갈 수 있을 것이다." (p. 7)

3. 주의 역할

2007년 11월 교육과정에 대한 주의 역할을 검토하기 위해 주 교육위원회가 소집되었다. 34개 주에서 주지사들, 주 의회 의원들, 학교장들, 주요 교육 리더들, 교육

지도자들이 주요 교육적 이슈들을 논의하기 위해 모였다(Christie, 2008). 많은 교육자들이 적극적으로 참여하였고 해결책이 나오길 기대했다. 초·중등교육의 학제 변화에 대한 논의는 제외하였다(Hubbard, 2007).

교육과정에 대한 주의 역할에서 두 가지 문제가 제기되었다. 첫째, 주 정부가 권한을 갖는 중앙집권이냐 혹은 지역 교육청에 권한을 위임하는 지방분권이냐에 따라 주의 역할은 달라진다는 것이다. 둘째, 주의 영향은 연방 정부의 NCLB에 의해 달라졌다는 것이다. 대부분의 주 교육부는 자신의 역할이 RTI에서 진술하고 있는 연방 정부의 지시를 잘 따르는 것을 넘어서야 한다고 생각하였다.

도움말 4.3

50여 개 주들 중 49개 주가 교육과정을 표준화했다.

교육과정에 대한 주의 영향력이 커진 이유는 무엇인가? Doyle과 Hartle(1985)은 다음 몇 가지 이유를 제시한다. SAT 시험 점수 하락과 교육 개혁 보고서들이 제시하는 학교교육의 질 하락에 대한 염려, 학교 교육의 책무성에 대한 국민들의 요청 증가, 교육의 질이 경제 성장을 보장한다는 신념 등이 그것이다.

일반적으로 대부분의 주에서는 다음과 같은 내용들을 통제하기 위해 필요한 정책을 채택하였다.

① 한 학년 동안 특정 교과를 가르치는 이수 시간 명시
② 영어와 수학 등 이수해야 할 교과를 정하고 음주, 약물오남용, 안전운전, 미국의 경제 제도 등과 같은 특정 영역을 지도할 것
③ 졸업 요건 설정
④ 장애인, 영어가 모국어가 아닌 학생들을 위한 프로그램 개발
⑤ 교과서나 수업 자료 채택 관련 기준
⑥ 여러 교과를 통합해서 혹은 무학년제로 가르칠 수 있는 학습 주제 제시
⑦ 평가를 해야 할 특정 교과와 특정 학년 지정

여기서 마지막 세 가지 문제인 교과서 채택, 교육과정의 범위와 계열, 평가에 대

> **주 정부는 교육을 관할한다.**
> "법정에서는 교육을 궁극적으로 주
> 정부의 고유한 권한으로 판결했다."
> (Alexander & Alexander, 2005,
> p. 99)

해 논의해 볼 수 있을 것이다. 첫째, 여러 주에서 교과서 채택 관련 규정을 정해 두고 있다. 가장 강력하고 엄격한 규정을 적용하는 주는 텍사스일 것이다. 텍사스 주에서는 정기적으로 중등학교의 영어 문법과 작문과 같은 과목에 대해 소수의 인정 교과서를 채택할 수 있도록 하고 있다. 주에서 인정하는 교과서를 선택한 학교나 지역 교육청은 무상으로 교과서를 받을 수 있다. 만약 그들이 인정 교과서 외의 교과서를 채택하려면 교과서 대금을 스스로 지불해야 한다. 교육 재정 지원이 적었던 시기에는 인정 교과서 외의 교과서를 구입할 수 있었던 학교는 극소수였다.

대부분의 교사들이 학급의 교육과정을 선택하는 데 교과서에 의존하기 때문에 교과서 채택에 대한 텍사스의 강력한 규정은 교육과정을 표준화하는 효과와 상응한다. 이런 면에서 주 정부는 교과서 채택을 통해서 교육과정을 통제한다. 그리고 이런 주에서는 교과서의 질 문제를 이슈화하는 것이 곧 교육과정에 대한 관심이기도 하다. 유사한 문제가 1985년 초 이슈화되었던 적이 있는데 캘리포니아 주의 교육위원장이었던 William Honig이 말하기를, 진화에 대한 주제를 적절히 다루지 못했다는 이유로 주 교육위원회가 인정한 과학 교과서를 주 정부가 채택하지 않았던 적이 있다.

둘째, 교육과정의 범위와 계열 문제와 관련하여 대부분의 주 교육부는 중앙집권과 지방분권을 모두 수용하고 있다. 통상 수학 교과처럼 해당 교과 부서에서 구체적 내용을 규정하는 것이 아니라 모든 교과를 대상으로 하는 일반적인 기준을 개발하여 보급한다. 이를 흔히들 '지침(frameworks)'이라고 하는데, 교과별로 성취해야 할 목적을 전형적으로 제시하고, 그 교과에 대해서 최근의 이론이나 연구들을 개관하고 목표 성취에 필요한 두세 개의 대안적 사례들을 권장한다. 이때 지역 교육청은 주의 지침에 준해서 지역의 교육과정을 개발한다.

오늘날 대부분의 교사들은 교육과정이 교과서보다는 학생의 학습과 평가에 더 관심을 가져야 한다고 믿고 있다. 예를 들어 UCLA 대학원 교육학과 명예 교수인 James Popham(2007)은 앞으로 각 주에서는 지금 학년별로 제공하고 있는 현실적인 기대가 아니라 도전적인 기대 수준을 설정할 필요가 있다고 생각한다. 이것은 현재 학년에서 혹은 더 좋은 점수를 받는 학생 수가 학교, 지역 혹은 주 수준에서 매년 증가하고 있다는 것을 의미한다.

주에서 성취 수준을 설정하면 다양한 하위집단 내에서뿐만 아니라 전체 집단에서 해마다 학생의 적절한 진보 정도를 판단하는 데 활용할 수 있을 것이다. 책무성을 판단할 수 있는 보다 적절한 기준으로 교사들은 현실적이면서 실현 가능한 목표를 설정할 수 있을 것이다.

4. 전문가 집단의 역할

전문가 집단의 영향을 생각할 때 많은 교육자들은 정말 공립학교에 영향을 미치는 인물이 누구인지를 알고 싶어 한다. 네브래스카 대학의 영어 교수인 Chris Gallagher(2008)는 "우리는 한 번도 Dewey의 강의를 들은 적이 없다. 사실 Dewey와 동시대를 살았던 사람 혹은 전에 그의 영향을 받았던 사람들이 오늘날 공립학교에 미친 영향은 적지 않다."(p. 341)고 말했다.

따라서 공립학교에 국제적으로, 전국적으로, 주 수준에서 영향을 미치는 전문가 집단을 살펴보는 것이 중요하다. 전문가 집단이 학교에 미치는 영향은 정형화되고 정규적으로 영향을 미치는 정부 기관과는 다르다.

오늘날 교육을 향상시켜야 한다는 것에 국제적인 여러 전문가 집단이 영향을 미쳤다. 2007 Phi Delta Kappan Summit에 참석한 사람들은 교수 학습 과정에서 국제적인 인식을 강조해야 한다는 데 의견을 모았다. Erin Young(2008)은 당시 논의된 것들을 다음과 같이 열거하였다.

- 학습 양식은 서로 다르다.
- 다양성을 좋게 생각하고 존중한다.
- 평생학습에 대한 욕구를 고취시켜라.
- 로터리(Rotary)나 유니세프(UNICEF) 같은 기구들과 파트너십을 형성한다.
- 어릴 때 학생의 외국어 능력을 개발한다.
- 서로 다른 언어에 숙달한다.
- 다른 나라 혹은 타 지역에서 활동할 교사 단체를 조직하라.

- 서로 다른 문화를 이해하고 공감한다.
- 문화에 대한 민감성을 키운다.
- 학생과 교사에게 다문화 경험을 제공한다.
- 학생이 디지털 세상에서 일하며 살 수 있도록 준비시킨다.
- 모든 과목에 세계화를 반영한다.
- 교사 교육 풀(pool)의 다양성을 확대한다.
- 교육과정에 문화적 능력에 대한 표준을 설정한다.
- 학생이 지리를 이해하도록 돕는다.
- 가정과 사회에서는 미디어 매체를 활용하여 언어적·문화적 다양성을 접한다.
- 기업, 정보기술, 과학, 예술 영역에 언어학습과 문화적 소통을 통합한다.
- 개방적인 태도를 갖게 한다.
- 학생이 전 세계에 다른 사람들과 접촉할 수 있도록 의사소통 능력을 갖추게 한다.
- 학생이 기술 정보를 책임감 있고 효율적으로 사용할 수 있도록 준비시킨다.
- 국제 이해와 인식을 갖추게 한다.
- 외국 학교와 자매결연을 맺는다.
- 외국과 화상 회의를 한다(pp. 349-353).

세계적인 것이 이슈화되면서 오늘날 미국의 교육자들은 세계화를 공부하는 것이 교육의 효율성을 개선하는 최선의 방식이라고 믿고 있다. 이것은 다른 나라가 잘하고 있는 것을 연구해야 한다는 의미다. TIMSS(Trends in International Mathematics and Science Study)는 교수법을 국제적으로 공유하고 있다. 다른 나라를 연구함으로써 우리는 어떻게 차별화해야 할지를 알 수 있다(Waskiewicz, 2007).

교육과정에 대한 연방 수준의 전문가 집단의 역할은 다음 세 가지 형태를 취한다. 첫째, CEC(Council for Exceptional Children), NEA(National Education Association), NCATE(National Council for Accreditation of Teacher Education)와 같은 전문가 집단은 가끔 로비 활동을 효과적으로 하거나 교육과정 관련 법안에 대해 반대를 한다. 둘째, NCTM(National Council of Teacher of Mathematics)과 같은 몇몇 전문가 집단은 교과 교육과정 지침서 혹은 교과 개념을 계열화한 모형을 발표함으로써 문서로서의 교육과정에 영향을 미친다. 이런 출판물들은 교과 담당 전문 교사를 대상으로 하는 한계가 있지만 그들에게 효과적이다. 학교장과 교실 담임교사들은 여기에 크게 관심을 갖지 않는다. 이런 자료들은 매우 '이상적'이어서 교실 현장에 반영하기는 다소 힘들다. 셋째, 그들은 새로운 프로그램이나 접근법을 설명하고 안내하는 협의회나 연수회를 지원함으로써 지역의 교육에 영향을 미친다. 이런 활동에 참가하여 영향을 받은 사람들은 자신의 학교로 돌아가서 그들이 보고 듣고 배운 것을 함께 공유하기 때문이다.

도움말 4.4
전문가 집단은 국가, 주, 지역 수준의 교육과정에 영향을 미친다.

주 수준에서 전문가 집단은 수많은 회원과 강력한 로비를 통해 큰 영향을 미치는 듯하다. 주의 교사 단체는 활발한 정치 활동을 하기 때문에 선거에서 결정적인 요소가 될 수 있으며 교육 단체장 후보 선정에 강력한 영향을 미친다. 지역 수준에서 교육과정에 대한 전문가 단체의 영향력은 NCLB로 점점 감소되어 왔다. 대부분의 주들이 주 교육청이나 의회의 지시를 따랐다. 또 주의 교육위원회는 NCLB의 구성요소에 따라 주 교육의 발전 정도를 예측하기 시작했기 때문에 과거에 비해 교사의 교육과정 결정권은 줄었다(Christie, 2005).

◆ NCATE

교사 교육을 생각할 때 NCATE(National Coucil for Accreditation of Teacher Education)는 초등학교와 중등학교에서 가르칠 교사와 교육 전문가를 양성하는 대학교와 대학 교육을 인정하는 기관이다. NCATE는 연방 수준의 교육 전문 단체 30개 이상을 대표하는 민간기구다. NCATE는 교수, 교사, 주와 지방의 정책 입안자, 전문가 집단의 대표를 중심으로 정책 위원회를 구성했기 때문에 광범위한 지지를 받았다. 이 위원회에서는 교사 교육에 대한 표준안, 정책, 절차를 개발한다. NCATE 본연의 임무는 교사 교육 개선과 책무성이다. 즉 NCATE에서는 학교, 대학, 교육 관계 기관들이 교사와 교육전문가를 교육하는 데 필요한 표준을 만족시키는지 여부를 판단하여 인정한다. 이런 절차를 통해서 NCATE는 교사 교육기관이

〈표 4-1〉 NCATE의 교사 교육 프로그램 표준안

표준 1: 예비교사의 지식, 기능, 품성 교사가 되고자 하는 혹은 교육 전문가가 되고자 하는 사람은 학생을 가르치는 데 필수적인 내용, 교수법, 관련 전문 지식, 기술, 품성을 알고 이를 활용할 수 있어야 한다. 그들은 가르칠 교과 내용을 계획하고 학생이 그것을 배울 수 있도록 하는 수업 전략을 알아야 한다. 그들은 학생이 배운 것을 평가하고 모든 학생이 의미 있는 학습을 경험할 수 있도록 해야 한다. 교사 외에도 학교에서 일하고자 하는 사람들은 각자 분야가 필요로 하는 전문 지식을 갖추어야 하며 긍정적인 학습 환경을 조성할 수 있어야 한다. 또 그들이 실제 수업에서 기술공학을 활용하여 학생의 학습을 촉진시킬 수 있기를 기대한다.

표준 2: 학생 평가와 프로그램 평가 교사 교육기관은 지원자의 신청서, 자격 조건, 졸업 요건에 대한 자료를 수집하고 분석하는 심사 절차를 갖추어야 한다. 교사 교육기관은 후보자의 능력을 평가해야 한다. 이는 교사 교육을 시작하기 전에 그리고 교사 교육이 실시되는 중에 현장에 기반한 실습 활동에 대한 평가를 포함한다. 또 교사 교육이 끝나기 전에 교사 자격 관련 요소들을 평가해야 한다. 실천 중심의 다양한 평가 방식을 활용한다.

표준 3: 교육 실습 교사 교육기관과 실습 담당 학교는 후보자들이 학생을 가르치는 데 필수적인 지식, 기능, 품성을 획득하고 발휘할 수 있는 교육 실습 프로그램을 구안하여 실행한다. 이 기준은 '교육 실습이 후보자들이 준비한 전문적인 교사 역할과 능력에 상응할 정도로 충분히 폭넓고 집중적이어야 한다.' 모든 예비교사는 전통적인 학생, 다양한 민족, 인종, 성, 사회 경제 배경을 가진 학생들이 있는 교실에서 교육 실습 혹은 현장 경험을 해야 한다. 또 예비교사들이 교육 실습 중에 교수·학습을 지원하는 기술공학을 활용하기를 기대한다.

표준 4: 다양성 교사 교육기관은 예비교사들이 학생을 가르치는 데 필수적인 지식, 기능, 품성을 습득하고 적용할 수 있는 교육과정을 계획하고 실행하며 평가해야 한다. 예비교사는 동료, 교수, 유치원생에서 고등학생에 이르는 다양한 학생들과 상호작용할 기회를 가져야 한다.

표준 5: 교수의 자격, 교수 능력, 전문성 개발 교수는 학자이며, 교육서비스직이며, 가르치는 사람으로서 최고의 전문가 모델이다. 고등교육기관에서 교수는 학문 활동에 참여하고, 지역, 주, 국가 수준의 교육의 실제에 참여해야 한다. 교육 실습 담당 교수는 그들이 담당하고 있는 분야에서의 전문성을 개발해야 한다.

표준 6: 교사 교육기관의 운영과 자원 교사 교육기관은 전문 기관, 주, 협회의 기준에 적합한 예비교사 양성을 위해서 정보와 기술 자료를 포함하여 예산, 인사 그리고 시설을 갖추어야 한다. 구체적인 기준들을 보면 예산은 적어도 대학 내의 다른 기구에 비례하는 수준이어야 하고 전임 교수가 충분해야 하며 교사 교육을 실시하는 데 필요한 인력이 있어야 한다. 교수의 업무량은 학문 활동, 가르치는 활동, 장학, 서비스를 하는 데 적절한 수준이어야 하며 예비교사와 교수들이 현행 교육과정, 도서관 자료, 전자 정보를 충분히 접해야 한다.

출처: NCATE.

예비교사로 하여금 학생을 가르치는 데 필수적인 지식, 기능, 품성을 획득하도록
했다는 것을 공식적으로 인정한다. 그 기준은 〈표 4-1〉과 같다.

NCATE는 비록 미국 교육부와 CHEA(Council for Higher Education Accredita-
tion)의 위임하에 교사 교육을 하는 학교, 대학, 교육기관의 교육을 인준하는 기구
이지만, 약 1,363개 기관들 중 단지 623개 기관만이 NCATE의 인준을 받고 있다.
NCATE 인준에 대한 찬·반대 의견은 〈표 4-2〉에서 볼 수 있다.

〈표 4-2〉 NCATE의 인준에 대한 찬·반 의견

찬성 의견	반대 의견
대학 외부의 교육자들이 교사 교육기관을 객관적으로 명확하게 평가한다.	NCATE 인준 준비 비용이 너무 비싸다.
한 주에서 받은 교사 자격증은 다른 주에서도 인정될 수 있다.	NCATE 기준들이 정치적이다.
교사 교육에 대한 최고의 현행 국가 표준을 만족시킨다.	NCATE의 위원은 AFT(Americam Federation of Teachers)와 교사단체 회원이 되도록 허용하여야 한다.
우수한 교사 교육을 성취할 수 있는 표준을 즉각적으로 반영한다.	NCATE는 교육과정과 정책에 영향을 미치려는 외부 기관이다.
NCATE 인준은 교사 교육 프로그램의 질을 보증한다.	미국 국민 전체의 입장보다는 특정 집단의 입장이 인준 기준에 영향을 미칠 수 있는 위험이 있다.

주: NCATE의 인준 기준에 대한 장·단점은 저자들이 NCATE의 회원이거나 의장 경력이 있는 저자의 문헌
　에서 발췌하였다.

5. 법원의 역할

법원은 교육과정에 점점 더 큰 영향을 미치는 듯하다. 연방 정부와 주 정부가 이
분야에 매우 능동적으로 임함에 따라 몇몇 교육학자들은 이제 '법원 명령에 의한
교육과정'이라고 말할 정도다. 펜실베이니아 Lehigh 대학의 교육법 전공 교수인
Perry Zirkel(2007)은 교육과정을 결정할 권리가 법적으로는 학부모보다는 학교에
있다고 말했다. 물론 이런 주장은 여전히 논란의 여지가 있다.

역사적 관점에서 Van Geel(1979)은 학교교육과정들을 검토하고 교육과정이 갖추어야 할 법적인 요건들을 밝혔다. 요즘에도 그의 지적은 적용 가능한 측면이 많다. 그는 교육과정이나 교육 프로그램과 관련해서 연방 법원에서 판결한 것들을 분석하고 그런 요건들을 갖춘 프로그램의 특징을 열거했다.

첫째, 세속적이지만 지나치게 세속적이지는 않다. 학교가 세속을 원천으로 하지는 않는다. 둘째, 비영어권 학생이 영어를 배우는 데 도움을 받을 수 있다면 수업은 주로 영어로 한다. 셋째, 학교 프로그램은 심각한 능력 부족을 지닌 학생들을 포함하여 모든 학생들에게 최대로 적절해야 한다. 기술, 가정 같은 과목으로도 학생들을 성 차별하지 않는다. 수업 자료나 과목은 자유경제체제를 지지하는 방향으로 편향될 수 있고, 다른 형태의 정부나 제도에 대해 호의를 갖고 있는 교사나 학생을 학교는 차별할 수 없다. Van Geel의 말에 의하면 일반적으로 법원은 (지역)사회적으로 수용하기 힘든 것일지라도 학생이 그에 대한 정보나 생각을 접할 권리를 가지고 있다고 판결해 왔다.

주 법원은 연방 법원과 유사한 입장을 취해 왔다. 몇몇 주 법원들은 만약 주가 교육 재정 지원을 지역별로 차별화한다면 헌법에 위배된다고 판결했다. 이런 차이는 주 헌법의 '평등한 보호' 조항을 위배한다. Van Geel(1979)은 "교육에 대한 주 정부의 권리"가 주 법원의 판결에서 출발했다는 사실을 지적했다. 이것은 오늘날 학교교육과정에 중요한 시사점을 준다. 교육은 더 이상 특권이 아니라 모든 사람의 권리이다. 그는 또한 주의 입법기관이 교육과 관련된 복잡하고 모호한 규정에 대해 점점 더 적극적으로 대응하기 때문에 주의 법정은 교육 관련 권리와 의무 문제를 해결하는 데 점점 더 큰 영향을 미칠 것으로 보았다. NCLB와 국가 수준의 평가가 바로 이런 경우이다.

6. 지역 교육 리더들의 역할

지역 교육청 수준에서 교육장, 교장, 교사는 교육과정에 영향을 미치는 주요 인물들이다. 첫째, 교육장은 단위 학교가 교육과정에 대해 상대적으로 약하다고 인식하면 지역 교육청의 교육과정 리더로서 부교육장을 임명하여 장학을 하는 것이 일반적이다. 부교육장의 역할을 복잡하게 만드는 요소가 몇 가지 있다. 첫 번째, 부교육장은 의례적으로 그날그날 우선 처리해야 할 일들이 있다. 불만을 제기한 부모를 만나고 교장과 학교 운영 예산에 대해 상의하며 교사 연수를 계획한다. 두 번째, 전형적으로 지역 교육청은 예산 문제로 직원 수를 점점 줄이기 시작했고 이에 몇몇 큰 교육청에서도 부교육장은 그를 도와줄 직원이 한 사람도

> **리더십에 대한 도움말**
> 지속적으로 성공하는 학교교육(지역 교육)을 위해서는 모든 구성원들이 참여하여 능력을 발휘해야 할 것이다 (Shorr, 2006, p. 24).

없는 상태에서 관내 교육과정에 전반을 장학한다. 마지막으로, 단위 학교가 학교 개선에 대한 주도권을 가져야 한다는 원칙으로 인해 부교육장은 교육과정 개발과 개선에 대한 자신의 역할과 중요성에 대해 혼란을 겪기도 한다. 이런 복잡한 상황에도 불구하고 지역의 교육과정과 수업을 담당하는 대부분의 지역 교육청에서 부교육장은 전체 교육과정을 관장한다.

위에서 언급한 것처럼 학교장의 교육과정 리더십은 학교 급에 따라 다르다. 뉴욕 시내 학교장인 Tomas Hoerr(2007, 2008)는 교장은 수업 리더여야 한다고 생각한다. Hoerr는 '교장'이라는 직함이 '교사들의 우두머리(principal teacher)'를 뜻한다고 하였다. 이는 교장이란 학교에서 누구보다도 가르치는 방법에 대한 많은 지식과 기술을 갖고 있어야 하며 다른 교사들을 지도하는 사람이라는 의미이다.

현대의 효과적인 초등학교 교장들은 교육과정 리더십을 발휘하고 있다. 학교장은 교육과정 목표를 설정하고 학교교육과정의 우선 사항을 결정하며, 교육과정을 강조하고 교육과정 중심의 학교운영에 대한 교사들의 인식에 영향을 미치며, 교사들이 평가 결과를 활용하도록 도우며, 교육과정을 조정하는 역할을 한다. 그러나 중등학교(특히 학교 규모가 큰 중등학교)에서 교장은 교과별 부장교사에게 이런 역할을 위임하는 경향이 있다. 교과별 부장교사가 중등 교사들의 교육과정 결정에 영향을 끼친다.

초·중등학교 교장의 역할이 다르듯이 교육과정 리더 교사들이 교육과정 개발에 미치는 영향도 확실히 다르다. 교육과정 분야의 변화와 일치도 문제가 등장하면서 리더 교사가 미치는 영향은 점점 더 커지고 있다. 학생의 학업 성취를 높이기 위해서 교사의 교육과정과 수업 리더십은 더 중요해지고 있다. 교사들이 팀 작업을 통해서 교육과정을 개발하면서 리더 교사들은 표준 교육과정, 좋은 수업에 대해 더 잘 이해하게 되었다(Gregory & Kuzmich, 2008).

7. 교사의 역할

제1장에서 살펴보았듯이 교사는 교육과정에 가장 많은 영향을 미친다. 교사들이 교육과정 개발에 대한 전문성을 신장시키는 가장 좋은 방법 중 하나는 스스로 학습 공동체를 만들어서 활동하는 것이다(Wiliam, 2007~2008). 중요한 것은 교육과정 개발 능력에 대한 내·외적 압력을 극복하는 것이다.

1) 내적 압력들

내부의 압력이 있을 때마다 교사는 학교를 지원하고 학생이 학습에서 성공하도록 돕기 위한 여러 가지 역할을 담당한다. 이런 역할들이 공식적이든 비공식적이든 간에 학교를 개선하는 데 영향을 미친다(Harrisom & Killion, 2007). 예를 들어,

첫째, 교사의 개인적인 열정을 필요로 한다.
둘째, 교사는 자신들이 교육과정 결정에 영향을 미친다는 것을 이해해야 한다.
셋째, 교사는 학생이 교사를 필요로 하고, 학교에서 교사가 중요한 존재라는 자신의 존재 가치를 느껴야 한다.
넷째, 교사는 성공에 대한 강력한 욕구가 있어야 한다. 그들이 학생의 성공을 돕는 데 있어 한 부분을 차지한다는 생각을 가져야 한다.

2) 외적 압력들

개인적인 전문성 요구와 함께 교사는 여러 가지 외적인 압력을 받는다. Maine 대학의 교육학 교수인 Gordon Donaldson(2007)에 따르면 학교장, 지역 교육청, 주와 연방 정부의 정책입안자들은 학교교육과정 개선을 위해 다음과 같은 일을 해야 한다.

첫째, 전문성과 헌신으로 수업을 혁신하는 교사집단을 지지하고 인정한다.
둘째, 교사들의 의견을 반영하여 교사 혁신 전략을 조정한다.

셋째, 실제 중심의 교육, 계획, 전문성 연수를 지원함으로써 리더 교사들을 돕는다.

넷째, 리더 교사들의 도움을 받아서 목표한 것, 계획한 것을 가장 잘 실현할 수 있도록 돕는다.

내 · 외적 압력과는 상관없이 위대한 교사들이 있기에 위대한 학교도 존재한다. 학생의 학습 향상에 궁극적인 영향을 미치는 사람이 바로 교실의 교사들이다. 이런 측면에서 사회 · 정치적으로 세계화 시대의 요청을 받고 있는 교실을 위해 교육체제에 중요한 변화가 필요하다.

> **위임과 책무**
> 권한의 위임 없는 책임은 공정하지 못하며, 해로울 수 있다(Ingersol, 2007, p. 25).

2004년 초에 Wiles와 Lundt는 세계화 학습을 위해 앞으로 미국 교육이 다음 다섯 가지, 즉 ① 세계화 학습의 논리, ② 세계화 학습 장소, ③ 세계화 학습을 위한 매체, ④ 세계화 학습의 타당성, ⑤ 지식 정보를 갖춘 교사를 필요로 한다고 주장했다. 이런 맥락에서 교육에 대한 다음과 같은 방향 전환이 필요하다.

- 일률적인 학습 대신 멀티미디어 통합 학습으로
- 설명식 수업 대신 구성 및 발견 학습으로
- 교사 중심 수업 대신 학생 중심 학습으로
- 암기 중심의 수업 대신 탐구와 스스로 학습으로
- 정해 놓고 하는 공부 대신 언제 어디서든 할 수 있는 학습으로
- 학생이라면 의례적으로 해야 하는 과업으로서의 공부 대신 자연적이고 동기화된 학습으로
- 전달자로서의 교사 대신 촉진자로서의 교사로

알다시피 과거의 도전은 내일의 성공과 무관하지 않다. NAESP 재단의 Deborah Harvest(2008)는 학교의 성공을 위해 모든 학생들이 성공할 수 있다는 것을 알고 그런 학생을 도울 수 있는 전략들을 개발하는 학교 환경이 필요하다고 보았다. 따라서 최고의 도전은 정치적으로 효과적인 변화에 적응해야 한다.

과거의 학습 논리는 학생이 내용 지식을 습득하는 것이었고 정치적으로 정부와 교육자들에 의해 지배되는 것이었다. 새로운 학습의 논리에 의하면 학습이란 학생이 자신의 발달에 의미 있는 것을 아는 것이며 개인의 요구와 경험에 의해 계속되는 과정이다. 따라서 교육 개혁에서 중요한 것은 교수 · 학습에 대한 새로운 비전을 공유하는 것, 공유한 비전을 많은 사람들이 실천하여 결과를 내는 것, 각자의 방식으로 서로 돕고 이끄는 것이다.

요약

연방 정부와 주 정부, 전문가 집단, 지역 교육청, 교과서 출판사, 인준 기구, 부모 및 지역사회의 여러 단체, 학교장, 리더 교사들 그리고 교사 모두 교육과정 개발에 다양한 영향을 미치는데, 각자가 가장 강력한 영향을 미치는 시기나 정도가 모두 다르다. 그리고 그 영향이 교실에 구체적으로 반영될 때 우리가 원하는 변화가 일어나기 시작한다. 4장에서는 교육과정 정책을 이해하고 교육과정을 개발하고 개선하고자 하는 교육과정 리더들을 소개했다. 그리고 여러 기관과 개인들이 학교교육과정에 어떤 방식으로 영향을 미치는가를 설명했다. 교육과정에 영향을 미치는 방식을 개관하였고 크게 영향을 미치는 대표적인 기구를 좀 더 세밀하게 다루었다. 첫째, 연방 정부가 교육과정 분야에서 어떤 역할을 했는지에 대해 시대별로 구분하여 설명하였다. 둘째, 교육과정 개발에 대한 주 정부의 역할을 설명하였다. 마지막으로 교육과정 개발에 대한 교육 단체, 법원, 교육 리더들, 교사의 역할을 설명하였다.

적용

1. 몇몇 전문가들은 재정 지원이 충분치 못하기 때문에 교육과정에 대한 정부의 역할이 위축될 것이라고 주장해 왔다. 만약 연방 정부의 적극적인 지원 없이 교육과정을 개발해야 한다면, 당신은 어떤 영향력이 증가할 것이라고 생각하는가?

2. '우리 교육청은 교육과정을 전담할 전문가가 정말 필요한가?'라는 질문에 대해 당신은 어떤 조언을 해 줄 수 있는가? 교육과정에 영향을 미치는 원천에 대해 현재 당신이 알고 있는 것을 기초로 답하시오.

3. 몇몇 분석가들이 '교육과정 개발은 궁극적으로 정치적인 과정이다.'라고 주장했다. 당신은 이 말에

동의하는가 혹은 그렇지 않은가? 심사숙고한 후에 질문에 답해 보시오.

4. 앞의 3번 질문에 대해 연방 정부는 표준 교육과정을 개발하는 데 필요한 재정 지원을 포기했다. 어떤
   사람들은 연방 정부의 이런 정책은 '잘못된 것이다' 혹은 '보다 효율적이다'라는 엇갈린 주장을 하고
   있다. 두 이슈를 고려해 보고, 당신은 어떤 조언을 할 수 있는가?

5. '과학 교과 교육에 대해 나와 교장, 지역 교육청의 과학 담당 장학사는 서로 의견이 다르다. 교장은 연
   습을 강조하고, 장학사는 과학적 절차를 강조한다.' 당신이라면 이 교사에게 어떤 조언을 하겠는가?

6. NCATE가 인증한 교사 교육기관은 전체의 절반도 안 되지만, 연간 신규 교사의 2/3를 이들 대학에
   서 배출한다. 학교장이 신규 교사를 채용해야 한다면, NCATE가 인준한 대학 출신의 지원자를 뽑을
   것인가? 당신은 어떻게 답하겠는가?

7. 여러 기관과 사람들이 교육과정에 영향을 미친다. 교육과정에 영향을 미치는 개인과 집단의 상대적
   영향력을 확인하고 아래 표를 완성하시오.

교육과정에 미치는 영향력에 대한 인식

다음 표는 당신이 일하는 지역에서 교육과정에 대한 다양한 개인과 집단의 영향력을 탐색하도록 계
획되었다. 당신이 일하는 지역을 확인하고 가장 적절한 칸에 체크함으로써 당신이 느끼는 여러 기관의
영향력의 정도를 확인해 보라.

설명:	영향력 정도				
	거의 없다	약간 있다	보통이다	크다	잘 모른다
1. 주지사					
2. 주 교육부					
3. 주 교육위원회					
4. 교육감					
5. 대법원 및 지방 법원					
6. 주 의회 의원					
7. 지역 교육청					
8. 교육장					
9. 교장					
10. 교사					
11. 지역사회 주민					
12. 주의 행정 기관					
13. 교사 단체					
14. 지역의 이권 단체					

15. 지역의 교사 모임들					
16. 전국 단위의 교과 전문가 집단					
17. 정부					
18. 교사 교육 인준 기관					
19. 기타					

사례

Richard F. Elmore(1997)는 "미국 초·중등교육은 방대하고 복잡해서 일반화하기 힘들어 보인다. 하지만 미국 교육부가 내린 두 차례에 걸친 명령은 통제를 분산시킨 정치적 다원주의였다."(p. 1)고 주장했다. 그는 교육의 통제력은 미국에서 분절화되어 있지 않으며, "학교의 지역적 통제는 대체로 부적절하며, 이런 것은 시대에 뒤떨어진 생각이다. 특별히 지난 십년 동안 이루어진 직접적인 교육 개혁에 비추어 보았을 때 그러하다."고 믿었다(p. 2). 본질적으로 "정치적 다원주의 아이디어는 보다 간단하다. 그것은 미국 정치의 근본적 원리로 정치적 의사 결정과 활동들은 영향력을 행사하기 위한 집단 간의 경쟁의 결과다."(p. 2)

Elmore(1997)에 의하면, "1980년 이후의 미국 교육 개혁은 개인적인 취향에 의존하는 Gilbert와 Sullivan의 오페레타 혹은 연극과 같은 것이었다."(p. 2) 주요 교육 개혁으로 일컫는 1983년의 『위기에 처한 국가(A National at risk)』, 1989년의 목표 2000(Goals 2000), 2002년의 NCLB법을 한 번 보라. 연방 정부의 간헐적인 개입은 학생의 성취 면에서 볼 때 분명한 근거 없이 학교에 더 융통성을 주고 통제를 줄이는 방향으로 '현실적인 타협(horse trade)'을 해 왔다(p. 2). 그에 따라,

지역만이 교육을 통제한다…. 그것도 학교교육이 잘 되고 있을 때만 그렇다. 잘 되지 않고 있어도, 선출직 관료들에게는 그저 그들의 수행에 대해 관심만 가지고 있으면 되는 것이다(p. 3).

도전 과제

교사, 특히 교육과정 전문가들은 교육과정과 교수 방법 분야에서 엄청난 양으로 쏟아져 나오는 최신 이론들을 교육과정 및 수업의 실제에 어떻게 반영하는가?

주요 질문

1. 여러 집단으로부터 교육에 대한 요청들이 쇄도하기 때문에 지역 교육청에서는 정치적 결정을 통해

서 이들의 우선순위를 정해야 한다. 교육과정에 미치는 정치적 영향 중 어떤 것은 수용하고 어떤 것은 배재해야 하는가? 또 재정은 어떻게 마련해야 하는가?

2. 지역 교육청이 보다 높은 표준을 성취하도록 하기 위해 수단적 자원들에 어떤 조치를 취할 수 있는가?

3. 만약 연방 정부가 교육과정을 표준화하는 데 개입하고 지역 예산의 6%를 부담한다면 당신은 어떻게 할 것인가?

4. 연방 및 주 정부가 관내 학교에 커다란 변화를 몰고 올 수 있는 표준 교육과정 및 주요 과목을 결정하기 전에 교육과정 리더로서 당신은 어떤 요청을 해야 하는가?

5. 국가 수준 혹은 주 수준의 교육에 대한 규정을 제정하는 데 정치가 하는 역할은 무엇인가?

6. 내부의 정치적 압력과 외부의 정치적 압력, 무엇이 다른가?

---

e 참고 사이트

NAESP Federal Legislative Action Center

http://capwiz.com/naesp/mlm/signup

National Conference of State Legislatures

www.ncsl.org

National Educator Training and Leadership Center & Counsel of Chief State Officers

www.ccsso.org/projects/national_educator_training_and_leadership_center

Organisation for Economic Co-operation and Development

www.oecd.org

United Nations Children's Fund

www.unicef.org

United Nations Educational, Scientific, and Cultural Organization

http://unesco.org

U. S. Department of Education

www.ed.gov

U. S. House Committee on Education and Labor

http://edworkforce.house.gov

2부

교육과정 개발

교육과정 연구의 역사와 개발 과정에 대한 이해는 학자와 교사 모두에게 필요하다. 제2부는 교육과정 리더들이 교육과정을 개발하는 데 필요한 기능을 습득할 수 있도록 돕고자 한다. 교육과정 개발은 세 가지, 즉 교육과정, 교과 교육과정, 단원 설계 차원에서 일어난다.

◆ 제5장 ◆
교육과정 개발

학교를 개혁하는 데 교육과정은 아주 중요하다. 책무성 논의는 학교가 학생의 학업 성취에 대한 책임을 져야 한다는 의미다. 이런 측면에서 주 정부의 교육 정책이나 교육과정은 지역교육청이나 단위 학교가 학생에게 질 높은 학습 환경을 제공할 수 있도록 돕는다(Protheroe, 2008).

교육과정 개발의 구체적인 과정은 교육과정을 어느 수준에서 개발하는가에 따라 다른데, 즉 교과, 교과별 교육과정 영역, 학교에서 운영하는 과목 개발에 따라 다르다. 그럼에도 불구하고 모든 수준의 교육과정 개발에 적용할 수 있는 몇 가지 보편적인 절차가 있다.

이 장에서는 다음과 같은 질문을 다룬다.

• 목표 중심 교육과정 개발 모형은 무엇이고, 어떻게 개발하는가?

• 교육과정 내용과 목표를 어떻게 일관성 있게 구성하고, 리더십의 역할을 어떻게 규정하는가?

• 우리는 교육과정 개발 자원들을 어떻게 조직하고 평가하며 재구성하여 활용할 수 있는가?

이 질문들을 다루기 전에 교육과정 개발을 정의해 보면, 교육과정 개발이란 교육과정 실행과 관련 사항들을 결정하고 구체화하고 계열화하는 것이다.

리더십의 열쇠

성공적인 교육과정 리더들은 목표 중심의 교육과정 개발 모형이 유용하다는 것을 알고 있다.

1. 목표 중심 교육과정 개발 모형

목표 모형의 하나인 표준에 기초한 수업이 보편화되고 있다. 표준 교육과정을 기초로 수업을 철저하게 준비하는 것은 미국 전역에서 유행하고 있는 교육과정과의 일관성 있는 수업을 위한 전략이다(O'Shea, 2005). 교사들이 선호하는 몇 가지 계획 모형이 있지만, 교육과정을 개발하는 데 가장 효과적인 것은 〈표 5-1〉에서 설명하고 있는 목표 모형이다. 이 장에서는 이 모형을 좀 더 자세히 다루고자 한다.

〈표 5-1〉 교육과정 개발의 목표 모형

계획하기(organize for planning)
1. 중요한 의사 결정하기: 교육과정에 대해 지역 교육청과 단위 학교가 책임져야 할 것 구분하기
2. 교육과정 개발 전담 기구 조직하기
3. 역할 정하기

기초 작업하기(establish the planning framework)
1. 학회가 추천하는 목표, 주의 목표, 지역 교육청의 목표와 교과 교육 내용 일관성 있게 하기
2. 교육과정 관련 데이터베이스 구축하기
3. 교육과정 개발 일정표 작성하기

구체적인 활동 정하기(carry out specific planning activities)
1. 요구조사하기: 표준화 평가, 교육과정에 기초한 평가, 기타 평가 결과를 활용하여 교육과정 개발 및 개선에 활용한다.

(계속)

2. 교육과정 개발을 전담할 기구를 구성하고, 그 기구가 하는 일 모니터하기
3. 개발한 교육과정 평가하기
4. 실행에 필요한 여건 조성하기
5. 새 교육과정 혹은 개정 교육과정 관련 자료 확보하기
6. 실행에 필요한 교사 연수 실시하기

 도움말 5.1
사람들은 자신이 참여해서 만든 교육과정을 지지한다.

목표 모형은 세 가지 전략을 기초로 한다. 첫째, 교육과정 리더는 지역 교육청과 단위 학교가 책임져야 할 것을 구분한다. 둘째, 교육과정 개발을 전담할 기구를 만들고, 위원들을 임명한다. 셋째, 지역 교육청과 교사가 해야 할 구체적인 역할을 정한다.

다음 단계로, 교육과정 리더는 교육과정을 개발하는 데 필요한 기초 작업을 수행한다. 첫째, 지역 교육청의 포괄적인 목표를 달성할 교과 영역을 정한다. 이렇게 함으로써 교과 교육의 목표가 분명해진다. 둘째, 지역 교육청은 교육과정을 개발하는 데 필요한 지식 및 정보를 전산화 · 체계화한다. 셋째, 교육과정 리더는 우선순위를 정하고, 이를 기초로 일정표를 짜며, 해야 할 일들을 제시한다.

기초 작업이 완료되면 구체적 활동을 계획한다. 자료를 모을 뿐만 아니라, 목표를 설정하고, 필요한 요구조사를 실시하며, 표준화 평가 및 교육과정에 기초한 적절한 평가를 실시한다.

교육과정 개발 및 개선을 전담하는 특별위원회는 규모가 큰 학교나 지역을 광역으로 묶어서 임명한다. 특별위원회의 활동을 기초로 새 교육과정 혹은 교육과정 개정을 위한 계획을 세운다.

목표 모형은 세 가지 특징이 있다. 첫째, 목표를 중심으로 한다. 일반적인 결과를 기초로 교육과정을 개정해야 한다는 점을 강조한다. 둘째, 실행 가능성을 강조한다. 교육과정 리더가 하고자 하는 것을 우선적으로 수행하고자 할 때 목표 모형이 효과적이다. 마지막으로 체계적이다. 합리적인 절차에 따라 교육과정을 개발한다.

교육과정 개선과 목표 모형은 상호 직접적인 관련이 있다. 중요한 것은 교육과정

도움말 5.2
교육과정 개발에서 가장 중요한 것은 교실, 학교, 지역 교육청이 서로 목표를 공유하는 것이다.

개발 계획을 세우는 것이다. 이 책에서는 당신이 교육과정 개발 계획을 세우고 교육과정을 개선할 수 있도록 필요한 지침들을 안내할 것이다.

2. 교육과정 개발의 중요 사항

교육과정 개발은 여러 수준에서 일어난다. 국가 수준에서는 정책을 결정하고, 그 시행 계획을 세운다. 지방 수준에서는 졸업 요건 관련 주요 사항들을 계획하고 결정한다. 지역 교육청 수준에서는 교과별 교육과정 영역을 계획하고 결정한다. 단위 학교 수준에서는 교과를 세우고, 선택 활동을 추가한다. 교실 수준에서는 교사들이 학습 단원을 설계한다. 교육과정 개발에서 중요한 수준은 대부분 지역 교육청과 단위 학교 수준이기 때문에 이 두 수준을 중심으로 논의를 해 보자.

교육과정 개발에서 중요한 것은 지역 교육청과 단위 학교의 결정권 사이에서 균형을 잡는 일이다. 한편으로는 지역 교육청의 권한을 강조한다. 학습 센터(Leadership and Learning Center)의 창시자 Douglas Reeves(2007~2008)는 "모든 프로그램, 통찰, 전략을 학교에서 주도하는 것, '그것이 과연 효과적인가?'"라는 문제를 제기한다(p. 87).

1980년에 Fenwick English를 창시하자마자, 실제로 교육과정은 두 수준인 지방 수준과 지역 교육청 수준에서 운영되어야 한다는 주장이 나타났다. 이런 체제에서는 지역 교육청 정책과 교육과정 문서가 학교와 학급 수준에서 일어나는 교육을 완전히 통제한다. 이런 주장은 현재 여러 주들이 시행하고 있는 표준 교육과정을 주장하는 사람들에게 받아들여지고 있는 듯하다. 예를 들어 사우스다코타 주 버밀리언의 Vermillion School District #13.1로 2004년에 고시한 교육과정 지침은 배워야 할 것, 사용할 자료뿐만 아니라, 배우는 과정에서 확인해야 할 것까지 구체적으로 제시하고 있다. 예를 들어 중등 수학과 교육과정에 대한 다음과 같은 지침을 진술하고 있다(Vermillion School District, 2004).

　　7학년: 9월 24일~10월 19일. 정수, 3.5주

　이런 표준화는 성취 결과, 형평성, 효율성을 근거로 한다. 첫째, 교육과정을 표준화함으로써 학업 성취를 높일 수 있다고 주장한다. 둘째, 교육과정을 표준화하는 것이 형평성을 보장한다고 주장한다. 즉 학생들은 모두 학교나 교사에 상관없이 같은 교육과정을 배운다. 그러나 이를 비판하는 사람들은 교육과정을 하나로 통일하는 것이 곧 형평성을 의미하지는 않는다고 지적한다. 마지막으로 교육과정을 표준화하는 것이 보다 효율적이고 보다 경제적이라고 주장한다. 지역 교육청 수준에서 동일한 형태의 교사 교육을 기획할 수 있고, 교육 자료를 공동구매할 수 있으며, 교육과정에 기초한 일제 고사형 평가 문항을 개발할 수 있다는 것이다. 효율성에 대한 이런 주장은 어느 정도 수긍이 간다. 그러나 문제는 더 중요한 사항이 있는가 여부다.

　다른 한편으로는 단위 학교의 권한을 강조한다. Zmuda, Kuklis 그리고 Kline (2004)은 교육과정 개발에 교사가 보다 적극적으로 참여해야 한다고 주장한다. 학교 중심 교육과정 개발은 교사의 참여를 보장한다. 그러나 학교가 교육과정 자율권을 지나치게 많이 가지는 문제가 있을 수 있다. 서로 다른 교육과정을 모아 놓으면 교육과정을 조정하고 운영하기가 더 어려울 것이고 비효율적이며 더 많은 노력을 필요로 하고 교육과정의 질을 떨어뜨릴 것이다. 왜냐하면 학교 중심 교육과정 개발 팀은 지역 교육청의 교육과정 개발 팀보다 자료가 부족하기 때문이다.

　이 문제를 다룬 연구가 없기 때문에 각 지역 교육청은 지역 교육청의 규모, 지역 교육청과 학교의 리더들이 갖고 있는 능력, 관내 학교들의 이질성 정도 등을 기초로 문제를 해결하는 것이 현명할 것이다. 〈표 5-2〉에서 보듯이, 중요한 문제들은 교육장과 지역 교육청의 리더들이 협의를 통해서 해결해야 한다. 이런 사항들은 앞으로 교육과정을 개발할 때 지침이 될 수 있다.

　학교 중심이나 지역 교육청 중심의 교육과정 개발에 가장 큰 영향을 미치는 것은 바로 테크놀로지다. 학생과 교사에게 미치는 테크놀로지의 영향을 알아보기 위해서는 테크놀로지를 활용해서 성취할 수 있는 결과들을 계획하는 것이 중요하다. 교육과정의 최종 결과를 설정하기 위해서 지역, 지방, 국가 수준의 표준 교육과정에 테크놀로지가 어떻게 활용되는지를 알아보는 것이 좋다. 표준 교육과정을 시행하지 않는 지역이나 지방은 ISTE(International Society for Technology in Education; www.iste.org)가 제시하는 표준들을 검토해 보아야 한다.

3. 교육과정 개발 기구

지역 교육청과 학교의 역할이 정해지면, 교육과정 개발을 전담할 부서(기구, 조직)를 조직해야 한다. 대부분의 교육청에서는 이런 교육과정 위원회를 지나치게 많이 조직하는 실수를 범한다. 이로 인해서 교육과정 개발을 복잡하게 만드는 관료주의가 나타난다. 지속적이면서 변화에 민감하게 대응할 수 있는 단출하고 융통성 있는 기구가 좋다. 실행 연구나 보고서들은 다음과 같은 조직을 제안한다.

1) 지역 교육청의 교육과정 자문위원회

지역 교육청의 교육과정 자문위원은 교육장이 임명한다. 위원 구성은 교육청의 규모에 따라 다르겠지만 다음과 같다.

- 교육장 또는 부교육장
- 지역 교육청의 교육과정 담당자
- 중등학교 교장

- 초등학교 교장
- 교사
- 학부모와 지역사회 인사
- 학생(중등학교)

자문위원들은 말 그대로 교육장에게 관내 학교교육과 관련해서 지속적으로 관심을 가져야 할 교육문제나 그 문제를 해결할 수 있는 과정에 대해 전문적인 자문을 제공한다. 일반적으로 1년에 4번 정도 만나는데, 문제를 확인하고, 일정을 계획하며, 교육과정 계획서를 검토한다. 위원의 임기는 3년이고, 3년 동안 활동하면서 지속적이면서 새로운 아이디어에 관심을 집중한다.

보다 규모가 큰 지역 교육청은 학부모, 기관장, 전문가로 구성한 독립 기구를 운영한다. 그러나 대부분의 교육장들은 독립 기구 운영이 교육과정 자문 활동을 복잡하게 만들고, 심지어 경우에 따라서는 권한을 남용한다고 생각한다.

2) 단위 학교의 교육과정 자문위원회

단위 학교, 특히 교육과정에 대해 상당한 자율권을 갖고 있는 학교는 교육과정 자문위원회를 두고 있다. 자문회 위원은 교사가 추천하고, 교장이 임명한다. 자문위원은 학교장, 교과별 교사 대표, 학년 부장, 교사, 학부모로 구성된다. 여기에 고학년 학생을 포함하기도 한다. 학교교육과정 자문위원회의 교사 대표와 학부모 대표가 교육청의 교육과정 자문위원이 된다. 그들은 두 기구 간에 의사소통을 원활하게 한다. 학교의 교육과정 자문위원회는 지역 교육청의 교육과정 자문위원회와 같이 교장에게 학교교육과정 관련 사항들을 자문한다. 위원의 임기는 지역 교육청의 교육과정 자문위원과 같다.

규모가 작은 학교에서는 학교별 위원회를 따로 두지 않아도 된다. 지역 교육청의 교육과정 자문 위원회는 단위 학교의 대표자들로 구성하기 때문이다. 어느 차원이든 교육과정 자문 기구는 효과적인 교육과정 개발 계획을 위해 지속적으로 일한다.

3) 교육과정 특별위원회

이 두 자문 위원회와 더불어 교육장은 보다 집중적으로 문제를 해결하기 위해서 교육과정 특별위원회를 구성할 수 있다. 특별위원회는 그 규모에 따라 6명에서 12명으로 구성된다. 교육과정 개발에 대한 전문적인 능력을 갖춘 사람들을 임명한다. 동시에 교육장은 지역 교육의 대표자로서 자격이 있는지를 고려해야 한다. 따라서 특별위원회는 대부분 교육과정 전문가, 교장, 전문성을 갖춘 몇 명의 교사들로 구성된다. 만약 특별위원회가 보다 전문가를 필요로 한다면, 교육장의 승인을 받아야 한다.

특별위원회는 해결해야 할 문제를 받아서 해결책을 만들고, 이를 위해서 필요한 자원을 확보한다. 특별위원회는 보통 문제를 해결할 때까지만 유지한다. 이런 임의적인 위원회는 현존하는 학교체제를 보완하고 융통성을 준다.

정보화 교육 특별위원회를 예로 들 수 있다. 정보화 교육 특별위원회는 교육 행정가, 교사, 학부모, 지역사회 대표자로 구성된다. 특별위원으로 적어도 6명의 위원을 요청할 수 있다.

도움말 5.3
특별위원회는 교육과정 개발에서 중요한 역할을 한다. 일부에서는 특별위원회를 '비전을 만드는 위원회(The Vision Alive Committee)'라고 부른다.

이 위원회는 기술적인 인프라를 구축할 뿐만 아니라, 지역 교육의 비전과 교육과정 강령을 꾸준히 개발하도록 돕는다. 또한 의사소통과 테크놀로지에 대한 인식을 향상시킬 수 있는 설비나 프로그램을 마련하도록 돕는다. 이런 특별위원회는 학구의 특별위원회를 대표한다. 효과적인 특별위원회를 구성하고 위원을 엄선하는 것은 교육과정 개발을 위해서 중요하다.

4. 역할 분담

오늘날 학교장들은 교육행정, 리더십, 수업 모든 면에서 전문가가 되어야 한다. 학교장은 수업 리더로서 교육과정 개발과 교사 배치에 개입해야 한다. 그러나 과거에는 학교장들이 학교경영을 훌륭하게 하고, 학교와 지역사회를 연계하면 되었다(Fleck, 2007). 1980년에서 2003년까지만 해도 이러한 역할만으로도 학교장의 소임을 다하는 것이라는 인식이 일반적이었다.

교육과정과 수업 관련 업무는 부교육장이 담당하는 것이 통례이다. 특정 교과의 유치원~고등학교 교육과정을 조정하도록 교과별로 교육과정 담당자가 있었다. 단위 학교별로 볼 때는 학교장이 이 일을 하는데, 규모가 큰 중학교에서는 교감이 담당했다. 규모가 큰 초등학교에서는 학년 부장이나 수석 교사, 특히 읽기와 수학 분야의 수석 교사가 학교장을 돕는다. 고등학교에서는 교과별로 대표자를 임명했다. 일부 중학교에서는 학년 부장을, 또 다른 중학교에서는 교과별 부장 교사를 선임했다.

최근에 와서는 이런 양상이 크게 바뀌고 있다. 여기에는 세 가지 요인이 작용하는 것 같다. 첫째는 재정이다. 세금이 줄어든 여러 지역 교육청들은 교육청 담당자의 인건비를 줄이기 위해서 교육과정 담당자를 줄이고 있다. 둘째 요인은 지금까지 해 오던 관행에 대한 불만이다. 이런 불만은 지역 교육청 및 단위 학교의 교육과정 담당자(코디네이터)에게 집중되어 있고, 그들 대부분이 필요한 리더십을 발휘하지 못하고 있었다. 마지막 요인은 몇몇 연구결과를 기초로 교장이 수업 리더십을 발휘해야 한다는 신념이 확산되고 있다. 때문에 지역 교육청 및 단위 학교의 교육과정 담당자가 불필요하다고 생각하게 되었다.

이런 영향으로 교육과정 리더의 지위는 약화되었고, 많은 지역 교육청에서는 교육과정 리더십의 부재로 불안과 혼란을 겪고 있다. 업무가 과중한 부교육장은 교육과정이 처한 위기에 속수무책이고 학교운영에 대한 책무성에 시달리는 교장은 어떻게 교육과정 리더십을 발휘해야 할지 모르고 있다.

이런 위기의식은 이전으로 돌아가자는 것이 아니라, 단지 이 자리를 오래 비워 두지 말고 인력을 추가 배치해야 한다는 것이다. 보다 적절한 대응은 지역 교육청과 학교 수준에서 필요한 교육과정 리더의 역할을 분석하여 적절한 역할을 수행하

〈표 5-3〉 교육과정 리더의 역할

구분	현재	배정	신규
지역 교육청 수준—전체 교육과정			
1. 지역 교육청의 목적과 중점 사상 분명히 하기	교육장	교육장	
2. 지역 교육청의 교육과정 자문 위원회 위원장 정하기	교육장	부교육장	
3. 교육과정 예산 세우기 및 감시 활동하기	교육장	교육장	
4. 교육과정 평가와 평가 결과 활용에 대한 계획을 세우고 시행하기			교육과정 담당자
5. 교육과정 관련 문제를 목록화하고, 해결 순서 정하기			
6. 교육과정 개발 일정표 짜기			
7. 교육과정 위원을 임명하고, 그들의 보고서, 제안서, 결과물 검토하기			
8. 교과서 선정 기준과 검정 절차를 개발하고, 그 과정 모니터하기			
9. 교육과정 변화에 따른 교육청 단위의 교사 연수 프로그램 기획하기			
10. 교육과정 문제 관련하여 도(주 정부) 교육청에서 지역 교육청 대표하기			
11. 지역 교육청 교육과정 담당자 평가하기			
12. 교육과정에 대한 지역 교육청의 일반적인 지침 개발하기			
지역 교육청 수준—특정한 교육과정 분야			
1. 지역 교육청 일정에 따라 교육과정 평가하기			
2. 평가 결과를 기초로 교육과정 관련 문제를 찾고, 개선안 내기			
3. 초 · 중 · 고 학교급 간 교육과정 연계하기			
4. 특정 교과의 유치원~고등학교 교육 자료 개발 및 개선 주도하기			
5. 지역 교육청의 지침에 따라 교과서 및 기타 교육자료 검정 및 선정하기			
6. 특정 교과의 유치원~고등학교 교사 연수 실시하기			
학교 수준—전체 교육과정			
1. 교육과정을 점검하고 일관성 있게 하기			
2. 학교교육과정을 평가하고, 평가 결과를 기초로 학교교육과정 문제 규명하기			
3. 교과 교육 및 교과 통합에 중요한 것들 강조하기			
4. 긴밀한 조정이 필요한 내용 영역들 조정하기			
5. 단위 학교의 사안 및 요구를 반영하는 데 필요한 예산 확보하기			
학교 수준—특정한 교육과정 분야			
1. 교사 존중 교육과정 실행 지원하기			
2. 교사가 교육과정 지침을 기초로 수업을 계획하도록 돕기			
3. 교육과정 변화에 따른 학교 중심의 교사 연수하기			
4. 교육자료 선정하기			
5. 교사가 학생 평가 결과를 기초로 교육과정을 수정하도록 돕기			

도록 하는 것이다. 필요하다면 새로운 자리를 만들어 교사를 추가 배치해야 한다. 이런 일은 〈표 5-3〉에 제시한 것처럼 지역 교육청의 교육과정 자문 위원회에서 하는 활동이다.

교육과정과 관련된 모든 리더십 역할을 항목화하고, 책무성의 수준과 정도를 중심으로 네 가지로 범주화하였다. 여기서 중요한 것은 이런 역할들을 가능한 한 명확하게 설명하는 것이다. 왜냐하면 수많은 교육과정 담당자들이 자신의 업무를 명확하게 이해하고 있지 못하기 때문이다.

자문 위원들은 우선 그들이 중요하다고 여기는 역할을 하고 있는지, 관내 교사와 정확하게 의사소통하고 있는지 검토한다. 이때 교육장 또는 부교육장은 교육과정 담당자나 학교장이 보고한 자료를 가지고 최대한의 효과를 낼 수 있도록 역할 조정을 해야 한다. 리더들은 현재 역할 담당자가 자기의 역할을 하고 있는지를 분석한다. 그리고 그 결과를 '현재(Now)' 칸에 기록한다. 대부분의 경우는 현재 이런 역할을 하는 사람이 없다는 것을 알게 될 것이다.

이런 역할이 얼마나 효과적인지 또 얼마나 공평한지를 검토하고 나면, 자문 위원들은 변화가 필요한 역할을 결정한다. 그리고 그 결과를 '배정(Assign)' 칸에 기록한다. 여기서는 기존의 담당자가 가장 적절할 수 있다. 그러나 또 다른 경우에는 새로운 역할이 필요할 수도 있는데, 중요한 역할들이 비어 있다면, 현재 교사들 가운데는 이런 역할을 할 수 있는 능력 있는 사람이 없다는 것을 의미한다. 새로운 역할자가 결정되면 이는 '신규(New)' 칸에 기록한다. 이것을 어떻게 결정하고 기록하는지를 보여 주기 위해 〈표 5-3〉의 처음 몇 칸을 완성해 보았다.

지역 교육청의 교육과정 자문 위원들은 먼저 교육과정 담당자와 학교장이 제출한 것을 검토하고, 그들이 준 정보를 명확하게 한다. 최종 결정을 기초로 현재의 역할들을 점검하고, 필요한 새로운 역할을 규정한다. 지역 교육청은 이런 과정을 통해 지역의 요구와 자원을 반영한 자체 인사 배치 유형을 개발한다.

유명한 유치원~고등학교 학년별 교육과정 설계들이 가진 공통점은 리더십과 교육과정 개발이다. 오늘날의 교육 행정가, 리더 교사, 교사들은 교육 역사상 가장 도전적인 시기를 살고 있다. 교사와 학교장의 전문성을 위협하기도 하고, 그것을 높이도록 도전하게 하는 것이 모두 교육과정이 변화하고 있기 때문이다.

교육과정 개발에 성공적인 리더십을 발휘하고자 하는 교장, 교육과정 담당자, 교육장은 다음 네 가지 질문에 대해 정확하게 대답할 수 있어야 한다.

① 학교를 학생 중심 학습 환경으로 만들기 위해서 무엇을 해야 하는가?
② 교육과정을 바꾸는 데 왜 이런 시간과 돈을 써야 하는가? 그리고 새 교육과정으로 어떻게 학생의 학습을 개선할 수 있는가?
③ 우리가 생각하는 교육과정 개발을 주도할 수 있는 가장 적합한 사람은 누구인가?
④ 새 교육과정 시행 이후, 교육과정의 질을 가장 잘 평가하고 유지할 수 있는 사람은 누구인가?

리더십 스타일을 바꾸기 위해 학교장은 교사와 소통(협의)하는 분위기를 만들 필요가 있다. 그들 간의 대화는 적절한 시기에 결정한 것을 서로 공유할 필요가 있기 때문이다. 담당자 입장에서 교사를 참여시키는 것이 다소 망설여지는 일이지만, 이 것이 학생들의 학습에 많은 도움이 될 것이다.

5. 교육과정 일치

목표 중심 모형은 먼저 교과별 교육과정 영역의 목표를 정한다. 목표를 정하는 몇 가지 방식이 있다. 이 장에서는 교육과정 개발의 첫 단계로서 목표 설정에 대해 설명하고, 다음 장에서는 목표와의 교과별 교육과정 영역을 일관성 있게 하는 것에 대해 설명한다. 목표와 교과별 교육과정 영역을 일관성 있게 만드는 데 다음의 지침들이 유용하다.

첫째, 지역 교육청의 교육 목표를 명확히 한다. 교육 목표는 전체 교육 활동을 통해서 성취해야 할 결과다. 대부분의 주에서는 모든 지역 교육청에서 적용해야 할 목표를 제시한다. 목표를 개발함으로써 우리는 공립학교에서 무엇이 가장 중요한지를 알게 된다. 공립학교는 지역사회의 핵심적인 교육기관이다. 지역 교육청의 교육 목표 설정에서 가장 중요한 것은 바로 공립학교에서 해야 할 가장 중요한 것을 결정하는 것이다(Ferrandino, 2007).
예를 들면 네브래스카 주 교육부는 "지역 교육청이나 학교는 연방 정부가 제시하는 읽기, 수학, 쓰기, 고등학교 졸업 비율, 질적 평가, 학생참여율에 대한 기준을 성취할 책임이 있다."고 밝히고 있다(Christensen, 2004). 목표 달성 정도를 제시하는 것은 주마다 다른데, 어떤 주는 61~66%를 잡는가 하면, 또 다른 주에서는 14%나 80%까지 설정하기도 한다. 각 주의 교육에 대한 자율성 혹은 적절한 목표를 설정하기를 원한다면 Goodlad(2004)의 『학교라는 곳(A place called school)』을 참조하면 도움이 될 것이다. 이 책은 여러 주와 지역 교육청의 목표를 종합 검토하고 일련의 모범적인 목표들을 제시하고 있다.

더불어 오늘날 교사들은 중핵 교육과정에 대해서는 주 정부나 지역 교육과정의 지침에 의존하지 않는다. 그들은 더 넓은 세계적인 관점에 의존한다. 지역 교육청이 추구하는 교육을 명확하게 진술하고 학생과 교육관계자들이 이를 공유하는 것은 학교의 분위기와 학업 성취에 긍정적인 영향을 미친다. Suarez-Orozco와 Sattin (2007)은 "미래는 문화 소양이 높고 세계화 환경에서 일할 수 있는 젊은이를 필요로 한다."고 주장했다(p. 58).

둘째, 교과별 교육과정 영역을 통해서 우선적으로 성취해야 할 목표를 정한다. 대부분의 교육 리더들이 이 단계를 지나치는데 그들은 장기적인 교육 목표를 곧 교육과정 목표라고 생각한다. 가령, 펜실베이니아 주에서는 자아존중을 교육 목표로 설정하고, 자아존중 관련 교과와 단원을 개발해야 한다고 생각하는 실수를 범했다. 대부분의 교육 목표는 교수 방법이나 수업, 집단의 분위기, 활동 등등 다른 방식을 통해서 혹은 관련 프로그램을 통하여 더 잘 성취할 수 있다.

때문에 교육과정 리더와 학교 교사들은 교육 목표를 면밀하게 분석하여, 이 교육 목표를 교과를 통해서 성취해야 할지, 아니면 다른 방식으로 성취해야 할지를 우선적으로 결정해야 한다. 이런 방식으로 그들은 보다 단기적인 교육과정 목표 목록을 만들며 장기적인 교육 목표는 교육과정 개발을 통해서 성취할 수 있다. 교육과정 위원회는 이런 잠정적인 결정 사항들을 검토해야 한다. 단위 학교의 보고서에 기재된 것들은 광범위한 협의 결과를 근거로 모종의 수정안을 제시해야 한다.

셋째, 교육과정 목표를 교과별 교육과정 영역으로 할당한다. 교육과정 목표가 결정되면, 리더들은 이 목표들을 적절하게 교과에 배당해야 한다. 이 작업은 체계적으로 수행된다.

이것은 '하향식(top-down)' 과정인데, 지역 교육청의 교육 목표로 시작하여, 각 교과별 교육과정 목표 배당으로 마무리된다. 이 과정을 반대로 수행할 수도 있다. 각 교과별 교육과정 목표를 개발하고, 지역 교육청의 목표로 종합한다. 과정보다는 결과가 중요한데 각 교과별로 교육과정 목표를 명확하게 목록화해야 한다.

 도움말 5.4

'하향식' 목표설정의 예로 정보화 교육 목표를 설정하고 이를 교과별로 배당하는 것을 들 수 있다.

지역 교육청의 정보화 교육 특별위원들이 지역 교육청 수준의 정보화 교육 목표를 설정하고, 교사들은 수업 수준에서 학년 및 교과별로 이 목표를 교수·학습 단원으로 배치한다. 교사들은 개별 학급에서 사용할 정보화 교육용 교재를 개발할 때 이런 양식(template)들을 활용한다. 일단 만들고 나면 교장과 학교의 정보화 교육 담당자와 이 문서를 공유한다.

정보화 교육 목표

- 지역 교육청의 교육과정 및 교육과정 개발에 정보화 관련 자료를 배정한다.
- 수업 프로그램 속에 정보화 교육을 통합 구성한다.
- 안전하고 질 높은 학습 환경을 지원하고, 학생의 잠재력을 최대한 발휘할 수 있는 방향에서 정보화 교육을 실시한다.
- 학생과 교사가 고등 사고능력을 개발하기 위하여 정보기술을 이용하는 데 흥미와 동기를 부여할 수 있도록 한다.
- 교사는 정보화 교육의 성취 기준을 만들고 실천 사례들을 공유한다.
- 교사의 정보화 능력에 대한 공신력을 갱신하고 실질적인 관련 기술을 습득한다.
- 모든 교실을 디지털화한다(Patterson, 2007, pp. 22-25).

6. 교육과정 자료실 구축

교육과정 개발의 두 번째 단계는 데이터베이스를 구축하는 것이다. 시스템상에서 수업용 툴바를 사용하여 교사들은 교육과정의 특정 주제나 성취 기준을 찾아서 각 교과에서 다루는 항목을 클릭하여 자신에게 적절한 교수 · 학습 지도안을 작성할 수 있다. 교사들은 학생 연령에 적합한 자료를 찾기 위해 인터넷과 도서관을 샅샅이 뒤지는 데 더 이상 많은 시간을 보내지 않아도 간단히 마우스를 클릭해서 유용한 자료를 얻을 수 있다(Mills, 2007). 여기서 논쟁점은 적절한 교재를 만들기 위해서 자원, 정보, 제한점에 대한 광범위한 지식이 필요하다는 것이다. 각 지역 교육청은 교육과정을 개발하고 평가하는 데 필요한 기본 자료들을 전산화해야 한다. 여기에 무엇을 포함시켜야 하는가? 적절해 보이거나 재미있어 보이는 많은 정보들을 종합해야 할 것 같지만, 실용적인 정보만을 제공하는 것이 더욱 의미 있다. 〈표 5-4〉는 가장 필수적인 정보들을 제시하고 있다. 8장에서 설명하겠지만 간단한 정보 목록이 수업 교재를 개발하는 데 더 유용할 것이다.

데이터베이스화된 정보들은 각종 교육과정 특별위원회의 활동을 용이하게 해 준다. 예를 들면 보건 교과와 체육 교과를 통합하여 중학생을 위한 학생의 행복(Personal Well-Being)이라는 새로운 과목을 개발한다고 가정해 보자. 먼저 그들은 이 과목을 수강할 만한 학생 정보와 학생의 요구, 제한점, 능력을 포함한 학생 정보를 수집할 것이다(예: '영어에서 어려움을 겪는 학생이 약 15%이다. 이 학생들을 위한 별도의 교육 및 구체적인 교재가 필요하다.'). 그다음으로 특별활동에 대한 학생들의 참여 정도를 파악하고, 학생들은 고도의 운동 기능을 요구하는 활동에는 거의 참여하지 않는다는 것을 알게 되었다(예: '학교의 특별활동으로서 에어로빅을 할 수 있는 기회와 그 가치를 명확하게 인식할 수 있는 프로그램이 있어야 한다.'). 그리고 그들은 다양한 출처(주 정부의 교육과정 지침, 타 지역 교육청의 교육과정 지침, 학습 목표 모음집)로부터 유용한 정보를 수집할 것이다(예: '인근 지역의 교육청에서도 우리가 생각하고 있는 것과 유사한 프로그램을 시범적으로 시행하기 시작했다. 어떻게 하고 있는지 살펴보자.'). 다음으로 그들은 교사 정보를 살펴볼 것이다(예: "우리가 담당자로 생각하고 있는 교사는 영양에 대한 최신 지식을 가지고 있는 것 같지 않다. 여기서 특별 교사 연수 계획을 세우는 것이 좋겠고, 교사에게 이런 교육활동을 안내하는 활동을 강화해야겠다.'). 마지막으로 그들은 지역사회의 자원을 검토할 수 있다(예: "병원에서 근무하는 영양사는 학생들이 요청한 영양소에 대한 교육을 할 수 있는 적절한 자원이 될 수 있다.'). 이를 가능하게 하는 교육과정 관련 자료실 구축은 프로젝트 팀에게 매우 중요하다.

이런 일련의 과정을 원활하게 지원하기 위해서 교육과정 자료 구축 담당 부서를 만들어서 운영하는 것이 좋다. 이 부서는 국가 수준의 표준 교육과정 내용을 관내

〈표 5-4〉 데이터베이스화해야 할 교육과정 정보

지역사회 자원
1. 지적이고, 전문적이고, 영향력 있는 사람들
2. 교육 자원으로 적절한 기관과 장소들

학생
1. 생일, 성별, 인종별 학생 정보
2. 국가 수준 혹은 지방 수준에서 제공하는 도움이 될 만한 보조 프로그램들
3. 부모의 직업과 결혼 상태
4. 문해력, 수리력 및 IQ 지수
5. 학생의 재능, 특기, 관심사들
6. 학업 성취 결과: 표준 평가 점수와 표준교육과정 성취 정도
7. 영어 구사력: 영어가 모국어가 아닌 경우
8. 제한점: 신체적, 정서적, 학습 부진 사항들
9. 학습 스타일과 지적 수준
10. 학적 사항: 학습한 교과, 성적, 출석
11. 활약상(교육활동 이력) 및 앞으로의 학습 계획서
12. 특별활동 사항들
13. 지역사회 활동사항들

교사
1. 담당 교과와 학년
2. 현재 업무
3. 특별한 관심사 및 능력들
4. 최근 연수 참가에 대한 기록: 교과 교육, 워크숍 등

학교
1. 개설과목과 재학생
2. 특별활동 및 학생 참여 활동

기타
1. 주 정부의 교육과정 지침
2. 관내 지역 교육청들의 교육과정 지침
3. 다양한 학습 목표 모음들
4. 교사를 위한 전문적인 자료 및 자료 출처들

지역 교육청 및 학교, 유치원~고등학교 학생의 학업 성취 기준 지표로 전환하는 일을 하게 될 것이다. 그리고 이를 기초로 지역 교육청의 공식적인 성취 목표를 설

정할 수 있을 것이다. 평가는 8주마다 실시할 것이고, 이 자료를 기초로 모든 성취 기준을 가르쳤는지를 확인할 것이다. 따라서 학생의 성취를 높일 수 있는 첫 단계는 명확하고, 일반적이며, 철저한 평가 계획을 세우는 것이다. 평가는 교사로 하여금 자료에 기초한 원인을 정확하게 분석하도록 하고, 보다 효율적인 실행 계획을 세우도록 해 준다. 학생들의 목표에 대한 성취 없이는 아무리 질 높은 평가나 자료 분석도 소용없을 것이다. 평가와 수업을 매끄럽게 연계하는 것이 가장 중요하다. 평가, 자료 분석, 실행을 일관성 있게 하는 것이 이상적인 교실을 만들 수 있게 한다(Bambrick-Santoyo, 2007~2008).

그러므로 교육과정을 개선하기 위한 효율적인 자료 분석 프로그램을 개발하는 일도 중요하다. 교육과정이 바뀔 때, 학교 리더는 교육과정 데이터베이스와 자료 분석 체제를 활용하여 교사, 교육행정가, 학부모, 관내 교육청의 담당자들 사이에서 발생하는 이슈를 반영하여 체계적으로 교육과정을 바꿀 것이다. 예를 들어 교육과정 관련 데이터베이스는 교실에서 사용하고 있는 교육 자료의 유형이나 수준을 알 수 있도록 할 뿐만 아니라, 교사의 전문성 개발에 대한 관심과 요구, 배경지식, 개개인의 아이디어와 전략들을 상호 공유할 수 있도록 돕는다. 따라서 모든 프로그램 개발에 있어서 깊이 있는 교육과정 요구조사를 수행하는 것이 매우 중요하다.

7. 교육과정 개발 일정

지역 교육청 교육과정 개발 일정표를 짜고, 모니터하는 일은 교육과정 리더의 중요한 역할 중 하나이다. 이 일정표(master schedule)에 따라 교육과정 리더는 지역의 교육과정을 평가하고 개발한다.

〈표 5-5〉에서 볼 수 있듯이, 이 일정표를 작성하기 위해서는 〈표 5-1〉에서 제시한 '구체적인 개발 활동' 6단계를 포함해야 한다. 중점 교과와 기타 교과를 구별해서 개발하는 것은 미술 등의 교과를 평가절하하는 것이 아니라 개발의 편의성 때문이고, 프로그램 평가를 위한 것이다. 아래 보기처럼, 지역 교육청은 매년 평가할 교과의 영역과 수준을 정한다. 이와 같은 원칙에 따라 지역 교육청은 5년마다 중점 교과와 5개의 기타 교과에 대한 프로그램 평가를 한다.

교육장과 지역 교육청의 교육과정 리더팀은 매년 추진할 주요 사항을 포함하여

〈표 5-5〉 교육과정 개발 계획

주요 내용	2009~2010	2010~2011	2011~2012
1. 중점 교과 조사하기	국어	수학	과학
2. 기타 교과 조사하기	기술	미술	
3. 평가 계획 세우기	중등	초등	고등
4. 교과별 교육과정 특별위원회 임명하기		국어 기술	수학 미술
5. 프로그램 평가하기		국어 기술	수학 미술
6. 담당 부서 정하기		국어 기술	수학 미술
7. 교재 선정 및 제공하기		국어 기술	수학 미술
8. 교사 연수 실시하기			국어 기술

잠정적으로 5개년 계획을 수립한다. 그들은 관내 학교의 교육과정 개정에 대한 요구를 조사, 분석하고 우선 사항을 정한다. 물론, 이 프로젝트의 규모는 지역 교육청 요구와 자원 정도에 의존한다. 교육과정 개발 및 평가 규모를 갖추고 있는 지역 교육청에서는 규모가 작은 지역 교육청보다 많은 프로젝트를 발주할 것이다. 새로 임명된 교육장은 지난 몇 년간 좋은 교육과정을 만들기 위해서 노력해 온 기존의 교육장보다 더 야심차고 포괄적인 교육과정 운영 계획을 세울 것이다.

지역 교육청 및 학교의 교육과정 리더와 교육과정 담당자들이 잠정적으로 의사결정을 하고, 이를 최종 일정표가 결정될 때까지 지역 교육청의 교육과정 자문 위원회와 공유한다. 최종 일정표가 나오면 그에 따라서 교육과정 리더는 예산을 요구하고, 교육과정 위원을 임명하며, 진행 사항들을 점검한다.

도움말 5.5

계획했던 것을 지속하기 위해서 교육과정 일정표에 교육과정 개발에 필요한 주요 사항들을 기록해 두어야 한다.

교육행정가와 교육과정 위원회의 위원들은 실질적인 교육과정 일정표를 만들기 위하여 긴밀하게 협조해야 한다. 이 일정표가 실현 가능한 것이 되기 위해서는 현실적으로 구현 가능한 목표를 설정해야 하고, 교육과정 위원회의 위원들을 포함해야 한다. 이런 점에서 위원회의 위원들은 대체로 일을 하는 방법을 알고 있고, 또 이 일들을 완수하는 데 얼마나 오랜 시간이 걸릴지를 가장 잘 예견하고 있다.

8. 요구 조사

교육과정 개발의 다음 단계는 요구 조사이다. 예를 들어, 교실 수준에서의 요구 조사는 다음 질문들을 포함한다(Pollock, 2007).

- 분명한 학습 목표가 있는가?
- 유용한 개념을 사용하는가?
- 자료 수집을 위해 여러 가지 평가를 하는가?
- 피드백은 학생들의 수행 능력을 향상시키는가?

요구 조사(needs assessment)는 무엇을 조사해야 하는지에 대한 충분한 이해 없이 자주 사용되는 것 같다. 1982년 Kaufman이 정의한 용어를 지금도 사용할 수 있을 것 같다. Kaufman은 요구 조사를 무엇인가(what is)와 무엇이어야 하느냐(what should be) 사이의 차이를 밝혀 내는 과정으로 정의했다. 그는 17가지 요구 조사 모형들을 종합적으로 분석하여 이렇게 정의했다. 또 그는 17가지 요구 조사 모형들이 몇 가지 중요한 결점을 갖고 있다고 했는데, 이는 요구 조사가 사회적인 영향력이나 결정적인 요소들을 무시하고 내부 요소만 조사하는 것, 실제(경험적 자료)보다는 사람들의 인식에 의존하는 것, 장기적인 결과보다는 학습자의 특성, 방법론, 시험 점수와 같은 '중간 수준'에 지나치게 집중되어 있다는 것, 대부분이 상태 조사이고 따라서 '무엇'에만 관심을 두고 있다는 것, 대부분 충분히 포괄적이지 않으며 일부 요소에만 집중하는 한계가 있다는 것 등이다(〈표 5-6〉 참조).

이런 단점을 보완하기 위해서 Kaufman은 조직 내부와 외부 사회를 모두 반영하는 다소 복잡하고 정교한 일련의 입력, 과정, 결과, 산출, 성과 모형을 구안했다. 그

〈표 5-6〉 학교 요구 조사 항목

지역 교육청이 알고 싶어 하는 것이 무엇인가?
찾아보아야 할 곳:
- 지역 교육청의 현재 교육 목표
- 자료 형태
- 지역 교육청이 앞으로 진행할 일
- 교사, 행정가, 지역사회가 제기하는 질문들

지역 교육청은 어떻게 조사할 것인가?
해야 할 일:
- 조사 팀 결성하기
- 지역 교육청에서 최근에 수집한 자료들의 목록을 정리하고 자료 형태(전자 또는 종이) 결정하기
- 지역 교육청의 자료 분석 능력 알아보기
- 자료 수집을 위한 조사 연구에 참여할 관내 교사들의 시간, 능력, 의지 정도 알아보기
- 목표 관련 입력변인, 과정변인, 산출변인 확인하기
- 추가 자료 수집 가능성 알아보기
- 자료 수집 요원 훈련시키기
- 자료 분석하기

지역 교육청이 해야 할 다음 단계의 일은 무엇인가?
진행 방법:
- 향후 진행할 일 계획하고 벤치마킹하기
- 실행 또는 개선을 위한 계획 세우기
- 성과에 대해 의사소통하기

출처: "Creating data-driven schools", by p. Noyce. D. Perda, and R. Traver, 2000, *Educational Leadership, 57*(5), pp. 52-57.

러나 그가 제안한 모형은 지역 교육청이 시행하기에는 매우 복잡하고 시간이 많이 걸리며 비용이 많이 든다는 단점이 있다.

5장과 12장에서 설명한 몇 가지 요소를 기초로 하면, Kaufman이 지적한 한계를 보완하면서도 좀 더 간단하게 요구 조사를 할 수 있다(5장에서는 교재 개발 관련 요구 조사를 설명하고, 6장에서는 교과 교육과정 개선을 위한 요구 조사를 설명한다). 첫째, 지역 교육청은 위에서 언급한 교육과정과 관련하여 포괄적인 자료를 구축한다. 이는 Kaufman 등이 '입력'이라고 부르는, 교사와 학습자에 대한 정보다. 둘째, 지역 교육청은 앞에서 설명한 절차에 따라 각 교과별로 구체적인 목표를 수집하며 열람 가

능한 형태로 정비한다. 이것은 성취해야 할 목표를 구체화하는 것이다. 셋째, 지역 교육청은 1장에서 설명한 문서로서의 교육과정, 지원으로서의 교육과정, 가르친 교육과정, 평가로서의 교육과정, 학습한 교육과정별로 중요한 요소를 고려하면서 구체적인 학습 영역을 선정할 것이다. 따라서 지역 교육청은 바로 교과별로 교육과정에 대한 요구 조사를 할 수 있을 것이다.

한편으로 지역 교육청이 (교과별로가 아니라) 교육과정 전반에 대한 요구 조사를 한다면 일은 좀 더 복잡해진다. 예를 들어 '창의성 향상'이라는 것을 가지고 설명하면 다음과 같다.

시작은 다소 모호하다. 어떤 학교나 교사들은 '창의성을 향상시키는 교육과정을 개발하기 위해서 우리가 할 수 있는 것이 무엇입니까?'라고 물을 것이다. (질문의 핵심은 교육과정이다. 만약 교육 목표를 평가하고자 한다면 교육활동 및 지침들을 포함해야 할 것이다.) 문제를 해결하기 위해서 특별위원회를 구성한다. 그들은 먼저 이 목표를 성취할 수 있는 교과를 확인해야 할 것이다. 이 경우 창의성을 향상시킬 수 있는 관련 교과는 영어, 가정, 미술, 음악, 과학이 될 것이다.

특별위원회는 이들 교과 교육과정 문서를 검토한다. 이들 교과 교육과정은 창의성을 향상시킬 수 있는 지침들을 제시하고 있는가? 그리고 교육과정 지원 지침을 기초로 예산, 일정, 자료 관련 사항들을 검토한다. 지역 교육청은 교육 자료를 제공할 수 있는 예산이 있는가? 교과서나 교육 자료의 내용과 방법이 창의성을 강조하고 있는가? 이 교과에서는 창의적인 활동을 할 수 있는 시간이 되는가?

다음 단계로 특별위원회는 보다 복잡하고 정교하게 가르친 교육과정에 접근할 것이다. 여기서는 두 가지를 점검하는 것이 중요하다. 창의성 향상을 목적으로 구성한 단원을 교사가 실제로 가르치는가? 교사는 창의적인 사고를 촉진하는 방식으로 가르치는가? 이런 질문은 평가자로 하여금 교실에서 표본 관찰을 할 수 있도록 돕는다.

다음은 평가로서의 교육과정을 통해서 확인할 수 있다. 교육과정에 기초한 평가와 교사가 평가한 것이 창의성을 적절히 평가했는가? 마지막으로 특별위원회는 학습한 교육과정에 관심을 갖는다. 학생들이 실제로 창의적으로 활동하고, 창의적인 사고를 하는가? 교사, 학부모, 학생을 대상으로 한 설문조사, 학생의 창의적 활동에 대한 표본 평가 자료를 기초로 이들 질문에 답해야 할 것이다.

교육과정에 대한 요구 조사 결과는 다양하게 활용된다. 교육과정에 요구를 반영하고, 교육과정으로 추가할 만한 새로운 영역을 제안할 수 있다.

앞에서 살펴보았듯이, 교육과정에 대한 요구 조사는 다양한 목적에 활용될 수 있다. 요구 조사를 통해서 교육청 교육과정 전문가들은 수업에 가장 적합한 교육과정 목적과 목표를 확인할 수 있다. 요구 조사를 통해서 수집한 정보는 교실 변화에 직접적인 영향을 미칠 수 있다. 결국 중요한 것은 교수·학습 과정과 학습 환경을 개선하는 것이다. 따라서 효과적인 교육과정 개발을 위해서 항상 몇 가지 요구 조사를 해야 한다. 질 높은 요구 조사를 통해서 교육행정가, 교육과정 리더, 교사들이 학교와 교실을 변화시키고 개선할 수 있다.

9. 전담 부서, 평가, 여건, 자원 확보

교육과정 개발의 다음 단계는 교육과정 개발과 실행 관련 전략을 짜는 것인데, 이 내용은 다음 장에서 보다 자세히 다룰 것이다. 현재 위원회를 강화할지 새로운 위원회를 만들어야 할지를 결정한 후에, 교육과정 리더는 제안된 과제를 책임지고 수행할 다른 특별위원회를 구성한다. 특별위원회의 고유한 역할은 전문가들이 체계적으로 검토하여 평가한다. 학교 일정, 교사 업무, 집단 활동 등등의 요인들이 변한다. 이때 새로운 프로그램이나 프로그램 개선에 필요한 자료들을 제공하기 위한 계획을 세운다.

도움말 5.6
변화를 위한 변화는 피해야 한다.

어떤 자원이나 자료를 교육과정에 통합할 것인가에 대한 고찰 없이 변화를 시도하는 것은 성공하기 힘들다. 교육과정 개발 과정은 교육과정 목표와 유용한 자원을 기초로 한다. 고려해야 할 자원이라는 것은 단지 자료뿐만 아니라 교사의 전문성도 포함되어 있다. 교육과정 개발 기관은 교육과정 목적과 자원을 기초로 학교와 학급에서 교육과정을 실행하는 교사의 전문성에 대한 부분도 고려해야 한다.

교육과정 개발 과정에서는 전체 교육체제를 평가해야 한다. 법적으로는 학교가 목표를 설정하고, 교육과정을 개발하고, 수업하고, 평가해야 한다는 요구가 점점 증가하고 있다. 교육체제를 전반적으로 평가하는 것은 학교가 목표를 설정하고, 행정가와 교사는 학생이 목표를 성취하도록 도와야 한다는 것을 전제로 한다. 교육 정책은 단위 학교의 실행을 안내하는 것이어야 한다.

10. 교사 연수

학교가 교사의 노력을 지지해 줄 때 리더로서 교사의 잠재력을 발휘할 수 있다. 예를 들어 경력 교사는 신규 교사를 지도할 수 있고, 교사들은 자신이 가진 학교와 지역사회에 대한 폭넓은 지식으로 교육에 대한 의사 결정 과정에 기여하고, 동료에 게 훌륭한 수업을 공개하며, 학교교육 개선을 지지한다(Lattimer, 2007).

새 교육과정을 성공적으로 실행하기 위해서는 교육과정에서 중요하게 바뀐 요소와 교사 교육 프로그램을 잘 통합해야 한다. 훌륭한 교육과정이 성공적으로 실행되지 않은 이유는 적절한 교사 교육이 이를 지원하지 않았기 때문이다. 이후 장에서는 일반적인 교육과정 개발과 교사 교육을 관련시키는 것을 중심으로 설명할 것이다. 9장은 가르친 교육과정을 검토하는 방식과 교사 교육을 연계하고, 10장은 교육과정 개발과 실행 단계에서 교사들을 참여시키는 구체적인 전략들을 소개할 것이다.

도움말 5.7

교사 교육의 강점은 모형을 안내할 뿐만 아니라 융통성 있게 실행할 수 있게 하는 것이다.

교육과정 개발 관련 쟁점 중 하나는 교육과정 개정과 교사 교육 실시 시기를 맞추는 것이다. 이 문제에 영향을 미치는 변인들이 많지만, 우리는 몇몇 성공적인 모형인 교사 교육을 먼저 해서 교육과정 변화를 이끄는 모형, 교육과정 변화에 따라서 교사 교육을 실시하는 모형, 교사들의 자율적인 학습공동체를 통해서 단위 학교의 요구를 반영하는 모형을 소개할 것이다.

첫 번째 경우, 교사 교육은 교육과정 변화에 선행한다. 교사는 새로운 분야에 대한 지식을 갱신하고, 그들은 교육과정과 수업 자료를 개발하는 데 필요한 기능을 익히며, 이 자료들을 상호 교환하고, 실험적으로 적용해 볼 기회를 갖는다. 이 모형은 NWP(National Writing Project)(Keech, Stahlecker, Thomas, & Watson, 1979 참조) 개발에 적용하여 상당히 성공을 거둔 모형이다. 비록 이 모형이 1970년대에 개발되었지만, 아직도 많이 활용되는 모형이다. Bay 지역 쓰기 프로젝트 및 국가 수준 쓰기 프로젝트의 책임 연구자였던 James Gary는 간섭을 통해서 교육과정 변화를 강요하는 것을 거부했다. 자신과 동료들을 이끈 변화 과정에 대한 연구를 통해서 교사들에게 새로운 쓰기 교수법을 보여 주면서 효과적인 교사 교육 모형을 개발하기 시작했다. 교사가 새로운 교육과정을 접하여 연구하고 수업 자료를 개발할 때, 교육과정은 점진적으로 변하기 시작한다.

이 모형의 가장 큰 장점은 교사가 수준 높은 교육과정을 만들어 낸다는 것이다. 교사 교육에 참여한 교사들은 각자의 분야를 보다 잘 이해하는 관내의 전문가가 되었고, 그들이 개발한 자료를 교실에 적용한 결과 성공적이었다. 이 모형의 가장 큰 약점은 변화가 점진적이라는 점이다. 교육과정은 흥미로운 활동들로 구성되었지만 개념적 틀이 약했다.

두 번째 모형은 교육과정 변화에 따라서 교사 교육을 실시한다. 교육과정을 새로 개발하고, 교육과정 개발자들은 교육과정을 성공적으로 시행하는 데 필요한 지식, 기능, 태도들을 규명한다. 이것들은 교사 교육 프로그램의 핵심 요소이며, 교사 교육은 새 교육과정 시행 직전에 실시한다. 대부분의 새로운 교육과정 개발은 이 모형을 가장 보편적으로 활용한다.

이 모형의 장점은 교사 교육을 통해서 새 교육과정을 적절하게 도입, 정착시킨다는 것이다. 세심하게 접근해서 새로운 교육과정에 필요한 기능을 교사들이 갖추도록 준비시킨다. 단점은 '여기 새로운 교육과정이 있다. 이런 방식으로 가르쳐라.'는 식으로 교사를 수동적으로 만든다는 점이다.

세 번째 모형은 학습공동체(community-based learning) 모형이다. 예를 들어 리더 교사들의 네트워크(Teachr Leaders Network) 같은 것이다. 학습공동체는 물리적인 것과 정신적인 것 둘 다를 말하는데, 교사는 학습공동체에 더 적극적이다. 또이 모형은 교육을 개선하고 학생들의 학업 성취를 높일 수 있는 것이 교사를 통해서 가능하다는 관점을 갖고 있다. 이러한 네트워크는 학습공동체를 넘어서 지역, 지방, 국가 수준에서 최고의 수업을 하도록 영향을 미치기 때문에 특히 중요하다.

자율적인 교사들의 학습공동체는 교사 및 교사 교육에 대한 전통적인 개념을 바꿔 놓고 있다(Berry, Norton, & Byrd, 2007).

학습공동체 모형은 교육봉사, 체험 중심 학습, 학교에서 일터로 이행을 돕는 학습, 청소년 견습 교육, 평생학습, 지역사회에 도움을 주는 다른 유형의 학습들을 광범위하게 포괄하고 있다. 각각의 접근들과 관련된 문제는 각각의 학습공동체를 통해서 성취 가능한 결과에 중점을 두고 있다는 점이다.

학습공동체를 통해서 젊은이와 성인들은 원하는 것을 배울 수 있다. 이런 정의로 모든 연령의 학습자가 그들이 원하는 것을 배우고, 그들을 지원하기 위한 자원을 개방하고 있다. 학습공동체를 통해서 우리는 학교 주변의 공식적, 비공식적인 기관을 포함할 수 있고, 인터넷을 통해서 전 세계를 포함할 수 있다(Owens & Wang, 1996).

교사 교육은 교육학을 기초로 하는 반면, 각 모형은 조금씩 다른 일정과 지원 방식을 요청한다. 각 모형은 서로 다른 교사, 학교, 교육체제가 요구하는 것과 도전에 어느 정도 반응해야 한다.

요약

교육과정 개발은 앞으로 교육과정이 고려하고 결정해야 할 것들을 구체화하고 계열화하는 과정이다. 교육과정 개발의 보편적인 절차는 모든 종류의 교육과정 개발에 유용하다. 목표를 중심으로 교육과정을 개발하는 모형은 누가 의사 결정의 주도권을 갖는지, 어떤 조직 구조가 필요한지를 결정하는 전략들을 제공하고, 교직원들에게 적절한 역할을 배정한다. 지역 교육청은 교육 목표와 교과별 교육과정 영역을 일관성 있게 배열하는 데 필요한 리더십을 발휘한다. 교육과정 개발은 또 교육과정 자원을 조직하고, 평가하고, 수정하고, 보급하는 일련의 과정을 통솔한다. 교육과정 개발을 통해서 학생의 학습과 교사들의 전문성을 강화하기 위해서 강한 리더십, 비전의 공유, 효율적인 교사 교육을 연계해야 한다. 이렇게 함으로써 미래의 교육 리더들은 모든 교사들이 가르칠 수 있고 모든 학생들이 배울 수 있도록 지원할 수 있을 것이다.

적용

1. 당신의 학구에서 일반 교육위원을 추천하겠는가, 지역 대표 위원을 추천하겠는가? 의견에 근거를 들어 설명해 보시오.

2. 당신의 학구에서 단위 학교의 자율성에 대한 요구를 어떻게 조정할 수 있겠는가? 〈표 5-2〉의 질문들을 이용하여 이 쟁점을 해결해 보시오.

3. 당신은 같은 지역 교육청에서 리더십을 어떻게 발휘할 것인가? 〈표 5-3〉을 활용하여 어떤 역할을 해야 할지 대답해 보시오.

4. 당신이 잘 알고 있는 지역 교육청에서 사용할 교육과정 운영 일정표를 짜 보시오. 〈표 5-5〉를 활용하시오.

5. 몇몇 전문가들은 보다 복잡한 요구 조사 모형을 추천하는데, 그것은 학부모 인터뷰, 지역사회 설문조사, 학생 인터뷰, 미래에 대한 예상 등을 광범위하게 사용하는 것이다. 만약 당신이 지역 교육청의 교육과정 담당자라면 5장에서 설명한 모형보다 좀 더 복잡하게 접근할 것인가? 당신의 주장을 펴 보시오.

6. Goodloe-Johnson 교육장은 관내의 8학년 학생들이 사용할 산수 교과서와 단원을 선정한 시애틀 학교위원회를 칭찬했다(Blanchard, 2007). 그러나 이것은 단위 학교의 독립성을 보장해 주는 지역에서는 논란이 되었다. 평균 이하의 수학 성취도를 내고 있는 지역 교육청이 학생 성취를 높이기 위해서 표준 교육과정을 적용하는 것이 왜 중요한가?

사례

Kentucky 교육장은 지역사회의 기업가인 David Smith를 지역교육청의 교육과정 위원으로 임명한다. 그는 지역사회에서 '추진력이 대단한 사람(mover and shaker)'이라고 불리며 영향력 있는 사람으로 평가받고 있다.

"회의에 참석해 주셔서 감사합니다."라고 교장이 말한다.

"여기에 오게 되어 기쁩니다. 교육과정과 관련하여 당신이 하고 싶은 것이 무엇입니까?"

"글쎄요, 우리는 몇 가지 사안에 대해 논의하고 있었습니다. 그러나 위원들이 무엇이 필요한지를 잘 모르고 있다는 것이 문제입니다. 이것은 우리가 설문조사뿐만 아니라 광범위한 요구 조사를 해 봐야 한다는 것을 뜻합니다."

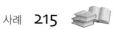

"이해합니다."라고 Smith 씨가 말한다. "오늘날 교육은 급변하고 있습니다. 저는 이 마을의 몇몇 은행의 위원으로 있습니다. 아마도 제가 요구 조사 설문에 관한 지역사회의 관점뿐만 아니라 사례들을 가져올 수 있을 것 같습니다."

"그거 정말 좋습니다." 교육장이 관심을 보이며 말한다.

교육장의 흥분이 방 안의 분위기를 활기차게 만들었다. "Smith 씨 도와주셔서 정말로 감사합니다." 그는 웃으며 이야기한다. "우리는 교육에 대한 의사 결정 과정에 참여하기를 원합니다. 가능한 빠른 시간 안에 조사 계획을 세워서 교육장님과 다시 이야기합시다. 이를 계기로 지역의 주민들은 학교교육과 학교의 교육과정을 좀 더 잘 이해할 수 있는 기회가 될 것입니다."

도전 과제

지역사회, 학교와 지역사회가 공조하여 교육과정을 개발하는 것이 점점 중시되고 있다. 교육장이 지역의 기업가 Smith 씨를 교육과정 위원회의 지역 위원으로 임명할 수 있는 기준은 무엇인가?

주요 질문

1. 교육과정 개발에서 대부분의 행정가들은 중요한 결정을 해야 한다는 것을 알고 있다. 교육장은 기업가 Smith 씨를 어느 선까지 참여시켜야 할까?

2. 교육장이 Smith 씨를 교육과정 위원으로 임명할 권한이 있다고 생각하는가? 그 이유는? 반대한다면, 그 이유는?

3. 교육장이나 학교장이 교육과정 개발에 지역 주민들을 참여시킬 수 있는 다른 방식이 있는가?

4. Smith 씨처럼 지역 주민이 교육과정 위원으로 참여하는 것에 대해 교직원 단체들은 어떻게 생각할까?

5. Smith 씨와 같은 기업가가 교육과정 개발 일정표를 짜는 데 어떤 도움을 줄 것인가?

6. 교육과정 관련 자료를 조직하고, 평가하고, 보급하는 데 Smith 씨가 할 수 있는 역할은 무엇인가?

e 참고 사이트

Curriculum planning resource for administrators and teachers

http://teacherpathfinder.org/School/school.html

Parent Institute

www.parentinstitute.com

Quia online educational plans, activities, and Web-based workbooks and textbooks

www.quia.com

Southwest Educational Development Laboratory

www.sedl.org

◆ 제6장 ◆

교과 교육과정 개발

학교의 교육과정은 초·중·고등학교에서 제공하는 학교 학습경험의 핵심이다. 교육과정 리더들은 적절한 시기에 교과 교육과정을 체계적으로 평가하여 개선해야 한다. 이 장에서는 교과 재편성에 대한 최근의 몇몇 시도를 살펴보고자 한다. 교사들은 새로운 교과를 개발하는 과정에 참여할 기회가 적기 때문에, 이 장에서는 새 교과를 개발하는 것보다는 기존의 교과를 개선하는 것에 초점을 맞출 것이다.

이 장에서는 다음과 같은 질문을 다룬다.

- 교과 재편성을 위해 과거에는 어떤 시도가 있었는가?
- 현재의 교육과정 리더들은 교과를 개선하기 위해 어떤 일을 하는가?

리더십의 열쇠

유능한 교육과정 리더들은 학교 학습을 개선하기 위해서는 교사, 학생, 수업 자료를 상호 통합해야 한다는 것을 알고 있다.

1. 교과의 재개념화

교과를 평가하고 개선하고자 하는 전략들을 논의하기 전에 학교의 교육 계획 재개념화에 널리 영향을 미치는 몇몇 시도들을 간단히 짚고 넘어 가는 것이 좋겠다. 교과 재편성의 시도는 교과 중심 교육과정에 대한 불만족에서 시작하였다. 따라서 학교교육의 다양한 지적 근거를 만드는 것이 중요하다. 교사들을 이런 토론에 참여시키면, 교과 수업과 직접적인 관련은 없지만 교실에서 유용하게 활용하고 있는 여러 가지 아이디어들을 얻을 수 있을 것이다(Bunting, 2007).

문헌들을 살펴보면, 과학과 수학 같은 전통적인 교과는 교과 지식을 과도하게 조각내서 조직해 놓은 견고한 상자라고 주장하는 사람들이 있다(Cawelti, 1982 참조). 이런 비판으로 학문으로서 교과에서 벗어나는 표준적인 교과 지식을 조직하고자 하는 시도들이 오래전부터 계속 있었다. 실제로 진보주의 시대에는 전통적인 교과를 능가하거나 무시한 새로운 교과의 개발에 관심이 쏟아졌다. 당시 널리 퍼진 모형 중의 하나는 중핵 교육과정이었는데, 1940년대에 가장 번창했으며, 지금도 많은 중학교 교육과정의 모형으로서 남아 있다. 중핵 교육과정 중 하나를 살펴보면, 9학년 학생은 하루에 개인의 흥미와 관계 있는 경험 2시간, 공통 학습(학생들이 삶의 능력을 개발하는 것을 돕는 연속 과정) 3시간 그리고 체육 1시간을 한다. 여기서 특히 공통 학습 과정은 학문이 아니라 청소년의 요구를 중심으로 한다.

중핵 교육과정에서 적용한 기본 원리들은 교과를 재편성하려는 현재의 여러 시도에도 영향을 미치고 있다. 교과 재편성의 시도는 여러 가지로 분류되지만, 대부분은 기존의 교과에 새로운 과목을 추가하거나 총체적으로 재편성하고자 하는 시도로 대별된다.

1) 간학문적 과목

간학문적 과목은 적어도 2개 이상의 교과(영어과와 사회과 같은)로부터 내용을 통합하거나, 기존의 교과 조직을 완전히 무시하는 과목이다. Rick Wormeli(2005)에 의하면, 학생들은 다양성, 창의성, 구조화를 좋아하며, 교사는 이런 학생들의 다양하고 실제적인 반응을 좋아한다. 이런 과목은 문학, 역사, 미술과 음악을 포함하는

'인문학'과 같은 형태를 취한다. 예를 들어 인문학 과목은 문화적 시대(예: 르네상스), 학습 영역(예: 미국 연구), 민족 정체성(예: 흑인의 경험) 또는 주제(예: 이상향의 전망)로 조직된다. 인문학이라는 새 과목은 몇 개 교과의 내용을 포괄하며, 교과는 여전히 내용과 계열을 결정짓는 데 영향을 미친다. 초등 수준에서는 '인문학'처럼 과목으로 접근하기보다는 언어, 사회, 과학, 미술 교과를 통합해서 '우리의 동물 친구들'과 같은 통합 단원을 개발하는 경향이 있다.

교과를 무시하거나 초월하는 과목이나 단원은 대개 주제를 중심으로 조직된다. 따라서 문학, 생물학, 인류학, 철학과 심리학을 가르치는 교사들이 팀을 만들어 '갈등의 성격'과 같은 과목을 개발할 수도 있다. 이런 과목은 교과의 주요 개념을 기초로 한다. 또 초등학교 교사들은 서로 협력하여 사회, 읽기와 언어에서 내용을 통합하여 '가족이 으뜸'이라는 통합 단원을 개발할 수도 있다. 현실적으로 간학문적 과목들은 대개 한두 명의 교사가 간학문적인 아이디어를 근거로 계획한 학습을 실행에 옮기면서 시작되었다.

간학문적인 과목은 표준 필수 과정의 대체 과목으로(예: 영어와 미국 역사 대신에 미국 연구를 채택), 혹은 심화 선택 과목으로(예: 영어와 미국 역사에 추가로 새로운 인문학 과목을 채택) 제공할 수 있다.

간학문적인 과목에 관한 연구는 그리 많지도 적지도 않다. 하지만 잘 설계된 몇몇 간학문적인 과복에 대한 실행 연구들은 이들이 기존 교과들만큼 교과의 기초 기능을 학습하는 데 효과적이라고 보고하고 있다.

2) 교과 재편성

교과 중심 교육과정에 비판적이었던 개혁자들은 간학문적인 과목을 만드는 것이 크게 효과적이지 못하다고 보고한다. 완전히 새로운 구조로 교과들을 재편성할 때 의미 있는 변화를 가져올 수 있다고 주장하면서 간학문적인 과목 대신 교과에 대한 총체적인 재구조화를 지지했다. 이 분야에서는 Paideia 제안의 창조자인 Mortimer Adler(1982)가 대표적인 사람이다. Adler는 학교교육과정을 '3열'로 조직해야 한다고 주장했다. 3열 중 1열은 조직화된 지식(언어, 문학, 미술, 수학, 자연 과학, 역사, 지리학, 사회과)을 습득한다. 2열은 인지 기능(읽기, 쓰기, 말하기, 듣기, 계산, 문제해결, 관찰, 측정, 추정, 비판적 판단 훈련)을 연습한다. 3열은 생각을 확장하고 가치를 이해한다(책과 다른 예술 작품의 토론과 예술적인 활동에 참여).

이 매력적인 제안에도 불구하고, 대부분의 교사들은 교과가 지속될 것이라고 생각한다. 물론 이런 지속성의 이유 중 하나는 전통적이라는 점이다. 학교교육과정은 수백 년 동안 교과를 중심으로 운영되어 왔다. 이런 전통을 바꾸기는 어렵다. 그리고 현실적으로도 해결해야 할 문제가 있다. 교사는 교과별로 자격을 취득하는 점, 교과서 중심의 교과 교육도 이 전통을 깨기 힘들게 하는 요인이다. 2001년의 NCLB(No Child Left Behind)법의 시행으로 교과 지지자들은 연방의 지지를 얻었다. NCLB법은 각 학교에서 '높은 자질을 갖춘 교사' 확보를 강조한다. NCLB법은 '교사' 임용을 위해서 주(州) 증명서, 학사학위, 주의 임용 시험을 요구한다. 중학교와 고등학교 교사의 경우, 교과 내용 분야를 전공하거나 교과 내용 분야에서 석사학위를 취득하면 주의 임용 시험을 면제받을 수 있다. 또 NCLB법에서는 초등 교사의 자질을 높이기 위해서 경력 교사에게 주에서 실시하는 재임용 시험 대신 3개의 기초 분야 학점 이수를 요청한다. 표준화 시험 결과를 기초로 학교의 책무성을 판단하기 때문에, 지역 교육청은 신중하게 교사를 채용한다. 지역 교육청이 전공이 아닌 교사를 임용하고자 하면 왜 NCLB의 규정을 지키지 않았는지에 대한 사유서를 제출해야 한다. 이런 최근 경향은 기존의 교과 중심의 지위를 더욱 견고하게 유지시키는 효과를 내고 있다.

교과 중심의 학교교육과정 관행이 유지되는 것에는 인지적인 근거 때문이다. 여러 연구자들이 지적했듯이, 각 교과는 교과만의 독자적인 탐구 구조를 가지고 있다. 따라서 교과를 무시하면 학생들이 수학적 또는 예술적으로 생각하는 방법을 알지 못할 수 있다고 주장한다.

수행평가센터의 설립자인 Dougla Reeves(2006~2007)는 현재 작동되고 있는 것을 유지하면서 변화를 수용하기 위한 일련의 단계들을 제시한다. 첫째, 무엇을 유지할지 정해야 한다. 효과적인 변화를 이끄는 리더는 변화와 전통을 겨루게 하는 것보다 전통을 확인하고 그 위에서 변화를 만들어 낸다. 둘째, 참여의 중요성을 이끌어 내야 한다. 개혁을 하기 위해서 리더는 의사 결정 과정에서 개인이 변화를 기꺼이 수용하도록 이끌어야 한다. 셋째, 학교와 지역 교육청 수준에서 변화를 위한 적절한 수단을 강구해야 한다. 리더는 학교구성원이 원하는 내용과 방법을 포함하여 여러 가지 요인들을 고려한 후 적절한 변화 수단들을 선택해야 한다. 넷째, 전통적인 것들을 존중하면서 변화에 수반하는 어려운 점들을 기꺼이 감내해야 한다.

2. 교과 개선

교과를 총체적으로 재편성하는 것은 쉽지 않지만, 교과를 개선해야 한다는 인식은 지속적으로 있어 왔다. 일부는 외부의 압력으로부터 시작한다. MSASS(Middle States Association of Secondary Schools)와 같은 단체에서는 학교교육 개선 정도를 평가해 왔다. 또 연방 및 주(州) 교육부도 NCLB 시행하에 모든 학교가 따라야 할 새로운 요구들을 지속적으로 발표하고 있다. 지방 교육위원회는 졸업 자격 기준을 상향 조정하고, 교육장은 각 학교장에게 학교교육 프로그램의 피해를 최소한으로 하면서 어떤 영역에서 교육예산을 줄일 수 있는지 의견서를 제출하도록 요구하고 있다. 이런 요구들은 어떤 의미에서 교과를 평가하고 개선하라는 요청으로 볼 수 있다. 이런 요청들이 유용하고 필요하지만, 외적인 요청은 교장과 교사들이 학교의 내부문제를 해결하고자 하는 내적 동기보다는 중요하지 않다. 그러므로 이 장에서는 지역 교육청과 학교들이 교과를 체계적으로 평가하고 개선하기 위해 할 수 있는 일들을 설명하고자 하다.

1) 성취가 낮은 학교에 대한 개선

대부분의 학교들이 NCLB가 요구하는 학교교육 개선에 현실적으로 직면하고 있다. 몬태나 대학 연구소의 Conrad W. Snyder(2004) 교수에 따르면 이러한 상황은 NCLB의 연차 진보(AYP annual yearly progress) 보고서를 작성해야 하는 학교에게 특히 문제다. 많은 수의 미성취 학생들이 재학 중인 성취가 낮은 학교는 교육과정을 바꾸고 개선해야 하는 만만찮은 문제에 직면해 있다. 또 이러한 상황에서 학교교육은 종종 암기와 강의식 수업이 지배적인 병폐도 있다. 또 교사의 낮은 급여, 불편하고 부적합한 교실, 교재의 부족, 무관심한 교사, 의욕이 없는 학생과 같은 문제도 있다.

도움말 6.1

학교교육을 개선하기 위해서는 국가 및 지역 교육청의 협력과 개입, 그리고 교육과정 위원회 구성 등 두 가지 접근이 필요하다.

지속적으로 교육과정을 개선하기 위해서는 다음 몇 가지가 필요하다. 하나는 최근 NCLB 사례와 RTI(Response to Intervention)에서 보듯이 국가 및 지역 교육청의 협력이다. 다른 하나는 지역 교육청 단위의 교육과정을 전담하는 위원회를 구성하는 것이다. 이 위원회는 우수한 학교의 교육과정 개발, 교육과정 설계, 교사 교육을 발굴하여 일반학교로 확산시키는 역할을 한다. 교육과정 개발팀(Curriculum Development Team: CDT)의 구성은 지역 교육청의 단위 학교를 지원하는 것이 된다.

　CDT는 전형적으로 학교교육과정 개발을 돕는 사람으로 6명 정도의 위원으로 둔다. 위원은 학교교육과정에 대해 창의적이고, 혁신적이며, 현대적인 비전을 가져야 하며, 무엇보다 수업과 교재 개발에 대한 경험이 필요하다. 지역 교육청은 지역 사회의 인사, 전문가, 교사를 위원으로 할 수 있다.

　CDT의 주요 업무는 지역 교육청의 교육과정 상황을 파악하여 설명하는 일이다. 이런 설명회나 협의를 위해 주요 교육기관들, 주 교육부, 교사, 학생 단체와 공동으로 개최한다. 또 CDT 위원들은 관내 여러 학교를 방문하여 교육과정 관련 문서를 평가해 준다.

　교육과정 위원회의 첫 목표는 단위 학교를 방문하고, 교사 및 학생들을 인터뷰하여 학교에서 사용하고 있는 교재를 검토한다. 이는 요구 조사를 위한 예비 조사이다. CDT의 조사 과정에 선정된 학교는 자료 수집과 인터넷의 접근이 가능해야 한다. 단위 학교에서는 디지털화된 설문조사 자료에 접근해야 하기 때문이다. CDT 위원들이 요구 조사를 하는 동안 통신을 유지하고 인터넷 접속을 통하여 서로 상호 작용 한다.

　CDT 위원들은 수집한 자료를 분석하고, 어떤 교재, 단원, 교사 매뉴얼을 개발해야 할지에 대해서 논의한다. CDT는 이후 학교별, 교사별로 교과서, 보충 교재, 시청각 교재, 교육과정 지침서, 교사 편람, 비디오, 평가 사례 등을 제공한다. 다른 학교의 교육과정 사례, 인지 발달에 대한 현대적 접근법, 교육과정 설계와 개발에 관한 새로운 접근법, 평가, 교육 리더십, 컴퓨터와 인터넷 사용에 대한 연수, 새로운 학급 운영 전략 등을 제공한다. 조사 과정 내내 학생, 교사, 행정가와 인터뷰를 한다. 주 정부 유관 기관 및 다른 교육 단체의 전문가와도 인터뷰 또는 협의를 하게 된다.

　교재와 교사 매뉴얼의 초안을 개발하는 것은 CDT가 해야 할 핵심적인 일이다. CDT 위원들은 개발에 반영할 새로운 내용을 조사하기 위해 교장이나 교사를 만날

수도 있다. 위원들은 또한 당해 학년도 내내 모종의 지원을 해 주고, 준비 정도를
확인하고, 피드백을 하며, 교사의 의견을 듣기 위해서 정기적으로 학교를 방문한
다. 이를 통해서 학생들의 진보, 반응, 상호작용, 수용성 등을 살펴본다. 그리고 참
가한 학교장 및 교사들과 결과를 공유한다. 구성원 간의 관계가 밀접해지면서 행정
가나 교사들 사이에서는 종종 강력한 멘터 관계나 개인적 친분관계를 형성하기도
한다. 이런 관계는 인터넷 통신을 통해서 프로젝트 기간 내내 그리고 앞으로도 계
속 유지될 수 있다.

2) 성취가 낮은 학교의 특징

CDT 위원회는 성취가 낮은 학교의 대부분은 다인수 교실의 도시 공립학교이고,
일반적으로 교사 중심의 선언적 지식, 사실과 개념의 전달식 수업을 한다는 것을
알았다. 학생들은 암기와 연습을 통해 수동적으로 지식을 습득하고 있었다. 유능한
교사나 효과적인 교재가 없는 상태에서 학생들은 그들의 학교 활동과 경험을 판단
할 수 있는 다른 준거가 없어 교과서나 교재에 들어 있는 많은 정보들을 기계적으
로 암기하는 방법을 취할 수밖에 없는 상황이다. 이것은 절차적 지식의 발달을 제
한하고, 수업이 사실적 지식을 기억하게 하는 데만 집중하도록 한다.

좀 더 효율적인 교수법들은 예를 들어 '정교화'라고 명명되는 교수법들은 기억
을 증진시키고 정보를 의미 있게 또는 도식적으로 접할 수 있도록 돕는다. 그 결과
학생들은 많은 인지적 연결고리들을 갖게 되며, 기억이나 유추를 좀 더 잘할 수 있
게 된다.

이런 연결고리들은 이미 획득한 지식을 다른 상황에 적용할 수 있는 단서를 제공
한다. 그 결과 학생들은 복잡한 도식들을 늘여 가고, 절차적 지식을 개발할 수 있는
기초를 다지게 된다. 숙련된 교사, 교과서, 교육 자료는 이 암기 과정을 돕고, 암기
한 지식을 적용할 수 있도록 돕는 진술적 정보를 제공하여 지식을 역동적으로 발전
시킬 수 있도록 돕는다.

3) 활성화된 지식의 개발

활성화된 지식이란 초인지 전략, 인지 과정, 사고 기능과 특정 내용 분야의 절차

적 지식을 말한다. 활성화된 지식 습득을 위해서는 교육과정이나 교사가 더 이상 정적인 위치에 있지 않아야 한다. 학생들이 스스로의 지식을 개발하도록 지원하고, 사고를 효과적으로 하도록 해야 한다. 수업을 포괄적으로 계획하며, 교사와 교재는 교수 전략의 핵심적인 자원이며, 학생의 지식에 대한 이해와 응용력을 증진시켜야 한다.

도움말 6.2
교육과정 개발의 궁극적인 지향은 학생들의 지식과 이해 수준을 증진시키는 것이다.

4) 학습자 상호작용과 교육과정 통합

학교 학습의 개선은 교사, 학생, 교수매체 간의 상호작용을 높여, 학생이 지식을 통합해 갈 수 있는 기초, 지식을 의미 있게 활용하는 능력, 적절한 태도, 지각, 복잡하고 효과적인 추론 능력, 인지적인 습관 등을 습득하도록 하기 위한 것이다. 이런 과정은 명제적 지식에도 내재되어 있지만, 날로 복잡해지는 평생학습 사회에서 학생이 스스로의 지식 기초를 확장하고 성공적으로 활용하도록 하는 데 중점을 둔다. 문제는 성취가 낮은 학교의 교육활동에서 활성화된 지식이 부족하다는 점이다. 대부분의 교사들은 그저 학생들에게 학습한 것을 그대로 기억해 내도록 요구한다. 역사, 공민, 정부(법률과 헌법을 포함) 문제해결을 위해 효과적인 것은 이 문제들을 충분히 생각해 보고, 선언적이고 절차적인 지식을 깊이 이해하는 것이다.

교과의 진리와 사실을 습득하는 것을 지성으로 정의할 것이 아니라, 진리에 대한 이해 정도가 지성이다. 이런 관점에서 학생들은 사실을 발견해 내고, 조직할 수 있는 능력과 그것들을 적용하는 능력을 개발해야 한다. 이해는 단순히 지식을 습득하는 것 이상이다.

5) 변화와 개혁

효과성을 중심으로 교육과정을 탐구하는 동안 교사, 교과서, 기타 수업 자료의 역할은 교육과정에 대한 종합적인 이해에서 가능성에 대한 윤곽을 제시하는 것으

〈표 6-1〉	새로운 3Rs
용도	**정의**
엄밀성 (Rigor)	엄밀성이란 엄격하다는 것이다. 학교는 학생에게 Bloom의 고차적 사고 기능을 사용하여 중요한 개념을 분석, 종합, 평가하여 깊이 숙달할 기회를 제공해야 한다. 사고의 양이 아니라 사고의 질이다. 그러므로 단순히 과제를 해결하거나 기억하여 답하는 것을 엄밀하다고 할 수 없다.
적절성 (Relevance)	학습 상황에서 적절성과 엄밀성은 공존한다. 적절성은 현실의 문제를 해결하기 위해 핵심 지식이나 개념 그리고 기능을 사용하면서 발달한다. 학생들이 고등 사고 기능들을 발달시킬 수 있을지 모르지만, 적절성 없이는 현실 세계에서 그것을 사용할 수 없을 것이다.
관계성 (Relationship)	관계성은 상호 연관 관계다. 새로운 3Rs에서 말하는 관계성은 학생들이 학습에 계속 열중하도록 하는 것이다. 교사와의 관계가 좋은 학생은 학업에 더욱 열중하게 된다. 그러므로 사회적, 학문적 지원을 제공함으로써 교사는 학생들에게 좀 더 많은 학문적 노력을 하도록 동기를 부여해 줄 수 있다.

출처: "The Three Rs Redefined For a Flat World(The World is Flat)" by J. A. Bogges, May 1, 2007, Techniques. Retried from Http://goliath.ecnext.com/coms2/gi_0199-6694070/The-Three-Rs-redefined-for.html

로 바뀌었다. 교사와 교재는 수업의 배경이며, 참고 자료의 성격이 더 강하다. 교사와 교재 개발은 본질적으로 모종의 한계를 내재하고 있다. 즉 소수의 사람들이 가지고 있는 개선의 관점을 반영할 뿐 학생의 관점을 반영하지 못한다. 이런 이유로 내용을 다루는 교과서나 기타 자료들은 많은 것을 다루지 못한다. 성공적인 교실에서는 깊게 이해하는 활동이 가능하다. 또한 의도적인 교수 전략으로 좋은 습관을 형성하도록 한다. Thomas L. Friedman(2005)의 『세계는 평평하다(*The World is Flat*)』는 21세기 교육 모형이 바뀌어야 한다는 생각을 확산시켰다. 오하이오 주의 진로 및 기술 관련 교육자들은 이러한 변화를 예견했고, MVCTC(Miami Valley Career Technical Center)의 전략적 단원 설계에서는 〈표 6-1〉과 같이 새로운 3Rs, 즉 엄밀성, 적절성, 관계성을 포함시켰는데, 이들이 학습을 증진시킨다.

6) 평가 기관

첫 단계에서 교과 평가 기관을 만들어야 한다. 지역 교육청 행정가, 학교 관리자, 핵심 교사진과 학부모 리더들은 다음과 같은 것들을 논의해야 한다.

- 얼마나 자주 평가해야 하는가?
- 교육과정 평가의 이슈는 무엇인가?
- 어느 학교 급에서 평가를 해야 하는가?
- 어떤 자원이 적절한가?

물론 이 질문은 학교급('우리는 중학교 수준에 관심을 두고 있는가?'), 예정된 외부 평가('우리 학교의 교육청 시찰은 언제 예정되어 있는가?'), 프로그램 평가의 중요성('우리는 이런 평가에 얼마나 많은 시간과 노력을 들일 것인가?')을 고려해서 답해야 한다.

평가 기관에서 해야 할 일은 평가 이슈를 확인하는 것이다. 5개의 주요 이슈들을 간단히 제시하면 다음과 같다.

① 목표와의 일치: 현재 교과가 지역 교육청의 목표와 어느 정도 일관성이 있는가?
② 교육과정 간의 상호 관계: 학년별 여러 교과들의 학습경험은 상호 얼마나 일관성이 있는가?
③ 자원 배정: 지역 교육청은 교과를 지원할 때, 지역 교육의 우선순위를 반영하고, 공평하게 지원하는가?
④ 학습자 요구: 현재 교과는 현재와 미래 학생들의 요구에 부응하는가?
⑤ 관계자 만족: 교사, 학생, 학부모는 교과에 얼마나 만족하는가?

〈표 6-2〉 프로그램 평가 일정표

연도	학교급	평가 안건
2009~2010	중학교	목표와 교육과정 간의 일치 자원 배정 학습자 요구
2010~2011	초등학교	목표와 교육과정 간의 일치 자원 배정 관계자들의 만족
2011~2012	고등학교	목표와 교육과정 간의 일치 자원 배정 교육과정 상관

평가 안건은 〈표 6-2〉에 나타난 것과 같이 프로그램 평가 일정표 내에 포함되어 있다.

7) 표준 교육과정과 학습 결과 진술문

평가 문항은 실제로 표준 내용과 학습 결과에 대한 진술문들을 질문의 형태로 바꾸어 놓고, 각 문항별로 답할 수 있도록 한 것이다. 우리는 수업 평가의 틀을 가치 있는 질문과 수행을 중심으로 만듦으로써 형식적인 답과 피상적 지식만을 생산하는 기계적 학습을 하는 학급을 밝힐 수 있게 되었다. 최근의 교육과정 개발 훈련 모형들은 주요 내용을 주제에 포함시키고 있다. 동일한 수업 목표라도 학생에게 교과서의 정보를 재해석 하도록 하여 이해하게 한다. 교재나 교사용 지도서는 선언적 지식과 절차적 지식 모두 포함하고 있는 학습 에피소드를 제시하고 있다. 또 지속적으로 변화하는 학생들의 인지 구조로 깊이 사고할 수 있도록 하는 학습 에피소드를 제공하고 있다. 교실 학습은 학생의 삶과 관련되어 있고, 자신들이 살고 있는 세계에 대한 이해를 높일 수 있어야 한다. 학생의 생각하는 능력, 학습한 것과 삶의 관계를 더 잘 이해하도록 돕는 일에는 학습의 상호작용, 표준 교육과정, 결과 진술문, 자료에 근거한 평가들이 종합적으로 관련되어 있다.

8) 지역 교육청의 교육 목표와 교육과정과의 일관성

목표 중심 교육과정 개발의 모형을 앞 장에서 설명하면서 특정 교과 내용과 목표 간의 일관성이 중요하다는 것을 설명하였다. 이 장에서는 교과를 개선하기 위해서 이 말을 다시 사용할 것이다.

첫 단계에서는 교육과정에서 제시하는 목표를 확인한다. 5장에서 설명한 것처럼 교사들은 대부분 교육 목표를 교육과정 목표라고 생각한다. 이렇게 생각함으로써 일부 교육 목표는 교육과정을 필요로 하지 않을 수도 있다는 사실을 간과한다. 예를 들어 '학생은 긍정적인 자아상을 개발한다.'라는 목표를 생각해 보자.

교사가 수업을 개선하는 방법을 찾고자 할 때마다 그들은 학습자와 모임을 갖곤 한다(Goldys, Druft, & Subrizi, 2007). 연구에 따르면 일반적으로 학생이 스스로 선택한 역할, 동년배, 학부모와 교사, 다른 사람들의 기대는 그들의 자아상에 영향을

〈표 6-3〉 교육과정 목표 확인

교사에게: 다음에 열거한 것들은 학교의 교육 목표이다. 당신은 이 들 중에서 어떤 목표가 교육과정을 통해서 성취되어야 한다고 생각하는가? 교육과정을 통해서 성취할 수 있는 목표 뒤에 'C'라고 쓰시오. 모든 목표가 반드시 교육과정을 필요로 하지는 않는다. 어떤 목표들은 방과 후 활동 프로그램을 통해서 성취될 수 있다.

1. 긍정적인 자아상 개발하기 _____

2. 자신의 민족 정체성을 가치화하고 다른 민족 수용하기 _____

미친다. 교육과정은 이 목표에 비교적 적게 기여하기 때문에 이 교육 목표는 아마도 교육과정의 목표로 진술되지는 않을 것이다.

〈표 6-3〉에서 보여 주는 것처럼 교사를 대상으로 조사하면 이런 판단을 할 때 도움이 된다. 논의 없이 단순히 의견을 모아서 그 결과를 배포하기보다는 교사들을 소집단별로 토의하게 하고, 문제에 대해 충분히 협의한 결과를 분석하고 반영하여 조사를 마무리하는 것이 좋다. 이런 조사가 완료된 후에도 교사들의 협의와 논의는 필요하다. 일반적으로 절반 이상의 교사들이 교육과정을 통해 성취해야 한다고 생각하는 목표가 있다면, 그것이 어떤 것이라고 해도 교육과정 목표로 간주해야 한다.

다음 단계는 교육과정 목표들이 어떤 교과에서 어느 정도면 만족될 수 있는지를 결정한다. 그리고 각 목표들이 교과별, 학년별로 어떻게 성취될 수 있는지를 보여 주는 행렬로 상세화한다.

〈표 6-4〉와 같은 행렬표는 이런 형식과 내용을 예시한 것이다. 교육과정 목표는 왼쪽에 위치하며, 맨 위에는 학교에서 가르치는 과목들(관련 교과들의 목록만 제시한다. 선택 교과들은 모든 학생들이 선택하지는 않기에 선택교과들의 기여는 여기서 고려하지 않는다.)을 보여 준다. 그리고 관련 교과의 구체적인 내용을 다시 학년별로

〈표 6-4〉 교육과정 목표에 달성에 기여하는 관련 교과

목표	4학년	5학년
비판적으로 사고하고 창의적으로 문제해결하기	개인적 문제의 해결	학교 문제의 해결

구분하여 보여 준다.

이런 행렬표를 만드는 데 필요한 자료를 어디서 얻을 수 있는가? 두 가지 방법이 가능하다. 하나는 주요 교과 교육과정의 목표를 분석한다. 교육과정 특별팀은 교과 교육과정 지침서를 체계적으로 분석하여 특정 목표와 관련 있는 단원 제목을 작성한다. 교육과정 목표와 직접 관련이 없어 보이는 단원은 따로 목록을 작성한다. 이 작업의 결점은 행렬에 기록된 것이 실제로 교수된 어떤 것이 아니라, 문서에 나타나 있는 지침이라는 점이다. 따라서 이런 간극을 극복하기 위해서 지역 교육청은 주로 교사들이 실행하는 교육과정을 묻는 설문조사를 하여 행렬표를 만든다. 가령, 다음과 같은 설문을 할 수 있다.

> 우리 교육청의 교육과정 목표들입니다. 각 목표를 읽어 보고 당신이 가르치는 학습 단원과 직접 관련이 있는 목표인지 판단하시오. 그리고 각 목표를 성취하는 데 기여할 수 있는 단원의 제목을 적으시오. 지역 교육청은 각 목표 성취에 관련 있는 단원들을 확인하고자 하니 성실히 답해 주시기 바랍니다.

이 조사는 교사로부터 실제로 기여하는 관련 단원 자료를 얻는 것이기 때문에 설문에 응하는 교사는 동료와 자문이나 협의 없이 조사에 참여해야 한다. 교육과정 특별팀은 다음 질문에 유의하여 작성된 행렬표의 결과들을 검토한다.

① 각각의 교육과정 목표를 위해서 적어도 한 교과라도 기여하고 있는가? 이 질문은 모든 교육과정 목표가 적어도 하나 이상의 교과를 통해서 성취된다는 것을 확인하기 위한 것이다.

② 좀 더 복잡한 교육과정 목표는 적어도 2개 이상의 교과가 이에 기여하고 있는가? 이 질문은 비판적 사고력과 같은 복합적인 목표가 여러 교과에 기여하고 있다는 것을 확인하기 위한 것이다.

③ 각 목표들은 학년별로 적절하게 성취되도록 하고 있는가? 이 질문은 학년별 학생의 발달과 내용 계열성을 기초로 각각의 목표가 충분히 강화되고 있는지를 확인하기 위한 것이다.

④ 교과와 교과 간에, 학년과 학년 간에 불필요한 중복은 없는가? 이 질문은 특정 단원의 내용들이 필요 이상으로 중복되지 않는가를 확인하기 위한 것이다.

⑤ 필수 교과들은 각각의 교육과정 목표에 적절히 기여하고 있는가? 이 질문은 교육과정의 모든 목표가 필수 교과를 어느 정도 포괄하고 있는가를 확인하기 위한 것이다.

교육과정 일치 결과는 몇 가지 반응을 동반한다. 첫 번째는 일련의 교육과정 목표를 재고하게 한다. 만일 특정한 교육과정 목표 하나가 적어도 필수 과목 중의 하나에서라도 다뤄지지 않는다면, 이 목표는 학교에서의 교과 교육 외에 다른 교육 프로그램의 기여가 필요할 것이다. 두 번째 반응은 특정한 교육과정 목표를 성취하기 위해서 필요한 새로운 필수 교과 및 과목에 대한 추가 문제를 협의해야 한다. 만일 비판적인 사고력 향상을 위해 어떤 교과도 이를 충분히 다루지 않는 것으로 보이면, 학생들의 비판적 사고력 향상을 위한 필수 과목을 개발해야 한다. 세 번째 반응은 각 교과에서 적절히 다루지 못하고 있는 목표들을 위해 각 교과의 교사들이 모여 자신의 교과에서 이를 다룰 수 있는 새로운 단원을 개발하도록 하는 것이다.

도움말 6.3
교육과정을 상호 연계하는 것은 적어도 2개 이상의 교과를 일치시키는 과정이다.

9) 교육과정 상호 연계

교육과정을 상호 연계하는 것은 교과별로 나눠진 학교의 교과 교육과정을 개선하기 위한 보편적인 방식이다. 학급담임제를 취하는 초등학교 교사는 특별한 간섭 없이 필요한 교과들을 상호 연계할 수 있다. 같은 맥락에서 간학문적인 분위기와 교사 조직을 가진 단위 학교에 근무하는 교사들은 교과를 상호 연계하기에 바람직하다고 생각하는 단원들을 그들이 효과적이라고 생각하는 방식으로 연계한다. 그러나 분화화된 교과 교육을 실시하는 학교에서는 각 교과를 담당하고 있는 교사들이 독립적으로 교과 교육을 운영하기 때문에 교과들을 상호 연계하기 힘들다.

각 교과의 정체성이 침해되지 않는다면, 교육과정 상관은 이점이 많다. 어느 교과에서는 특정 기능을 가르칠 시간이 없기 때문에 다른 교과에서 배운 그 기능을 활용할 수 있다. 그래서 화학 교사는 학생들이 수학 교과에서 배운 이차 방정식을 사용하여 수업할 수 있다. 정보에 대한 회상과 평가와 같은 기능은 범교과적인 기능이기 때문에 교과별로 과도하게 중복적일 수 있다. 분과적인 교과 교육이 가진 고립성은 교사들의 교육과정 협의나 상관 단원을 개발하여 실행하면 극복할 수 있다. 또 그렇게 할 때 학생들은 여러 교과들이 서로 어떻게 관련되어 있는지 좀 더 분명하게 이해할 수 있다.

교육과정 상관은 약점도 있다. 억지로 관련짓거나 잘못 관련짓는 경우다. 잘못될 경우 상관을 시도하는 것 자체로도 교사에게 과도한 교재 연구를 강요할 수 있다. 미국 역사와 미국 문학을 관련지어 수업하는 경우를 예로 들어 보자. 역사에서 미국 혁명기는 대단히 중요해서 철저하게 다룬다. 하지만 문학에서 그 시기는 크게 의미 있게 여겨지지 않아서 이 부분을 지나치게 간단히 훑어보고 그냥 넘어갈 수 있다. 두 번째 결점은 교육과정 상관을 강요하면서 한 교과를 중심으로 다른 교과들이 '봉사'하는 교과로 인식케 하는 상황을 만들 수 있다. 영어가 가장 자주 이런 운명에 처하는데, 영어는 다른 교과의 도구가 된다. 이런 상황으로 '이것이 영어 교사의 운명'이라는 통상적인 인식이 있기도 하다.

따라서 교과 간의 상호 연계가 필요할 때, 담임교사는 학교의 리더와 함께 상호 연계할 교과를 결정할 필요가 있다. 이런 결정은 〈표 6-5〉와 같은 형태의 설문조사로 시작한다. 우선 교육과정을 가로질러 배워야 할 일반적인 기능 및 개념에 대해 질문한다. 공부하는 방법, 독해와는 다른 독서 능력, 기사 글 요약하기와 같은 교과서적인 글쓰기 기능, 수학 기능, 문법이다. 이 조사 결과를 기초로 교육과정의 실행 방향을 정할 수 있다.

이 자료들을 통해 교육과정 상관에서 발생하는 문제에 대해 두 가지 정도 생각해 볼 수 있다. 우선 교육과정이 여러 기초 기능 중 한 가지의 개발을 강력히 요구할 때 문제가 발생할 수 있다. 예를 들어 몇몇 교과들에서 학생들이 기초적 자료 수집 기능을 확실히 알고 있어야 한다고 가정한다면, 학교장은 이 문제에 대해 3개 정도를 선택할 수 있다. 하나는 이 기능을 가르칠 새로운 과목을 개설하는 것이다. 이렇게 생긴 새 과목은 이 기능을 가르치는 데 집중된다. 두 번째는 한 교과(이 경우 읽기/언어과)에서 이 기능을 추가해서 책임지도록 하는 것이다. 세 번째는 각 교과들이 나름대로 방식으로 이 기능을 가르치는 것이다.

또 다른 문제는 내용 불일치이다. 9학년 과학과에서는 10학년 수학에 배정되어 있는 수학 기능을 필요로 한다. 이 경우 두 교과를 조정해야 하는데, 과학과 교육과

〈표 6-5〉 교과 간의 상관관계 분석

• 교사/팀

지시문: 우리 학교에서는 여러 교과의 수업을 상호 강화할 수 있는 방법을 정하기 위해서 교육
과정 상관에 관한 연구를 하기로 했습니다. 선생님이 가르치는 교과를 기초로 아래 질
문에 답해 주시기 바랍니다.

1. 아래 학년의 학생들이 모든 교과를 학습하는 데 어떤 학습 기능이 필요하다고 생각하십니까?
   10학년 _____
   11학년 _____
   12학년 _____

2. 아래 학년의 학생들에게 모두 필요한 읽기 기능(독해 제외)은 무엇이라고 생각하십니까?
   10학년 _____
   11학년 _____
   12학년 _____

3. 아래 학년의 학생들은 어떤 교과적인 글쓰기 기능을 가져야 한다고 생각하십니까?
   10학년 _____
   11학년 _____
   12학년 _____

4. 아래 학년의 학생들에게 필수적인 수학 기능은 무엇이라고 생각하십니까?
   10학년 _____
   11학년 _____
   12학년 _____

5. 모든 학생에게 필요한 문법(품사, 문장의 구조)은 무엇입니까?
   10학년 _____
   11학년 _____
   12학년 _____

6. 선생님이 현재 가르치는 교과들이 서로 연계해서 가르쳐야 할 것들이 있다면 써 주십시오.
   10학년 _____
   11학년 _____
   12학년 _____

정을 조정하여 10학년에 배우도록 하거나, 수학과 교육과정을 조정하여 9학년에서 이 기능을 미리 가르치는 것이다.

교과들을 상호 연계시키고자 하는 질문에 대한 마지막 반응은 관련 단원을 협동으로 개발할 수 있는지를 살펴보기 위해 담당 교사와 정보를 공유해야 한다. 예를 들면 영어과 교사가 논리적 사고 관련 단원을 가르칠 때, 수학과 교사는 통계를 활용한 추론하기를 가르칠 수 있다. 이처럼 교과를 상호 연계하는 목적은 학생들의 요구를 충족시키고, 선택 프로그램들을 검토하고, 가능한 한 학생에게 최적의 의사결정을 하도록 돕기 위해서이다.

10) 교육과정 관련 자원 분석

교과를 개선하기 위한 세 번째 단계는 여러 교과 교육과정 관련 자원을 분석하는 일이다. 관련 자원을 분석하는 일은 아래의 문제해결을 위한 자료를 제공한다.

- 학교의 지원은 교육적인 우선순위를 반영하고 있는가? 이 질문은 자원을 배정하는 방식이 교육과정을 근거로 우선순위를 정해야 한다는 의미이다.
- 학교의 자원은 교육과정에서 추구하는 결과를 성취하는 데 적절한가? 중요한 교육 성과가 성취되기를 바란다면, 적절한 시간, 적절한 교사 배치, 적절한 학급 크기가 고려되어야 한다.
- 자원 배당이 비용 대비 효율적인가? 이 질문은 실제 학생 수와 학생들에게 필요한 자원의 수 사이의 관계를 알아보도록 한다.
- 자원 배당이 공평한가? 이 질문은 모든 학생의 요구를 공평하게 만족시키는가를 의미한다. 많은 경우에 성취가 낮은 학생들은 더 적은 혜택을 받아 왔기 때문이다.

〈표 6-6〉을 이용하여 위의 질문들에 대한 답을 분석해 볼 수 있다. 교실 공간, 교육 비용, 수업과는 관련이 없는 비용과 간접비용 같은 추가 자료가 더 필요하지만, 이런 추가 정보 또한 〈표 6-6〉의 기초 자료를 더 세밀하게 드러낼 뿐이지 분석 결과에는 크게 영향을 미치지 않기 때문에 생략 가능하다.

시간 배당을 분석할 때는 특별한 주의가 필요하다. 수업 시간과 실제 수업을 연

〈표 6-6〉 교육과정 관련 자원 분석

교과	필수 또는 선택	재적(등록)	섹션 수	교원 배정	주당 시수(분)
미술	선택	250	14	1.0	80
체육	필수	1,500	50	6.0	120
러시아어	선택	36	3	0.6	200

계할 수 있어야 하기 때문이다(Zeller, Frontier, & Pheifer, 2006).

몇몇 연구(Stallings, 1980)는 특정 교과에 배당된 시간이 해당 교과의 성취와 직접적으로 관계가 있다고 주장한다. John Goodlad(2004)는 시간 배당을 평가할 수 있는 유용한 기준을 제시하였다. 그는 여러 학교의 교과별 시간 배당을 기초로 교육과정 개발에 대한 자신의 경험에 비추어 초등학교 3학년 이상에서는 다음과 같은 시간 배당이 바람직할 것이라고 결론을 내렸다.

- 언어: 하루에 1.5시간
- 수학: 하루에 1시간
- 사회과: 주당 2.5시간
- 과학: 주당 2.5시간
- 체육: 주당 2.5시간
- 미술: 주당 3.5시간

대부분의 주에서는 최소 시간 배당을 학교 법규로 정하지만, 지역 교육청은 이를 어느 정도까지는 융통성 있게 조정할 수 있다.

교육과정 특별팀은 이런 교과 교육과정 관련 자원 배당 문제들을 살펴보고, 어떤 자원을 재배정하여 어느 교과를 강화할지를 결정해야 한다. 이런 교과 교육과정 관련 자원으로는 시간 배당, 배치할 교원 수, 학급 크기와 같이 여러 가지 형태가 있을 수 있다.

 도움말 6.4

최근 교육에서는 테크놀로지의 도움으로 교과 평가 및 교과 개선 자료들을 분석하는 일이 점점 중요해지고 있다.

11) 평가 자료 분석의 중요성

집단 간 비교에서는 그 집단들이 비교할 만한 집단인지를 확인하는 것이 중요하다(Bracy, 2006). Victoria L. Bernhardt(1998)는 『총체적 학교 개선을 위한 자료 분석(*Data Analysis for Comprehensive Schoolwide Improvement*)』에서 리더들이 교육과정 관련 자료를 다루는 방법을 제시하는데, 교육과정 자료가 어디 있는지, 무엇이 필요한지, 자료에 어떻게 접근해야 하는지를 알려 주고 있다. 그녀의 자료 분석에 대한 초창기 연구는 자료 분석을 통해서 학교의 교육과정 관련 문제들을 확인하고 해결하는 데 도움을 주었다. 지금까지 자료 분석은 다음과 같은 이유로 학교 교육 개선 관련 연구에 잘 사용되지 않았다.

- 자료를 중심으로 업무를 처리하지 않는 학교 풍토
- 자료 수집이 쉽지 않고, 시간이 많이 필요함
- 자료 지향적이 아니라, 교과 지향적으로 교육받은 교사
- 자료가 체계적으로 사용되지 않음

그러나 자료 분석을 지지하는 사람들은 자료 수집과 분석이 교육과정 지도자들에게 좋은 결정을 하게 하고, 연구하게 하며, 효과적이고 효율적으로 일하게 하며, 더 좋은 방법으로 변화하도록 하며, 어려운 일을 이해하고, 미래를 준비하도록 도우며, 아이들에게 도움이 되는 학습에 주목하도록 한다고 지적한다. 자료를 기초로 할 때 학교는 다음과 같은 변화를 이끌 수 있다.

- 예감과 가설을 사실로 대체한다.
- 문제의 근본 원인을 확인시킨다.
- 교육과정 관련 문제와 요구들을 평가한다.
- 목표가 달성되었는지를 확인시킨다.

중요한 것은 학교가 정확한 자료를 모으고, 적절하게 사용하는 것이다. 『교육 주간지(*Education Week*)』의 저자 Lynn Olson(2004)은 지역 교육청에서 보유하고 있는 자료 목록을 만들고, 교사들이 그 정보의 질을 평가하며, 자료를 정정하거나

'정리하는' 데 필요한 비용을 예산으로 책정해야 한다고 주장한다. 학교도 외부의 도움을 받아서 초기 자료를 목록화하고, 자료를 정리하고, 모은 자료들을 합하고, 시한이 지난 자료를 수납하는 시스템을 구축할 수 있는 비용을 책정해야 한다. 지역 교육청은 학교의 자료 시스템을 업그레이드하고 유지하는 데 얼마간의 기간과 비용이 소요되는지 판단해야 한다. Olson은 자료 시스템을 구축하는 데 필요한 주의 역할에 대해서도 언급하였다. 학교와 지역 교육청은 소프트웨어를 사용하여 다른 학교와 지역 교육청과 접촉하고, 탐구하고, 조사하며, 그들이 낸 교육 성과와 제공하는 서비스에 대한 실질적인 정보를 얻기 위해 많은 학교를 방문하도록 지원해야 한다.

12) 학습자의 요구 평가하기

교과를 분석할 때 가장 중요한 것은 교육과정이 학습자의 현재와 미래의 요구를 충족시키는지 여부를 판단하는 것이다. 그렇다고 학습자의 요구가 항상 교육과정의 중요한 결정 요인이라는 것은 아니다. 3장에서 설명한 것처럼, 교육과정은 여러 가지 요소의 영향을 받는다. 하지만 학생의 현재 흥미나 요구에도 관심을 기울여야 한다. 나아가서 지금까지 교육과정 역사에서 교육과정의 경향은 항상 학생의 미래 준비를 중요하게 여겼다.

학습자 요구를 평가하는 것은 중요하기 때문에 요구 조사 또한 신중하고 현명하게 해야 한다. 단지 행정가 또는 외부 집단을 만족시키기 위해서 조사해서는 안 된다. 이 조사 과정은 학생의 현재와 미래의 요구를 구체적으로 명확하게 진술하도록 하고, 이 조사 결과를 평가하는 과정에 교사를 참여시켜야 한다. 이 과정은 지역의 상황에 따라 다르지만, 아래에서 설명하는 과정은 보편적인 과정이다.

한 명의 지역 교육청 행정가, 한 명 이상의 학교장, 교사 대표 몇 명으로 구성한 소규모 교육과정 특별팀 또는 위원회를 설립하는 것부터 시작한다. 이 위원회의 첫 번째 임무는 현재 학습자들이 요구하는 초안을 만든다. 이 요구 분석에는 두 가지를 강조해야 한다. 첫째, 이것은 모든 학생이나 청소년들의 요구가 아니라, 특정 학교에 재학 중인 학생의 요구라는 것이다. 이런 요구 분석의 초점은 일반적인 학생이 아니라 그 학교에 재학 중인 학생의 요구여야 한다. 둘째, 이 요구에 대한 평가는 학교교육의 측면이 아니라 교육과정 평가에 초점을 둔다. 이 요구들은 주로 교육과정을 통해 가장 잘 만족시킬 수 있는 요구에 초점을 두어야 한다.

　교육과정 특별팀은 일반적인 정보로서 문헌과 설문에 응한 사람, 이 두 가지를 모두 자료로 활용해야 한다. 첫째, 과업 추진 팀원들은 현재 연령 집단의 요구와 관련 있는 문헌들을 조사한다. 초등학교 저학년과 고학년, 중학생, 고등학생 등 각 연령별로 심리적, 물리적, 사회적, 인지적 요구들을 종합한다.

　교육과정 특별팀은, 광범위한 내용을 조사하기보다는 제한된 항목(아마도 5~6가지 이하)으로 조사하는 것이 더 현명할 것이다. 또한 그들은 지역사회의 전문가뿐만 아니라, 지역 교육청의 광범위한 전문가(학교 간호사, 상담가, 사회복지사와 심리학자 같은)로부터 적절한 조언을 듣고 그것을 기초로 해야 한다.

　그들의 초안 보고서는 〈표 6-7〉의 형태가 될 수 있다.

　이 표는 중학생에 관한 가장 현실적이고 신뢰할 수 있는 정보를 종합한 것이다. 첫 번째는 요구들을 진술하고, 각 요구별로 교육과정이 대응할 조치들을 제시하고 있다.

　교육과정 특별팀의 두 번째 임무는 학습자의 미래에 대한 요구들을 확인하는 것이다. 이는 미래학자로서의 역할을 하라는 것이 아니고 미래에 대한 시나리오를 예

〈표 6-7〉 학생의 요구와 교육과정 대응

학생의 요구	교육과정의 대응
1. 신체 변화의 이해와 신체 변화에 따른 영양학	1. 건강 교육 단원과 과학 단원에서 이 변화가 정상적임을 강조하고, 영양의 중요성 강조하기
2. 일상적인 환경에서 신체 적응 능력 개발	2. 과도한 경쟁을 강조하지 않고 자신의 신체를 조정하는 경험 갖게 하기
3. 준형식적 조작에서 형식적 조작으로의 이동을 꾀하는 인지 발달 수준	3. 구체적이고 추상적인 학습경험이 혼합된 내용을 포함한 단원 개발하기
4. 정치적인 판단이 요구되는 상황에 참여할 기회	4. 학생들이 현재 정치적 문제를 조사할 수 있는 단원 개발하기
5. 도덕적 발달 수준 향상	5. 복잡한 도덕적 문제를 조사할 수 있는 사회과, 과학과, 영어과 단원 개발하기
6. 자아정체성 발달	6. 자아정체성과 자기 인식의 문제를 탐구하는 단원 개발하기
7. 자율성과 또래의 승인 요구 사이에서의 균형 유지	7. 사회학적 관점에서 또래의 영향력이 지닌 성격을 탐구하는 사회과 단원 개발하기

상하라는 것이다. 다만 오늘날 학생들에게 영향을 줄 수 있는 향후 20년의 예측 가능한 특징들을 확인하려는 것이다. 여기서 교육과정 특별팀에게 도움이 될 수 있는 두 종류의 문서가 있다. 하나는 현재 학교들의 교육과정 실행을 조사하고, 특히 미래의 교육과정 요구에 대한 문제를 언급했던 2000년대 초의 몇몇 위탁 보고서이다. NSB(National Science Board)의 보고서인 '미국 과학 교육의 쇠퇴(U.S. Losing Ground in Science Education)'(Ashton, 2004)와 Education Commission of the States(American Association of Colleges for Teacher Education, 2004)의 NCLB 연구 등 이 두 보고서는 참고가 될 만하다. 둘째, 미래의 이슈를 논의한 몇몇 보고서다. 일부는 지나치게 사색적이지만 능력을 논의한 SCANS(Secretary's Commission on Achieving Necessary Skills)의 보고서(Northwest Mississippi Community College, 2004)는 유용한 자료가 될 것이다.

최근의 평가는 연방 정부의 요구를 중심으로 시행되고 있다. 국·공립 초등학교 교장 연합회 회장인 Sally Mcconell(2007)에 따르면,

최근 연방 정부의 요구가 계속 증가함에 따라, 공립학교들은 그 요구들을 이행하기 힘들어서 곤혹스러워하고 있다. 초·중등학교 교육법(ESEA)의 개정은 현재의 NCLB법의 단점을 보완해 줄 것이다(p. 16).

13) 교과의 개선

교과를 개선하고자 하는 보고서 초안은 〈표 6-8〉과 같은 형태다.

미래 사회를 전망하고, 각 전망마다 교육과정이 대처해야 할 방안을 제안한다. 현재와 미래의 요구에 대한 보고서 초안은 전문가들이 참여하여 분석하고 논의하는데, 교육과정 특별팀의 구성원들도 각 집단을 대표하여 소집단 회의에 참여한다. 그런 다음 교사들의 협의를 거쳐 최종안이 만들어지고, 이 최종안은 교과를 평가할 때에 사용할 수 있는 최종 문서가 된다. 이러한 일련의 과정은 분명히 시간이 걸리지만, 많은 시간을 투자한 만큼 충분히 근거 있는 자료를 갖게 된다. 따라서 전문가들이 만든 보고서뿐만 아니라, 이 문서는 교사에게도 중요한 문제들을 분석하고 논의할 수 있는 기회를 제공한다.

이 보고서는 교과 평가에 어떻게 활용할 수 있는가? 첫 번째, 조사한 요구에 대응

<표 6-8> 미래와 교육과정

미래에 대한 전문가들의 예측	교육과정의 대응
1. 세계는 '지구촌'이다.	1. 국가 간 상호 의존성에 대한 학생들의 인식을 증가시킬 수 있는 사회과와 영어과 단원 및 외국어 과정을 개발한다.
2. 새로운 이민자들이 큰 규모로 이 나라에 정착한다.	2. 과거 이민자와 이민자의 공헌을 강조하는 영어과와 사회과 단원을 개발한다.
3. 정보화 시대가 도래하여 컴퓨터에 의한 정보가 범람한다.	3. 모든 교과를 통해서 정보를 검색하고, 평가하고, 적용하는 지도를 한다.
4. 디지털은 지배적인 통신과 오락 매체가 된다.	4. 비판적 시청을 영어과 단원에서 지도한다.
5. 가족의 형태 변화가 가속되어 가족 불안정 현상, 한 부모 가족 형태가 증가한다.	5. 이러한 변화에 초점을 둔 사회과 단원을 개발한다.
6. 테크놀로지의 변화로 노동시장은 점점 예측 불가능해질 것이다.	6. 특별한 직업보다 모든 직업에 융통성 있게 적용할 수 있는 기술을 강조하는 영어과와 사회과 단원을 개발한다.

하는 교육과정, 즉 '요구-대응 교육과정'으로 부를 수 있는 도표를 작성하는 데 활용할 수 있다.

〈표 6-9〉는 교과별로 교사들에게 배포하여 설문조사의 질문들을 검토하고 각 문항에 응답하도록 한다. 그러고 난 후 교육과정 특별팀은 교육과정의 강점과 약점을 결정하기 위해 재조사를 실시할 수도 있다.

두 번째, 요구-대응 교육과정 도표와 목표-교육과정 일치표를 구분하는 것이 유용하다. 목표 진술은 통상 주 또는 교육청 수준에서 개발하고, 모든 학교에 적용

<표 6-9> 요구-대응 교육과정

지시문: 아래에 제시한 교육과정은 학생의 현재와 미래의 요구를 분석하여 제시된 것입니다. 각 특징을 검토하시오. 만일 당신이 어떤 교과의 교육과정이 그 특징을 반영한다고 생각하면, 그것이 어떻게 반영하고 있는지를 기술하시오.

교과 분야: 영어과

요구-대응 교육과정은 다음과 같은 특징이 있다.	나의 교과 교육과정은 이 특징들을 다음과 같이 반영하고 있다.
1. 학생들이 지구촌적 관점을 개발하도록 돕는다.	1. 학생들은 유럽과 아시아 작가가 쓴 현대문학을 읽는다.

되는 매우 일반적인 진술이다. 목표-교육과정 일치표는 학습 단원과 교육과정 목표를 일관성 있게 하기 위해서 작성한다. 요구 진술은 학교 수준에서 학년별 요구를 초점으로 작성한다. 이를 표로 제시하는 것은 각 요구별로 교육과정이 어떻게 대응해야 하는지를 구체적으로 보여 준다. 그러나 교육과정 일치표와 요구-대응 도표를 작성하는 과정이나 방법이 유사하기 때문에, 교육과정 특별팀에서는 양자 모두를 사용하기보다는 어느 하나만 사용하는 것이 바람직할 수 있다.

요구-대응 교육과정에 대한 평가는 좀 다르게 접근한다. 학급 담임 또는 교과 담당 교사는 세 학생을 선택하여, 각 요구에 교과가 얼마나 잘 대응했는지를 알아보기 위해서 학생과 심층 면담을 한다.

만약 학급이 이질 능력 집단이라면, 교사는 각 능력 수준별로 한 명씩 선정해서 면담한다.

우리 학교 선생님들은 너희들이 배워야 할 것들에 대해 고민하고 있다. 우리는 너희들이 배우고 있는 것에 대해 어떻게 생각하는지 알고 싶다. 나는 네가 공부하고 있는 것을 분명히 알고 있다고 생각하기 때문에 너를 선택했다. 나는 우리 선생님들이 네가 앞으로 배워야만 한다고 생각하는 것들을 네게 읽어 줄 것이다. 듣고 나서 두 가지로 답해 주길 바란다. 첫 번째는 내가 읽어 준 것들에 대해 너도 중요하다고 생각하는지 여부다. 두 번째는 네가 그것들을 혹시 배우고 있다면 어느 교과에서 배우고 있는지다.

물론 교사들은 학생들의 답변이 특정 교사에 대한 비난이 되지 않도록 주의해야 한다. 이 과정의 목적은 교사들을 평가하는 것이 아니라 교과 교육을 평가하는 것이다.

교사는 면담 결과를 요약 기록할 준비를 한다. 또 그들이 면담을 통해서 발견한 것은 소집단 회의를 통해서 토의할 수 있다. 교육과정 특별팀은 요약본을 통해서 어떤 교과가 학습자의 요구에 충분히 대응하지 못하는지를 검토해야 한다.

이런 과정을 통해 기존의 교과는 요구 조사를 분석한 자료를 기초로 결점을 확인하고, 교육과정 특별팀은 그 결점을 보완할 수 있는 방법을 정한다. 분명한 것은 어떤 요구는 교육과정적으로 대응할 필요가 없을 수도 있다는 점이다. 교육과정 특별팀은 특정한 요구는 다른 교육 수단 혹은 다른 기관을 통해서 더 잘 만족될 수 있다고 결론지을 수도 있다. 좀 더 적극적인 대응은 교과별로 각 요구에 대해 어떻게 대응할지를 결정하도록 하는 것이다. 따라서 만약 학교에서 가르치는 어떤 과목도 학생의 요구를 전혀 반영하고 있지 못하는 것이 사실이라면 몇몇 교과에 반영할 방법을 찾도록 해야 한다. 예를 들어 '지구촌적 관점 갖기'라는 요구의 경우 사회과, 영어과, 음악과, 미술과, 가정과에서 반영 방안을 찾을 수 있다.

도움말 6.5
교육과정 리더팀은 교수의 효과성을 교수 내용보다는 교수 방법에서 찾을 때 그 효과성은 더 떨어질 수 있다는 것을 알고 있다.

14) 만족도 평가

마지막 평가는 구성원의 만족도를 평가하는 것이다. 구성원이란 교육과정과 관련 있는 학생, 교사, 학부모 모두를 포함한다. 그러나 모든 집단을 대상으로 만족도를 조사할 필요는 없다. 특히 초등학교의 경우 학생을 대상으로 할 경우 설문 반응 결과가 유용하다고 보장하기 힘들다. 교육과정 특별팀은 전체 교사와 학생의 20%를 계층 표집하고, 전체 학부모를 대상으로 조사할 수 있다.

통상적으로 설문조사는 개별 교과 또는 수업의 과정이 아니라, 전체 교과를 대상으로 평가하도록 해야 한다. 일부 교사는 설문조사 문항을 개발한다. 〈표 6-10〉은 이런 설문조사용 문항을 예시하고 있다. 〈표 6-10〉의 설문은 교과에 대한 몇 가지 만족도를 평가하는 예시이다. 이 문항은 현재와의 관련성, 미래의 유용성, 학생의 관심, 필수와 선택 교과의 균형, 어려움과 도전, 교과의 상관, 교육과정의 형평성 등으로 구성하였고, 이 문항들이 구성원의 교육과정 만족도 평가에서 가장 두드러지게 나타나는 특징들이다.

교과를 개선하는 단계로 진행하기 전에 설문조사 결과를 신중하게 분석할 필요가 있다. 또 교육과정 특별팀은 다음 질문을 염두에 두고 결과를 검토해야 한다.

① 교사, 학부모와 학생의 교과 만족 정도를 나타내는 데 중요한 모순이 있는가? 만약 있다면, 그 모순은 무엇인가?

〈표 6-10〉 학생용 설문조사

학생에게: 아래의 질문은 여러분이 이번 학년도에 공부하는 교과에 관한 내용입니다. 각 내용들을 잘 읽어 보고, 그 내용에 얼마나 동의하는지 생각해서 적절한 곳에 ○표 하시오.

SA = 매우 동의, A = 동의, ? = 불확실, D = 동의 안 함, SD = 매우 동의 안 함

항 목	의 견
1. 나는 지금 학교에서 배우는 것이 나에게 유용하다고 생각한다.	SA A ? D SD
2. 나는 지금 학교에서 배우는 것이 미래의 나에게 유용할 것이라고 생각한다.	SA A ? D SD
3. 나는 지금 학교에서 배우는 것에 대해 흥미 있다.	SA A ? D SD
4. 나는 내가 선택할 수 있는 과목이 더 많아야 한다고 생각한다.	SA A ? D SD
5. 지금 공부하고 있는 것이 내게는 너무 어렵다.	SA A ? D SD
6. 내가 이수한 과목들은 나에게 생각을 하게 하고 내 능력을 발달시킨다.	SA A ? D SD
7. 내가 한 과목에서 배운 것이 다른 과목에서 배우는 것과 서로 연계되어 있다고 생각한다.	SA A ? D SD
8. 지능이 높은 학생은 그렇지 않은 학생보다 더 나은 과목을 배워야 한다.	SA A ? D SD

당신이 공부하길 원하는 과목 중 우리 학교에서 제공하지 않는 과정이 있는가?
만약 그렇다면, 그것을 아래 칸에 기록하시오. 둘 이상의 과목을 기록할 수 있습니다.

_____   _____
_____   _____
_____   _____

② 교과의 어떤 부분에 대해 일반적으로 불만이 나타나는가? 어떤 변화가 필요한가?

교과를 평가하는 하나의 기준은 구성원의 만족도라는 점이다. 이런 만족 정도를 분석하기 위해서 교육과정 특별팀은 위에서 제시한 안건 중 적어도 하나 이상을 활용해야 한다.

평가 문항 개발, 지역 교육청의 목표와 교육과정의 일치, 교육과정 자원 분석, 학습자 요구의 평가, 구성원의 만족도 평가 등 이 다섯 가지 평가 결과는 교육과정 특별팀과 교사에게 교과를 개선하는 데 필요한 유용한 자료를 제공한다.

요약

교육 리더는 교과를 개선하고 평가하는 일을 체계적으로 그리고 정기적으로 수행해야 한다. 이 평가의 목적은 보통 새로운 교과를 개발하는 데 투자하기보다 기존의 교과를 개선하고자 하는 데 있다. 이는 교과를 재개념화하고자 시도해 온 과정에서 얻을 수 있었던 가치 있는 정보다. 교육과정 리더는 평가 문항을 개발하고, 지역 교육청의 목표와 교육과정을 일치시키며, 교육과정에 배당된 자원을 분석하고, 교육과정을 상호 연계시키며, 마지막으로 구성원의 만족을 평가하는 과정을 통해 기존의 교과를 개선할 수 있다.

적용

1. 신뢰성 있는 기관에서 추천하는 평가 과정과 이 장에서 설명한 평가 과정을 비교하시오. 각각의 장점과 약점은 무엇입니까? 적어도 2개의 장점과 2개의 약점을 찾으시오. 어떤 요인이 당신의 교육청에서 추천하는 과정에 영향을 끼칠 수 있는가?

2. 어떤 사람들은 미래를 예측할 수 없기 때문에 미래에 관하여 언급하는 것이 무익하다고 주장한다. 또 다른 사람들은 미래를 위해서 우리가 문제해결법, 생각하는 방법, 의사소통하는 방법, 읽는 방법을 학생들에게 가르쳐야 한다고 주장한다. 당신은 이런 논의에 어떻게 반응할 것인가? 미래 교육에 대해서 당신이 교육과정 리더에게 특별히 추천하고 싶은 것은 무엇인가?

3. 교과 재편성을 시도해 보라. 당신이 가장 잘 알고 있는 학교급(초, 중, 고)을 선택해라. 학습 내용을 조직하는 방법을 찾아서 각 학습 영역마다 필요한 시간을 배정하는 방식을 확인하라.

4. 당신이 알고 있는 학교의 교과 교육과정 평가 일정표를 작성하라. 그 일정에는 분석해야 할 프로그램 평가 관련 이슈, 책임자, 최종 평가 날짜를 포함시켜라.

5. 미래 사회에 필요한 교육과정을 만들기 위해서 당신이 살펴본 것처럼, 〈표 6-8〉에 들어갈 추가 항목들을 만들고, 교육과정의 대응을 작성하시오.

6. 〈표 6-10〉의 학생 설문조사와 관련하여, 학생들의 요구로부터 무엇을 배울 수 있는가?

교장은 학생의 성취를 개선하기 위해서 어려운 내용을 가르치는 방법에 대해 5학년 리더와 이야기한다.

"Ron, 나는 당신이 학급에서 수준 높은 수학과 교육과정을 많이 사용한다는 것을 알고 있고, 학급 학생의 시험 점수가 항상 높다는 것을 알고 있어요. 당신의 전략을 다른 5학년 교사들과 공유할 수 있는 방법이 있을까요?" Cecilia Hazelton Intermediate 학교의 Susan Neal 교장이 묻는다. "5학년 교사들과 이야기했더니, 그들은 표준과 기대 수준에 대해 매우 당혹해하더군요. 그들은 교재가 너무 어렵다고 생각해요. 당신도 알다시피, 우리 학생 대부분은 주 수준의 표준 수학 성취도에서 한참 아래에 있어요. 나는 당신이 이 문제를 해결해야 한다고 생각해요."

"기꺼이 돕지요."라고, Ron이 말한다.

"오늘 오후 5학년 교사 팀을 만나겠어요. 나는 그들이 염려한다는 것을 알고 있고, 학생들의 수 감각과 연산 분야의 점수를 향상시키는 내 방식을 웹상에서 공유할 수 있어요. 선생님들은 학생들의 시험 결과에 대해 꽤 실망하고 있지요. 예를 들면 우리의 교재는 반올림을 강조하는데, 시험에서는 원래 값을 요구해요." "그게 바로 우리가 필요로 하는 것 같군요."라고, 교장 Neal이 답한다. "교사들에게 내가 말하는 것보다 당신이 말하는 것이 더 나을 것이라고 생각해요."

도전 과제

교과를 개선하는 방법으로 각 학년에서 활용하는 웹사이트를 조사하는 것도 학교교육과정을 분석하는 중요한 구성요소이다. 이를 분석하여 교장 Susan Neal은 더 많은 교사들이 이 사이트를 활용할 수 있도록 하는 전략을 제안해 보라.

주요 질문

1. 간학문적인 과목을 개발하는 것을 돕기 위해 사용되는 Ron의 학급 웹 기반 교육과정 프로젝트에 대해 당신은 어떻게 생각합니까?

2. 교육과정 재구성은 큰 저항을 겪을지도 모른다. 교장 Susan Neal은 모든 교사에게 교육과정을 재구성해야 한다고 제안할 경우 어떤 문제가 있을 수 있는가?

3. 교과를 평가하기 위해서 교사들이 테크놀로지와 웹을 사용하도록 할 수 있는 방법이 있을까, 그 방법은 무엇인가?

4. 당신이 Cecilia Hazelton Intermediate 학교의 학부모라면 자녀들이 웹 기반 학습을 하는 것에 대해 어떻게 생각할까? 교장 Neal은 이 문제를 어떻게 다루어야 하는가?

5. 학교 구성원의 교육 만족도를 높이기 위한 교과 평가를 위해서 교장 Susan Neal은 Ron의 웹 기반 교육과정 개발 방법을 어떻게 사용할 수 있는가?

⌨ 참고 사이트

Annenberg Media-Free video course and workshops for teachers

www.learner.org

Educational Research Service-Instructional strategies

www.ers.org

Teachers.net-Teaching strategies and lesson plans

www.teachers.net

Trilemma Solutions educational consulting-Information on teacher improvement

www.trilemmasolutions.com

◆ 제7장 ◆

학습 프로그램 개발

교육청이 교육과정을 개선할 때는 주로 모든 학년과 관련이 있는 영어과 같은 교과에 관심이 있다. 이 경우 설명이 부족하거나, 교사들이 더 이상 현재의 지침을 준수하지 않거나, 현행 교육과정이 시의적절하지 않다고 느끼면서 시작한다. 7장에서는 교과별 교육과정을 개선하는 데 미치는 영향들을 설명하고자 한다.

이 장에서는 다음과 같은 질문을 다룬다.

- 교과 교육과정을 운영하기 위해서 과거에는 어떤 시도를 했는가?
- 최근 교육과정 리더들은 교과 교육과정을 운영하기 위해 무엇을 하고 있는가?

리더십의 열쇠

지역 교육청 리더들은 성취 기준에 일치하면서도 적절한 시기에 평가할 수 있는 평가 도구를 필요로 하는 동시에 그런 평가 도구를 보유하고 있어야 한다.

1. 학습 프로그램 개발

일반적으로 교과 교육과정을 학습 프로그램으로 재편성하려는 시도는 교과 간의 경계를 완화하려는 방향이다. 교육과정 리더는 학교에서 가르치는 것이 사회의 요구, 학습자의 요구, 다양한 학문 영역에서 학자들의 권고를 반영해야 한다고 생각해 왔다(Cawelti, 2006).

학습 프로그램 개발을 지지하는 측에서는 학년별로 조직된 교과 교육과정(영어 10학년, 수학 6학년)이 개별화를 방해하고 개인 차를 무시하고 '일괄처리'하게 한다고 주장한다. 그들은 교육과정을 학년별로 위계화하는 것보다는 개별학습의 지도를 가능하게 해야 한다고 주장한다. Heidi Jacobs(2004)에 의하면, 교사들이 팀을 이루어 교육과정 맵핑(mapping)을 할 때 다음과 같은 질문으로 시작하라고 제안하였다.

- 누가 무엇을 하고 있는가?
- 우리 학교 교육과정은 표준 교육과정과 일관성이 있는가?
- 교육과정을 효율적이고 효과적으로 운영하고 있는가?

학교 교육과정 맵핑은 매우 유용한 도구다. 교사와 학생들이 '학년 수준'이라는 한계를 넘어 학생들로 하여금 자신에게 적절한 학습을 할 수 있도록 돕는다.

물론, 학년을 중심으로 교육과정을 설계한다는 것이 새로운 것은 아니다. 일찍이 1919년부터 Carleton Washburne이 Winnetka(일리노이 주) 학교에 근무할 때, 학습자 개인의 속도에 맞춰 공부하는 것을 강조하는 개별화 프로그램을 개발했다. 학생들은 교사가 관리하는 평가 자료를 기초로 스스로 공부하였다(Washburne & Marland, 1963 참조).

1) 진단-처방형

교육과정의 진단-처방 모형은 교과 교육과정의 영역을 무학년으로 구조화하면서 시작한다. 이러한 모형들은 차별화 수업으로 운영할 수도 있고 그렇지 않을 수도 있다.

Rick Wormeli(2006)에 의하면,

> 차별화 수업은 학생의 학습을 최대화하기 위한 전략이다. 차별화되지 않은 자료를 학생들에게 제공하기도 한다. 일반 수업에서 학생에게 특별한 필요가 발생하면 차별화 수업을 통해서 교사는 학생에게 필요한 학습을 일부 혹은 대부분 개개인에게 적절하게 제공한다. 차별화 수업이 종종 개인적으로 이루어지지만, 개별화 수업 자체를 의미하는 것은 아니다. 차별화 수업은 학생의 학습을 위한 것이면 무엇이든지 가능하다. 이것은 매우 효과적인 수업이다(p. 3).

그러므로 개인적 특성을 토대로 진단-처방적으로 접근하는 것은 학생마다 적절한 강점학습을 강화하고 약점을 개선하기 위해 처방하는 것이다. 이러한 접근은 종종 RTI(Response to Intervention) 모형과 함께 활용되고, RTI 모형을 보완하기도 한다(Bender & Shores, 2007).

따라서 초등수학은 6개 학년별로 조직하는 대신 18단계로 조직할 수도 있다. 각 단계를 몇 개의 모듈이나 단원으로 구성한다. 따라서 3단계 수학에서 16모듈이 발달 순서대로 배열되어 모듈 2는 모듈 1을 토대로 만들어지고 모듈 3으로 이어진다. 그러므로 교육과정은 학년 수준과 관계없이 강력하게 연계된 일련의 학습 위계 선상의 연속 개념이 될 수 있다. 교사는 학생의 현재 성취 수준을 진단하고, 적절한 위치를 결정하며('3단계의 모듈 4에서 시작해라'), 형성평가와 총괄평가를 통해 학생의 학습 단계를 정한다. 학생, 학교, 교육청 평가에서는 과업별로 다면적인 평가를 하여 단일 평가로 얻을 수 있는 결과보다 더 정확하게 접근한다(Guilfoyle, 2006).

진단-처방 모형은 얼마나 효과적인가? 대답은 쉽지 않다. 왜냐하면 수업부터 교육과정까지 그 효과를 구체적으로 찾아내는 것이 거의 불가능하기 때문이다. 그러나 Jim Ysseldyke와 Steven p. Tardrew(2003)는 학교가 기존의 교육과정을 짧은 기간 안에 획기적으로 개선하기 위해서 컴퓨터를 활용할 수 있다고 하였다. 3~10학년 학생들이 한 학기 동안 학습한 성취도의 차이는 6학년은 7%(백분위점수), 3학년과 5학년은 14%(백분위점수)에 이른다.

2) 선택형

선택형은 진단-처방형과 다르다. 진단-처방형은 일직선으로 순서에 따라서 교육과정을 개념화하는 반면, 선택형은 여러 가지 경로로 조직한다. 선택형은 교사를 변화의 주체로 보고, 그들에게 권한을 더 많이 줄수록 더 큰 변화를 유도할 수 있다고 믿는다(Reason & Reason, 2007). 진단-처방형과 선택형을 비교하면 [그림 7-1]과 같다. 선택형은 보통 6, 9, 12, 18주간 지속되는 단기 과정으로 운영된다(Oliver, 1987 참조). 단기 과정은 몇 개 학년을 넘나들며 설계하기 때문에 학생들은 자신의 능력에 따라 학년 구분 없이 이수한다.

주어진 선택형은 보통 교사의 개인적인 특성 및 관심이나, 학생의 흥미 조사 결과를 기초로 결정한다. 예를 들어 영어과는 다음과 같은 주제로 선택형 과정을 제공한다.

- 흑인으로 살아 보기
- 남부 사투리
- 비판적으로 TV 시청하기
- 이상, 실제, 상상
- 스페인 문학
- 갈등: 전쟁 문학
- 컴퓨터로 의사소통하기

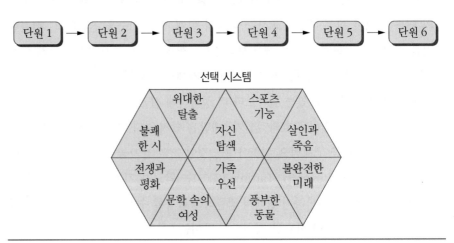

[그림 7-1] 진단-처방형과 선택형의 비교

선택형의 효과는 진단–처방형보다 결론을 내리기 더 힘들다. 비록 여러 연구자들이 1980년대 초 선택형을 '교육의 위기'로 비난하였지만, 이를 증명할 만한 증거들은 많지 않았다(Copperman, 1978 참조). 단지 몇 개 안 되는 연구에서 선택형을 체계적으로 평가한 연구가 시도되었다. 영어 선택에 대한 Hillocks(1972)의 연구가 이런 연구 중 하나이다. 100개 이상의 프로그램을 검토한 후 그는 다소 낙관적인 결론을 내렸다.

> 영어 교사들이 자기 교과를 연구하고, 계획하고, 평가하는 등 전문적으로 다루도록 하면 영어 교육을 혁신시킬 수 있다. 이런 이유 하나만으로도 선택형은 시도할 만한 가치가 있다(p. 123).

대부분의 연구자들은 선택형이 종종 설계가 탄탄하지 않다고 생각하는 경향이 있다. 반면, 잘 설계하더라도 이것이 표준 교육과정만큼 효과적인지에 대해서는 여전히 논란의 여지가 있다.

진단–처방형과 선택형의 전망은 어떠한가? 첫째, 진단–처방형은 주로 교실에서의 컴퓨터를 광범위하게 활용하면서 과거 수년 동안 꾸준히 발전해 왔다. 컴퓨터는 분석, 처방, 평가를 돕는다. 따라서 컴퓨터를 활용한 프로그램은 교사로 하여금 교육과정을 학생 개개인의 요구에 맞출 수 있도록 돕는다. 예를 들어 Renaissance Learning의 속진 수학(Accelerated Math)은 학생의 성취를 높였다. 속진 수학은 재능이 있는 학생, 영어 성취도가 낮은 학생들에게 효과가 있었다(Ysseldyke & Tardrew, 2003). 현재 선택형은 일시적으로 유행하는 것처럼 보이지만, 이 모형의 개방성과 비구조성으로 표준과 엄격성을 중시하는 사람들에게서 그 효과성이 의심받고 있다. 대부분의 교육과정 리더들은 학년을 중심으로 교육과정을 구분하는 것을 당연시한다. 왜냐하면 학교는 학년을 중심으로 구분되어 있고, 교사 또한 그렇게 배정되고, 학생들도 그렇게 편성되며, 자료나 문서도 그렇게 저장되어 있다. 그러나 만약 지역 교육청이나 교사들이 선택형을 원한다면 무학년제로 교과 교육과정을 운영할 수 있을 것이다.

2. 학습 프로그램 개선

다음에서 설명하는 것은 교사 중심의 교육과정 영역에 대한 개선 방안이다. 이것은 많은 지역 교육청에서 성공했고, 시간과 비용을 줄이면서 원하는 결과를 얻을 수 있는 방안이다. 이 과정은 다음과 같다.

① 한계 정하기
② 꼭 배워야 할 것 정하기
③ 교육과정 맵핑하기
④ 교육과정 맵핑 정교화하기
⑤ 자료 개발하기
⑥ 시간을 배당하기
⑦ 평가 방식 정하기
⑧ 수업 자료 선정하기
⑨ 교사 연수하기

이 과정에 대해서는 다음 장에서 자세히 설명할 것이다. 비록 영어 교과의 예를 대부분 사용했지만, 다른 교과도 비슷한 과정을 거친다.

도움말 7.1
교사 중심의 교육과정 개발은 형식적 교육과정, 가르친 교육과정, 실행 교육과정을 모두 반영해야 한다.

3. 교사 중심의 학습 프로그램 개발

미국 교육은 교사에게 교육과정에 대한 권한을 계속해서 위임해 왔다. 이것은 교사에게 단지 월급을 더 주는 것으로 충분하지 않다. 교사가 성공할 기회를 많이 갖도록 하는 것이다(Darling-Hammond & Berry, 2006). 이런 것은 새로운 것이 아니다. 오랜 시간 동안 교사는 교육과정에서 중요한 요소로 인식되어 왔다. 교사 중심 학습 프로그램 개발은 아마도 Goodlad(1977)가 처음으로 제시한 용어일 것이다. 1장에서 토론한 것과 같이 Goodlad는 학교교육과정에 대한 연구에서 다섯 가지 교육과정을 제시하였다. 관념적 교육과정(권고로서의 교육과정)은 그 분야의 학자나 전문가가 추천하는 것이다. 형식적 교육과정(문서로서의 교육과정)은 지역 교육청에서 제공하는 교육과정이다. 가르친 교육과정은 교사들이 가르친 교육과정이다. 실행 교육과정은 관찰자들이 관찰할 수 있는 교육과정이다. 경험으로서의 교육과정은 학생들이 학습한 교육과정이다.

Goodlad는 관념적 교육과정은 문서로서의 교육과정이나 가르친 교육과정에 거의 영향을 주지 못한다고 했다. 왜냐하면 학급의 교사들은 문서로서의 교육과정을 무시하고, 교사들이 실제로 가르치는 교육과정과 다르고, 학생들이 교사가 가르친 것을 모두 학습하지도 않기 때문이다. 그의 연구결과는 교사를 교육과정 개발자로 보는 이후 연구들에 의해 지지되었다(Cusick, 1983 참조). 이런 연구들은 다음과 같은 점을 제공한다. 교사가(특히 중등 교사들) 교실에서 가르칠 것을 결정할 때 지역의 교육과정은 대충 참고하고, 교과 내용, 경험, 학생들이 배울 것이라고 예상하는 것에 의존한다. 5학년 학생들과 고등학교 대수반 학생들에 관한 Homan(Schmidt, 2004 재인용)의 연구는 교육과정 개발에 참여한 교사들이 학급을 잘 운영하고, 학생이 높은 성취를 낼 수 있도록 교육과정을 계획하여 가르치는 우수한 전략을 사용한다고 보고하고 있다.

권고로서의 교육과정, 문서로서의 교육과정, 가르친 교육과정을 좀 더 밀접하게 상호 관련지을 필요가 있다. 교사에게 권고하는 교육과정은 최근 교과 지식을 학급 상황에 맞춰 조절할 수 있는 것이어야 할 것이다. 또한 문서로서의 교육과정과 가르친 교육과정은 좀 더 일관성이 있어야 한다. 자신들이 원하는 것을 가르치고 싶어 하는 교사에게 문서로서의 교육과정은 혼란이 될 수도 있다.

아래에서 설명하는 과정들은 이런 목적들을 달성하기 위한 것이다. 이 과정은 교사가 무엇을 가르치려고 하는지를 정하면서 출발한다. 최근의 교과 지식에 비추어 그것을 결정하도록 하고, 권고로서의 교육과정과 가르친 교육과정을 종합하여 반영할 수 있도록 한다. 따라서 이 과정은 우선적으로 교육과정 문서를 개선하는 데 관심이 있다. 이는 지역 교육청 수준의 교육과정 개선 및 학습 환경 개선과 좀 더 관련이 깊다. 권고로서의 교육과정, 문서로서 교육과정, 가르친 교육과정을 논의할 때는 이들을 상호 연계해서 보는 것이 좋다.

 도움말 7.2
학습 프로그램 개발은 종종 내용 요소(content matrices)를 중심으로 수업이나 단원을 구성하는 것을 핵심으로 한다.

몬태나 대학교의 연구 교수 Conrad W. Snyder(2004)에 따르면, 학교 교육과정을 개발하는 1단계에서는 필요한 것을 조사하여, 확인하고, 명시한다. 그리고 학생들이 알아야 할 것(학생들이 친숙하게 접해야 할 것)을 명시한다. 이런 정보들은 교육부 또는 지역 교육청이 개발한 교육과정에도 이미 존재하지만, 둘을 종합적으로 검토해 봐야 한다. 이를 위해서 다음 네 가지 질문을 활용할 수 있다.

① 아이디어, 주제, 과정이 일상적인 삶이나 학급 상황을 넘어 지속적인 가치가 있는 큰 아이디어인가?
② 아이디어, 주제, 과정이 그 학문 분야에서 어느 정도 핵심적인 것인가?
③ 아이디어, 주제, 과정이 교과서를 넘어 학급에서 일어나는 다른 활동들을 어느 정도 다루고 있는가?
④ 아이디어, 주제, 과정이 학생의 참여, 주의, 흥미를 어느 정도 고취시킬 수 있는가?

2단계는 각 단원을 개발한다. 한 단원을 개발하면, 이것을 수용해야 하는 근거가 있는지 질문해 보아야 한다. 이를 평가하는 데 적용할 기준은 ① 타당성, ② 신뢰성, ③ 충분성, ④ 진실성, ⑤ 실현 가능성, ⑥ 친숙성이다. 이런 기준은 학생의 반응을 이끌어 낼 수 있는 요소들이다. 표준화된 평가 준거를 사용하지만 계속적으로 수정 가능해야 한다.

테크놀로지를 활용하면 교사는 그 과정을 쉽게 수행할 수 있고, 동료들과 계속해서 협력할 수 있고, 효과적으로 작업을 할 수 있다. 활용 가능한 것으로 마이크로소프트 사의 Live Meeting(온라인/인터넷 회의를 위한 소프트웨어)이 있다. 이것은 온라인이므로 운영비용이 저렴하다.

이 프로그램은 계속되며, 대화할 수 있고 연락이 가능하다. 온라인상에서 편집하고, 검토하는 방식으로 교육과정 개발 과정에서 의사소통을 가능하게 한다. 교육과정을 인쇄하거나 출판하지 않고도 갱신하고 수정할 수 있다. 그리고 자료를 효과적으로 분배할 수 있다.

3단계는 계획한 교육과정을 실행하기 위해서 적절한 수업 전략을 세운다. 전략은 효과적으로 접근할 수 있는 안내를 제공한다. 수업 설계는 교사의 훈련과 실천적인 전문성 정도에 의존한다. 이상적인 것으로는 RTI 교수법 같이 정부가 주도하여 개발, 보급한 것도 있다. 그리고 최근에 이런 접근을 해 본 교사 집단이 필요하다. 교사는 교실 학습을 풍요롭게 하기 위해서 수업 자료를 어떻게 이용해야 할지 잘 알고 있다. 여기에는 상당한 전문지식이 필요하다. 그러므로 교육과정과 수업을 연결하는 것, 즉 교육과정과 새로운 수업 전략을 사용하여 수업의 구조를 개발하는 것이 중요하다. 교사는 이 과정에서 모든 단계를 표준화하고 고정하기 때문에 한계가 있다는 것을 알게 될 것이다. 탐구 학습을 위해서는 이 학습법에 미숙한 교사를 지원할 수 있어야 한다. 이런 것들이 세 번째 단계에서 일어난다. 교육과정 개발에서는 전형적으로 아주 기본적인 지침만 주고 수업 전략을 짜도록 한다. 최종 결과물은 교육과정이나 교사가 아니라 교사의 창조적인 산물이다. 이런 프로젝트에서는 교사 교육을 통해서 적절한 전략(strategic scaffolding)을 안내한다. 교과서이든 다른 것이든 수업 자료는 탐구 중심 수업 전략을 반영하고, 지침서에서는 구체적인 수업활동과 행동을 설명해야 한다. 왜냐하면 대부분의 교사는 첨단 테크놀로지의 기능을 익히지 않았기 때문에 자신이 다녔던 대학이나 자신이 근무하는 학교에서 그런 사례들을 접해 본 적이 없기 때문이다. 다양한 교사용 지도서들이 현재 여러 출판사에서 판매되고 있다.

교육청에서 교육과정과 최근의 교수법을 결합시킨 교사용 지도서 및 교육 자료들을 제공하려면 몇 가지 질차를 밟아야 한다. 각 절차는 진행 과정에서 협의와 교섭이 필요하다. 이런 협의와 교섭은 교육과정 개발팀을 구성하는 것부터 시작해서 현행 교육과정 자료와 교수 방법들을 검토하여 초안을 개발하고, 최종안으로 수정하고, 사전 평가를 하는 전 과정을 필요로 한다. 또한 각 단계에서 구성원들의 전문성을 개발해 주어야 한다. 이 책의 저자들이 제시하는 단계는 다음과 같다(Snyder, 2004 참조).

① 지역 교육청의 교육과정을 검토하라. 지역 교육청마다 특정한 요구나 중점 사항을 진술하고 있다. 따라서 교유과정 설계 과정에서는 이런 것들을 이해해야 한다.

② 학교 교육과정의 주제 또는 하위 주제를 선정하라. 그리고 국가 수준의 표준을 중심으로 비교해 본다.

③ 강조된 점과 차이를 내고 있는 점을 찾아서 계획을 수정한다.

④ 교과서 및 자료를 선정한다. 핵심 질문을 통해서 좋은 수업이 되도록 하라.

⑤ 구성원 및 자문 교사들과 내용을 검토하라. 개발 과정을 상세하게 검토해 줄 협력 팀을 만들고 개발한 교육과정을 열람할 수 있도록 한다.

⑥ 선정한 교육과정과 교사용 지도서를 개발하고 자료를 개발한다.

⑦ 평가 방식을 정한다.

⑧ 검증된 평가 도구로서 국가기관에서 개발한 것들을 조사한다.

⑨ 평가 자료를 다른 평가 자료와 비교해 본다. 평가 문항을 개선하면서 문제 은행을 만든다.

⑩ 교육과정 초안을 작성한다. 교육과정 위원회, 연수 담당자, 멘터에게 피드백을 받아서 원고를 수정한다.

⑪ 지역 교육청이 보유하고 있는 평가 도구나 평가 사이트에서 난이도를 확인한다.

⑫ 현행 교육청 자료를 기초로 부족한 부분, 보완 부분이 있는지 점검한다.

⑬ 교육과정을 실행할 때 사용할 그림이나 삽화를 만든다. 새로운 그림을 찾아내거나 기존의 것 중 다시 사용할 만한 것들을 찾아본다. 공동 작업을 하라.

⑭ 주제별로 활용할 만한 미디어 자료를 찾는다.

⑮ 멀티미디어와 웹 기반 자료를 이용하여 개발한 자료를 개선하고 수정한다.

⑯ 사전-사후 검사에 필요한 학생용, 교사용 평가 도구를 개발한다. 마지막으로 피드백들을 검토하고 종합한다. 그리고 지역 교육청의 교육과정 예시본과 필요한 교사용 지도서를 만든다.

출처: Calendar of Activities/Itinerary Narrative, by C. W. Snyder, 2004, an unpublished paper completed for the University of Montana International Studies Program.

 도움말 7.3

프로젝트의 범위와 소요될 예산을 정하는 것은 교육과정 개발에서 중요하다.

1) 범위 정하기

첫 번째 과업은 프로젝트의 범위를 정하는 것이다. 학교장은 필요한 예산을 지원해야 하며, 다음 몇 가지 질문을 해 본다.

(1) 몇 학년까지 포함할 것인가

보통은 유치원생~고등학생까지이다. 그러나 다르게 접근할 수도 있다. 초등학교에서 시작하여 중학교와 고등학교를 추가할 수 있다. 중학교를 중심으로 초등학교와 고등학교를 추가할 수도 있다. 고등학교를 중심으로 중학교와 초등학교로 진행할 수도 있다.

(2) 어느 수준까지 개발할 것인가

학교를 능력별로 나눈다면 교육청은 각각의 지침을 만들어야 할지, 아니면 기본 지침을 하나만 만들고 적절히 사용할지 결정해야 한다. 완전학습 이론은 모든 학생들이 마스터할 수 있는 교육과정을 만들어야 한다고 주장한다. 완전학습을 위한 지침을 만들어 주고, 더 능력 있는 학생들에게는 특별한 자료로 보충하는 것이 좀 더 상식적이다.

(3) 개발 책임자는 누구로 할 것인가

대부분의 교육청에서는 한 팀을 운영하는 것이 효율적이고 효과적이라 생각한다. 이런 팀은 교육장, 한두 명의 학교장, 담당 장학관, 학교급별 리더 교사 한 명씩 그리고 학부모 대표로 구성한다. 그리고 팀장은 주로 교육장이나 장학관이 한다.

(4) 얼마나 많은 시간이 필요한가

이 문제는 지역 교육청의 규모, 프로젝트의 범위, 가능한 자원에 따라 다르지만, 대부분의 교육청에서는 1년 정도 걸린다.

2) 완전학습해야 할 것

교육과정 범위가 정해지면 교과 교육과정 영역 개정에 영향을 미칠 모든 교사들에게 안내한다. 리더는 교육과정을 요약하고, 다음 두 가지 자료를 준비한다. 개정 과정에 교사들이 참여하는 것은 중요하며, 완전학습해야 할 것을 중심으로 한다. 1장에서 설명한 것처럼 완전학습해야 할 것이란 다음 두 가지다. 모든 학생들에게 필수적인 학습이다. 지역 교육청 교육과정은 완전학습해야 할 것을 중심으로 한다. 유기적인 교육과정과 심화 교육과정은 직원 연수를 통해서 학교에 전달된다.

3) 교육과정 맵핑하기

오리엔테이션이 끝나면, 다음 단계로 교육과정을 구체화한다. 즉 교사는 주어진 학년 수준과 과목에서 가르쳐야 할 것을 찾는다. 이런 것을 하는 이유는 교사들이 무엇을 가르쳐야 한다고 생각하는지를 알아내기 위한 것이지, 무엇을 실제로 가르치는지를 알아내기 위한 것은 아니다. 어떤 전문가들(English, 1980; Jacobs, 2004 참조)은 교사들이 실제로 가르치는 것을 알아내야 한다고 주장하지만, 여러 연구들은 실제로 교사들이 가르치는 것보다 더 많이 알고 있다고 하였다. 여러 가지 이유 때문에 가르쳐야 할 것을 가르치지 못하는 경우도 있다. 우선은 학습 자료의 부족이 그 이유다. 교사들은 학교 운영위원회에서 결정한 자료나 학부모들이 선호하는 자료를 사용해야 한다고 생각하며, 동료 교사들이 동의해 줄지 확신할 수 없다. 따라서 교사들이 내놓은 절충안들을 형식적으로 다루기보다는 교사들이 실제로 가르쳐야 한다고 생각하는 것을 파악하는 것이 바람직하다. 이 과정에서 교사와 학자들이 생각하는 '이상적인 것'을 찾을 가능성이 높다.

교육과정을 바람직한 것으로 만드는 가장 좋은 방식은 매 학년마다 교사들을 대상으로 설문조사를 하는 것이다. 여기서 설문 방법이 중요하다. 왜냐하면 설문의 내용과 형식에 따라 얻어 낼 수 있는 정보의 종류가 다르기 때문이다. 이 분야의 전문가(내부 인력 혹은 외부 컨설턴트)는 중요한 여러 사항들을 고려해서 설문지 초안을 개발한다(〈표 7-1〉은 한 교외 학교의 사회과 교육과정을 맵핑하기 위해 조사한 설문지다.).

- 완전학습시켜야 할 교육과정 요소를 어떻게 찾아내야 할까? 이 설문을 하는 이유는 세부적인 것보다는 필수적인 것을 도출하려는 것이다. 예를 들어 영어 교과의 경우 맞춤법이나 관용구들을 찾아내는 것이 아니다. 이들은 대부분의 영

〈표 7-1〉	사회과 교육과정 맵핑을 위한 설문조사지

전문가들은 다음 사항을 추천합니다.

-기능을 개발하는 것은 사회과의 중요한 목표 중 하나이다. 기능이란 어떤 것을 잘할 수 있는 것, 즉 '어떻게 하는지 아는 것'이다.

-사회과 기능은 유치원~고등학교까지 일련의 연습을 통해서 습득된다.

-사회과는 정보 습득이라는 중요한 능력을 강조해야 한다. 정보 습득 능력은 정보를 습득하는 데 있어 읽기 능력, 학습 능력, 참고 및 정보검색 능력 그리고 컴퓨터 사용 능력을 포함하는 말이다.

-사회과는 정보를 조직하고 사용하는 기능인 논리적 사고와 의사 결정 기능을 강조해야 한다.

-사회과는 원만한 대인관계와 사회 참여에 필요한 기능으로서 개인적 기능, 집단 안에서의 기능, 사회 정치적 참여 기능을 강조해야 한다.

당신이 가르치는 학년에서 가르쳐야 할 정보 습득 기능은 무엇입니까?

1.

2.

3.

당신이 가르치는 학년에서 가르쳐야 할 정보 조직 기능은 무엇입니까?

1.

2.

3.

당신이 가르치는 학년에서 가르쳐야 할 대인관계 및 사회 기능은 무엇입니까?

1.

2.

3.

어 교과서에서 주로 다루고 있기 때문이다.

• 어떤 내용을 중심으로 맵핑해야 하는가? 표준 교육과정은 각 교과의 핵심 내용을 담고 있다. 주어진 교과의 영역에서는 이런 핵심 내용을 서로 다르게 제시하기도 한다. 예를 들어 어떤 사람들은 국어를 언어, 문학, 작문 등 세 영역으로 구성해야 한다고 주장할 수도 있다. 이런 교과별 영역을 정하는 목적은 교과에서 다루는 핵심 내용을 교사들이 쉽게 식별할 수 있도록 하는 것이지 전문가들을 위한 것이 아니다.

• 맵핑한 정보들은 어느 정도 상세해야 할까? 어떤 사람들은 매우 상세하게 담긴

긴 정보 목록을 선호한다. 우리의 오랜 맵핑 경험에 따르면, 많은 정보를 맵핑해 두는 것이 좋다. 이를 기초로 후반부에서는 구체적인 특정 목표를 설정할 수 있을 것이다.

- 설문지에 전문가의 의견을 간단히 첨가해서 교사들이 쉽게 의사 결정을 할 수 있도록 해야 할까? 이런 설문지의 이점은 교사들이 설문지를 완성하면서 전문가들의 의견을 짐작할 수 있다는 것이다. 하지만 전문가의 의견이 첨가된 설문지는 교사에게 정말로는 원하지 않은 내용을 선택하도록 유도할 가능성이 있다. 교사를 잘 아는 사람이 이 문제를 결정해야 할 것이다.

설문지의 방향이 명확한지, 내용 요소가 적절한지, 원하는 정보를 얻을 수 있도록 구성되었는지 확인하기 위해서 설문지 초안은 몇몇 교사들에게 검토를 받는 것이 좋다.

교사에게 일과 중에 설문지에 답하도록 한다. 원할 경우, 교과서나 학습 계획안, 혹은 현재 교육과정 안내서 등을 보면서 응답할 수 있도록 한다. 그리고 설문지를 집단별로 완성해야 할지, 아니면 각자 완성해야 할지를 결정한다. 어떤 방법을 써도 좋다. 소집단 접근 방식은 유익한 토론을 유발할 것이고, 개인적인 응답은 주장이 강한 교사의 목소리가 대표적인 의견이 될 가능성을 막아 준다. 이는 교사들의 행동 성향을 잘 알고 있는 교장이 결정하도록 한다.

〈표 7-2〉 설문조사 결과: 7학년 영어

다음은 3곳의 중학교에 속한 영어 교사들이 품사를 가르쳐야 한다고 생각한 것이다. 숫자는 응답 교사 수이다.

문법: 품사

북부	남부	중앙
명사-2	명사-3	7학년에서 품사를 가르치고 싶지 않음
동사-2	동사-3	
형용사-2	형용사-3	
부사-2	부사-3	
	한정사-3	
	접속사-3	
	대명사-3	
	전치사-3	

받은 설문지 내용을 중심으로 핵심 내용은 학년별로, 또는 교사의 반응이 큰 범주나 계열별로 정리한다. 〈표 7-2〉는 그렇게 정리한 것이다. 이 표에서는 학교별로 반응을 구별하였다. 왜냐하면 교육 리더가 교사의 연수에 대한 요구를 확인할 수 있도록 도움을 주기 때문이다.

도움말 7.4
교육과정 개정에는 교사들의 비판적 의견 개진이 필요하다.

4) 계획 수정하기

다음 과정은 계획을 수정하는 것이다. 위의 과정에서 작성한 내용을 기초로 초안을 검토하고 필요하다면 수정을 한다. 여기에서 전문가의 충고가 필요하고 만일 그 분야의 깊은 지식과 현재의 지식을 가지고 있는 지역 리더가 없으면 초청해서 검토를 받아야 한다. 이때 다음과 같은 질문을 염두에 두고 검토한다.

• 중요한 기능이나 개념인데 생략된 것이 있는가? 전문가 집단에서 추천하는 내용을 소홀히 취급하지는 않았는가?
• 중요하지 않는 내용이 포함되어 부담을 가중시키고 있지 않은가?
• 학년 수준에 적절하지 않은 기능이나 개념이 있는가?
• 불필요한 중복은 없는가? 여러 학년에서 반복적으로 강조하는 개념이나 기능들이 있는가?
• 내용별로 학년 위계가 대체로 정확한가? 난이도나 복잡성을 중심으로 볼 때 적절한가?
• 학년과 학년 사이는 균형이 잡혀 있는가?
• 내용표는 주나 교육청의 권고안을 적절히 반영하고 있는가?

이때 특히 표준 교육과정을 기준으로 한다. 교사는 학자들과 전문가들의 판단을 기초로 검토한다.

검토 결과는 내용표를 수정하는 데 반영하고, 학교장과 모든 담임교사에게 배부한다. 대부분의 교사들이 특정 항목을 포함해야 한다거나 빼야 한다고 생각하면, 그 의견은 반영하는 것이 바람직하다.

5) 보조 자료 개발하기

교육과정 내용표는 각 학년에서 가르쳐야 할 주요 기능이나 개념들을 보여 준다. 프로젝트 팀은 이제 '교사들이 이 교육과정을 보조할 자료는 어떤 것인가?'라는 질문에 답해야 한다.

교사들이 선택할 수 있는 자료는 세 가지 정도, 즉 교육과정 지침서(curriculum guide), 목표별 개요(curriculum-objective notebook), 예시 시나리오(curriculum-scenario book) 등이다.

교육과정 지침서는 8장에서 자세히 다룬다. 이 자료는 지역 교육청에서 가장 많이 쓰는 자료일 것이다. 지침서에서는 구체적 학습 목표, 각 목표별 추천 학습 활동들을 제공한다. 만약 교육과정 지침서 개발이 필요하다면, 먼저 교육과정 내용표를 기초로 구체적인 목표를 설정해야 할 것이다. 예를 들어 8학년 문법 내용으로 '명사'가 있다고 생각해 보자. 이 경우 다음과 같은 목표를 진술할 수 있다.

- 명사 정의하기
- 문장 안에서 명사 찾기
- 물질명사와 추상명사 구분하기
- 문장 안에서 구상명사와 추상명사 찾기
- 물질명사와 추상명사를 사용하여 문장 만들기
- 고유명사와 보통명사 정의하기
- 문장 안에서 고유명사와 보통명사 찾기
- 대문자로 시작하는 고유명사를 넣어서 문장 만들기

구체적인 목표 목록은 일반적인 기능 및 개념을 분석하고, 주어진 학년 수준에 가장 적절한 것을 검토하면서 만들어진다. 그러고 나면 각 목표 혹은 목표군별로 필요한 학습 활동을 정한다.

교육과정 지침서의 특징은 포괄성이다. 통상 모든 학생을 전제로 목표와 학습 활동을 진술할 뿐만 아니라 철학적 배경, 평가 방식, 자료도 제공한다.

두 번째로 목표별 개요를 만든다. 교육과정 목표별 개요는 주어진 과목을 한 장에 작성하는데, 가르치는 방법을 개관하고, 간략한 학습 범위 및 계열표를 제시하며, 해당 학년의 학습 목표들을 포함한다. 따라서 7학년 교사는 7학년용 사본만 가지고 있고, 이것을 기초로 위에서 설명한 그런 과정으로 학습 목표를 개발한다.

교육과정 목표별 개요의 특징은 긴결함과 유연성이다. 해당 학년의 필수 사항만 포함한다. 구체적인 학습 활동을 진술하지 않는데, 이는 교사들이 직접 개발하거나 개발할 수 있는 연수를 받을 것이라고 여기기 때문이다. 목표별로 개요를 작성하는 중요한 이유는 '원하는 방식으로 학습 목표를 달성하라'는 것이다. 목표별 개요는 두 가지 양식이 있다. 하나는 낱장 형식이어서 교사들이 추가, 삭제, 수정이 용이하다는 점이다. 교사가 유용하다고 생각하는 학습 자료를 추가 기록하여 자기 것으로 만들도록 권장한다. 다른 하나는 학습 목표만 나열하는 형식이다. 이것은 교사에게 학습목표 진술, 가르치는 방식 등에 자유를 준다. 통합 단원으로 가르치고 싶은 교사들은 통합하고, 개별 교과로 가르치고 싶은 교사는 교과별로 가르친다.

예시 시나리오는 학습 시나리오의 모음 책이다. 교사들은 교육과정 내용표를 기준으로 '어떻게 하면 학습 활동과 자료 그리고 목표를 조화롭게 경험할 수 있게 할까?'라고 질문한다. 가령 '명사'를 지도하는 교사는 다음과 같은 시나리오를 접할 수 있다.

- 헬렌 켈러 자서전 중 일부, 헬렌 켈러가 사물마다 이름이 있다는 것을 처음 알게 되는 부분을 학생들에게 읽힌다. 명사의 개념을 이름으로 설명해 준다. 이름의 중요성에 대해 토론한다. 구상화(reification), 즉 이름을 실제로 믿는 것의 위험성을 논의한다.
- 특정한 명사들을 사용하여 명사시를 쓰게 한다. 구체성이 얼마나 중요한지에 대해 토론한다. 일반 명사가 얼마나 유용한지에 대한 학생들의 의견을 묻는다. 수준이 높은 학생들은 의미론, 즉 '추상의 다리'에 관심을 가질 것이다.

학습 시나리오는 총체적인 학습경험을 강조한다. 학습 목표는 암시적이고, 어떤 결과가 일어나야 하는지에 대해 구체적으로 알려 주지 않는다. 학습 시나리오는 학습의 범위 및 계열 표와 목표별 개요 등을 포함하고 있다.

이 세 가지 중 어느 것이 가장 중요한가? 이 질문에 대한 답은 교육의 체제 및 교사의 능력에 따라 다르다. 교육과정 지침서는 행정적으로 중요하고, 경험이 짧은 교사들이 많은 교육청에 적절하다. 목표별 개요는 학습 목표 달성을 중시하면서 교사에게 자율권을 주고자 하는 교육청들이 주로 선택할 것이다. 시나리오는 아마도 학습 목표 달성보다는 질 높은 학습경험을 제공하고자 하는 교육청에서 주로 요구할 것이다.

 도움말 7.5
교과별 시간 배정과 학생의 교과 학습 성취는 상호 직접적인 관계가 있다.

6) 시간 배당하기

교육과정 개정의 어느 시점이 되면 교과 지도에 필요한 시간을 배분해야 한다. 앞에서 설명한 대로, 연구에 따르면 특정 교과의 시간은 그 교과의 학생 학업 성취에 영향을 미친다. 영어 시간의 40%는 문법에, 10%는 작문으로 배정한다면, 문법의 성취도는 작문과 비교해서 상당히 높을 것이다(Zellmer, Frontier, & Pheifer, 2006).

시간은 여러 방법으로 배정할 수 있다.

첫 번째 방법은 교육청에서 개발한 교과 내용 요소를 기준으로 시간을 분배하는 방법이다. 교육과정 개정팀은 전문가들이 제안하는 것을 토대로 교육청에서는 교과 교육과정 내용을 개발하고, 내용별로 시간을 분배한다. 최종 고시한 교육과정 문서에 시간 배당표를 넣는다.

두 번째 방법은 교육청별로 시간을 배분하는 방법이다. 지역 교육청은 학년별 내용 표준을 정하고 시간을 배정한다. 교육장은 특정 학년, 특정 과목을 가르치는 관내 모든 교사에게 다음과 같은 질문을 한다. '중학생을 대상으로 한 본 교육청의 교육과정 내용을 이수하기 위하여 시간을 어떤 비율로 하는 것이 좋겠습니까?' 교육장은 교육청을 우선 고려하면서 동시에 시간 배당에 대한 교사들의 의견을 반영한다. 한 중학교 사회과 교사들은 다음과 같은 의견을 냈다.

- 역사: 50%
- 지도 및 학습 능력: 20%
- 지리: 15%
- 윤리: 10%
- 기타: 5%

세 번째 방법은 학교 수준에서 결정하는 방법이다. 단위 학교는 학사 일정을 시작하면서 모든 학년별 교사들에게 과목별 목표, 주요 내용, 시간 배당을 포함한 계획서를 제출하도록 한다. 그리고 교장은 이 계획서를 검토하고, 시간 배당이 부적절하다고 생각되면 해당 교사들과 협의하여 조정한다.

네 번째 방법은 교사들이 결정하는 방법이다. 교육청의 정책이나 교과별 계획보다는 리더 교사들의 집단 모임을 통해 교사들이 스스로 시간을 배당하도록 지원한다. 교사는 성취할 내용을 검토하고, 시간 배당의 문제를 토의하고, 학생들의 성취 수준과 교육청의 교육과정 중요도를 반영하여 시간을 분배한다.

물론, 이 네 가지 방법들은 결과적으로 서로 보완적이기 때문에 함께 사용해도 된다.

7) 평가 도구 개발 및 선정

평가와 관련하여 한편으로는 올바른 표준화 평가 도구를 선택하고, 또 다른 한편으로는 교육과정에 기초한 평가 문항을 개발한다. 첫째, 교육과정 개발팀은 교육청 내의 평가 전문가에게 자문을 구해서 교육과정에 맞는 표준화 평가 도구를 선정한다. 표준화 평가 도구를 선정하는 일은 매우 중요하다. 왜냐하면, 표준화 검사 결과가 주로 학교 내 성취도를 재는 잣대로 쓰이기 때문이다. 특히 읽기와 수학에서 이슈가 되지만, 표준화 평가를 하는 모든 과목을 대상으로 신중하게 선정해야 한다.

교육과정에 기초한 평가 문항 개발 역시 중요하다. 이런 평가 문항은 학교교육과정을 기초로 개발한 평가 문항으로 학생들의 성취도를 구체적으로 평가할 수 있을 뿐만 아니라, 교사들로 하여금 완전학습해야 할 교육과정을 실행하도록 하는 데 영향을 미친다. 교사가 시험에 나올 것을 알면, 학생에게 그 내용을 강조할 것이다.

학년별로 교육과정에 기초한 평가를 몇 회 하는 것이 적절한가? 그 답은 지역 교육청과 학교급에 따라 판단해야 한다. 대부분의 고등학교에서는 중간고사와 기말고사를 교육과정에 기초해서 치른다. 중요한 것은 균형이다. 한편으로 치우친 평가는 적절치 않다는 것을 이해하는 것이 중요하다. 고비용 평가(high-stakes testing)는 개인의 학업 성과를 정확히 측정하기 힘들다(Fugate, 2007).

시험은 일반적으로 학생의 학업 성취, 학교의 성공, 심지어 교사의 성과를 재는 잣대로 쓰이기 때문에 신뢰성과 타당성을 보장하는 평가 도구 개발에 심혈을 기울여야 한다. 평가와 평가 도구 개발은 미래 지향적일 필요가 있다. 주에서 요구하는 책무성, 사회와 기업이 학교교육에 요구하는 내용을 통찰하여 반영해야 한다(Kozol, 2007). 평가 전문가의 자문은 필수적이고, 지역 교육청에서 제공하는 모든 시험은 학교에서 전면 실시하기 전에 사전 실시를 통해서 검증 과정을 거쳐야 한다.

도움말 7.6
온라인 평가 및 컴퓨터를 활용한 평가는 국가와 주의 표준 교육과정에 부합되는 내용을 빠르고 정확하게 파악할 수 있도록 한다.

8) 컴퓨터를 활용한 평가

지역 교육청에서는 표준 교육과정에 부합하고 매 학기 성취 결과를 확인할 수 있도록 평가를 정확하게 할 필요가 있다. 지역 교육청은 의미 있는 자료에 기초한 지표를 필요로 한다. 예를 들어 다음과 같다.

- 공적인 책무성을 판단할 수 있는 기준
- 좋은 수업을 판단하는 데 필요한 교육과정 참조 기준
- 개인 및 집단의 성장을 평가하는 이전 성적
- 연간 실적을 평가할 적절한 기준

NWEA(Northwest Evaluation Association; Olson, 2004)는 컴퓨터 시험을 통해 지역 수준 및 국가 수준의 표준 교육과정을 기초로 학업 성취 정도에 대한 정확한

정보를 제공하는 기관 중 하나이다. 컴퓨터 또는 웹 기반 시험은 첨단기술을 활용하여 정보를 사용자의 관점으로 정리할 수 있는 장점과 수준별 평가가 가능하다는 장점을 갖고 있다. 이런 시험 문항은 1만 5천 개 이상의 문제를 확보하고 있는 문제 은행에서 발췌한다. 학생들이 컴퓨터로 시험을 칠 때, 문제의 난이도는 학생의 능력에 따라 조절된다. 각 문제의 난이도는 시험 점수에 따라 즉석에서 정해진다. 학생이 정답을 맞히면 다음 문제들은 어려워지고, 학생이 틀리면 다음 문제의 난이도는 낮아진다. 이렇게 학생 개인에게 맞춘 맞춤형 시험을 치게 된다. NWEA의 MAP(Measures of Academic Progress) 시스템을 이용하는 단위 학교는 시험에 대한 학생들의 불안감을 줄이면서 비교적 정확한 시험을 치르게 한다. 학생은 시험 중이라고 하더라도 필요하다면 언제든 멈추고, 점심을 먹거나 휴식을 취한 후, 돌아와서 계속 시험을 칠 수도 있다.

학생이 컴퓨터 시험을 마치면, MAP 시스템이 화면에 즉각 결과를 보여 준다. 시험에 응시한 전 회 점수를 보여 주며, 지난 점수와 비교해 주며, 장기적인 예측도 해 준다. NWEA에서는 지역 교육청의 표준 교육과정을 준수하고, 전국단위 표준화 시험도 제공한다. 시험 담당 교사는 24시간 안에 시험에 대한 정보 및 결과를 다운로드할 수 있고, 학생 및 학부형에게 출력하여 나눠 줄 수 있다.

또 시험 결과를 자료 분석을 위한 목적으로 출력할 수도 있다. 교사는 학생 개개인이 어떤 분야에서 발전을 했는지 언제든 확인할 수 있다. 즉각적인 의견을 반영해서 교육과정과 교수 전략을 수정할 수 있다. 컴퓨터를 활용한 이런 시험은 학생들의 학습을 평가하고 학생들의 요구를 반영하는 가장 빠르고 쉬운 방법 중 하나로 인정받아 왔다.

9) 수업 자료 선정

교육과정을 개정하면 새로운 수업 자료가 필요하게 된다. 프로젝트 팀은 개정 교육과정이 요구하는 강조점들을 포함하는 수업 자료 개발을 안내할 만한 지침을 만든다('국어과에서는 작문을 특히 강조한다.'). 다음 단계로 프로젝트 팀은 이 지침에 따라 개정 교육과정을 운영할 때 교사들이 유용하게 쓸 만한 수업 자료들을 검토하고 채택한다.

교과서나 웹 기반의 다양한 수업 자료들은 교육과정을 기준으로 선정해야 한다.

즉 교과서를 먼저 선정하고 교육과정과 맞추어 보는 식으로 반대로 일을 진행하면 안 된다. 그러나 실제로 이렇게 반대 방식으로 일을 처리하는 지역 교육청이나 단위 학교들이 많다. 교과서를 구입한 후에 출판사의 학습 범위 및 순서 표를 기초 자료로 교육과정을 설계한다. 학교 교과서 기획 과정을 아는 사람들은 이런 접근 방식이 얼마나 어리석은지 잘 알고 있다. 이 사람들은 교과서 판매를 위해서 대중의 취향에 맞춘다. 교과서 저자는 종종 스스로 부적절하다고 느끼는 내용이라고 하더라도, 저자 개인의 자의적인 해석이나 시장의 요구에 맞추어서 첨가하기도 한다. 따라서 대부분의 전문가들은 초등학교 수준에서 문법이 매우 부적절하다고 주장하지만, 거의 모든 초등학교의 국어 교과서에서 문법이 차지하는 비중은 아직도 상당하다.

 도움말 7.7
교사 연수는 교육과정 실행을 위한 핵심 요소이다.

10) 교사 연수 제공

교사 연수에서 가장 중요한 것은 실시 '시점'과 '내용'이다. 교사 연수는 가장 효과적인 시점에 실시해야 한다. 5장에서 설명했듯이, 교사 연수 시점은 대개 두 가지 방식으로 정하는 듯하다. 첫 번째 방식은 교사들이 수 차례 회의를 해서 주어진 학습 영역을 성취하는 데 적절한 것을 검토하고 있을 때, 전문가의 조언을 필요로 할 때, 교과 수업에 대한 아이디어 교환이 일어나고 있을 때, 자료를 개발하고 공유하고자 할 때다. 자료를 이렇게 만들면(학습 단원, 차시 수업 예시안, 학생용 학습지 자료) 어떤 의미에서 이 자료는 교육과정 개정의 일부다. 이렇게 만든 자료를 체계화, 형식화시키는 약간의 작업이 필요할 뿐이다. 실례로, 대부분의 교육과정 개정은 이런 방식으로 접근한다.

두 번째 방식은 개정 교육과정을 시행하는 출발 시점에 교사 연수를 제공하는 것이다. 일단 교육과정이 개정되면 교사 리더는 수 차례 교사 연수를 통해서 새 교육과정을 이해시키고, 필요한 새로운 기능을 습득하도록 조력하고, 연수 프로그램을 통해서 세부적으로 필요한 사항들을 충실하게 반영한다. 이런 교사 연수 과정으로 교육과정을 보완할 수 있다. 어떤 방식이든 좋다. 중요한 것은 교사들이 필요한 시점에 양질의 교사 연수 프로그램을 제공받는 것이다.

양질의 교사 연수 프로그램이란 무엇일까? 지난 10년 동안 많은 연구를 통해서 모범적인 교사 연수 프로그램이 무엇인지 그 실체를 파악하고자 노력해 왔다. 이런 연구결과를 〈표 7-3〉에 요약해 놓았다.

교육청 주관으로 모든 지침이나 내용을 포괄하는 교사 연수 프로그램을 제공한 다는 것은 불가능하다. 하지만 교사 연수는 이런 지침들을 진지하게 고려할 수 있 는 기회를 준다(Berman & McLaughlin, 1979, Joyce & Shower, 1980, Laurence, 1979 참조).

이 장에서 설명하는 교사 연수 프로그램의 단계를 따를 경우, 표준 교육과정의

〈표 7-3〉 효과적인 교사 연수에 대한 연구결과 개관

연수 기간
교사 연수는 현재적이고 계속적이어야 한다.

연수 관리
교장이 적극 참여하되, 주도하지는 않는다.
교사와 교장이 함께 연수 프로그램을 기획한다.
교사들이 정기적으로 모여서 과정을 검토하고 중요한 문제를 토론하는 기회를 갖는다.

연수 내용
연수 내용은 교육과정에서 요청하는 새로운 능력, 필수 기초 이론을 제공한다.
연수 내용은 교사가 필요하다고 느끼는 것을 중심으로 한다.
연수 내용은 실질적이어야 하고, 연수는 시기적으로 적절해야 한다.

연수에서 학습 활동
연수 프로그램은 새로운 지식과 기능을 시연하고, 포괄적으로 체험할 수 있도록 운영한다.
연수 프로그램에서는 새로운 기능을 모의학습 혹은 실제 학습에서 시험하는 기회를 제공해야 한다.
연수 프로그램에서는 교사가 사용하는 기능에 대해 체계적인 피드백을 제공해야 한다.
연수 프로그램을 통해서 다른 학급이나 학교를 참관할 기회를 제공받는다.

연수 장소
연수 프로그램은 대학교가 아니라 학교에서 실시해야 한다.

연수 강사
연수 강사는 관내의 교사들을 중심으로 하면서 외부 전문가 초빙은 최소화한다.

각 학습 영역을 개선하는 데 도움이 될 것이다. 사실 이 단계는 많은 시간을 필요로 한다. 그러나 교육의 질을 높이는 데에는 지름길이 없는 법이다.

11) 연수를 통해서 개발할 전문성을 구체화하고 우선순위 정하기

교사 연수를 제공할 때 중요하게 고려해야 할 것은 개발한 전문성을 구체화하여 우선순위를 정하는 일이다(Whitehead, Jenson, & Boschee, 2003). 예를 들어 전통적인 방법에 멀티미디어 기술을 통합할 수 있도록 하는 데 목적을 둔 교사 연수에서 가장 중요한 것은, 학급 교육과정을 설계할 때 교육과정과 기술을 연계하도록 하는 것이다. 컴퓨터 사용 기술을 기초로 하기 때문에 교사들은 이를 위해 적당한 훈련을 받아야 한다.

도움말 7.8
교사 연수 프로그램의 질은 비전, 철저한 구성, 지역 교육청에서 제시한 계획을 실행하는 정도에 따라 성공하기도 하고 실패하기도 한다.

12) 창의적인 교사 연수 전략

교육과정 변화의 성패는 지역 교육청 수준에서 교사 연수를 위해서 인적·물적 자원을 지원하고 교사 연수를 혁신하는 것에 의해 좌우된다. 대부분의 학교들은 교사 중심의 학습공동체를 확보하고 있기 때문에 창의적이고 질 높은 직원 연수를 제공할 수 있다. 제한된 자원의 한계에서 창의적인 교사 연수를 이끌기 위해서 다음 몇 가지 사항들을 고려해 볼 필요가 있다.

① 세 사람에게 물어라: 교장, 장학사, 교육과정 리더, 또는 테크놀로지 코디네이터와 의논하기 전에 교사들이 상호 협력한다. 규칙은 간단하다. 3명의 교사에게 물어본 후 자신에게 물어보는 것이다. 이 작은 규칙을 지킴으로써 장학사와 코디네이터에게 부담을 덜어 주고, 교사 연수 및 협동을 강화한다. 교사는 이 규칙을 학생에게 적용할 수도 있다. 만일 학생들이 어떤 문제를 가지고 교

사를 찾아오기 전에 3명의 다른 학생과 의논한다면, 교사는 교육과정이나 수업을 위한 시간을 좀 더 벌 수 있을 것이다.

② **연수 시간을 확보하라**: 교사들이 연수를 하고, 교육과정을 계획하기 위해서는 학교의 일과를 조정해서 시간을 확보해야 한다. 교사 연수와 교육과정을 계획하기 위한 시간을 확보하기 위해서 교사들은 휴식시간을 조금 양보하고, 매일 조금 일찍 수업을 시작하고, 조금 늦게 수업을 끝내야 한다. 중요한 것은 교사연수 시간을 확보하면서 지역 교육청에서 요청하는 수업 시간을 이수해야 한다는 것이다.

③ **2인 1조로 연수에 참석시켜라**: 워크숍, 세미나에 둘씩 짝을 지어 참여시킴으로써 협동적이고 지원적인 연수 환경을 조성한다. 한 학교당 적어도 두 명의 교사가 같은 연수를 받는다는 것은 교육과정을 성공적으로 정착시킬 수 있는 좋은 방법이다. 대부분의 연수 프로그램들이 실패하는 이유는 교당 한 명의 교사가 참여하기 때문에 열정적인 실행하기가 힘들다.

④ **교대로 연수에 참여시켜라**: 연수에 참여할 교사를 대신해 줄 대체 교사를 확보함으로써 연수 참여 분위기를 활성화할 수 있다. 예를 들면 다섯 명의 교사가 오전 연수에 참여하는 동안 다른 다섯 명의 교사가 연수 교사의 빈자리를 대신해 준다. 같은 방법으로 오후 연수를 운영한다. 그러나 이 방법은 교사-학생 간에 상호작용할 시간을 줄이기 때문에 자주 할 수는 없다. 특별한 시간, 특별한 연수를 해야 할 경우에 유용하다.

⑤ **무료로 제공하는 전문가 컨설팅을 활용하라**: 혁신적인 교육청은 교과서 채택 과정 동안 연방에서 제공하는 무료 컨설팅 서비스를 받을 수 있도록 노력한다. 몇몇 교과서 회사는 그들의 교과서나 교수 자료 선택률을 높이기 위해서 전문가 컨설팅을 제공하곤 한다. 창의적인 리더는 서비스를 제공하는 출판사를 찾아 교사 연수를 기획한다. 여기에서 핵심은 출판사와 접촉하여 여러 인근 교육청들이 힘을 모아 컨설팅을 받는 연수를 기획하는 것이다.

⑥ 시간표를 조정하라: 창의적인 리더는 교과 전담 시간(음악, 미술, 도서관 작업, 체육 시간 등)을 조정하여 신임 교사 연수를 실시한다. 예를 들면 전담 시간을 이용하여 신규 교사와 경력 교사들이 서로의 교실을 방문하여 아이디어를 공유할 수 있도록 한다. 경력 교사들은 신규 교사에게 수업에서 테크놀로지를 효과적으로 이용하는 모습을 보여 줄 수도 있다.

⑦ 대학의 교사 교육 프로그램을 활용하라: 대학에서는 항상 캠퍼스 안팎에서 예비 교사들의 학습을 확장시킬 방법을 찾고 있다. 최근의 학교 재구조화로 대학의 예비 교사와 교육 실습 프로그램에 큰 변화가 일어났다. 최근 추가되고 있는 주요 강좌들을 보면 주로 교육과정 변화나 리더십 프로젝트들이다. 최근 여러 대학에서 추진하고 있는 혁신 프로그램은 온라인 교사 연수와 지역 사이트나 비디오를 이용한 리더십 관련 협동 과정들이다.

⑧ 학교와 대학 파트너십을 형성하라: 예비 교사를 통해서 대학과 단위 학교(관내 초·중등학교)를 연계할 수 있는 방법들을 찾고 있다. 대부분의 학교들은 대학생(예비 교사)들을 활용하여 과학기술 관련 여러 직원 연수를 실시하고 있고, 예비 교사들에게 교실에서 과학기술을 활용할 수 있는 전략들을 모델링하도록 돕고 있다. 학교 교사들은 새로운 아이디어를 배우고, 대학생들은 연수를 지원하고 학점을 인정받는다.

⑨ 교육과정과 테크놀로지를 연동하라: 최근 시골 지역의 교육청에서는 이 연동 체제를 현실적으로 보고 있다. 혼자 성취할 수 없는 것도 서로 협동한다면 성취할 수 있다. 지역 교육청들의 협동 과정으로 교육과정과 테크놀로지 코디네이터들을 고용하여 필요한 교사 연수를 제공한다. 일부 교육청에서는 이 협동 과정에 강사로 참여한 교사나 학생에게 학점을 인정해 주고 있다.

⑩ 지역사회 전문가를 활용하라: 최근 지역 교육청에서는 지역사회 인사들을 찾아 활용하고 있다. 지역 교육청은 과학적인 기술 경험이 있는 지역사회 인사들에게 필요한 장비와 지식을 제공한다. 이런 연수 프로그램을 통해서 교사들은 워드프로세싱, 이메일, 위성방송, 멀티미디어, 케이블, 여러 미디어들을

활용할 수 있도록 연수를 받는다. 중요한 것은 교육과정 리더들이 관내 과학 기술 영역에서 봉사할 수 있는 인적 자원을 마련하는 것이다.

⑪ 연수 운영 및 계획의 틀(matrix)을 사용하라: 연수를 운영하고 계획할 때 활용 가능한 이 틀은 효율적인 교사 연수 프로그램에서 리더들이 사용해 온 효율적인 도구 중 하나이다. 이것은 오리건 주 포틀랜드에 있는 Northwest Regional Educational Laboratory에서 개발한 것으로 교사 연수를 계획하고, 실행하고, 평가할 때 유용하다. 연수 운영 및 계획 틀은 교사 연수의 목표를 설정할 때뿐만 아니라, 연수 프로그램의 성공 여부를 양적으로 공식화하도록 돕는다. 이 틀을 이용하여 연수 기획자의 행동과 리더십 역할을 상세화하고, 실행하고, 평가할 수 있다(Whitehead et al., 2003; 〈표 11-4〉 참조).

교사 연수는 학교에서 점점 더 필수적이고 중요한 역할을 하고 있다. 학교는 테크놀로지, 교수법, 교육과정 개발과 같은 교사의 전문성을 확보하지 않고는 교육 문제들을 다룰 수 없다. 교사가 새로운 교수 전략, 교실에서 활용 가능한 테크놀로지 등을 최대한 효율적으로 활용할 수만 있다면, 리더들은 교사 연수에 필요한 예산을 늘릴 것이다. 최근 여러 지역 교육청들은 교사 연수 프로그램보다는 첨단 테크놀로지 장비와 소프트웨어에 많은 예산을 지불하고 있다. 지금은 테크놀로지와 교사 연수 사이에 적절한 균형을 이루어야 할 시점이다.

요약

이 장은 교과 학습 영역들을 서술하고, 교사 연수가 점점 더 중요한 부분이 되고 있다는 것을 강조했다. 이 장에서는 과거 학습 영역을 어떻게 재구성해 왔는지를 설명했다. 또 현재의 교육과정 리더들이 어떤 노력을 하고 있는지에 대해서 진술했다. 어떤 교육청에서는 학년별로 한 교과 영역을 강조함으로써 학교 학습 프로그램을 개선하고 있었다. 학습 영역을 재구성하는 일은 전형적으로 교사들이 현재의 지도서를 이용하지 않을 때, 또 특정한 학습 영역들이 시대에 뒤처질 때 일어난다. 실제로 교사 연수는 교실에서 할 학습 프로그램을 구성하도록 하는 데 있다. 이렇게 할 때 교사들은 테크놀로지, 교수법, 교육과정 개발을 가장 효과적으로 수행해 낼 능력을 갖추게 된다.

적용

1. 만일 당신이 고등학생용 영어과 선택 과목을 개발하고자 한다면, 이 과목을 선택하든 안하든 모든 학생들이 읽기와 쓰기 기능을 향상시킬 수 있는 방식을 어떻게 마련할 것인가?

2. 당신이 잘 알고 있는 과목을 맵핑하라. 교육과정을 맵핑할 때 발생하는 이슈들을 정리하시오.

3. 지역 교육청에서 학습 프로그램을 구성할 때 거치는 과정을 구체적으로 설명하시오. 당신은 왜 그런 과정으로 접근하는지 그리고 이런 과정의 강점과 약점을 기록하시오.

4. 학자와 전문가들은 문서로서의 교육과정에 관심이 있다. 이것이 가르친 교육과정에 거의 영향을 주지 않는다는 사실을 어떻게 설명할 것인가? 교장이 되면 당신은 이 문제에 어떻게 대응할 것인가?

5. 당신이 5학년 교사라고 가정해 보자. 사회과에서 가르칠 단원을 선택하라. 모든 학생들이 배워야 할 것을 배웠다고 어떻게 확신할 수 있는가? 당신은 이를 증명하기 위해서 테크놀로지를 어떻게 사용할 수 있는가?

6. Snow-Renner와 Lauer(2005)의 연구에 의하면 수업에 긍정적으로 영향을 미치는 교사 연수는 다음과 같다.

   - 상당한 기간이 걸린다.
   - 일반적인 내용보다는 세부적인 내용과 수업 전략에 초점을 두고 있다.
   - (학교 수준의 팀이나 학년 수준의 팀 형태로) 전문가가 공동으로 참여한다.
   - 강의식 연수보다는 활동식 연수가 더 효과적이다(p. 6).

   이 기준을 적용하여 당신이 속한 교육청에서 하는 연수를 분석하라. 그리고 연구결과와 비교해 보아라. 당신이 속한 교육청에서 주관하는 연수는 어떠한가?

사례

다음 사례는 오하이오 교장이 학교교육과정을 개선하기 위해 실시한 차별화된 수업 전략과 교사 연수이다.

"4학년 교사들은 NCLB 지침을 지켜야 할 상황입니다. 그리고 이것은 가장 기본적인 것입니다."라고 Art Mandel 교장이 말했다. "학업 성취가 높은 학생의 부모들은 이 점에 대해 불평이 많습니다."

4학년 부장 교사 Susan Gibbons는 이런 이야기를 들으면서 고개를 끄덕였다. "예, 맞습니다. Martha와 Bob은 그들의 학생들이 AYP를 통과하지 못할까 봐 걱정하고 있습니다."라고 그녀는 말했다.

Mandel 교장은 좌절했다. "어떻게 우리가 그들을 도울 수 있을까요?"

Susan이 미소 지으며 말했다. "짜임새 있고 차별화된 수업을 위해서 교사 연수를 시작해 보는 것이 어떨까요? 이 방법은 Martha와 Bob에게 표준 교육과정의 성취 기준에 맞춘 수업으로 학생들을 이끌 수 있는 다른 방식을 찾게 할 것입니다."

"좋은 생각입니다. 나는 차별화된 수업을 위한 교사 연수에 도움이 될 만한 사람들을 지역의 대학교와 교육청 담당자를 중심으로 알아보겠습니다." Mandel 교장은 좋아하며 말했다.

도전 과제

교사의 전문성을 향상시키고, 학습 프로그램을 개선하는 것은 대부분의 리더들이 추구하는 것이다. Mandel 교장이 어떻게 해야 Susan Gibbons 같은 리더들이 참여할 수 있을까?

주요 질문

1. Mandel 교장이 Martha와 Bob이 처한 상황을 해결하는 방식을 당신은 어떻게 생각하는가?
2. Mandel 교장은 이 문제를 해결하기 위해 Susan Gibbons 교사를 이용하거나 조종했다고 생각하는가?
3. 당신은 Susan Gibbons가 교장에게 교사 연수를 제안한 것을 다른 교사들이 알게 되었을 때 다른 교사들이 어떻게 반응할 것이라고 생각하는가?
4. Mandel 교장이 그의 학교에서 학습 프로그램을 개선하는 교사의 전문성을 신장시킬 수 있는 다른 방법은 무엇일까?
5. 당신은 Mandel 교장이 Susan Gibbons, Martha, Bob에게 차별화 수업 회의에 함께 참석할 것을 요구하는 것에 대해 어떻게 생각하는가?

🖥 **참고 사이트**

McREL-Professional staff development

    www.mcrel.org/PDF/ProfessionalDevelopment

Schools Attuned Program

    www.allkindsofminds.org

U.S. Department of Education's What Works Clearinghouse

    www.whatworksclearing.org

◆ 제8장 ◆

강좌 및 단원 개발

　행정가, 장학사, 리더 교사, 교사는 새로운 강좌 개설을 위해서 전략적인 접근이 필요하다는 것을 안다. 경우에 따라서는 현재 가르치고 있는 강좌를 새로운 관점에서 완전히 재개발해야 할 수도 있다. '미국 역사 강좌를 다시 만들어 보자-오래된 강좌들은 매력이 없어.' 또 어떤 경우에는 현재의 프로그램과 새로운 요구 간의 간극을 채우기 위해 새 강좌가 필요한 경우도 있다. 예를 들어 '진로 교육을 위한 새로운 강좌가 필요해.'라고 결정을 내릴 수 있다.

　이 장에서는 새로운 강좌 및 단원을 개발하는 데 사용하는 접근 방식을 두 가지 정도로 설명할 것이다. 기술공학적(technological) 접근과, 자연주의적(naturalistic) 접근이다. 이렇게 하는 의도는 한 가지 과정이 다른 것보다 낫다는 것이 아니라, 두 과정을 비교하기 위해서다.

> **이 장에서는 다음과 같은 질문을 다룬다.**
> • 강좌 및 단원 개발을 위한 기술공학적 접근은 무엇인가?
> • 강좌 및 단원 개발을 위한 자연주의적 접근은 무엇인가?
> • 기술공학적, 자연주의적 접근으로 새로운 강좌를 개발하기 위해서 교육과정 리더는 어떻게 해야 하는가?

> **리더십의 열쇠**
> 리더는 테크놀로지가 교육과정을 선도하기보다는 교육과정이 테크놀로지를 선도한
> 다는 것을 알고 있다.

1. 기술공학적 접근

기술공학적 접근을 하는 여러 가지 모형이 있지만, 모두 합리적, 체계적, 목표 지향적이라는 공통점이 있다. 중요한 것은 절차다.

 도움말 8.1
기술공학적 접근은 먼저 학습 목표를 정의하는 것을 중시한다. 그 목표를 달성하기 위해 필요한 과정을 설정하면서 교육과정을 개발한다.

역사적으로 기술공학적 접근의 기본 원리는 Tyler(1949)의 모형으로 거슬러 올라간다. Tyler 모형의 구체적인 절차는 산업 훈련을 위한 것으로 처음 설명되었다. 이 모형의 체계성과 효율성으로 군대 훈련 과정에도 기술공학적 접근이 적용되었다. 각 과정마다 구체적인 항목들은 전문가마다 조금씩 다르지만, 이 접근은 구체적인 단계에 따른다(Wulf & Schave, 1984 참조).

① 강좌의 범위를 정한다. 강좌의 목표, 시수를 논리적으로 결정한다.
② 학습자의 요구를 조사한다.
③ 요구와 목표를 기초로 강좌의 목표, 최종 결과를 확인한다.
④ 강좌의 목표를 중심으로 계열을 결정하고, 관련 목표들을 일관성 있게 조직한다.
⑤ 각 목표별로 가능한 학습 활동들을 선정한다.
⑥ 각 활동을 지원할 수 있는 재료들을 선정한다.
⑦ 목표 달성 정도와 여부를 확인할 수 있는 평가 방법을 정한다.
⑧ 교육과정 지침에 이런 결정들을 체계적으로 정리한다.

(Wulf & Schave, 1984: Glatthorn, 1987, p. 198 재인용)

각 단계는 일반적으로 순서대로 진행하는데, 유능한 개발자는 그것을 순환적이고 반복적인 방식으로 사용하여 기계적이고 무조건 따르는 데 생길 수 있는 약점들을 피할 줄 안다.

각 단계별로 자세한 설명을 위해서 고등학생용 진로 강좌 개설 과정을 예로 들어 보자.

도움말 8.2
교육과정 개발과 새로운 강좌 개설 과정에서 가장 중요한 것은 범위를 정하는 일이다.

1) 범위 정하기

학교마다 사용하는 중요한 용어는 다양하지만 의외로 이 용어들의 의미가 비슷하다(Schmoker, 2001). 첫 번째로 해야 할 일은 강좌 개설의 논리적 근거를 기초로 강좌의 범위를 정해야 한다. 이를 기초로 교육과정 전문가는 강좌의 목표, 즉 이 강좌를 통해서 기대하는 일반적인 결과들을 결정한다(여기에서 교육과정 전문가는 교육과정 개발을 담당하는 행정가나 장학사를 가리키는데, 이 일을 전담할 팀을 운영할 수도 있다.). 강좌의 목표는 의도하는 결과를 일반적으로 진술하는 것이다. 전형적으로 한 학기 코스는 세 가지 정도의 목표를 진술한다. 예를 들어 진로 강좌의 목표는 다음과 같다.

이 강좌를 통해서 학생은 진로를 계획할 수 있다.

4학년용 단원은 다음과 같은 목표를 진술했다.

4학년 학생은 직업에는 여러 종류가 있고, 각 직업은 저마다의 방식으로 사회에 기여한다는 것을 이해할 것이다.

강좌 및 단원의 목표가 진술되고 나면, 개발자는 강좌의 규모를 정한다. 얼마나 오랫동안 할 것인가, 얼마나 자주할 것인가 그리고 매 활동에 들일 시간을 정한다.

2) 학습자의 요구 조사하기

다음 단계는 요구를 조사하는 것인데, 요구는 현재와 바라는 상태 사이의 차이를 인식하는 것이다. 따라서 요구 조사 과정은 일반적으로 기대하는 결과에 비추어서 학습자의 현재 상태를 평가한다. 요구 조사를 위해 성취 점수, 설문지, 관찰, 면담, 수행평가 등을 사용할 수 있다.

중요한 것은 요구 조사의 내용을 분석하는 것이다. 더 나아가 이를 교사가 목표로 하는 수업 활동에 반영하는 것이다. 조사, 분석, 활동을 일관성 있게 하는 것은 학생에게 의미 있는 학습이 가능한 교실 수업 환경을 만들기 위한 것이다(Bambrick-Santoyo, 2007~2008).

도움말 8.3

학교 리더들이 자료를 수집하는 목적은 학생들의 수행 정도를 판단하거나 미성취 학생들을 찾아내기 위한 것이 아니다. 지속적으로 자료를 수집하여 교육과정을 개선하기 위한 도구로 활용해야 한다.

지역 교육청 수준에서는 기존의 자료를 사용하여 중점 분야를 선택할 때 활용할 수 있다. 지역 교육청의 목표를 명확하게 진술하고, 학교교육의 목표를 성취하는 데 필요한 지원을 제공할 수 있다(Johnson, 2000).

3) 강좌의 목표 정하기

다음 단계로 교육과정 리더는 강좌의 목표를 확인해야 한다. 이것은 대부분 기대한 결과별로 과제를 분석하는 과정에서 일어난다. 진로 강좌의 경우, 리더가 "가장 좋은 진로를 선택하기 위해서 어떤 기술을 구체적으로 습득해야 할까?"와 같이 질문을 한다. 과제 분석은 강좌를 듣는 수강생에게 강조해야 할 기능을 결정하기 위한 것으로 요구 조사를 한 자료에 비추어서 점검해야 한다. 그 결과 강좌 목표를 종합적으로 평가 가능한 용어로 진술한다. 〈표 8-1〉은 진로 강좌를 통해서 성취할 목표 목록 예시이다.

〈표 8-1〉 진로 강좌의 목표

1. 일, 진로, 직업이라는 세 용어를 구별하고, 정의하라.

2. 다음 용어를 바르게 정의하라: 재능, 기술, 가치

3. 여러분이 스스로 습득하고 있다고 믿는 직업 관련 기능을 두 가지 서술하라.

4. 여러분이 갖고 있는 직업 관련 기능을 네 가지 나열하라.

5. 여러분이 습득해야 할 추가적인 직업 관련 기능 세 가지를 설명하라.

6. 여러분이 생각하는 진로의 가치를 두 가지 이상 설명하라.

7. 에세이를 읽고, 여러분의 진로 가치에 영향을 주는 두 가지 요소를 찾아라.

8. 기사 글을 읽고, 진로에 대한 신뢰할 수 있는 정보와 신뢰할 수 없는 정보를 구별하는 방법을 설명하라.

9. 진로에 관련한 신뢰할 만한 정보, 기회, 요건을 제공하는 세 가지 원천을 찾아라.

10. 이 원천을 이용하여, 여러분이 갖고 있는 재능을 기초로 자신의 진로를 세 가지 찾고, 그 진로의 가치에 대해서 설명하라.

11. 각자 찾은 세 가지 진로를 기초로 하여 직업 종사에 필요한 교육과 경험들을 확인하라.

12. 필요한 교육을 받고, 경험할 수 있는 과정을 설명하라.

13. 선택한 세 가지 진로 중 하나를 최종 선정하고자 할 때 활용할 수 있는 정보를 제공하는 세 가지 원천을 찾아라.

14. 선정한 일자리에 낼 이력서를 써 보라.

15. 면담과 같은 역할놀이를 이용하여 채용 면접을 시연해 보라.

16. 에세이 쓰기를 통해서 당신의 이력을 첨가할 수 있는 방법을 세 가지 설명하시오.

4) 강좌의 목표를 계열화하여 묶어 보기

목표가 결정되면, 다음 단계는 그 목표를 달성하기 위해 최적의 계열을 결정한다. 기술공학적으로 접근하는 전문가는 대부분 학습의 계열을 정하고, 목표들 간의 관계를 결정함으로써 학습자가 입문한 지식, 기능, 태도를 평가한다. 〈표 8-1〉은 진로 강좌의 목표를 중심으로 최적의 상태로 계열화한 예이다. 계열화는 기본 개념을 정하여 학생이 이를 인식할 수 있도록 정렬한다.

목표를 적절하게 계열화하면, 다음 단계는 목표를 중심으로 관련 학습 단원이나 교수 모듈 형태로 학습경험을 조직한다. 리더는 전체적인 목표 목록을 검토하고, 학생 흥미와 주의집중 시간을 반영하며, 일관성 있는 학습경험이 될 수 있게 조직한다. 따라서 교사는 〈표 8-1〉의 목표 중 1과 2를 기본 개념을 습득할 수 있을 것으로 생각하고 단원의 도입차시로 결정할 수 있다.

5) 활동 선정하기

교육과정 리더는 학습 목표를 달성할 수 있는 활동을 목표별로 한 가지 이상 정한다. 이런 활동은 대부분 학습자를 단계적으로 목표로 안내하는 계열화된 학습경험들을 모아 놓은 것이다. 〈표 8-1〉의 목표 7을 예로 들어 보자.

에세이를 읽고, 여러분의 진로 가치에 영향을 주는 두 가지 요소를 찾아라.

관련 활동은 다음과 같다.

- 직업의 가치를 정하는 데 영향을 미치는 요소들, 즉 문화, 인종, 가족, 또래, 성, 출신지, 학교 경험, 생리학적 특징 등을 확인한다.
- 나의 가치에 가장 큰 영향을 미치는 두 가지를 찾는다.
- 내가 생각하는 가치에 대해서 부모나 친구들과 토의한다.
- 자신의 생각을 에세이로 써서 선생님과 급우들에게 검토를 받는다.
- 에세이 초안을 쓰면서 진로 계획을 수정한다.
- 에세이 초안을 쓰고 급우들에게 피드백을 받는다.
- 에세이 수정안을 작성한다.

활동은 주로 목표에 적절해야 하며, 의도한 목표를 향해서 단계적으로 진행해 가도록 하는 활동들을 마련한다.

6) 수업 자료 선정하기

목표와 활동이 정해지면, 다음 단계는 목표를 성취하고 학습 활동을 지원할 수 있는 수업 자료를 선택한다. 체계적인 검색을 통해서 관련 텍스트, 컴퓨터 소프트웨어, 비디오 매체, 다른 수업 매체들을 찾는다.

도움말 8.4
수업 자료는 목표를 달성하도록 돕고, 활동을 지원하는 중요한 요소이다.

7) 평가 방법 정하기

다음으로는 평가 방법을 정한다. 어떤 평가는 단원 학습 준비 정도를 평가하고, 학습자의 요구를 진단한다. 어떤 평가는 학생과 교사에게 무엇을 개선해야 하는지를 알 수 있도록 하는 정보를 제공한다. 또 다른 평가는 성적에 대한 종합적인 정보를 제공한다. 일반적인 지필 평가 외에도 면담, 관찰, 수행평가 등을 활용할 수 있다.

평가 전문가와 상담한 후에, 진로 강좌에서는 다음과 같은 평가를 결정할 수 있다. 학생별로 구체적인 사항을 알아보기 위해서 진단평가, 단원별 간단한 형성평가, 다섯 개의 단원들을 포괄하는 형성평가, 전체 과정을 평가할 총괄평가를 실시할 수 있다.

Carol Ann Tomlinson(2007~2008)은 "수행을 판단하는 것에서부터 학생을 안내하고, 수업을 구상하고, 학습한 상태를 아는 것까지 유익한 평가 방법에 숙달하는 것은 하나의 통찰적인 여정이다."라고 말했다(p. 8). 최근 학생들에게 피드백을 주는 것은 학점을 주는 것보다 더 교육적인 것으로 인식되고 있다. 평가의 가장 큰 효과는 교사 개개인이 더 훌륭한 교사가 되도록 돕는 것이다.

Stiggins(2002)는 학습을 위한 평가에 대해 언급했는데, "학습을 위한 평가가 학생이 성취한 것에 대한 공식적인 보고라면, 이 평가는 학생들이 더 많이 학습하도록 도와야 한다. 학업 성취 정도를 확인하기 위한 평가와 학습을 촉진하기 위한 평가에는 결정적인 차이가 있다." (p. 4)

학습을 위한 평가(assessment for learning)라는 용어는 ARG(Assessment Reform Group)의 『학습을 위한 평가: 블랙박스 너머(*Assessment for Learning: Beyond the Black Box*)』라는 책을 통해 소개되었다. 교사가 어떤 평가를 하더라도, 다음 사항을 고려해야 한다.

- 수업을 하기 전에 학생들이 도달해야 할 성취 목표 알려 주기
- 수업을 시작하면서 학생들이 이해할 수 있는 용어로 학습 목표 알려 주기
- 평가에 소양을 갖춘 교사가 학생의 학습 진보 상황을 정확하게 평가하기
- 학습에 대한 자신감을 갖고, 자신의 학습을 스스로 책임지도록 돕는 평가를 실시하여 평생학습의 기초를 마련하도록 해 주기

- 종종 평가 결과를 서술하는 방식으로(판단적인 피드백과 대조적으로) 전환하여, 학생에게 개선을 위한 사항 구체적으로 안내하기
- 평가의 결과에 기초해서 수업을 지속적으로 개선하기
- 시간이 지남에 따라 학생이 자신의 학습에 대한 성장 과정을 볼 수 있도록 표준을 설정하고, 정기적으로 자기평가에 참여시킨다.
- 학생에게 성취 및 개선 정도에 대해 교사 및 가족과 대화하도록 하기

도움말 8.5
새 강좌를 개발하는 과정에서 중요한 것은 교육과정 지침에 따라 체계적인 의사 결정을 하는 일이다.

8) 교육과정 지침서 개발하기

교육과정 지침서의 형태는 지역마다 다르지만, 대부분의 지침서는 위에서 설명한 과정으로 개발되며, 다음의 것들을 포함하고 있다.

- 과목의 성격 및 철학 진술
- 바람직한 순서를 정리한 목표 목록
- 권장 활동을 제시하는 그림. 어떤 지침에서는 각 목표마다 활동들을 제시하고, 또 어떤 목표의 활동들을 나란히 정렬하기도 한다.
- 권장하는 수업 자료 목록
- 시험지 및 기타 다른 평가 도구

9) 요약

기술공학적 접근의 특징을 살펴보자. 목표가 중요한 역할을 한다. 목표는 교육과정 설계 과정의 초반에 명시되고, 활동 및 수업 자료 선정을 통제한다. 따라서 기술공학적 접근은 기본적으로 목표 지향적이다. 교수 방법은 특정 결과를 성취할 수 있는 정도에 따라 결정되며, 그 과정은 주로 선형적이다.

기술공학적 접근은 전문가 팀에서 사용할 때 몇 가지 이점이 있다. 그것은 순서적이고 체계적이어서 교육과정 개발 경험이 없는 사람들을 더 쉽게 숙달시킨다.

그러나 몇 가지 결정적인 결점이 있다. 그것은 교육과정 개발의 정치적 측면을 고려하지 않는다. 대부분 교육과정 관련 의사 결정은 궁극적으로 정치적이다. 왜냐하면 그것은 힘과 '권력'의 영향을 받기 때문이다. 예를 들어 진로 강좌의 개설은 교사들의 반대에 부딪힐 수 있다. 교사는 새 강좌를 그들이 가르치고 있는 내용에 첨가해야 한다고 생각하기 때문이다.

2. 자연주의적 접근

교육과정 리더와 교사들은 기술공학적 접근이 조직적이고 체계적이라는 강점이 있지만 몇 가지 제한점도 있다는 것을 알았고, 자연주의적 접근이라는 대안을 제안하게 되었다.

도움말 8.6

자연주의적 접근은 다음과 같은 특징이 있다.

- 교육과정의 정치성을 고려한다.
- 학습 활동의 질을 강조한다.
- 교육과정이 실제로 개발되는 방식을 더 정확하게 반영한다.
- 교사들이 수업에 접근하는 방식으로 접근한다.

자연주의적 접근은 여러 가지로 설명할 수 있지만, 여기서는 일반적인 과정 및 단계를 설명할 것이다. 자연주의적 접근은 융통성을 강조하며 상호작용적이고 귀납적이다. 이 단계들을 설명하고 기술공학적 접근과 비교하기 위해, 다시 고등학생용 진로 강좌를 그 예로 사용할 것이다. 그리고 자연주의적 접근으로 개발한 초등학교의 통합 단원을 사례로 들고자 한다.

1) 대안

자연주의적 접근은 새 강좌를 개발하기 전에 그에 대한 대안들을 체계적으로 검토한다. 이는 기술공학적 접근과 유사한 방식으로 시작한다.

대안을 찾는 것이 왜 중요한지를 이해하기 위해 새 강좌 계획에 대한 주도권이 어떻게 생성되는지 생각해 보자. 이 강좌의 영향을 받은 사람, 예를 들면 교장, 부장, 리더 교사 혹은 교사 등은 새 강좌의 필요성을 느낄 것이다.

자료를 기초로 한 합리적 판단으로 이런 생각을 하는 경우는 드물다. 많은 전문가가 주장하는 것처럼 교육과정 담당자나 장학사가 근거를 찾기 위해서 평가 자료로 부모 설문지, 학생 면담과 같은 원천을 사용하지만, 이런 자료는 요구를 밝히기 위해서보다는 이미 정해진 것을 정당화하는 데 사용되곤 했다.

따라서 권위를 가진 누군가, 예를 들어 교육과정 관리자 혹은 교장이 새 강좌를 개발하도록 섣부른 결정을 한 것은 아닌지를 생각해 보고, 다른 대안이 없는지 검토하는 것이 중요하다. 어떤 과목이든 새로운 강좌를 개발하는 데는 비용이 많이 든다. 경제학자들은 이를 '기회비용'이라고 부른다. 또 새 강좌를 듣는 학생은 다른 강좌의 교육을 경험할 기회를 잃는다. 또 개발까지는 시간과 노력이 든다. 끝으로, 여기에는 실행 비용이 필요함을 아는 것이 중요하다. 강좌 운영에 필요한 교사 인건비, 시설 및 설비 제공의 경우 여기에 필요한 장비와 매체도 지원해야 한다.

새 강좌 개발의 대안은 무엇인가? 진로 강좌의 경우를 보자.

- 체계적인 교육이 없더라도 청소년들은 어떻게 해서든지 필요한 진로 관련 기술을 습득할 것이라고 가정하고 그들의 요구를 무시한다.
- 학생들의 요구에 부응하기 위해 다른 기관에 의뢰를 요청한다. 청소년들이 현명하게 자신의 진로를 선택하도록 돕는 것을 학교가 아닌 가족, 기업 혹은 YMCA의 책임으로 규정한다.
- 특별한 프로그램을 제공하여 학생들의 요구를 만족시킨다. 학생회, 진로 계획의 날, 혹은 진로 클럽 등을 기획하여 제공한다.
- 학생들의 요구에 부응하기 위해 교과 교육과정 외의 다른 방법을 적용한다. 도서관에 진로 자료를 비치하고, 진로 교육에 대한 컴퓨터 소프트웨어를 사서 배치하고, 그것을 학생상담실에서 자유롭게 사용할 수 있도록 하고, 진로 계획

과정에 전문가를 참여시킨다.
- 현재의 교육과정에 진로 지도를 할 수 있도록 통합한다. 각 교과에 진로 계획
  을 지도할 수 있는 내용을 포함시킨다.

새 강좌를 제공하는 것보다 이런 대안들이 더 낫다고 주장하려는 것은 아니다.
중요한 것은 새 강좌를 개설한다는 최종 판단을 하기 전에 여러 대안을 검토해야
한다는 것이다.

도움말 8.7
학습 영역 간의 경계를 규정하는 것은 강좌의 범주를 정하는 것과 유사하다.

2) 영역 정하기

여전히 강좌 신설이 바람직하다고 여긴다면, 다음 단계는 영역을 분명히 해야 한
다. 교육과정 특별 팀이 강좌의 목표, 실행 일정 등 관련된 기본적인 결정을 하면,
강좌의 잠정적인 범주를 확인할 수 있다. 기술공학적 과정의 교육과정 전문가들과
는 대조적으로 자연주의적 접근에서는 교사들이 팀을 이루어 활동한다.

강좌를 규정하는 것과 영역을 정하는 것은 다소 차이가 있다. 강좌 규정은 보다
결정적이고 최종적이지만, 영역을 정하는 것은 잠정적이고 조정 가능하다.

이후 개발을 추진하기 위해서 강좌의 영역에는 내용을 진술해야 한다. 강좌 내용
설명은 필요한 정보를 안내할 수 있는 방식이어야 한다. 진로 강좌의 경우 내용을
다음과 같이 진술할 수 있다.

우리는 '진로에 대하여 생각하기'라고 잠정적으로 정한 새 강좌를 제공하고자 한
다. 이 새 강좌는 진학을 준비하지 않는 학생들에게 더 흥미 있는 강좌일 것이며, 따
라서 선택 과목으로 제공할 것이다. 이 강좌는 한 학기용이며, 1주일에 세 번씩 총
40시간을 이수하도록 구성한다. 현재 이 강좌를 통해서 학생들은 자신의 진로 방향
을 검토하고, 진로를 계획할 수 있는 기능들을 익히며, 진로 정보를 검색하는 방법을
배우고, 체계적인 진로 계획을 세우도록 도울 것이다. 이 강좌에서는 특정 직업을 탐

구하는 것이 아니라, 진로를 탐구하는 과정을 중심으로 다룬다. 지필 평가에는 완전 학습해야 할 요소만 포함할 것이며, 심화 혹은 유기적 학습 내용을 포함하지는 않을 것이다. 이 강좌와 관련된 기타 사항들은 경우에 따라서 융통성 있게 수정될 것이다.

설명이 일반적이고 사용하는 용어가 잠정적이다. 이렇게 하는 이유는 나중에 보다 자세한 내용을 포함시킬 수 있도록 충분히 융통성을 두어야 하기 때문이다.

3) 지지 이끌어 내기

위에서 언급했듯이 새 강좌를 개설하는 과정은 정치적 영향을 받는다. 새 강좌 개발 과정에 개입된 사람들의 이익이나 권력이 영향을 미치기도 한다. 어떤 사람은 순수하게 학생의 교육에만 관심을 갖지만, 다른 사람들은 개인적 이익에 관심이 많다. 자신의 명성을 강화하려 하고, 지위를 안전하게 만들고자 하며, 상급자의 주목을 얻으려고도 한다. 이런 이유로 그들은 자연주의적 접근을 통해서 새 강좌에 대한 지지 세력을 만드는 일을 중시한다. 지지자를 모으고 반대 가능성을 무력화한다. 정치적인 노력에 얼마나 많은 시간과 에너지를 들이느냐는 새 강좌의 지지 기반을 확보하는 데 영향을 미친다.

(1) 영향력 있는 사람들의 지지 얻기

강좌를 계획하는 초기에 영향력 있는 사람들의 지지를 얻어야 한다. NAESP의 부의장인 Sally McConnell(2007)은 "학생들이 학교에서 성공할 뿐만 아니라 미래 사회에도 적응하도록 든든한 기반을 마련하기 위해서 학교, 지역, 기타 유관 기관들이 공조해야 한다."고 주장하였다(p. 20).

기본적으로 이런 협력 서비스 체계는 모든 지역에 설치되어야 하며, 주나 국가에서 재정을 지원해야 한다. 역사적으로 몇몇 연구(예를 들어 Leithwood & Montgomery, 1982 검토)에서는 학교장이 교육과정 모니터의 역할을 해야 한다고 지적하였다. 교장이 교육과정 변화를 지지하고 정부 기관과 긴밀하게 협동하면, 이런 과정은 아주 잘 진행된다. 교장이 변화에 반대하면 문제가 발생한다. 협의할 모임이 취소되고, 요청이 연기되며, 공간 사용 허락을 받기도 힘들다. 중앙 부처 장학사들은 저항하는 교장들을 설득하기 힘들다는 것을 알고 있다.

도움말 8.8
교육과정 계획에 참여하길 원하는 모든 사람들에게 이 과정을 개방하는 것이 중요하다.

(2) 권력과 영예의 공유

새 강좌를 '나의 강좌'가 아니라 '우리의 강좌'로 만들어야 한다. 아직 결정하지 않은 부분에 대해서는 추후 여론 수렴을 통해서 보완될 것이라는 믿음을 주어야 한다. 모든 공청회에서 이런 분위기를 퍼뜨려라.

예를 들어 학교 개선을 지원하는 오하이오 주에서는 지역의 수업 리더들이 참여하는 지역학교 개선 팀과 협력하는 파트너십을 발휘하기를 강조한다. 이 팀들은 서비스 전달의 3단계를 적용하여 함께 작업하도록 하였다(Christie, 2007).

교육과정 개발은 사회문화적·인종적 다양성뿐만 아니라 지역의 차이를 적절하게 반영해야 한다. 따라서 지역 교육청은 이해당사자에게 교육과정 개발 과정에 참여할 기회를 주어야 한다. 이런 지방분권 체제 혹은 단위 학교 중심 체제의 교육과정 개발은 교재의 선택, 단원 설계, 수업 구안 과정에 보다 많은 교사가 참여할 수 있다는 이점이 있다. 또 이런 참여로 교사들은 적절한 연수 프로그램을 요청하기도 한다.

(3) 협상하기

새 강좌에 대한 승인을 얻기 위해서 종종 협상 기술이 필요하다. 특히 반대가 강할 때, 강좌 계획자는 얻고자 하는 것보다 많은 것을 공개적으로 요구함으로써 합의를 위한 여지를 확보해야 한다. 세 학기라는 기간을 얻길 바라면서, 네 학기를 요구한다. 한 학급 개설을 바라면 두 학급 개설을 요구한다. 이런 전략을 사용하기 위해서는 시간이 필요하다. 지지를 얻는 과정은 일회성만으로는 부족하다. 계획과 실행 과정에서 지속적으로 시도되어야 한다.

 도움말 8.9
강좌 개발은 학생들의 요구를 분석한 자료를 기초로 시작해야 한다.

4) 기반 구축하기

5장에서 보았듯이, 강좌 개설 초기 과정에서는 학생에 대한 정보를 체계화하고, 교수의 가능성을 평가하고, 관련 연구물들을 분석하고, 유용한 매체나 프로그램을 확인하는 등 기반을 구축해야 한다. 기술공학적 접근은 이런 단계들을 무시하는 경향이 있다. 그들은 종종 강좌를 가르치는 사람을 무시하고, 연구를 가볍게 여기며, 전에는 없었던 전혀 새로운 분야인 것처럼 행동한다.

〈표 8-2〉의 질문은 새 강좌 개설에 대한 기반을 조성하는 데 필요한 정보를 제공한다. 여기서의 질문은 5장에서 제시된 것처럼 포괄적이지 않다. 왜냐하면 지역 및 단위 학교에서 새 강좌를 개설할 때는 대개 제한된 자원에서 출발하기 때문이

〈표 8-2〉 기반 지식을 구축하기 위한 질문들

학생
강좌를 선택할 학생을 고려하여 다음과 같은 것을 판단하라.
1. 학생들의 IQ 범위는 어떠한가?
2. 학생들의 인지 발달 수준은 어떠한가?
3. 학생들의 학업 성취는 어떠한가?
4. 학생들은 어떤 가치와 태도를 갖고 있는가?
5. 학생들이 이미 경험한 유사한 학습경험은 없는가?

교사
강좌를 운영할 교사를 고려하여 다음과 같은 것을 판단하라.
1. 교사는 이 강좌를 가르치는 것에 관심을 보이는가?
2. 교사는 이 강좌에서 가르치는 내용에 대해 얼마나 알고 있는가?
3. 자격 있는 교사들이 얼마나 있는가?

연구
강좌 영역을 고려하여 다음과 같은 것을 판단하라.
1. 교육과정 내용을 결정하는 데 도움이 될 만한 연구에는 어떤 것이 있는가?
2. 교수 · 학습 활동에 도움이 될 만한 연구에는 어떤 것이 있는가?

가능한 자원
강좌 영역을 고려하여 다음과 같은 것을 판단하라.
1. 국가 수준에서 개발한 유사 강좌가 있는가?
2. 다른 학교에서는 유사한 강좌를 운영하는가?
3. 이용 가능한 매체(교재, 멀티미디어, 소프트웨어, 웹 기반 자료)에는 어떤 것이 있는가?

다. 따라서 중요한 문제들만 점검하면 된다.

학생을 대상으로 하는 질문은 강좌 계획자가 강좌의 한계를 이해하도록 돕는다. 종종 문서만 남기는 진부한 '요구 조사'와는 달리(예: '학생은 그들의 진로 가치에 대해 깊이 생각해야 한다.'), 강좌 개설을 위한 기반을 갖추는 이 일은 강좌를 성공적으로 실행하기 위해 개발자가 현실적인 측면을 이해해야 한다. 새 강좌가 성취가 낮고 동기가 부족한 학생들에게 매력적일 것인가? 그들 대부분이 읽기에 문제가 없는가? 그들은 추상화된 개념을 이해하는 데 어려움을 겪지는 않는가?

교사용 설문은 강좌를 상세화하는 방식, 직원 연수가 어느 정도 요구되는가를 결정하기 위한 것이다. 다음은 설문의 답이 강좌 개설에 어떤 영향을 줄 수 있는지를 보여 주고 있다.

- 교사는 이 강좌에 대해 크게 흥미 있어 하지 않으므로 별도의 시간을 내어 가르치기 힘들다.
- 대부분의 교사들이 이 강좌를 새로운 분야로 인식한다. 따라서 관련 자료를 어디서 찾을 수 있는지를 분명하게 알려 주어야 한다.
- 이 강좌는 유능한 교사가 가르칠 것이다. 그러므로 교수 자료를 그렇게 상세하게 제시할 필요는 없다.

설문조사 내용은 강좌의 내용과 교수 · 학습 방법을 중심으로 묻고 있다. 이들은 일반적인 강좌에도 활용할 수 있도록 진술되어 있기 때문에 응답자들이 보다 쉽게 답할 수 있도록 구체적으로 재진술해도 좋다. 예를 들어 진로 강좌의 경우 다음과 같이 구체적으로 물어볼 수 있다.

- 우리는 청소년이 진로를 얼마나 가치 있게 생각하는지에 대해 얼마나 알고 있는가?
- 2006년의 Career and Technical Education Improvement Act 또는 New Commission on the Skills of the American Workforce에 대해 알고 있는 것은 무엇인가?(Tucker, 2007)
- 사람들은 일반적으로 진로를 어떻게 선택하는지에 대한 일정한 패턴이 있는가? 사람들은 얼마나 신념을 가지고 진로를 결정하는가?

- 변화하는 직업의 경향에 대해 우리가 알고 있는 것은 무엇인가?
- 진로 선택에 필요한 기능에 대해 우리가 알고 있는 것은 무엇인가?
- 의사 결정 기능을 향상시키는 데 가장 효율적인 교수 방법은 무엇인가?

끝으로, '무엇이 적절한가?'라는 적절성에 대한 질문은 강좌를 계획하는 사람이 다른 사람의 경험이나 연구로부터 정보를 얻을 수 있도록 돕는다. 교육과정 개발 기관에서 제공하는 좋은 프로그램을 찾아낸다면 이것을 수정해서 채택할 수도 있다.

5) 단원 확정하기

새로운 강좌 개설에 대한 기반을 구축했다면, 다음 단계는 대개 단원을 확정하는 것이다. 새 강좌를 구성하는 단원의 수와 각 단원의 초점을 정하는 일이다. 이 과정은 '위에서-아래(top-down)'로 개발〔일반적인 것에서 구체적인 것, 단원에서 레슨(또는 과)으로〕되지만, 경우에 따라서는 반대〔레슨(또는 과)을 확인하고 나서 레슨을 묶어 단원을 만드는 것〕로 해야 할 때가 있다.

단원을 결정할 때 강좌 개설자는 다음과 같은 질문을 해 볼 필요가 있다.

① 단원은 몇 개?
② 각 단원에 적절한 차시는 어느 정도?
③ 각 단원의 목표는?
④ 단원을 계열화하는 가장 좋은 방식은?

대부분의 교과에서 하는 단원 설계 과정은 다음과 같다. 첫째, 강좌 영역을 검토하고, 학습자의 흥미와 요구를 조사하여 가능한 단원의 수를 정한다. "우리는 1주일에 세 번하는 1학기 과정을 짜려고 하는데, 많은 학생들은 주의집중 시간이 짧으므로 우리는 7~9개의 주제로 구성할 것이다. 일부는 2주에 걸쳐, 일부는 3주에 걸쳐 실행할 것이다."

그리고 잠정적인 각 단원의 학습 목표를 정한다. 즉 단원 목표를 정하는데 이것은 단원 학습 후에 기대하는 결과다. 이런 단원 학습 목표를 어떻게 진술할 수 있을까? 적절한 방법은 팀에서 정하는 것이다. 강좌 내용 설명서와 강좌의 기반이 된 정

보를 검토하여 '우리가 학생들이 진정으로 성취하기를 원하는 것은 무엇인가?'라
는 질문에 답하는 방식으로 진술한다.

다음은 진로 강좌에서 진술한 단원의 학습 목표 목록을 예시한 것이다.

- 자신의 진로 가치 이해하기
- 자신의 기능과 적성 알아보기
- 자신에게 필요한 교육 생각해 보기
- 진로 정보 검색해 보기
- 진로를 바꿀 때 사용할 수 있는 기능

단원 목표가 진술되면, 새 강좌 개설 팀은 목표를 개선하기 위해서 목표 목록들
을 재검토한다. 가능한 단원 수와 목표 수를 맞춰서 목표 목록들을 줄이고, 목표와
단원의 내용을 일관성 있게 다듬는다. 이런 검토를 위해서 다음과 같은 질문을 할
수 있다.

- 서로 합할 수 있는 단원 목표는 없는가?
- 중요도가 낮아서 제거할 만한 단원 목표는 없는가?
- 이 강좌의 취지에 맞지 않고, 관련이 적은 목표는 없는가?

이 과정에서 차시의 개수도 잠정적으로 정해야 한다. 이런 결정을 할 때 팀은 단
원의 복잡성과 중요성, 학습자의 주의집중 시간을 고려한다. 물론 결정한 것은 언
제든 수정이 가능하다.

따라서 진로 강좌의 경우 다음과 같이 단원 목표와 가능한 차시의 수를 정했다.

- 진로, 일, 직업: 6
- 자신에 대해 알기-기능, 적성, 가치: 6
- 변화하는 직업의 요구: 6
- 진로 관련 정보 검색하기: 9

단원 확정하기의 마지막 일은 계열을 최적화하는 것이다. 기술공학적으로 접근

하여 몇 가지 계열을 적절하게 유형화한다. 그러나 자연주의적 접근에서는 주로 학생의 흥미나 학년 교육과정을 중심으로 몇 가지 유형을 통합하는 형태로 접근한다.

6) 질 높은 학습경험 선정하기

단원을 확정하고 나면 다음 단계는 질 높은 학습경험을 선정한다. 즉, 단원 목표를 성취할 수 있는 학습경험들을 선정한다. 아마 이 단계가 자연주의적 접근이 가장 지지받을 부분일 것이다. 그러므로 이 시점에서 이런 구별을 분명하게 하는 것이 유용할 것이다.

도움말 8.10

기술공학적 접근에서 목표는 교육과정 개발의 전 과정을 주도하지만, 자연주의적 접근에서 목표는 바람직한 학생 경험을 선정하기 위한 것이다.

기술공학적 접근에서 목표 성취에 활동 초점을 둔다. 미리 설정한 목표는 모든 과정을 통제한다. 이 과정은 [그림 8-1]에 제시된 것처럼 선형적이고 일방적이다.

자연주의적 접근에서 질 높은 학습경험을 선정하는 데 초점을 둔다. 바람직한 결과를 내기 위해서 교수·학습을 고취시키는데, 그 결과는 일부 우연히 달성되기도 한다. 강좌 개설자들은 학습자의 학습 방식, 동기, 능력을 중시한다. 그들은 단원 목표 달성뿐만 아니라, 일반적인 결과도 중시한다. 그 결과를 목표에 반영한다. 그들

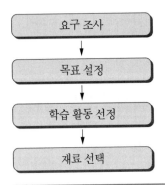

[그림 8-1] 기술공학적 과정

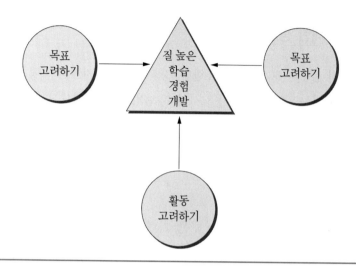

[그림 8-2] 자연주의적 접근

은 흥미 있고 질 좋은 수업을 가능하게 할 우수한 재료를 찾는다. 그들은 학습자에게 매력적이고, 생각하게끔 하고, 창의적일 수 있는 학습 활동을 선정하고자 한다.

가끔 명시적인 목표는 기술공학적 접근과 같이 중요하게 고려된다. 그러나 자연주의적 접근에서는 자료에 대해 생각하는 것으로부터 시작하여, 특정 교재나 웹 기반 어플리케이션으로부터 참신한 목표를 찾기도 한다.

자연주의적 접근에서 목표, 자료, 활동은 모두 질 높은 학습경험을 선정하기 위한 것이며, 따라서 이들은 선형적으로가 아니라 상호 순환적으로 검토된다. [그림 8-2]는 이런 순환적 과정을 보여 주고 있다.

모든 것은 질 높은 학습경험, 즉 교사가 의미 있는 학습 계획을 세우도록 돕기 위한 것이다. 어떤 학습 계획은 학생으로부터 이끌어지기 때문에 그 계획 과정이 아주 복잡하지만, 어떤 학습은 학생이 아니라 교과로부터 계획되기 때문에 매우 구조적일 수도 있다.

마지막으로 질 높은 학습경험을 선정했는지 확인하는 과정이다. 목표를 중심으로 한 계획을 거부하는 것이 아니라는 점을 강조하고 싶다. 학문의 특성이나 기획자의 교육과정에 대한 선호 성향에 따라 목표로 시작하는 기획을 취할 수 있고, 또 그렇게 하는 것도 가능하다.

7) 강좌에 대한 평가

자연주의적 접근은 평가를 덜 강조한다. 강좌 기획자는 세부적인 평가 계획을 사전에 세우기보다는 강좌 과정에서 교사가 지속적으로 평가하도록 요청한다. 이런 평가에 필요한 지식과 기능에 대해서는 교사 연수를 통해서 제공한다.

8) 학습 시나리오 쓰기

표준 교육과정 지침서를 사용하는 대신, 자연주의적 접근은 각 단원의 학습 시나리오를 개발하여 제공한다.

 도움말 8.11
학습 시나리오는 새 강좌를 가르치는 교사에게 도움을 주고, 시나리오를 융통성 있게 조정할 수 있도록 안내한다.

학습 시나리오는 대개 다음과 같은 요소를 담고 있다.

- 분명한 단원 목표의 진술
- 차시의 수
- 목표, 활동, 자료를 통합하여 진술한 질 높은 학습경험 목록
- 수업에 활용할 수 있는 글, 지도, 사진, 온라인 웹 기반 자료들

〈표 8-3〉은 학습 시나리오의 한 예를 보여 준다.

〈표 8-3〉 학습 시나리오: 자기 이해와 진로 계획
강좌: 진로 계획하기
단원 목표: 단원 학습을 마치면, 학생들은 자신의 진로를 계획하는 데 필요한 능력, 기능, 가치를 구별할 수 있다. 이 강좌의 목표는 학생들이 자신의 진로를 현실적으로 생각해 볼 수 있도록

(계속)

돕는 데 있다. 그러나 학생이 스스로를 좁은 곳에 가두거나 목표를 너무 낮게 잡도록 하려는 것은 아니다. 취약한 재능을 개발할 수 있고, 새로운 기술을 습득할 수 있으며, 진로에 대한 가치 판단은 나이나 직업 경험에 따라 달라진다는 것을 이해할 수 있도록 돕고자 한다.

차시의 수: 6~8

학습경험: (이것은 예시 자료이며 수정 및 변경 가능하다.)

1. 학생들은 '나의 이상적인 진로'에 대한 글을 쓴다. 그리고 글을 또래, 부모, 진로 상담 담당자에게 읽게 하고 자신의 진로에 대한 상담을 한다. 글을 쓰기 전에 학생에게 충분히 토론하고 생각할 수 있는 시간을 주어라. 이것은 자신에게 가장 좋은 작업을 찾도록 하는 시작 활동이다. 단원을 시작하기 전에 관련된 몇 가지 읽기 자료를 제공하여 학생들이 자신과 자신의 진로에 대해 어떻게 생각하는지를 이해할 수 있도록 한다.

2. 재능(음악적 재능과 같이 우리가 소유한 일반적인 소질), 기능(워드 프로세서를 사용할 수 있는 능력처럼 구체적인 직업과 관련하여 우리가 숙달해야 할 행동), 가치(야외 활동을 좋아하는 것처럼 가치 있다고 생각되는 삶의 측면)를 구별할 수 있도록 이 개념들에 대해 토의한다. 다음 사항을 강조한다. 사람은 다중 재능과 기능을 지닌다는 것, 이러한 재능과 기능 종류나 정도는 사람에 따라 다르다는 것, 모든 재능과 기능은 고유한 가치를 지니긴 하지만 문화에 따라 각각에 대한 가치 부여가 다르다는 것, 우리는 모두 직업에 대한 다양한 가치를 가지고 있다는 것 등이다.

3. 학생들이 자신을 파악하는 한 방식을 이용해 여러 가지 검사 점수, 등급 자료들을 분석할 수 있도록 도와준다. 가능하다면, 학생들이 자신의 검사 결과 및 등급표를 준비하게 하여, 이를 기초로 자신의 재능·기능·가치에 대해 논의하도록 한다. 필요하다면 학교 생활 지도 상담사에게 자료 도움을 요청할 수 있다.

4. 학생들에게 자신의 재능 분석표를 만들도록 한다. 학생들이 갖고 있는 재능의 범위(기계적, 언어적, 수학적, 과학적, 음악적, 신체적, 예술적, 대인 관계적, 경영적 재능 등)를 확인한다. 한 개인이 가진 강한 재능을 설명하기 위해 분석표에 자신의 강점 영역과 약점 영역을 표시하도록 한다.

5. 학생들에게 자신의 기능 보유 목록표를 만들도록 한다. 대부분의 학생들은 아마 자신이 원하는 직업과 관련하여 보유하고 있는 기능이 많지 않다고 생각할 것이다. 따라서 관련 직업에서의 파트 타임직, 교육 경험, 사회 경험을 쌓을 필요성을 느낄 수 있도록 돕는다.

6. 학생들에게 자신의 진로에 대해 부모(한 부모 혹은 양 부모 모두)와 면담하도록 한다. 이 면담의 목적은 부모의 사생활(결과는 친구들이나 교사에게 공유되지 않을 것임을 주지시킨다.)을 침해하지 않도록 주의한다. 부모를 더 잘 이해할 수 있는 계기를 만들고, 부모의 가치가 학생의 가치에 이떻게 영향을 끼치는지를 알아볼 수 있도록 한다. 대부분의 경우 부모가 중요하게 생각하는 가치와 자녀가 중요하게 생각하는 가치가 유사하다. 이를 위해서 학생들에게 면담하는 법을 가르친다. 학생들에게 면담하면서 알게 된 것을 체계적으로 기록하도록 요청하되, 경우에 따라서는 이 기록을 교사에게 보여 주지 않아도 된다. 이 경우 교사는 학생들이 면담 결과를 기록했는지 여부만 확인한다.

(계속)

7. 학생들이 SIGI(System of Interactive Guidance and Information) 프로그램을 활용해 보도록 한다. 이것은 ETS(Educational Testing Services)가 개발한 소프트웨어 프로그램인데, 학생의 진로 가치를 판단하는 데 유용한 정보를 제공한다. 결과를 가지고 교실에서 토의하도록 한다.

8. 가장 중요한 활동으로서, 학생들이 '진로와 관련하여 나 자신 이해하기'의 주제로 마무리 글쓰기를 하도록 한다. 학생들은 지금까지 모은 모든 정보를 조직적으로 활용하여 초고에 반영하도록 돕는다. 이를 위해서 학생들에게 정보들을 도표, 그림, 표, 그래프, 텍스트 등으로 표현하는 방식을 가르친다.

9. 특정 교과에 흥미와 관심이 높은 학생을 대상으로 교과 관련 심화 활동을 제공한다. 그리고 어떻게 문화가 진로 가치 형성에 영향을 미치는지에 대해 논의하게 한다. 학생들에게 에스키모인의 진로에 대한 가치와 도시의 공장 노동자들의 진로에 대한 가치를 비교, 탐색해 보도록 한다.

9) 자연주의적 접근을 적용한 초등학교의 사례

도움말 8.12
자연주의적 접근은 특히 초등학교에서 널리 사용되고 있다.

자연주의적 접근을 약간 수정하면 유치원 등 보다 어린 학생들을 대상으로 하는 수준에 적용하는 것도 가능하다. 다음은 자연주의적 접근으로 4학년 팀이 만든 '의사소통'이라는 단원이다.

(1) 영역 정하기
아동, 스케줄, 단원의 일반적인 내용과 기간을 고려하여 단원의 범위를 정한다. 교사들은 각자 단원의 내용 설명서를 작성한다.

(2) 기반 구축하기
교사는 학생의 의사소통 능력을 살펴보고, 의사소통에 대하여 이전 학년에서 가르친 것을 확인하기 위해서 2학년, 3학년 선생님과 협의한다. 이를 통해서 학생의 의사소통에 대한 유용한 정보를 수집한다. 그들은 자기 전공 분야를 기초로 배경 지식을 찾아 협의하고, 또 4학년의 인지 발달과 흥미에 대한 연구물들을 검토한다.

특히 수업 자료들을 확인하면서 사용 가능성을 점검한다.

(3) 단원 확정하기

이제 단원을 정한다. 일반적인 내용과 아동의 흥미를 고려하여 잠정적으로 3주의 단원 학습을 하기로 하였다. 그리고 학생들이 성취하기를 기대하는 일반적인 결과들을 진술한다.

(4) 질 높은 학습경험 선정하기

일반적인 주제를 열거하고 계열화한 다음, 각 주제별로 필요로 하는 질 높은 학습경험에 대해 브레인스토밍한다. 진로 단원에서 본 것처럼 학습 활동, 학습 자료와 목표를 준거로 하여 판단한다.

(5) 평가 계획하기

교사 팀은 중요하다고 생각하는 학습을 평가하기 위하여 단원 학습 종료 후 실시할 평가 방식을 정한다.

(6) 학습 시나리오 쓰기

진로 단원에서처럼 교사들은 학습 시나리오를 쓰면서 단원의 전체적인 모습을 체계적으로 정리한다.

10) 자연주의적 접근 요약

자연주의적 접근은 기술공학적 접근과는 다른 몇 가지 특징이 있다. 이것은 더 느슨하고, 더 융통성 있으며, 덜 절차적이다. 또 교육과정 개발 과정에 영향을 미치는 정치성에 보다 적극적으로 반응한다. 단원의 설계 과정은 전반적으로 단원에서 단원에 포함되는 수업 하나하나로, 즉 위에서 아래로 진행하는데, 교사들이 실제로 계획하는 방식에 가까우며, 목표를 우선시하기보다 목표-활동-매체를 동등하게 순환적으로 다룬다.

자연주의적 접근에는 분명 이점이 있다. 이것은 교육과정 계획보다 실행을 더 강조한다. 왜냐하면 이것은 학교의 실정, 교사의 실행 여건과 일치시키려고 하기 때문이며, 그래서 교장과 교사들에게 실용적이다. 또한 경험의 내재적 질을 강조하기 때문에 더 흥미 있고 도전적인 학습경험을 기획하는 데 중점을 둔다.

가장 큰 약점은 느슨하다는 점이다. 특히 경험이 적은 미숙한 교사들이 실행하기 힘들며, 의도한 결과와는 달리 그저 재미있는 활동으로 그칠 가능성도 있다.

11) 기술공학적 접근 요약

수업과 정보공학을 통합하면 훨씬 효율적이다. 최근 많은 학교들이 교육과정의 모든 수준에 정보기술을 접목시키고 있다(Patterson, 2007). 학생들은 의미 있는 방법으로 정보를 처리하고 정보처리 기능을 습득해야 한다. 새 강좌를 계획하는 교사들은 웹 기반 연구를 통해 학생이 한 분야에서 '실시간, 가상의, 실제 세상' 자료를 더 잘 수집하고 분석할 수 있도록 돕는 최근의 정보기술적 어플리케이션을 쉽게 접할 수 있다. 예를 들면 교사들은 정보기술 장비를 이용하여 자료를 수집하고, 분석하고, 공유할 수 있다.

정보기술을 활용하여 새 강좌를 개설할 때 가급적 많은 사람들을 위원회에 포함시키는 것이 중요하다. 왜냐하면 여러 의견들이 반영될 때 사실과의 일관성을 보다 확고하게 담보할 수 있으며, 테크놀로지를 학습을 위한 보조로 활용해야지 교육에 장애가 되어서는 안 된다는 것을 명확히 이해하도록 도울 수 있기 때문이다. 중요한 것은 새 강좌가 허구가 아니라 사실에 기초해서 현실적으로 개발되어야 한다는 것이다. 그러므로 교육과정 개발이나 새 강좌 개설을 하기 전에 정확한 자료를 수집하는 것이 중요하다.

Conrad Wesley Snyder(2004)는 교육공학의 발달이 자연주의적 접근뿐 아니라 기술공학적 접근 모두를 활성화시켰다고 언급했다. Snyder의 이 연구결과는 오늘날에도 여전히 유효하다. Snyder는 테크놀로지를 활용한 이해를 위한 수업의 목표를 다음 여섯 가지로 제시하였다.

① 설명: 사건, 행위, 아이디어의 정통하고 정당한 설명
② 해석: 의미를 진술하고 있는 이야기
③ 적용: 새로운 상황과 다양한 맥락에 지식을 효율적으로 활용하기
④ 조망: 비판적이고 통찰적인 관점

⑤ 감정이입: 다른 사람의 느낌, 관점과 일치
⑥ 자아인식: 자신의 무지 및 사고와 행동 유형을 아는 지혜

이들은 이해라는 것이 무작정 훈련되는 것이 아니라, '설계에 의해 체계적으로 훈련되는 것'이라고 하였다. 테크놀로지를 활용하는 의도는 학생에게 교사 설명을 기다리기보다 의미 있게 스스로 생각할 책임이 있다는 것을 깨닫게 하는 것이다. '설계'라는 것은 아주 구조화된 교육과정(때때로 교수 체제 설계라 불린다.)을 개발한 다는 것이며, 코칭 및 반성적 또는 촉진적 교수를 강조하면서 교훈적 또는 직접적 교수를 포함하고 있다. 반성적 또는 촉진적 교수는 생생하고 창의적인 것에 관심을 두며, 이는 기본적 이해로 시작하는 '역설계(inverse design)' 접근으로 가능하다.

12) 역설계 과정

역설계는 세 가지 단계로 진행된다. ① 이해와 질문에 비추어 기대하는 결과를 확인한다. 즉 필수적인 질문을 만든다. ② 기대하는 결과를 성취했다는 것을 증명 할 것들을 정한다. 즉 무엇을 평가할지 명시한다. ③ 학습경험을 선정하고 교수 계 획을 한다. 이것은 다음 질문을 포함한다.

• 필요한 지식과 기술을 이끌어 내기 위해 해야 할 활동은 무엇인가?
• 가르쳐야 할 것은 무엇이고, 가장 잘 가르칠 수 있는 방법은 무엇인가?
• 필요한 자료 및 자원은 무엇인가?
• 교수 · 학습 설계가 전체적으로 일관성 있고 효과적인가?

각 단계는 기술공학적 접근과 자연주의적 접근을 모두 수용한다. 최근 더 많은 교장과 교사들이 이런 설계 단계를 보다 구체화하고 있다.

도움말 8.13
원격 학습을 통해서 NCLB와 RTI에 대처할 수 있다.

13) 대안적인 원격 학습 강좌 개발하기

우리 사회의 정치, 사회, 경제적 변화와 더불어, 인터넷과 정보기술의 발달은 온라인 강좌 및 학습 프로그램 개발에 대한 관심을 전례 없이 증폭시켰다.

관련 연구들은 고등학교에 다니는 학생이 온라인 강좌를 통해서 대학 강좌를 이수할 경우(이중 등록) 이들이 대학에 갈 가능성이 높다고 한다. 이중 등록은 고등학생들에게 고등학교에서는 이수할 수 없는 교육경험과 학습경험을 제공할 뿐만 아니라 학업적으로도 스스로 도전할 수 있는 기회를 제공한다. 온라인 강좌를 고등학생에게 제공하고자 할 때, 교사는 이런 원격 교육 상황에서 교수적, 교육과정적, 법적 문제나 기대치들을 알고 또 이를 충족시켜 주어야 한다. 고등학생이 등록할 수 있는 온라인 대학 강좌의 경우, 이 강좌의 학습 내용과 수준은 대학에서 가르치는 다른 강좌와 동등해야 한다(Montana State University, 2007).

14) 테크놀로지를 도입한 교실 학습에 대한 시나리오

인터넷, 전자 칠판, 화상 회의 시스템, 기타 다른 새로운 테크놀로지는 교실 학습에 기술 혁신을 유발하고 있을 뿐만 아니라 교수 학습에 접근하는 방식을 바꾸고 있다. Read/Write Web(블로그, 위키, 팟캐스트, 소셜북마킹, 온라인 포토 갤러리)과 RSS(Real Simple Syndication)들은 전통적인 교육의 구조를 바꾸고 있다. Richardson과 Mancabelli(2007)는 교육공학의 진보로 전통교육이 다음과 같이 변하고 있다고 하였다.

첫째, 열린 학습으로 바뀌고 있다. 전통교육에서 지식은 희귀한 상품이었다. 지금은 웹을 통해서 학생들은 우리가 가르칠 수 있는 것보다 더 많은 지식에 접근할 수 있다. 지식을 습득하는 학습은 더 이상 학교에서만 일어나지 않는다.

둘째, 교사는 교실에서 지식의 유일한 결정권자가 아니라는 인식이 확산되고 있다. 교사는 연결자로서의 역할을 해야 할 것이다. Read/Write Web에서 학생들은 상호 교류가 가능해졌다. 마이스페이스(www.myspace.com)와 같은 네트워킹 사이트는 1억 만 개가 넘어서고 있다. del.icio.us, Furl, Digg.com, Fickr.com과 같은 새로운 사이트가 등장하기 시작했다. 다른 사람들과 접속하는 학생들의 능력은 새로운 의사소통 능력이 되고 있다.

셋째, 새로운 문해력이 등장하였다. 전통적인 인쇄 자료는 발행하기 전에 수정하거나 교정할 수 있었다. 지금은 독자들이 읽고 있는 것에 대한 자료의 진실성을 먼저 판단해야 한다. 요즘 학생들은 정보기술을 효과적이면서도 안전하게 사용할 수 있는 방법을 학습해야 한다(pp. 12-17).

중요한 것은 테크놀로지가 학습과 지식 습득을 평등하게 만들고 있다는 것이다. 오늘날 교실에 테크놀로지가 도입됨으로써 웹과 인터넷은 모든 학생들에게 영향을 미치는 세계적인 학습 공간이 되었다.

(1) 왜, 무엇을

온라인 강좌를 왜 하며, 어떤 내용을 포함시키고 싶은가? 예를 들어 여러분은 강의 노트나 프레젠테이션 내용을 탑재하여 학생들이 접근할 수 있도록 할 수 있다. 또 여러분은 학생들이 연구를 하거나 정보를 모을 수 있도록 온라인 자료 찾기 경로를 제공할 수도 있다. 아니면 그냥 강좌 실라버스 정도만 올릴 수도 있다. 우선 여러분은 여러분이 할 수 있는 작은 것부터 시작할 수 있다. 온라인 형태, 비디오나 애니메이션 클립, 상호적 피드백과 같은 형태들은 여러분에게 보다 많은 경험을 가질 수 있게 한다.

(2) 어떻게

여러분이 가진 것, 예를 들어 인쇄된 매체, 컴퓨터 문서, 슬라이드, 그래픽 등을 웹에 올리기 위해 어떻게 해야 할까? 또한 학생이 검색을 쉽게 하도록 하기 위해서는 어떻게 해야 할까?

(3) 어디에

여러분의 강좌 내용을 어디에 게재할 것인가? 여러분은 교사들이 사용할 수 있는 전문 웹사이트 회사를 선택할 수도 있다.

(4) 웹 주소 홍보하기

학생이 여러분의 사이트를 어떻게 찾을까? 여러분은 웹 주소(URL)를 학급에, 학

도움말 8.14
WebQuest는 인터넷과 교육과정을 의미 있게 연결하고 있는 하나의 방식이다.

급 신문에, 전문 검색 사이트에 게시할 수 있다.

15) 학습 활동을 확인하기 위해 대안 사용하기

인터넷에서 양질의 정보를 찾기 위해서는 많은 도전이 필요하다. 사용자는 가장 적절한 정보를 찾기 위해 여러 가지 정보를 분류할 수 있어야 한다. 적지 않은 교사들은 웹을 학급의 자원으로 사용하는 것을 꺼리는데, 이는 학생들이 인터넷을 효과적으로 사용하는 데 필요한 기술을 가지고 있지 않기 때문이다. 앞에서 제시한 아이디어에 더해서 교사는 WebQuest를 설계하여 특정 교과나 단원 학습을 진행하면서 학생들에게 의미 있는 조사 활동에 참여할 수 있도록 할 수 있다. WebQuest는 http://webquest.org/index.php에 있다.

웹 기반의 온라인 학습을 위한 프로그램을 개발하고 싶겠지만, 교사들은 학습자의 요구에 맞춰 이를 개발해야 한다. 이것은 아주 분명한 사실인데도 불구하고 자주 무시된다. 그 원인은 대학에서 학생의 요구에 기초하기보다는 교과와 교사를 중심으로 교육하기 때문이다. 또한 인터넷에서는 누구나 출판자다. 누구나 원격 교육자다. 많은 교사와 교과 전문가들은 원격 교육에 참여하기 시작했다. 그러나 그들은 수년 동안 발전시켜 온 새로운 원격 교육 강좌 개발의 주요 원리들을 잘 이해하고 있지 못하다.

16) 수용 가능한 정책

학교에 인터넷이 연결되고, 원격 교육을 실시하면서 학생의 안전 문제가 발생해 왔다. 교사들은 학생들이 부적절한 내용에 접근할지도 모른다고 염려하며, 웹을 '둘러보는' 무제한의 자유를 학생들에게 주는 것에 대해 우려를 표한다(Sholten, 2003). 동시에 부모들도 자녀가 외부에서 접근할 가능성에 대해 우려를 표한다. 교사들은 학교가 수용 가능한 활용 방침(AUP)을 통하여 좀 더 안전하게 테크놀로지를 활용할 수 있도록 보증하는 법과 학교 방침을 만들어야 한다고 주장한다.

다시 말해서 온라인상의 새 강좌를 개발할 때는 학생들이 안전하게 테크놀로지를 활용할 수 있는 능력을 기르고, 창의성을 개발하며, 문제해결력을 강화할 수 있는 교육과정이 중요하다. 기술공학적 접근과 자연주의적 접근 모두를 적용하는 교사는 교육과정이 모든 학생들에 적절하고 유의미해야 한다는 것을 보장해야 한다. 다른 사람과 세상에 대한 이해를 깊게 하고 증진하는 데 필요한 변화를 도모하고, 학생들의 기회를 극대화하기 위해 가능한 한 모든 측면에서 능력을 갖춘 미래 교사의 양성이 중요해졌다.

오늘날 학교는 점점 책무성에 대한 요청을 받고 있는 상황이다. 많은 학교들은 "기초 학력이 낮은 것으로 확인되고 있다."(Chrisman, 2005, p. 6) 이 문제에 대해 현실적으로 학교와 학생이 공동 책임져야 한다고 보고 있고, 또 성취 격차를 줄이기 위해서는 도움이 될 만한 자원을 제공하는 체제가 구축되어야 한다(Packer, 2007). 학교가 어떻게 학생 성취를 개선하고 계속 유지시킬 수 있는지에 대해서는 여러 측면에서 연구가 되고 있다.

캘리포니아 주 벤츄라 지역의 학교 지원 서비스의 책임자인 Valerie Chrisman (2005)은 캘리포니아의 초등학교와 중등학교 개혁 프로그램에 대한 연구를 수행했다. Chrisman은 세 가지 준거로 분석했는데, 즉 시험 점수, 학교 특징, 교사와 교장 면담을 분석했고, 최소한 1~2년 개혁 프로그램에 참여한 교장 356명이 이 질문지에 응답했다. 분석 결과, 성공적인 학교는 다음과 같은 특징이 있었다.

- 강한 교사 리더십이 있다.
- 교사들이 다양한 형태의 현장 연구에 참여한다.
- 교사들이 학업 성취를 개선할 수 있는 다른 교사들의 성공 사례들을 지지하고, 상호 학습한다(팀 티칭, 신임 교사 멘터링, 수업 설계 공유를 위해 협동하기 등).

교장 리더십
- 성공한 학교는 성공하지 못한 학교와 대조적으로 같은 교장이 최소한 3년 이상 근무하는 경향이 있다.
- 성공한 학교의 교장은 교사들에게 구조화된 지원을 제공하고, 협동을 위한 시간을 더 많이 주었다.

• 성공한 학교의 교장은 학생 성취가 오르지 않을 때 관련 자료를 사용하고 변화를 만드는 데에 능숙했다.
• 성공하지 못한 학교의 교장은 그런 자료를 사용하는 데 어려워했다.

지역 교육청 리더십

• 성공적인 학교 교육청의 리더들은 성공하지 못한 학교 교육청에 비해 학교에 더 많은 지원을 했다. 성공한 학교들은 지역 교육청이 주관하는 교수법 중심의 전문성 개발 프로그램을 통해서 큰 도움을 받았다.
• 각 학교의 학기가 시작할 때, 성공적인 학교는 성공하지 못한 학교보다 교사와 개별 학생을 분석한 평가 자료를 더 많이 보유하고 있었다. 교사와 교장 역시 수업과 학업 성취를 개선하기 위해 이 자료를 사용하는 방법을 훈련받았다.
• 신임 교장들은 부모의 요구와 갈등이 적은 학교에 배치되었다. 이러한 학교들은 지역에서 사회 경제적으로 낙후된 지역에 위치하고 있었다. 이런 배치는 신임 교장을 위한 자리이거나 부모 갈등을 효과적으로 해결하지 못하는 교장들에게 벌로 배치하는 자리였다.
• 성공적인 학교의 교장들은 자신들의 지역 교육청이 매달 지역의 개선 프로그램 학교들과 관계자 회의를 열었다고 말했다.

프로그램과 실제

• 성공적인 학교에서 제2언어로서 영어를 배운 학생들과 학업적으로 자신의 학년 수준보다 낮은 학습 부진 학생들은 성공하지 못한 학교의 그런 학생들에 비해 매우 다른 경험을 하였다.
• 성공적인 학교에서 교사들은 학생들에게 영어 회화를 가르치는 대신 어떻게 영어가 활용되는가를 이해하는 데 초점을 두는 수업을 했다.
• 성공적인 학교의 교사들은 학생들을 영어 능력에 따라 편성하여 수업하였다.
• 성공적인 학교에서 교장과 지역 교육청 관계자들은 지역 교육청이 새롭게 채택한 프그램을 지원했다(Chrisman, 2005, pp. 19-20).

Chrisman의 연구는 오늘날 학교에서 필요한 것이 무엇인가를 시사하고 있다. 중요한 것은 교육과정 리더가 주와 국가의 요구를 충족시키기 위해 교정 활동을 해야 한다는 점이다. Thomas Guskey(2007~2008)에 따르면, 효과적인 교정 활동은 다음 세 가지의 필수적인 특징이 있다.

첫째, 효과적인 교정 활동은 여러 수준에서 이루어진다. 최선의 교정 활동은 형태, 조직, 교수 방법의 변화를 포함한다.

둘째, 효과적인 교정 활동은 학생에게 서로 다른 학습경험을 제공한다. 교정 전략을 효과적으로 사용하면 학생의 초기 학습경험은 수업을 통해서 질적으로 달라진다.

셋째, 효과적인 교정 활동은 학생들에게 성공적인 학습경험을 제공한다. 일반적으로 효과적인 교정 활동을 위한 전략은 동료 교사들로부터 나온다(pp. 28-34).

이 장을 통해서 언급했듯이, 본 저자들은 학교가 스스로 처한 여건을 검토하고, 변화를 수용할 의지가 있다면, 학생들의 성취를 개선할 수 있다고 믿는다. 사실 모든 학교는 지금까지 설명한 모든 전략을 활용할 수 있고, 학교를 개선할 수 있다.

요약

이 장에서는 새 강좌나 단원을 개발하는 과정을 기술공학적 접근과 자연주의적 접근으로 설명했다. 이 장에서는 교육과정 리더가 자연주의적 접근과 기술공학적 접근 모두를 활용하여 새 강좌를 어떻게 개발할 수 있는가를 설명했다. 이들은 모두 학업 성취를 개선하고 유지하기 위한 것이다.

적용

1. 이 문제에 대해서 생각해 보자. 기술공학적 또는 자연수의적 접근을 선택하는 데 학교 조직의 특성이 영향을 미치는가? 만약 그렇다면 어떤 학교 조직이 어떤 접근을 활용하는가?

2. 여러분이 기술공학적 접근을 활용할 수 있는지를 알아보려면 다음 항목들을 검토해 보시오.

   a. 여러분이 개발할 새 강좌의 범위를 확인하시오.

   b. 학습자 요구를 조사한 자료의 의도를 기술하시오.

   c. 강좌의 학습 목표를 열거하시오.

   d. 여러분이 권장한 목표 중 어느 하나에 대한 학습 활동을 선정하시오.

3. 여러분이 자연주의적 접근을 활용할 수 있는지 알아보려면 다음을 항목들을 검토해 보시오.

   a. 새 강좌의 영역 또는 범주를 정하시오.

   b. 학교 기반 교육과정 개발의 장점을 기술하시오.

   c. 단원 목표를 열거하시오.

   d. 한 단원을 선택하여 최소한 4개 이상의 질 높은 학습경험을 적어 보시오

4. 자연주의적 접근을 사용하는 학자들은 그것이 중학교보다 초등학교 단계에 더 적합하다고 제안한다. 만약 여러분이 초등학교 교장이라면, 교사들에게 자연주의적 접근을 추천하겠는가? 기술공학적 접근보다 자연주의적 접근을 사용해야 하는 이유를 설명해 보시오.

사례

플로리다 초등학교 6학년 담임교사는 읽기 영역에서 NCLB 기준을 충족하지 못한 학생들의 문제에 대해 교장과 의논하였다.

"선생님이 나의 사무실에 들러 주어서 아주 기뻐요."라고 Woodward 교장이 말했다. "지난번 대화를 생각해 보니, 선생님은 읽기 수업을 개별화하고 특정한 기능들을 지도하는 데 관심이 있었어요."

"맞아요, Woodward 씨."라고 6학년 담임교사인 Nita Caterlin이 말했다. "저는 확인된 약점을 지도할 전략을 결정할 뿐만 아니라 읽기에서 학생들의 강점과 약점을 확인하기 위한 방법을 찾고 있어요."

"웹 자료 분석 프로그램을 사용해 보는 것이 어때요?" 교장이 물었다. "우리는 이 프로그램을 막 구입했어요. 이것은 여러 선생님들에게 도움이 될 거예요."

"학생의 학업에서 강점과 약점을 자세히 분석할 수 있는 프로그램인가요?" 교사가 물었다.

"맞아요." Woodward 교장이 말했다. "선생님이 온라인 교육을 받으면 사용하는 데 별 문제없을 거예요. Hall 선생님이 그것을 사용하였고 매우 유용하다고 했어요." 교장은 Caterlin 교사가 온라인 평가 프로그램에 대해 흥미를 보이는 것을 알 수 있었다.

"어떻게 사용하나요?"

"Hall 선생님은 자신의 반 학생들을 데리고 어학실에 가서 예비 검사를 했어요. 평가 결과는 컴퓨터를 통해서 즉각적으로 나왔지요. 그녀는 그녀의 학생들이 주(州)의 읽기 기준 중 하나인 '핵심 생각'이라는 개념에 어려움을 갖고 있다는 것을 발견했어요."

"아주 좋은 프로그램이네요!"

"맞아요, 온라인 평가 프로그램은 꽤 괜찮아요." 교장이 말했다. "중요한 것은 이 프로그램이 사전, 사후 검사를 제공할 뿐만 아니라 교수 전략이나 수업 자료들에 대한 링크도 제공한다는 것이에요."

"정말로 시작하고 싶네요." Caterlin 교사가 열의를 보였다.

"문제없어요!" 교장이 말했다. "내가 지역 평가 책임자에게 연락하면 선생님이 바로 사용할 수 있을 거예요."

도전 과제

기술공학적 접근으로 교육과정을 개발하여 학업 성취를 높이는 것과 관련하여 온라인 자료 분석의 중요성을 분석하라. Woodward 교장은 학교에서 그의 시험 점수를 향상시키고, 학생 성취를 높이기 위해서 온라인 자료 분석 전략을 사용하도록 교사들을 어떻게 동기화할 수 있을까?

주요 질문

1. 온라인 평가 프로그램을 사용하기 전에 교장에게 물어야 할 질문은 무엇인가?

2. 정책이 하는 역할은 무엇이고, Woodward 교장은 이 프로젝트가 착수되기 전에 지지층을 확보하기 위해 어떤 조처를 취해야 하는가?

3. 온라인 평가 프로그램과 지역, 주, 국가 수준의 표준을 맞추는 것은 교육과정 개발에서 중요하다. Woodward 교장은 온라인 평가 프로그램과 지역의 교육과정을 확실히 맞추기 위해 무엇을 할 수 있는가?

4. 온라인 평가 프로그램 비용은 학교 입장에서 비쌀 수 있다. 관리자와 교장은 교사와 지역사회에 이 비용 지출을 어떻게 설명할 수 있는가?

5. 온라인 평가로의 전환은 쉽지 않을 수 있다. 이런 변화는 종종 새 강좌나 단원 개발을 요청한다. 이런 급격한 교육과정 변화에 대한 교사의 반대를 줄일 수 있는 방안은 무엇인가?

---

e 참고 사이트

James Madison University-Steps for developing new courses and/or units

www.jmu.edu/registrar/Course%20Approval/stepsnewcourse.html

Teachers.net-Online strategies and lesson plans

www.teachers.net

3부

교육과정 관리

대부분의 교육과정 리더들은 학교에서 실제로 가르친 교육과정보다는 문서로서의 교육과정에 관심이 많다. 3부의 목적은 수업, 교재 선정, 교육과정 개발과 실행 등 세 가지를 동시에 지원해야 한다는 것에 대해 설명할 것이다. 그리고 교육과정을 일치시키는 일을 정당화하고, 종합적인 평가 계획에 대한 구체적인 지원들을 설명하고자 한다.

◆ 제9장 ◆

교육과정 장학

학교 수업을 개선하기 위한 리더의 장학은 장학하는 사람과 장학을 받는 사람에게로, 지도하는 교사에서 지도받는 교사에게로, 교사에서 학생에게로 대상을 바꾸어 가고 있다(Glickman, 2001, p. 104). 대부분의 교육과정 리더들은 학교에서 가르친 교육과정 지원을 등한시하고 '문서로서의 교육과정'을 지나치게 강조한다. 분명한 것은 이런 현상이 적절치 않고 비생산적이라는 것이다. 아무리 훌륭한 '문서로서의 교육과정'도 적절한 교육 자료와 연동되지 않으면 소용 없다. 따라서 이 장에서는 소홀히 취급되는 이 두 가지 교육과정의 유형을 어떻게 개선할 것인가 하는 문제와 더불어 관련 장학 문제나 이슈들을 설명하고자 한다.

이 장에서는 다음과 같은 질문을 다룬다.

- 누가 장학을 해야 하며, 최근 교육과정에 대한 장학은 어떻게 하고 있는가?
- 오늘날 교육과정 리더들이 직면하고 있는 장학 관련 이슈나 문제들은 무엇인가?
- 교육과정 장학은 어떤 기능을 하는가?
- 장학에서 교직에 대한 동기부여가 왜 중요한가?
- Abraham Maslow의 이론은 오늘날에도 여전히 영향력이 있는가?
- 교육과정 지원 요소들은 무엇이고, 왜 교육과정 지원이 중요한가?

1. 가르친 교육과정에 대한 장학

교장이 자신의 행동 혹은 태도의 중요성을 아는 것은 중요하다. NAESP의 부회 장인 Cheryl Riggins-Newby(2003)는 모든 학교장이 수업의 리더가 되어야 한다고 주장했다. 학교 개선의 핵심은 교육과정과 수업이다. 교장은 학년 간 또는 학년 별로 의사를 결정하고, 장학하는 데 교사를 참여시킬 필요가 있다. 이렇게 하는 이유는 학교교육과정을 수평적, 수직적으로 조정하는 데 도움이 되기 때문이다. 교육 과정을 적절히 조정하는 장학을 해야 학생들의 학업 성취 기준과 능력을 확보할 수 있다.

 도움말 9.1

유능한 리더는 다른 사람에게 요구하기 전에 먼저 자신에게 요구한다. 그의 리더십은 성 공적인 장학 프로그램을 개발하는 데 중요하다.

교사는 학교의 환경이 자신들의 노력을 지지할 때에 리더 역할을 한다(Lattimer, 2007). 리더는 여러 가지 접근으로 학교에서 가르친 교육과정을 장학한다. 대표적 인 네 가지 문헌은 Hunter(1984)의 '앎, 가르침 그리고 장학(Knowing, Teaching, and Supervising)', Glickman, Gordon 그리고 Ross-Gordon(2003)의 『장학과 수 업 리더십: 발달적 접근(Supervision and Instructional Leadership: A Development Approach)』, Costa와 Garmston(2002)의 『인지적 코칭의 기술: 지적인 가르침을 위한 장학(Cognitive Coaching: A Foundation for Renaissance Schools)』, Glatthorn (1984)의 『차별화된 장학(Diferentiated Supervision)』이다. 이 중에서 처음의 세 가 지 문헌의 내용을 이 장에서 언급할 것이며, 마지막 문헌은 다음 장에서 더 자세히 설명할 것이다.

1) Hunter의 필수 요소

1980년대 중반, Madeline Hunter의 연구는 장학에 큰 영향을 미쳤다. 사실 일부 주의 교육부에서는 Hunter의 접근 방식을 공식적으로 채택하고, 교육부 관내 행정가, 장학사, 교사를 대상으로 워크숍을 실시하여 Hunter의 이론을 적용하도록 권장했다. Hunter는 수업 분석과 개선에 활용할 수 있는 많은 '모형(templates)'을 주장했는데, 가장 많은 관심을 받은 것은 그녀의 '수업 설계를 위한 구성요소'다. 학습 이론 관련 연구물들을 검토하여 Hunter는 좋은 수업을 설계하기 위한 구성요소를 다음과 같이 제시했다.

① **기대하는 상태**: 학생들이 배워야 할 내용에 집중하도록 할 수 있는 의식 상태를 조성한다.
② **목표와 목적**: 학습하고자 하는 내용이 무엇이고 그것이 어떻게 활용될 수 있는가를 기술한다.
③ **투입**: 학생에게 그들이 습득해야 할 지식, 기능 또는 그것을 습득하는 과정에 대한 정보를 제공한다.
④ **모델링**: 시범을 보인다.
⑤ **연습 지도**: 학생이 주어진 정보에 따라 연습해 볼 수 있다.
⑥ **독자적 실행**: 학생 스스로 과제를 수행한다(Glatthorn 재인용, 1987, p. 222).

Hunter의 '필수 요소'가 유용한 이유는 무엇일까? 첫째, 몇몇 비판들에 의하면 그의 필수 요소에 대한 문헌적 근거가 약하다고 하지만, 탄탄한 이론을 구축하고 있다. 둘째, 교사들이 수업에 대해 토의할 때 같은 용어를 사용하도록 하고 있다. 누구나 '기대하는 상태'라는 용어를 사용하며, 그것이 무슨 뜻인지를 알 수 있도록 했다. 마지막으로 '교사 친화적(teacher-friendly)'이다. 이것은 교사에게 새로운 것을 습득해야 한다는 부담을 주지 않는다. 오히려 교사가 지금까지 해 온 것들을 체계화하도록 돕는다.

하지만 Hunter의 필수 요소는 교사들보다는 대학 교수들의 비판을 주로 받았다. 그들은 무엇보다도 Hunter의 모형이 수업을 지나치게 제한적인 관점으로 접근한다고 지적했다. Sergiovanni(1985)는 Hunter가 교수와 학습을 배달 시스템, 즉 파이프라인을 통해 교사가 교수를 통해서 정보를 수동적인 학생에게 전달하는 식이라고 비판했다. Hunter는 이 요소들이 어떤 수업에서도 융통성 있게 활용될 수 있다고 주장했음에도 불구하고, 일부 교수들은 Hunter의 필수 요소를 경시했고, 수업 모형으로 활용할 수 있는 것으로 보았다.

Hunter의 '필수 요소'로 접근한 행정가들은 교사들이 이 모형에 대해 적극적이었고, 효과 또한 긍정적이라고 보고했다. 그럼에도 불구하고 Hunter의 필수 요소가 학업 성취 향상에 미친 영향을 알아본 초기 연구에서는 기존의 장학보다 더 효과적이지는 않은 것으로 나타났다(Stallings, 1986 재인용).

2) Glickman의 발달장학

Carl Glickman, Stephen P. Gordon 그리고 Jovita M. Ross-Gordon(2003)의 '발달장학'은 Hunter의 연구에서 두 가지 특징을 찾았다.

하나는 장학사와 교사가 함께하는 활동이라는 점이다. 이를 통해서 교사는 사고와 개념을 발달시키고 있었다. Glickman은 발달 수준을 3단계로 제시했다. 첫째, 낮은 추상(low abstract) 단계이다. 교사는 아이디어가 부족하고, 보여 주려고 하고, 변화를 관행으로 받아들인다. 둘째, 중간 추상(moderate abstract) 단계이다. 교사는 권위에 의존하고, 수업 상황에서 일어나는 여러 문제 중 한 차원에만 집중한다. 한두 가지 정도로 문제해결책을 제시하고, 전문가의 도움을 필요로 한다. 셋째, 높은 추상(high abstract) 단계이다. 문제를 파악하고, 다양한 자원을 활용하여 여러 가지 아이디어를 내고, 스스로 행동 방침을 취한다.

다른 하나는 '사고 지향적'이라는 점이었다. 이를 통해서 장학사가 교사의 성장을 돕는 네 가지 방식을 이끌어 냈는데, 그것은 직접적인 지원〔일반적으로 '임상장학(clinical supervision)'이라고 한다.〕, 현직 연수, 교사와의 협력을 통한 교육과정 개발, 교사의 실행 연구(action research)다.

Glickman 등은 이 발달 장학이 결과를 분명하게 하지 못한다는 사실을 인정했지만, 이 모형의 두 가지 특징 때문에 교육과정 리더에게 Glickman모형은 매우 유용하다. Glickman 등은 교사들이 서로 다르기 때문에 교사마다 다른 접근 방법이 필요하다는 사실을 인정했다. 그리고 그들은 현직 교육, 교육과정 개발, 실행 연구의 중요성을 강조하는 장학의 폭을 넓혀 놓았다.

3) Costa와 Garmston의 인지적 코칭

Glickman의 모형 그리고 Costa와 Garmston(2002)의 모형은 교사들의 사고 과정을 중시한다는 점에서 공통점이 있다. 그러나 접근 방식은 서로 다르다. Costa와 Garmston의 모형은 Glickman이 주장한 접근 방식 중 직접적인 지원 또는 임상장학으로 한정하고 있다. 그러나 임상장학에 접근하는 방식은 다르다. Costa와 Garmston은 초창기에는 기능에 관심을 갖지 않았다. 그들은 교사의 사고 수준을 높이는 것이 더 적합하다고 생각했다. 장학사가 교사에게 인지적 코칭을 할 때, 장학사는 다음과 같은 의도를 갖는다. 신뢰 관계를 조성하고 관리하기, 교사의 사고를 재구조화하여 학습을 촉진시키기, 교사의 자율성을 신장시키기 등이다. 이런 의도는 장학사가 적극적으로 경청하고, 통찰력을 발휘하는 질문을 하고, 적절하게 반응하는 심층 협의를 해야 충족시킬 수 있다.

Costa와 Garmston은 자신들의 접근 방식이 성인 발달에 관한 현대 이론과 연구들을 근거로 하고 있다고 주장하지만, 그들의 접근 방식이 효과적이라는 것에 대한 어떠한 경험적 증거는 제시한 적이 없다. 그러나 그들의 접근 방식은 교사의 사고와 자율성을 강조하는 교육과정 리더들이 적극 활용할 수 있다.

2. 장학 관련 문제와 이슈

효과적인 교육과정 및 교수 프로그램을 개발하는 데 여러 가지 어려운 문제들이 있다. 인사, 자원의 분배, 학교교육 활동을 조직하는 일은 많은 시간이 필요하다.

도움말 9.2
교육과정 장학은 학생, 풍토, 자원 이 세 요인을 연계하는 일이다.

수업 프로그램이 학생과 연계가 약하고, 그들의 요구를 적절히 수용하지 못했다는 것은 완벽하게 해결하기 힘든 문제다(Weeks, 2001). 이런 상황이 결국은 NCLB를 등장시켰다. NCLB는 학교가 학생의 학습 수준과 성취에 대해 더 책임을 져야 한다는 아이디어에 기초한다. Tom Allen(2004)은 이 법이 좋은 학교를 '실패한' 학교로 인식하도록 하는 잘못을 했다고 주장한다.

그럼에도 불구하고 유치원부터 고등학교까지 여전히 학생의 능력과 학교 풍토에 맞는 교육과정을 개발하려는 방향으로 변해 왔다. 국가 수준의 일련의 지시들은 수학이나 읽기와 같은 과목을 대상으로 숙달 정도와 제시된 목표를 달성하도록 해 왔다. 학교 리더들은 양질의 교육과정과 적절한 자료를 요구하고 있다(Gilman & Gilman, 2003).

양질의 교육과정과 자료를 지원하려는 노력의 과정에서 테크놀로지는 수업을 계획하고 자료를 개발하는 데 영향을 미치는 매체이다. 교육과정 기획자, 행정가, 교사들은 학생이 배워야 할 일련의 교육 내용을 새롭고 혁신적으로 제공할 수 있는 방법을 모색해 왔다. 학교는 지구촌적인 학습 네트워크를 구축하고 소통하는 시대를 맞게 되었다.

3. 장학사의 역할

학교장뿐 아니라 교육과정 리더들은 교육과정 개발에 중요한 역할을 하는 사람이다.

도움말 9.3
교장은 관리자를 넘어 전문가, 변화를 주도하는 사람으로 그 역할이 확대되고 있다.

교장은 교육과정 장학에 대한 새로운 접근들을 알아야 한다. 장학사는 예산을 집행할 만한 자료를 찾아내야 할 뿐만 아니라, 교육과정을 개발하도록 지도해야 한다. 교장이나 장학사는 지금 어떻게 하면 학생들이 정보를 더 잘 습득하고, 그 정보들이 학생의 전반적인 성장과 발달에 기여할 수 있는가를 고민하고 있다 (Merrow, 2004). 이를 위해서 양질의 교사 연수와 학습 환경이 필요하다. 따라서 차별화된 전문성 개발 프로그램이 중요하다.

4. 차별화된 전문성 개발

학교는 독자적인 전통, 가치, 문화가 있다. 그리고 학교는 변화를 기꺼이 수용하고자 하는 의지 또한 갖고 있다. 모든 학교에 적합한 보편적인 학교 개선 모형은 없다(Piltch & Quinn, 2007). 학교 풍토와 변수들이 다르기 때문에 학교 여건과 상황에 맞는 차별화된 교사 전문성 개발(differentiated professional development)을 고려해야 한다(Glatthorn, 1984). 차별화된 전문성 개발은 근본적으로 장학을 필요로 하며, 장학에 대한 재개념화 및 관점을 확대했다. Glatthorn은 교육 리더들이 학교에서 가르친 교육과정을 무시하는 이유는 그들이 장학을 지나치게 좁게 인식하기 때문이라고 주장한다. 장학의 대부분은 임상장학이다. 즉 장학이란 교사를 관찰하고 관찰된 자료를 분석하여, 이 자료를 바탕으로 교사에게 피드백을 제공하는 과정이다. 장학을 협소한 의미로 보는 시각은 여러 가지 면에서 비생산적이다. 첫째, 임상장학은 시간이 많이 소비되기 때문에 교장이 모든 교사를 임상장학하는 것이 불가능하다. 둘째, 임상장학은 여러 장학 중 하나일 뿐이다. Glickman이 지적했듯이 다른 방식으로 접근할 수 있다. 셋째, 교사들이 모두 임상장학을 필요로 하는 것은 아니다. 경력 교사들은 임상과는 다른 방식의 장학을 필요로 한다. 마지막으로 대부분의 임상장학은 교육과정을 소홀히 하고 한다.

도움말 9.4

문서로서의 교육과정을 개선하고자 하는 리더는 장학을 재개념화해야 한다. 장학을 더 넓은 관점에서 파악하고, 교사의 요구에 맞추어 다양화해야 한다.

장학에 대한 재개념화는 소위 Sergiovanni(2005)가 "이끌어라, 함께 배워라."로 언급한 것과 같은 것이다. 이 이론은 장학이 교실과 수업의 복잡성을 고려하여 교실에서 사용되는 실제 언어들을 사용해야 하며, 교사와 장학사가 교실의 의미를 더 섬세하게 이해하는 과정이며, 교수와 학습을 가시적으로 개선하는 것이라고 말한다. 장학의 개념을 다시 쓰는 이런 시도에서는 대부분 장학을 전문성 발달로 설명한다. 이렇게 새로운 용어를 사용하는 것은 장학이라는 용어가 함축하고 있는 제한된 의미에서 벗어나기 위해서다. 그리고 이 용어는 장학 분야를 재개념화하고 있다. 전문성 발달로서 장학은 다음과 같은 의미로 쓰인다. 장학이란 학교장 장학사가 교사의 전문성 신장을 돕는 활동이다. 이런 교사의 전문성 발달은 다음 네 가지로 구별할 수 있다. 교사 연수(staff development), 비형식적인 관찰(informal observation), 평정(rating), 개인의 발달(individual development)이다.

1) 교사 연수

여기서 교사 연수란 지역 교육청 및 학교 단위에서 교사에게 제공하는 공식적, 비공식적인 모든 교육 프로그램이다. 오늘날 학교는 분화된 생산 라인 구조에서 전문적으로 협력하는 구조로 변화하고 있다(Boles & Troen, 2007). 5장에서는 교사 연수를 교육과정 개발의 측면에서, 7장에서는 학습 내용을 개선하는 데 중요한 요소로 고찰하였다.

교육 내용, 학생, 교수 · 학습에 대한 일련의 섬세한 판단은 교육과정을 개발하고 지도하는 교사의 능력에 의존한다. 전문가로서 교사의 이런 섬세한 판단력을 높이는 좋은 방법은 교육 관련자(동료, 학부모, 학생 그리고 지역의 전문가)들과 대화할 수 있는 네트워크를 만들어 주는 것이다(Tomlinson et al., 2002). 교사 연수가 교사의 전문성을 발달시키는 활동이려면 다음과 같은 점을 고려해야 한다.

첫째, 교사 연수는 공식적일 수도 있고, 비공식적일 수도 있다. 공식적인 프로그램은 구체적인 목적과 일정 그리고 체계화된 일련의 프로그램을 가지고 있다. 공식적인 프로그램은 전형적으로 기능 습득에 초점을 둔다. 몇몇 연구에서는 7장에서 제시한 검토 과정을 통해서 기능 습득 중심의 프로그램이 더 효과적이라고 주장한다.

앞 장에서 설명하였듯이 공식적, 비공식적 교사 연수는 교육과정 개발 및 개선을 위해서 필수적이다. 만약 교사 연수의 목적이 교과에 대한 교사의 인식을 개선하고 새로운 교육과정을 시행하는 데 필요한 자료를 개발하는 것, 교육과정을 실행하는 데 필요한 것들을 습득할 수 있도록 하는 데 있다면, 이런 교사 연수를 통해서 문서로서의 교육과정, 가르친 교육과정, 평가로서의 교육과정, 학생이 학습한 교육과정을 일치시키기가 더 용이할 것이다.

2) 비공식적 관찰

비공식적 관찰은 짧은 시간 동안 예고 없이 학급을 방문하여 5~15분 정도 교실을 관찰하는 것이다. 학자들은 이런 비공식적 관찰을 '불시 방문(walkthroughs)'이라고 표현한다. 기업에서 전문가들은 '현장 순찰 경영(management by walking around)'이라고도 부른다. 교장은 이런 짬깐 동안의 불시 방문을 통해서 관찰한 것을 기초로 어떤 결정을 한다. 이때 교장이 할 수 있는 질문을 〈표 9-1〉에서 제시하고 있다.

교실을 불시에 방문하는 것에 대해서는 오해가 생길 수 있다. 마찬가지로 이렇게 관찰한 자료를 교사나 교장 혹은 둘 다 어떻게 사용해야 하는지, 이런 자료가 어떤 자료인지를 잘 모르기 때문에 교실을 불시에 방문하는 것에 대해 대부분의 교사들이 거부감을 느낀다. 불시 방문을 통해서 수집한 자료는 다음과 같이 활용 가능하다.

• **비판이 아니라 도움을 제공하기 위해서 활용한다**: 불시 방문은 교사를 평가하기 위한 것이 아니라, 교사의 수업 능력을 향상시키도록 돕기 위한 것이다. 불시 방문은 교사를 비판하려고 하는 것이 아니다. 수업 개선의 전략을 찾기 위한 방식이다. 좋은 수업 사례를 찾아 학교 전체에 이를 공유하도록 도와주기 위한 것이다.

• **교사 연수의 효과를 평가한다**: 불시 방문으로 교사 연수가 실제로 교실에서 효과를 내고 있는지를 판단할 수 있다. 리더는 교실을 방문하여 체계적으로 자료를 수집하고 분석하면서 교사 연수의 효과를 점검하는 동시에 교사 연수의 프로그램의 내용을 실시간으로 바로잡을 수 있다.

• **불시방문 자료에 기초해서 전문 학습공동체를 지원한다**: 현명한 교장은 교사들의 학습공동체 활동을 지원하며, 관찰한 자료를 교사들과 공유할 때 얼마나 영향력 있는지 알고 있다(Pitler & Goodwin, 2008, p. 11).

교실을 불시에 방문하는 것이 보다 효과적이기 위해서는 일정 기간 동안 자료를 수집해야 한다. "한 교사를 한 번 혹은 두 번, 심지어 열 번 관찰을 했다고 해서 수

〈표 9-1〉 '전체와 부분' 모두를 살펴라

자기에게 하는 질문	대답
① 교사는 연구를 기초로 교수 전략을 개발하는가?	교사가 자신의 수업 전략을 찾는 것은 중요하다. 가르침에는 '정답'이 없다. 다만 훌륭한 교사는 다양한 수업 전략을 사용하고, 각각의 의도를 이해하고, 각 전략들을 의도적으로 사용한다.
② 학생을 어떻게 편성하는가?	'협동학습'은 활동적인 수업 유형 중 하나이다. 협동학습은 대집단, 소집단, 짝활동, 협력 집단(각자의 역할을 정해서 집단에 기여하기), 개별 활동 등을 통해서 학생이 학습할 수 있도록 돕는 것이다. 협동학습의 유형은 교사가 어떤 집단 편성 유형을 활용하는가에 따라 구분된다.
③ 교수·학습에 테크놀로지를 활용하는가?	오늘날 교실에서는 테크놀로지를 점점 더 많이 활용하고 있다. 그러나 테크놀로지를 사용할 줄 모르는 교사들도 아직은 많다. 교장은 예고 없이 교실을 방문하여 교실에서 테크놀로지가 어떻게 사용되고 있는지, 테크놀로지에 대해, 테크놀로지를 어떻게 사용하는 것이 좋은지에 대해 말해 줄 수 있어야 한다.
④ 학생이 학습 목표를 알고 있는가?	수업 참관을 하는 교장이라면 교사의 실천을 관찰하는 차원을 넘어 학생들이 하고 있고 배우고 있는 것도 관찰해야 한다. 학생들이 자신이 하고 있는 것과 학습 목표를 관련지을 수 있는가? 학생들이 학습 목표를 의식하고 있는가, 활동 자체에만 초점을 맞추고 있지는 않은가? 시간이 지나면 학생들이 학습 목표에 반응하는지, 교사는 학생들이 목적을 의식하도록 학생들과 소통하고 있는지, 학생들이 자신의 학습에 몰두하는지 아닌지를 알 수 있다.
⑤ 학생은 핵심 지식과 고등사고 기능을 모두 배우는가?	교실 관찰을 통해서 교장은 또 학생들이 Bloom의 분류체계에서 하위 수준(예: 기억, 이해, 적용) 혹은 상위 수준(분석, 평가, 창조)의 학습을 하는지 아닌지를 살펴봐야 한다. 이런 관찰은 다른 맥락에서도 적절히 관찰할 수 있다. 만약 학생들이 대부분 낮은 수준에 머물러 있다면, 교장은 이것에 대해서 교사와 대화를 해야 한다.
⑥ 학생의 성취 자료와 불시 관찰 자료 사이에는 관련성이 있는가?	교장은 또 학생의 성취 자료를 기초로 교실을 이해해야 한다. 교장이 학생 성취 자료를 바탕으로 교실을 관찰하면 세밀하게 관찰할 수 있으며, 나아가서 교수와 학습을 개선하는 방식을 찾을 수 있다.

출처: "Classroom Walkthroughs: Learning to See the Trees and The Forest, " by H. Pitler & B. Goodwin, 2008. Summer, *Changing Schools, 58*. pp. 9-11. Reprinted by permission of McREL.

업의 질이 보장되지는 않는다. 그러나 40명의 교사를 열 번 방문하는 것은 보다 정확한 자료를 확보할 수 있는 방법이 된다."(Pitler & Goodwin, 2008, p. 11) Pitler와 Goodwin은 교실 불시 방문을 모자이크로 간주했다. "당신은 동떨어져 있는 타일을 보면, 그것이 아무것도 아니라고 생각한다. 그러나 당신이 질서정연하게 400개의 타일이 배열되어 있는 것을 보면 하나의 그림을 보는 듯할 것이다."(p. 11) 그래서 교장 혹은 장학사가 왜 관찰을 해야 하는지를 이해한다면 "불시 방문의 힘은 나무를 보는 것뿐만 아니라 숲을 보는 것이다."(p. 11)

3) 평정

구체적이고 정확하며 시의적절한 피드백은 리더가 해야 할 일 중 중요한 일이다(Reeves, 2007). 특히 평정은 의사 결정을 할 때 중요하다. 이것은 평가를 재개념화하는 용어로 행정적인 결정을 하기 위해 교사의 수행에 대해 형성평가와 총괄평가를 하는 일련의 과정이다. 평정이라는 용어를 사용하는 것은 일반적인 평가나 사정과 구별하기 위해서이다. 여기서 평정이란 말은 다양한 측면으로 수행의 질을 판단한다는 의미이다. 평정과 평가를 구별해서 사용하는 것은 이 분야에 만연한 개념적 혼란을 피하기 위해서이다. 문헌을 검토해 보면, McGreal(1983)의 『성공적인 교사 평가(Successful Teacher Evaluation)』는 개념의 혼란을 지적한 흥미로운 책이다.

아마도 두 개념에 대해 몇 가지 예를 들면 이해가 될 것이다. 당신은 무작정 수업을 하는 교사를 비공식적으로 관찰했다. 당신은 판단을 한다. 당신이 관찰한 것이 마음에 들지 않는다. 당신은 교사의 교수 방식을 진단하기 위해 교사를 관찰한다. 당신은 객관적으로 판단하기 위해 최선을 다하지만, 역시 자신의 판단이 정확했다는 것을 알게 될 것이다. 당신은 교사 연수에서 한 교사에게 어떤 특정한 기능에 대해 시범을 보여 달라고 요청한다. 모든 상황에서 당신은 평가를, 즉 수업의 질에 대한 판단을 내린다. 객관적으로 관찰하고자 하지만, 아무런 판단을 하지 않으면서 교사의 행위를 관찰하는 것은 불가능하다. 대부분의 교사들은 관찰자가 자신의 수행에 대해서 판단을 내리지 않는 척한다고 생각한다. 또 판단한 것을 솔직하게 말하는 장학사를 평가 피드백을 제공하지 않는 장학사보다 더 선호한다(Gersten, Green, & Davis, 1985 참조).

이제 반대의 예를 보자. 당신은 9월, 양식을 하나 들고는 한 교사의 수업을 참관한다. 양식에는 교사의 수행을 관찰할 수 있는 명확한 기준이 기재되어 있다. 수업을 관찰하고 관찰 양식을 작성한다. 교사를 만나서 "선생님의 수행도가 만족스럽지 못합니다. 다음 관찰 전까지 장학사의 도움을 받아 개선해 보세요."라고 말한다.

형성평가를 한 것이다. 당신은 일 년 동안 몇 차례의 형성평가를 더 한다. 다음 해 5월 당신은 그동안 수집한 자료를 바탕으로 총괄평가를 한다. 그리고 교사에게 "올 해 선생님의 수업이 만족스럽지 못합니다. 계약 연장은 없습니다."라고 통보한다.

또 하나의 예를 살펴보자. 체육선수가 경기에서 체조 연기를 펼쳤다. 코치가 연기를 보고 "실수가 많구나. 더 연습해야겠다."라고 말한다. 코치는 평가를 한 것이다. 심판도 경기를 지켜보았다. 심판은 점수표에 숫자로 점수를 적는다. 심판은 평정을 한 것이다.

가장 효과적인 평정 체계는 무엇인가? Wise, Darling-Hammond, McLaughlin 그리고 Bernstein(Glatthorn, 1987 재인용)은 효과적인 평정 체계를 가지고 있다고 보고한 32개 지역 교육청을 대상으로 연구하여 다음 다섯 가지 결론을 얻었다(그들은 평정이라는 용어 대신 교사 평가라는 말을 사용했다. 대부분의 교사 평가 체계를 재개념화할 때, 발달을 우선 고려하기 때문이다.).

① 교사 평가 체계는 지역 교육청의 교육 목표, 학교 경영 형태, 교수에 대한 인식, 지역 공동체의 가치관에 맞아야 한다.
② 체크리스트 같은 특정한 평가 방식보다는 헌신과 지원 중심으로 평가에 접근하는 것이 중요하다.
③ 지역 교육청은 평정 체계의 목적을 정하고, 그 목적에 부합하는 평가 과정을 설계해야 한다.
④ 효율적인 평가여야 한다. 비용이 경제적일 뿐 아니라 공정하고, 타당하고, 신뢰할 만한 것이어야 한다.
⑤ 교사 평가의 질은 평가의 전 과정에 교사가 책임감 있게 참여하는 정도에 의존한다(Glatthorn, 1987, p. 229).

이런 결과를 통해서 효과적인 평정 체계의 특징을 시사받을 수 있다. 하지만 평가의 목적이 행정적인 결정을 하기 위한 것이라면, 여러 사람에게 평가의 전 과정이 개방적인 절대평가(criterion-based)가 더 적절하다. 이를 성공적으로 적용한 몇몇 지역 교육청은 다음과 같은 절차를 밟았다.

첫째, 행정가, 장학사, 교사가 함께 교사의 직무를 분석하고 수업을 개선하기 위한 연구를 한다. 이 과정을 통해서 그들은 교사의 역할을 종합적으로 평가할 수 있는 세 가지 준거를 찾았다. 교사 역할 중에서 수업 외적인 것들을 목록화한다. 대부분의 수업 외적인 직무들은 짤막한 목록으로 정리되었다. 수업 시간 외 학생 관리하기, 학부모 만나기, 직원 회의 참여하기, 교사 연수 참여하기 등이다.

도움말 9.5

교사 평가와 전문성 발달을 위해서는 일정한 시간 동안 관찰 연구한 결과를 바탕으로 '관찰 가능한 요소'와 '관찰 불가능한 요소'를 구분한 목록을 작성하는 것이 중요하다.

　장학사는 관찰 연구한 결과를 검토해 봄으로써 수업에서 중요한 것들을 파악할 수 있다. 그리고 나서 타당도를 높이기 위해서 직접 관찰할 수 없는 수업 관련 사항들을 기술하는 것이 중요하다. 이를 위해서는 관찰 연구를 수행해서 관련 목록들을 작성해야 한다. 〈표 9-2〉는 이때 사용할 수 있는 양식 중 하나이다.

〈표 9-2〉 수업의 핵심 기능

다음 목록은 행정가, 관리자, 교사를 위한 일반적인 안내이다. 문헌을 종합적으로 검토하고, 현장 경험을 반성적으로 분석한 것이라고 하더라도, '가르치기 위한 가장 좋은 방법'을 안내하지는 않기 때문에 다음 사항을 직접 관찰해야 한다.

　1. 이 목록은 수업 중 교사가 해야 할 역할이다. 수업 외의 일은 제외한다.
　2. 이 목록은 수업을 계획하고 계획한 것을 소통하는 것과는 직접적으로 관련이 없다.

수업에서 관찰해야 할 것
수업 내용, 진도와 관련하여
1. 교육과정 목표에 부합하는 내용을 선정했는가? 난이도 및 평가 기준에 적절한가?
2. 꼭 학습해야 할 것을 학습했음을 증명하는 방식으로 수업 내용을 제시하는가?
3. 진도는 적절한가?

분위기
4. 교실 환경은 수업을 지원하는가?
5. 현실적인 기대감을 갖고 학생들과 의사소통하는가?
6. 시간을 효율적으로 활용하는가? 주로 교육과정과 직접적으로 관련지어 시간을 할당하는가?
7. 학생들이 과제에 열중하도록 하는가?

(계속)

8. 검토하기, 개관하기, 세분화하기, 명백한 방향 제시하기, 요약하기, 과제 제공하기 등 학습 활동 과정이 구조적인가?

9. 전략, 활동, 집단을 편성하는 데 교육과정 목표, 학생의 필요, 최근의 학습 이론을 반영했는가?

10. 학생들이 학습에 능률적으로 참여하는가?

평가

11. 학생의 학습 활동을 점검하고 수업 방향을 재조정하는 데 평가 자료를 활용하는가?

12. 질문은 명확하게 적절한 난이도를 고려하여 다양한 형태로 하는가?

13. 학생들의 대답에 효과적으로 응하는가?

  충분히 기다려 주는가? 즉각적인 피드백을 제공하는가? 적절히 칭찬하는가?

수업에서 직접 관찰할 수 없는 것

1. 교육과정 연간 계획

2. 수업 목표 달성 여부를 알려 주는 시험 결과

3. 학생의 학습에 대한 공정하고 객관적이고 타당한 평가

주: 이 목록들은 효과적인 수업에 대한 연구를 종합한 것이다. 특히 다음 세 연구에서 인용하였다.

Berliner, D. C. (1984). The half-full glass: A reviews of the research on teaching. In p. Hosford (Ed.), *Using what we know about teaching* (pp. 51-85). Alexandria, AV: Association for Supervision and Curriculum Development.

Brophy, J. E., & Good, T. L. (1986). Teacher behavior and student achievement. In M. C. Wittrock (Ed.), *Handbook of reserch on teaching* (3rd ed., pp. 376-391). New York: Macmillan.

Rosenshine, B., & Stevens, R. (1986). Teaching functions. In M. C. Wittrock (Ed.), *Handbook of research on teaching* (3rd ed., pp. 376-391). New York: Macmillan.

  이런 관찰 가능한 목록들은 평정(Rating Observation Form)의 기초 자료가 된다. 이런 양식에는 각 기능과 수행 지표들을 제시하고 있다. 〈표 9-3〉은 이런 양식의 일부분이며, 평정을 위한 관찰에 사용할 수 있다. 평가자는 이 기준들을 교사에게 미리 알려 준다. 교사는 평가 기준 및 지표를 알아야 하며, 관찰의 목적이 수업 개선이 아닌 교사 평가라는 것을 정확하게 인식하고 있어야 한다. 평가자는 평정을 위한 이런 관찰 양식을 가지고 교실 수업을 관찰한다. 관찰자는 교사 평가를 위한 것만 관찰한다. 이 항목별로 교사의 수행을 주의 깊게 기록하고, 수업을 전반적으로 평가한다. 교사 평가를 위한 관찰은 전체 협의회를 열어 해당 교사들에게 평가의 전체적인 내용을 통보하고, 이 방식의 장점과 단점을 구체적으로 파악해 두어야 한다. 그리고 단점에 대해서는 평가 대상자인 교사들과 함께 개선 전략을 짜야 하며, 관련 전문성에 대한 교육을 계획한다.

〈표 9-3〉 교사 평가 양식

교사의 이름 _____ 평가자 _____
학급 _____ 날짜와 시간 _____

평가 코드:
1. 불만족; 2. 만족; 3. 만족 그 이상; 4. 판단할 수 없음.

1. 교육과정 목표, 평가, 적절한 난이도의 내용을 선정하라.
　1. 관련 없음. 너무 어렵거나 혹은 너무 쉬움.
　2. 관련 있음. 난이도가 적절함.
　3. 관련 있음. 난이도가 적절하고, 학생들이 관심 있어 하는 내용임.

평정
관찰에 기초한 평가
교사 논평
수업에 대한 총평
　1. 이 교사가 가장 잘하는 것은 무엇인가?
　2. 이 교사가 개선해야 할 것은 무엇인가?

　이런 모든 형성평가 자료는 총괄평가로 종합한다. 평가자는 교사와 함께 수업 외 업무의 수행능력, 관찰 불가능한 사항과 관련된 모든 진술문 및 기록물들을 종합 평가하여 한 교사에 대한 최종 평정을 한다. 평가 협의는 앞으로의 전망에 대한 것으로 마무리한다. 어떻게 교사의 장점은 강화하고 단점을 보완할 것인가?

　이런 평가 체계를 철저히 실시하려면 행정가와 장학사는 많은 시간을 들여야 한다. 수업 능력이 우수한 교사들을 평가하기 위해서는 더 많은 시간이 필요하다. 따라서 재개념화 모형은 두 가지 평가 방식을 제안한다. 표준 평가와 집중 평가다. 표준 평가는 만족할 만한 수행능력을 가진 경력 교사를 대상으로 실시한다. 보통 관찰 1회, 협의 1회를 하는데, 이것은 형식상으로는 주의 지침에 부합한다. 집중 평가는 신규 교사, 승진 대상 교사, 수행에 문제가 있는 교사를 대상으로 한다. 2명 이상의 평가자가 수 차례의 관찰을 하고, 각각 관찰한 것을 놓고 협의를 한다.

4) 개인의 발달

교사 연수와는 반대로 개인적 발달은 집단이 아닌 한 개인을 대상으로 한다. 그

도움말 9.6
개인의 발달은 교사 개인의 전문성 개발을 돕는 과정이다.

리고 주로 조직의 요구가 아닌 개인의 요구에 기초한다.

전문성 개발에 대한 차별화된 접근을 권장하는 데는 두 가지 이유가 있다. 첫째, 대부분의 교장은 모든 교사를 임상장학할 시간이 없다. 둘째, 교사마다 전문성 수준, 학습 양식, 요구사항이 다르다. 그러므로 교사마다 그들에게 적절한 발달 프로그램을 제공해야 한다. 이런 차별화된 체계에는 세 가지 형태, 즉 집중형, 협력형, 자기주도형이 있다.

집중형은 '임상장학'이라고도 한다. 수업에 영향을 미치는 중요한 기능을 의미 있게 개선시키기 위해서 장학사, 행정가, 전문 교사가 한 사람의 교사와 긴밀하게 협력하여 집중적이고 체계적인 장학을 제공한다. 경험이 부족하거나 수업에서 어려움을 겪는 교사들의 경우, 집중형을 필요로 하지만 수업 기능을 향상시키고자 하는 경력 교사에게도 적절하다. 집중형으로 교사 전문성을 개선하고자 할 때 리더는 교사와 긴밀하게 협의해서 활용할 프로그램을 선정한다. 기획 회의, 관찰, 결과 보고회에만 의존하기보다는 일련의 과정을 폭넓게 검토하여 가장 효율적인 과정을 선택한다.

• 기획 회의: 교사와 협의하여 연간, 학기, 단원, 일일 계획을 한다.

• 학생 평가 회의: 학생의 진보, 시험, 등급을 정하고 이것을 기록하여 보존하는 것에 대해 교사와 협의한다.

• 진단을 위한 관찰과 피드백: 전문성 발달을 위한 우선순위를 정하기 위해 교실에서 이루어지는 모든 의미 있는 상호작용을 관찰하고, 적절한 피드백을 제공한다.

• 초점화된 관찰과 피드백: 교실의 구체적인 부분(예: 학급 운영)을 관찰하고 적절한 피드백을 제공한다.

- 비디오 분석: 직접 관찰한 것을 보완하기 위해서 수업 과정을 비디오로 촬영하고, 교사와 함께 분석하라.

- 코칭: 이론적 근거를 제시하고, 단계를 설명하고, 각 단계별로 시범을 보임으로써 특정한 수업 기술을 개발하도록 한다. 교사가 이런 기술을 사용할 수 있는 우호적인 환경을 조성해 주어리. 교사에게 피드백을 제공한다.

- 동료 교사 관찰하기: 교사가 필요로 하는 특정 기술을 사용하는 동료 교사를 찾아 직접 관찰해 보는 기회를 제공함으로써 이를 통해서 지도한다.

집중형은 다양한 지원과 서비스를 제공할 수 있다. 이러한 서비스를 최대한 효율적으로 제공하기 위해서는 체계적인 방식이어야 한다. 첫째, 첫 오리엔테이션 회의 후에 장학사는 진단 관찰을 하고, 교실에서 이루어지는 중요한 상호작용을 모두 기록, 분석하여 교사의 행동 양식을 파악한다. 이런 진단 자료를 기초로 2~3개월 안에 가장 효과적으로 가르칠 수 있는 것을 파악한다. 그리고 나서 장학사는 관찰 결과에 대해 교사와 협의를 한다. 그들은 함께 관찰 자료 및 수집한 정보를 기초로 단기적으로 개발 가능한 과제를 정한다. 이런 결정을 기초로 전문성 개발 계획(Propessional Development Plan)을 할 수 있다. 전문성 개발 계획은 발달시켜야 할 기능, 활용 가능한 자원, 마감 시한 등을 목록화하는 일이다.

전문성 개발 계획을 수립하고 나면 장학사와 교사는 계획한 것을 하기 위해서 상호 협력한다. 장학사는 교사가 배운 기능을 사용할 수 있도록 조언해 준다. 그리고 장학사는 이를 기초로 교사의 수업 행위를 관찰한다. 개발하고자 하는 기능과 관련된 자료를 수집한다. 장학사와 교사는 다시 만나서 관찰이 더 필요한지 아니면 다음으로 넘어갈지를 상의한다. 집중형은 진단, 계획, 코칭, 초점화된 관찰 실시, 다음 행동 진단하기로 진행한다. 집중형의 효과는 상당히 많은 시간이 흐른 뒤에 확인할 수 있다. 한 가지 희망적인 것은 각 학교에 그런 집중 개발을 필요로 하는 교사가 소수라는 점이다.

협동형은 일반적으로 경력 교사에게 적절하다. 교사들은 상호 성장을 도모하기 위해 동등한 위치에서 서로 협력하는 소모임을 구성한다. 이 방식은 교사 중심, 교사 주도적 과정으로 교사의 전문성을 존중하는 방식이다. 행정적 지원이 필요하기는 하지만 행정가와 장학사에게 터무니없이 많은 시간을 요구하지는 않는다. 또한 스스로 구성원의 성장을 이끌어 나가도록 한다. 이렇게 함으로써 구성원들은 다양한 활동을 할 수 있다. 그들은 서로 서로의 수업을 관찰하고 협의하고, 학급을 바꾸어 가며 수업하고, 교육과정과 수업 자료를 개발하며, 함께 실행 연구(action research)를 수행하기도 한다.

자기 주도적 개발(Self-direted development)은 일반적으로 협력 집단의 일원으로서가 아니라 개인적으로 훈련하기를 원하는 능력 있는 경력 교사에게 적합한 방식이다. 이 방식을 선택하는 교사는 적지만, 자신의 전문성 성장 계획을 스스로 수립하고, 그것을 달성하기 위해 독자적으로 활동한다. 자기 주도적이라는 측면에서볼 때 자기 주도적 개발은 비평가적이다. 그러나 목표 관리 및 평가 과정은 유사하다. 행정가와 장학사의 역할은 자기 주도적 개발을 하는 교사에게 우호적인 자원을 제공하는 것이다.

많은 교육청들이 주 교육위원회나 주 교육부가 지시하는 평가 정책을 따라야 하지만, 교사들은 이들 방식 중에서 자신이 선호하는 방식을 선택할 수도 있어야 한다. 이와 함께 모든 신규 교사는 집중적인 자기 연찬을 하도록 해야 한다. 교장은집중 개발을 필요로 하는 장기근속 교사가 누구인지를 파악할 수 있어야 한다. 〈표 9-4〉는 이런 판단을 도와주는 양식이다. 교사 전문성 발달의 이 세 가지 방식은교사에게 장학에 대한 선택의 기회를 제공한다. 장학사와 행정가는 더 많은 지원을 필요로 하는 집중형의 대상이 되는 교사들에게 자신들의 장학 노력을 집중할 수 있게 해 준다.

〈표 9-4〉 전문성 개발 방식을 선택할 때

교사의 이름 _____ 학교 _____ 날짜 _____
필수 과정
1. 모든 교사는 체계 중심 그리고 학교 중심의 교사 연수에 참여해야 한다.
2. 모든 교사는 일 년에 몇 회 이상씩 비공식적인 관찰 평가를 받아야 한다.
3. 모든 교사는 행정가의 평가를 받을 것이다.
선택 과정(하나에 체크하시오.)
____ 올해 나는 필수 과정 외에 다른 어떠한 연수에도 참여하지 않을 것이다.

(계속)

_____ 올해 나는 아래 제시된 과정 중 동료들과 협력하는 연수를 받고자 한다.
_____ 올해 나는 아래에 제시된 과정을 이용하여 자율 연수를 하고자 한다.

선택 가능한 연수 과정들(원하는 모든 것에 체크하시오.)
_____ 동료들을 관찰하고 관찰에 대하여 협의한다.
_____ 동료들과 학급을 교환하며 연수하고 협의한다. 새로운 교육과정을 개발한다.
_____ 새로운 수업 자료들을 개발하고자 한다. 수업을 개선하고자 한다.
_____ 현장 연구를 수행한다.
_____ 자신의 수업에 대한 비디오테이프를 보고 분석한다.
_____ 개별 연구 프로젝트를 계획하여 수행한다.
_____ 대학원이나 특별 연수 과정에 등록한다.
_____ 기타

5. 교사들의 동기

지금까지 살펴본 바와 같이, 교사 연수, 비공식적 관찰, 평정, 개인의 발달은 모두 장학에서 중요한 부분들이다.

교사가 자신의 변화 가능성을 깨달을 수 있으면 더 유익하다(Reason & Reason, 2007). 동기부여가 된 교사는 장학 지원을 덜 필요로 하면서도 기꺼이 교수·학습 목표를 성취할 것이다. 교사는 수업의 목표를 자신의 목표로 받아들인다. 그들은 자신감이 있고, 가르치는 것을 즐기며, 수업에 충실하며, 대체적으로 점점 더 교육에 헌신한다. 대조적으로 동기를 부여받지 못한 교사들은 교육과정 목표를 성취하기 힘들며, 학생을 더 많이 훈육하게 되며, 변화에 관심이 없다. 엄격한 평가 전략, 변화의 촉구, 명확한 교수 그리고 세밀한 장학이 동반될 때, 교사의 전문성 발달은 만족스러운 수준이 된다(Weis & Pasley, 2004).

도움말 9.7
교육과정 성공 여부는 교사의 동기에 의존한다.

따라서 유능한 장학사는 위에서 설명한 전문성 개발의 네 가지 방식에 관심을 가져야 한다. 그들은 동기가 있는 교사가 자신들이 하는 일에서 원하는 결과와 보상을 얻을 수 있도록 돕는 것을 장학으로 인식한다. 교사들이 자신감을 가질 수 있도록, 그리고 독자적으로 학습을 계획할 수 있도록 돕는다. 또한 새로운 학습 프로그램을 제공한다. 최고의 교수 행위는 개별 교사가 열심히 노력하도록 돕는 멘터에게서 나온다. 어떻게 교사에게 동기부여를 해 줄 것인지 그리고 자신의 기대를 넘어설 수 있도록 돕기 위해서 교사 연수, 비공식적 관찰, 평정, 개인의 발달 등 이 네 방식을 상호 고려하는 것이 중요하다.

◆ 장학 방식 간의 상호 관련성

교사의 전문성 개발 프로그램들은 어떻게 상호 관련되어 있는가? 분명 각 과정들은 서로 밀접하게 관련되어 있다.

도움말 9.8
비공식적으로 교실을 방문하여 관찰해서 나온 자료는 다른 관찰 평정에 추가 정보로 사용할 수 있다. 그리고 이 자료는 교사 연수의 필요성을 판단하는 데도 중요한 자료다.

교사 평정은 장학사나 학교장에게 집중적인 전문성 개발을 필요로 하는 교사들을 구별하도록 한다. 개인의 발달을 위한 모든 선택 과정은 계속적으로 교사 연수 프로그램과 연계된다. 그리고 이 교사 연수 프로그램은 개인의 발달에 필요한 도움을 제공할 수 있다. 이 모든 자료들은 확실히 문서로서의 교육과정을 개선하는 데 활용된다.

학교장과 장학사는 이 과정들을 개별화해서 분석·검토하는 것이 좋다. 왜냐하면 각 과정마다 각기 다른 기능 습득을 요구하고, 다른 종류의 정보를 제공하며, 절차가 다르기 때문이다. 이 과정에서 검토한 것을 교육청에 제공함으로써 이를 정형화하기보다는 해법을 찾도록 도와주고, 교사가 그들 자신의 모형을 개발하도록 도와준다. 그렇기 때문에 어떤 교육청에서는 교사 평가와 개인의 발달을 보다 밀접하게 연계한다. 또 다른 교육청에서는 반대로 평가와 연수를 구분하여 따로 운영한다. 또 어떤 교육청은 관내 교사들이 협동해서 전문성을 개발하는 동료장학과 집중적인 임상장학만 제공한다. 다른 교육청은 모든 옵션 프로그램을 제공한다. 이는 교육청의 여건, 규모, 교육 철학, 사용 가능한 자원의 영향을 받기 때문이다.

여기서는 지역 교육청에서 제공하는 것을 중심으로 살펴볼 필요가 있다. 각 교육청에서는 우선 네 가지 접근에 따른 책임자를 결정한다. 어떤 교육청은 장학사에게 비공식적 관찰만 하도록 한다. 다른 곳에서는 장학사에게 선택권을 준다. 어떤 교육청에서는 교사 평가를 학교장 혼자 하도록 한다. 다른 교육청에서는 장학사들이 참여하기를 희망한다. 어떤 교육청은 교사 전문성 집중 개발 프로그램을 교감이 주도하게 한다. 반면에 다른 교육청은 장학사 혹은 교과별 전문 교사를 참여시킨다. 어떤 곳에서는 학교장이 직접 교사 연수를 실시한다. 다른 교육청에서는 평가를 장학으로 본다. 교사의 전문성 개발 및 교사 발달에 접근할 때는 접근 방식을 미리 정해 놓고 시작하기보다는, 지역 교육청 관내 학교장, 담당 장학사, 교사들이 접근 가능한 방식으로 수행한다.

교사들은 차별화된 모형을 실현 가능하고 수용할 만하다고 해 왔지만(Glatthorn, 1984 재인용), 어떤 접근이 다른 접근에 비해 보다 효과적이라고 증명할 만한 경험적 증거에 대한 어떠한 연구는 없다. 따라서 교육과정 리더는 이 네 가지 접근 방식들을 신중하게 고려하도록 할 필요가 있으며(다른 유용한 방법들을 연구하는 것도 좋다.), 자신들의 교육청에 필요한 접근 방식을 선택하거나 개발해야 한다.

6. 인간 욕구에 대한 Maslow의 이론

모든 장학, 교사 연수는 교사에게 동기를 부여하고자 하기 때문에 Abraham Maslow의 연구에 주목하지 않을 수 없다.

Maslow의 욕구 위계는 가장 아래의 생리적 욕구부터 가장 위에 위치한 자아실현의 욕구까지 피라미드 구조로 되어 있다. 교육과정 및 수업 리더들은 지역 교육청이 추구하는 목표를 성취하기 위해서 교사 및 다른 사람들과 상호작용할 필요가 있다. 교사의 지원을 얻기 위해서 교육과정 혹은 수업 리더들은 교사와 관련자들에게 동기를 부여할 수 있어야 한다. 사람들을 이해하고 동기를 부여하려면 인간의 본성을 이해해야 한다. 인간의 본성이란 모든 사람들에게 보편적인 공통성이다. 사람은 본성의 원리에 따른다. 〈표 9-5〉에서 보듯이 이런 원리들은 우리의 행동을 통제한다.

〈표 9-5〉 Maslow의 욕구 위계 이론

자아실현의 욕구	자아실현의 욕구는 모든 이전 욕구들이 만족되었을 때 나타난다.
자기 존중의 욕구	자아 존중의 욕구는 처음 세 가지의 욕구가 만족되었을 때 나타난다.
사랑, 애정, 소속의 욕구	생리적 욕구와 안전의 욕구가 충족되었을 때, 사랑과 애정과 소속의 욕구가 나타난다. 중요한 것은 소속감이다. 사람들은 그들이 지지하는 것을 창조한다.
안전의 욕구	생리적 욕구가 충족되어 이것이 더 이상 생각과 행위에 영향을 미치지 않으면 안전의 욕구가 생긴다.
생리적 욕구	이것은 인간이 추구하는 욕구 중에서 가장 우선시 되는 생리적인 욕구(공기, 음식, 물, 비교적 일정한 체온)이다.

출처: Adapted from The Search for Understanding, by J. A. Simons, D. B. Irwin, and B. A. Drinnien, 1987, New York: West Publishing.

Maslow는 그의 욕구 위계에서 한 차원 낮은 수준의 욕구는 그다음 수준에 대한 욕구를 가지기 이전에 합리적으로 충족되어야 한다고 설명한다. 예를 들어 사회적 욕구와 같이 낮은 수준의 욕구를 위해 일하는 교사들은 우선적으로 행정가, 다른 교사들, 학부모의 인정을 얻어 내는 데 우선적으로 관심을 갖는다. 이들 교사들은 자아존중, 자율성 그리고 자아실현에 대해서는 상대적으로 관심을 덜 갖고 있다. 하지만 그들에게 안전의 욕구와 같이 더 낮은 욕구가 중요해진다면, 그들은 사회적인 인정에 대한 욕구에 관심을 갖기 힘들다.

Maslow의 욕구 위계에 대한 비판가들은 이 연구가 과학적으로 엄격하게 수행되지 않았다는 점, 그 효과 연구가 충분하지 않았다는 점, 개별 사례를 중심으로 했다는 점을 비판한다. Maslow의 자아실현 욕구는 고학력의 백인 남성에 근거하고 있다는 비판도 있다. 이러한 비판에도 불구하고, Maslow의 욕구 이론은 교육과정 장학을 공부하는 사람들에게 중요하다.

7. 교육과정 지원

6장에서 교육과정 지원요소로서 시간, 인적 자원에 대해 이미 설명했기 때문에 이 장에서는 수업 자료(교과서)를 중심으로 설명하고자 한다.

도움말 9.9
교육과정 지원은 교육과정을 효과적으로 실행하는 데 필요한 모든 자원을 말한다. 시간 할당, 교육과정에 대한 계획과 이행을 위한 인적 자원, 필요한 수업 자료 등이다.

수업 자료를 효과적으로 선정하고 활용하기 위한 기반을 구축하는 것은 중요하다. 4장에서 설명한 것처럼 교재는 교사가 무엇을 가르칠 것인가 그리고 어떻게 가르칠 것인가에 가장 큰 영향을 미친다. 대부분의 미국 교사들이 가장 광범위하게 사용하는 자료가 교과서이다(Komoski, 1985). 교과서는 교육과정을 계열별로 구성하여 수업에서 사용할 수 있는 자료이다. 많은 연구에서 교사들은 교과서, 특히 수학, 과학, 읽기에서 교과서를 고수한다(Elliot & Woodward, 1990). 교사의 수업 연구의 85~95%가 수업의 원천으로서 교과서에 대한 것이다.

이런 중요성에 비추어 볼 때, 단위 학교에서 교과서를 선정하는 절차에 대해서는 관심이 적은 편이다. 1978년 초에 EPIE(Educational Products Information Exchange)는 조사 연구에 참여한 교사의 거의 절반 정도가 교과서 선정 과정에 참여하지 않았다. 교과서를 검토하고 선정하기 위해서 1년에 1시간 정도의 시간밖에 할애하지 않았다. 따라서 교과서 및 수업 자료의 선정과 사용 방법에 대한 장학이 필요하다. 다음에 요약한 것은 교과서 및 교재를 선정할 때 활용할 수 있다. 여기서 교재(text)는 교육과정을 실행하는 주요 수업 자료를 의미한다.

1) 교과서 선정 절차에 대한 지침 개발

교육청에서는 교과서의 역할을 상세하게 설명하고, 특정 교과서를 선정할 때 교육청, 학교장, 교사의 역할과 권한을 구체적으로 정해 두어야 한다. 여기에는 교과서를 선정하는 과정 및 행정적 절차를 밝혀야 한다. 이 절차는 어떻게 자료를 선정할 것인지, 어떻게 학부모의 불평을 접수할 것인지, 이런 불평에 대해 어떻게 대응해야 하는지를 구체적으로 명시해야 한다.

2) 교과서 선정 위원회 구성

교과서 선정 위원회를 구성한다. 위원회는 대표성을 띠되, 효율적으로 일할 수 있어야 한다. 이 위원회는 최소한 교장, 담당 장학사, 교과서 전문가, 교과서를 사용하는 교사, 학부모를 포함하여 구성한다.

3) 원격 학습용 교재 선정

원격 학습은 학생과 교사가 물리적으로 같은 장소에 없을 때, 시청각 기술 또는 컴퓨터 기술을 이용하여 교육을 실시하는 것이다. 원격 교육 거점 학교는 이 서비스 수혜를 받는 학교를 대표하는 교사를 한 명 이상 참여시켜야 한다. 만약 그 학교들을 관할하는 교육과정 책임자가 있다면, 그도 교과서 선정 위원이 되어야 한다. 만약 이런 책임자가 없다면, 한 학교의 교장이 위원이 되어 위원회를 이끌어 가야 한다. 위원회의 인원은 소속 단위 학교 수에 따라 다르다. 모든 회의가 그런 것은 아니지만, 대부분의 회의는 각 학교에 있는 원격 회의실에서 시청각 기자재를 활용하여 열린다.

4) 위원회 활동 준비하기

위원회는 교과서 선정 과정에서 중심적인 역할을 하기 때문에, 위원회의 위원들은 교육청 정책과 행정 절차에 대한 이해, 출판업자와의 윤리적이고 전문적인 관계 유지, 교과서 분야 연구 동향에 대한 이해, 교육청과 교사들의 요구 분석, 수업 자료의 평가, 수업 자료의 실행과 활용에 대한 모니터 등을 이해하고 있어야 한다.

5) 교재 선정을 위한 자료

위원회는 교과서 선정 자료를 용이하게 이용할 수 있어야 한다. 특히 두 종류의 자료가 필요하다. 첫째, 위원회는 이용 가능한 수업 자료와 수업 매체에 관한 목록을 입수하고 있어야 한다. 인쇄된 자료 목록은 파일 형태여야 컴퓨터를 이용하여 다양한 용도로 사용할 수 있다. 둘째, 위원회는 객관적인 자료에 접근해야 한다. 교과별 전문가 모임에서 발행하는 잡지에는 이런 내용이 실려 있다. 더 일반적인 자료는 『교육과정 리뷰(*Curriculum Review*)』 학술지다. 이 학술지 자료는 교육과정 개발에 대한 논문들을 싣고 있다. 그리고 EPIE(the Educational Products Information Exchange)는 교재 평가 관련 자료들을 출판하고 있다.

6) 교재 활용 방법 정하기

교과서 선정 위원회에서는 교사가 자료를 활용하는 방식에 대한 정보를 제공할 필요가 있다. 다음은 위원회가 설문, 면담, 관찰 등을 통해 반드시 확인해야 할 질문들이다.

- 어떤 학생들이 이 교재를 사용할 것인가?
- 이 교재는 수업 자료인가? 수업 외 자료인가?
- 이 교재를 가지고 기능과 개념을 가르칠 것인가? 구조적인 연습을 시킬 것인가?

이런 질문을 하는 것이 얼마나 중요한지를 이해하기 위해서 초등학교 담임교사와 수학 교사로 구성된 두 집단을 비교해 보자. 한 집단은 교과 전담 교사들이다. 그들은 수학 교과 교육의 최근 경향을 잘 알고 있고, 개념을 잘 설명한다. 그들은 학생들이 학교나 집에서 혼자 연습할 수 있는 과제 중심의 수학 교재를 원한다. 다른 집단은 교실 교사로 여러 과목을 가르친다. 그들은 수학의 최근 경향을 잘 모른다. 그들은 개념을 명확하게 설명하고, 자신들의 수업 준비 시간을 단축시켜 줄 수 있는 수학 교재를 원한다. 두 집단은 상당히 다른 교재를 원한다.

7) 공간 배정하기

교사들이 협동해서 일해 보면 자신의 관점을 확장시킬 뿐만 아니라, 교과, 교육과정, 수업에서 누가 더 전문가인지 자연스럽게 알게 된다(Penuel & Riel, 2007). 협동 과정에서 학습을 용이하게 하는 일련의 질문들을 찾을 수 있다. 예를 들어 새로운 자료를 활용할 수 있는 수업을 위한 공간을 어디에 마련할 것인가? 자료는 어디에 둘 것인가? 수업과 자료를 연계하기 좋은 위치는 어디인가?(교사들이 팀으로 작업할 때 실제로 공간적인 제한이 있기 때문이다.) 어떤 교실이 도서관 가까이에 있어야 하는가? (Danielson, 2002) 학습 자료 센터가 있는가? 만일 그렇다면, 학습 자료 센터는 어디에 있어야 하는가? 이런 질문을 해결하는 방식은 일부는 근본적으로 임의적이며, 일부는 좀 더 유목적적이며 교재를 선정하는 과정에서는 목적적이 되기도 한다.

8) 교재 선정을 위한 가중치 구체화하기

교과서 선정에 대해서는 여러 가지 부정적인 일들이 많다. 적절한 선정 기준이 없고, 선정 과정을 검토할 시간이 부족하고, 정치적 이유가 작용하고, 교과서 선정 관련 안목과 훈련이 부족하기 때문이다(Allington, 2002).

이런 문제를 해결하는 방안 중 하나는 〈표 9-6〉과 같이 관련된 일련의 문제들을 세심하게 기록하는 것이다.

〈표 9-6〉 초등학교 국어 교과서에 대한 사양 설명서

대상:
1~6학년의 모든 학생(영어 능력이 제한적인 학생은 제외)

교재 활용 방법:
교사는 언어 기능 훈련을 위한 교재로 활용할 수 있다.
학생은 교재를 유창하게 읽고, 읽은 내용에 대해 토론할 수 있다.

기본 조건:
1. 교재는 인종적, 민족적, 성적 고정관념으로부터 자유로워야 한다.
2. 교재는 교재를 사용할 학생들이 읽을 수 있는 수준이어야 한다. 단, 지나치게 단순하거나 유치해서는 안 된다.

주요 선정 기준(중요도 순)
1. 교재는 쓰기에 대한 과정적 접근 방법을 강조한다. 특히 초안 쓰기(prewriting), 수정하기를 비중 있게 다루어야 한다.
2. 교재는 쓰기, 말하기, 듣기, 읽기 간의 상호 관계를 보여 주는 여러 개의 통합 단원이 있어야 한다.
3. 교재는 언어 학습에 관한 폭넓은 지식을 반영해야 한다. 좋은 형식은 엄격한 규칙으로 제시되는 것이 아니라 명확한 이해를 돕는다. 학생이 자신의 언어를 소중하게 여기고 다른 언어

(계속)

를 받아들일 수 있도록 도와주어야 한다. 문법은 추상적인 용어와 규칙의 집합체가 아닌 언어 구조로 표현되어야 한다.

필요한 부교재:
1. 평가 문항

9) 연구결과를 기초로 교재 선정하기

교사들은 효과적인 수업에 대해서는 서로 잘 알고 있지만, 대부분의 교사들은 연구결과를 기초로 교재를 선정하고 있지 않는 데 대해서 걱정을 한다. 실제로 지역 교육청은 교재를 설정할 때 연구결과에 기초해야 한다.

다른 교육 조직이나 패널들은 비슷하다. 예를 들어 읽기 분야에 있어서, NRP (National Reading Panel)는 모든 학생들이 알파벳(음소 인식과 발음 중심 어학 학습), 유창한 읽기, 단어, 읽기 이해 전략을 배워야 한다고 생각한다. 또한 전문가들은 모든 학생을 위한 체계적인 발음 중심 어학 교수를 지지하고 읽기에 어려움을 겪는 학생에게 일대일 개인지도가 필요하다고 생각한다. 그러나 대부분의 교사들은 NRP와 다른 기관들이 신뢰할 만한 연구결과를 반영하고 있지 못하다고 보고 있다. 결과적으로 그러한 논쟁은 논란거리를 계속 만들어 내고 있다. 그럼에도 불구하고 점점 더 많은 학교들이 과학적 연구를 토대로 교재를 선정하고 있다는 점은 거의 의심할 여지가 없다('Perspectives,' 2004).

10) 요구 기준에 맞는 5개 교재 선정하기

교재 선정 위원회는 기준에 부합하는 5개 교재를 확인하고 그 가치에 따라 5개 교재에 대한 순위를 정한다.

11) 교재에 대한 교사의 의견 듣기

교과서를 사용하는 모든 교사들은 선정 위원회에서 권장하는 상위 5개의 교과서를 검토하고 의견을 제시한다. 교사들의 의견을 수집하는 가장 쉬운 방법은 아마 각 학교 대표 위원들이 각자의 학교에서 교사들을 만나서 1차 심사를 통과한 5개의 교과서에 대해 토론하는 것이다. 교과서 최종 결정은 위원회가 한다는 것을 이해시키고, 각 교재의 장점이나 개인적으로 선호하는 교과서에 대한 의견을 낼 기회를 준다.

12) 최상의 교재 선정하기

이후 위원회는 회의를 통해서 교사들의 의견을 검토하고, 5개의 교과서를 새로운 시각에서 살펴보고, 최종 결정을 한다. 이 책의 저자 중 한 사람은 이 책에서 설명하는 과정을 거쳐서 자신의 교육청에서 교과서를 선정하였다. 교재 선정 위원회는 근본적으로 앞서 설명한 방식으로 구성된다. 하지만 교과서를 최종 선택한 방식은 약간씩 달랐는데, 마지막 단계에서 출판사와 서비스 계약을 체결하기 전 단계가 있었다. 선정 위원회는 위원회가 정한 조건과 기준에 가장 근접한 교재를 출판한 세 개(다섯 개가 아닌) 업체를 선정하였다. 교과서 업체들은 학교를 방문하여 출판한 교과서가 학교의 조건과 기준에 얼마나 잘 맞는지를 설명하였다. 이 설명회에는 위원회의 위원들도 참석하였고, 세 번의 설명회에 모두 참석한 위원에게만 교과서 최종 선택 권한을 주었다. 설명회를 통해 위원들은 회사의 능력이 자신들의 교육청과 교육과정에 적합한지를 확인했다. 위원회는 설명회와 함께 교사의 의견을 반영하여 최종 선택을 했다.

13) 출판사와 계약 체결하기

Muther(1985)와 교재 선정 관련 전문가들은 발주 전에 지역 교육청이 출판사가 제공해야 하는 용역을 표시한 서비스 계약서를 만들 것을 제안한다. 서비스의 내용으로는 다음과 같은 것을 요구할 수 있다. 지역 교육청이 일정 물량을 복사할 수 있는 권리, 교사들에게 교과서 활용 방법에 대해 사전 교육하기, 교사들이 교과서를 중심으로 학생을 적절히 평가할 수 있도록 지원하기, 지역 교육과정과 교재의 연관성 확보하기, 교재를 주문하는 학교에 대해 지원하기, 문제 발생 시 사후 서비스 제공하기 같은 것이다. 분명한 것은 이런 서비스 제공에 대한 계약으로 출판사는 비용이 발생할 것이고, 따라서 서비스의 질과 양은 교과서 주문의 규모에 따라 다를 것이다.

14) 교과서 활용 방식에 대한 교사 교육: 교과서와 연계된 수업 자료 제공하기

교사는 새 학기가 시작하기 전에 교과서를 어떻게 사용하는 것이 가장 효과적인지 알아야 한다. 그리고 교사는 교과서가 지역의 교육과정과 어떻게 연관되어 있는지를 드러내는 상관관계표(correlation charts)를 받는다. 이 문제는 11장에서 더 자세히 설명할 것이다.

15) 교과서 활용에 대해 모니터링하기

지역 교육청에서는 고가의 교재를 구입하는 것으로 임무를 다했다고 생각하기 쉽다. 하지만 이 분야 전문가들은 교과서를 적절하게 활용하는지, 교과서 관련 문제들을 파악할 수 있는 평가를 해야 한다고 지적한다. Muther는 이를 위해서 별도의 모니터링 위원회를 구성해야 한다고 했지만, 선정 위원회에게 모니터링의 책임을 맡길 수도 있다. 일단 문제가 파악되면, 일정한 조치를 취해야 한다. 교재의 손실과 학생들의 교재 오용도 해결해야 한다. 교재의 재구입에는 많은 비용이 소요된다. 대부분의 지역 교육청에서는 교과서를 손상하거나 잃어버린 경우 학생에게 비용을 지불하도록 하고 있다.

이런 일련의 단계를 밟는다면, 지원으로서의 교육과정이 더 효과적일 것이다.

요약

이 장에서는 장학의 문제점과 이슈들뿐만 아니라 지금까지 주목을 덜 받아 온 문서로서의 교육과정과 지원으로서의 교육과정을 개선하는 방안을 살펴보았다. 그리고 교육과정 장학에 관한 최근의 접근들을 다루었다. 장학의 주요 요소들, 교사에게 동기를 부여하는 문제들을 다루었다. 중요한 것은 거의 모든 의사 결정들이 민주주의와 무관하게 사람들의 상식적인 판단이나 전문가의 편견에 의존한다는 것이다. 교육과정 리더는 지원으로서의 교육과정을 개발하고 선정할 때, 독단과 편견을 없애고자 노력해야 한다.

👥:👤 적용

1. 당신의 교직 경력에 비추어 보았을 때, 당신은 교사에게 제공되는 장학 유형 중에 어느 것이 적절하다고 생각하는가? 예를 들어 당신의 입장을 논리적으로 설명하시오.

2. Glatthorn(1984)은 지역 교육청별로 교사 전문성 개발 체제를 구축해야 한다고 주장했다. 당신 지역 교육청에 가장 적합하다고 생각하는 체제를 개략적으로 기술하시오. 당신은 교사 연수, 교사 평가, 비공식적 관찰, 개인의 발달 중 어떤 것을 지지하는가? 교사에게 어떤 선택권을 주겠는가?

3. 이 장에서 설명한 효과적인 수업 기술과 분석은 하나의 방식일 뿐이다. 교사의 효과성에 관한 연구를 검토하고, 당신이 장학에 활용할 수 있는 기능 목록을 작성하시오. 당신이 기술한 목록들을 상세하게 설명하고 토론하시오.

4. 10장에서 설명한 교과서 선정 절차를 적용하여 당신이 잘 아는 교과의 교과서를 평가하고 당신이 선정한 것에 대해 토의하시오.

5. 규모가 큰 교육청은 관내 모든 학교에 배부할 교재를 결정해야 한다. 이 문제에 대한 당신의 견해를 밝히시오.

6. 소규모 학교는 대부분 통폐합시키고 있다. 이를 해결하기 위해서 원격 학습을 활용할 수 있는 방안을 설명하시오.

사례

일리노이 주의 한 지역 교육장은 관내 모든 교사들이 같은 교과서를 사용하도록 하는 방법을 찾고 있다. 학교장들을 만나서 아이디어를 구하고 있다.

"저는 지금 교사들이 같은 교과서를 사용할 수 있도록 하려고 합니다."라고 Allen Stanford 교육장이 말했다.

K-5 초등학교(우리나라의 유치원~초등학교 5학년까지의 과정을 가르치는 학교)의 교장인 Karen Carpenter는 자신의 학교에서 실시한 예를 들었다. "저희 학교 선생님들에게 교과서 활용법에 대한 단기 교사 연수를 실시했습니다. 교과서 전체를 대상으로 하는 장기 연수에서 교사들은 교과서에 집중하지 않는다는 것을 발견했기 때문입니다."

"그렇다면 현재의 연수를 어떻게 바꾸면 될까요?"라고 교육장이 물었다.

"저는 교사 연수를 학년별로 반나절만 진행하면 된다고 생각합니다. 학년별로 순환하는 계획도 세워야 합니다. 그리고 교과서 관련 연수를 위해서는 수업을 조기 종료(Early Out)하는 계획도 잡아야 합니다. 연중 짧은 연수를 계속해서 실시했더니 교사들이 교과서에 더 충실했습니다. 교사 연수를 짧게 자주 실시한 것이 교과서에 흥미를 갖게 만들었습니다."

Carpenter 교장은 계속해서 "저는 교사들이 한꺼번에 너무 많은 정보에 압도당하지 않기 때문에 이런 연수가 효과적이라고 생각합니다. 그리고 교사들도 연수 시간을 더 잘 활용합니다. 저희 학교 교사들은 이런 연수 과정에 대체로 만족하고 있습니다."라고 말했다.

"그렇다면, 이것을 우리 교육청의 교원 연수 프로그램의 대안으로 고려해 봅시다. 더 상세한 토의를 위해 다음 회의의 일정을 정하겠습니다."라고 교육장 Stanford가 웃으며 말했다.

도전 과제

Karen Carpenter 교장은 릴레이식 연수가 매우 효과적임을 주장했다. 교육과정을 지원하고, 교사들이 자유롭게 연수에 참여하도록 하기 위해 어떤 장학 전략을 사용할 수 있는가?

주요 질문

1. 교원 연수 프로그램을 최종 선정하기 전에 어떤 장학 단계를 밟을 수 있는가?
2. Carpenter 교장이 제안한 릴레이식 교사 연수 프로그램에 대해 어떻게 생각하는가? 당신의 학교에서도 활용할 수 있을까? 그렇다면 혹은 그렇지 않다면 그 이유는 무엇인가?
3. Karen Carpenter 교장이 제안한 릴레이식 연수는 교사의 전문성 발달에 얼마나 도움이 된다고 생각하는가?
4. 지원으로서의 교육과정을 보완할 수 있는 다른 장학 전략으로 어떤 것이 있는가?
5. Carpenter 교장이 제안한 릴레이식 연수가 교육청에서 의도하는 단일 교과서 선정에 도움이 된다고 생각하는가? 단일 교과서를 선정하고 채택하기 위해서 어떤 전략을 쓸 수 있는가?

e 참고 사이트

Supervising the Curriculum

www.ascd.org

www.mcrel.org/powerwalkthrough

www.eyeoneducation.com/prodinfo.asp?number=679.9

Curriculum Change Process

www.mcrel.org

http://policy.osba.org/fernridg/I/IFA_IFB%20R%20DI.PDF

◆ 제10장 ◆

교육과정 개발과 실행

1. 교과 교육과정 개발의 근거

앞 장에서는 새로운 강좌를 개발하고 교과목을 개선하는 것에 대해서 설명하였다. 이는 모두 일련의 교육과정 변화 양상이며, 새로운 교육과정이 성공적으로 실행되기까지는 단계마다 세심한 지원이 필요하다는 것을 밝히는 것이었다.

이어지는 내용에서는 교육과정 개발과 실행에 대한 중요한 단계와 몇 가지 질문들을 다룰 것이다.

이 장에서는 다음과 같은 질문을 다룬다.

• 교과 교육과정을 어떻게 개발하며, 개발의 근거는 무엇인가?
• 교과 교육과정 개발 과정에서 범위와 계열, 목적, 목표, 학습 결과, 타당한 학습 과제를 어떻게 정할 것인가?
• 참가할 교사들을 어떻게 선발하는가?
• 교과 교육과정의 학습 요소는 어떻게 정하는가?

리더십의 열쇠

오늘날 학교는 학교교육 역사상 가장 도전적인 시대에 직면해 있다. 리더의 역할은 교육과정 변화에 따르는 우선 사항을 결정하는 것이다.

출처: *Performance-Based Education: Developing Programs Through Strategic Planning* (pp. 57-88), by M. Baron, F. Boschee & M. Jacobson(2008).

학문 혹은 교과 중심의 학교교육 프로그램의 근거는 지역 교육청의 철학, 비전, 사명, 학습 결과를 기초로 한다. 교육과정 담당자는 학교교육과정 개발의 방향과 목적을 설정하고, 학교교육과정을 실행할 책임이 있다. 교과 교육과정을 개발하기 위해서는 교육과정 위원회를 만들어서 학기 중이라도 매달 모임을 가져야 한다.

교육과정 위원회는 리더의 위치에 있는 교사나 전문성을 갖춘 교사 중심이다. 즉 교육과정 담당자, 교장, 부장, 팀 리더 그리고 다른 리더들이 참석한다. 교육과정 위원들은 지역 교육청의 교육 비전과 철학, 프로그램의 철학적 근거와 목적(목표), 학습 결과, 학습 활동, 평가, 교과서(출판년도, 편집, 교과서 상태 포함) 기타 등등을 알고 있어야 한다.

교육과정 위원회가 주로 하는 일은 전 지역 교육청의 교육과정 개발 주기를 검토하고, 관련된 사항들의 우선순위를 정하는 것이다. 예를 들어 〈표 10-1〉에서 보는 바와 같이 대부분의 지역은 5년마다 교과 교육과정을 개발한다.

교육과정 위원회는 교육과정 개발에 참여할 교사 대표를 선발해야 한다. 이런 선발 방식에는 자원자 신청 받기, 돌아가면서 참가하기, 선출하기, 추천 받기, 지역 교육청에서 임명하기 등 다섯 가지 방식이 있다.

다음 내용에서는 영어과를 예로 들어 지역의 교육과정 개발 절차를 살펴보겠다.

〈표 10-1〉 5년 주기 교육과정 개발

2009~2010	영어	2014~2015
2010~2011	과학과 사회	2015~2016
2011~2012	미술	2016~2017
2012~2013	수학과 건강	2017~2018
2013~2014	나머지	2018~2019

주: 테크놀로지와 직업 과목은 더 짧은 주기로 개발한다.

1) 절차

영어과 교육과정 위원회(교과위원회)가 영어 교과 교육과정을 개발하는 과정을 설명하면 다음과 같다.

(1) 1단계

• 지역 교육청의 교육장과 교육위원회는 전 지역 교육청에서 사용할 공통 교육과정 개발을 승인한다. 〔주의사항: McREL의 CEO인 J. Timothy Waters와 McREL의 교육과정 학자인 Marzano(2006)는 지역교육청의 리더십과 학생 학업 성취 간에는 24가지 긍정적 상관관계가 있다는 것을 통계적으로 밝혔다.〕

• 교육과정 위원회는 모든 학년(유치원-고등학교) 영어 담당 교사를 중심으로 영어과 교육과정 위원회를 구성한다. 가능하면 각 학년별로 두 명의 교사를 참여시키는 것이 좋다. 그러나 규모가 작아야 한다면 세 개 학년당 한 명의 교사를 선발하는 것도 좋다. 또 더 작은 규모라면 교육협력단(cooperative)의 교육과정 담당자들을 참여시킬 수 있다(교육협력단은 교육에 대한 전반적인 협조를 받기 위해서 만든 지역 교육청 소속 단체이다.). 교육협력 단장은 전체 교육청의 공통 교육과정 개발을 지지해야 한다. 교육장, 교장, 담당 교과 교사는 교육협력단 내의 교사들이 제공하는 정보를 검토해 볼 수 있다. 협력학교에서 제안하는 교육과정에 대한 아이디어들을 수용할 수도 있다. 비록 교육과정에 대한 한 개의 통일안을 채택하는 것에 대해 저항이 있다 할지라도, 표준 교육과정을 채택함으로써 효과를 볼 수 있는 학교들도 있을 것이다. 원격 수업(예: 외국어 반)을 하는 학교들은 이런 공통 교육과정을 협력해서 운영하는 것이 도움이 될 것이다. 이러한 공통 교육과정(단일 교과서 채택을 포함)을 채택하더라도 교육과정 편성 일정표를 만드는 과정에서 단위 학교는 보다 융통성 있게 자율권을 발휘할 수 있을 것이다. 제안된 공통 교육과정이 획일적인 한 개의 안이 되지는 않을 것이다. 예를 들어 A학교의 교육과정 일정표는 B학교 것으로, 구체적인 수업 프로그램은 B학교 것을 가져와서 적용할 수도 있다. 이를 위해서 교육과정 리더들은 원격 수업 장비를 십분 활용할 것이다. 각 학교 교사들은 원격 학습실에 앉아서 다른 학교 교사들과 의사소통할 수 있다. 그들은 이동하지 않고 좀 더 자주 만날 수 있는 가능성을 현실화할 수 있다.

- 초등학교, 중학교, 고등학교 교장도 공통 교육과정 개발을 위한 교육과정 위원회의 위원이 되어야 한다(적어도 각 학교급별로 1명 이상).
- 교육청의 교육과정 담당자(또는 지명자)가 위원장이 되고, 영어과 교육과정 위원회 활동을 총괄한다.
- 교육과정 위원회는 개발한 교과 교육과정을 실행하는 데 필요한 정보를 지역 교육청에 제공한다.
- 영어 교과 교육과정 개발에 참여하는 모든 위원들은 영어 교과 교육과정의 방향을 정하기 위해서 각 지역 교육청의 교육철학, 비전, 사명 그리고 학업 성취 결과 등을 알고 있어야 한다.
- 영어 교과 교육과정 개발 위원회는 대화 기법, 델파이 기법, 어항(Fishbowl) 기법, 텔스타 기법, 지명집단 기법 등을 활용하여 영어과 교육과정의 방향을 정한다.
- 영어과 교육과정 개발 위원회의 모임 횟수는 학기 중 3~4회 정도로 한다.
- 교육과정 위원회의 회의는 안정적인 분위기에서 진행해야 한다. 가령, 편안한 의자, 원탁 배치, 자료를 늘어놓고 작업할 정도의 넓은 테이블, 질 좋은 음향기기, 참가자 이름표를 구비한다.

(2) 2단계
- 영어과 교육과정의 방향이 설정되면, 바로 관내 영어 교사와 학교장들에게 알린다. 학교장은 학년별로 혹은 교과별로 회의를 통해서 위원회가 정한 방향을 공유한다.
- 여러 교사와 교장들이 보내 준 의견을 기초로 1주일 정도 교과 교육과정 개발의 방향을 보완, 수정한다.

(3) 3단계
- 교육과정 담당자는 영어과 교육과정 위원회 회의를 소집하여 최종 보고된 영어과 교육과정 개발의 방향을 검토한다.

(4) 4단계
- 교육장(혹은 교육위원회)은 최종 영어과 교육과정 개발의 방향을 승인한다.

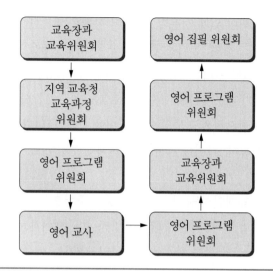

[그림 10-1] 교과 교육과정 개발

출처: *The Language Arts English Primary-Graduation Curriculum Guide*, by Canadian Ministry of Education, 1992, Victoria, BC: Author, p. 13.

• 교육장과 교육위원회의 승인이 떨어지면, 교육과정 집필자들이 영어과 교육과정 범위와 계열, 목적, 목표, 학습 결과, 학습 활동 등을 정할 수 있도록 그들에게 영어과 교육과정 개발의 방향을 제공한다.

　교과 교육과정 개발의 방향을 정하기 위해서는 단계별로 적절한 절차를 밟는다([그림 10-1]은 하향식 방식과 상향식 방식을 설명한 것이다.).
　이런 과정은 교육과정 위원들, 학교장, 중앙 행정관료, 교육위원들의 관심을 집중시킨다.

2) 영어과 교육과정의 방향(예시)

　학습은 발견, 협동, 탐구를 필요로 하는 복잡한 과정이며, 이는 영어과 교육과정을 통해서 촉진할 수 있다. 듣기, 말하기, 읽기, 쓰기, 살펴보기, 표현하기와 같은 언어 기능은 체계적이고 규칙적일 뿐만 아니라 다른 사람들과의 의사소통을 촉진시킨다. 학습자는 언어적 환경과의 사회적, 문화적, 지적, 감성적, 신체적 상호작용을 통해서 언어를 점진적으로 습득한다.

학습자가 언어를 의미 있게 사용할 때 언어 학습은 발전한다. 학습자의 언어에 대한 사전 지식, 태도, 경험, 능력은 언어 학습 과정에 영향을 미친다. 구어, 문어, 표현어, 수용어 등 어떤 형태든 의사소통 과정에서는 동등한 가치가 있다. 영어는 모든 교과에 활용되기 때문에 주로 통합적으로 접근한다. 학생들은 문학, 미디어를 통해서 언어 학습을 함으로써 그들의 언어 경험을 확장하고, 다른 사람과 차별적인 개인의 가치를 경험하며, 과거에 감사하고, 현재에 민감하고, 미래에 호기심을 갖는다.

영어과는 학습자 개개인의 능력, 관심, 배경을 중심으로 접근하는 다양한 학습 양식, 교수 양식, 수업 전략, 자원에 대해 개방적이다. 영어과는 상호 존중하고, 도전하고, 실험하는 교실의 학습 환경을 지지한다. 평가는 학습 과정에서 내재적인 것들을 평가한다. 평가는 과정과 결과, 인지적 영역과 정의적 영역을 포함하면서 계속 평가를 한다. 학습자가 자신의 학습에 대한 주인 의식과 책임감을 갖도록 한다. 학습자는 학교교육을 받으면서부터 정보를 처리하고, 의미를 구성하며, 의사소통 능력을 발전시킨다.

출처: *The Language Arts English Primary-Graduation Curriculum Guide*, by Canadian Ministry of Education, 1992, Victoria, BC: Author, p. 13.

3) 영어과 교육과정 개발의 근거(예시)

영어과 교육과정 개발은 언어 기능 학습과 타 교과 학습을 위해서도 중요하다. 학생들은 삶의 전 과정에서 사용할 언어 기능을 학습한다. 학생들은 지능, 공감, 존중감, 식별력을 기초로 읽고, 쓰고, 말하고, 표현하고, 들으며, 복잡한 사회 활동에 능동적으로 참여할 수 있는 태도와 지식, 기능, 의사소통 능력을 발달시킨다.

영어과 교육과정은 학생들이 다른 사람들을 더 잘 이해하도록 돕는다. 문학을 읽고 공부하는 것은 개인의 심미, 상상, 창의, 정서 발달을 향상시켜 준다. 문학은 창의적인 힘을 길러 주고 이를 확장시킨다. 영어과 교육과정을 통해서 학생은 다양한 관점을 접하고, 자신이 살고 있는 세상을 창의적으로 탐구하며, 문화적 · 역사적으로 이해한다.

• 독자는 소설을 통해서 시공간을 초월하여 장소, 사람, 사건을 경험한다.

- 독자는 시를 통해서 세계에 대한 높고 날카로운 감각, 명료한 사고, 폭넓은 감수성을 발달시킨다.
- 독자는 드라마를 통해서 인간 행동의 역동성과 복잡성을 이해한다.
- 독자는 실화를 통해서 폭넓은 가능성, 의견, 해석을 접한다.

진자 매체도 문학이 제공하는 유사한 것들을 경험할 수 있는 자료들을 제공한다. 게다가 매체는 문학을 공부하는 학생들이 작문을 할 때 활용할 수 있는 다양한 효과들을 제공하고, 다양한 언어 사용 모형들을 제공한다.

영어과 교육과정을 통해서 학생은 다른 사람들의 작품에 대해 능동적으로 반응하며, 말하기와 쓰기를 통해서 언어의 의미를 습득한다. 언어 활동을 통해서 학생은 사고, 감정, 경험을 명확히 하며, 그들의 생각, 감정, 경험들을 다른 사람과 공유하는 법을 배운다. 읽기와 쓰기는 앎의 원천이며 삶을 경험하는 방식이다.

도움말 10.1
"학생들이 미래를 준비할 수 있도록 하기 위해서 우리는 교육과정을 신중하게 재검토하고 재고해야 한다."(Perkins-Gough, 2003/2004, p. 12)

쓰기는 사실을 주의 깊게 조직하게 하고, 효과적으로 의사소통하는 데 필요한 정확성, 명확성, 상상력을 발달시킨다. 또한 쓰기는 개인이 사회적으로 가치 있는 일에 참여하는 방법 중 하나이며, 사회 활동에 기여하고, 사회적 지식 형성에 공헌한다. 그리고 개인에게도 가치 있는 활동이고, 영어과 교육뿐만 아니라 타 교과의 학습 수단으로서도 중요하다. 쓰기는 학교 안과 밖의 정보를 활용하여 개인적인 의미를 창조하는 활동이다.

오늘날 교육에서는 여러 가지 측면에서 평가, 분석, 문제해결, 정보를 조직하고 조회하는 능력, 종합력, 응용력, 창의력, 의사 결정 능력, 의사소통 능력을 강조한다. 이러한 모든 능력을 습득하는 과정에는 언어가 기초가 되며, 자료가 된다. 미국 Anytown 교육청 관내 학교에서는 영어과 교육과정을 이런 방향에서 개발하였다.

출처: *The Language Arts English Primary-Graduation Curriculum Guide*, by Canadian Ministry of Education, 1992, Victoria, BC: Author, pp. 18-30.

4) 영어과 교육과정 개발에 참가할 교사 선발 방식

교육과정 개발에 참여할 교사를 선발하는 다섯 가지 방식은 각각 장점과 단점이 있다. 〈표 10-2〉는 각각의 방법을 어느 시기에 사용해야 하는지를 설명하고 있다.

〈표 10-2〉 교육과정 개발에 참여할 교사를 선발하는 방법

방법	장점	단점
자원자 신청받기	• 교과 교육과정 개발에 관심이 있는 자원자들이다. • 자원을 받는 것은 민주적이다.	• 교육과정 개발 전문성이 떨어지는 무능력한 교사가 자원 할 수 있다. • 자원자 중심이라면 과업의 중요성이 낮다는 표시다.
권장 시기: 모든 사람이 수용 할 때		
돌아가면서 참가하기	• 결과적으로 모든 교사들이 참여할 수 있다. • 돌아가면서 한다는 것은 선택할 필요가 없다는 의미다.	• 연계성이 없다. • 모든 교사들의 교육과정 개발 능력이 비슷할 때 가능하다.
권장 시기: 누가 참여해도 교과 교육과정 개발 과정이나 결과에 큰 영향을 미치지 않을 때		
선출하기	• 집단 리더십(팀워크)을 발휘할 수 있다. • 선출된 위원들이기 때문에 교과 교육과정 개발에 매우 협조적이다.	• 장기적인 과제일 때 효과적이다. • 권위를 갖추지 못한 리더가 선출될 수도 있다.
권장 시기: 교육과정 개발 능력을 갖춘 교사들을 중심으로 위원회를 구성하고자 할 때		
추천 받기	• 교과 교육과정을 개발할 수 있는 교사들을 선발할 수 있다. • 매우 협조적이다.	• 이유도 모르고 위원을 추천할 수 있다. • 추천된 교사들이 항상 리더십을 갖추거나 대표성을 띄는 것은 아니다.
권장 시기: 교사들이 전반적으로 교과 교육과정을 개발할 수 있는 능력과 경험을 어느 정도 갖추고 있을 때		
지역 교육청에서 임명하기	• 위원들의 지위가 강력하다. • 누가 가장 적합한지에 대해서는 일반적으로 지역 교육청 담당자들이 잘 아는 편이다.	• 지역 교육청 행정 담당자가 누가 가장 교육과정 개발 능력이 있는지 모를 수도 있다. • 만약 정치적인 이유가 개입된다면 부정적인 영향을 줄 수 있다.
권장 시기: 교사 추천제가 현실적으로 힘들 때		

앞에서 설명한 다섯 가지 방식은 단위 학교들이 교육과정 개발과 실행 과정에서 당면하는 쟁점들을 다루고 있다. 이 방식들은 소집단 토론을 기초로 구체적인 절차, 표본, 시기 그리고 기록하는 방식 등을 제시한다. 이런 방식은 교사와 행정가들의 관점과 그들이 실제로 하고 있는 그대로의 모습을 설명해 줄 뿐만 아니라 지역 교육청에게는 수업 개선에 도움이 되는 정보들을 수집할 기회를 준다.

첫째, 대화법(Dialogue Technique)이다. 주요 특징은 협의를 통해서 의사를 결정한다는 것이다.

- 교육과정 개발이 시작되기 전에 위원들은 어떤 의사 결정도 하지 않는다.
- 위원들은 자신의 입장을 반박하거나 지지하는 다른 사람의 관점을 접할 수 있다.
- 위원들은 결정된 것에 대한 주인 의식을 갖게 된다.

둘째, 델파이법(Delphi Technique)이다. 모든 사람을 면대면으로 만나지 않고도 여러 사람의 의견과 합의를 도출할 수 있다.

- 교육과정 담당자는 모든 위원들에게 각자 교과 교육과정 개발 철학에 대한 진술문을 받는다.
- 위원들이 쓴 진술문을 모두 복사해서 모든 위원들에게 배부한다.
- 위원들은 모든 위원들의 진술문을 검토하여 적절하다고 생각하는 것을 표시한다.
- 교육과정 담당자는 표시한 것을 두 줄로 배치한다. 하나는 대부분 동의하는 것이고, 다른 하나는 거의 동의하지 않은 것이다.
- 가장 많은 동의를 받은 진술 내용을 다시 모든 위원에게 보내서 검토받는다. 이런 과정을 반복하여 최종 합의한다.

셋째, 어항법(Fishbowl Technique)이다. 여러 관련 집단의 대표들이 모여서 교과 교육철학에 대한 합의를 도출한다.

- 하위 집단 대표 여섯 내지 여덟 명이 만나서 하나의 철학 진술문을 만든다.

- 각 집단의 대표자는 자신의 집단에서 만든 철학 진술문을 가지고 와서 다른 집단의 대표들을 만난다.
- 대표들은 원탁에 앉고, 다른 참가자들은 모두 원탁 밖 방청석에 앉는다.
- 원탁에 앉은 대표들은 교과 교육철학에 대해 합의를 할 때까지 토의한다.

넷째, 텔스타법(Telstar Technique)이다. 어항법과 유사하며, 구성원의 참여 범위가 넓다.

- 모집단을 학년별로 나눠서 하위 집단을 구성한다(예를 들면 초등학교 저학년, 초등학교 고학년, 중학교, 고등학교).
- 각 집단을 대표하는 두 명의 대표가 선출되고, 자신의 집단에서 진술한 교과 교육철학을 들고 모집단 모임에 참여한다.
- 소규모 자문 위원회를 개최하여 수합한 의견을 가지고 모집단 대표자 협의에 참석한다.
- 자문 위원들은 당면한 쟁점과 관련하여 하위 집단을 직접 만나야 할 필요가 있다고 생각하면 언제든지 협의를 중단하고 하위 집단을 직접 만날 수 있다.
- 이런 협의는 합의점에 도달할 때까지 계속한다.

다섯째, 지명집단법(Nominal Group Technique)이다. 위원 개인의 확산적 사고를 촉진할 수 있다.

- 교과 교육과정 철학에 대한 협의를 위해 소집단 위원회를 소집한다. 위원들은 서로 함께 있지만 어떤 상호작용도 없이 교과 교육과정 개발 철학을 진술한다.
- 교육과정 담당자가 교과 교육과정 개발에 대해 설명하고, 모든 위원들은 각자 20~30분 동안 교과 교육철학을 써 본다.
- 위원들이 작성한 철학을 한 번에 하나씩 설명하고, 설명한 것은 게시판에 게시한다. 모든 사람이 자신의 철학을 설명하고 게시할 때까지 어떤 논의도 하지 않는다.
- 구성원들은 게시된 진술문들의 순위를 매겨서 상위 3개를 선정한다.
- 각 구성원들은 세 개의 진술문 중 하나를 선정하여 나머지 두 개를 참고하여

수정한다. 위원회는 최종 진술문을 채택한다.
- 이 기법의 단점은 처음 브레인스토밍을 하는 동안에 자신의 생각을 다른 사람들에게 알리고 설득할 기회가 없다는 것이다. 그러나 위원들은 모든 참가자가 각자의 철학을 진술하고 있다는 것 그리고 모든 철학이 게시된다는 것을 알기 때문에, 이것이 경쟁이나 압박이 되어 서로를 자극한다.

2. 교과 교육과정의 계열, 목적, 목표, 학습 결과, 활동 정하기

교과 교육과정의 범위와 계열을 정하고, 목적과 목표를 진술하며, 목표가 달성되었을 때의 학습 결과를 진술하고, 학습 결과를 위한 타당한 활동들을 정하려면 이들을 지역 교육청의 교육철학, 비전, 사명, 졸업 사정, 교과 교육의 근거와 상호 연계해야 한다.

도움말 10.2
영어과 교육과정을 집필할 집필위원을 선정한다.

1) 위원회 구조

교과 교육과정의 범위와 계열, 목적과 목표, 학습 결과, 활동들을 개발하기 위해서는 집필위원회를 구성해야 한다. 이런 집필위원회를 구성하는 단계는 다음과 같다.

(1) 1단계
- 교육과정 위원회에서 집필위원을 선정한다. 모든 학년(유치원~고등학교)에서 각 2명의 교사들이 참여한다. 규모가 작은 학구에서는 3개 학년당 1명의 교사를 선정하고, 참여하지 않은 학년 교사에게서 피드백을 받도록 조치를 취한다.
- 초등학교, 중학교, 고등학교의 교장을 참여시킨다.

- 지역 교육청 교육과정 담당자는 집필자 대표 역할을 하고, 집필 기획을 하며, 집필 내용을 조정한다.
- 교육과정 위원회는 지역 교육청의 교육위원들에게 교육과정을 집필하는 과정을 알린다.
- 집필위원들이 활동할 작업 공간은 편안해야 한다. 편안한 의자, 종이를 펼쳐 놓고 볼 수 있는 넓은 책상, 좋은 음향기기, 개발하는 교과의 교과서, 사무 보조원을 배치하고, 접근성이 높은 곳에 둔다.
- 교과 교육과정의 범위와 계열, 목적과 목표, 학습 결과, 활동은 학년말에 집필하는 것이 이상적이다. 위원회가 집필을 하는 기간은 보통 1주일에서 10일 정도이다.
- 집필위원은 계약을 하고, 합당한 집필료를 받는다.
- 집필위원들은 교과를 이해하고, 교과 교육과정의 목적과 목표를 쓸 수 있어야 한다.
- 집필위원은 하나의 교과가 개발되는 과정을 알고 있어야 한다. 영어과를 예로 들면 다음과 같은 과제를 순차적으로 수행한다.
  - 구체적인 교과목을 개발하기 위해서 지역 교육청의 교육철학, 비전, 사명, 졸업 사정 기준을 검토한다.
  - 영어과 교육과정을 개발하기 위해서 영어과 교육과정 위원회가 개발한 영어 교과 교육의 철학과 근거를 검토한다.
  - 유치원~고등학교 학년별로 영어과의 학습 범위와 계열 매트릭스를 개발한다(예를 들면 이 장에 나오는 영어 프로그램의 목표에 대한 범위와 계열 매트릭스를 참고한다.).
  - 졸업 사정 기준을 기초로 영어과의 성취 기준(보통 7~9개)을 개발한다.
  - 각 성취 기준별로 목표(보통 6개에서 9개)를 개발한다.
  - 학교급별(예를 들어 초등학교, 중학교, 고등학교)로 영어과를 학습하고 나서 학생들이 보여 줄 학습 결과를 진술한다.
  - 학습 결과를 이끌어 낼 타당한 학습 과제(활동)를 개발한다.
  - 개발한 교과 교육과정에 대한 절대평가 기준(criterion-referenced)을 정한다. 만약 불가능하다면, 이미 개발되어 있는 표준화 평가 문항들을 분석한다.
  - 영어과 교육과정의 범위와 계열, 목적과 목표, 학습 결과, 학습 과제들을 교

과서나 교수 · 학습 자료와 연계한다.

－각 학습 결과별로 타당한 학습 과제와 교수 · 학습 자료를 포함하여 진술한다.

집필위원들은 대화법을 활용하여 영어과 교육과정을 개발할 수 있다. 또 Bloom
의 분류 기준을 적용하여 개발할 수도 있다(〈표 10-3〉은 Bloom의 분류 기준의 핵심
어들이다.).

〈표 10-3〉 Bloom의 분류 기준

분류 항목	핵심어	
지식		
회상하다: 이전에 한 학습을 기억하는 것	무리를 이루다(Cluster)	관찰하다(Observe)
	규정하다(Define)	개관하다(Outline)
	제목 정하기(Label)	회상하다(Recall)
	목록화하다(List)	인식하다(Recognize)
	연계하다(Match)	기록하다(Record)
	암기하다(Memorize)	다시 설명하다(Recount)
	명명하다(Name)	진술하다(State)
이해		
번역하다: 의미를 파악하는 것	인용하다(Cite)	찾다(Locate)
	묘사하다(Describe)	바꾸어 표현하다(Paraphrase)
	문서화하다(Document)	인식하다(Recognize)
	설명하다(Explain)	보고하다(Report)
	표현하다(Express)	검토하다(Review)
	예를 들다(Give examples)	요약하다(Summarize)
	정의하다(Identify)	말하다(Tell)
적용		
일반화하다: 학습한 것을 새로운 상황에 적용하는 것	분석하다(Analyze)	처리하다(Manipulate)
	각색하다(Dramatize)	조직하다(Organize)
	틀을 만들다(Frame)	계열화하다(Sequence)
	하는 방법(How to)	보여 주다
	묘사하다(Illustrate)	(Show/Demonstrate)
	상상하다(Imagine)	해결하다(Solve)
	모방하다(Imitate)	활용하다(Use)

(계속)

분석		
나누다/발견하다: 보다 쉽게 이해할 수 있도록 아이디어를 나누는 것	분석하다(Analyze) 특징짓다(Characterize) 분류하다/범주화하다 (Classify/Categorize) 비교하다/대조하다 (Compare/Contrast) 해부하다(Dissect) 구별하다/차별화하다 (Distinguish/Differentiate) 시험하다(Examine)	추론하다(Infer) 도해하다(Map) 개관하다/주어진 형태가 없다 (Outline/No Format Given) 관련시키다(Relates to) 선택하다(Select) 조사하다(Survey)
종합		
구성하다: 새롭게 구성하는 것	합성하다(Combine) 구성하다(Compose) 짜 맞추다(Construct) 설계하다(Design) 개발하다(Develop) 모방하다(Emulate) 형성하다(Formulate)	가설을 세우다(Hypothesize) 상상하다/숙고하다 (Imagine/Speculate) 발명하다(Invent) 편성하다(Plan) 생산하다(Produce) 제안하다(Propose) 개정하다(Revise)
평가		
판단하다: 주어진 목적별로 가치를 판단하는 것	감정하다(Appraise) 논쟁하다(Argue) 측정하다(Assess) 비교하다/찬성/반대 (Compare/Pro/Cons) 고려하다(Consider) 비판하다(Criticize) 평가하다(Evaluate)	정당화하다(Justify) 판단하다(Judge) 우선순위를 매기다/순위를 매기다(Prioritize/Rank) 추천하다(Recommend) 지지하다(Support) 가치 판단을 하다(Value)

(2) 2단계

- 교과 교육과정의 범위와 계열, 목적과 목표, 학습 결과, 타당한 학습 과제를 작성한 후에는 관내 모든 영어 교사에게 배부하여 의견을 받아서 첨가, 수정 또는 삭제, 보완한다. 교사들에게 4주에서 6주 정도 시간을 주어서 검토하게 하고 검토의견은 담당자에게 제출한다.

- 4주에서 6주 동안 영어 교사들은 학교에서 모임을 갖고 학년 수준을 고려하면서 문서를 세밀하게 읽는다. 집필위원은 이런 모임에 참석해서 불분명한 것들을 명확하게 설명해 준다.

(3) 3단계
- 교육과정 담당자는 지역 전체 영어 교사의 수정 의견을 종합하여 집필위원회를 소집하고, 초기 개발한 교과 교육과정을 수정, 보완하도록 한다.

(4) 4단계
- 교과 교육과정 위원회는 완성된 영어과 교육과정을 장학관과 학교교육과정 위원들에게 배부하여 전 지역 교육청 단위 학교에 적용하여 실행하도록 설명한다.

(5) 5단계
- 일단 영어과 교육과정을 채택하고 나면, 위원회는 영어 교과 교과서 위원회를 구성한다. 이 위원회에 각 학년을 대표하는 교사를 한 명씩 참여시킨다.
- 교과서 위원회는 다양한 출판사에서 나온 교과서 선정 지침을 이용하여(〈표 10-4〉 참조) 영어과 교과서를 평가하여 선정한다.
- 영어 교사들은 영어 교과서 위원회에서 선정한 상위 3개의 교과서를 검토한다.
- 교과서 위원회는 그들이 선정한 상위 3개의 출판사 교과서를 관내 전 영어 교사에게 검토하도록 하고, 교사들의 영어과 교육과정의 범위와 계열, 목적과 목표, 학습 결과, 타당한 학습 과제를 확인받는다.
- 선정된 3개의 출판사는 대표를 보내서 설명회를 한다.
- 모든 영어 교사와 학교장은 설명회에 참석한다. 3개 출판사 대표의 설명회에 모두 참석한 사람만이 교과서를 선정할 권리를 준다.
- 교과서 선정에 참여한 교사는 특정한 교과서를 채택한 이유와 지역 교육청에서 지불해야 하는 비용을 함께 작성한 보고서를 장학관과 학교교육과정 위원회에 제출한다. 학교 위원회는 이에 대한 설명을 듣고, 채택 여부를 결정한다.

〈표 10-4〉 교과서 선정 지침

○○ 학구(NO. 3) _____

○○ 지역, 미국

교과서 선정 지침

_____ _____ _____
(교과서)　　　　　　　　(출판사)　　　　　　　　(학년)

읽기 수준: 　　　　　　　　　　　　(이 수준이거나 그 이상이어야 함)

1에서 5 범위로 다음 교과서를 평가하시오. 선택한 숫자에 ○ 표시를 하고, 표시한 것의 숫자를 합산하시오.

내용	저				고
1. 영어과 교육의 목표와 일치하는가	1	2	3	4	5
2. 정확한 최신 정보를 담고 있는가	1	2	3	4	5
3. 인종, 민족성, 성 편견이 없는가	1	2	3	4	5
4. 학생의 관심을 자극하는가	1	2	3	4	5

조직과 방식					
	1	2	3	4	5
1. 분명하게 진술되었는가	1	2	3	4	5
2. 학생들에게 맞는 용어와 방식인가	1	2	3	4	5
3. 논리적인가	1	2	3	4	5
4. 유용한 연습 과제를 포함하고 있는가	1	2	3	4	5
5. 철저한 검토와 요약을 제공하고 있는가	1	2	3	4	5
6. 분명한 개요 및 목차, 색인표를 제시하는가	1	2	3	4	5
7. 삽화, 차트 등과 같은 자료를 사용하였는가	1	2	3	4	5
8. 단원 계획, 평가 등 교사 참고 자료들을 포함하고 있는가	1	2	3	4	5

외적 특징					
	1	2	3	4	5
1. 표지가 매력적인가	1	2	3	4	5
2. 최신 삽화와 그림인가	1	2	3	4	5
3. 지면 배치가 잘 되었는가	1	2	3	4	5
4. 학생들에게 적절한 글씨체인가	1	2	3	4	5
5. 내구성이 있는가(튼튼한가)	1	2	3	4	5

하위 합계= _____

총 합계= _____

평가자 _____　　　　학년/교과 _____

(6) 6단계

- 새 영어과 교육과정을 적용하기 위해 영어 교사들을 대상으로 적절한 연수를 한다. 어떤 연수는 교육과정을 시행하기 전에 필요하며, 또 어떤 연수는 새 교육과정을 시행해 본 후에 필요하다.

(7) 7단계

- 영어과 교육과정 평가는 다음 교육과정이 개정될 때까지 계속 수행되어야 한다. 교육과정 담당자는 이런 교육과정 평가에 관한 전문성을 가지고 있어야 한다.

공립학교 교육과정 개발은 단계적인 과정을 거친다. [그림 10-2]는 하향식, 상향식 모형인데, 교사들이 작업하기 수월한 방식으로 계획, 실행, 평가하는 것이 좋다.

[그림 10-2]의 과정은 교직원, 지역 교육청 행정가들, 교육위원회의 노력을 모두 통합하도록 도와준다. 특히 교사들이 의사를 결정했기 때문에 교육과정에 더욱 헌신한다.

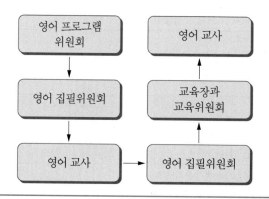

[그림 10-2] 영어과 교육과정 개발 과정

2) 교과 교육과정의 범위와 계열, 목적과 목표, 졸업 사정 기준, 학습 결과, 학습 과제의 예

다음은 영어과 교육과정의 범위와 계열 매트릭스, 목적과 목표, 목표별 학습 결과, 학습 결과를 유도하는 타당한 학습 과제이다(〈표 10-5〉, 〈표 10-6〉 참조). 졸업 사정 기준은 교과 교육과정의 목적 설정 시 고려된다. 초등학교 I(1~3학년), 초등학교 II(4~6학년), 중학교, 고등학교별 교육과정의 목적을 정하고, 각 목표를 구체화할 방향(범위와 계열)을 정하게 된다.

〈표 10-5〉 영어과 교육과정 목표에 대한 범위와 계열 매트릭스(예)

초등 I, 초등 II, 중학교, 고등학교	초등학교 I은 1학년부터 3학년까지, 초등학교 II는 4학년에서 6학년까지를 나타낸다.
예비(O)	O는 예비 단계를 의미한다. 본 시의 수업을 하기 전에 예비활동을 한다. 가능하다면 다음 단계의 학습 결과를 알려 준다.
강조(E)	E는 심화 단계를 의미한다. 학습 결과란 교육과정을 이수하는 데 적절한 학습 과제(활동)와 관찰 가능한 행동으로 진술된다. 명시적인 교수ㆍ학습이 일어난다.
유지(M)	M은 유지 단계를 나타낸다. 목표와 관련된 학습 결과와 타당한 학습 과제를 강화하기 위한 규정들이 만들어진다.

〈표 10-6〉 목표 차트

목표	초 I	초 II	중	고
학생들은				
1.1 의사소통하는 이유를 안다.	강조	강조	강조	강조
1.2 명확하고 신중하게 서로의 생각을 나눈다.	강조	강조	강조	강조
1.3 의사소통 과정에서 만족감과 자신감을 경험한다.	강조	강조	강조	강조
1.4 탐구를 통해서 생각과 정보를 생산하고 확장한다.	강조	강조	강조	강조
1.5 적절한 전략을 사용하여 독립적으로 읽고 검토한다.	예비	강조	강조	강조
1.6 의미 형성의 과정에서 의사소통 관련 기능과 과정이 상호 연관되어 있다는 것을 이해한다.	강조	강조	유지	유지

영어과 교육과정의 목적과 결과는 다음과 같다.

(1) 영어과 교육과정 목적
듣기, 말하기, 읽기, 쓰기, 검토하기, 표현하기를 통해서 효과적으로 의사소통하는 데 필요한 지식, 기능, 과정을 개발한다.

(2) 성취 기준

① 유목적적인 사고자
- 개념 형성, 의사 결정, 문제해결 전략을 사용한다.
- 학습 과제를 수행하면서 비판적 사고, 창의적 사고 등 다양하고 통합적인 활동을 한다.
- 의미 있는 반성을 통해 인지 전략의 효과성을 평가한다.
- 융통성, 지속성, 윤리적인 사고를 보여 준다.

② 자기주도적인 학습자
- 스스로 하는 학습을 지향한다.
- 명확한 목적을 세우고 목적을 달성하기 위한 과정을 거친다.
- 정보를 습득하고 조직하며 사용한다.
- 개인적인 흥미를 추구하며 학습한다.
- 과제를 수행하는 데 테크놀로지를 활용한다.
- 실현 가능한 수준에서 스스로 학습 내용, 방법, 학습 진도를 선택하며 평가한다.
- 습득한 지식과 기능을 친숙한 상황과 새로운 상황에 모두 적용한다.

③ 효과적인 의사소통자
- 자료와 전달 방식을 근거로 의미를 전달한다.
- 대상과 목적에 맞게 의미를 전달한다.
- 의도한 청중이 이해하고 대답하도록 의사소통한다.
- 다른 사람과의 의사소통을 통해서 의미를 이해한다.

④ 책임감 있는 시민

- 지역 공동체 내의 사람들 간의 다양성과 상호 의존성을 이해한다.

- 사람들 간의 차이를 존중한다.

- 잘 이해하고 결정한다.

- 공익을 위해 리더십을 발휘한다.

(3) 영어과 교육과정의 학습 결과 및 학습 과제

 도움말 10.3

"행위 동사를 사용하여 학습 목표를 진술할 경우, 전체적으로는 교육을, 구체적으로는 교육과정을 변화시키고 개선시킨다."(Kizlik, 2008, n. p.)

목표 1.1: 학생들은 의사소통하는 이유를 안다.

초등학교 Ⅰ(1~3학년)(Primary Grades)

학생들은

1.1.1 의사소통하는 이유를 인식할 수 있다.

　학습 과제: 학생들은 정서를 표현하고, 문제를 해결하며, 의미를 분명히 한다.

1.1.2 의사소통하는 목적에 대해 토의할 수 있다.

　학습 과제: 학생들은 '우리가 읽어야 하는 이유'라는 차트를 만든다.

1.1.3 활동 계획을 세우고 이끌어 나갈 수 있다.

　학습 과제: 학생들은 뉴스 활동을 하면서, 의장, 대변인, 방문객 역할을 한다.

1.1.4 지시문에 따라 새로운 활동을 수행할 수 있다.

　학습 과제: 학생들은 새로운 규칙에 따라 주어진 역할을 한다.

1.1.5 목적에 따라 읽을 수 있다.

　학습 과제: 학생들은 즐거움을 위해, 새로운 아이디어를 얻기 위해, 확신을 갖기 위해 글을 읽는다.

1.1.6 목적에 따라 글을 쓸 수 있다.

　학습 과제: 학생들은 정보를 요청하는 글, 감사를 표현하는 글, 재미있는 글을 쓴다.

1.1.7 목록을 작성하고 기록할 수 있다.

학습 과제: 학생들은 전화번호나 도서 반납을 상기시켜 주는 문구나 목록을 작성한다.

1.1.8 초고에 대한 논의에 참여한다.

학습 과제: 학생들은 글의 주제, 목적, 중심 생각을 찾는다.

1.1.9 그림, 차트, 그래프, 클러스터, 웹을 사용하여 정보를 조직할 수 있다.

학습 과제: 학생들은 동물을 조사하고, 조사한 내용을 조직한다.

초등학교 II(4~6학년)(Elementary Intermediate Grades)

학생들은

1.1.10 의사소통하는 일반적인 목적을 설명할 수 있다.

학습 과제: 학생들은 협의 과정에 참여하여 충고하고, 명령하며, 지시하고, 즐기며, 정보를 제공하고, 설득하며, 교제한다.

1.1.11 원하는 결과를 얻기 위해서 자신만의 구체적인 목적을 정할 수 있다.

학습 과제: 학생들은 라디오 뉴스를 청취하고 원하는 정보를 얻는다.

1.1.12 자신의 듣기 목적을 정할 수 있다.

학습 과제: 학생들은 시를 듣고, 감각적인 이미지를 형성한다.

1.1.13 자신만의 말하기 목적을 정할 수 있다.

학습 과제: 학생들은 개인적인 의견을 표현하는 연설을 한다.

1.1.14 자신만의 읽기 목적을 정할 수 있다.

학습 과제: 학생들은 글을 읽고, 주어진 질문에 답한다.

1.1.15 자신만의 쓰기 목적을 정할 수 있다.

학습 과제: 학생들은 관찰 기록하여 과학 보고서를 작성한다.

1.1.16 자신만의 살펴보기 목적을 정할 수 있다.

학습 과제: 학생들은 TV광고를 분석하여 설득의 기법을 확인한다.

1.1.17 자신만의 표현하기 목적을 정할 수 있다.

학습 과제: 학생들은 도표를 활용하여 두 가지 의견을 비교한다.

1.1.18 다른 사람들이 의사소통하는 목적을 확인할 수 있다.

학습 과제: 학생들은 한쪽으로 치우친 설명, 선동 등을 인식한다.

1.1.19 다양한 매체 사용의 목적을 정할 수 있다.

학습 과제: 학생들은 TV가 즐거움, 정보 제공, 설득의 목적을 가지고 있다는 것을 추론한다.

중학교(Middle Level/Junior High)

학생들은

1.1.20 의사소통하는 일반적인 목적을 안다.

학습 과제: 학생들은 의사소통을 하면서 서로를 통제하고, 이미지화하며, 알려 주고, 교제한다.

1.1.21 의사소통이 이루어지는 대상을 확인할 수 있다.

학습 과제: 학생들은 어른, 친구, 친척들과 의사소통한다.

1.1.22 원하는 의사소통 결과를 인식하고 그것에 집중할 수 있다.

학습 과제: 학생들은 기관이나 개인에게 항의 편지를 쓰거나, 프로젝트 기금 마련을 위한 편지를 쓴다.

1.1.23 듣기, 말하기를 위한 예비 활동으로 살펴보기를 할 수 있다.

학습 과제: 학생들은 주어진 주제와 관련하여 사전 지식을 회상하거나 주제에 관해 배울 만한 것을 예상한다.

1.1.24 말하기 목적을 정할 수 있다.

학습 과제: 학생들은 집단을 대상으로 개인의 의견을 피력하는 공식적인 연설을 한다.

1.1.25 표현하기 목적을 정할 수 있다.

학습 과제: 학생들은 차트를 사용하여 미국의 다양한 문학에서의 유사성을 보여 준다.

1.1.26 설득하는 법을 습득할 수 있다.

학습 과제: 학생들은 편견, 선전, 함축, 정서를 자극하는 언어를 사용한다.

고등학교(High School)

학생들은

1.1.27 원하는 결과를 가장 잘 끌어낼 수 있는 언어 전략과 과정을 쓸 수 있다.

학습 과제: 학생들은 전화나 편지를 써서 일을 처리한다.

1.1.28 의사소통의 방향을 알 수 있다.

학습 과제: 학생들은 의사소통이 필요한 집단, 또래, 어른, 특정인, 특정 이익 단체를 선택한다.

1.1.29 의사소통을 통해서 원하는 결과를 얻을 수 있다.

학습 과제: 학생들은 교장 선생님에게 학생들이 원하는 것을 지원해 달라고 요청하는 편지를 쓴다.

1.1.30 청자의 입장에서 어떠한 노력도 필요하지 않은 활동과 완전한 주의집중이 요구되는 활동을 토의해 봄으로써 능동적인 듣기와 수동적인 듣기의 차이점을 살펴볼 수 있다.

　학습 과제: 학생들은 배경 음악이 수동적인 듣기이고 중심 생각에 대한 듣기는 능동적인 듣기라는 것을 안다.

1.1.31 무엇이 들리는지를 평가하기 위한 기준을 만들고 적용할 수 있다.

　학습 과제: 학생들은 학급에서 동의한 준거들, 중심 생각, 세부적인 것, 예시들을 활용하여 학급 연설을 한다.

1.1.32 중심 생각을 찾을 수 있다.

　학습 과제: 학생들은 한 단락을 들은 후에 중심 생각을 적어 보거나 화자의 메시지를 구두로 또는 문서 형태로 바꾸어 표현한다.

1.1.33 의견에서 사실을 구별할 수 있다.

　학습 과제: 학생들은 읽기 자료를 들은 후에 사실과 의견을 구별하여 말하거나 적는다.

1.1.34 청자의 편견을 인식할 수 있다.

　학습 과제: 학생들은 연설을 듣기 전에 주제에 대해 생길 수 있는 선입견을 예측해 본다.

1.1.35 화자의 목적과 편견을 인식할 수 있다.

　학습 과제: 학생들은 사형과 같은 쟁점에 관해 상반된 의견을 주장하는 글을 정독한다.

출처: *Language Arts English–Graduation Curriculum Guide*, by Canadian Ministry of Education, 1992, Victoria, BC: Author, pp. 18-30.

　교사는 교과 교육과정의 목적 또는 이를 이수한 학생들이 성취할 결과를 달성하는 데 도움이 될 만한 광범위한 자원 목록을 작성한다. 이런 자원으로는 교과서, 교과 활동 자료, 소설, 비소설, 문집, 모음집, 핸드북, 드라마, 도서관 자료에서 선정한 읽기 자료, 인쇄된 유인물, 조립 용품, 정기 간행물, 슬라이드, 비디오 자료, 오디오 자료, 컴퓨터 소프트웨어 자료 등이 있다. 영어 교사는 이용 가능한 자료가 어디에 있는지, 예를 들어 교실에 있는지, 미디어 센터에 있는지, 학교 학습 자료 센터에 있는지, 지역 교육청 학습 자료 센터에 있는지, 지역사회 미디어 센터에 있는지, 주 미디어 센터에 있는지 알기 위해서 각 센터의 최신 자료 목록을 가지고 있어야 한다.

　교과 교육과정은 하향식 혹은 상향식으로 개발한다([그림 10-3] 참조). 교육과정의 범위와 계열, 목적과 목표, 학습 결과, 학습 과제는 지역 교육청의 교육을 반영

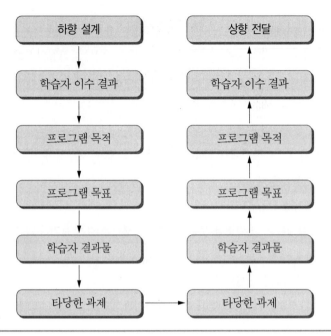

[그림 10-3] 하향 설계, 상향 전달

하여 개발한다. 일단 교과 교육과정이 개발되면, 교사는 단원 계획과 일일 학습 지도안을 작성한다.

교과를 학년별로 구분하는 것은 학년에서 성취할 것을 분명히 해 주며, 결과적으로 한 학년에서 다음 학년으로의 전이를 용이하게 해 준다.

3) 교육과정 효과성 평가

개발된 교육과정과 실행된 교육과정의 효과성을 측정할 수 있을까? 교육과정 효과성을 평가할 때 다음 10개의 기준들을 활용할 수 있다.

① **교육과정의 수직적 연속성**: 교사들이 이전 학년과 후속 학년에서 가르치는 것을 빠르고 지속적으로 파악할 수 있도록 학년별(유치원~고등학교) 교육과정을 개발한다. 또한 나선형으로 조직하는 것은 교육과정의 단순한 반복을 막는다.

② **교육과정의 수평적 연속성**: 같은 학년에서는 공통적인 내용과 목표를 모든 교

실에 제공한다. 또 학년별로 일일 학습 지도안을 제공한다.

③ **교육과정에 기초한 수업**: 학습 지도안은 교과 교육과정을 기초로 내용, 목표, 학습 과제 측면에서 일관성이 있어야 한다.

④ **교육과정 중심의 행정**: 철학적, 재정적 지원이 필요하다. 수업을 보조할 사무 보조원을 고용하고, 교육과정을 연구하는 여름 학기 동안에도 교사들에게 합당한 급료를 주어야 한다. 또 교육과정과 관련된 사안은 학교 위원회, 임원 회의, 교사 회의에서 우선적으로 협의하는 안건이어야 한다.

⑤ **교사의 참여 폭 확대**: 지역 교육청의 교육과정 위원회 활동에 교사 대표들이 대폭 참여해야 한다. 또 초등학교, 중학교, 고등학교 교장 대표도 참여해야 한다. 그리고 지역 교육청에서 개발한 교과 교육과정은 학교교육과정 위원회의 검토와 승인을 받아야 한다.

⑥ **장기적인 교육과정 개발 계획**: 지역 교육청은 5년을 주기로 교육과정을 개발한다. 또 최신 교육철학과 교육과정 이론이 지역 교육청 교과 교육과정 개발에 반영되어야 한다.

⑦ **의제와 의사 결정**: 교과 교육과정을 개발하는 동안에 이슈화되는 의제는 교육과정의 성격에 관한 것이어야 하지 누가 의사 결정을 하느냐에 관한 것이어서는 안 된다.

⑧ **긍정적인 인간관계**: 교과 교육과정에 참여하는 사람들은 누구나 의견이 나뉠 수 있다. 이런 의사소통 라인이 허물어져서는 안 된다. 또 교육과정에 대한 아이디어를 교사, 교장, 교육과정 리더 모두와 나눌 수 있어야 한다.

⑨ **이론에서 실제로 접근하기**: 지역 교육청의 교육철학, 비전, 사명, 졸업 사정 기준, 교과 교육과정의 철학, 근거, 목적과 목표, 학습 결과, 학습 과제는 서로 일관성이 있어야 한다.

⑩ **의도적인 변화:** 지역 교육청에서 개발한 교과 교육과정은 대내외적인 사람들의 인정을 받아야 한다. 지역 교육청이 교과 교육과정을 어떻게 개발하는가가 중요한 것이 아니라 어떻게 하면 좀 더 좋은 교육과정을 만드는가가 관건이다.

출처: *Curriculum Leadership and Development Handbook*, by L. H. Bradley, 1985, Englewood Cliffs, NJ: Prentice Hall.

요약

이 장에서는 지역 교육청에서 교과 교육과정을 개발하는 과정과 단계를 예시하였다. 참여자(교육위원회, 교육장, 학교 행정가, 교사) 각자의 역할을 도식으로 나타냈을 뿐만 아니라 각 과정의 핵심 요소들도 구체적으로 설명하였다.

권고로서 → 문서로서 → 지원으로서 → 가르친 → 평가로서 → 학습한

교과 교육과정 개발 과정과 실제는 11장에 있는 〈표 11-7〉을 참조할 수 있다.

적용

1. 교육과정 위원회와 교과 교육과정 개발 위원회는 왜 지역 교육청의 교육철학, 비전, 사명, 졸업 사정 기준을 이해하고 있어야 하는가?

2. 교과 교육의 철학은 무엇인가? 교과 교육의 근거를 어떻게 진술할 수 있는가?

3. 대화법, 델파이법, 어항법, 텔스타법, 지명집단법은 다른 집단의 의사 결정 기법과 어떤 점에서 다르고 어떤 장점이 있는가?

4. 교과 교육과정의 범위와 계열, 목적과 목표, 학습 결과, 학습 과제들은 서로 어떻게 관련되어 있는가?

5. 교과 교육과정 개발 과정에서 교사가 어떻게 내용 전문가로서의 역할을 하는지 설명하시오.

6. 교과 교육과정 개발 위원회의 역할을 작성해 보시오.

7. 교과 교육과정 개발 위원회와 집필위원회의 역할을 구분해 보시오.

8. 집필위원회는 학기 중에 교육과정을 집필해야 하는가? 아니면 여름방학 동안 급료를 받고 집필해야 하는가? 당신의 입장을 밝히시오.

9. 새 교과 교육과정을 시행하는 데 필요한 교사 연수를 계획하시오.

사례

지역 교육청의 교육과정 담당자로서 1년차인 Phillip Wright는 영어과 교육과정 개발 절차를 논의하고자 교육장인 Dr. Roberta Ellis를 만났다.

교육과정 담당자 Wright는 몇 가지 조언을 얻고자 "최근 5년을 주기로 교과 교육과정을 개발하기 때문에 영어과 교육과정 위원회를 언제 어떻게 조직해야 할지 결정해야 할 것 같습니다. 저는 이번 가을 학기에 위원회를 조직할 생각입니다. 이 점에 대해 어떻게 생각하십니까?"라고 말한다.

Ellis 교육장은 고개를 끄덕인다. "글쎄요, 사실 저는 이번 학기에 위원회, 특히 집필위원을 조직하는 것에 대해 약간 걱정이 됩니다." 그녀는 팔짱을 끼며 한숨을 쉰다. "집필 교사를 대신할 기간제 교사를 고용하는 데 많은 돈이 들기 때문입니다. 더 중요한 것은 그들이 자신의 교실을 비우거나 수업 결손이 일어날까 걱정입니다. 왜냐하면 학생들은 기간제 교사가 가르칠 때는 담임교사가 가르칠 때에 비해 삼분의 일 정도밖에 배우지 못하기 때문입니다."

교육과정 담당자의 눈이 둥그레졌다. "오, 저는 그런 줄 몰랐습니다."고 말했다. "여름방학 동안 집필위원을 조직해야겠어요. 그리고 지역 교육청은 집필위원에게 급료를 주어야 합니다."

"좋아요."라고 Ellis 교육장이 말하며 다음과 같이 묻는다. "참여 교사를 어떻게 선발할 겁니까?" "글쎄요, 저는 각 학교급별―초등학교, 중학교, 고등학교―로 경험이 풍부한 교사를 선정하기 위해서 지역 교육청에서 임명하는 방법을 사용할까 합니다."라고 대답한 Wright는 상관의 승인이나 심중을 살피며 의견을 구했다.

Ellis 교육장은 의자에 등을 기댄다. "글쎄요. 누구를 선택할지에 대해서는 매우 신중할 필요가 있어요. 특히 개성이 너무 강한 사람은……." Ellis 교육장은 교육과정 담당자를 보면서 덧붙였다. "가끔 불협화음이 일어날 수 있어요. 합의점도 없고 교사들 사이에 갈등이 일어난다는 겁니다. 기본적으로 서로 협력하는 것이 부족해요."

"아, 네. 좋은 지적입니다."

교육장은 웃으며. "우리는 유능한 리더를 찾아야 하고, 교과를 잘 알고 있어야 할 뿐만 아니라, 지역 교육청의 교육 비전과 중핵 교육과정을 알고 있는 교사를 뽑아야 합니다."

"좋은 생각입니다."라고 대답하면서, 교육과정 집필위원을 선발할 때 고려해야 할 몇 가지 사항을 생각하고 있다. Wright는 Ellis 교육장의 조언에 대해 감사 인사를 하고, 다른 약속이 있다는 것을 생각하면서 메모지를 들고 문 쪽으로 나간다.

도전 과제

교과 교육과정 집필을 위한 교사들을 선정하는 것과 선발 방법에 대한 합의점을 찾는 것 모두 교과 교육과정을 개발하는 데 중요하다. 집필 교사를 선발하는 방법, 자원자 신청받기, 돌아가면서 참여하기, 선출하기, 동료 교사의 추천, 지역 교육청의 임명 방식을 분석하고, 교육과정 담당자가 어떤 어려움에 직면하는지를 토의하시오. 가장 좋은 방법은 무엇이라고 생각하는가? 교육과정 담당자 Wright는 영어과 교육과정 집필위원을 어떻게 구성해야 하는가?

주요 질문

1. 교육과정 담당자 Phillip Wright는 영어과 교육과정 집필위원을 조직하기 전에 무엇을 물어보아야 하는가?
2. 집필위원을 구성하는 초기 단계에서는 어떤 방법을 활용할 수 있는가?
3. 교육과정 개발을 계획하는 단계에서는 어떤 절차를 밟아야 하는가?
4. 교과 교육과정을 채택한 후에는 어떤 조치를 취해야 하는가?
5. 교육과정 위원회에서 교사 집필자를 선발하는 가장 좋은 방법은 무엇인가? 왜 그렇다고 생각하는가?

🖥 참고 사이트

Effective schools research

www.mcrel.org

Missouri Department of Elementary and Secondary Education sample career ladder plan

http://dese.mo.gov/divteachqual/careerladder

Ten Common Denominators of Effective Schools

www.spotsylvania.k12.va.us/tms/ktower/schoolresearch.htm

National Association of Elementary School Principals

www.naesp.org

National Association of Elementary School Principals Leadership Compass

www.naesp.org/ContentLoad.do?contentId=323

National Association of Secondary School Principals

www.nassp. org

Principals' Office—NAESP blog for members to connect with colleagues on educational issues

http://naesp. typepad.com

Notes

1. 1992년 캐나다 교육부 BC주에 있는 빅토리아 시에서 개발한 영어과(초등) 교육과정 지침서(pp. 19-27)에서 영어과 교육과정의 9개 목적을 인용하면 다음과 같다.

- 목적 1. 듣기, 말하기, 읽기, 쓰기, 표현하기를 함으로써 효과적으로 의사소통하는 데 필요한 지식, 기능, 과정을 습득한다.

- 목적 2. 언어의 지식, 이해, 태도와 그것이 어떻게 사용되는지를 안다.

- 목적 3. 다양한 문학 장르와 미디어 형태의 언어 지식, 이해, 태도를 습득한다.

- 목적 4. 미국과 다른 나라 문학에 대한 지식, 이해, 태도를 습득한다.

- 목적 5. 언어, 문학, 미디어를 통하여 나, 세계, 다문화적 유산의 지식을 습득하고 확장한다.

- 목적 6. 언어, 문학, 미디어의 맥락 안에서 창의적인 사고와 표현 능력을 기른다.

- 목적 7. 언어, 문학, 미디어의 맥락 안에서 비판적인 사고와 표현 능력을 기른다.

- 목적 8. 다양한 학습 전략을 개발한다.

- 목적 9. 평생학습에 필요한 궁금증, 호기심, 독립심, 상호 의존성을 기른다.

◆ 제11장 ◆
교육과정 일치시키기

교육과정을 일치시킨다는 것은 문서로서의 교육과정, 가르친 교육과정, 평가로서의 교육과정을 긴밀하게 하는 과정이다. 하지만 실제로는 롤리(Raleigh) 시의 노스캐롤라이나 대학교 교육 리더십과 정책 연구 부교수인 Lance Fusarelli(2008)는 각 과정이 항상 이렇게 일치하지는 않는다고 하였다. 그는 이에 대해 "교육 리더들이 학교교육을 개선하기 위한 어떤 결정을 할 때 관련 연구를 무시하기 때문"이라고 언급했다(p. 365).

연구에서 밝혀진 것을 무시하는 것은 문서로서의 교육과정, 가르친 교육과정, 평가로서의 교육과정을 일치시키지 못하는 주요한 장애가 될 수 있다. 너무나 많은 학교에서 대부분 교육청에서 제시하는 교육과정과 교사가 실행하는 교육과정, 평가 내용이 일치하지 않는다. 하지만 학교의 리더는 좀 더 쉽게 이들 교육과정을 일치시킬 수 있다. 연구결과를 기초로 표준 교육과정에 초점을 맞추어 교육과정을 일치시키는 것이 모든 학생들의 성취를 개선시킬 수 있는 하나의 방법이다.

> **이 장에서는 다음과 같은 질문을 다룬다.**
>
> • 교육과정을 일치시키는 데 필요한 것은 무엇인가?
> • 어떻게 교육과정을 일치시킬 수 있는가?
> • 교육과정을 일치시키기 위해서 어떤 전략이 필요한가?
> • 성취 기준과 교육과정 중심의 평가란 무엇인가?
> • 과학적인 연구를 통해서 교육과정을 관리할 수 있는가?
> • 교육과정을 일치시키는 데 교사 연수는 얼마나 중요한가?
> • 교육과정을 일치시키는 과정을 어떻게 관찰하고 평가할 것인가?

리더십의 열쇠

무엇보다 중요한 일은 교육과정 리더들이 교육과정을 일치시키고, 교사 연수를 통해서 교사들이 명확하고 확실한 학습 목표로 수업의 질을 높일 수 있도록 하는 것이다.

1. 교육과정 일치의 근거

교육과정을 일치시키는 것에 대한 연구는 문서로서의 교육과정과 가르친 교육과정을 일치시키려는 학교 리더들에 의해 시작되었다. 문서로서의 교육과정은 교육의 목적이나, 학습자에 대한 관련 사항을 대중적으로 합의해 놓은 것이다. 통례상, 문서로서의 교육과정은 교육과정 전문가, 교과 전문가, 지역 교육청 교육장, 장학사, 교사들의 의견을 토대로 개발한다. 왜냐하면 교육과정은 학교에서 매일 가르쳐야 할 것을 정하는 일이기 때문에 대중적 합의를 반영하게 된다.

만약 지역 교육청이 교육과정을 개발하는 합리적 단계를 이끌지 못한다면, 교사로서는 최선의 선택을 할 수 없는 결과를 낳는다.

여기서 중요한 것은 교사가 전문가의 지침을 따르는 것보다 자신의 경험을 기초로 가르칠 내용을 스스로 선택할 수 있게 해 줄 것인가 하는 문제이다. 교사가 따라야 할 지침만 주는 것이 아니라, 연구에 기초한 결과들을 제시해 주는 것이 바람직하다. 교사는 수업에 대한 실질적인 책임을 진다. 즉 특정한 학생, 특수한 상황에 맞춰서 수업을 해야 한다.

노스캘리포니아 대학 교수 Gerald Duffy와 Kathryn Kear(2007)에 따르면, 최근 좋은 수업에 대한 연구들은 단지 어떤 모형을 적용하는 것에서 벗어나 교사 연수를 통해서 '교육적인' 모형을 개발하도록 도와야 한다고 밝히고 있다. Duffy와 Kear는 이런 전문성 개발 모형의 네 가지 특성을 다음과 같이 언급하고 있다.

① 교사가 적용하는 수업을 권장한다. 교사 교육을 통해서 교사들이 스스로 '지침(moral compass)'을 개발하도록 돕는다.
② 발표자가 되면 전형적인 사고보다 새롭게 적용할 사고를 한다.
③ 일회성이 아니라 지속적인 교사 교육을 통해서 적용하는 사고를 증진시킬 수 있다.
④ 사례 혹은 문제 중심의 교사 교육을 통해서 교사가 적용하는 사고를 활성화하도록 한다.

Duffy와 Kear의 모형은 교사들로 하여금 주에서 개발한 표준 교육과정뿐만 아니라, 지역 교육청의 교육 목표를 충족시킬 수 있는 교육 자료를 선정하고 또 이들을 서로 일치시키도록 돕는다. 이를 위해서 Marzano(2005)는 다음과 같은 제안을 했다.

① 유사한 상황에 의도적으로 도전하라.
② 불분명한 결과를 통찰하여 기꺼이 변화를 이끌어 내라.
③ 체계적으로 접근하여 새롭고 더 나은 수행 방식을 찾아라.
④ 학교의 경쟁력을 높이는 데 중요한 일들을 꾸준히 시도하라(Marzano, Waters, & McNulty, 2005, p. 45).

분명한 것은 가르치는 것과 평가 내용이 밀접해야 한다는 것이다. 이론적으로 완벽한 프로그램이라고 하더라도 한 번의 평가로 무엇을 알고 있는지 모두 알 수는 없다. NCRESST(National Center for Research on Evaluation, Standards, and Students Testing) 대표자(Herman, Baker, & Linn, 2004)는 "우리가 학생의 학습에 대한 이해의 폭과 깊이를 넓히려면 좀 더 다면적인 평가를 해야 한다."(p. 2)고 언급하였다. 선다형 문제나 단답형과 같은 현재의 평가 형태를 넘어서 "학생이 자신의 성취 과정을 보여 줄 수 있는 에세이, 개별학습 프로젝트 제안서, 학습 포트폴리오 등의 시연 및 발표와 같은 형태의 평가가 필요하다.”(p. 2)

　더 나아가 타당하며 공정한 평가 체제는 가르친 교육과정과 충분히 조화를 이루는 교육과정 중심 평가를 요청한다. 표준화 평가의 내용은 실제 교실에서 가르친 것과 밀접하게 관련을 맺지 못하기 때문에 그것만으로는 충분치 못하며, 교육과정 일치에 대한 연구가 전문적으로 수행된 것이 아니다. 일부 교육자와 연구자들은 문서로서의 교육과정과 실제 교육과정을 일치시키기 위해서 행정적인 노력을 기울이며, 이것이 교사의 자율성과 창의성을 감소시킨다고 주장한다. 또 다른 사람들은 평가를 너무 중시한다고 지적한다. 평가가 곧 교육과정이 되고, 시험에 대한 관심이 학습을 증가시킨다는 증거는 없지만, 교사들은 학생들을 시험에 준비시키는 데 집중한다. 그래서 “이로 인해 생각하지 않았던 문제들이 발생하고, 비교육적이라고 지적하는 문헌들이 많아지고 있다.”(Nichols & Berliner, 2008, p. 672)

　알다시피 이런 한계로 7장에서 언급된 교육과정 완전학습에 대한 지지가 확산된다. 설명했듯이, 지역 교육청의 교육과정 지침은 필수 교육과정으로 집약되어 있다. 지역 교육청의 교육과정 지침은 발생적인 요소나 부속된 요인들을 다루지 않는다. 따라서 교육과정 일치 문제는 교육과정상 완전학습해야 할 것에 초점을 두고 있다. 유기적이거나 부속적인 요소들을 평가하거나 감독하지 않는다.

2. 교육과정 설계

　교육과정 리더들은 하향식 교육과정 설계 모형을 선호하는 편이다. 그래서 교육과정 설계는 보편적으로 결과 혹은 마지막 단계를 출발점으로 한다. 이것이 흔히 말하는 표준 교육과정을 평가와 일치시키는 방식이다. 절차를 분명히 하고, 교육과정 내용을 관련시킨다. 교육과정 설계는 대개 지역의 부교육감을 중심으로 지역 대학 교수와 같은 외부 전문가들이 참여하지만 교육과정의 중요한 결정은 교사들이 한다. 이 과정은 통상 목표 설정, 과목 정하기, 과목을 단원별로 나누기, 단원 개발, 차시 구성으로 진행된다(Danielson, 2002).

1) 목표 설정

교육과정 개발에서 교육과정을 일치시키는 방식을 공유하는 것은 중요하다. 이렇게 해서 교육과정이 교사들과 학생들 그리고 시민들에게 얼마나 중요한가를 이해시킬 수 있기 때문이다. 공동체적 태도는 비전을 공유하고, 임무를 완수하고, 교육과정 위원회와 연대하고, 적절한 기금을 조성하고, 인프라를 구축하고, 교사 교육을 실시하고, 서비스를 유지하고, 프로그램 평가를 적절히 실시할 수 있게 하고, 마지막으로 성공적인 공적 관계를 형성하도록 한다. 학교가 고려해야 할 것은 목표 중심의 교육과정 설계다. 교육과정을 설계하기 위해서는 명확하고 실질적인 목표를 설정해야 한다. 이를 위해서 교육과정 리더들은 학생들을 위한 최고의 교육과정 설계가 가능하도록 학교의 서비스와 자원을 조정해야 하며, 교사들이 교실에서 새로운 교수·학습 전략들을 구체화할 수 있도록 돕기 위한 계획을 세워야 한다. 여기서 다음과 같은 질문이 있을 수 있다.

- 학교가 수행해야 할 과업은 무엇인가?
- 학생들은 무엇을 배워야 하는가?
- 활동 중심 학습은 교육과정에 어떤 역할을 하는가?
- 교육 목적을 달성하기 위해서 어떤 전략이나 도구를 적용해야 하는가?

교육과정 설계를 위한 지침을 다음과 같이 제시할 수 있다.

- 공동 참여는 교육과정을 설계하고 실행하는 데 있어 학교 리더들이 가장 우선적으로 고려해야 하는 사항이다.
- 리더십을 발휘하고, 효과적인 교수 전략을 세우는 데 상당한 주의를 기울여야 한다.
- 교실이 학습의 구심점임을 강조해야 한다.
- 교육과정은 공학을 활용하지만 공학의 수단이 되어서는 안 된다.
- 교육과정 설계를 위한 교사 연수는 '교사가 교사를 가르치는' 실질적인 것이어야 한다.
- 새로운 전략을 위해 계획하고 실행할 때는 교육과정 평가와 성취도 평가 결과

를 모두 고려해야 한다.

교육과정 목표를 다음과 같이 진술할 수 있다.

- 교육과정 전 영역을 통해서 국가 수준 교육과정에서 요구하는 기초 기능부터 고등사고 기능까지 학습할 수 있다.
- 학생들이 세계를 더 잘 이해할 수 있도록 한다.
- 새로운 교육과정을 개발한다.
- 교사들이 일상적인 교육과정 목표를 성취하도록 돕는다.
- 교육과정에 대한 현직 연수를 제공한다.
- 교육과정에 접근하여 정보를 획득할 수 있는 과학기술에 대한 능력을 갖춘다.

2) 단원 및 차시 설계

18개월 동안 연구한 '교실 안'이라는 연구에서 명확하고, 의미 있으며, 훌륭한 350개 이상의 차시들을 검토했지만 대부분은 엄밀히 말해서 인지적이지 않았고, 교사 질문도 효과적이지 않았으며, 학생들의 학습을 적절하게 지도하지 않았다 (Weiss & Pasley, 2004). 이 연구의 목적 중 하나는 학생과 내용이 의도적으로 상호 작용하도록 하는 질 높은 차시를 찾는 것이었다. 이런 차시는 학생에게 영향을 미치고, 선행 지식을 축적하게 하고, 실생활에서의 직접 경험에 학생들을 참여시킨다.

질 높은 차시 개발은 교육과정 설계에서 중요하다. 이는 교육과정을 일치시키는 일부인데, 교사가 차시를 설계하고 실행하는 과정에서 효과적인 수업에 대한 비전을 갖는 것이 중요하다. 학생이 이 활동에 참여해야 한다. 학급 교육과정은 학생들로 하여금 적절히 질문하고, 전략을 짤 수 있도록 해야 한다. 질문은 학생들의 문제 해결력, 고등사고 기능을 증진시킨다.

교육과정 리더들에게는 관련 워크숍을 제공하고, 학습 목표를 명시화하고, 다른 교사들과 함께 질 높은 수업을 하는 데 필요한 전문성을 개발하도록 돕는 것이 중요하다. 또 학교가 지지적이고 도전적인 학습 환경을 제공하는 것도 중요하다.

'교실 안' 연구(Weiss & Pasley, 2004)는 교사들의 수업 개선에 개입할 수 있는 여러 가지 방식들을 시사하고 있다.

3) 개입

- 교사들에게 유용한 학습 기회들을 제공하는 노련하고 박식한 촉진자
- 교과서 및 교육 자료가 될 만한 수업 자료
- 수업의 질 향상을 위한 워크숍 및 연수 활동
- 수업의 부적절한 요소를 탐구하여 해결 방안을 제시하는 정책입안자
- 교사들에게 지속적인 의미를 부여하는 장학사

결과적으로 교사들이 목표 달성을 위한 효과적인 수업을 설계할 수 있도록 지원하는 것이 매우 중요하다. 이를 위해서 교육과정 리더들은 지역 교육청과 연방, 학교가 모두 수업에 대한 일관성 있는 비전을 공유하도록 해야 한다.

3. 교육과정 일치시키기

첫 단계에서 가장 중요한 것은 교육과정을 일치시키기 위한 프로젝트를 구성하고 역할을 배정하는 것이다. 이런 프로젝트는 복잡하며, 중대한 몇 가지 단계를 거친다. 만약 사람들이 이 프로젝트에 체계적으로 기여하는 방식을 강구한다면 매우 효과적으로 운영할 수 있을 것이다. 물론 지역 교육청은 나름대로 이 프로젝트를 수행하는 데 필요한 조직 및 관리 체계를 개발할 것이다. 〈표 11-1〉은 이 프로젝트를 성공적으로 이끈 몇몇 사례를 분석하여 얻는 유용한 지침들이다.

효과적으로 시작하는 방법은 프로젝트를 기획, 조정하며, 책임지고 일할 대표자를 선정하고, 이 과업을 추진할 팀을 구성하는 것이다. 이 추진 팀은 지역 교육청 교육장, 장학사, 학교장, 교사, 학부모 대표로 적절히 구성해야 한다. 추진 팀은 추진 계획을 작성하고, 추진 단계를 제시하고, 각 단계별 추진 시기와 해야 할 일을 정한다. 특히 이 시점에서 발휘해야 할 리더십을 정하는 것이 중요하다. 형식적으로 학교 수준에서 학교장이 해야 할 역할을 정하는 것이 아니라, 추진 팀에서 학교가 발휘해야 할 리더십이나 역할들을 구체적으로 정해야 한다. 이것은 구성원들 개개인의 능력과 책임감을 공유하기 위한 것이다. 〈표 11-1〉은 이와 같은 계획서 양식이다. 이 양식은 교육과정을 일치시키기 위한 프로젝트의 모든 단계를 목록화하

고, 수행 기간 및 각 단계에서의 담당자를 기록할 수 있도록 되어 있다.

이러한 논의 중에 몇몇의 가정들은 단순히 설명을 한다는 것으로 느껴질 것이지만, 각 지역 교육청은 해야 할 역할을 배치한 나름대로의 체제를 개발해야 한다.

추진 팀이 제일 먼저 해야 할 일은 일치시킬 교육과정의 범위를 정하는 것이다. 예를 들어 어떤 학년에 어떤 과목을 배치할 것인가를 정해야 한다. 이를 결정하는데는 지역 교육청의 규모, 자원, 학교장의 인식이 영향을 미칠 것이다.

다음으로 추진 팀은 교육과정을 일치시키는 프로젝트에 영향을 미칠 수 있는 다른 팀과 함께 계획을 세워야 한다. 우선적으로 고려해야 할 집단은 아마도 학교장들일 것이다. 학교장들은 스스로 이 프로젝트를 책임지고 수행해야 하고, 교사들에게 설명할 수 있도록 철저히 준비해야 한다. 또한 학교장들은 자신의 학교 교직원 및 학부모에게 이를 설명할 수 있어야 한다.

〈표 11-1〉 교육과정을 일치시키기 위한 프로젝트 계획서

단계	기간	책임자	보조자
1. 프로젝트의 영역 결정			
2. 학교장 설명회			
3. 교사 설명회			
4. 학생과 학부모 설명회			
5. 교육과정 지침 수정			
6. 성취할 학습 목표 설정			
7. 교육과정 중심의 평가 문항 개발			
8. 설정한 목표와 교육 자료 일관성 있게 하기			
9. 계획서 양식 만들기			
10. 교사들이 계획을 세우도록 돕기			
11. 교사들의 계획서 작성 과정 모니터하기			
12. 평가 결과 공지 양식(통지표) 개발			
13. 교사들이 통지표를 활용하도록 돕기			
14. 학교장이 통지표를 이용하도록 돕기			
15. 교육과정 평가에 통지표 활용하기			
16. 학교장 연수 제공하기			
17. 교사 연수 제공하기			
18. 교육과정 일치 프로젝트 수행하면서 평가하기			

4. 전략 세우기

교육과정을 일치시키는 프로젝트의 추진 팀은 교과 교육과정 중심 혹은 통합교육과정 중심, 아니면 양자를 혼합한 접근을 할 것인지를 정하고 전략을 짜야 한다. 그리고 나서 추진 팀은 필수과목과 선택과목을 정하고, 마지막으로 전체 교육과정을 조정해야 할 것이다.

◆ 표준 교육과정: 교육과정 통합

과거 10년간 교육과정을 통합하고자 하는 데 관심을 가지고 고민해 왔다. 그러나 역설적이지만 동시에 학교는 '성적에 대한 책임'과 '표준 교육과정'에 기초한 목표 중심 교육과정을 실행해야 한다는 요청을 받아 왔다. 이런 상황에서 교육과정 통합이 어떻게 살아남을 수 있었을까? 교육과정 통합을 방해하는 주범은 언제나 국가 수준의 표준 교육과정, 국어, 수학, 사회, 과학과 같은 중점 교과에 대한 시험이다. 또 문제는 표준 교육과정과 관련하여 드러나는 다양한 종류의 능력들이다. Vars와 Beane(2000)의 연구에 따르면,

교육과정 통합으로 학생들의 성취나 시험 성적이 얼마나 향상되는지에 대한 실질적인 자료를 얻기에는 시기적으로 아직 이르다. 그러나 Arhar(1997), 중핵 교육과정 협회(2000), Vars(1996, 1997)의 이 분야 관련 초기 연구물들을 검토해 보면, 모두 유사한 결과들을 지적하고 있다. 간학문적 통합이나 교육과정 통합이 전통적인 분과 형태보다 학생들의 학업 성취를 향상시키고 있다는 것이다.

학업 성취 시험은 전통적인 교과 교육을 기초로 제작한 표준화 평가가 대부분이고, 표준화 평가에서는 평균이 중요하다. 각 학생의 성취도는 '평균' 점수를 기준으로 비교하기 때문이다. 반면, 현재의 국가 수준 평가는 모든 학생이 '합격'하기 위하여 또는 '충분한 능력'을 갖추었는지를 평가하는 절대 점수를 기준으로 하고 있다. 다시 말해서 평가의 규칙이 근본적으로 바뀌었다. 나아가서 수많은 국가 수준의 평가 방식이나 도구의 질 문제가 제기되었고, 따라서 졸업이나 진학을 결정하는 데 이 점수를 이용하는 것에 대해 도덕적으로 문제 삼게 되었다.

학생들의 수행을 평가하는 이 문제가 해결되기까지는 아마도 시간이 걸릴 것이다. 그동안 교육과정 통합을 연구하는 학자들은 사려 깊게 이 과정을 수행하면서 지난 10년간의 연구와 경험을 통해서 증명해 온 교육적 효과 및 잠재력을 키워 갈 필요가 있다(Beane, 1997; Vars, 1993). 또한 모든 학생들에게 의미 있는 학습경험을 제공하기 위한 노력을 계속하면서 학생, 교사, 학부모, 일반인들에게 교육과정 통합의 영향을 알려 주는 것이 중요하다(p. 3).

Vars와 Beane의 교육과정 통합에 대한 지지를 기초로 Charlotte Danielson (2002)은 교육과정 통합이 계열성, 필수 대 선택, 교과 대 통합과 같은 교육과정 설계상의 문제에 대해 관심을 가져야 한다고 생각한다.

(1) 계열성

잘 설계한 교육과정은 목표를 분명하고 간결하게 진술하고 있다. 복잡한 아이디어와 기능들은 이 목표를 중심으로 더 잘 정리되어 있다. 교수 전략들을 결정할 때 학생의 능력을 고려한다. 주제가 정해지고 나면, 학생들은 나선형 교육과정으로 보다 높은 수준에서 반복 학습할 것이다. 학생은 각 교과를 더 잘 이해하게 될 것이고, 좀 더 자세히 알게 될 것이다.

(2) 필수 대 선택

교육과정의 일관성은 학생이 초등학교에서 중학교, 고등학교로 옮기면서 변한다. 필수과목과 선택과목에 대한 논의는 고등학교 수준에서 더 활발하다. 고등학교 학생들은 졸업이나 대학 입학 관련 과목들을 선택하기 때문이다.

(3) 교과 대 통합

교육과정 전문가 중 혹자는 표준 교육과정을 일관성 있는 교과 지식을 중심으로 구성해야 한다고 주장한다. 하지만 또 다른 전문가들은 특정한 주제를 중심으로 교과 지식을 관련시켜야 한다고 주장한다. 후자는 문제 중심으로 접근할 수 있는데, 주제를 중심으로 교과들을 가로질러서 교과를 통합한다. 어떤 접근을 하든 교육과정을 일치시키고자 하는 프로젝트 팀은 성취 기준을 확인해야 한다.

5. 성취 기준 확인하기

Rick Stiggins(2001)는 평가란 평가 대상을 필요로 한다고 했다. 추진 팀은 성취 기준(1장에서 설명하였듯이, 성취 기준은 모든 학생에게 필수적이며, 내용 구성의 기준이다.)을 정해야 한다. 왜냐하면 성취 기준은 교육과정 중심의 평기에 필요하며, 교사들이 교육과정과 일치하는 교육 자료를 개발할 때 필요하기 때문이다. 그래서 성취 기준을 확인하는 일은 반드시 필요하다. 지역 교육청에서 제시하는 교육과정 목표만 고려해야 한다면, 성취 기준의 확인은 매우 간단하다. 이런 성취 기준은 이미 학년별로 진술되어 있기 때문이다. 또 지역 교육청 교육과정 지침과 일치하는 성취 기준이라면, 성취 기준을 확인할 필요 없이 교과 위원회가 그것들을 확인하기만 하면 된다.

만일 교육과정이 개정되면 교과 위원회는 기존의 지침을 검토해서 성취 기준을 수정한다. 하지만 아무리 최신 지침이라고 하더라도 시대에 뒤떨어지기 마련이다. 시의적절하지 않는 교육과정을 기초로 교육과정 일치시키기 프로젝트를 계획하는 것은 분명히 잘못된 것이다. 매번 교과 교육과정은 개정되고, 교과 위원회는 매번 성취 기준—주요 개념, 기능, 학생들이 알아야 할 정보—을 학년별로 확인해야 한다(〈표 11-2〉).

다음 세 가지 형태의 평가는 성취 기준에 포함하기 힘들다.

① **평가하기 너무 힘든 평가 형태:** 예를 들어 대부분의 지역 교육과정에서는 듣기 기능을 평가하지 않는다. 왜냐하면 듣기 평가 프로그램을 개발하고 시행하여,

〈표 11-2〉 성취 기준들

5학년 사회: 미국 사람들
사회과 학습 기능: 지도 읽기, 지구본 읽기, 그림 읽기
1. 지구본에서 캐나다 찾기
2. 캐나다 전도에서 주 찾기
3. 캐나다 전도에서 도시 찾기: 몬트리올, 밴쿠버, 토론토, 위니페그, 캘거리
4. 축척을 이용하여 도시와 도시 사이의 거리 어림해 보기
5. 막대그래프를 보고, 주요 민족과 민족들 간의 관계 및 상대적 크기 알아보기

점수를 매기기가 너무 어렵기 때문이다. 마찬가지로 대부분의 정서 평가(시 감상과 같은)도 성취 기준을 달성했는지 타당하게 평가하기 힘들다.

② 모든 학생에게 필수적인 내용을 벗어난 것들: 대부분의 지역에서 제공하는 풍부한 학습 자료에는 수많은 내용들이 포함되어 있다. 하지만 이 자료들이 가지고 있는 내용은 모든 학생들에게 필수적인 것이 아니라, 교육과정을 확장시키거나 변화를 준 내용들을 포함하고 있다.

③ 이전 학년 혹은 후속 학년에서 목표로 한 것들: 어떤 지역 교육청에서는 이런 목표들을 성취 기준으로 안내하기도 한다. 따라서 교육과정 일치 프로젝트 팀에서는 학년별 성취 기준을 확인해야 한다.

학급 담임 교사는 이렇게 마련된 학년별 성취 기준 목록들을 재검토한다. 초등학교에서는 주로 같은 학년별로 검토한다. 예를 들어 3학년 교사들은 모든 교과의 성취 기준 목록을 검토한다. 중학교에서는 각 교과별로 검토한다. 이런 담임 혹은 담당 교사의 성취 기준 검토는 필수적이다. 왜냐하면 성취기준은 교사들이 궁극적으로 가르치고 평가해야 할 것들이기 때문이다.

교육과정 일치 프로젝트를 추진하는 팀은 최종 성취 기준 목록을 재검토할 책임이 있다. 이 최종 검토 과정에서 추진 팀은 배당된 기능과 개념들이 시간 내에 완전학습이 가능한지의 여부를 판단한다. 성취 기준을 완전학습하는 데 얼마의 시간이 필요한가? 피츠버그의 교육과정 일치 프로젝트에서는 총 시수의 60% 정도를 지역 교육청 수준에서 개발, 보급하고, 나머지 시간은 학교나 담당 교사 재량으로 보충하고 심화할 수 있도록 해야 한다고 제안했다.

6. 교육과정 중심으로 평가하기

학년별 성취 기준은 교육과정 중심의 평가를 하는 데 활용된다. 왜냐하면 평가는 교육과정 일치 프로젝트를 수행하는 중요한 이유이기 때문이다. 평가 프로그램은 평가의 신뢰성과 타당성을 확보하기 위해서 평가 전문가들의 조언을 듣는다. 평가 프로그램을 개발하는 것은 매우 전문화된 과학이나 기술적 기능이 요구되는 고도로 복잡한 과정이다. 만일 지역 교육청이 평가 전문가 집단을 보유하고 있지 않다면, 외부 전문가 집단과 계약을 할 수도 있다.

Glatthorn(1987)은 교육과정 중심 평가 프로그램을 개발할 때 평가 전문가들은 주로 다음과 같은 과정을 따른다고 했다.

① 평가의 범위와 횟수를 정한다. 교육과정 중심의 평가를 각 단원의 마지막에 실시할 것인가? 학기 마지막에 또는 연말에 실시할 것인가? 평가를 자주 하면 관리자와 교사는 학생의 학습 과정이나 방향을 모니터할 수 있는 자료를 확보할 수 있다. 하지만 잦은 평가는 수업 시간을 감소시키고, 교사들의 저항을 증가시킬 수 있다.

② 평가의 형태를 결정한다. 규모가 큰 학교는 보안을 위해서 평가별로 몇 가지 형태의 평가지가 필요하지만, 규모가 작은 학교는 두 가지 정도면 충분할 것이다.

③ 성취 기준별로 평가할 항목을 정하고 문제 은행을 구축한다. 평가 항목은 성취 기준을 타당하게 평가할 수 있어야 한다. 예를 들어 성취 기준을 '응용'해야 하는 '이해' 관련 문항은 사용해서는 안 된다.

④ 평가 형태별로 파일을 만든다. 예를 들어 평가 문항별 표본 만들기, 평가 문항들을 논리적으로 범주화하기, 수업 준비 등이다.

⑤ 관리자, 교사, 학생에게 평가 결과에 대한 적절한 정보를 알려 줄 수 있는 통지표의 양식을 개발한다. 관리자는 성취에 대한 종합적인 정보를 필요로 하고, 교사는 학생에 대한 진단적인 정보를 필요로 하며, 학생은 자신의 성적에 대한 정보를 필요로 한다.

⑥ 평가의 타당도를 확보하기 위해 평가 문항은 내용 전문가들의 검토를 받아서 수정하고, 초안을 작성하는 데 반영한다. 평가의 신뢰도를 확보하기 위해 학생을 대상으로 예비 평가를 실시한다(p. 260).

네브래스카 주가 지역 교육청의 평가 체계를 어떻게 개발하였는가에 대한 Gallagher와 Ratzlaff(2007~2008)의 논문, Baron과 Boschee(1995)의 평가의 목적에 대한 통찰, Bloom, Hastings 그리고 Madaus(1971)의 평가에 대한 종합적인 이해를 통해서 볼 때, 교육과정 중심 평가 프로그램 개발의 기초는 모두 표준 교육과정이다.

교육과정 일치 프로젝트들은 보편적으로 평가 목표를 명확하게 진술하면서 시작한다. 많은 지역의 교육청들은 이런 목표 중심의 평가를 보완하는 방식으로 수행평가를 병행한다. 작문 영역의 평가는 특히 그렇다.

교육과정 중심의 평가 프로그램 개발은 분명 복잡하고 시간이 많이 걸린다. 하지만 교육과정 중심 평가는 이런 시간과 노력을 들일 정도로 중요하다.

7. 성취 기준과 교육 자료의 관련성 찾기

평가 준비와 더불어 교과 위원회는 교육 자료 개발에 관심을 갖는다. 현재 사용 중인 교과서를 검토하고, 성취 기준을 비교하면서 내용을 점검하고, 새 교과서가 필요한지 여부를 결정한다. 흔히 교사들이 가르칠 것을 혼자서 결정할 때는 성취 기준 목록보다는 기존의 교과서가 가진 부족한 점에 집중한다.

교육과정 위원회는 교사들이 각 학년별로 성취 기준과 교육 자료 간의 상관관계를 점검할 수 있도록 도와줄 필요가 있다. 표의 왼쪽에는 성취 기준을, 오른쪽에는 교과서 및 보충 자료의 제목을 적는다. 각 성취 기준별로 교과서 및 자료의 페이지를 적도록 한다. 〈표 11-3〉은 이런 상관관계표에 대한 예시이다. 비록 여러 출판사들이 지역 교육청이 활용할 만한 상관관계표를 만들어서 제공하지만 그들이 제공하는 표들을 교육과정 일치 프로젝트에 그대로 사용할 만큼 충분히 신뢰할 수 있는 것은 아니다.

성취 기준과 교육 자료를 상호 관련시키면 다음 두 가지가 가능하다. 첫째, 지역

〈표 11-3〉 성취 기준과 교육과정의 상관관계표

10학년 과학: 생물		
성취 기준	생활 과학	현대 생물
1. 생태계에 대한 정의	75~78쪽	14~18쪽
2. 대기 오염의 3요소 탐색하기	78~79쪽	19~20쪽
3. 산성비의 원인 예상하기	82~83쪽	

교육청은 적합한 교육 자료를 사용하고 있다는 것을 확인할 수 있다. 둘째, 교사들이 수업을 계획할 때 도움이 된다.

8. 수업 계획을 위한 도구 개발하기

교육과정 일치 프로젝트의 다음 과정은 수업 계획을 위한 도구를 개발하는 것이다. 이런 도구들은 교사들의 수업 계획과 실행을 돕는다. 뿐만 아니라 수업을 계획하는 과정에서 관리자(장학사)와 교사 간의 대화를 촉진하기도 한다. 이런 도구로는 연간 계획, 기획표(〈표 11-4〉), 단원 계획 지침서 같은 것들이 있다.

〈표 11-4〉 기획표(예시)

관련 교과 _____   결과 _____
1. 성취 기준_____   종료 _____
_____

3. 오늘의 상황: 오늘은 어떠한가?	4. 활동: 무엇을 해야 하는가?	5. 리더십: 누가 지도할 것인가?	6. 시간표: 각 활동별 시 간표는?	2. 지표: 목표 성취를 어떻게 확인할 것인가? 8~10가지 목록을 작성하라.
A.				A.
B.				B.
C.				C.
D.				D.

1) 연간 계획

교사는 주어진 시간에 모든 성취 기준에 도달하기 위해서 당해 학년의 연간 지도 계획을 세울 필요가 있다. 〈표 11-5〉는 연간 계획을 돕기 위한 예시 양식이다. 먼저 완전학습해야 할 성취 기준을 적고, 관련 교과를 찾는다. 그리고 전체 시간을 고려하여 시수를 정한다.

이 양식은 다음과 같이 활용할 수 있다.

- 교사는 리더에게 연간 계획표를 제출한다. 첫 계획표는 대체로 교사들이 가장 관심 있어 하는 것이다.
- 리더와 교사는 이 계획표를 놓고 협의를 한다. 학습 주제와 시간 배당에 대해 의논하고, 협의한 결과를 기초로 의사 결정을 한다.
- 이 표는 학생과 교실을 방문하는 방문자들이 볼 수 있도록 교실에 게시해 둔다. 교사는 완전학습해야 할 성취 기준을 달성했다고 판단할 때, 적절하게 표시를 한다.
- 교사는 장학 혹은 평가 관련 협의 때 이 표를 가지고 참석할 수 있다.

〈표 11-5〉 연간 계획(예시)

8학년 국어(문학)					
성취 기준	기록				
	1회	2회	3회	4회	시간
1. 인물 정의하기	T		R		2
2. 인물의 성격 세 가지 찾기	T	R	R		2
3. 인물의 동기 추측하기	T		R		4

기호: T=완전학습 시키기, R=강화하기

2) 기획표

또 하나 활용 가능한 도구는 기획표이다. 이것은 주로 교육과정 리더들이 교사의 교육과정 설계, 실행, 평가를 돕기 위한 교사 연수에 활용하는 것이다(Whitehead, Jensen, & Boschee, 2003). 이 기획표는 목표를 개발하는 데는 물론 성공적인 연수 여부를 평가할 수 있는 기준으로도 쓰인다. 이 기획표를 작성함으로써 리더들은 자신의 활동 및 역할을 구체화하고, 실행 및 평가 계획을 세울 수 있다. 따라서 이 표는 학교 리더들이 교사 연수 프로그램을 성공적으로 기획하도록 돕는 하나의 도구이다. 기획표는 〈표 11-4〉와 같으며, 더불어 연간 계획표도 도움이 된다.

3) 단원 계획 지침서

교사들은 항상 단원 계획을 할 때 도움을 필요로 한다. 연간 계획으로부터 단원 계획을 유도해 내는 데 주로 두 가지 접근을 한다. 수학과 과학과 같이 성취 목표가 뚜렷한 교과의 경우, 교사는 연간 계획서 속의 성취 기준으로부터 단원을 계획하기 시작한다. 관련 성취 기준들을 서로 묶어서 단원을 만들고, 적절한 시수를 배당한다.

종종 영어, 사회와 같이 몇 개의 교과를 한 단원에 통합해야 할 경우, 교사들은 주제 단원에 어떤 성취 기준을 통합해야 할지 결정하기 위해서 특별히 도움을 요청하곤 한다. 대부분의 교사들은 단원의 주제를 보고, 단원의 대략적 규모를 결정하고, 일반적인 내용들을 명시하고, 관련 자원들을 확인하는 등의 일을 하면서 '대충 짜 넣는다'. 그리고 연간 계획으로부터 단원 학습의 목표가 될 적절한 성취 기준을 정하고, 가지고 온 성취 기준이 적어도 다른 단원에 있는지 여부를 최종 점검한다. 〈표 11-6〉은 단원의 학습 주제와 관련하여 완전학습해야 할 성취 기준들을 적용하는 방식을 안내한다. 여기서는 단원의 학습 주제가 성취 기준 선택에 영향을 미친다.

장학 과정에서 해야 할 중요한 일이 바로 이런 단원 계획을 안내하는 것이다. 장학사와 교사는 교육과정을 통해서 이수해야 할 것들의 우선순위에 대해 협의하고, 단원을 계획하는 방법을 구안하고, 교수법을 정하고, 개별화 및 수정이 필요한 이슈들을 검토하도록 돕는다.

어떤 지역 교육청은 연간 계획에 단원 계획을 첨부할 때, 일일 학습 계획안을 요구하기도 한다. 또 다른 교육청에서는 일일 학습 계획에 대해서는 교사들에게 더 많은 융통성과 자율성을 줘야 한다고 생각한다. 이 분야 연구들은 이 문제에 대해 명확한 답을 제공해 주지는 못한다. 대부분의 경우 수업을 완벽하게 구조화해야 성취를 증가시킨다고 하지만, 실제로 이것이 학생의 성취를 올리는지에 대해서는 밝혀진 증거가 없다. 잘 짠 계획만으로 수업의 성공을 보장하지 못하기 때문이다. 어

〈표 11-6〉 단원 계획 예시

10학년 국어: 제2회차
단원 주제: 미국 가정의 변화
단원 길이: 10차시

일반적인 주제
　1. 미국 가정이 어떻게 변화하는지를 이해한다.
　2. 변화의 원인을 이해한다.

읽기 자료: 공통
　1. 나의 안소니아
　2. 아버지와의 삶
　3. Kramer 대 Kramer
　4. 잡지에서 적절한 제목의 글 선택하기

완전학습해야 할 성취 기준
　1. 원인을 분석하는 설명글 쓰기
　2. 글 속에서 글쓴이의 편견 찾기
　3. 세 가지 방식으로 인물 묘사하기
　4. 인물의 동기 추측하기

떤 교사들은 계획서를 쓰지 않고도 수업을 성공적으로 실행한다(이 부분에 대해서 Baron, Boschee, & Jacobson, 2008 참조).

　또한 어떤 지역의 교육청은 일련의 성취 기준을 언제 가르쳐야 하고, 각 성취 기준마다 적절한 시간을 배당한 진도표를 제공하기도 한다. 이런 진도표가 진도를 마쳐야 하는 교사에게는 도움이 될 수는 있지만, 대부분의 교사들은 진도표가 지나치게 통제적이라고 여긴다. 진도표를 사용하여 수업을 계획하고, 실행하고, 조정하고자 한다면 교사의 자율성은 감소될 수밖에 없다. 대부분의 경우 이런 진도표는 연간 및 단원 계획을 놓고 장학사와 교사 간의 협의 과정에서 구체화할 수 있을 것이다.

　이런 도구들을 활용하는 목적은 모두 교사의 계획을 효과적으로 돕는 것이지, 교사의 의사 결정권을 통제하는 것이어서는 안 된다.

9. 관련 연구결과 검토하기

초등학교의 읽기 교육과정 일치 연구는 과학적으로 접근해 왔다. 특히 NCLB(No Child Left Behind Act's)와 RTI(Response to Intervention)의 경우가 그렇다. 최근의 연구들은 성취가 높은 학교나 낮은 학교의 교장들이 모두 교사의 내용 지식보다는 수업 지식이 성취에 영향을 미친다고 밝혔다. G. Reid Lyon과 Vinita Chhabra (2004)는 최근의 연구에서 대부분의 학생들이 자신들의 배경과 상관없이 읽기를 배우며, 아직 많은 초등학생들이 읽지 못한다고 밝혔다. 문제는 대부분의 초등학교 교사들이 학생에 대한 배경 정보를 가지고 있지 않거나 읽기 학습에 대해 과학적으로 접근하지 않기 때문이라고 했다. 교사들은 읽기 수업을 자신의 경험이나 교사용 지도서에 나오는 정보에 의존한다. 결국 교사들이 읽기 수업을 이끄는 데 필요한 기본 이해 및 관련 연구결과를 기초로 한 과학적인 지식을 갖추는 것이 매우 중요하다.

다음은 교육과정 리더들이 읽기 프로그램을 선정할 때 유용한 질문이다.

① 이 프로그램은 학생들이 유창하게 읽는 데 필요한 증거 자료들을 기초로 하는가?
② 이 프로그램은 학생에게 과학적으로 증명된 활동을 제공하는가?

교육과정 리더들은 이 질문에 답해야 한다. 선정된 프로그램은 적절한 방법론, 자세한 복습, 자료적 근거 그리고 실용성을 가지고 있어야 한다. 예를 들어 Lyon(Lyon & Chhaba, 2004)은 읽기 위원회(National Reading Panel: NRP)의 체계적인 발음 수업이 유치원~6학년까지의 학생들과 읽기 부진아들의 학습을 효율적으로 향상시켰음을 지적했다. 또한 체계적인 읽기 수업이 포괄적인 읽기 수업의 맥락에서 제공될 때 음소의 인식, 유창성, 어휘력과 이해 전략에 있어 매우 효과적이었다고 밝혔다. 이는 교육과정 리더에게 읽기 프로그램의 선정, 프로그램 계획과 실행에는 철저한 과학적 접근이 요구된다는 것을 보여 준 것이다.

미국의 교육부는 교실 학습에 대한 과학적인 증거를 교육과정 리더들에게 제공하는 일을 전담할 수 있는 독립적인 기관으로서 교육정보센터(What Works

Clearinghouse)를 설립 중에 있다. 더 많은 정보를 원한다면 교육정보센터에 접속해 보라(www.w-w-c.org).

10. 통지표 개발

추진 팀은 교육과정 일치 프로젝트에서 관리자, 장학사, 교사와 함께 통지표의 양식을 정해야 한다. Victoria Berhardt가 1998년 집필한 베스트셀러, 『학교교육에 대한 포괄적인 개선을 위한 자료 분석(*Data Analysis for Comprehensive Schoolwide Improvement*)』에서는 자료를 통지하는 것이 교육과정 리더들에게 실제 수업을 효과적으로 모니터할 수 있게 할 뿐만 아니라 변화 초창기에 도움을 준다고 하였다. 다음은 몇몇 성공적인 프로젝트에서 사용한 것들이다.

- 계획 보고서(planning report): 계획 보고서 자료에는 전 학년도 총괄평가에서 각 학급의 학생들이 성취한 결과를 요약해서 넣는다. 개학하기 전에 교사들에게 이 보고서를 배부하고, 교사들은 이 자료를 검토하여 목표 및 학생들의 요구나 관심사를 정하는 데 활용한다.

- 학급 진단 요약서(class diagnostic summary): 학급 진단 요약서는 시험을 실시한 후 교사들에게 제공한다. 학급 전체 학생들의 시험 결과에 대한 정보를 목표별로 제공한다. 교사들은 시험 후 교정을 계획하고 연간 계획과 단원을 조정할 때 이 보고서를 활용한다.

- 학생의 개별 통지표(individual student report): 통지표는 각 학생들에 대한 포괄적인 정보를 담고 있다. 통지표는 중요한 시험을 치고 나면 배부된다. 통지표는 학생별로 모든 성취 기준에 대한 성취 정도가 표시되어 있다. 통지표는 교사, 학생, 학부모가 학생에 대한 정보를 공유하는 데 유용하다.

- 자료 분석 보고서(data analysis report): 자료를 분석한 것도 매우 유용하다. 이 자료는 일정 기간 동안 수집된 정보들을 분석한 것이기 때문에 행정가들이 모

종의 의사를 결정할 때 근거로 활용할 수 있다. 또 단위 학교 교육과정과 지역 사회에 대한 정보를 분석한 자료이기 때문에 학교장에게도 유용하다. 교육과 정 및 학교 공동체에 대한 정보이기 때문에 교육과정 리더들이 활용하기 좋다 (Bernhardt, 1998).

이런 보고 문서는 유용한 정보를 갖추고 있고, 컴퓨터를 이용하면 적은 비용으로 도 만들 수 있다. 중간 평가, 분석하기, 교육과정 실행, 자료에 기초한 교육을 하는 문화로 학교교육을 개선할 수 있으며, 학생의 학습을 중심으로 한 교육과정 개정도 가능하게 한다(Bambrick-Santoyo, 2007~2008).

11. 교사 연수

교육과정을 일치시키는 데 필요한 모든 의사를 결정하고, 수업 자료를 개발하는 것과 더불어 학교 행정가들과 교사들은 이 프로젝트를 성공적으로 마무리하기 위 한 연수를 제공받아야 한다. 교사 연수는 교육과정 일치 프로젝트를 시작하기 전에 한다. 그렇지만 대부분의 경우 문제가 나타날 때마다 교사 연수가 계속 필요하다. 교사 교육의 내용들은 단위 학교 및 지역의 특성을 반영한 구체적인 것들이다. 다 음은 학교장 연수 내용이 될 수 있는 주제들이다.

- 교육과정 일치의 근거
- 교육과정 일치 프로젝트에 대한 교사 및 학부모 지도 방법
- 평가 결과를 활용하는 방법
- 연간 계획서와 단원 계획서 작성하는 방법
- 교사의 수업 계획과 실행 과정 관찰하는 방법
- 학교교육과정을 평가한 보고서 활용하는 방법
- 장학 활동으로 교육과정 일치 프로젝트 수행
- 교육과정 일치 프로젝트에 대한 평가

교사 연수의 내용은 학교장 연수 내용과 비슷하지만 약간 다른 차원에서 강조된

다. 다음은 교사 연수 내용이 될 만한 것들이다.

- 교육과정 일치의 근거
- 완전학습해야 할 것(성취 기준) 확인하기
- 성취 기준을 연간 및 단원으로 계획하기
- 수업 계획과 개선에 평가 결과 활용하기
- 수업 자료 배치 및 활용하기
- 성취 기준 중심의 수업하기
- 학생과 학부모와 평가 결과에 대해 상담하기

학교 행정가들과 교사들, 모두를 위한 연수는 참여자들로부터 프로젝트의 향상을 위한 관계자의 정보를 얻을 기회가 된다. 잘 계획된 수업이라 할지라도 정련되고 교정되어야 한다. 그리고 교사 연수 과정은 문제를 제기하고 해결책을 제안할 수 있는 좋은 기회가 된다.

12. 교육과정 일치 프로젝트 평가하기

교육과정 일치 프로젝트의 모든 단계들은 모니터된다. 계획한 대로 수행되는지를 평가하고, 프로젝트의 효과를 총체적으로 평가한다. 이런 평가는 두 가지 방식으로 한다.

첫번째 평가 방식은, 지역 교육청의 담당자가 교육과정 일치 프로젝트의 운영 과정을 모니터하는 것이다. 그는 다음 질문에 답을 찾는다.

- 필요한 자료는 모두 제공되었는가 그리고 상관관계표는 정확한가?
- 평가는 일정에 맞춰 시행했는가?
- 교사 연수는 계획한 대로 실시했는가?
- 장학사 및 학교장은 교사들이 수업 개선을 위해서 성취 기준 중심으로 수업을 계획하고 실행하는 데 평가 결과를 활용할 수 있도록 도움을 제공했는가?

여러 가지 방식으로 이 질문에 답할 수 있다. 첫째, 정기적으로 보고를 받는다. 이를 통해서 언제 어느 단계에서 어떤 일들을 수행했는지를 기록하고 점검한다. 둘째, 교사 연수를 통해서 문제를 확인하고 진행 과정을 모니터할 수 있다. 물론 교육과정 일치 프로젝트 수행 과정에서는 행정 관리자, 교수진과 정기적으로 만나서 협의를 한다. 셋째, 행정 관리자와 교사 대표는 교육과정 일치 프로젝트에 대한 협의를 위해서 적어도 두 달에 한 번 정도씩 만난다.

두 번째 평가 방식은 교실 수준에서 교사들이 수행하는 교육과정 일치 프로젝트를 평가하는 것이다. 교장은 교사들이 교육과정 일치를 위한 일련의 노력들을 하는지 살펴야 한다. 그러나 이런 일은 관리 감독하는 식으로가 아니라 전문적으로 접근해야 한다. 왜냐하면 이렇게 모니터하는 목적이 교장이 교사를 통제하려는 것이 아니라 교사들이 교육과정을 일치시키도록 도와주려는 것이기 때문이다. 따라서 모든 활동들은 이를 전제로 수행해야 한다. 물론 첫째, 연간 지도 계획을 보고 받음으로써 교장과 교사는 교육과정에서 우선적으로 결정해야 할 목표 선정, 시간 배당 같은 중요한 사안에 대해 사전 협의를 할 수 있을 것이다.

또 장학사와 교사는 단원 계획을 살펴보고, 여기에 대해 전문적으로 협의할 수 있다. 이렇게 장학사와 교사가 함께 단원 계획을 검토함으로써 시간 배당, 교수 방법, 평가, 프로그램 개선을 위한 사안들을 협의할 수 있게 된다. 특히 단원 계획은 매우 중요하기 때문에 어떤 지역 교육청에서는 교사들에게 이를 재검토해서 제출하도록 요구하기도 한다. 또 어떤 교육청에서는 계획서 제출을 요구하지는 않지만, 교사들이 계획한 것을 대학의 전문가나 장학사와 함께 협의하도록 요구한다.

마지막으로 교육과정 일치 프로젝트는 목표 중심의 장학을 가능하게 한다. 장학사는 교수 방법에 관심을 갖기보다는 성과에 일차적인 관심을 갖는다. 수행 전 협의를 통해서 그들은 교사들이 어떤 효과가 있을지 예측하도록, 어떤 성취 기준을 강조해야 하는지 평가하도록 도울 수 있다. 수행 전 협의는 장학사와 교수 모두에게 평가의 중요성을 깨닫게 해 준다. 학생의 학습을 어떻게 평가할 것인가? 주어진 단원에서 학생들이 얼마나 성취할 수 있기를 기대하는가? 이에 대한 협의를 통해서 장학사와 교사는 성취 기준과 그것을 완전학습했다는 증거 자료를 명확히 해야 할 필요성을 알게 될 것이다. 수행 후 협의를 통해 장학사는 교사들에게 학생의 성취 결과 자료를 활용하여 자신의 수업을 평가해 보도록 도울 수 있다.

이와 같은 결과 중심의 장학은 교사와 장학사에게 자료를 객관적으로 검토하고,

〈표 11-7〉 교육과정 일치 프로젝트에 대한 인식 조사

아래 문항은 우리 교육청의 교육과정 일치 프로젝트에 대한 것이다. 각 문항에서 당신이 동의하거나 동의하지 않은 정도에 표시를 하시오.

SA=매우 그렇다   A=그렇다   D=그렇지 않다   SD=매우 그렇지 않다

문항	당신의 동의 정도
1. 성취 기준은 수업 계획, 실행, 평가에 도움이 되었다.	SA A D SD
2. 성취 기준과 교육 자료의 상관관계표는 수업에 도움이 되었다.	SA A D SD
3. 연간 계획표는 교사가 당해 학년을 효율적인 계획하는 데 도움이 되었다.	SA A D SD
4. 단원 계획에 대한 지도는 교사가 단원을 설계하여 수행하는 데 도움이 되었다.	SA A D SD
5. 교육과정 중심 평가는 교장과 교사들에게 유용했다.	SA A D SD
6. 교육과정 일치 프로젝트는 학교 풍토를 개선시켰다.	SA A D SD
7. 교육과정 일치 프로젝트는 학생 성취를 향상시켰다.	SA A D SD

아래 두 항목에 대해 간단하게 써 주시오.

8. 교육과정 일치 프로젝트의 장점은 (   )이다.

9. (   )를 통해서 교육과정 일치 프로젝트를 개선시킬 수 있다.

당신의 직위에 표시를 하시오. 이름을 쓸 필요는 없습니다.

_____ 교육장   _____ 장학사
_____ 학교장   _____ 팀장 또는 부장
_____ 담임 교사

교수 방법보다는 학생 학습의 본질적인 것에 관심을 갖도록 한다.

교육과정 일치 프로젝트에 대한 종합적인 평가는 다음 두 가지 방식으로 접근한다. 첫째, 행정가, 장학사, 교사들의 교육과정 일치 정도에 대한 인식은 학년 말에 조사해야 한다. 〈표 11-7〉은 이런 조사에 활용할 수 있다.

물론 더 중요한 평가 기준은 학생의 성취이다. 지역 교육청은 몇 년 동안의 교육과정 중심의 평가와 표준화 평가 결과를 계속적으로 주의 깊게 분석한다. 교육과정 일치 프로젝트를 신중하게 설계하여 전문적으로 수행할 때, 지역 교육청은 학생의 성취가 증가한다는 것을 알게 될 것이다. 한 교과서 저자는 10장에서 설명한 교육과정 개발과 실행 절차를 이용하여 그의 지역 교육과정을 일치시킴으로써 1년 사이에 각 학년의 학생 성취를 10% 이상 올렸다([그림 11-1] 참조).

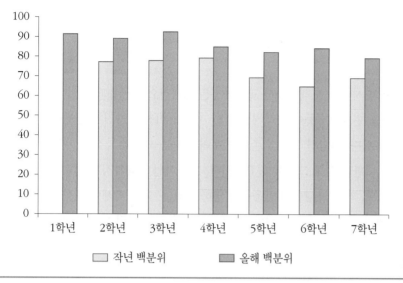

[그림 11-1] 전체 학년별 백분위(학년은 미국 기준)

출처: Mark A. Baron(Chairperson, Divising of Educational Administration, School of Education, University of South Dakoda)이 개발함.

Carol Tomlinson 등(2002)의 저서 『병렬 교육과정: 높은 잠재력과 학력을 위한 설계(*The parallel curriculum: A design to develop high potential and challenge high-abilit learners*)』에서 제시한 다음 질문에 답함으로써 교육과정을 종합적으로 평가할 수 있다.

- 정보, 아이디어, 교과의 기초 기능을 완전학습하도록 학생들을 지도하는가?
- 복잡하고 명확하지 않은 이슈나 문제에 도전하도록 학생들을 도와주는가?
- 학생들을 초보자에서 숙련가 혹은 전문가 수준으로 이끄는가?
- 교과를 배우는 중에 본질적인 일을 할 기회를 학생에게 제공하는가?
- 학생들이 학습에 도전하도록 하는가?
- 지식이 빠르게 변화하는 세계에 학생들이 적응하도록 준비시키는가?
- 학생들의 가능성뿐만 아니라, 그들이 살고 있는 세계에 대한 감각을 개발하도록 돕는가?
- 자신의 능력을 충분히 발휘할 수 있는 도전 과제들을 제공하는가?

13. 교육과정의 중요성 알기

소통의 시대가 도래하면서 교육과정은 세계적으로 공유되고 있다. 사회 변화가 학생들을 변화시키듯이 미래 지향적인 지식과 비전을 가진 학생들이 사회를 변화시킬 수 있다. 다양한 문화의 존재는 우리가 사는 세계의 특징이 되었고, 따라서 다문화에 대한 이해도 그만큼 중요해졌다. 효율적인 교육과정은 이런 차이를 반영하고 있으며, 개별 학생들의 반응을 반영하고 있다. 최근 학생에 대한 올바른 이해는 각 학생의 능력을 최대로 실현하도록 하는 것이며, 이런 다양한 의견과 인식들을 일치시키는 것이다.

요약

이 장에서는 교육과정 일치에 대한 이론적인 근거와 교육과정을 일치시키는 과정들을 설명하였다. 교육과정 일치란 문서로서의 교육과정, 가르친 교육과정, 평가로서의 교육과정을 긴밀하게 하는 것이다. 교육과정 일치는 학교에 지급된 수많은 교육과정 지침과 교사의 수업 계획 그리고 평가 간의 부조화를 개선하여 학생들의 성취를 개선시키려는 데 그 목적이 있다.

적용

1. 아래 내용을 읽고 당신의 의견을 밝히시오.

   교육과정 일치 프로젝트는 관리자가 교사를 통제하고, 효율적인 학교 풍토에 해를 끼치는 불필요한 시도이다.

2. 〈표 11-1〉을 이용하여(또는 당신 나름대로 기준을 정해서) 당신이 근무하는 지역 교육청에서 사용할 교육과정 일치 프로젝트 지침을 개발하라.

3. 이 장에서 설명한 것 중 하나의 이슈는 진도표였다. 당신의 담임 경험을 기초로, 이런 진도표는 유용한가 그렇지 않은가?

4. 시험에 대한 관심이 높이지면서 학생의 점수가 교사의 유능함을 판단하는 하나의 기준이 되고 있다. 당신은 시험에 대해 어떻게 생각하는가?

5. 학생의 학습을 이해하기 위해 다면적인 평가가 필요한 이유는 무엇인가?

사례

오리건 주의 포틀랜드의 3학년 교사들은 방과 후에 학생들의 학업 성취도 평가 결과에 대한 검토회의를 했다. 교사들이 회의를 하고 있을 때 교장이 회의하고 있는 교실을 지나갔다.

"표준 교육과정이나 시험을 강조하면서 교장은 교사를 감독하는 것 같아."라고 Melody 선생이 불만스럽게 말했다.

교장 Babara Bevington이 교실에 들어오면서 "당신이 그렇게 생각하는 것을 이해는 해요, Melody." "하지만 내가 선생님들을 감시할 생각이 없다는 것을 말해 주고 싶어요. 나는 우리 학교 학생들이 최선을 다하도록 하는 데에 관심이 있을 뿐입니다."

Melody는 교장의 말을 믿지 못하겠다는 듯이 쳐다보았다. Bevington 교장은 차분하게 말을 이어갔다. "제가 이해가 안 되는 점은 왜 우리 학교 학생들의 수학 성적이 떨어지는지 모르겠다는 것입니다. 그것이 선생님들 때문만은 아닐 겁니다. 왜냐하면 우리 학교 선생님들은 우리 지역 최고의 선생님들이시니까요." 얼굴이 붉어지며 당황하고 있는 Melody를 바라보며 교장은 이렇게 말했다. "수학 성적은 교과서뿐만 아니라 우리 지역 표준 교육과정에서도 중시하고 있습니다. 그리고 평가 결과는 우리 학생들이 수학에서의 성취를 높이기 위해서 노력할 필요가 있다는 것을 보여 주고 있습니다." 네 사람의 교사들은 자신이 가지고 있는 자료를 보면서 동의한다는 듯이 고개를 끄덕였다.

3학년 교사인 Sue Cockrill이 "왜 우리 학교 학생의 수학 성적이 좋지 못한지 알 거 같아요. 평가의 내용이 우리가 선택한 수학 교과서에서는 마지막 장에 있고, 그래서 우리가 이 내용을 소홀히 다루었기 때문인 것 같아요."

"맞아." Melody가 말했다. "주요 평가 내용이 들어 있는 단원을 중심으로 우리 학교의 학습 스케줄을 조정하면 어떨까? 이렇게 하면 다소 해결이 되지 않을까?"

"좋은 생각이에요." 다른 3학년 선생님이 말했다. 이렇게 회의 내용을 기록하면서 모두가 웃었다.

교장도 웃으며 "나는 3학년 팀 여러분이 정말 자랑스럽습니다. 여러분은 평가 결과를 잘 분석하였고, 이를 기초로 우리 학교의 교육과정을 적절히 조정할 수 있게 되었어요." 교장은 교실을 나와서 교장실로 갔다. 교장은 3학년 선생님들이 평가 자료를 분석함으로써 지역 교육청 지침에서 소홀히 다루고 있는 표준 교육과정의 일부분을 확인할 수 있어서 기뻤다. 그리고 교장은 Melody Taylor가 3학년 교사 팀에서 중요한 일원이라는 것을 알게 되었다.

도전 과제

학교장이 해야 할 중요한 일 중 하나는 교사들이 국가 및 지역 수준의 표준 교육과정을 일치시키도록 하는 것이다. Bevington 교장이 이런 일을 하기 위해서 극복해야 할 문제 및 장애물을 분석하라. 교사들이 학교교육과정을 일치시키도록 하기 위해서 교장이 신용할 수 있는 다른 전략으로 어떤 것들이 있는가?

주요 질문

1. Bevington 교장에게서 당신은 어떤 인상을 받았는가? 교장이 교사에게 각종 자료를 분석하게 하고, 교육과정을 일치시키도록 하는 것이 적절한가? 적절하다면 왜 그런가?

2. 이 학교 3학년 교사들로부터 당신은 어떤 인상을 받았는가?

3. 교장과 3학년 선생님들이 다시 한 번 더 만나게 되면, 이번에 그들은 무엇에 대해 의논할까?

4. 학생의 수학 성적을 높이기 위해서 Bevington 교장이 적용할 수 있는 다른 어떤 접근 방식이 있을까? 당신이 생각하는 전략들을 말해 보시오.

📧 참고 사이트

High-stakes testing

www.apa.org/pubinfo/testing.html

Institute for Educational Leadership

www.iel.org

Curriculum alignment

www.mcrel.org

www.ascd.org

◆ 제12장 ◆

교육과정 평가

평가의 역사는 오래되었다. Guba와 Lincoln(1981)이 지적했듯이, 기원전 2200년에 중국은 관리를 채용하는 공식적인 시험을 도입했다. 미국에서 학교 평가에 대해 관심을 갖기 시작한 것은 19세기 후반이며, 공립 중등학교를 평가하기 위한 '평가 기준'을 설정하여 보고한 10인 위원회의 권고로 거슬러 올라간다(National Education Association, 1969). 최근 특히 교육과정 평가에 대한 관심이 눈에 띄게 증가하고 있다. 교육 책무성의 요청, 교육 개혁의 요구, 증거에 기초한 교육 요구 등은 모두 교육과정 평가의 이론과 방법에 관심을 갖도록 했다. 불행하게도 이러한 교육과정 평가에 대한 대부분의 관심은 왜곡되어 시험에 집착하는 현상을 야기하고 있다. 교육과정 평가에 대한 종합적인 인식과 함께 보다 다양한 접근이 요구된다.

이런 시각과 관점의 다양성이 이 책에 반영되어 있다. 6장에서는 학습 프로그램을 개선하기 위한 포괄적인 평가 모형을 설명했다. 8장에서는 새로운 교과목에 대한 평가의 필요성을 제시했다. 10장은 평가를 시행하는 데 특히 유용한 접근 방식을 진술했고, 11장에서는 평가와 교육과정 간의 일치가 중요하다는 것을 설명했다. 12장에서는 각 평가의 초점들을 살피면서 평가 과정을 보다 폭넓게 이해하고자 한다. 따라서 교육과정 평가를 종합적으로 정의하는 것으로 시작한다. 그리고 현행 일부 평가 모형들을 설명할 것이다. 평가자들이 직면하는 가장 어려운 점은 아마도

교육과정 요소, 즉 학습 영역을 평가하는 것이다. 학습 영역을 평가하는 데 활용 가
능한 종합적이고 절충적인 절차를 제안하면서 이 장을 마무리할 것이다.

이 장에서는 다음과 같은 질문을 다룬다.

- 교육과정 평가를 어떻게 정의할 것인가?
- 가장 효과적인 교육과정 평가 모형은 무엇인가?
- 교육과정 평가 모형을 개발하는 데 어떤 기준을 적용할 것인가?
- 학습 영역을 어떻게 평가할 것인가?
- 효과적인 수업을 어떻게 정의할 것인가?

리더십의 열쇠

교육과정 리더는 평가란 교육의 과정과 개별 학습자 간의 관련성을 더 높이는 것이라
는 점을 이해하고 있다.

1. 교육과정 평가 정의

앞에서 언급한 평가에 대한 종합적인 관점은 교육과정 목적에 초점을 맞춘 것은
아니다. Guba와 Lincoln(1981)은 목적을 좀 더 종합적으로 이해하는 데 필요한 두
개의 개념, 즉 장점(merit)과 가치(worth)를 제안하였다. 그들은 장점을 본질적인
가치(value), 암시적이고 내재적이고 독립적인 가치(value)로 보았다. 장점은 상황
과 무관하다. 반면에 가치(worth)는 특정한 상황에 적용되는 구체적인 판단을 요하
며, 제도나 집단에 좌우된다. 전문가가 볼 때 여러 가지 장점을 가진 영어 교육과정
이 있다고 생각해 보자. 탄탄한 이론을 배경으로 최근의 경향들을 반영하고 있어서
전문가들이 바람직하다고 평가하지만 이 과정은 도시에서 영어 교육에 대한 동기
부여가 거의 안 되어 있는 청소년 근로자를 가르치는 교사가 볼 때 상대적으로 전
혀 가치를 부여하기 힘든 것일 수도 있다. 교사가 모르는 기능을 필요로 하거나, 학
생들이 읽기 힘든 자료일 수도 있다. 이런 관점에서 교육과정은 장점(merit)과 가치
(worth)를 모두 평가해야 한다.

또 교육과정 평가의 초점이 더 포괄적이어야 한다. 이 책에서는 교육과정을 교과, 과목, 강좌를 포괄하는 용어로 사용한다. 이 세 가지는 모두 교육과정 평가에서 중요하다. 프로그램의 평가와 과목 평가는 평가 대상 자체가 다르고, 과목 평가와 강좌 평가는 그 범위가 다르다.

이것이 교육과정 평가의 정의이다. 교육과정 평가란 학습 프로그램, 과목, 강좌에 대한 장점과 가치를 결정하는 것이다.

2. 교육과정 평가 모형

교육과정의 장점과 가치를 어떻게 판단할 수 있을까? 평가 전문가들은 일련의 절차화된 모형을 제공하는데, 이를 통해 평가를 하는 과정을 이해할 수 있다.

1) Tyler의 목표 중심 평가 모형

초기 평가 모형 중 하나로 수많은 평가 프로젝트에서 지속적으로 사용되어 온 것이 Tyler의 목표 중심 평가 모형이다. 이 모형은 Ralph Tyler(1950)가 그의 저서 『교육과정과 교수의 기본 원리(*Basic Principles of Curriculum and Instruction*)』에서 제안한 것이다. 이 책에서도 다루고 있고 여러 규모의 평가 프로젝트에 활용되었던 것처럼 Tyler의 모형은 합리적이고 체계적인 일련의 평가 절차를 제공하고 있다.

① 사전에 결정해 둔 행동 목표에서 시작한다. 이런 행동 목표는 학습 내용과 기대되는 학생 행동을 모두 구체적으로 기술한다. '영양에 대한 정보를 얻을 수 있는 주변의 친숙하고도 신뢰할 만한 원천을 제시한다.'
② 학생이 행동을 통해 구체적으로 목표를 표현할 수 있는 기회를 제공하고, 이런 행동을 격려하고 자극하는 상황을 정의한다. 구어 사용을 평가하고자 한다면, 구어를 구사할 수 있는 상황을 만든다.
③ 적절한 평가 도구를 선정하여, 수정한 후 사용한다. 그리고 이 평가 도구의 객관도, 신뢰도, 타당도를 확보한다.
④ 평가 도구를 활용하여 수집한 평가 결과를 도출한다.

⑤ 여러 번의 사전, 사후 평가를 실시하여 결과를 낸다.

⑥ 결과를 분석함으로써 교육과정의 강점과 약점을 파악하고, 이런 장점과 단점
이 발생한 원인을 설명한다.

⑦ 이 결과를 활용하여 교육과정을 수정한다(Glatthorn, 1987, p. 273 참조).

Tyler 모형은 여러 가지 장점을 갖고 있다. 다른 모형에 비해 이해하기 쉽고, 적
용도 간편하다. 또 합리적이며 체계적이다. Tyler의 평가 모형은 학생의 성과뿐만
아니라 교육과정의 강점과 약점을 파악하도록 한다. 진단, 분석, 개선 활동을 순환
하는 계속적인 과정을 강조한다. 하지만 Guba와 Lincoln(1981)이 지적한 바와 같
이 Tyler 모형은 몇 가지 단점도 있다. 목표 자체의 적절성을 평가하지 않으며, 평
가 기준을 안내하지 못하며, 기준을 개발하는 방식을 제시하지 않는다. 사전 목표
설정을 강조하기 때문에 다양한 교육과정 개발을 제한할 수 있다. 그리고 형성평가
를 거의 무시하고, 사전 평가와 사후 평가를 지나치게 강조한다.

2) Stufflebeam의 맥락-투입-과정-산출 모형

1960년대 후반과 1970년대 초반 일부 평가 전문가들은 Tyler 모형의 이런 문제
점들을 지적하면서 몇 가지 대안을 제시했다. 그중 가장 영향력 있었던 것이
Daniel Stufflebean(1971)이 의장으로 있던 파이델타카파(Phi Delta Kappa) 위원
회가 개발한 모형이다. 이 모형은 교육자들이 선호했는데, 평가 자료에 기초한 의
사 결정을 강조했기 때문이다. 사실 파이델타카파 위원회는 의사 결정을 한다는 점
에서 평가를 정당화했다.

의사 결정권자의 요구를 만족시키기 위해 Stufflebean 모형은 프로그램 운영의
단계를 4단계화하고, 각 단계별로 관련 자료를 산출한다. 맥락(context) 평가는 의
사 결정자가 목적 및 목표를 설정할 수 있도록 상황을 계속적으로 평가하는 것이
다. 투입(input) 평가는 의사 결정자가 목적을 달성하는 데 필요한 것을 투입한 것
을 평가한다. 과정(process) 평가는 도구를 사용하면서 필요하면 수정을 하는 과정
이다. 산출(product) 평가는 실제 결과와 의도한 결과를 비교하면서 다음 의사 결정
으로 이어가는 과정이다.

각 단계에서는 다음 사항들을 점검한다.

- 어떤 의사 결정을 해야 할지 확인한다.
- 의사 결정에 필요한 자료들을 찾는다.
- 자료를 수집한다.
- 결정에 필요한 기준을 정한다.
- 기준에 따라 자료를 분석한다.
- 산출한 정보를 의사 결정자에게 제공한다(Glatthorn, 1987, pp. 273-274 참조).

CIPP 모형으로도 불리는 Stufflebean 모형은 이름처럼 교육과정 평가에 관심 있는 사람들에게 유용한 몇 가지의 관점을 제공한다. 의사 결정을 강조하기 때문에 교육과정을 개선하고자 하는 행정가들이 활용하기 좋다. 평가 과정은 Tyler 모형의 단점을 보완한다. 마지막으로 상세하게 기술된 지침과 안내를 단계별로 제공한다.

CIPP 모형의 결정적인 약점은 복잡한 의사 결정 과정을 감안하지 못한 것이다. 의사 결정에 가장 큰 영향을 미치는 정치적 요소를 배제하고, 상황만 고려한다는 점이다. 또한 Guba와 Lincoln(1981)이 지적했듯이 이 모형은 실제로 실행하기 어렵고 유지 비용도 많이 든다.

3) Scriven의 무목적 모형

Michale Scriven(1972)은 평가 과정에서 목적 또는 목표가 정말 중요한 것일까 하는 의문을 가진 초창기 인물이다. 사전에 정한 목표보다는 과정 중에 발생하는 부수적인 것(side effects)이 중요하다는 것을 몇몇 평가 프로젝트에 참여하면서 경험한 Scriven은 의도한 결과와 의도하지 않은 결과를 구분하는 것에 대해 문제를 제기했다. 그의 무목적(goal-free) 모형은 이런 회의와 의문에서 나왔다.

목적에 따라 평가하기보다는 편견 없는 관찰자로 특정 프로그램의 적용을 받은 집단의 요구 목록을 작성하는 프로파일 작성부터 시작했다(Scriven은 이 요구 프로파일을 어떻게 만들어야 하는가에 대해서는 명확한 입장을 밝히지 않았다.). 그리고 나서 질적(qualitative) 평가 방식으로 접근하여 평가자는 프로그램의 실제 효과를 판단한다. 만약 프로그램이 앞에서 파악한 요구에 상응하는 효과를 가지고 있다면 그 프로그램은 효과적이라고 판단한다.

Scriven 모형은 평가자와 행정가들이 의도하지 않았던 효과에 주목하게 했다.

이런 평가의 방향 전환은 교육에서 특히 중요하다. 예를 들어 수학 프로그램이 계산 능력의 향상이라는 본래의 목적은 달성했지만 수학에 대한 흥미를 감소시키는 의도하지 않은 효과를 냈다면, 이 프로그램을 완벽하다고 평가하기 힘들다. 질적 평가를 강조한 Scriven 모형은 양적(quantitative) 방법에 대한 불만이 고조되었던 시기에 시의적절하게 나타났다.

하지만 Scriven이 스스로 밝히고 있듯이, 무목적 모형은 목표 중심 모형을 대신하는 것이 아니라 보완하는 모형이다. 무목적 모형만으로는 의사 결정자에게 충분한 평가 정보를 제공할 수 없다. 일부 비평가들은 Scriven이 무목적 모형을 적용하는 데 필요한 좀 더 명확한 안내를 하지 않았다고 비판한다. 따라서 이 모형은 요구의 진단과 효과를 파악하는 과정에 대해 정확한 안내를 필요로 하지 않는 전문가가 활용할 수 있는 모형이다.

4) Stake의 반응 모형

Robert Stake(1975)는 반응 모형을 개발하여 교육과정 평가에 크게 기여했다. 반응 모형은 쟁점을 결정할 때 이해관계자의 입장을 전제로 평가하는 모형이다. 그는 다음과 같이 지적했다.

> 프로그램 평가에서 이슈가 되는 평가 문제를 해결하기 위해서 나는 반응 중심의 평가 방식을 제안한다. 이것은 프로그램 관계자들이 평가 결과를 유용하게 활용할 수 있도록 몇 가지 평가 방식을 혼용한다. …… 교육에 대한 평가는 교육에 대한 반응을 평가하는 것이다. 교육과정의 의도보다는 교육활동을 좀 더 직접적으로 판단할 수 있는 프로그램에 대한 반응, 정보에 대한 청중의 반응, 프로그램의 성공과 실패를 판단하는 서로 다른 반응을 평가한다(p. 14).

Stake는 평가의 각 절차마다 상호작용적이고 순환적인 평가 과정을 제시하였다.

- 평가자는 학생, 직원, 청중과 협의하여 평가에 대한 이들의 태도와 의도를 파악한다.
- 평가자는 평가의 범위를 정하기 위해서 협의하고 관련 서류를 분석한다.

- 평가자는 프로그램을 면밀하게 관찰하여 운영 상태를 파악하고 의도적인 것에서 파생된 의도하지 않은 결과에 주목한다.
- 평가자는 평가에서 의도한 실제 목적과 평가에 대한 다양한 사람들의 관심을 파악한다.
- 평가자는 평가에서 고려해야 할 의제와 문제를 파악한다. 평가자는 각각의 의제와 문제에 대한 평가를 계획하고 필요한 자료를 구체적으로 정한다.
- 평가자는 자료 수집 방법을 선정한다. 대부분의 경우 관찰자가 자료를 수집할 것이다.
- 평가자는 절차에 따라 자료를 수집한다.
- 평가자는 자료를 주제별로 분류하고, 주제를 전달할 수 있도록 '기술(portray-als)'한다. 이 기술에는 비디오테이프, 작품, 사례, 기타 발표물 등이 포함될 수 있다.
- 평가자는 재정 지원한 사람의 관심사를 민감하게 파악하고, 어떤 사람들이 어떤 보고서를 요구하는지 결정하고, 그에 따라서 적절하게 보고한다.

반응 모형의 장점은 고객의 요청에 민감하다는 점이다. 고객의 관심과 고객이 가치를 두는 것에 민감하고, 평가 전 과정에 고객을 참여시키고, 고객의 요구를 만족시키는 보고서를 통해서 결과적으로 고객에게 유용한 평가를 한다. 반응 모형은 또 융통성이 있다. 일단 고객의 관심을 파악하고 나서 평가자는 다양한 방식을 선택한다. 반응 모형의 약점은 고객에게 의존하는 점인데 이 고객은 자신들의 관심이나 약점을 표현하기를 꺼린다는 데 문제가 있다.

5) Eisner의 감식안 모형

Eliot Eisner(1979)는 예술 및 미술 출신으로 이 분야를 차용하여 '감식안' 평가 모형을 개발하였다. 감식안 모형은 질적 이해를 강조하는 평가 방식이다. Eisner 모형은 두 개의 개념, 즉 감식과 비평 개념을 핵심으로 한다. Eisner가 사용하는 감식안이라는 용어는 감상 능력인데 지각적으로 인식하고 이해하는 능력이라 할 수 있으며, 경험을 통해서 중요한 의미를 이해하는 능력이다. 감식안이란 교육을 섬세하게 이해하고, 이를 수업의 일환으로 다루는 능력이다. Eisner의 비평은 감식한 것의 실체를 본질적으로 표현하는 기술이다. 이런 표현으로서 교육 비평을 Eisner 는 '비추론적인' 은유, 암시, 상징이라고 부르는 것에 가깝다. 이것은 개념이나 느 낌을 글로 쓰는 것이라기보다 말로 표현하는 것이다.

　　Eisner는 기술적(descriptive), 해석적(interpretive), 평가적(evaluative) 비평을 제 시하였다. 기술비평은 의미 있는 교육활동의 특성을 서술하고 묘사한다. 해석비평 은 사회학의 개념을 활용하여 의미를 탐구하고 대안을 개발함으로써 현상을 해석 한다. 평가비평은 교육과정 개선에 대한 모종의 판단을 하고, 다른 사람들이 동의 하지 않는 선택을 한 가치의 근거를 제시한다.

　　Eisner 모형은 전통적인 과학적 모형에서 탈피한 다른 측면에서 평가에 대한 관 점을 제시하였다는 점에서 기여가 높다. Eisner 모형은 평가 관점을 넓히고, 예술 비평의 풍부한 설명 방식을 활용하여 평가에 대한 레퍼토리를 풍성하게 만들었다. Eisner는 비평의 방법을 제시하려고 노력했음에도 불구하고, 비평가들은 Eisner 모형에 명확한 방법론이 결여되어 있음을 지적하고 있다. 또 감식안이라는 용어가 함축하고 있는 엘리트주의를 지적하면서 상당한 전문 지식을 갖춘 전문가들만이 Eisner 모형을 활용할 수 있다고 주장한다.

3. 절충적 접근 방식

　　교육 혁신은 보다 전형적인 것을 기반으로 할 때 수용 가능하다. 지금까지 살펴 본 교육과정 평가 모형들이 서로 다른 것처럼 보이지만, 이들 사이에는 공통점들이 있다. 이런 일치점들은 ASCD(Association for Supervision and Curriculum Development)의 연구 보고서인 『교육과정 평가에 대한 응용 전략(Applied strate-gies for curriculum evaluation)』(Brandt, 1981)에서도 지적하고 있다. 이 연구 보고 서에서는 7명의 평가 전문가에게 중등 인문학 교육과정을 평가하는 데 어떤 '평가 모형'을 어떻게 활용할 것인지 설명해 줄 것을 요청하였다. Stake, Scriven, Eisner, Worthen 등의 평가 전문가들이 제안한 모형들 간에는 세부적으로 차이가 있었음에도 불구하고, 상황 파악, 관심사항 조사, 질적 접근, 기회비용(학생이 한 과 정을 선택함으로써 잃게 되는 다른 기회들)의 산정, 의도하지 않은 효과 파악, 학생 개 별 보고서 작성과 같은 몇 가지 공통점이 있었다.

여러 모형들이 모두 강조하는 점을 분석하여 평가 모형을 평가하고 개발하는 데 활용할 수 있는 기준들을 만들 수 있다. 이런 기준은 〈표 12-1〉과 같다. 컨설팅을 할 수 있는 전문가를 고용할 수 있을 정도로 여유가 있는 지역 교육청이면 이 기준을 활용하여 컨설턴트가 제안하는 모형을 평가할 수 있다. 지역 교육청이 자체적으로 평가 모형을 개발할 때도 이 기준을 활용할 수 있다.

결국 이 기준은 몇몇 다른 모형들의 장점을 살려서 만든 절충적인 것이다. 이런 절충적인 것이 교과목 혹은 강좌를 평가할 때 유용하게 활용되어 왔다.

〈표 12-1〉 교육과정 평가 모형을 검토하는 기준

효과적인 교육과정 평가 모형은 …
1. 지역 교육청 지원 없이도 시행 가능하다.
2. 프로그램, 교과목, 강좌 등 모든 수준의 교육과정 평가에 적용할 수 있다.
3. 문서로서의 교육과정, 가르친 교육과정, 지원으로서의 교육과정, 평가로서의 교육과정, 학습한 교육과정 등 모든 유형의 교육과정을 평가할 수 있다.
4. 장점(보편적인 가치)과 가치(주어진 상황에서의 가치)를 구분한다.
5. 지역 교육청의 실무 담당자의 관심을 반영하고, 그들이 의사결정을 할 때 필요한 데이터를 제공할 수 있다.
6. 유목적적이고, 목표와 결과물을 강조한다.
7. 의도하지 않은 결과를 평가할 수 있다.
8. 형성평가가 가능하다.
9. 구체적인 교육과정이 처한 상황을 평가할 수 있다.
10. 교육과정의 질과 심미적 측면을 평가할 수 있다.
11. 기회비용을 평가할 수 있다.
12. 양적·질적 방법으로 자료를 수집하고 분석할 수 있다.
13. 보고서 결과에 여러 관계자들의 요구를 반영할 수 있다.

1) 프로그램 평가에 대한 도전

교육과정 실행의 효과에 악영향을 미치는 가장 큰 단일 요소는 계속적인 장점을 알아차리는 것이다. 공립학교를 평가하는 데 전례 없었던 수많은 자금이 투입되고 있다. 하지만 연구적이고 질적인 평가의 부재로 정확한 평가 결과를 내지 못하고 있다. 실제 교육의 효과를 효과적이고 정확하게 평가하는 것 그리고 교육과정과 수

업을 공부하는 데 들여야 하는 돈과 시간을 확실히 평가하는 것이 중요하다. 사회학적으로 접근하여 새로운 의사소통 기술을 계속해서 활용해야 한다고 요청받고 있다. 또 평가 기관과 평가 프로그램 개발을 위한 리더십도 부족하다.

2) 리더십과 평가

리더십의 질은 평가의 성공 여부에 영향을 미치는 가장 중요한 요소이다. 리더십이 미치는 가장 중요한 역할은 교육 기획자들로 하여금 평가의 과정과 방법을 이해하도록 이끄는 것이다. 평가 과정을 이해한다는 것은 리더들이 수업 전략뿐만 아니라 교육과정 지식을 전수한다는 것을 의미한다. 또한 리더들은 교육과정을 통해서 교수·학습을 강화할 수 있는 방법을 찾아야 한다. 이를 위해서 리더십이 요청되며, 평가 과정과 효과적인 교육과정 개발 방법에 대한 더 깊은 이해가 필요하다.

3) 테크놀로지와 평가

컴퓨터 기술과 관련된 급속한 변화 또한 효과적인 평가 프로그램을 개발하도록 한다. 기술력은 변화를 더 가속시키고 있다. 예를 들어 교실에서 처음에는 컴퓨터를 '반복적인 훈련과 연습'을 위해서 활용하였고, 이것은 효과적이었다. 이후 소프트웨어와 기술의 지속적인 개발이 이루어져 교사들은 다양한 방식으로 컴퓨터를 이용하고 있다. 연구자들은 큰 규모의 통제 연구를 더 이상 수행하기 힘들게 되었다. 새로운 테크놀로지는 교사와 학생들에게 새로운 기회를 제공하고 있다. NETS(National Educational Technology Standards)와 ISTE(International Society for Technology in Education)도 정확한 기준과 지침을 제공하지 못하고 있고, 이는 질적 평가에도 장애요인이 된다. 현재 몇 안 되는 지역 교육청에서 학교에서의 정보화 교육을 평가하는 데 필요한 공식적인 기준과 지침을 제시하고 있다.

정보화 교육 효과에 대한 증거들은 대중적이고 정치적인 지원을 더욱 많이 이끌어 내고 있다. 캘리포니아 대학교의 심리학 교수인 Richard Mayer(Mayer, Schustack, & Blanton, n.d.)는 다음과 같이 진술하고 있다.

우리는 우리 연구를 통해서 컴퓨터에 대한 정보 지식, 포괄적인 쓰기 수업 전략,

문제해결 연습, 기초 학습 기능 등의 분야에서 학생에게 중요한 지적 발달을 증진시
킨다는 것을 알게 되었다(p. 6).

교실이 네트워크로 연결됨으로써 컴퓨터에 대한 수요가 증가함에 따라, 평가의
필요성도 증가하고 있다. 행정가, 교사, 학부모들은 정보화 기술이 학생의 학습, 교
사 연수, 프로그램 개발에 영향을 미친다는 것을 알고 이해할 필요가 있다.

4. 교과목 평가

'우리의 유치원~고등학교 과학 교육과정은 어떤가?' 이 질문에 대한 답은 교과
별, 학년별 학습경험을 평가함으로써 얻을 수 있다. 이런 평가는 항상 교육 개선을
위한 단점과 장점을 파악하기 위한 유일한 목적을 지향한다. 교과목 평가는 평가
준비, 배경 조사, 문제 파악, 평가 설계, 실행 등 5단계를 거친다.

1) 평가 준비

준비 단계는 평가 변수 설정, 평가 대표자 선정 및 평가단 구성, 평가 문서를 준
비한다.

평가 변수 선정을 위해서 지역 교육청 담당자는 학교와 협의를 통해서 평가의 목
적과 범위를 결정한다. 행정가는 무엇보다 평가 목적을 분명히 해야 한다. 목적은
평가 대상과 방법 선정에 영향을 미치기 때문이다. 평가 범위를 정하기 위해서 다
음과 같은 질문에 답해 볼 수 있다.

• 평가하는 데 얼마나 많은 시간을 쓸 것이고, 어떤 결과를 얻을 때까지 실시할
  것인가?
• 어떤 사람, 재정, 자료를 자원할 것인가?
• 어느 분야를 평가할 것인가?
• 어떤 사람들, 특히 학부모, 지역사회 대표 그리고 학생을 포함시킬 것인가?

평가 변수를 설정하고 나면, 평가 대표자를 뽑고, 평가단을 구성한다. 평가 대표자는 교육과정 평가에 전문성을 지닌 사람으로 지역 교육청 담당자 중에서 선정한다. 평가단은 평가 집단에게 조언을 하고 평가를 수행하며, 평가 대표자의 역할을 모니터하고, 그에게 전문적인 조언을 한다. 평가단의 규모는 지역 교육청에 따라 다르지만, 대략 10~20명으로 구성되고 학교, 학교장, 교사, 학부모, 지역민을 대표하며 그들의 지지를 받는 사람들이다. 중학교에서는 학교장이 동의하고, 학생의 참여가 적절하다고 판단한다면, 평가단에 학생을 포함시킬 수 있다.

평가 대표자와 평가단은 프로그램의 평가에 필요한 다음과 같은 자료들을 수집한다.

- 교과별 교육과정 목표 진술 문서
- 지역사회와 전체 학생을 종합적으로 설명한 문서
- 필수 이수 교과 목록과 각 교과별 시간표와 실라버스
- 선택 이수 교과와 목록과 각 교과별 시간표와 실라버스, 최근 교과별 등록 현황 자료
- 학생의 일과표에 대한 무선 표집 자료
- 모든 강좌에 대한 실라버스 및 강의 계획서
- 강좌별 등록 학생 수가 표시되어 있는 학교 일과표

물론 실제 평가하는 과정에서는 이 밖의 자료들도 필요하다. 하지만 평가 시작부터 갖추어야 하는 중요한 자료들은 상기한 목록의 문서들이다.

2) 배경 조사

평가의 다음 단계는 평가 배경을 조사한다. 이것은 외부 평가자에게 매우 중요하지만, 지역 교육청이 주관하는 평가에서도 중요하다. 배경 조사를 통해서 평가자는 주로 학습에 영향을 미치는 교육 환경의 특징적인 측면과 학습자의 요구를 파악한다. 배경 조사는 일반적으로 다음과 같은 질문을 하고 답을 한다.

① 지역사회의 주류 가치, 태도, 기대는 무엇인가?

② 학습에 영향을 미치는 지역 교육청의 규모, 리더십, 조직 구조, 재정은 어떠한
 가?

③ 어떤 학교 시설이 학습에 긍정적, 부정적 영향을 미치는가?

④ 학교 적성, 성취도, 가정 배경, 인종적 특징, 사회성 발달과 신체적 발달 측면
 에서 학생들은 전반적으로 어떤 특징이 있는가?

⑤ 교사들의 경력, 교육관, 능력, 배경은 어떠한가?

⑥ 학교의 리더십 정도, 조직상의 특징은 어떠한가?

평가를 위한 배경이 되는 학습에 영향을 미치는 특징적인 측면에 관심을 갖고,
학습자의 요구를 조사한다.

3) 문제 파악

다음 단계는 평가 문제를 파악한다. 평가 문제를 파악함으로써 평가가 관련자들
의 관심을 잘 반영하고 있는지, 필요한 정보를 제공하는지를 확인할 수 있다. 이 단
계에서는 교육과정 유형별로 평가 문제를 차별화하는 것이 중요하다. 문서로서의
교육과정, 지원으로서의 교육과정, 가르친 교육과정, 평가로서의 교육과정, 학습
한 교육과정은 모두 서로 다른 평가 문제를 내포하고 있다.

또 평가 결과의 타당성을 높이기 위해서는 이들 다섯 가지 교육과정을 각각 평가
해야 한다. 교육과정 평가에서는 지금까지 주로 문서로서의 교육과정(공식적인 지
침)과 학습한 교육과정(시험 결과)만 평가해 왔다. 하지만 이 평가 결과만으로는 타
당성을 확보하기 힘들다. 평가의 세 요소를 간과하기 때문이다. 예를 들어 한 지역
교육청의 지침에는 사회과에서 비판적 사고 단원을 가르치도록 하고 있는데, 비판
적 사고에 대한 학생들의 학업 성취는 낮다고 가정해 보자. 이 경우 지역 교육청은
문제의 원인을 파악하기 힘들다. 교사들이 이 단원을 가르치는 데 필요한 훈련을
받지 못했거나, 학습 자료가 없어서 이 단원을 가르치지 않았을 수도 있다. 그래서
교육과정에 대한 종합적인 평가만이 개선에 필요한 정보를 제공할 수 있다.

〈표 12-2〉와 같이 다섯 유형의 교육과정에는 50개의 서로 다른 문제를 포함하
고 있다. 분명 이 문제들을 모두 평가할 수는 없다. 하지만 이 단계에서 평가 팀이
관련자들을 대상으로 설문과 면담을 실시하여 문제를 파악할 수 있다. 〈표 12-3〉

〈표 12-2〉 교과목 평가 분야의 이슈

문서로서의 교육과정

목표

1. 이 교과의 목표가 명확하게 진술되어 있고, 이 목표를 사용하는 사람들이 쉽게 쓸 수 있는가?
2. 교과의 목표가 학교 및 지역 교육청의 교육 목적과 일치하는가?
3. 교과의 목표가 관련 분야 교과 전문가들이 추천하는 것과 일치하는가?
4. 교과의 목표를 부모들이 이해하고 지원하는가?
5. 교과의 목표를 학교장은 이해하고 지원하는가?
6. 교과의 목표를 교사는 이해하고 지원하는가?
7. 교과의 목표를 학생들은 이해하고 지원하는가?

단원별 목표 계열

1. 교과 목표는 학년별로 성취해야 할 개념, 기능, 태도로 구별되어 있는가?
2. 학년별 목표는 교과의 목표를 반영하고 있는가?
3. 학년별 목표는 이해하기 쉽고 사용하기 쉽도록 위계적으로 배열되어 있는가?
4. 학년별 목표가 각 교과 분야의 전문가들이 추천하는 것과 일치하는가?
5. 학년별 목표가 최근의 아동 발달 분야의 지식을 적절히 반영하고 있는가?
6. 학년별 목표가 중복이 아니라 효율적으로 반복할 수 있도록 되어 있는가?
7. 학년별 목표가 학년별 학생의 난이도를 적절히 반영하고 있는가?
8. 학년별 목표가 학년 간 균형을 고려하여 적절히 등급화되어 있는가?

지침

1. 교과 지도를 위한 학년별 지침을 제시하고 있는가?
2. 교과 지도의 지침을 학교장, 교사, 학부모들이 쉽게 독해할 수 있는가?
3. 교과 지도의 지침은 수정, 적용할 수 있도록 융통성이 있는가?
4. 학년별 목표를 융통성 있게 활용할 수 있는 지침을 제시하고 있는가?
5. 완전학습, 유기적 학습, 심화학습 결과 및 필수 이수해야 할 결과를 적절히 구별하고 있는가?
6. 교과의 완전학습 요소를 배치하고 있는 위치, 시간량을 명확하게 제시하고 있는가?
7. 특정 단원 조직 방식에 얽매이지 않고, 단원 학습의 목표를 설정할 수 있는 지침을 제시하는가?
8. 관련 목표를 달성하기 위한 교수 · 학습 활동을 (규정하는 것이 아니라) 권장하고 있는가?
9. 권고하는 교수 · 학습 활동이 교수 · 학습 분야의 최근 지식을 적절히 반영하고 질적으로도 우수한가?
10. 적절한 평가 과정과 방법을 제시하고 있는가?
11. 적절한 교재 및 자료를 권고하고 있는가?

지원으로서의 교육과정

시간

1. 지역 교육청은 단위 학교 수준에서 학년별로 교과의 시수를 명시하고 있는가?

(계속)

2. 교과별 이수 시수는 해당 분야의 교과 전문가 조언, 교과의 목표, 교육청의 교육 목적 달성에 적절한가?

3. 교과 이수 시간은 학교의 시간표, 행정 지침에 적절히 반영되어 있는가?

교재

1. 교재의 수와 학생 수가 적절한가?

2. 교재의 학습 목표는 교과에서 진술하고 있는 목표와 조화를 이루는가?

3. 교재는 교과 분야의 최근 지식을 반영하고 있는가?

4. 교재는 성차별이나 인종차별에서 자유로운가?

5. 교재의 난이도는 적절한가?

6. 교재는 교사들이 사용하기 쉽게 설계·조직되어 있는가?

7. 교재는 학습 원리를 반영하고 있는가? 그리고 학습 동기를 부여하고, 설명을 잘하고, 적용 가능성이 높고, 학습을 강화하고, 풍요로운 학습을 담고 있는가?

교사 연수

1. 지역 교육청은 교사들이 교육과정을 효과적으로 활용하도록 돕고, 교육과정 지침을 개선하는 데 참여시키기 위해서 계속적인 연수를 실시한다.

가르친 교육과정

1. 교사는 교육청 및 학교의 지침을 준수하여 교과별 학습 시간을 할당하고 있는가?

2. 교사는 교과 영역의 학습 요소에 대한 학습 시간을 결정할 때 교육과정에서의 우선 사항을 고려하는가?

3. 교사는 해당 학년의 목표를 달성할 수 있도록 가르치는가?

4. 교사가 사용하는 교수 방법이 교수 방법 분야의 최근 지식을 반영하며, 질적으로 우수한가?

5. 가르치면서 의도하지 않았던 어떤 효과가 있는가?

평가로서의 교육과정

1. 교육청에서는 제시하고 있는 교과별 목표를 반영한 교육과정에 기초한 평가를 실시하는가?

2. 실제로 학습한 것을 타당하게 평가하는가?

3. 교육청은 교과 영역의 학업 성취 기준을 기초로 한 표준화 평가를 실시하는가?

4. 교육청은 표준 교육과정에서 제시하는 교과 목표에 기초한 표준화 평가를 제공하는가?

학습한 교육과정

1. 학생들을 그들이 배우는 것을 유용하고 의미 있다고 생각하는가?

2. 학생들은 적절한 수준의 목표를 구체적으로 성취하였는가?

3. 의도하지 않았던 어떤 것을 성취하였는가?

4. 교과 학습에서 이떤 기회비용이 드는가?

형성 과정에서

1. 이 교과 영역에는 어떤 과정들이 개설되었는가? 그리고 학생들은 이 과정을 지지하는가?

2. 관련자들의 지지를 계속 받기 위해서 어떤 세부적인 조치가 필요한가?

3. 교과의 학습 프로그램을 수정하고 교정하기 위해서 구체적으로 어떤 조치가 필요한가?

〈표 12-3〉 조사 양식-수학과의 평가 문제

안내: 당신도 알고 있듯이, 우리 지역 교육청은 곧 관내 학교를 대상으로 수학과 평가를 실시할
예정입니다. 다음은 수학 평가에 대한 질문입니다. 각 질문에 대해 당신의 의견을 주십
시오. 각 질문을 읽고, 당신이 생각하는 기호를 선택하고 ○표 해 주십시오.

VI: 나는 이 질문이 매우 중요하다고 생각한다.
I: 나는 이 질문이 중요하다고 생각한다.
LI: 나는 이 질문이 덜 중요하다고 생각한다.

질문	당신의 대답
1. 교과의 목표가 명확한가?	VI I LI

과 비슷한 양식을 사용해서 학교운영 위원회, 학교 구성원, 학교장, 교직원, 학부모
를 대상으로 설문하기 위해서는 이런 문제 목록이 유용하다. 이런 설문에 대한 답
을 분석하여 평가할 문제를 결정한다. 물론 주요 인물들을 면담하여 수집한 자료를
반영하여 설문을 보완해야 한다.

4) 평가 설계

평가 문제를 파악한 후에 평가 대표자와 평가 팀은 함께 평가를 설계한다.
Worthen(1981)은 평가를 설계하는 데 유용한 틀을 제안하였다. 각각의 평가 문항
(또는 평가 문제, 지금은 문항이라는 용어를 사용한다.)에 대해 필요한 정보를 파악하
고, 정보의 출처, 정보 수집 방법을 찾는다. Worthen의 한 사례를 보자. 만약 '학
생은 교육과정이 목표로 하는 결과를 성취했다는 태도를 보이는가?'라는 문제의
답을 찾고자 한다면, 평가에 필요한 정보는 학생의 태도이고, 학생은 이 정보의 출
처가 된다. 그리고 방법은 모의 상황을 제시하여 학생이 취하는 태도를 관찰하고
학생의 태도 단계를 파악하는 비교 설계를 적용하였다.

정보를 수집할 때 평가자는 질적인 접근 방법이 포함되었는지 확인해야 한다. 위
에서 지적한 바와 같이, 최근 평가 이론에서는 교육과정의 효과를 평가할 때 면담
과 관찰과 같은 질적인 방법론을 강조한다.

문제, 필요한 정보, 정보의 출처 그리고 정보 수집 방법에 대한 위와 같은 의사 결

정은 평가 과제, 평가 담당자, 평가 시간 등 평가 계획을 상세화하는 기초가 된다.

(1) 학생이 수행하는 것에 집중하기

Thomas Guskey(2007~2008)에 따르면 많은 교사들이 평가 활동을 할 때 컴퓨터와 여러 형태의 테크놀로지(비디오디스크, 레이저디스크, 대화형 비디오, 다양한 하이퍼미디어, 다양한 온라인 자료)를 활용한다. 여러 가지 기능이 있고, 사용하기 쉬운 기계는 어떤 과목이나 어떤 학년 수준에서건 적절하다. 컴퓨터를 이용한 활동은 학생이 혼자 공부하거나 급우들과 함께 공부하는 것을 가능하게 한다.

테크놀로지의 도입은 학생 수행을 중심으로 해야 한다는 것이 핵심이다. 컴퓨터를 이용하는 이유는 웹 기반 학습과 교육과정 간의 보다 많은 공조관계를 위한 것이다. 이렇게 함으로써 교실에서 학생의 학습 활동과 테크놀로지를 활용하는 것 간의 상관관계가 더욱 분명해질 것이다. 중요한 것은 교사, 학생, 학교장, 지역사회 모두 테크놀로지의 활용이 학생 성취에 긍정적인 영향을 미치고 학생들의 수행이 좋아질 것이라고 생각한다.

(2) 컴퓨터를 활용한 시점

NWEA(Northwest Evaluation Association)의 회장이자 집행 이사인 Allan Olson(2004)에 따르면 앞으로 학교에서의 학생 조직은 연령이 아니라 그들의 교육 요구에 따라야 할 것이라고 했다. 한 명의 교사가 지도하는 폐쇄된 교실에서 학습하는 것이 아니라 여러 명의 교사로부터 좀 더 열려 있는 협동적인 환경에서 학습하게 될 것이다. 학생을 가장 효과적으로 가르칠 수 있는 능숙함을 지닌 교사들이 가르칠 것이다. 따라서 앞으로 학교는 학생의 요구를 종합적으로 사정할 수 있는 온라인화된 요구 조사(daptive electronic testing)를 실시할 수 있는 최신의 평가 도구를 구비해야 할 것이다.

효율적인 학교를 평가하는 데 핵심 요소는 학생의 학업 성취이다. 학교가 지역, 국가가 요구하는 학생 개개인의 요청에 신속하게 대응하기 위해서는 충분한 자료를 확보해야 한다. 학생에 대한 자료의 부족, 이것이 지역 및 국가 수준에서 학생의 학업 성취 향상을 요청할 때 학교가 당면하는 문제이다.

새로운 테크놀로지의 발달로 학교는 학생 개개인의 능력에 따라 난이도를 조정한 인터넷 평가 도구를 활용할 수 있게 되었다. 이런 시험은 개인의 요구에 맞출 수 있기 때문에, 참여와 결과가 분명하다. 또 결과를 즉석에서 알 수 있다. 따라서 교사는 학생의 성취 여부를 신속하게 알 수 있다. 평가 결과를 교육과정과 수업에 즉각적으로 반영할 수 있다. 온라인 시험은 평가 실시 시간을 자유롭게 정할 수 있다. 또 평가 내용도 국가 및 지역 교육청의 지침에 맞춰서 재구성할 수 있다.

무선 표집 평가를 한 전통적인 평가와는 달리 컴퓨터를 활용한 평가는 모든 학생이 참여하고, 그들의 학업 성취 정도를 판단할 수 있다. 학교와 교육과정 리더는 특별한 교육적 요구를 가진 학생들을 위한 프로그램 필요 및 효과성을 판단할 수 있다. 학교 리더들이 학기 중에 교육과정과 수업을 수정하고 학교 학습의 효율성을 높일 필요가 있다고 판단할 때 그들은 평가 자료에 근거한 정보를 필요로 한다. 그러므로 평가에 컴퓨터를 활용함으로써 교육과정 리더와 교사는 미래지향적인 학교 교육을 지금 구현할 수 있다.

(3) 가치 평가

가치 평가는 평가 자료를 기초로 교사가 개별 학생의 학습을 판단하는 것이다. 그 목적은 평가 결과를 활용하여 학생 개개인을 어떻게 교육적으로 도와줄 수 있는지 알아내는 데 있다. 가치 평가는 교사 개인의 영향력과는 별도로 학생의 학업 성취에 대한 적절한 보상을 제공하고, 교정 교육활동을 제시할 수 있도록 해 준다. 초창기 가치 평가에 대한 연구를 수행한 전 테네시 대학의 통계학자인 William Sanders는 가치 평가가 학습에서 불이익을 받는 학생 수를 최소화할 수 있도록 해 준다고 주장했다. Sanders(Holland, 2001 참조)는 "유능한 교사는 학생의 능력이나 성취에 상관없이 교육적 성과를 낼 수 있다."고 믿었다(p. 3).

가치평가의 유형은 다음과 같다.

- 매년 봄, 학생들은 주에서 실시하는 5개 과목, 즉 수학, 과학, 읽기, 언어, 사회에 대한 평가에 응시한다. '시험 준비를 시키는 수업'을 방지하기 위해서 매년 새로운 평가 문항을 추가한다.
- 매년 가을, 지역 교육청은 단위 학교별로 3년 평균 대비 각 과목의 향상을 보여 주는 학교별 그리고 학년별 보고를 받는다. 학생의 성취를 점수로 표시하고 지역, 주, 전국 평균과 비교한다. 학교와 지역 교육청의 이 보고서는 일반에게 공개된다.

- 교사는 개별적으로 일반에게는 공개되지 않은 보고서를 받는다. 이 보고서에는 교사가 담당하고 있는 학생들에 대한 향상 정도가 연도별로 표시되어 있다. 장학사 또한 이런 보고서를 받는다. 교사들의 분발과 향상을 보장하는 것이 바로 이런 자료들이다.

(4) 학생 성취와 수업 개선을 위한 교육과정 평가

지방 정부와 국가 수준에서 학교교육과 교육과정에 대한 개입이 증가하면서 교육과정 개발에 영향을 주었다. NCLB(No Child Left Behind)와 RTI(Response to Intervention) 시행으로 지방 정부는 학교의 교과 교육과정 기준을 마련하는 데 적극적이게 되었다. 이렇게 개발한 기준을 중심으로 지방 정부 주관으로 평가를 실시하고, NCLB 규정을 준수하였는지를 판단한다. James Popham(2001)은 대부분의 교사들이 교사와 학생에게 제공되는 적절하게 표준화된 시험을 수업과 연계하지 못하고 있으며, 따라서 단위 학교의 문서로서의 교육과정을 지방 정부에서 제시하는 기준에 더 관련되도록 해야 한다고 주장했다. 이런 점에서 무엇보다 가르친 교육과정을 기준으로 학교의 교육과정 문서와 이 교육과정의 효율성을 평가해야 한다. 문서로서의 교육과정이 곧 '가르친 교육과정'이어야 할 것이다.

(5) 효과적인 수업과 효과적이지 못한 수업

사우스다코타 주 수폴스(Sioux Falls)에 있는 지역 교육청의 Pam Homan(2003)이 수행한 최근 연구에 의하면 학구 내의 5학년 교사들은 모두 '문서로서의 교육과정'을 중심으로 한 수업과 평가를 하고 있는 것으로 나타났다. Horman 박사는 3년간의 시험 결과를 다중회귀 분석하여 지역 교육청에서 실시한 표준화 평가에서 항상 높은 학업 성취 점수를 내는 교사를 파악했다. 그리고 동일한 시험에서 학생들이 기대 이하의 성취를 낸 교사도 파악하였다. 이 연구를 수행하면서 Horman 박사와 지역 교육청의 담당자들은 효과적인 수업이 학생의 학업 성취에 영향을 미치는 주요 요인이라는 것을 확인하였다.

- **결과:** 〈표 12-4a〉에서 보듯이, Horman이 관찰 분석한 결과에 따르면 학생의 학업 성취를 높인 교사와 그렇지 못한 교사 간에는 수업의 효과에 관한 12~14개 항목에서 차이가 났다. 재교육(Re-Teaches)과 긍정적 자아개념(Positive

〈표 12-4a〉 교사와 학생의 성취 수준

효과적인 수업	학생의 성취도가 낮은 교사	학생의 성취도가 높은 교사
	비 율	
수업 계획	46	100
지역 교육청의 교육과정	93	100
효과적인 수업	83	100
교수 기법	68	97
자아개념	92	96
학생 평가	80	100
피드백	77	100
기대치의 공유	60	100
재교육 활동	100	100
이해 정도 점검	80	100
학급 조직	92	95
행동 관리	75	100
수업 시간의 극대화	70	100
긍정적 자아개념	100	100

출처: From Sioux Falls School District 2002~2003 Value Added Analysis of Student Achievement and Effective Instruction by p. Homan, 2003, unpublished manuscript. Printed with permission.

Self-Concept)에서는 차이가 없었고, 두 집단 간에 큰 차이를 보인 항목은 수업 계획, 교수 기법, 피드백, 기대치에 대한 공유, 행동 관리, 수업 시간의 극대화 등이다. 〈표 12-4a〉는 두 집단 간의 지표 비교를 나타낸 것이고, 〈표 12-4b〉는 효과적인 수업 특성에 대한 목록들이다.

• 요약: 효과적인 수업을 하는 교실에서는 학생들이 전반적으로 높은 성취를 내며, 반면 그렇지 않는 교실의 학생들은 전반적으로 성취도가 낮다. NCLB의 시행과 전체 학생의 2013~2014년 학력 신장 계획을 감안할 때, 학생들에게는 효과적인 수업이 필요하다. 이 연구는 교실에서 교사의 효과적인 수업을 통해서 학생의 학습에 의도적으로 개입하고 평가하는 일이 모두 필요하다는 점을 시사한다.

지역 교육청은 교장으로 하여금 단위 학교 교사에게서 이런 효과적인 수업의 특

⟨표 12-4b⟩ 효과적인 교사와 그렇지 못한 교사	
학생의 성취도가 높은 교사	**학생의 성취도가 낮은 교사**
• 수업의 초점—그가 가르치고 있는 교육과정을 알고 있었다.	• 학년별 교육과정과 직접적으로 관련짓지 않은 낮은 기대치 • 수업의 명확성과 목표 부족
• 부드럽고 빠른 연결	• 학생 활동을 설명하는 데 대부분의 시간을 소비함 • 무질서한 연결
• 의도한 활동을 하도록 최대한의 시간을 보장한다—수업이 전반적으로 지방 교육청의 표준 교육과정과 연계되어 있다.	• 수업 중 부수적인 활동에 시간을 낭비함—수업 중 활동의 일부는 학년 교육과정과 관련이 없다.
• 다른 학생의 학습을 방해하지 않고 학생들을 자연스럽게 그리고 긍정적으로 수업으로 이끈다.	• 다른 학생의 학습을 방해하면서, 또 학생이 수업에 집중하지도 못한다.
• 제외시켰던 학생을 자연스럽게 그리고 즉시 참여시킨다.	• 제외시켰다가 돌아온 학생에게 특별히 관심을 두지 않는다.
• 모든 학생들이 잘 알고 있는 방법을 사용한다.	• 교실에는 미미한 수준의 동요가 일어나고 있다.

출처: From Sioux Falls School District 2002~2003 Value Added Analysis of Student Achievement and Effective Instruction by p. Homan, 2003, unpublished manuscript. Printed with permission.

성들이 존재하는지 여부를 관찰하고 구체적인 피드백을 제공할 수 있도록 지원할 수 있는 연수 프로그램을 개발해야 할 것이다. 그리고 이런 연수 프로그램은 학생의 학업 성취에 효과적인 수업에 대한 현재 교사들의 자기평가를 통해서 부족한 것에 대한 정보를 학교장에게 제공할 수 있어야 한다.

(6) 체크리스트 평가

체크리스트 평가는 교육과정의 성공 여부를 알고 싶어 하는 리더들이 주로 활용한다. ⟨표 12-5⟩로 제공하는 체크리스트는 관리하기 쉽고, 교육과정의 구성요소를 신속하게 평가할 수 있다.

체크리스트 평가는 복잡할 필요가 없다. 다만 학급 교육과정에 어떤 요소들이 존재하는지 여부를 알려 준다.

〈표 12–5〉 평가 체크리스트

'예'에 ∨표 하세요	교육과정 요소
	관할 교육청 및 학교의 지원을 받고 있는가?
	교육과정 계획서에 성취해야 할 과제를 진술하고 있는가?
	특별위원회 혹은 자문위원을 구성하여 교육과정을 개발하는가?
	학부모와 지역사회에 참여할 수 있도록 교육과정을 계획하는가?
	연구를 기초로 교육과정을 설계하는가?
	평가 결과를 기초로 교육과정을 계획하는가?
	질적 평가를 하는가?

5) 평가 전략

다음은 성공적으로 평가 및 평가 프로그램을 개발한 사람들이 활용하는 전략들이다.

(1) 목표 및 지향점 설정

평가는 지역의 교육 중점 사업이나 목표와 관련되어 있어야 한다. 평가 프로그램의 초기 계획 단계에서 평가 목표 및 지향점이 설정되어야 한다.

(2) 평가 대상 정하기

성공적인 평가 및 평가 과정은 평가 대상이 될 외부 집단과 내부 집단에 초점을 두어야 한다. 학부모와 지역인사는 외부 집단이며, 위탁자, 행정가, 교사, 학생 등은 내부 집단을 대표한다. 평가 자료 수집은 이들 평가 대상이 되는 집단과 이들이 교육과정에 어떤 영향을 미치는가를 중심으로 한다.

(3) 평가 센터

일리노이 주 샤움버그(Schaumburg)에 위치한 학교평가원(The national Study for School Evaluation)은 평가와 평가 방식에 대한 풍부한 정보를 제공한다.

(4) 평가 기술 연마를 위한 지역의 실습 센터

노스웨스트 교육 실습실(Regional Educational Laboratory)을 비롯해서 미국 전역에 설치되어 있는 실습 센터는 평가 관련 정보 및 사례들을 풍부하게 제공하고 있다. 평가 전략에 관한 협의나 워크숍도 개최하고 있다. 소장하고 있는 평가 프로그램을 활용하는지 여부와 상관없이 평가 자료를 적극적으로 공개하며, 필요하다면 수정해 준다. 또 교육과정의 개선과 수업 개선은 서로 밀접하게 연관되어 있어 한쪽에서의 변화가 다른 한쪽의 변화를 동반한다. 문제나 관심사들은 평가를 통해서 이슈가 될 수 있다. 이 책에서 상세한 정보를 얻은 교육과정 리더들은, 앞으로 교사들로 하여금 테크놀로지를 활용하도록 함으로써 학생의 학업 성취를 높일 수 있는 방법을 모색할 것이다.

6) 평가하기

평가 팀이 평가를 설계하고 나면 설계한 것을 실행하고 그 결과를 보고한다. 평가의 실행 단계에서 강조하는 두 가지가 있다. 첫째, 실행 과정이 융통성이 있어야 한다. 새로운 문제나 자료의 원천이 추가되면 평가 팀은 설계한 것을 수정하면서 평가를 실행해야 한다. 둘째, 평가 결과는 평가 결과를 원하는 집단의 요구에 맞춘 형태로 보고되어야 한다. 따라서 평가 결과는 여러 가지 형식의 보고서로 만들어질 수 있다. 일반인을 위해서는 쉬운 용어로 쓰인 요약본이 좋고, 행정가를 위해서는 활동 계획서 형태가 좋고, 교육 전문가들에게는 상세한 기술 보고서가 좋다.

효과적으로 교육과정 평가 계획을 세우고 평가할 수 있다는 것을 알게 되면, 대중적인 예산 지원도 가능하다. 학교에서 학생의 성취도에 미치는 영향의 측정에 활용되던 성공의 지표는 결정적인 요인이 될 것이다. 이러한 지표를 토대로 한 연구가 앞으로 이루어져 교육 계획가들에게 전국에 있는 학교에서 테크놀로지가 교수와 학습에 미치는 영향에 대해 좀 더 완전한 이해를 제공할 수 있기를 바란다. 미래에 모든 교육과정 프로그램의 성공 열쇠는 효과적인 평가 프로그램의 실행을 통해 이해와 인식을 높일 수 있는 학교 리더의 능력이 될 것이다. 전체 평가 과정을 통해서 행정가들이 관심을 두는 것은 교수와 학습에 긍정적으로 영향을 미친다는 평가 결과와 평가 전략을 적절하게 연계하는 것이다.

요약

이 장에서는 평가에 대한 접근 방법과 폭넓은 관점을 제시하였다. 이를 위해서 교육과정 평가라는 용어를 종합적으로 정의하고, 최근의 평가 모형 중 몇 가지를 설명했다. 또 평가에 테크놀로지를 적용하는 것뿐만 아니라 교과 평가에 종합적으로 활용할 수 있는 단계를 제시했다. 추가로 교육과정 리더들이 당면할 과제도 다루었다.

적용

1. 교과별 평가의 평가 문항 하나를 선택하시오. Worthen(1981)의 평가 절차를 적용하여 그 문제에 대한 평가를 설계하시오.
2. 이 장에서 안내한 모형 중 하나를 선택하여 상세히 설명하고 비평하시오.
3. "제가 가르치는 것을 평가하고 싶습니다. 그런데 통계를 잘 모릅니다. 시간을 많이 들이지 않고도 제가 저의 교과를 평가할 수 있는 방법을 알려 주십시오."라고 요청한 교사가 있다고 생각해 보라. 이 교사에게 해 줄 수 있는 대답을 써 보시오.
4. Homan(2003) 박사의 효과적인 수업에 관한 연구와 학생의 학업 성취에 대한 관계가 얼마나 중요한지를 검토하시오. 수업 개선과 학생의 학업 성취를 높이기 위해서 이 연구를 효과적으로 활용할 수 있는 교사 대상 연수 프로그램을 개발하시오.
5. 〈표 12-5〉의 체크리스트를 이용하여 당신 학교의 학급 교육과정을 평가하시오.

사례

지역 교육청의 교육과정 위원인 Ron Dawson과 장학사 Kethy Perterson은 평가에 기초한 수업 문제에 대해 논의하고 있다.

"Ron Harris가 교장으로 있는 학교의 6학년 교사 중 한 명이 평가에 기초한 수업을 하고 있는 것으로 알고 있습니다."라고 Ron Dawson이 말했다.

Perterson은 미소를 지으며 다음과 같이 말했다. "우리 교육청 관내 학교 교사들이 일반적인 기준으로 평가(norm reference standardized test)를 하고 있다면 문제가 되지만, 제가 알기로는 다행히 현재 교육청에서 제시하는 표준 교육과정에 기초해서 평가(criterion reference test)를 하고 있습니다. 우리는 교사들이 평가 문항을 분석하여, 이를 참조로 자신의 교육과정을 조정하도록 하고 있습니다. 실제로 평가에 기초한 수업이죠."

Dawson 위원은 무슨 말인지 모르겠다는 표정이다.

Perterson은 계속해서 말을 이어 갔다. "6학년 교사는 현재 평가에 기초한 수업을 하고 있을 뿐만 아니라 이메일을 통해서 평가 결과를 학부모에게 알려 주고, 나아가서 컴퓨터를 활용해서 등급을 매기는 방법을 개발하고 있습니다. 그렇게 되면 학부모들은 컴퓨터 관련 기본 기술을 어느 정도는 습득해야 한다는 필요성을 느낄 것입니다. 결국 우리는 기본적으로 컴퓨터를 활용한 평가를 학교교육과정 평가과정에 도입하게 될 것입니다"

"그것이 어떻게 가능합니까?" Dawson 위원이 물었다.

"그러니까, 버튼 하나만 누르면 교사는 학생의 시험 점수, 총점, 평균을 언제든지 구할 수 있다는 것입니다. 학부모가 교실을 방문하면 선생님은 학부모에게 그들 자녀가 어떻게 학습하고 있는지를 정확하게 말해 줄 수 있습니다. 그리고 교사는 모든 학생의 정보를 전자 프로파일 형태로 접할 수 있습니다"

Dawson 위원은 관내 교사들이 평가에 필요한 기본 기능을 사용하고 있다는 점이 마음에 들었다. 그는 "평가에 기초한 수업을 진작했어야 했는데."라고 힘있게 말했다.

도전 과제

컴퓨터를 활용하여 평가를 하고 있는 Ron Harris 교장의 전략은 성공적인 것이었다. Harris 교장이 학생의 학업 성취뿐만 아니라 학교 전체의 교육과정을 평가하는 데 활용할 수 있는 새로운 또는 혁신적으로 방법으로 어떤 것들이 있을까?

주요 질문

1. 컴퓨터를 사용하는 시험과 일반적인 시험의 차이점은 무엇인가? 온라인상의 전자 시험이 비용 대비 효과가 있다고 생각하는가? 그렇다면 그 이유는, 또 아니라면 또 그 이유는 무엇인가?

2. 전자 시험이나 자료 분석에 컴퓨터를 활용하는 것을 반대하는 교사들의 저항을 Harris 교장은 어떻게 해결할 수 있는가?

3. Harris 교장이 자료 분석 방식으로 접근하는 다른 교사를 만난다면 어떤 이야기를 할까?

4. 앞으로 학습 영역의 평가에서 온라인 전자 시험의 역할은 무엇인가?

5. Harris 교장이 학생의 학업 성취를 평가하는 데 활용할 수 있는 기술적인 방법으로 기타 어떤 것들이 있는가? 그 전략을 정의하고, 효과적일 것이라고 생각하는 이유를 설명하시오.

참고 사이트

Curriculum evaluation

www.mcrel.org

www.ascd.org

National Center for Education Accountability

www.nc4ea.org

National Center for Education Statistics

http://nces.ed.gov

Research Center for Leadership

http://wagner.nyu.edu/leadership

4부

교육과정 분야의 최근 경향

　　교육과정 개발 과정을 일반적으로 이해하는 쉬운 방법 중 하나는 경향을 파악해 보는 것이다. 여기서는 교육과정 개별화 경향, 특수학생의 요구, 세계화 및 다문화 교육 등 교육과정 분야의 경향뿐만 아니라 교과별로 나타나는 경향들을 살펴보고자 한다.

◆ 제13장 ◆

교과 교육의 최근 경향

교육과정 개발을 일반적으로 이해할 수 있는 최적의 방안 중 하나는 교과 교육 분야의 경향을 파악해 보는 것이다. 교육과정 혁신이 교과를 넘어선 것이지만, 대부분의 중요한 변화는 교과에서 일어난다. 최근 NCLB법이 통과되면서 교육과정은 (주와 국가의) 표준을 강조하게 되었고, 이 표준과 관련하여 교육과정에 대한 의사 결정을 하게 되었다.

유치원~고등학교 교육에서 일어나고 있는 변화들은 교육과정을 조금씩 바꾸고 있다. 이런 변화들이 실제로 학교에 얼마나 영향을 미치는지, 유행했다가 사라지고 말 것인지를 예측하기 쉽지는 않지만, 적어도 교육과정 분야의 최근 경향 정도는 살펴볼 만하다. 이 장에서는 교육과정을 구성하고 있는 교과 영역의 발달 양상들을 살펴볼 것이다(영어/언어과/읽기, 사회과, 수학, 과학, 외국어, 체육 교육과 건강, 정보화 교육, 직업 교육, 미술). 교과별로 최근의 동향을 검토하는 것으로 시작해서 스푸트니크 이후의 교육과정 개선 동향을 파악하고 최근의 표준 교육과정 추세에 대한 설명을 하면서 마칠 것이다.

이 장에서는 다음과 같은 질문을 다룬다.

- 영어과 분야의 경향 및 쟁점은 무엇인가?
- 언어과 분야의 경향 및 쟁점은 무엇인가?
- 읽기 분야의 경향 및 쟁점은 무엇인가?
- 수학과 분야의 경향 및 쟁점은 무엇인가?
- 사회과 분야의 경향 및 쟁점은 무엇인가?
- 과학과 분야의 경향 및 쟁점은 무엇인가?
- 외국어 교과 분야의 경향 및 쟁점은 무엇인가?
- 예술과 분야의 경향 및 쟁점은 무엇인가?
- 교과 교육과정 개발 분야에서 두뇌 관련 연구는 어떤 역할을 하는가?
- 테크놀로지는 교과 교육과정 실행에 어떤 영향을 미치는가?

리더십의 열쇠

교육과정 리더는 교실 수업의 질을 높이기 위해 소집단 학습 위주로 운영하면서 여러 가지 접근들을 동시다발적으로 적용해야 한다는 것을 알고 있다.

1. 영어, 언어, 읽기 분야

OECD 교육국장인 Andreas Schleicher(2008)는 "인지적 요구들은 단지 등장하는 것에 그치는 것이 아니라 변화한다."고 하면서, "내용 지식을 암기하는 것으로는 충분하지 않다. 학생들은 정보를 관리하고, 평가하고, 성찰하고, 활용해야 한다. 모든 영역에서 문해력이 기본이다."라고 언급하였다(p. 4).

『읽기와 쓰기에서의 다중지능(*The Multiple Intelligences of Reading and Writing*)』의 저자인 Thomas Armstrong(2003)에 따르면,

> 우리는 모든 내용이 문해력과 관계 있다는 것을 알고 있고 이 모든 것이 두뇌에서 만들어진다는 것을 알고 있다. 읽기와 쓰기가 음악, 미술, 자연, 논리적 분석, 연극, 낭독, 정서 표현, 사회적 관계 등 다른 영역의 창의적 방식들을 광범위하게 포함하는 풍성한 환경을 만드는 것이 중요하다(p. 136).

문해력은 미국에서 가장 중요하다. 새로운 밀레니엄 시대 동안 대중의 관심은 교육, 특히 언어 교육에 집중되고 있다. 정책입안자와 학부모는 나라의 미래가 교육에 달려 있다는 것을 경험하고 있다. 또 그들은 학교가 그들이 요청하는 것만큼 효율적이지 않다는 것을 우려하고 있다. 국제 무대는 생산자와 관리자 모두에게 높은 수준의 문해력을 점점 더 강도 높게 요구하고 있고 다음과 같은 질문들을 국가적인 화두로 삼고 있다. 이 악순환을 어떻게 깰 것인가? 모든 아동의 학업 성취를 도울 수 있는 것은 무엇인가? 학생의 학업 성취를 높이기 위해서 교육과정과 수업은 어떤 모습으로 변해야 하는가? 모든 학생이 능숙하게 읽고 쓰는 것을 배우도록 하기 위해 학교는 어떤 방법을 써야 하는가?

Linda Darling-Hammond와 Barnett Berry(2006)는 '모두를 위한 우수 교원(Highly Qualified Teachers for All)'에서 다음과 같이 설명하였다.

> 만족할 만한 교사의 질을 확보하기 위해 일반적으로 규정하고 있는 것을 넘어서는 뭔가가 필요하다. 국가 차원에서 계획적으로 접근할 필요가 있다. 관련 연구결과에 비추어 볼 때, 교사의 질은 모든 학생에게 중요하며, 특히 장애를 가진 학생에게는 더 중요하다(pp. 14-15).

NICHHD(National Institute of Child Health and Human Development, 2000)는 『전국 읽기 패널 보고서, 아동에게 읽기 가르치기: 읽기 자료에 대한 과학적인 연구에 기초한 평가 및 이것이 읽기 수업에 주는 함의(Report of the National Reading Panel Teaching Children to Read: An Evidence-Based Assessment of the Scientific Research Literature on Reading and Its Implications for Reading Instruction)』를 출판했다. NRCC(National Research Council Committee)의 『아동의 난독 문제 예방(Preventing Reading Difficulties in Young Children)』(Snow, Burns, & Griffin, 1998) 보고서는 초기의 읽기 기능 습득과 관련된 연구들을 종합적으로 검토했다. 이 보고서는 교사가 중요하다는 점을 특히 강조했고, 아동기에는 발음과 이해 둘 다 결정적으로 중요하다고 지적했다. 이 보고서는 공감이 읽기 프로그램의 중요한 구성요소라고 했다.

읽을 줄 아는 것은 예전보다 더 중요해졌다. 미국의 직업 세계가 변하고 있다. 전문직, 서비스 직종에서 급속한 변화가 있을 것으로 예상된다. 여러 가지 의견을 다

> **도움말 13.1**
> 겉으로 드러나는 것이 모든 것은 아니다. 읽기 분야의 최근 연구와 실제 관계로부터 중요한 시사점을 도출하는 것이 교육과정 리더가 해야 할 일이다.

양한 집단과 공유해야 하기 때문에 의사소통 기술이 더 요구된다(Gomez & Gomez, 2007). IRA(International Reading Association)가 2000년에 보고한 '우수한 읽기 교사들(Excellent Reading Teachers)'에 의하면, "교사는 아동이 읽기를 학습하고 읽기에 대한 동기를 부여하는 데 영향을 미치기 때문에 모든 학생에게 우수한 읽기 교사가 필요하다."(p. 15) IRA(2000)에서는 읽기를 가르치는 데 필요한 몇 가지 지식과 실행 면에서 우수한 읽기 교사의 주요 특징을 다음과 같이 제시하였다.

- 교사는 읽기와 쓰기 발달 과정을 이해하고 있으며 모든 학생이 읽고 쓰기를 배울 수 있다고 믿는다.
- 교사는 학생 개인의 진보 정도를 계속해서 평가하며 학생의 이전 경험과 관련지어서 읽기를 가르친다.
- 교사는 읽기를 가르치는 다양한 방법들을 알고 있고 각각의 방법을 언제 사용할지를 알고 있으며 방법과 프로그램을 효과적으로 결합할 줄 안다.
- 교사는 학생이 읽을 수 있는 다양한 자료와 텍스트를 제공한다.
- 교사는 개별 학생의 학습에 맞도록 학습 집단을 유연하게 조직할 줄 안다.
- 교사는 좋은 읽기 '코치'의 역할을 한다(즉, 교사는 전략적으로 돕는다.)(p. 235).

IRA에서 언급했듯이 우수한 읽기 교사들은 대부분 우수 교사의 일반적인 특성도 갖추고 있다. 그들은 내용과 교육학적 지식을 갖추고, 학습 참여가 높은 교실 환경을 만들며, 강력한 학습 동기부여 전략을 사용하고, 학생의 학업 성취에 대한 기대가 높고, 어려움을 겪고 있는 학생을 돕는다.

1) 유치원~고등학교 영어과의 이슈들

유치원~고등학교의 영어과 교사, 행정가, 교육과정 전문가들은 이 분야의 다양한 이슈에 직면해 있다. 이슈는 다음과 같다.

- 읽기 수업의 최적화에 대한 논쟁
- 교육과정과 수업에 미치는 표준의 영향
- 학습 결과 및 평가에 대한 관심의 증가

학생의 학업 성취에 대한 국제 비교는 교육, 특히 문해력이 개인의 행복, 경제적 안정에 중요한 영향을 미친다는 것을 대중들에게 설득시키고 있다. 모든 정치가는 학교를 '개선하기' 위해서 교과와 학교교육 계획에 개입하고 있다. 미국의 대중은 학교에서 일어나는 것을 더 알고 싶어 하며 학교가 명백한 결과물을 산출하고 있다는 증거를 원한다.

Slavin, Chamberlain 그리고 Daniels(2007)는 미국 중등학교 학생들의 문해력이 위기에 처해 있다고 생각한다. 고등학교에 입학하는 많은 학생들의 읽기는 수준 미달이다. 그러나 엄격한 읽기 표준과 집중적으로 읽기를 가르치는 새로운 읽기 프로그램의 개발은 학생들의 성공적인 읽기 학습을 위한 활력소가 되고 있다.

표준 설정에 대한 운동은 교육과정과 수업을 일관성 있게 만들고 있다. 아이오와 주에서는 언어과의 표준을 개발했고 다른 주에서도 표준에 기초한 평가 도구들을 개발하고 있다. 명확하고 공식적인 목표를 효과적인 교육 및 강력한 학습의 기초로 생각하는 사람들이 늘어나고 있다. 표준은 교육과정 개선의 방향을 제시한다. James W. Stigler와 James Hiebert(1999)는 『수업의 격차: 세계의 교사들이 제시하는 교실 수업 개선에 대한 아이디어(*The Teaching Gap: Best Ideas From the World's Teachers for Improving Education in the Classroom*)』에서 "표준이 학교의 강좌 개설, **평가 기준**(고딕체는 추가된 것임)을 정하는 준거를 제공하지만, 정작 개선해야 하는 것은 수업이다."라고 했다(p. 2). 학생, 교사, 학교, 교육청이 모두 학교의 학습 결과에 책임을 져야 한다는 점이 강조되고 있다.

2) 영어과 표준

표준 교육과정이 제시하는 비전은 모든 학생이 자신의 삶을 추구하고, 사회 구성원으로 참여하면서 생활하는 데 필요한 언어 능력을 습득할 기회와 지원을 받아야 한다는 것이다. 표준 교육과정은 학생의 문해력이 학교에 입학하기 전에 표현하는 도식과 단어를 연결하고, 쓰기나 읽기 같은 문해 활동 경험을 토대로 한다고 가정한다. 따라서 표준 교육과정은 입학 전 학생의 문해력을 생산적으로 높이는 수업과 교육과정 개발을 촉구한다. 또 표준 교육과정은 궁극적으로 교수와 학습 과정에서 필수적인 혁신과 창의성을 발휘할 수 있는 여유를 준다. 표준은 교육과정이나 수업을 구체적으로 처방하지 않는다. 〈표 13-1〉의 표준들은 서로 별개이거나 분리된 것이 아니고 실제로 표준은 하나의 전체로서 부분들이 상호 관련되어 있다.

2. 영어과

이 장은 읽기를 제외한 영어과를 중심으로 설명한다. 읽기는 중요하기 때문에 따로 다룰 것이다.

1) 영어과의 경향

영어과 교육과정의 경향을 네 가지로 짚어 볼 수 있다. 첫째, 다양한 쓰기 스타일과 관련 있는데 글의 구성 과정과 쓰기 관련 활동에 대한 관심이 증가하였다. 주로 NWP(National Writing Project)에서 개발한 교육과정 지침을 따르는데, 최종 산출물에 집중하는 대신 미리 쓰기나 교정을 중심으로 한 글쓰기 과정을 강조한다. 교사가 요구하는 것만 충족시키는 학교의 표준화된 쓰기 교육보다는 오히려 다양한 형태의 형식적이고 의도적인 글쓰기를 강조한다.

둘째, 읽기 자료에 대한 학생들의 반응이 보다 종합적이고 다양하다. 지금까지 교육과정은 해석적이고 평가적이었던 것에 비해, 요즘은 학생들에게 그들이 공부하는 것에 대해 보다 개인적으로, 보다 창의적으로 반응할 것을 강조한다. 이렇게 하는 의도는 학생들을 문학 평론가로 만들려는 것이 아니라 문학 작품을 좀 더 개인적으로 음미하도록 돕고자 하기 때문이다.

셋째, 영어과 교육을 통해서 학생들이 비판적 사고력을 기를 수 있도록 하는 데 관심이 높아졌다. 사고하는 것을 가르쳐야 한다는 인식(14장 참조)이 확산됨에 따라, 교육과정 리더와 영어과 교육 전문가들은 교사들에게 교실 언어 교육의 핵심이 사고하기라는 점을 이해해야 한다고 강조하고 있다.

마지막으로 통합 영어 교육에 대한 관심이다. 이런 관심은 과거 Roberts, Kaulfers 그리고 Kefaurer(1943)의 『생활 영어(*English for Social Living*)』에서 찾을 수 있지만, 최근에는 NCTE(National Council of Teachers of English)의 『IRA/NCTE 표준: 12개의 표준들(*IRA/NCTE Standard for the English Language Arts: The 12 Standards*)』(2005)에서 강조하고 있다. NCTE는 "학생이 자신의 삶을 추구하고 사회 구성원으로서 적극 참여하기 위해 필요한 언어 능력"을 발달시킬 표준과 방법들을 개발해 냈고, "아동들의 문해적 성장은 학교교육을 시작하기 전에 읽고, 쓰고, 구어(口語)를 회화적 표상과 연계하는 문해 활동을 통해 경험하고 실험함으로써 발달되기 시작한다고 가정한다."(n.p.)

이런 개발이 얼마나 효과적일까? 교육과정 개발을 안내하는 두 개의 출판물이 있다. 하나는, 『영어과 이수 지침(*Language Arts English Primary-Graduation Curriculum Guide*)』(캐나다 교육부, 1992)이다. 영어과 교육과정의 철학과 근거, 범위와 계열, 프로그램의 목적, 최종 결과물, 목표, 학습 결과물, 교육활동 사례를 제시하고 있다.

두 번째 출판물은 위에서 언급한 NCTE의 『IRA/NCTE 표준: 12개의 표준들』(2005)이다. 〈표 13-1〉은 이 위원회가 추천하는 내용을 요약한 것이다. 이 목표들은 교육과정 리더에게 보다 폭넓은 이해를 제공하며 유용한 출발점을 제시한다.

이 책들은 영어과 교육과정 지침을 개발하고자 하는 사람 및 지역 교육청 교육과정 담당자에게 유용하다.

〈표 13-1〉 영어과의 12가지 필수 목표

1. 학생들은 세계, 미국 문화, 자신을 이해하기 위해서 여러 가지 인쇄 및 비인쇄 형태의 텍스트를 읽는다. 이는 새로운 정보를 얻기 위해서이며, 사회나 직업 세계의 요구에 대응하고 개인의 자아실현을 위해서이기도 하다. 이런 텍스트에는 소설, 논픽션, 고전과 현대 문학이 포함된다.
2. 학생들은 인간의 경험 세계를 이해하기 위해서 다양한 관점(예: 철학, 윤리학, 미학)의 여러 장르에 해당하는 글들을 읽는다.
3. 학생들은 텍스트를 이해하고, 해석하며, 평가하고, 감상하기 위해 다양한 전략을 사용한다. 이를 통해서 학생들은 이전 경험, 독자와 작가의 상호작용, 단어 의미, 텍스트에 관한 지식,

(계속)

단어를 선별하는 전략, 텍스트의 특성(예: 음성-철자 일치, 문장 구조, 맥락, 도표)을 이해한다.

4. 학생들은 다양한 사람들과 효과적으로 의사소통하기 위해서 말하기, 쓰기, 시청각 언어(예: 틀, 형태, 어휘)를 적절히 사용한다.

5. 학생들은 다양한 사람들과 적절하게 의사소통하기 위해서 쓰기 및 쓰기 과정에서 다양한 전략을 사용한다.

6. 학생들은 인쇄물과 비인쇄물로 된 교재를 만들고, 비평하고, 논의하기 위해 언어 구조, 언어 틀(예: 철자법, 구두점), 미디어 기술, 비유, 장르에 관한 지식을 활용한다.

7. 학생들은 생각하고 질문하고 문제를 제기함으로써 흥미 있는 이슈를 연구한다. 목적을 달성하기 위해서 적절한 접근 방법을 찾고 찾은 것을 전달하기 위해서 다양한 출처(예: 인쇄물 및 비인쇄물 교재, 인공물, 사람)로부터 자료를 모으고 평가하고 종합한다.

8. 학생들은 정보를 모으고, 종합하며 지식을 획득하고 전달하기 위해서 다양한 테크놀로지와 자원(예: 도서관, 데이터베이스, 컴퓨터 네트워크, 비디오)을 활용한다.

9. 학생들은 문화, 인종, 지리적 위치와 사회적 역할을 넘어 방언, 패턴 등 다양한 언어를 이해하고 존중한다.

10. 모국어가 영어가 아닌 학생들은 교육과정을 통해 영어 능력을 키우고 내용 이해를 위해서는 자신들의 모국어를 이용한다.

11. 학생들은 다양한 문학 활동에 지적이고 반성적이며 창조적이고 비판적으로 참여한다.

12. 학생들은 자신의 목적(예: 학습, 재미, 설득과 정보 교환을 위해)을 달성하기 위해 말하기, 쓰기와 시청각 언어를 사용한다.

출처: From *Standards for the English Language Arts*, by the International Reading Association and the National Council of Teachers of English, Copyright 1996 by the International Reading Association and the National Council of Teachers of English. Reprinted with permission.

2) 차별화 교육과정

최근 영어 교사들은 학습에 활기를 불러일으키고 확장시키는 것을 돕는 차별화된 교수에 집중한다. ERS(Educational Research Service)의 특별 연구 프로젝트 책임자인 Nancy Protheroe(2007)에 따르면, 학교에서 운용되는 차별화 교육과정을 만들기 위한 단 하나의 공식은 없다. 오늘날 표준 성취에 대한 학교에의 요구는 교육에서 판에 박힌 방식을 요청하는 듯 보인다. 능력, 배경, 흥미와 상관없이 모든 학생들은 표준의 공통을 학습하도록 요구된다. 그러나 교육자의 연구와 예상은 만약 개별 학생들의 교수적 요구에 집중된 관심을 보이지 않으면 상당수의 학생들이 특정 지식과 기술을 배우는 데 실패할 것임을 명백히 말하고 있다. 변증법적 일기 쓰기, 해설서, 비판적 분석, 분석적 쓰기 기술과 평가는 교사의 차별화된 교수법을 돕는 데 사용할 수 있는 주제 중의 일부이다. 학생들은 작자, 소외와 고난, 성인기에 관한 이야기를 쓸 수 있다.

도움말 13.2
학생들은 다양한 관점으로 접근하여 조사하고 글을 써야 한다.

교수의 핵심은 가르쳐야 할 내용이다. 즉 교수에서 우리는 학생들이 어떤 것을 알고 이해하며 행할 수 있기를 원한다. 전문 교사가 되기 위해서는 지속적으로 교과의 본질에 대한 깊은 이해를 구하고 교과 지식을 더욱더 잘 파악해야 한다. 이해는 교육과정 계획에 있어서 교사 역할의 핵심이다(Tomlinson & McTighe, 2006).

영어 교사들은 Jay McTighe(Schneider, 2000)의 '설계 과정으로 이해하기(Understanding by Design Process)'뿐만 아니라 Grant Wiggins가 개발한 백워드 설계 모형(Backward Curriculum Design Process)을 사용한다. Socrates식 세미나의 형태가 미국의 언어과 학습 전체에 효과가 있다. 교사들은 토론과 쓰기로 한 해를 시작하고 끝낸다. 생각하고 글 쓰는 수업들은 도전적인 활동을 제공한다. 인지적 코칭과 학생 멘터십의 형태는 일반적인 것이 되고 있다. EA(Edacational Associates)의 회장인 Evelyn Schneider(2000)에 따르면, 영어 교사들은 언어를 가르치는 방법으로 문학 모임(Literature Circle)뿐만 아니라, 글 돌려 쓰기(Circle Writing), 생각 확장을 위한 초고 작성(Sketch to Stretch), 차별화된 역할(Differentiated Roles)과 같은 전략들을 사용한다.

(1) 글 돌려 쓰기

글 돌려 쓰기는 학생들을 3명씩 구성된 소집단들에 배치하고 역사적 배경, 예언, 오감, 비교, 분류, 평가 등과 같은 여러 측면에서 사진들을 검토하도록 한다. 각 소집단은 토론을 시작하는 질문들을 만들기 위한 양식을 작성한다. 시작 질문은 글 돌려 쓰기의 출발점이 된다. 종이가 학급을 돌며 공유됨에 따라 각 학생은 자신의 관점을 추가한다.

(2) 생각 확장을 위한 초고 쓰기

인종 차별, 노숙자 또는 문해력과 같은 쟁점적인 주제를 다루는 소설을 사용하여 학생들은 공동체와 인류에 관한 질문들을 전개해 나간다. 학생들이 각 읽기 부분에서 가장 중요한 주제를 개략적으로 쓸 수 있게 종이를 4개 부분으로 접는다. 생각들은 다양한 선택, 시각적 표상, 표제 또는 문장 요약에 관한 것으로 구성된다.

(3) 차별화된 역할

학생들은 어떤 중요한 인물에 관한 정보를 담고 있는 종이 조각들을 사용하여 짧은 전기문을 만든다. 종이 조각들은 학급을 순회하게 된다. 학생들은 독자들에게 친숙한 라벨, 그 인물의 삶의 패턴 또는 비유로 종이 조각들을 분류하고 상호 비교한다.

(4) 문학 모임

학생들은 4명으로 구성된 소집단 속에서 문학 작품을 검토한다. 한 사람은 글을 읽고 다른 한 사람은 인용 가능한 인용문을 찾는다. 다른 두 학생은 삽화가 또는 잘 모르는 단어를 찾는 '어휘 조사가(vocabulary enricher)'가 된다.

이것들은 학급에 활력을 불어넣기 위해 영어 교사들이 사용하는 몇 가지 전략들이다. 실제로 교사들에게는 그들의 언어과 교육과정을 변화시키는 다양한 방법이 있다. 가장 빨리 성장하면서 인기를 누리고 있는 방법 중의 하나는 비평적 문해력 요소의 결합이다.

3) 비평적 문해력

Gerald Bracey(2006)에 따르면, Whitehurst와 같은 하이스코프 재단(High/Scope Foundation)의 회원이자 연구자들은 즐거움을 위한 독서량에서의 상당한 감소를 발견하였는데, 그것은 문해력 수준을 보여 주고 있다. 그 결과, 오늘날 학급에서 비평적 문해력 구성을 실행해야 한다는 강력한 요구가 생기고 있다. 언어과 교사들은 학급 안팎에서 학생들의 상상력을 사로잡을 방법을 찾고 있다. 이것은 학생들을 풍부하고 자극적인 문학 작품에 몰두하도록 하는 것에서 시작된다. 즉 읽기,

쓰기, 이미지에 대한 학생의 열정을 깨우고 관심을 불러일으키며 도전할 잠재성이 있는 문학 작품에 대한 비평 활동을 필요로 한다(Long & Gove, 2004).

비평적 문해력은 언어과 교수에 있어서의 변화의 가능성과 관점에 대해 질문한다. 역사적으로 이러한 추세는 진보적 실천에 관한 사고에 중요한 영향을 남긴 브라질의 교육학자인 Paulo Freire(1921~1997)의 연구에 뿌리를 두고 있다(McDaniel, 2004). 비평적 문해력은 영어 교사들과 학생들이 자신과 세계에 대해 질문하고 변화를 지향하여 노력하도록 하는 방법을 개발하는 방향으로 발전해 왔다. 그 접근은 비평적 사고 기술을 넘어 교사와 학생이 이 세상에 대해 어떤 관점을 형성하도록 촉진한다.

3. 읽기

엄밀히 말하면, 읽기는 언어(대개 읽기, 쓰기, 말하기, 듣기를 포함하는) 교과의 한 영역이지만, 특히 저학년에서의 읽기는 교과 교육과정과 동일한 교육과정의 한 분야로 분리해서 가르칠 정도로 중요하게 생각된다.

1) 읽기 경향

읽기에 관한 조사 연구는 교육자들 사이에서 수많은 논쟁과 혼란을 일으켜 왔다. Marie Carbo(2007)는 능숙하게 읽을 수 있는 독자층의 비율을 높이기 위해서 교육에서는 최적의 읽기 교수법을 활용해야 한다고 지적하고 있다. 최근 경향은 읽기와 책에 대한 학생의 관심을 향상시키기 위해서 교사의 창의성이 더욱 요청되고 있다(Glendening, 2004). 이것은 학급에서 '가장 효과적인 것은 무엇인가'라는 문제를 다룬 연구결과를 종합하여 메타분석할 수 있다(Camilli & Wolfe, 2004). 분석 결과, 대부분의 성공적인 학교와 연구들은 질 높은 수업과 소집단 학습을 모두 적용하는 다층적인 접근(multitiered approach)이 읽기 부진아의 비율을 상당히 줄일 수 있다고 한다(Lyon, Fletcher, Torgeson, Shaywitz, & Chhabra, 2004). Reid Lyon은 최근의 학급 Title I 연구(학습 부진아를 위한 특별 교수, Special Education for Students with Disabilities)에서 효과적인 수업을 통해서 읽기 부진아의 비율을 약 6% 정도

줄일 수 있다고 하였다. Lyon 등이 수행한 다른 연구에서는 효과적인 수업과 소집단 학습을 병행한 결과, 읽기 부진아를 확실히 줄일 수 있다는 것을 증명했다.

도움말 13.3

전문가 지도나 소집단 학습과 관계없이 대부분의 읽기 연구자들은 교사들이 읽기 수업에 여러 경로로 접근하여 다양한 수업을 하는 것이 도움이 된다고 생각하는 것 같다.

대부분의 연구들은 읽기에 성공적인 학교들이 직접적인 교수, 도구 중심(means-based)의 접근을 널리 활용한다. 그러나 읽기 학습에 적중하는 유일한 공식이 있는 것은 아니다(Camilli & Wolfe, 2004, p. 28). 저명한 연구자이면서 저술가인 Richard Allington(2001)은 전문적인 지도(expert tutoring)를 할 경우, 대부분의 학생들은 해당 학년 수준의 읽기 기능을 성취할 수 있다고 하였다. 또 Allington은 이를 위해서 상상 이상의 재정 지원이 필요하다고 지적했다. 교실 수업에 대한 최근의 연구들은 교사가 읽기 관련 지식을 개선하도록 지원해야 하며, 이것의 효과나 중요성을 강조한다.

2) 두뇌 연구

최근의 읽기 연구에서 하나의 새로운 경향은 두뇌 연구와 두뇌가 활동하는 방식에 대한 관심이 증가해 왔다는 것이다. 신경영상학 연구가 시작된 초창기에 신경과학자와 교육자는 협력 연구를 했다(Willis, 2007). 어떤 과학자는 두뇌 연구가 읽기와 얼마나 깊은 관련이 있는지를 강조했다. Patricia Wolfe(2001)와 그 외 여러 학자들은 두뇌 연구가 읽기에 미치는 영향 및 시사점을 연구해야 한다고 주장했다. Wolfe는 이것이 의사가 신체를 다루기 위해서 신체를 이해해야 하는 것과 같다고 했다. Wolfe는 우리가 두뇌를 더 많이 이해할수록 최적의 교수·학습을 더 잘 설계할 수 있다고 생각한다.

Marge Scherer(2004)는 MRI 기술을 두뇌 연구에 사용하여 두뇌의 기능에 대한 새로운 정보들을 제시했다. 특히 읽기를 어려워하는 독자와 읽기에 유창한 독자의 두뇌 이미지를 비교함으로써, 이 둘이 어떻게 다른지를 보여 주었다. Scherer는 자신의 연구를 통해서 전문가의 집중 지도가 읽기 장애를 극복하고 난독학생을 도울 수 있다고 하였다.

예일 대학교 소아과 교수인 Sally Shaywitz와 Bennett Shaywitz(2004)도 Scherer의 두뇌 연구결과에 동의한다. 그들은 모든 아동이 알파벳 표기, 포괄적인 음소의 인식과 발음, 읽기의 유창성, 어휘, 독해 전략을 배워야 한다고 주장한다. 또한 Sally Shaywitz와 Bennett Shaywitz는 이를 조직적이고 포괄적이며 구체적으로 가르쳐야 한다고 주장한다. 우연히, 임의로, 파편적으로 가르치는 것은 적절하지 않다.

그러나 모든 연구자들이 최근 두뇌 연구결과에 동의하는 것은 아니다. 심리학자 Gerald Coles(2004)는 '두뇌의 갑작스런 고장'이라는 연구에서 두뇌 연구결과들이 잘못 해석될 수도 있다는 점을 지적하였다. 그는 다음과 같은 점들을 지적하였다.

- 대안적 교수법이 두뇌를 활성화하는 대안이 될 수 있는가?
- 아동마다 '읽는다는 것'의 의미를 다르게 생각하는데, 이런 의미 차이가 두뇌의 활동 및 조직 방식의 차이라고 할 수 있는가?
- 독해, 구문, 단어 인식 등 읽기의 여러 측면들이 읽기 과제를 하는 동안 어떻게 상호작용하며 어떤 형태의 두뇌 활동이 이런 상호작용을 하게 하는가?
- 책 읽기를 통해서 습득한 지식은 두뇌에 영향을 미치는가?

3) 테크놀로지와 읽기

인터넷 사용자들이 컴퓨터 온라인 컨텐츠에 접속할 수 있는 Read/Write 홈페이지들은 교육과정, 수업, 전문적인 지도에 영향을 미치기 시작했다. 온라인과 수업을 연동함으로써 학생들의 읽기 학습을 강화할 수 있다. 학습하는 동안 학생에게 활발하게 생각하도록 하기 때문에 이런 연계망은 학습자 중심의 학습 환경이 된다(Roschelle, Penuel, & Abrahamson, 2004). 교사는 학생의 학습에 대한 축적된 피드백 자료를 기초로 수업을 조정할 수 있다. 수업에 테크놀로지를 성공적으로 통합하는 이런 방식들은 연구자들의 관심을 끌고 있다. 이런 읽기 공동체에 대한 상세한 정보가 필요하다면, 다음 사이트를 참고해 보라(Perkins-Gough, 2004).

- The International Reading Association(IRA)(www.reading.org): 이 단체는 99개 국가가 회원으로 가입하고 있다. 읽기 수업의 질을 개선함으로써 문해력을 향상하고, 읽기 관련 연구 정보를 제공하며, 평생 읽기 습관을 장려하는 것을 목적으로 한다. IRA의 웹 사이트를 통해서, 『읽기 온라인(*Reading Online*)』이라는 온라인 저널뿐만 아니라, 『읽기 교사(*The Reading Teacher*)』『청소년과 성인의 문해력 저널(*Journal of Adolescent & Adult Literacy*)』『읽기 연구 계간지(*Reading Research Quarterly*)』에 실린 논문들을 읽을 수 있다.
- Education Commission of the States(www.ecs.org): 이 사이트에서 Reading/Literacy를 보라. 『학생의 읽기를 개선시키기 위한 일반적인 전략들(*Common Strategies to Improve Student Reading*)』『읽기 학습 프로그램을 평가할 수 있는 사용 안내서(*A Consumer's Guide to Evaluating a Core Reading Program*)』『유아의 난독증 예방하기(*Preventing Reading Difficulties in Young Children*)』 등을 열람할 수 있다.
- Council for Learning Disabilities(CLD)(www.cldinternational.org): 이 사이트에서는 이 분야 연구결과들을 실제로 어떻게 적용할 수 있는지를 사례를 통해서 보여 주고 있다.

4) 교육과정 리더를 위한 제언

뉴욕 주 시오셋(Syosset)에 있는 National Reading Styles Institute의 설립자이자 이사장인 Marie Carbo(2003)는 읽기 학습을 개선하고자 하는 교육과정 리더나 교장에게 다음과 같은 제안들을 제시하였다.

- 학생들이 풍부하고 잘 쓰인 글에 친숙하도록 도와라. 교사가 교실에서 다양한 장르의 글들을 낭독해 줄 수 있다.
- 학생들이 즐겁게 읽을 수 있도록 도와라. 교사나 부모는 학생이 편안하게 여기는 장소에 흥미 있게 읽을 만한 책들을 비치해 둠으로써 읽기를 격려하는 환경을 조성한다.
- 녹음 책(느린 속도, 구체적인 구문)들을 개발하라. 읽기가 힘든 학생들이 읽기 전에 이런 오디오 자료들을 듣거나 따라 읽을 수 있다.

- 오디오 교과서를 제공하라. 읽기가 힘든 학생은 교과서를 들음으로써 교과 내용에 친숙해지고 실제로 읽기를 더 잘할 수 있게 된다.
- 다양한 읽기 방법에 친숙해지도록 한다. 하나의 방법이 기능하지 않을 때, 교사들은 대안적 방법을 시험해 볼 필요가 있다.
- 학생의 선택을 허락해 주어라. 가령, 학생은 읽을 책뿐만 아니라 함께 읽고 싶은 사람을 선택할 수도 있다.
- 읽기 기능을 재미있게 연습시켜라. 가령, 학생들이 또래와 함께 활동할 수 있도록 해 주고 손으로 조작하거나 게임 등의 형태로 기능을 연습할 수 있도록 재미있는 전략을 활용한다.

읽기를 개선하는 데 학교 도서관은 중요하다. Curry Lance Keith(2004)는 장서를 구비·정리하고 있는 도서관이 학생의 읽기 성취에 영향을 미친다고 언급했다. 이것은 학교 도서관이 교사에게 연구를 안내하고 학생에게 재미있게 읽을 수 있는 자원을 제공하기 때문이다. 따라서 훌륭한 학교 도서관을 통해서 학생들의 읽기 학습을 도울 수 있다.

읽기에 능숙하지 못한 학생이 관심을 가지는 읽기의 형태는 전체적이고 촉각적이며 운동 감각적인 것이다. 읽기가 미숙한 학생과 능숙한 학생 간의 간극은 더 넓어지고 있다. 따라서 학교장이나 교육과정 리더는 이를 해소할 수 있는 많은 전략들을 가능한 한 활용해야 한다. IRA의 Exemplary Reading Program Award Committee는 질 높은 읽기 프로그램을 개발하는 데 필요한 세 가지 요소를 제안했다. 교육과정을 통한 집중적인 읽기 학습, 강력한 리더십, 학생들이 즐겁게 읽도록 격려하기 등이다(IRA, 2004). 아무튼 효과적인 읽기 학습을 위해서 교육과정을 통한 집중적인 읽기 학습, 소집단 수업, 전문가 지도, 동시다발적인 접근, 교사 연수 등 어디에 집중하든 리더들이 읽기 학습 향상 문제에 당면해 있는 것은 사실이다.

4. 사회과

모든 과목을 가르치는 초등학교 교사들은 역사나 지리 수업을 위해서 그리 많은 준비를 하지 않는다(Thornton, 2007). 이 점에 대해 교육과정 리더는 약간의 우려를 하게 된다. 이 장에서 설명하겠지만, 교육과정을 개정하던 초기에는 외형적으로나마 목표를 명확히 하고자 하는 경향이 뚜렷했지만 최근에는 느슨해지는 경향이 있다.

스푸트니크 사건에 의한 과학, 수학과 교육과정 개정 움직임은 사회과에도 영향을 미쳤다. 미국 교육부(U.S. Office of Education: USOE)는 National Science Foundation으로부터 재정 후원을 받아서 40여 개의 교육과정 개발 프로젝트를 발주했다. 이 프로젝트들은 대부분 대학을 중심으로 수행되었고 따라서 교육과정은 보다 더 학문적인 경향을 갖게 되었다.

사회과는 이런 교육과정 개정 시기를 지나면서 혼란을 겪게 되었다(Jarolimek, 1981). 추진하던 교과 교육과정 개발 프로젝트들은 종료되었고 새로운 프로젝트를 수행할 연구비가 없었다.

학문으로의 복귀 경향이 뚜렷했고 몇 개의 보수 단체나 지역 사회 단체들은 조직적으로 가치나 도덕적인 특성이 있는 교과들을 공격했다. 5학년 학생에게 인류학적 관점에서 가치문제를 탐구하도록 했던 『인간학(Man: A Course of Study)』 프로젝트는 공격의 표적이 되었다. 이 프로젝트는 연방 교육예산으로 교육과정 패키지를 제작했기 때문에 의회 청문회에 회부되었다.

이때 수행한 몇몇 연구들을 지금 시점에서 보면, 다소 실망스러운 것도 있다(이하의 설명은 Ponder, 1979; Shaver, Davis, & Helburn, 1979; Superka, Hawke, & Morrissett, 1980 연구 내용이다). 첫째, 당시 학문 중심 교육과정의 영향은 지속되지 않았다. 학문 중심 교육과정은 지금 전체의 20% 정도를 차지하고 있다. 둘째, 사회과의 경우, 획일화하기 어렵다는 믿음이 있음에도 불구하고 표준화하려는 경향이 강화되었다. Superka 등(1980)은 "국가 수준의 교육과정은 교육과정 법률, 지역의 요구를 반영하고, 교과서를 제공해야 한다."고 하면서 〈표 13-2〉의 사회 교과의 계열성을 제시하였다(p. 365).

교육과정이나 교과서를 개정하였지만 학교에서 가르친 교육과정(taught curriculum)은 거의 바뀌지 않았다. 여전히 대집단을 대상으로 강의나 암기 위주의 수업이 지배적이었고 학생들은 주로 사회과 교육 내용을 정보로 기억하고 재생하는 능력을 평가받아야 했다. 경험 및 탐구 중심 학습은 거의 일어나지 않았다. 대부분의 사회과 교사가 사회과 교육에 대한 전통적인 관점을 갖고 있었기 때문에 사회과 수업은 사회과 교육 내용을 전달하는 식이었다.

연방의 사회 교과 위원회(1984)는 〈표 13-2〉와 유사한 사회과 교육 내용에 대한
범위 및 계열을 추천한 반면, 오히려 지역 교육청에서는 더 융통성 있는 지침을 제시
하였는데 6~12학년까지를 위한 3개의 선택 과정을 제시하였다. 예를 들어 8학년용
선택 과정을 보면 다음과 같다.

- 선택 1: 사회적 역사와 경제 발전을 강조하는 미국 역사
- 선택 2: 경제학과 법률 관련 연구
- 선택 3: 지역 연구를 위한 간학문적 코스

〈표 13-2〉 사회과 내용 조직

유치원: 나, 학교, 지역사회, 집
1학년: 가족
2학년: 이웃
3학년: 지역사회
4학년: 주 역사, 지리
5학년: 미국 역사
6학년: 세계 문화, 서반구
7학년: 세계 지리 또는 역사
8학년: 미국 역사
9학년: 공민 또는 세계 문화
10학년: 세계 역사
11학년: 미국 역사
12학년: 미국 정부

◆ 사회 교과 교육의 경향

학교나 교과서 출판사들은 문해력과 수학을 강조하는 반면, 사회과는 읽기에
'통합'하려는 경향이 있다. 한편으로는 이런 통합이 사회 교과 내용을 피상적으로
다룬다는 비판이 제기되어 왔고, 다른 한편에서는 시민교육의 방향을 반성 및 참여
중심으로 바꾸려고 했다(McGuire, 2007).

이런 상황에서 사회 교과 교육은 학생의 참여를 보장하는 전략에 집중하는 경향
이 나타났다. 예를 들어 개념 지도 그리기, 묶기(clustering), 브레인스토밍, 마인드

맵 형태의 그래픽 조직자는 오늘날의 사회 교과 교육에서 널리 사용되고 있다. Chandler(2003)는 이런 시각 자료나 기호, 그림, 기타 표상 형식들이 학생들을 더 깊이 생각하게 하고 주요 개념에 집중할 수 있게 한다고 하였다. 이런 경향은 사회과 및 역사 교과를 가르치는 교사에게 기존 교수 방법을 성찰하도록 하고 있다. 최근 교사들은 기초에 머물지 않고 보다 높은 수준의 학습을 해야 한다는 것을 이해하기 시작했다. 학생들은 더 이상 '사실'에만 매달리지 않고 사회를 다양하게 그리고 더 깊게 생각하는 법을 배우고 있다. 이런 사회과 교육과정이나 수업의 영향으로 전통적인 학교와 학교 개선을 선도하는 학교들이 서로 차별화되고 있다(Crocco & Thornton, 2002). 최근 사회 수업은 단순히 날짜, 장소, 이름을 외우는 것이 아니라 학생들에게 질문할 기회, 조사할 기회, 학습과 삶을 연계할 기회를 부여하고 있다. 학생들은 좀 더 풍부한 내용을 조사하기 위해서 역사 교과의 사고 기능들을 활용한다. 가령, '통찰적 역사(inspired history)'는 학생들에게 자신의 미래뿐만 아니라 과거에 대해 개방적인 사고를 하도록 이끈다.

 도움말 13.4

사회과와 역사과는 학생들에게 재미있어야 한다. 교육과정 계획의 가장 핵심이 되는 것은 바로 학생들을 몰두시킬 수 있는 방안을 찾는 것이다.

매사추세츠 주 브루클린의 국립 비영리교육재단인 Facing History and Ourselves의 책임자인 Alan Stoskopf(2001)는 역사 교과에 사고 기능을 적용할 때, 학생들이 역사를 더 잘 학습한다고 하였다. 이런 기능으로는 관점 찾기, 근거 찾기, 맥락 찾기, 인과 관계 찾기, 다양한 시각 등이 있다.

- 관점: 관점이란 저자의 배경과 지위가 기록된 것에 어떤 영향을 미치는가, 저자는 어떤 관점에서 해석을 하는가와 같은 것이다.
- 근거: 출처가 있는가? 어디서 비롯되었으며 당시에는 어떤 목적으로 사용되었는가?
- 맥락: 당시 상황을 어떻게 알 수 있는가? 과거에 일어난 일을 어떻게 알 수 있는가?

- 인과 관계: 과거에 일어난 사건의 원인을 어떻게 알 수 있단 말인가? 역사는 복잡해서 하나의 원천으로 이해되지 않는다.
- 다양한 시각: 어떻게 한 사건에 대해 다른 해석이 가능한가? 과거를 더 정확하게 이해하기 위해서는 여러 역사적 인물들의 생각과 의견을 찾아보아야 한다.

이해는 사회과와 역사과 학습을 혁신시킨 주요인이다. 예를 들어 학생들은 역사에 대한 기록물을 '누군가의 생각을 기록한 것'으로 바라보아야 한다는 것을 학습한다. 나아가서 이 기록은 학생들이 사실 및 정확성에 대해 의문을 가지도록 가르친다(Beck & McKeown, 2002). 학생들에게 이렇게 질문할 수도 있다. "저자는 무엇을 말하려고 하는가?" 혹은 "여러분이 그렇게 생각하도록 하기 위해서 저자는 무엇을 했는가?" 학생은 텍스트를 읽고 교사는 학생들이 새로운 것을 생각할 수 있도록 유도 질문을 하면서 적절한 시점에서 학생들의 학습에 개입한다. 학생들은 질문을 기초로 토론하고 질문의 의미를 탐구하는 데 집중한다. 이런 수업은 텍스트 읽기를 통해서 학생들의 사회 및 역사에 대한 이해를 도모한다.

사회 및 역사 교과 교육에서는 이런 경향이 미국 전역으로 확산되고 있다. 또 여기에는 테크놀로지도 중요한 역할을 한다. 예를 들어,

Worker Education and Training Program(WETP)은 초등학생을 대상으로 하며 자신과 가족을 넘어 세계에 대한 이해를 확장하도록 돕는 소프트웨어이다. 이 프로그램은 시뮬레이션뿐만 아니라 지도 그리기 등의 응용 소프트웨어를 활용할 수 있도록 되어 있다. 역사 시뮬레이션은 학생들로 하여금 시뮬레이션 되고 있는 역할놀이를 통해서 역사적 사건을 이해하고 역사적으로 중요한 의사 결정에 간접적으로 참여할 수 있는 기회를 제공한다. 50개 주에 관한 공부를 하든 아니면 미국이 영국으로부터 독립선언을 한 사건에 대해 찬반 토론을 하든, 학생들은 테크놀로지 기반 응용 프로그램을 통해서 사회과 관련 주제를 흥미롭게 탐구한다(North Central Educational Regional Laboratory, n.d.).

심지어 요즘 학생들은 WebQuest의 형태로 학습 과정 및 결과에 대한 보고서를 제출하고 있다(Chandler, 2003). WebQuest는 탐구 활동 프로그램인데, 학생은 자신이 사용하는 모든 정보를 웹에서 얻는다. WebQuest는 학생들이 특정 주제에 관

한 정보들을 인터넷을 사용하여 수집할 수 있도록 지원한다. 학생 또는 교사가 탐구한 주제나 사용한 지식·정보들은 웹사이트에 이미 조직·보관되어 있다.

사회 및 역사 교과 교육에서의 이런 새로운 경향으로 인해, 교사는 자신만의 교수 방법을 재고해야 한다는 요청에 직면해 있다. 또 이런 경향은 역사가 기록되는 방식과 가르쳐지는 방식들이 전제하고 있었던 주요 가정들을 재고할 것을 요구하고 있다. 사회과 수업의 맥락은 점점 확대되어 사회, 경제, 문화 관련 서사들을 다루고 있다.

5. 수학

수학 분야는 전쟁처럼 격렬해지고 있다. 언어과의 National Reading Panel의 권고안이 교육과정이나 수업에 영향을 미치듯이, 수학과에서는 National Mathmatics Advisory Panel이 언어과와 비슷한 영향력을 발휘하면서 최근에는 기초교육(back-to-basics)을 강화하고 있다(O'Brien, 2007). 일반적으로 제기되는 문제는 '미국 학생들이 이전보다 더하기, 빼기, 곱하기, 나누기를 더 잘하는가?'이다. Tom Loveless와 John Coughlan(2004)은 이 문제에 대해 낙관적인 근거를 제시했다. National Assessment of Educational Progress(NAEP)가 주관한 수학 평가 점수는 과거의 10년 동안 꾸준히 향상되어 왔다. 1990년대에서 2003년까지 8학년의 수학 점수는 15점 상승했고 4학년은 22점이 올랐다. 이 자료는 수학 분야에서 미국의 미래가 밝다고 시사한다.

스푸트니크 사건 당시를 제외하고는 수학과의 교육과정은 다른 교과보다 큰 폭의 변화 없이 이어져 왔다. 그러나 앞으로 10년 동안에는 아마도 큰 변화가 있을 것으로 예상된다.

1) 수학 교과 교육의 경향

교과 교육의 경향이 전문가 단체들이 제시하는 제안의 영향을 강력하게 받는다고 가정하면, 향후 수학 교과 교육의 경향을 확인하기는 비교적 쉽다. 특히 National Council of Teachers of Mathematics(NCTM)의 제안 사항들에 관심을 가질 필요가 있다. NCTM(1980)은 『실행지침: 1980년대의 학교 수학 교육을 위한 권고안(*An Agenda for Action: Recommendations for School Mathematics of the 1980s*)』이라는 책을 출판했다. 미국과학재단(National Science Foundation)의 재정 지원으로 수행한 '학교 수학 교육의 우선 사항(Priorities in School mathematics Project: PRISM)'이라는 프로젝트를 통해서 NCTM은 이 문제에 대해 수천 명의 담

〈표 13-3〉 수학과 교육과정 내용

유치원 이전(4~5세)		
내용	관련 영역	예시
수에 대한 이해	수와 연산	탁자 위에 파란 연필이 몇 개 있나요?
모양을 찾고 공간 표현하기	기하	어떤 모양인가요?
측정 도구를 찾고 이 도구를 사용하여 물체 비교하기	측정	어떤 것이 더 큰가요?
4학년(9~10세)		
내용	관련 영역	예시
곱셈을 해야 하는지 나눗셈을 해야 하는지를 알고 계산하기	−수와 연산 −대수	26 × 89=
소수, 분수와 소수의 관계 이해하기	수와 연산	0.25를 분수로 바꾸시오.
면적을 이해하고 평면도형의 면적 구하기	측정	가로 8피트와 세로 10피트인 직사각형의 방 면적을 구하시오.
8학년(13~14세)		
내용	관련 영역	예시
−1차 방정식으로 나타내기 −1차 방정식 풀기 −1차 방정식 세우기	대수학	12 = 4x + 4를 푸시오.
−평면도형과 입체도형 분석하기 −길이와 각을 활용하여 도형 그리기	기하, 측정	피타고라스의 정리를 사용하여 직각삼각형의 한 변의 길이를 구하시오.
자료 다루기(분석하기, 종합하기)	−자료 분석 −수와 연산 −대수	평균을 구하시오.

출처: From http://en.wikipedia.org/wiki/Principles_and_Standards_for_School_Mathematics, adapted from National Council of Teachers of Mathematics, www.nctm.org/stadards/focalpoints. aspx?id=298

임교사, 대학 강사, 수학 교사 교육자, 수학 담당 장학사, 교장, 학교 위원회와 학부모 단체 대표들에게 설문조사를 했다. 〈표 13-3〉에서 보듯이, NCTM은 유치원 이전부터 8학년까지 수학에서 강조해야 할 내용들을 권고하였다.

수학 교과 교육은 일종의 문화 활동이다. 수학은 은연중에 학습되며 문화에서 벗어나기 어렵고 잘 변하지 않는다. National Science Foundation의 재정 지원을 받은 Local Systemic Change Projects는 교사들의 수학 및 과학 교과의 내용 지식을 심화하고 그들의 교수 능력을 개선하도록 돕기 위한 것이다(Weiss & Pasley, 2007). Stigler와 Hiebert(2004)는 수업 중 문제해결을 위해서 최선을 다하는 교사와 학생이 변화의 구심점이라고 했다. 새로운 교수법은 한 차시 수업을 개선하기 위한 것이 아니라 일상적인 수업을 지속적으로 개선하고자 한다. 교사는 수학을 어려워하는 학생, 너무 쉬워서 지루해 하는 학생, 영어가 모국어가 아닌 학생에게도 관심을 기울여야 한다. 수업을 개선하기 위해서는 학생이 실제로 무엇을 배우고 있는가에 대한 정보가 필수적이다(Lewis, Perry, & Hurd, 2004). 이런 정보는 미국 수학 교육과정을 표준화하는 데 기여할 것이다(Schmidt, 2004). 교사가 수학을 가르치는 방법을 바꿀 것이다. NCTM은 수학적 의사소통을 강조하는데, 이는 학생들이 수학적 개념을 이해하고 수학에 대한 상식과 수학적 개념을 연결함으로써 수학적으로 의사소통할 수 있게 한다(Hunsader, 2004). 수학 교사들은 교수ㆍ학습 지침뿐만 아니라 표준 교육과정에 기초한 학습 목표를 설정하라는 요청을 점점 더 받고 있다(Boss, 2001). 이런 결과로 수학과 학습의 과정은 학년과 학년 간에 단절 없이 연계되고 있다. 최근에는 이해를 기초로 한 보다 풍부한 수학과 교육과정을 개발하는 데 관심이 높아졌다.

도움말 13.5

최근에 수학 교사들은 학생들이 무엇을 학습했는가, 나는 학생들이 학습했다는 것을 어떻게 알 수 있는가와 같은 질문들을 한다.

우리는 수학의 세계에 살고 있다. 우리가 물건을 구입하거나 보험이나 건강 계획을 세우거나 스프레드시트를 사용하려면 수학에 의존한다. 웹, 테크놀로지, 미디어의 발달은 어마어마한 양의 수학 정보를 만들고 있다. 직장에서는 점점 더 수학적 사고와 문제해결 능력을 요구하고 있다.

일상생활에서 수학을 이해하고 수학을 할 수 있는 사람은 다른 사람들이 갖지 못하는 기회를 가질 수 있다. 수학 능력은 미래를 결정한다. 빗대어 말하면, 교사가 특정 교과를 선택한다는 것은 교사가 가르치는 것, 가르치는 방법, 학생이 배울 것, 배우는 방법에 절대적인 영향을 미친다(Reys, Reys, & Chavez, 2004).

학생은 각자 서로 다른 능력, 요구, 흥미를 갖고 있다. 앞으로는 모든 개인이 생활에서, 직장에서, 자신의 미래에서 수학을 활용해야 할 것이다. 모든 학생이 수학의 힘과 아름다움을 이해할 기회를 가져야 한다. 학생들은 유창하게 계산하고 창의적으로 능숙하게 문제를 해결하는 데 필요한 수학적 기초를 닦아야 한다. Strong, Thomas, Perini 그리고 Silver(2004)는 교사가 서로 다른 수학 학습 방식을 알고 차별화된 교수 방법을 사용할 때, 학생들의 수학 학습이 용이해진다고 했다. Rita Dunn과 Shirley Griggs(2007)는 『무엇을 어떻게? 학교교육 개선을 위해 실제를 촉진시키기(*What if? Promising Practices for Improving Schools*)』(Christopher Hammill, 재인용)에서 "우리가 초등학교 학생들이 학습하는 방식으로 그들을 가르쳤다면, 어떻게 되었을까?"라는 질문을 했다(p. 57).

2) Standards 2000 프로젝트

1989년 『수학 교과 교육을 위한 교육과정과 평가 기준(*Curriculum and Evaluation Standards for School Mathematics*)』이 발표되자, NCTM은 미국과 캐나다에서의 수학 학습 개선을 선도했다. 그 문서는 교사와 정책입안자들이 활용할 수 있도록 수학 전문가들이 역사적으로 수학 교과 교육의 목표를 분명히 하고자 한 시도의 결과물이었다. 이 문서에서 제시한 수학과 교육과정 및 평가 기준은 수학과 학습의 관점, 일관성, 새로운 아이디어들을 제공해 왔다.

교사, 학교 행정가, 전문가가 만든 교과 교육의 방향은 학생과 사회에 중요한 영향을 미치며 수학 교과 교육의 원리를 안내한다.

3) 형평성의 원리

수학 교육의 수월성은 형평성(모든 학생에 대한 기대치와 지원)을 기초로 한다.

개인적인 배경이나 상황, 신체적 제약 등에 관계없이 모든 학생은 수학을 공부할 기회(공부에 대한 지원)를 갖는다. 이것은 모든 학생을 똑같이 다루어야 한다는 것이 아니라, 모두가 유능한 수학 교사로부터 일관성 있고 도전적인 교육과정의 수혜를 받아야 한다는 뜻이다.

가난한 학생, 모국어가 영어가 아닌 학생, 장애아, 여성이나 소수 민족 출신 학생들의 수학 성취에 대한 기대는 높지 않다. 예를 들어 능력별로 학생을 편성하는 제도는 수학 교육 내용을 제공하는 데 공평하지 않다. 이에 하위 능력반 학생들은 수학 교육 내용 면에서 계속해서 불이익을 받아 왔다. 형평성의 원리는 모든 학생의 수학 학습에 대한 기대치를 동일하게 할 것을 요구한다.

능력 있는 우수한 일부 학생에게는 특별한 형식으로 보다 높은 수준의 교육과정이나 상급 수준의 교육을 제공할 수 있다. 또 성취가 낮은 학생에게는 방과 후 프로그램, 동료 멘터링, 무학년 개별지도(cross-age tutoring)와 같은 지원이 필요하다. 담임교사나 특수 교육 전담 교사는 이런 특별한 지원이 필요한 학생들을 지원해야 한다. 수학과 표준 교육과정에 대한 정보는 http://standards.nctm.org에서 더 찾아볼 수 있다(NCTM, 2004).

6. 과학

최근 연방 정부 차원에서 과학과 교육과정에 대한 영향력이 증가하고 있다. 따라서 이를 자세히 검토할 필요가 있다. 학교의 과학 교육 분야에서 가장 관심을 가지는 이슈는 '과학을 가르치는 최고의 방법'에 대한 것이다(Padgett, 2007).

◆ 과학 교과 교육의 경향

교육과정 리더들이 과학 교과 교육의 경향을 살펴보는 데 다음 세 가지 자료가 특히 유용하다. 첫째, NSTA(National Science Teachers Association)의 보고서이다. 이 보고서는 다소 일반적이지만, 과학 교과 교육과정에서 강조해야 할 것을 제시하고 있다. 〈표 13-4〉는 실험실, 현장 학습, 탐구 및 문제해결, 종합적인 개념 중심 교육과정, 사회적으로 쟁점이 되는 이슈를 제시하고 있다.

〈표 13-4〉 과학과 표준 교육과정

유치원~4학년	5~8학년	9~12학년
물리		
−물체와 물질의 성질 −물체의 위치와 운동 −빛, 열, 전기, 자석	−물질의 성질 변화 −운동과 힘 −에너지 전환	−원자의 구조와 물질의 성질 −화학 반응 −원자의 구조 −운동과 힘 −에너지 보존과 질서의 파괴 −에너지와 물질의 상호작용
생물		
−유기체의 특성 −유기체의 한살이 −유기체와 환경	−생태계의 구조와 기능 −생식과 유전 −규칙과 행동 −인구와 생태계 −유기체의 다양성과 적응	−세포 −유전 인자의 기초 −유기체의 행동 −유기체의 상호 의존성 −물질, 에너지, 유기체 조직 −생물의 진화
지구 및 우주		
−지구의 특성 −우주 물질 −지구와 우주의 변화	−지구의 구조 −지구의 역사 −태양계에서 지구	−지구의 에너지 −지구의 기원과 진화 −우주의 기원과 진화 −지질학 주기
과학과 기술		
−기술 설계 능력 −과학과 기술에 대한 이해 −자연물과 인공물	−기술 설계 능력 −과학과 기술에 대한 이해	−기술 설계 능력 −과학과 기술에 대한 이해

출처: National Science Education Standards. Reprinted with permission of National Academy Press.

또한 이 연구는 어떻게 이런 교육과정을 구현할 것인가에 초점을 두고 있다. 지금까지 과학 교과 교육의 수월성을 위한 NSTA의 연구는 54개의 국가 수준 과학과 교육과정을 대상으로 공통점을 조사했다(Yager, Aldridge, & Penick, 1983).

또 최근에는 고등학교 과학과 교육과정에 대한 계열성 문제를 다루고 있다. 1893년 이후로, 10개의 고등학교 과학과 교육과정을 분석해 볼 때, 전통적으로 과학과는 생물을 가장 중시했고 이어서 화학과 물리에 관심을 가졌다. 상위 25% 정도의 고등학생을 대상으로 물리 영역의 학습을 지속해 왔다(Allen, 2004). 과학과 표준 교육과정(National Science Education Standards)은 전통적인 순서를 바꿔서 학생이 먼저 물리를 배우고 난 다음 화학과 생물을 배우도록 했다. 이런 이수 순서의 변화는 과학 교육과정에 여러 가지 시사점을 준다. 이런 전환이 지향하는 목적은 학생들이 과학과의 세 영역의 개념을 좀 더 심층적으로 연계하여 이해하도록 하는 데 있다. 이런 이수 순서의 변화는 교수 방법의 변화를 동반했다. 왜냐하면 고학년 학생에게 물리를 가르칠 때는 추상적인 수학을 활용할 수 있었지만, 저학년 학생에게는 추상 수학을 적용하는 대신 스스로 체험(직접 경험)하거나 탐구하는 방식으로 가르쳐야 하기 때문이다(Allen, 2004). 그러나 물리를 공부하게 되면, 학생들은 원자와 분자를 더 잘 이해하고, 또 화학과 생물의 복잡한 관련성을 더 잘 이해하게 될 것이다. 게다가, 과학 영역의 이수 순서를 바꿀 것을 제안한 학자들은 물리를 먼저 배우면 학생들이 고급 과학을 학습하고자 하는 동기를 더 갖게 될 것이라고 주장한다. 노벨상 수상 물리학자 Leon Lederman의 다음 진술을 보자.

> 나는 학생들의 과학적 소양을 개선하는 데 관심이 있다. 고등학교를 졸업한 학생이 직장에 다니든 군대나 기술학교를 진학하든 아니면 가정생활을 하든 미래를 준비할 수 있어야 한다. 고급 과학이나 수학 교육은 학생들에게 삶을 준비하도록 한다(Allen, 2004, p. 8).

Ingrid Chalufour, Cindy Hoisington, Robin Moriarty, Jeff Winokur 그리고 Karen Worth(2004)는 학생들을 풍부한 탐구 과정에 참여시키는 교사들이 점점 많아지고 있다고 분석하였다. 내용 지식 습득뿐만 아니라 과학의 본질 및 과학을 하는 과정에서 학생들은 과학에 대한 이해를 증진시켜야 한다(Melber, 2003). 예를 들어 최근 과학 교육의 두 가지 경향은 구성주의와 탐구 중심 학습이다. Piaget와 1970년대 몇몇 학자들의 연구로 구성주의 철학이 등장하였는데, 구성주의는 학습 상황에서 학생이 구성하는 학습에 관심을 갖는다. 구성주의에서 학습자는 개인적인 경험을 학습 과정에 가지고 오며 이 경험은 학습자의 견해 형성에 큰 영향을 준다고 본다. 학생은 다양한 지식, 느낌, 기능을 갖고 학습 상황에 당면하는데, 여기서부터 학습이 시작되어야 한다고 본다. 학생 안에 존재하는 지식은 동료, 교사, 환경과 상호 작용하면서 발달한다. 예를 들어 체험 활동은 학생이 과학 개념을 이해할 수 있도록 도우며 이해력의 수준 차이를 구분하게 해 준다(Robertson, Gallagher, & Miller, 2004). 학습자는 자신의 경험을 이해해야 하고 자신의 생각과 현실을 맞춤으로써 지식에 대한 이해나 의미를 구성한다. 자신의 일상적인 경험을 이해하기 위해서 학생은 자연 현상에 대해 생각하고 기대를 걸고 설명할 줄 알아야 한다. Schulte(1996)는 구성주의에서 학습은 조절, 즉 학습은 학생이 새로운 정보를 접하여 자신의 기존 생각을 바꿀 때 일어나는 것이라고 말했다. 이런 점에서 구성주의는 학생이 스스로 질문하고 자신의 의견을 구성하면서 학습하도록 돕는다.

탐구 학습은 새로운 교수법이 아니며 사실상 John Dewey로부터 유래한 것이다. 오늘날 탐구 학습은 전통적인 학습과 대조적인 위치를 점하고 있다. 질문하기는 탐구 학습의 핵심이다. 아무 질문이나 하는 것이 아니라, 학생이 정말 관심 있는 것을 묻도록 하는 것이다.

탐구법을 적용하는 교사는 탐구가 테크놀로지와 연계되어 있다는 것을 쉽게 안다. 그러나 탐구법에 적합하고 활용 가능한 테크놀로지의 사용 방식을 찾는 데는 시간이 걸린다. 교사들이 온라인을 활용하여 과학 내용과 교수법을 연계하기까지는 시간이 필요하다. 또 테크놀로지 활용의 효과를 평가하고 조정하기 위해서는 자신의 수업뿐만 아니라 다른 사람들의 수업 활동을 상호 공유하는 데에 시간이 필요하다. 또 교사들은 개인적으로 테크놀로지를 활용하여 수업 전문성을 높이고자 지속적으로 노력한다. 교사들이 텍스트, 포드캐스트(podcasts), 보드캐스트(vod-casts)를 만들 수 있게 하기 위해서 학교가 과학 교사를 기술적으로 지원하는 것은 중요하다(Colombo & Colombo, 2007).

교사는 테크놀로지를 활용해서 학생을 탐구로 이끌 수 있다. 탐구 학습 전략은 학생이 직접 조사함으로써 고도의 개념을 이해할 수 있도록 한다. 직접 교수로는 탐구 학습처럼 학생이 과학 개념을 심층적으로 이해할 수 있는 경험을 제공하기 힘들다(Hubbell & Kuhn, 2007).

과학 교육과정에 이런 탐구 방식을 도입하는 일은 큰 도전이다. 모든 의미 있는 변화가 그렇듯이 이를 위해서는 헌신적인 리더를 필요로 한다. 지역 교육청은 교수 자료 개발과 교사의 전문성을 개발하기 위한 연수에 상당한 투자를 해야 한다. 아울러 교실 수업을 위해서 관련 자료를 보급하는 구조도 구축해야 한다. 또 지역 교육청은 과학 연수가 필요한 교사를 찾아내서 리더 교사와의 멘터 활동을 통해서 리더 교사들이 발견한 탐구 방법을 활용해 볼 수 있도록 해야 한다(Young, 2007). 과학 수업을 개선하는 것도 중요하지만, 과학과의 표준 교육과정을 개발하여 교육과정과 수업의 연계를 도모하는 것도 중요하다.

Stepanek(2001)은 표준 교육과정으로 학생에게 의미 있고 매력적인 과학 학습을 제공할 수 있다고 하였다. 표준 교육과정은 학생이 공부할 내용을 전반적으로 파악하도록 하는 이점을 가지고 있을 뿐만 아니라, 학생의 성취 수준을 설정하는 데도 활용될 수 있다. 표준 교육과정은 교과서의 특정 페이지와 연계하여 수업할 때도 효과적인 도구가 될 수 있다. 표준 교육과정은 또한 교사가 학생에게 정말 가르쳐야 할 것에 초점을 맞추도록 하고 학생이 내용을 잘 다룰 수 있도록 조정하는 데도 활용 가능하다.

도움말 13.6
표준 교육과정은 교육과정 개발과 실행 준거를 제공한다.

7. 외국어

우리는 중동 지역의 기름 가격이 텍사스의 고용 수준에 영향을 미치는 '지구촌' 시대에 살고 있다. 이런 지구촌 시대에는 외국어 능력이 주목받는다.

이런 관점에서 Education for Global Leadership(2007)에서는 다음과 같이 진술하고 있다.

- 미국 학생들이 타 문화에 대한 정보를 갖추도록 하기 위하여 모든 학교급의 교육과정에서 국제화 관련 내용을 가르쳐야 한다.
- 중요하지만 쉽게 배우기 힘든 외국어에 능통한 미국 학생들이 적다. 이를 극복하기 위해서 모든 학교급에서 외국어 교육을 확대해야 한다.
- 사업, 자선 단체, 매체 그리고 정치가 및 각 분야의 리더들은 일반인들에게 외국어 학습과 국제화의 중요성을 알려야 한다.

그럼에도 불구하고 최근 한 연구에서는 전체 학생의 1/4 정도만이 외국어 학습을 하고 있다고 지적하였다. 아래에서는 외국어 교육에 대한 최근 경향을 검토할 것이다.

◆ 외국어 교육 경향

외국어 교육의 경향을 알아보려면, 교육과정과 수업으로 나눠서 살펴보는 것이 좋다. 한 가지 유념해야 할 점은 어떤 면에서는 이런 구분이 오해의 소지가 있다는 것이다.

(1) 외국어 교육과정 경향

최근 몇 년 동안 외국어 교육과정의 설계와 개발 분야에서는 새로운 접근들이 시도되어 왔다. 첫 번째 접근은 실존주의자들이 강조하는 외국어 교육과정인 문제 제기식 교육(problem-posing education)이다.

두 번째 접근은 전문 분야의 리더로부터 주목을 받고 있는 기능-어휘(functional-notional) 중심 접근이다. 이 접근은 정신분석언어학과 사회언어학의 영향으로 나타났는데 언어의 기능(정보 요청하기, 지시하기, 사건 순서 명료화하기 등)과 개념(시간, 수량화, 소유, 형식 등과 같은 개념) 또는 의미와 밀접하게 관련되어 있다. 기능-어휘 중심의 접근은 학습자가 언어를 사용하는 의도와 그 의도에 맞는 용어나 개념을 강조한다.

세 번째 접근은 언어 숙달 접근(proficiency approach)이다. 이것은 American Council of Teachers of Foreign Languages(1982)에서 제안하였다. ACTFL 보고서에는 말하기, 읽기, 듣기, 쓰기 영역에서 6단계 숙달 절차를 제시하였다. 0단계는 기능 없음, 1단계는 초보적인 수준, 2단계는 제한적이지만 학습 가능한 수준, 3단계는 전문적 학습이 가능한 수준, 4단계는 충분히 전문적인 수준, 5단계는 모국어 같은 수준이다.

(2) 교수법

몰입식 프로그램(immersion programs)과 암시법(suggestopedia)이라는 아주 다른 교수법이 외국어 교육 분야의 전문가들로부터 주목을 받았다.

몰입식 교육은 캐나다 퀘백에서 시작한 프로그램으로 퀘백(불어 생활권)에 거주하는 영어를 사용하는 학부모의 요구를 반영하여 개발한 프로그램이다. 교사는 정규 학교에서 교과를 가르치면서 불어가 아니라 영어를 사용한다. 제2언어로서 영어는 하나의 교과가 아니라, 교과 교육의 언어 매개체다. 초기의 총체적 몰입식 교육에서는 처음 3~4개 학년 동안 모든 교과를 영어로 가르쳤다. 모국어(불어)는 2~3학년이 되어서 사용하였다. 초등학교가 끝날 무렵이 되면, 영어나 불어로 가르치는 교과들이 각각 절반 정도가 된다.

Lozanov(1978)에 의해 처음 개발된 암시법은 집중 시간(매일 3~4시간의 수업을 주 5일 동안), 안정된 집단 분위기(이상적으로는 숙련된 교사와 함께 6명의 남성과 6명의 여성으로 팀 구성), 율동적인 호흡 연습, 바로크 음악을 사용하는 의식적 능력과 무의식적 능력을 모두 개발하려는 교수법이다. 이 교수법은 크게 세 부분으로 나누어 진행된다. 첫째는 대화, 게임, 촌극을 통해 전날의 학습을 복습한다. 두 번째는 친숙한 상황에서 대화를 통해서 새로운 자료를 도입한다. 마지막으로 요가 호흡과 바로크 음악을 사용하여 무의식적으로 암기하는 '명상 활동'을 한다.

미국 교실의 학생들은 문화적으로, 언어적으로, 민족적으로, 사회 경제적으로 다양하다(Hammerberg, 2004). 교사는 다양한 배경을 지닌 학생들을 가르치기 위해 이해를 중심으로 한 최근의 교수법들에 친숙해지는 것이 중요하다. 전문가는 수업과 평가에 미치는 문화와 언어의 영향을 깊이 있게 이해해야 한다(Santos, 2004). 무슨 교과든 평가와 수업은 서로 밀접하게 연계되어 있다. 최근 두뇌 기반 연구 및 분위기에 비추어 볼 때, 정책 개발자나 유관 기관들은 표준 교육과정이나 평가를 중심으로 교실에서 실행하는 수업 목표나 교수법에 영향을 미치고 있다. 수업의 초점이나 교수법이 바뀌면서 최근의 평가 방식도 이를 반영하고 있다. 평가와 수업은 상호 영향을 미치는 관계이며, 최근 20년 동안 외국어 교육 분야도 이런 영향을 받아 왔다(Santos, 2004). 1980년대 초반 이후 외국어 교육 분야의 교수법은 문법, 어휘, 발음을 서로 분리해서 그 기능들을 습득하는 데서 점차 의사소통 능력을 기르는 방향으로 바뀌어 왔다. 통상 '숙달 운동'이라고 부르는 외국어 교육 분야의 이런 변화는 학생의 외국어 기능 및 능력을 평가하는 방식에도 영향을 미쳐 왔다.

최근 10년 동안의 전통적인 평가 방식(지필 평가 방식)은 학생의 언어 능력이 아니라 언어에 대한 지식을 평가했다. 이런 시험이 집단적인 표준화 평가를 실시하는 곳에서 아직도 사용되고 있기는 하지만 수행 중심의 새로운 평가 방식이나 기술들이 등장했다. 이러한 평가에서 교사는 학생이 자신의 모국어를 사용하여 다양한 상황 및 맥락에서 실제로 의사소통할 수 있는 기회를 주고 언어 능력을 평가한다.

최근 외국어 교육 분야에서는 읽기, 쓰기, 문법뿐만 아니라 드라마, 미술, 음악, 신체 움직임을 사용할 때, 언어 교육의 효과가 높다는 연구들이 나오고 있다. 학생들에게 가르치고자 하는 것을 배울 기회를 주어야 한다. 가령, 여러 학교에서 '리틀 버디(little buddies)' 프로그램을 개발하였는데, 이 프로그램은 상급생들이 하급생(버디)에게 외국어 교육과정의 일부를 가르치도록 설계되었다.

교수법뿐만 아니라 이런 교수 원리를 기초로 Stphen Krashen(총체적 접근, Comprehensible Input)이나 Blaine Ray(Total Physical Rosponse-Storytelling: TRP)와 같은 이 분야의 전문가들은 학교 외국어 수업의 모습을 바꾸어 놓고 있다 (Schutz, 2007). TRP는 책을 암기하는 식의 기존 학습이 유용하지 않다는 것을 증명하고 있다.

최근 외국어 평가의 변화 양상은 평가 주관처에 따라 2개의 범주로 나뉜다. 하나는 국가 주도의 평가로 위에서 아래로의(top-down) 방식인데, 이는 교실 수업에 광범위하게 영향을 미치고 있다. 다른 하나는 지역 주도의 평가로 아래에서 위로의 (bottom-up) 방식이다. 외국어 교육 평가에 이 두 가지 방식은 앞으로도 계속 영향을 미칠 것이다. 국가 수준의 외국어 교육 표준 설정 관련 문헌(National Standards in Foreign Language Education Project, 1996)에서는 이런 표준들을 평가 대상으로 제시하고 있다(〈표 13-5〉).

〈표 13-5〉 외국어 교육의 표준

방향

사람은 보편적으로 언어 사용과 의사소통에 대한 경험을 한다. 미국은 미국 학생들이 다원화 시대에 외국인과 성공적으로 의사소통할 수 있도록 하기 위해 그들에게 언어적, 문화적 능력을 갖추도록 교육해야 한다. 외국어 교육은 모든 학생에게 영어 외에 최소한 하나 이상의 다른 언어에 능통하도록 한다는 방향을 설정하고 있다. 또 비영어권 배경을 가진 학생에게는 자신의 모국어에 더 능숙해질 수 있는 기회를 주고자 한다.

외국어 교육 표준
의사소통:
영어 이외의 언어로 의사소통하기
표준 1.1: 학생은 외국어로 대화하면서 정보를 제공하고 얻으며 정서 및 감정을 표현하고 의견을 교환한다.
표준 1.2: 학생은 외국어로 된 교과서를 읽고 주제를 이해한다.
표준 1.3: 학생은 외국어를 듣거나 외국어로 설명한 글을 읽고 그 주제와 관련된 정보, 개념, 아이디어를 청중이나 독자에게 전달한다.

(계속)

문화:

타문화에 대한 지식 습득과 이해

표준 2.1: 학생은 학습한 문화와 실제 문화 간의 관계를 이해할 수 있는 기회를 갖는다.

표준 2.2: 학생은 학습한 문화와 산출물 간의 관계를 이해할 수 있는 기회를 갖는다.

연계:

범교과적 지식 습득

표준 3.1: 학생은 외국어를 통하여 교과 지식을 습득한다.

표준 3.2: 학생은 외국어와 외국 문화를 통해서만 접할 수 있는 것들을 알고 관련 정보를 습득한다.

비교

언어와 문화의 본질 통찰

표준 4.1: 학생은 외국어와 모국어를 비교함으로써 언어의 본질을 이해한다.

표준 4.2: 학생은 타 문화와 자신의 문화를 비교함으로써 문화의 개념을 이해한다.

공동체

가정 및 주변 세계의 다양한 공동체에 참여

표준 5.1: 학생은 학교 안팎에서 외국어를 사용한다.

표준 5.2: 학생은 외국어를 구사함으로써 풍요로운 삶, 평생학습자로서의 근거를 마련한다.

출처: American Council on the Teaching of Foreign Languages(ACTFL).

다문화 및 외국어 교육을 위한 표준 교육과정이 보편화되기까지는 시간이 걸릴 것이다(Bohn & Sleeter, 2000). 대부분의 교육과정 리더들은 표준 교육과정이 암시적인 학습을 가시적인 학습으로 만드는 효과가 있다고 인정한다. 반면 외국어 또는 다문화 교육을 담당하고 있는 교사들은 표준 교육과정이 신속하게 정착될 것이라고는 기대하지 않는다.

도움말 13.7

교사는 외국어 교육 및 다문화 교육에 대한 스스로의 관점을 정립할 시간이 필요하다. 뿐만 아니라 표준 교육과정의 관점과 스스로의 관점을 연계할 수 있어야 한다.

국가 수준의 성취 정도를 평가할 수 있는 최고의 방법은 교실의 맥락에서 개발된 대안적인 평가들을 활용하는 것일지도 모른다. 영어 학습자(ELLs)라도 개념을 이해하는 수준은 높다. 영어가 어려운 ELL 학생들은 쓰기보다는 말하기 수준이 높다

(Cox-Petersen & Olson, 2007). 외국어 교육에서는 학생, 교사, 학습의 맥락이 다양하다는 것을 고려할 때, 특정 상황에 적절한 평가 도구나 절차가 다른 상황에서는 부적절할 수 있다. 학생의 외국어 교육의 진보나 숙달 정도를 효과적으로 평가하기 위해서 교사는 다양한 평가 도구나 절차를 사용하여 교실의 모든 학생들을 대상으로 어떤 평가가 변화무쌍한 상황에서 가장 적절한지를 살펴볼 필요가 있다.

인터넷은 미국의 교실에서 외국어 교육의 평가나 수업에 유용한 도구이다. 프랑스어 교사인 Diane Vitaska(2002)는 교실에서 프랑스 문화를 학습할 때, 인터넷을 사용하였다. 학생은 웹상에서 파워포인트, 브로셔, 뉴스레터를 만들 수 있었다. 그리고 LCD 프로젝터를 통해서는 스크린으로 컴퓨터 이미지를 볼 수 있었다. 디지털 카메라를 이용하여 학생은 개인 노트를 만들 수 있고 외국어 연습을 할 수도 있다. 일부 외국어 교사는 웹캠과 마이크로폰을 사용하여 모바일 화상 교실을 만들어 유럽과 미국의 교실을 연결한다. 이처럼 테크놀로지는 외국어 교육 분야의 학생 평가 및 수업에 다양하게 적용 가능하다.

8. 예술 교육

오랫동안 예술은 학교교육과정에서 그 위치를 견고하게 하기 위해서 노력했다. 15인 위원회의 보고서(National Education Association, 1895/1969)가 나온 이후, 예술은 통상 8학년까지 주당 1~2시간만 가르치면 되는 '비주류' 교과로 인식되었고, 고등학교에는 선택 과목으로 제공되었다. 아래 설문조사 내용과 같이, 이런 상황은 쉽게 바뀔 것 같지는 않다.

◆ 예술 교육의 경향

1950년대와 1960년대 예술 교육은 시각 예술과 음악을 합한 것으로 인식되었다. 초등학교에서는 예술 교과에 대한 학생들의 흥미를 높이기 위해 미술과 음악 전문가를 투입해서 실기(주로 그리기, 노래하기) 중심의 학습을 보조하였다. 중학교 수준에서는 미술 감상이나 음악 감상 단원을 개발하여 중학생들이 기본적인 미학 원리를 일부라도 배울 것을 강조했다. 고등학교 수준에서 진로를 예술로 정한 학생의 경우에는 예술 교육에 주당 5시간 정도를 허용했다. 대부분의 고등학교에서는 밴드, 오케스트라, 합창 등의 강좌를 개설했고 학생들은 대부분의 시간을 공연 연습에 썼다.

합리적인 조직 원리나 이론이 부족하여 조각 짜맞추기식 교육과정으로 간주되는 예술 교육은 1970년대에 와서는 연방 차원에서 개혁의 표적이 되었다. 더욱이 연방의 재정 지원이 없자, 지역 교육청은 이런 식의 개혁을 몇 년 더 추진했다.

마찬가지로 최근 10년 동안에도 예술 교육 분야는 연방의 재정 지원을 지속적으로 받지 못했고 학문 중심 교육과정이 휘몰아칠 때도 어려움을 겪었다. 그러나 예술 교육 리더들은 예술의 중요성을 꾸준히 주장하면서 예술 교육을 강화하고자 노력해 왔다.

이런 노력은 3개의 교육과정 개발로 표면화되었는데 그중 첫 번째는 예술 교육 분야를 확장하려는 시도이다. 최근 예술 교육의 강조점은 시각 예술과 음악뿐만 아니라 미적 표현 분야로까지 확대되었다. 이렇게 예술 분야를 확대하는 것은 바람직하게 받아들여지지만, 예술 교육이 다양하고 포괄적인 프로그램이 되면서 요구되는 시간, 돈, 교사를 확보하기는 쉽지 않다.

두 번째는 예술 교육을 정당화하려는 시도다. 예술 교육자에게는 자신들의 엘리트 의식을 미묘하게 드러내는 용어를 사용하는 경향이 있었다. 전통적으로 예술 교육은 예술가로서의 미적 감수성을 개발시켜 인생을 좀 더 미적으로 살 수 있도록 한다는 데에 초점을 두었다. 그러나 최근의 경향은 예술 교육이 모든 학생에게 기본이며 필수적인 것으로 간주한다.

세 번째는 예술을 중심으로 간학문적 인문학 코스를 개발하려는 데 관심이 높아졌다. 이런 코스들은 1960년대 초에 잠시 인기가 높았다. 그러나 이 시기는 예술보다는 문학이나 역사를 강조하는 추세였고, 이 시기 이후 예술 교육의 표준을 개발하여 예술 중심의 간학문적 코스들을 개발하기 위한 노력을 계속 해 오고 있다.

예를 들어 1994년 교육과정 및 예술 전문가들은 예술 교육을 위한 국가 수준의 표준 교육과정을 개발하였다. 이 표준에서는 예술 교육 내의 각 예술 영역별(무용, 음악, 연극, 미술)로, 학년별로 알아야 하고 수행해야 할 예술 활동 목록들을 구축했다.

관련 지침서와 자료를 포함하는 예술 교과의 표준 교육과정은 예술 교과를 위한 학습 프로그램을 개발하길 원하는 주와 교육청에 제공되고 있다. 대부분의 주들이 예술 교과에 대한 표준을 설정하고 있고 어떤 주들은 이 표준을 개발하는 중에 있다. 예술 교과의 표준 및 그 요약본은 각 주 교육 정책 부서에서 구할 수 있다(Americans for the Arts News, 2008).

Reeves(2007)는 예술과 학문을 이분법으로 구분하는 것은 옳지 않다고 하였다. 교사들은 독해력을 각 교과와 분리된 별개로 보지 않고, 각 교과 교육을 통해서 좀 더 효율적으로 습득되는 것으로 간주한다. 교사들은 음악이나 미술 수업을 하면서 쓰기를 한다. 왜냐하면 예술 교과는 쓰기 능력을 향상시키는 데 기여하기 때문이다.

교육과정 리더들은 교사들에게 예술을 통합한 교과 교육을 권장한다. 이것은 학생들에게 학업적으로뿐만 아니라 예술적으로도 보다 나은 교육의 기회가 될 것이다.

도움말 13.8
교육과정 리더들은 예술 교육을 위한 교수법으로 세 가지 대안, 즉 일반 학습, 공동 학습, 개별 학습을 권장한다.

Phi Delta Kappa의 출판 및 연구 책임자 Donovan Walling(2001)은 표준의 설정, 평가에 대한 관심, 수학과 과학을 우선시하는 최근 경향을 놓고 학교가 가장 먼저 해야 할 일이 예술 교육을 교육의 핵심부로 되돌리는 것이라고 했다.

예술 교과는 학교교육과정에서 그 위치를 확고히 하기 위해서 오랜 시간 동안 고군분투해 왔다. 예술은 America 2000 프로그램에는 들어가지 못했지만, Clinton 대통령의 2000 법안에는 포함되어 있다. 예술 교과는 무용, 음악, 연극, 미술 영역에서 교과로서의 성격을 갖고 있다. 예술 교과 교육은 대체로 다음 5개 표준을 채택하고 있다.

① 학생은 미술 관련 미디어, 기법, 과정을 이해하고 활용한다.
② 학생은 예술의 세 기능(감각, 조직, 표현)을 사용할 수 있다.
③ 학생은 시각 예술 관련 주제, 상징, 잠정적 아이디어를 안다.
④ 학생은 역사와 문화와 연계하여 시각 예술을 이해한다.
⑤ 학생은 자신의 예술 작품과 타인의 예술 작품의 특징과 장점을 이해한다.

이 표준은 주로 일반적으로 언급하면서 개방적인 해석을 할 수 있도록 하였다. 교과로서의 예술 교육(Discipline Based Art Education: DBAE)은 이 표준을 따르며, 오늘날 학교교육과정에서도 마찬가지이다. 교과로서의 예술 교육 주창자 중 한 사람인 Dwaine Greer는 예술 교육의 목적을 학생들이 예술의 주요 측면에 친숙함과 편안함을 느낄 수 있도록 하는 데 두었다(Walling, 2001, p. 628).

예술 교과 교육의 최근 경향은 미학, 예술사, 예술 비평을 선호한다는 것이다. 간학문적(모든 교과를 통해) 접근을 통해서 예술 교육을 확장하려는 교과와의 상호 보완적인 관심은 현재 예술 교육 분야에서 주류인 듯하다. Walling(2001)은 이런 경향과 관련된 몇 가지 질문을 하였다.

- '보편성'을 어떻게 정의해야 하며, 누가 정의할 것인가?
- '공동체'는 어떤 것이며, 이를 어떻게 예술 교과 교육과정에 포함시킬 것인가?
- '개별화'를 어떻게 생각해야 하며, 개인차를 어떻게 받아들이며, 어떻게 정당화하며, 어떤 가치를 부여할 것인가?

예술 교과 교육을 위해서는 이런 질문에 답해야 하는 것도 사실이지만, 최근에는 예술 교육에 테크놀로지를 도입해야 한다는 주장도 있다. 크게 두 가지로 거론되는데, 하나는 컴퓨터를 사용하여 예술 작품을 만드는 것이고 다른 하나는 예술을 연구하기 위해 컴퓨터를 활용하는 것이다. 교사와 학생들은 예술 교육에 컴퓨터와 인터넷을 사용하는 다양한 방법을 이미 알고 있다. 이를 위한 수많은 웹사이트들이 있다. 확실히 단위 학교 교육과정에 예술을 포함시키도록 하는 데 있어서 테크놀로지가 중요한 영향을 미치고 있다.

9. 체육 교육과 건강

오늘날 학교는 학생들의 건강을 위한 조치들을 취하고 있다. 매일 하는 신체 활동은 건강 및 체육과 교육과정의 중요한 구성요소이다. 활동적인 신체 활동은 학교에서 이미 하고 있는 건강과 체육 교육 프로그램에 반영되어야 한다(Canadian Association for Health, Physical Education, Recreation and Dance, 2008). 첨예한 이슈는 비만 문제, 학생들이 가족과 함께 왕성한 신체 활동을 유지할 수 있도록 돕는 문제이다. 이런 점에서 학교는 학생의 건강을 관리하는 주도적인 기관이며, 핵심 역할을 체육과 교육 프로그램을 통해서 수행해야 한다(National Association for Sport and Physical Education, 2008).

◆ 체육 교육의 경향

오늘날 학생들의 비만 문제, 과체중 문제가 증가하고 있다(Daniels, Queen, & Schumacher, 2007). 이는 학교에서 체육 교육 프로그램을 필수화하는 데 영향을 미치는 요인이다. 체육 교과 교육과정에는 학생들이 일상적인 신체 활동을 통합하고 체육 활동 기능 및 활동적인 삶에 대한 욕구를 발달시킬 수 있는 내용과 학습경험을 포함해야 한다(〈표 13-6〉 참조). 신체 활동은 학생 신체의 근력, 근지구력, 유연성, 심폐 지구력을 개선시키며 자긍심을 갖도록 하며 목표를 설정하고 성취하도록 돕는다.

American Heart Association(Department of Health and Human Services, 1995)은 5세 이상의 모든 학생이 매일 30분 정도 알맞은 강도의 신체 활동을, 주당 3일 30분 정도 강도 높은 신체 활동을 하는 것이 좋다고 권장했다. American Heart Association의 권장 사항을 지지하여 『운동 저널(*Journal of Exercise*)』 『소아과 운동과학(*Pediatric Exercise Science*)』 『운동 생리학 온라인 저널(*Journal of Exercise*

〈표 13-6〉 체육과의 표준

표준 1: 다양한 신체 활동을 하는 데 필요한 운동 기능 및 움직임에 능숙해진다.
표준 2: 학생들은 신체 활동 및 움직임 관련 개념, 원리, 전략, 전술을 이해한다.
표준 3: 규칙적으로 신체 활동을 한다.
표준 4: 신체의 건강 상태를 유지한다.
표준 5: 신체 활동 중 자신과 다른 사람을 존중하며, 개인적 · 사회적으로 책임 있는 행동을 한다.
표준 6: 건강, 흥미, 도전, 자기표현, 사회적 상호작용에 도움이 되는 신체 활동을 가치 있게 여긴다.

출처: From *Moving Into the Future: National Standards for Physical Education*, 2nd Edition (2004). Reprinted with permission from the National Association for Sport and Physical Education(NASPE), 1900 Association Drive, Reston, VA 20191-1599.

Physiology Online)』에 실린 두뇌 기반 연구들은 "운동은 두뇌, 더 나은 인식력, 심리 조절, 세포 재생에 관련되어 있다."고 보고하고 있다(Jensen, 2008, p. 412). 이는 활동 위주의 체육이 학교에서 필요하다는 것을 시사한다.

Centers for Disease Control and Prevention은 오늘날 미국인의 건강 문제 발생의 6개 주요 범주를 발견하였다. 이 6개 범주는 의도적 · 비의도적인 상해 유발 행동, 흡연, 알코올 및 약물 사용, 성병 · HIV 감염 · 원치 않은 임신을 유발하는 성적 행동, 영양 결핍, 운동 부족(Kolbe, 1993b)이다. Kolbe(1993b)는 유년기의 이런 문제들은 미국 성인의 죽음, 질병, 장애와도 관련이 있다고 하였다.

학교의 건강 및 체육 교육과정은 건강을 해치는 행동을 예방하고 학생들은 이런 예방에 필요한 지식과 기능을 효과적으로 습득하게 한다.

교육을 통해서 건강을 지킬 수 있다. 건강 교육의 가능성을 평가한 많은 연구에서 건강 교육은 십대 임신율, 청소년 흡연 비율을 감소시키며, 위험을 예방한다고 결론을 내렸다. 그럼에도 불구하고 학교의 건강 교육은 교원 양성 정도, 종합적인 건강 프로그램, 시수 확보, 가족의 참여, 지역사회의 지지와 같은 요인에 의존한다(Gold, 1994; Seffrin, 1990). 학교의 건강 교육과정을 유치원에서 고등학교까지 계열화하여 실행할 때, 건강 관련 주제를 간헐적으로 적용하는 프로그램보다 더 효과적이다(Kolbe, 1993a).

Louis Harris의 조사 연구는 199개의 공립학교 3~12학년 학생 4,700명을 대상으로 한 설문조사 결과, 체육 및 건강 수업 시간을 늘림으로써 학생들의 건강에 대한 지식, 태도, 행동이 향상되었다고 보고하였다(Harris & Associates, 1989). School Health Education Evaluation(Connell, Turner, & Mason, 1985)은 20개 주에서 4~7학년 30,000명을 대상으로 4개의 건강 교육과정을 조사하고 다음과 같은 결과를 보고하였다.

- 건강 수업을 받은 학생은 건강 수업을 받지 못한 학생에 비해 약물의 사용과 남용에 관한 지식에서 큰 차이가 있었다.
- 건강에 대한 최소한의 수업만으로도 건강 관련 지식, 태도, 기능은 향상되었다. 학생이 연간 50시간 이상의 건강 수업을 받을 때, 가장 효과가 있었다.
- 건강 관련 지식과 실제보다는 태도를 개선하는 데 더 많은 시간이 필요했다.

교과별 표준 교육과정을 강조하는 경향과 더불어 교사들은 교과 교육에 세계화 교육과 다문화 교육 내용을 포함해야 한다고 인식하고 있다. 교육과정 리더들은 "이들 내용을 교과에 반영할지 여부"를 결정하는 데 영향력을 미치는 사람이다 (Whyte, 2008, n.p.).

10. 세계화 교육

미국 학생들을 21세기 사회에 적응하도록 준비시키기 위해서 학교는 세계화 소양 교육을 해야 한다. 몇몇 주에서는 표준 교육과정에 세계화 및 국제화 관련 내용들을 반영하고 있다. 그러나 세계화 교육과 관련 이슈들을 대부분 수용하지는 못하고 있다(Czarra, 2002~2003). 국무 장관인 Colin Powell은 9·11 테러를 겪으면서 "미국은 세계와 이전보다 더 밀접한 관계를 형성해야 한다. 여기에 학교와 대학이 중요한 역할을 해야 한다."고 언급했다(Czarra, 2002~2003, p. 9).

American Forum on Global Education은 '교사, 단위 학교, 지역 수준에서 세계화 교육을 점검할 수 있는 체크리스트 양식'을 제공했다. 그 양식은 학교 및 지역 교육청이 세계화 교육의 성공 정도를 평가할 수 있는 자체 평가 도구다(www.glob-aled.org/fianlcopy.pdf).

11. 다문화 교육

워싱턴 대학 교육학과 교수 Geneva Gay(2003/2004)는 "다문화 교육은 소수민족 출신의 개인, 사건, 주변의 요소와 관련하여 몇 번의 수업을 제공하는 것 이상이어야 한다."고 주장하였다(p. 33). Gay는 다문화 교육이 아직은 "모든 학생을 대상으로 하는 정규 교육과정 내용은 아니다."라고 말한다(p. 31). 오히려 그는 "다문화 교육을 사회과, 언어과, 예술 등 일부 교과에 위임하고 있다."(p. 31)고 비판하였다.

실제로 현재 다문화 교육에는 다양한 다문화 집단에 다문화 교육 내용을 적절하게 제공할 수 있는 체계나 기초가 없다. 이런 상황에서 아래 제시하는 안내 사항은 비록 처방적이지는 못하지만 다문화 교육을 지속하는 데 도움이 될 것이다.

다문화 교육을 개선하기 위한 조언들은 〈표 13-7〉에 나타나 있다.

Boschee, Beyer, Engelking 그리고 Boschee(1997)가 주장하듯이 모든 학교나 지역 교육청은 다문화 교육을 실시해야 한다. 그리고 그러한 교육은 간헐적으로가 아니라 지속적으로 실행되어야 한다. 다문화 교육은 유치원부터 고등학교까지 해야 한다. 또 범교과적으로 다루어야 하고 연중 실시해야 한다(pp. 232-233).

〈표 13-7〉 다문화 교육 개선을 위한 지침

조언	해설
집단 이해하기	학생은 모든 집단 구성원이 공유하는 요소가 있고 이 요소가 집단 내의 다양성을 반영하면서 계속 변한다.
문화, 객관적·주관적으로 이해하기	다문화 교육이 피상적으로 실행되지 않기 위해서는 집단의 가치, 준거, 기대, 신념 등 주관적인 것을 다룬다.
다른 관점을 이해하는 능력	다문화 사회의 사람이 되기 위해 학생들은 타인의 관점을 이해할 수 있는 기회를 접한다.
'여럿으로 이루어진 하나(E Pluribus Unum)' 이해하기	학생들은 다양한 민족 집단들의 비판적 경험(각 집단의 경험과 미국적인 경험)에 대한 본질과 중요성을 배울 기회를 갖는다.
다양성이 사회에 기여하는 점 이해하기	다문화 사회에 사는 사람은 하나하나가 전체에 기여하는 긍정적인 힘을 이해한다.
미디어의 지배를 받는 것이 아니라, 미디어를 활용하는 능력	비판적인 사고를 위해서 학생들은 더욱 '미디어 소양'을 갖춘다. 학교는 졸업할 수 있지만, 미디어 학습은 평생학습이다.
더 강력한 시민의식	더 평등하고 더 나은 사회를 위해서 학교는 좀 더 헌신적인 사람이 될 수 있도록 학생들을 교육한다. 이런 교육은 교사 태도나 기대, 학생 집단 편성, 수업 전략, 생활 지도, 학교와 지역사회의 관계, 학급 분위기 등 잠재적 교육의 영향을 받는다.

출처: Excerpts form *Special and Compensatory Programs: The administrators' Role*, by F. Boschee, B. M. Beyer, J. L. Engelking & M. A. Boschee, 1997, Lanham, MD: Rowman & Littlefield, pp. 229-232.

요약

이 장에서는 각 교과 교육의 경향을 살펴보면서 교육과정을 전반적으로 검토하였다. 왜냐하면 학교교육 혁신은 교과를 초월하지만 교과 영역에서 주요 변화를 동반해야 하기 때문이다. 최근 유치원~고등학교 교과 교육의 경향은 교육과정 분야의 풍경을 바꾸고 있다. 또 교육과정을 개정하기 위해서 이런 최근의 경향들을 파악해 볼 가치가 있다. 이 장에서는 영어, 언어과, 읽기, 수학, 사회, 과학, 외국어, 예술, 체육과의 최근 경향과 이슈들을 다루었다. 또 이 장에서는 최근 교과 교육 분야가 두뇌 연구결과를 반영하고 있다는 것을 설명했다. 마지막으로 이 장에서는 테크놀로지와 세계화 및 다문화 교육의 영향을 설명했다.

교육과정 분야의 최근 경향을 표준 설정, 테크놀로지 및 컴퓨터의 영향으로 정리할 수 있다. 서비스 매장, 가정과 소비 과학, 기계 분야에 대한 직업 연구결과로 인해 이 분야들이 오늘날 학생들에게 새로운 진로 분야로 관심을 모으고 있다. 테크놀로지와 컴퓨터 분야는 끊임없이 변하고 있다. 교육과정은 이 영역을 개발하고 정기적으로 개선해 가야 한다. 컴퓨터 교육 및 교육과정 개발에 대해서는 다음 장에서 더 자세히 다룰 것이다.

적용

1. 교육과정 경향을 분석한 결과, 국가 수준의 교육과정은 항상 학급의 교육과정이나 교실에서 가르치는 교육과정보다 훨씬 앞서 간다는 점을 알 수 있다. 당신의 경험과 지식에 비추어 볼 때, 왜 교육과정을 변화시키는 것이 어려운지 설명해 보시오.

2. 특정한 교과 중 하나를 선택하시오. 선택한 교과 교육 분야가 어떻게 변했으며, 지금 어떻게 변하고 있는지를 분석하고, 향후 10년 동안 이 분야에서 발생할 주요 변화를 예상하시오.

3. 이 장을 정독하고, 각 교과별로 가장 큰 변화들을 정리하시오. 그리고 특정 교과 분야가 왜 다른 교과보다 더 변화를 겪는지를 설명하시오.

4. 구성주의는 과학 분야에서 학생의 성취도를 높였다. 과학과의 이런 전략을 어떻게 다른 교과 분야로 확대할 수 있는가?

5. www.globaled.org/fianlcopy.pdf에 접속하고 세계화 교육에 대한 자기평가 도구로 당신의 학교 및 지역 교육청의 세계화 교육을 평가하시오. 이 요구 사정을 기초로 세계화 교육의 구체적인 목적, 자료, 시간 계획을 짜 보시오.

〔주의사항: 웹사이트가 열리지 않으면, American Forum For Global Education으로 이메일(info@globaled.org)이나 전화(212-624-1412)를 걸어서 자기평가 도구를 구하시오.〕

6. 다문화 교육 '지침'을 기준으로 하여 당신 학교나 학구의 다문화 교육을 점검하시오. 당신 학교나 학구에서 몇 가지 항목이 누락되었다면, 그것을 활성화시키기 위해서 어떻게 해야 하는가?

사례

교실에서 교육과정을 실행하다 보면 가르친 교육과정이 교육청에서 제안하는 교육과정과 일치하지 않는 경우가 생긴다. 한 교장 선생님은 국가 수준의 표준에 따를 것을 제안하는 지역 교육청의 제안을 거부하는 교사와 의견 차이로 어려움을 겪었다. 이런 상황은 이 지역의 교육장인 Dave Anon의 고민이기도 하다. 그는 교장 Bob Huerta에게 전화를 걸었다.

"Bob, 저는 당신 학교 선생님들을 대상으로 설문조사를 한 결과, 선생님들이 교실에서 교육청의 교육과정을 준수하지 않는다는 것을 알았습니다."라고 Dave Anon이 말했다. "예를 들어 저는 4학년에서 기하를 다루지 않는다는 답변을 볼 수 있었습니다. 우리 교육청의 수학 교육과정은 국가 권고사항에 기초하고 있으며, 특히 기하는 4학년에서 가르쳐야 하는 내용입니다."

"예, 저도 알고 있습니다."라고 Huerta 교장이 말하였다. "몇몇 4학년 선생님들은 이전에 가르친 수학 교육과정이 새로운 것보다 더 낫다고 생각하고 있습니다." 전화 너머로 정적이 흘렀다. Bob Huerta는 교육장이 당황한다는 것을 알 수 있었다.

"Bob, 저는 교장 선생님께 몇 달 전 우리 지역 교육청의 수학 점수가 떨어졌고, 주 기준과 학교 교육과정을 일치시켜야 한다는 이메일을 보냈습니다. 저는 특히 그 학교 4학년 학생들이 기하와 관련된 시험 문제를 잘 풀지 못한다는 것을 알게 되었어요."

"그건 중대한 문제이지요."라고 Huerta 교장이 말했다. "저는 이것을 해결하기 위해 최선을 다하고 있어요."

"그렇다면 교장 선생님은 이 상황을 해결해야지요. 교사들이 교육청에서 틀을 잡은 국가 위원회 권고사항이 담긴 교육과정을 따르는 것은 중요해요."라고 교육장이 말했다. "교장 선생님은 이 문제를 어떻게 처리하실 생각입니까?"

도전 과제

지역 교육청과 관내 학교 사이의 교육과정 실행에 관한 의사소통과 이해는 매우 중요하다. 교육장

Anon이 교사들과 지역 학부모뿐만 아니라 교장들과의 의사소통을 개선하기 위해 할 수 있는 일은 무엇인가?

주요 질문

1. 교육장 Anon과 Huerta 교장의 대화 내용을 당신은 어떻게 생각하는가? 당신은 이 문제가 해결될 수 있다고 생각하는가? 왜 그렇게 생각하는가, 또 그렇지 않다면 이유는 무엇인가?

2. 학교와의 의사소통에 테크놀로지가 어떤 영향을 미친다고 생각하는가?

3. 테크놀로지를 활용함으로써 언어과 및 읽기 분야는 어떤 변화를 겪고 있는가?

4. 테크놀로지를 활용함으로써 수학과 과학 분야는 어떤 변화를 겪고 있는가?

5. 테크놀로지를 활용함으로써 사회와 예술 분야는 어떤 변화를 겪고 있는가?

---

e 참고 사이트

Annenberg Media-sponsored real-life math applications

www.learner.org/interactives/dailymath

Fort Worth Museum of Science and History online inquiry-based strategies for teachers

www.fwmuseum.org/educate/prof_dev_tci.html

Institute for Inquriry online professional development activities

www.exploratorium.edu/ifi

International Feading Association

www.reading.org

Intervention program for primary children

www.readingrecovery.org

K-12 Mathematics Curriculum Center

www2.edc.org/mcc

Learning First Alliance

www.learningfirst.org

Multicultural education

www.ascd.org

www.pdkintl.org

National Academy of Sciences—Provides guide for teaching and learning

www.nasonline.org

National Council of Teachers of Mathematics Focal Points information

www.nctm.org/focalpoints

National Reaing Styles Institute

www.nrsi.com

National Science Teachers Association

www.nsta.org

Public domain books available for free download

www.authorama.com

Reading Recovery Council of North America

www.readingrecovery.org

Science activities collection

www.kineticcity.com

U.S Department of Education's fee sith of science resources

www.free.ed.gov/subjects.cfm?subject_id=41

Web-based manipulatives for K-12 Mathematics

http://nlvm.usu.edu/en/nav/vlibrary.html

◆ 제14장 ◆
교육과정의 통합 경향

　대부분의 교육과정은 교과별로 개발한다. 왜냐하면 교과는 교육과정 개발의 출발점이기 때문이다. 그러나 최근에는 특정한 한 교과를 넘어서 교육과정을 개발하는 데 관심이 증가하고 있다. 쓰기를 통합함으로써 사고력과 말하기, 듣기를 개선하는가 하면, 정보화 교육과정을 개발하기도 한다. 통합 교육과정 개발은 교육과정에 대한 인식, 교육과정 계획, 교육과정 실행에 대해 교과 교육과정 개발과는 다르게 접근한다.

이 장에서는 다음과 같은 질문을 다룬다.

• 쓰기 기능을 개선하기 위해서 어떤 교육과정이 개발되고 있는가?

• 사고 기능을 개선하기 위해서 어떤 교육과정이 개발되고 있는가?

• 말하기 기능을 개선하기 위해서 어떤 교육과정이 개발되고 있는가?

• 듣기 기능을 개선하기 위해서 어떤 교육과정이 개발되고 있는가?

리더십의 열쇠

　성공적인 교육과정 리더들은 쓰기 과정이 다양하게 구성된다는 것을 알고 있다. 쓰기 전 활동(계획하기), 초고 쓰기, 고쳐 쓰기, 교정하기, 발표하기의 5단계가 반복적으로 일어난다.

1. 쓰기 활용하여 학습하기

　주의 표준들은 대체로 계획하기(쓰기 전 활동), 초고 쓰기, 고쳐 쓰기, 교정하기, 발표하기(공유하기)와 같은 일련의 쓰기 과정을 권장한다. MIT(Massachusetts Institute of Technology)의 OWCC(Online Writing and Comunication Center, 1999)가 권장하듯이, "쓰기는 적어도 5단계를 거친다. 즉, 쓰기 전 활동, 초고 쓰기, 고쳐 쓰기, 교정하기, 발표하기 과정이 순환한다. 당신이 고쳐 쓰기를 할 때, 당신의 생각을 개발하고 확장하기 위해서는 쓰기 전 활동 단계로 되돌아가야 한다."(n.p.) 〈표 14-1〉은 쓰기 및 쓰기 과정을 가르칠 때 활용할 수 있는 쓰기의 각 단계를 설명하고 있다.

〈표 14-1〉 쓰기 과정

단계	설명
쓰기 전 활동	'쓰기 전 활동'은 초고를 쓰기 전에 하는 활동이다. 예를 들어 생각하기, 메모하기, 다른 사람들과 대화하기, 브레인스토밍하기, 윤곽 잡기, 정보 수집(가령, 면담하기, 도서관에서 자료 찾기, 자료 평가하기) 등이다. 쓰기는 비록 '쓰기 전 활동'으로 시작하지만, 아이디어는 쓰기의 전 과정에서 발산된다.
초고 쓰기	초고 쓰기는 당신의 생각을 문장이나 문단으로 만드는 활동이다. 이 단계에서 당신은 생각한 것을 충분히 설명해야 한다. 또 당신이 생각한 것들을 서로 연계한다. 당신이 얼마나 많은 생각을 하고 계획을 했는지와는 무관하게, 당신의 생각을 단어로 표현하는 과정에서 처음 생각들은 변하기도 한다. 당신이 선택한 수많은 단어로 인해 당신은 의외의 생각이나 암시적인 내용을 떠올릴 수 있다.

(계속)

고쳐 쓰기	고쳐 쓰기는 좋은 글을 쓰기 위해서 중요한 과정이다. 이 단계에서 당신은 독자의 요구나 기대에 대해 더 많이 생각한다. 당신은 점점 독자를 중심으로 글을 쓰게 된다. 생각 하나하나가 독자들을 얼마나 설득하는가? 독자를 위해서 특정한 용어들을 정의해 주어야 하는가? 글의 구조는 좋은가? 독자들이 Y를 이해하기 전에 X를 알 필요가 있는가? 또 이 단계에서 당신은 문체를 다듬고, 문장을 가능한 한 간결하고 정확하게 만든다. 각 아이디어는 분명하고 정확하게 연결되어야 한다.
교정하기	문법, 구조, 철자 등을 점검한다. 자신의 글을 인쇄하기 전에 마지막으로 맞춤법을 점검한다.
발표하기	작가는 목표로 한 독자들과 쓴 글을 공유한다.

출처: Steps and descriptors adapted from "The Writing Process,"by MIT online Writing and Communication Center, 1999, Boston: Massachusetts Institute of Technology.

1) 쓰면서 학습하는 쓰기

NCTE(National Council of Teachers of English) 지침서(2008)는 다음과 같이 언급한다.

사람들이 하는 여러 경우의 활동과 마찬가지로, 많이 쓰면 점점 더 잘 쓰게 된다. 실제로 글을 많이 써 보아야 한다. 즉 쓰기 관련 강의를 듣는 것, 문법을 익히는 것, 읽고 토론하는 것보다 실제로 써 보는 것이 중요하다. 사람들이 더 많이 쓸수록, 그들은 점점 더 쉽게 쓰는 것 자체를 좋아하게 된다(n.p.).

쓰기가 점차 다면적인 활동으로 인식되면서, 〈표 14-2〉에서 보듯이 NCTE는 쓰기 지도 원칙들을 제시하고 있다.

〈표 14-2〉 NCTE의 효과적인 쓰기 지도 원칙들

쓰기 원칙	설명
1. 글을 쓸 수 있는 사람이라면 모두 가르칠 수 있다. 교사는 학생이 더 잘 쓸 수 있도록 도울 수 있다.	비록 시인들과 소설가들이 쓰기를 학습할 수 있는가에 대해 논쟁하는 것을 좋아하지만, 쓰기 교사들은 쓰기에 실제적인 목적을 둔다. 어떤 사람이 글쓰기에 대한 예술성을 배울 수 있는지 없는지는 모르겠지만, 누구든 더 잘 쓸 수 있고 많은 학생들은 작가가 될 가능성을 충분히 갖고 있다.

(계속)

2. 사람들은 쓰면서 쓰기를 배운다.	쓰기 수업은 교실 안팎에서 쓸 수 있는 기회가 많아야 하며 다양한 목적과 다양한 독자를 위한 쓰기를 해야 한다.
3. 쓰기는 하나의 과정이다.	능력 있는 교사는 결과를 평가하기 위한 명확한 기준을 세울 뿐만 아니라, 학생들이 원고(text) 작성 과정에 참여하도록 해야 한다.
4. 쓰기는 생각하게 한다.	쓰기 수업에서 일부는 다른 사람을 위해서, 일부는 글쓴이 자신을 위해서 글을 쓴다. 나이, 능력 혹은 글쓴 경험과는 무관하게, 생각을 하게 하기 때문에 중요하다. 그런 까닭에, 개인적인 이야기, 일기, 반성적 쓰기, 관찰 그리고 전략을 배우는 글쓰기는 중요하다.
5. 글을 쓰는 목적은 여러 가지이다.	학교에서 학생들은 종종 자신들이 하도록 요구받았던 것을 완수했음을 증명하고 그것에 대한 학점을 얻기 위해서만 글을 쓴다. 또는 학생들은 쓰기의 한 가지 방법만을 배우고, 이것으로 충분하다고 믿게 된다. 학교 밖에서는 해야 할 일에 대한 책임을 다했다는 것 외에도 다른 목적 때문에 글을 쓴다. 그리고 그들은 무수히 많은 유형과 장르들을 연습한다. 글쓰기의 목적과 청중에 따라 어떻게 다른 글을 써야 하는지를 학생들이 배우기 위해서는 교사들이 다양한 상황에서 글을 쓸 수 있는 기회와 글쓰기의 주제를 바꿀 기회를 주어야 한다.
6. 작가뿐만 아니라 독자에게도 원고를 마무리 손질하고 편집하는 습관은 중요하다.	시인들과 소설가들이 쓰기가 학습될 수 있는지 없는지에 대해 논쟁하는 것을 즐길지라도, 쓰기 교사는 좀 더 실용적인 목적을 가지고 있다. 어떤 사람이 글쓰기에 대한 예술성을 배울 수 있는지 없는지는 모르겠지만, 누구든 더 잘 쓸 수 있다는 것, 교사에 따라 얼마나 많은 학생들이 작가로서 성공하는지 못하는지가 달라진다는 것을 증명하는 연구결과는 충분하다.
7. 쓰기와 읽기는 관련성이 있다.	학생들이 더 나은 글을 쓰도록 돕는 한 가지 방법은 그들이 학교 안에서나 밖에서 읽기에 더 많은 시간을 갖도록 하는 것이다. 여러 연구자들은 학생들이 읽을거리나 책을 스스로 선택하도록 가르치는 것이 읽기에 관심을 갖도록 하는 가장 쉬운 방법이라고 지적한다. 이런 방법은 학생을 독자로 만들 뿐만 아니라 작가로 만든다.
8. 쓰기는 말하기와 관련이 깊다.	쓰기를 처음 시작했을 때, 우리는 쓰기를 둘러싼 많은 이야기들을 기대할 수 있다. 왜냐하면 어린이는 쓰기에 대해 말할 것을 종이에 옮겨 놓은 것으로 이해하기 때문이다. 또한 작문을 처음 가르칠 때는 이야기 말하기, 사물이 어떻게 작동하는지 설명하기, 일어날 일 예상하기, 사물과 사람들은 왜 그러한지 추측하기를 통해서 어린이가 구두로 언어를 생산하는 데 익숙해지도록 도와야 한다.
9. 글을 읽고 쓰는 연습은 사회적 관계를 체험하는 것이다.	쓰기를 지도할 때는 대부분의 학생들이 집에서 사용하고 있는 유창한 자기 말로 시작해야 한다. 학생들의 개인적인 말은 사투리일 수도 있고 혹은 영어가 아닐 수도 있다. 쓰기가 목표로 하는 것은 학생들이 사용하는 언어에서 벗어나는 것이 아니라, 자신의 언어에 더 유창할 수 있도록 돕는 것이다. 다만, 학생들은 자기와 친한 사람들만을 위해서뿐만 아니

(계속)

	라 더 많은 청중들을 위해서 유창해져야 한다. 학생들이 영어를 더 자주 그리고 많이 사용하게 되겠지만 이것이 자신의 가족과 출신 지역의 언어를 버리는 것을 의미하지는 않는다. 쓰기를 지도하는 것은 학생이 사용해 온 기존의 언어에 새로운 언어를 첨가하는 것이다. 쓰기를 가르치는 목표는 좀 더 적절한 관계를 형성하고자 하는 것이다.
10. 작문은 여러 표현 방식과 테크놀로지를 기초로 한다.	쓰기 교육은 우리 주변 세계로부터의 테크놀로지의 발달을 수용해야 한다. 워드프로세서를 사용해서 초고를 쓰고, 고쳐 쓰고, 편집할 수 있고, 하이퍼텍스트를 만들 수 있고, 쓰기에 시각적인 요소를 활용할 수 있다. 이런 새로운 기능들을 활용하는 방향으로 쓰기를 가르쳐야 한다.
11. 쓰기에 대한 평가는 간단하지 않으며, 정보에 기초한 판단이어야 한다.	쓰기를 지도하는 교사는 학생들의 쓰기에 대한 복잡한 평가 과정을 알아야 한다. 교사는 형성평가와 성취도 평가 간의 차이점을 알아야 한다. 그리고 이 두 가지 평가를 기초로 학생의 쓰기를 평가해야 한다. 형성평가는 잠정적이고 계속적이며 학생들이 알아야 할 것과 다음에 가르쳐야 할 것을 판단하는 것이고, 성취도 평가는 학생이 쓴 원고의 질을 판단하는 것이다. 또 교사는 쓰기 능력의 발달 단계를 알고 학생들이 각 단계에서 적절히 쓰기를 배울 수 있는 수업을 준비해야 한다.

출처: Guidelines from "NCTE Beliefs About the Teaching of Writing," by the Writing Study Group of the NCTE Executive Committee, November 2004. Copyright 2004 by the National Council of Teachers of English. Reprinted with permission. http://www.ncte.org/about/over/posotions

사람들은 세계화(golbalization)로 미국의 경제와 교육이 얼마나 변하게 될지에 대해서 공공연하게 이야기한다. 결과적으로 NWP(National Writing Project)의 교사들은 이런 변화를 촉진할 필요가 있다고 확신하게 되었다(Lieberman & Friedrich, 2007).

학생들은 발달 단계별로 서로 다른 쓰기 전략들을 사용한다(Dahl et al., 2003~2004). 학생들이 학습의 방법으로서 쓰기를 사용하는 것은 중요하다. 6+1 TWP(Trait Writing Program)가 20년 전에 개발된 후, 교사들은 지금까지 이 프로그램을 꾸준히 개선해 왔다. 쓰기의 6요소(six-trait writing process)는 아이디어, 조직, 형태, 단어 선택, 문장의 유창성, 관례라고 할 수 있다. NREL(Northwest Regional Educational Laboratory)에 의해서 포틀랜드 주, 오리건 주에서 실시된 한 연구는 6요소의 쓰기 과정으로 학생의 쓰기 능력이 상당히 향상되었다고 보고했다. 이러한 쓰기 과정은 연방의 모든 주에서 사용되고 있다(Northwest Regional Educational Laboratory, 2001).

쓰기에 대한 과정이나 중요성에 대한 인식과 더불어 표절에 대한 관심도 계속 증가해 왔다. 이것은 인터넷의 발전과 접근 용이성으로 발생해 온 문제이다. Media and Technology for Mankato Area Public School 담당자인 Doug Johnson (2004)은 학생들이 제출한 작품의 표절 여부를 가리기 위해서 교사들이 더 많은 노력을 들이고 있다고 했다. 교사들은 다양한 도서 및 매체, 다양한 웹 서비스와 온라인에서 표절한 학생들의 작품을 파악하기 위해서 인터넷 탐색 기능들을 사용한다. 교사들은 표절의 문제를 억제시킬 수 있는 효과적인 방법을 찾고자 한다.

도움말 14.1

"작가가 되기 위해서는 많은 것들을 버리고 만족하지 않고 다시 타이핑하고, 그러고 나서 다시 그리고 다시 한 번 그리고 거듭 타이핑하여야 한다……" -John Hersey

Henk와 동료들(2003~2004)에 의하면, 교육과정 리더들은 과거 30년 동안 쓰기를 지도하는 방식에 중요한 변화를 목도해 왔다. 학생들이 쓴 결과물을 평가하는 것에서 쓰는 과정을 검토하는 것으로 그 초점이 변화되고 있다.

지역의 교육과정 리더들은 이 변화를 어떻게 바라보는가? 교육 자문가 David Liben과 Meredith Liben(2004)에 따르면, 학생들이 어떻게 쓰는가뿐만 아니라 그들이 어떻게 쓰는 것을 학습하는지를 알아야 한다고 지적했다. Glatthorn(1984)은 교사 연수 워크숍에서 교사 중심 과정(teacher-centered process)을 추천했다. 이 과정에서 각 교과별로 교사들은 '학습을 위한 쓰기(writing-to-learn) 절차'를 개발하였다. 우선 교사들은 자신의 교과에서 Glatthorn이 쓰기의 계속적인(continuing) 사용이라고 불렀던 것을 확인하였다. 이러한 계속적인 사용은 교사들이 특별한 과업으로 혹은 지도 없이 교과 교육에서 늘 활용하는 방식이다. 강의 중에 노트 필기하기, 텍스트를 읽으며 노트하기, 에세이에 답하기, 가정이나 수업 중에 쓰기 연습하기, 교과별 학습 일지 쓰기, 학습한 것을 명료화하기 위해 수업 중에 자신의 생각 쓰기 등이 그 예다.

다음으로 Glatthorn(1984)은 쓰기가 특별한 과제가 되거나 지도가 필요한 훈련이라는 점에서 쓰기를 특별하게 활용한다고 했다. 이 특별한 활용은 다음과 같다. 여러 가지 원천을 인용한 보고서 쓰기, 조사 보고서 쓰기, 문제 해결 과정 설명하기, 번역하기, 교과 중심의 창의적 논문 쓰기, 작품에 대한 감상 쓰기, 개인적 경험과 교과 관련지어 설명하기, 교과와의 관련 방식 및 관련 과정을 다른 학생들에게 설명하기, 교과와 관련 있는 어떤 이슈에 대해서 다른 학생들 설득하기, 교과에서 가르치는 중요한 사고 전략 연습하기 등이다.

토론과 분석을 통해서 각 교과 교사들은 각 교과에 적절하다고 생각하는 '교육과정 전반에 걸쳐 쓰기(wirting across the curriculum)'를 지속적으로 활용한다. 마지막으로 교사들은 쓰기 학습 과정을 개발하는데, 그들은 쓰기를 활용하여 각 교과를 지도하면서 경험한 본질을 확인한다. 가령, 과학 교사들은 실험 보고서의 객관성과 정확성이 중요하다는 점을 알았다. 사회과 교사들은 증거를 들어서 결론을 지지하는 것이 중요하다는 것을 밝혔다. 영어 교사들은 문학을 해석하는 데 있어서 개인의 창의적인 반응이 중요하다는 것을 확인했다. 그리고 수학 교사들은 방정식을 언어로 전환하는 데 쓰기가 필요하다는 것을 알게 되었다.

〈표 14-3〉은 이 세 가지 유형의 정보를 요약, 제시하였다.

이런 틀을 만들고 나면, 각 교과별로 쓰기를 지속적으로 그리고 구체적으로 활용할 수 있는 수업 자료를 개발할 것이다. 이 수업 자료에는 전형적으로 다음과 같은 것들을 포함한다.

- 작문 과정에 대한 설명과 관련 연구 내용의 요약
- 틀의 재구성
- 쓰기를 '지속적으로 활용'할 수 있도록 돕는 제안들
- 쓰기를 '특별히 활용'하는 데 도움이 될 만한 제안들
- 쓰기를 '특별히 활용'할 수 있는 예시 과제들
- 교사가 학생의 쓰기를 평가하고 등급을 매기는 데 필요한 제안들
- 명료하고 적절한 학생용 학습지들

쓰기는 학생 스스로 배우는 것이기 때문에 교사는 쓰기를 가르치기보다는 쓰기를 할 수 있도록 도와준다. 교사는 학생들에게 무엇을 어떻게 써야 하는지를 말해주는 대신에 학생들이 자신의 주제와 의견을 발견할 수 있도록 돕고, 그 과정과 과정에서 사용할 수 있는 전략을 유형화도록 돕고, 수용적이고 적극적인 소통 분위기를 조성해야 한다.

〈표 14-3〉 쓰기 학습의 과정

영역: 가정과 소비 과학

다음과 같은 쓰기는 가정과 소비 과학에서 지속적으로 활용할 수 있다.
1. 강의와 교실 토론 내용 받아 적기
2. 교재와 다른 자료의 내용 받아 적기
3. 가정의 경제에 대한 저널 쓰기

다음과 같은 쓰기는 가정과 소비 과학에서 특별히 활용할 수 있다.
1. 요리법 쓰기
2. 공예품 및 장식품 제작에 대한 안내 글쓰기

가정과 소비 과학 교육에서 쓰기의 본질은 다음과 같다.
1. 측정과 양을 정확하게 쓰기
2. 주어진 것을 명확하게 안내하기

2) 생각하기

교육과정 전반에 걸쳐 확산되고 있는 두 번째 주요 동향은 비판적 사고를 향상시키려는 노력이다. 비판적 사고, 문화 이해, 감동적인 글쓰기는 대학 입학을 위한 것뿐만 아니라 모든 학생에게 비판적 사고, 민주주의와 국제화를 이해할 수 있는 교육을 제공해야 하며 표준적인 문화를 경험하도록 해야 한다(Schmoker, 2007).

학생들의 사고력 향상에 중요한 것은 학생들이 내용에 참여하는 것이다(Weiss & Pasley, 2004). 사고력을 향상시키는 수업은 의도적으로 학생들이 내용과 상호작용하도록 한다. 다양한 전략을 통해 학생들을 참여시키기 위해서는 실생활의 사례들을 활용하거나 직접 체험에 참여시켜서 사전 지식을 구축하도록 한다. 이런 것은 학생들이 생각하도록 하는 가장 좋은 방식이다.

 도움말 14.2

비판적 사고는 교사가 능숙하게 구사할 수 있는 일반적인 수업을 통해서 학생이 적절한 근거를 기초로 신념을 형성하도록 하는 것이다(Francis Bacon, 1605).

관련 문헌을 검토해 보면, 사고 기술을 통합하는 주요 전략은 메타인지 혹은 '사고에 대한 사고'이다. 문헌에서 메타인지는 의식적이고 신중한 정신 활동으로 묘사된다. 우리는 우리가 읽은 단락 혹은 우리가 들었던 표현을 이해하지 못한다는 인식을 하곤 한다(Martinez, 2006). 메타인지에 대한 연구들은 교사 주도 학습으로부터 여러 가지 시사점을 찾아냈다. 한편으로 메타인지는 운에 의존하기보다는 노력이 학업의 성공에 영향을 미친다는 것을 학생들에게 가르치는 데 초점이 있고, 다른 한편으로는 자기 조절을 강조한다. 학생들은 스스로 공부에 참여하거나 과제를 효율적으로 관리하는 것을 배운다. 또 자기 조절은 학생들이 자신의 과업이나 자신이 처한 상황에서 활용할 수 있는 전략들, 과정들, 체계를 배울 수 있도록 한다. 즉 학생들에게 생각하고 배우는 방법을 가르치는 것이다. 어떤 교사들은 학생들의 흥미를 이끌어 내는 것만으로는 무엇인가 불충분하다는 것을 알고 있다. 학습에는 흥미뿐만 아니라 비판적 사고도 필요하다.

*Phi Delta Kappan*의 편집자인 Bruce Smith(2004)는 서로 생각을 교환하는 것이 학생들에게 중요하다는 것에 주목했다. Smith는 " '기억이나 시험'이 우세한 교육 현실에서는 시험 점수가 유일하고 합리적인 경쟁 방식이기 때문에 의견 차이를 해결하거나 의견을 교환할 필요가 없다." "학생들이 서로의 생각을 교환할 수 있는 기회를 갖고 이렇게 해서 편안하고 만족감을 느끼는 것이 중요하다."고 말했다(p. 482).

이 문제에 대해 교육자들은 여러 가지 질문을 하는데, 첫 번째 질문은 '만약 학생들이 비판적 문제에 참여하지 않는다면, 그들이 비판적으로 사고하는 것을 배울 수 있는가?'이다. Nel Noddings(2004)는 스탠포드 대학교 교육학 명예 교수인 Lee Jacks 같은 교육학자들이 비판적 사고를 교육의 궁극적인 목적이라고 언급함에도 불구하고, 교사들은 전쟁, 종교, 양육 방식의 문화적 차이와 같은 비판적 문제에 대해 토론하는 것을 금지해 왔다고 말했다.

두 번째 질문은 사고 기능이 교과를 넘어서는 영역 일반적인 과정을 통해서 기를 수 있는 것인가, 아니면 특정 교과를 통해서 기를 수 있는 영역 특수적인 것인가 하는 문제이다.

만약 사고 기능이 일반적인 것이라면, 사고 기능 습득을 목적으로 하는 과정을 개설해서 가르쳐야 한다. 만약 사고 기능이 특수한 것이라면, 교과 교육의 맥락 안에서 가르쳐야 한다.

여러 연구에 따르면 학생들을 사고 기능 습득 과정에 참여시키는 것이 중요하다. 그러한 연구는 수업의 성공 여부가 교사의 내용 지식, 교육학, 학생과의 관계성 정도에 의존한다고 밝히고 있다(Lewis, 2004). 연구나 보고서, 혹은 경험상의 통찰을 통해서 볼 때, 사고 기능 교육에서 중요한 것은 그런 학습에 참여하는 것, 그런 학습이 일어날 만한 신뢰할 수 있는 환경, 교사-학생-가족 간의 진실한 관계이다. 이런 것들은 교과 교육에서처럼 학습의 차이를 만드는 요소이다.

도움말 14.3

"우리가 사실을 넘어서지 못하고 단지 사실에 대해서만 가르치는 것은 곧 학생들에게 시대에 뒤떨어진 것을 가르치는 것이다."(Sternberg, 2008, p. 25)

사고 기능 교육에 대한 영역 일반적인 접근이나 영역 특수적인 접근 모두 상의 하달식이라는 허점이 있다. 한쪽에서는 비판적 사고 기능 교육을 위해서 중앙에서 자료를 개발하여 교사에게 보급해야 한다고 주장하고, 다른 한쪽에서는 교사가 학생들의 사고력을 향상시킬 수 있는 교육과정을 개발해서 사용하도록 해야 한다고 주장한다.

Glatthorn(1989)은 후자로 접근하였다. 그는 사고 기능 교육에 대한 연구나 이론들을 검토한 후, 각 교과 교사가 자신이 가르치는 교과 및 학년 수준에 가장 적절한 단원을 하나 선택하도록 하였다. 구조화된 문제해결(하나의 올바른 정답을 가진 수렴적인 문제를 풀기 위한 알고리즘과 발견학습 전략), 비구조화된 문제해결(확산적인 문제를 푸는 데 있어서 최적의 해결책을 발견하기 위한 체계적인 전략들을 사용), 정보 처리(정보의 저장, 재생, 평가), 추론하기(논리의 체계적 적용), 평가하기(산출물과 개인을 평가하기 위해 비판적으로 사고하기), 시사점 분석하기(매스 미디어에 대한 비판적 분석), 학자처럼 탐구하기(한 학문 내에서 사용되는 특정한 탐구 과정과 평가 학습하기), 도덕적으로 선택하기(윤리적인 판단하기), 선택적인 상황 다루기(대학 선택, 직업 선택 등). 대부분의 교사들은 이런 식으로 교과와 연계하여 접근하는 것을 더 선호한다. 각 교과에서 적용할 단원을 협의하고 나면, 수업에 사용할 자료를 개발한다. 이렇게 해서 교사들은 학년별로 적용 가능한 일련의 단원들을 설정하게 되는데, 이것은 사고 기능 교육을 목적으로 별도의 수업을 하는 것에 비해서 치밀하지는 않지만 교사

도움말 14.4
최근 널리 활용되고 있는 사고 기능 교육 프로그램들은 만약 학교가 학생들에게 사고력을 향상시킬 수 있도록 가르친다면 학생들의 사고력은 높아진다고 전제하고 있다.

들이 실행하기 쉬운 방식이다.

그리고 교사들은 교수할 단원에 포함되지 않은 사고 기능들을 찾아내어 각 기능을 교과 수업에 '통합해서 가르칠지(integrated lesson)' 또는 '별도의 수업'으로 설계하여 가르칠지를 결정한다(교사들의 이런 의사 결정을 돕기 위한 안내는 〈표 14-4〉 참조).

통합 수업에서는 교과 내용(예: Cortez가 처음으로 미국 원주민들을 만난 경험을 기술한다.)이 수업의 중심이 되고 사고 기능(예: 대조하기)은 그 수업의 과정에서 활용된다. 그러나 '특별' 수업에서는 사고 기능(예: 평가하기)을 익히는 것이 수업의 중심이 되고, 교과 내용은 이 사고 기능 습득을 위한 소재로 활용한다.

또 Ronald Edmond와 John Frederickson은 효과적인 학교들이 주목한 과정 요소 여섯 가지를 제시하였다(Taylor, 2002).

① 분명하고 초점화된 학교의 목표
② 안정되고 차분한 학습 분위기
③ 학생, 교사, 행정가의 높은 기대
④ 학습할 기회와 학생의 학습 시간
⑤ 모든 행정가와 교직원들의 수업 리더십
⑥ 학교와 가정의 긍정적 협력 관계

효과적인 학교의 이런 과정적 특징들은 모든 학생들이 학습에서 진보가 있어 다음 학년 수준의 공부를 준비할 수 있도록 하는 데 중요한 영향을 미치는 것으로 증명되었다. 이런 효과적인 학교의 과정적 특징을 보완하기 위해 많은 학교에서는 수업 설계도를 개발하여 사용하고 있다(March & Peters, 2002). 수업 설계 과정은 학교가 교실 수업 자체를 재구조화하고 교육과정과 사고 기능을 통합한다. 만약 학교 리더들이 사고 기능을 증진시키기 위한 수업을 설계한다면, 세 가지 사고 전략인 독립

〈표 14-4〉 사고 기능 확인하기

다음 비판적 사고 기능들은 교과 교육을 통해서 지도한다. 당신이 지도하는 교과와 학년 수준에서 사고 기능과 그 중요성을 생각해 보자. 다음 사고 기능들을 지도한다면, 어떤 방식이 좋을지 판단하여 적절한 곳에 V표 하시오. 특별 수업은 사고 기능이 그 수업의 주요 목표가 되는 수업이다. 통합 수업은 교과가 수업의 주요 목표가 되고 사고 기능은 교과 학습 과정에서 활용된다. 부적절한 수업은 사고 기능이 당신의 교과 혹은 학년 수준에 적합하지 않다는 것을 의미한다.

기능	특별 수업	통합 수업	부적절한 수업
1. 문제 발견 및 문제 정의하기			
2. 적절한 방식으로 문제 표상하기			
3. 문제 관련 사실, 개념들 체계적으로 조직하기			
4. 진술된 문제로부터 결론 추론하기			
5. 자료의 원천 찾아 평가하기			
6. 문제해결을 위한 정보 종합하기			
7. 관찰, 가정, 추론 구별하기			
8. 논리적으로 분류하기			
9. 예측하기			
10. 비문자 자료 해석하기			
11. 설득적인 내용과 기법 확인하기			
12. 반대로 생각하기, 분리하기, 결합하기, 적용해 보기			
13. 은유적인 메타포 정하기			
14. 원인 분석하기			
15. 인과관계 해명하기			
16. 언어적 오류 교정하기			
17. 통계 오류 확인하기			
18. 기타			

적 사고, 자기 관리 학습, 자기 주도 학습을 포함해야 한다(Gibbons, 2004, p. 466).

독립적 사고를 하는 학생들은 관련 질문을 다루고 교육과정상의 핵심 기능들을 개발한다. 학생들은 스스로 질문하고 질문을 탐구한다.

자기 관리 학습을 하는 학생은 스스로 성취할 목표를 정한다. 스스로 시간표를 작성하고, 혼자 또는 다른 사람과 함께 탐구하거나 세미나, 워크숍, 실험을 한다. 온라인을 통해서 다른 자원들을 활용하기도 한다.

자기 주도 학습을 하는 학생은 일정한 학습 시간을 스스로 운영한다. 학생은 독립적으로 활동하기도 하고, 정기적인 교육을 받기도 하고, 여행 혹은 특정한 훈련에 참여하기도 한다. 도보여행 프로그램, 논리적 탐구, 창의력, 실제 적용, 공동체 활동 등이 여기에 포함된다. 학생들은 졸업 때 자신들의 성취를 사람들 앞에서(또래, 교사, 부모 그리고 성인들) 발표한다. 지도교사는 학생의 이런 개인 활동을 지원해 준다. 펜실베이니아 주 웨스트체스터 대학의 교육학 교수인 Dave Brown(2002)은 학생은 자신의 선택, 교육과정 통합, 차별화된 학습, 자기평가와 같은 접근 방식으로 학습에 몰입할 수 있는 학급을 꿈꾸고, 그런 가능성을 개진한다고 밝혔다. 또 교사와 행정가들이 그런 접근을 하도록 격려한다.

교실 수업의 재구조화 과정에서 사고 기능을 통합하는 것은 중요하다. 이 과정에서 우리는 정보를 처리하고 아이디어를 생성하고 확장하고 사실과 절차를 검토하고 평가하는 등 모든 교과 교육을 통해서 사고 기능을 가르칠 수 있다. 또 사고 기능은 의사소통 기술과 밀접한 관련이 있다. 학생들은 문학적으로 반응하기, 쓰기, 말하기, 매체 활용, 듣기, 읽기를 할 때 생각을 해야 한다. 요약하면, 사고 기능은 교육의 모든 영역에 효율적으로 활용할 수 있는 도구다.

도움말 14.5

비판적 사고는 좌뇌에, 창의적 사고는 우뇌에 좀 더 가깝다고 생각할 수 있으나, 양자는 모두 '생각하기'를 관장한다. '고등사고 기능들(HOTS)'은 Bloom 분류 체계에서 상위 세 가지 수준, 즉 분석, 종합, 평가에 집중되어 있다(10장 Bloom의 체계를 참조).

교육과정을 개발할 때, 학습해야 할 사고 기능을 소개하고 이를 교과 내용과 연계하여 습득하도록 강조하며 이전의 학습 기능보다는 좀 더 복잡한 기능들을 습득할 수 있도록 하는 것이 중요하다. 학생들은 '사고에 대한 사고'를 하고 문학과 매체를 해석할 때 사고 기능을 써서 전략을 세우고 언어를 선택하고 광고를 하고 지시를 따른다.

3) 말하기

학교에 입학할 때 학생은 말하기를 할 줄 안다. 그러나 사회적인 접촉이나 보다 나은 말하기 모델링 없이는 그들의 말하기 능력이 향상되지 않는다. 학생들의 자아 개념은 주로 학생의 주변 환경에서 중요한 사람들과의 상호작용을 통해 형성된다. 교사는 학생이 다양한 상황에서 말하기 능력을 향상시킬 수 있도록 도울 수 있는 인물이다. 말하기를 잘하는 것은 학교나 직장에서도 중요하다. 직장에서 고용, 연장, 승진에서 가장 영향을 많이 미치는 것도 구두 의사소통 능력이다. 의사소통에서 말하기는 30%를 넘게 차지한다. 일상생활 중 말하기는 듣기 다음으로 사용 빈도가 높다.

말하기 능력은 발달 가능하다. 따라서 말하기는 개인의 성장을 위해서 직접적이고 빈번하게 연속적으로 지도해야 한다. 그러나 지역 교육청의 교육과정에서는 말하기를 개인 내, 개인 간, 집단, 매체 기반 의사소통으로 보기보다는 대화하기로 제한해서 인식하는 경향이 있다. 중등학교 교육과정에서 말하기는 선택과목으로 배정하기도 하고 더 능숙한 구두상의 의사소통 능력을 목표로 하기보다는 단순히 말하기 과정을 개설하는 정도다.

교육과정에서 말하기의 중요성 및 그 위상을 고려해 볼 때, 말하기 관련 교육과정을 개발할 때 다음 사항들을 고려해야 한다. ① 일상생활 중의 의사소통에서 요구되는 것들을 중심으로 한다. ② 말할 기회만 제공하는 데 그칠 것이 아니라, 직접 지도하고 연습할 수 있도록 하고 발전적인 피드백을 제공하며 연습 가능한 다양한 상황을 제공한다. ③ 다양한 유형의 의사소통(예: 개인 내, 개인 간, 집단적, 대중적, 매체 기반)을 포함한다. ④ 의사소통 기능을 모든 교과 교육에 통합하여 지도한다. ⑤ 간교과적으로 교육과정 전반에 걸쳐 지도한다. ⑥ 학생의 말하기 기능을 정교화하는 데 도움이 되는 프로그램을 제공한다. ⑦ 문화적으로 다양한 형식의 말하기에 익숙해질 기회를 준다.

4) 듣기

의사소통하기 위해서는 우선 듣기가 필요하다. 듣기 기능을 개발함으로써, 사람은 어휘를 늘이고 문장 구조를 발달시키며 들은 것들을 구별하기 시작한다. 말하기, 읽기, 쓰기는 이 듣기를 기초로 한다. 학생들은 '자연적으로' 습득한 어느 정도의 듣기 능력을 가진 상태에서 학교에 온다. 그래서 결과적으로 듣기는 의사소통 기능을 배우는 교육과정에서 가장 관심을 덜 받는 영역 중 하나이다.

많은 교사들은 학생들에게 말을 하고 그들이 듣지 않을 때 주의를 상기시켜 주면 듣기를 하고 있다고 생각한다. 또 교사 교육, 교과서, 의사소통 관련 연구, 평가도 듣기 교육에 거의 도움을 주지 못하고 있는 상황이다. 이런 소홀함에도 불구하고, 듣기의 중요성은 점점 강조되어 왔다. 예를 들어 McCaulley(1992)는 한 학기 동안 초등학교 학생들을 대상으로 능력 향상 프로그램을 실시하고 프로그램의 효과 연구를 수행했다. 메타 분석 결과, 이 프로그램은 듣기는 .3747 수준에서, 읽기는 .9953 수준에서 초등학생 듣기와 읽기 능력을 증진시키는 것으로 나타났다. 이것은 초등학생 듣기 프로그램이 듣기는 물론 읽기에도 효과가 있다는 것을 의미한다. 이 결과는 언어 기능 중 하나가 향상되면, 다른 언어 기능도 향상된다는 전이효과(carry-over effect)에 대한 연구와 일치한다. 이 연구는 결론적으로 듣기 능력을 개발하는 데 더 많은 시간을 투자해야 한다는 것을 시사한다.

듣기는 연습이나 교육을 통해서 향상될 수 있다. 학생이 정확히 듣고 들은 것을 평가할 수 있다면, 그들은 대화와 토론 상황에서 적절하게 반응할 수 있을 것이다.

듣기 지도는 다음을 고려해야 한다.

- 일상생활 중의 의사소통에서 요구되는 사항을 중심으로 한다.
- 듣기 전략들을 지도하고 다양한 상황에서 그런 전략들을 사용해 보도록 한다.
- 개인 간, 소집단, 대중적 의견 교환, 매스 미디어를 통한 의사소통 등 모든 의사소통 맥락에서 듣기를 연습한다.
- 의사소통을 모든 교과 교육에 통합한다.
- 간교과적으로 교육과정 전반에 걸쳐 지도한다.
- 학생의 말하기 기능을 정교화하는 데 도움이 되는 프로그램을 제공한다.
- 문화적으로 다양한 형식의 말하기에 익숙해질 기회를 준다.

2. 테크놀로지와 교육과정

평가, 표준 교육과정 설정, 자료 기반 수업이 강조되면서 테크놀로지와 교육과정 간 상호 영향에 주목하게 되었다. 활동은 수업 내용과 연계되어 있어야 하고 이는 다시 수업에서의 모종의 변화로 이어져야 한다(Bambrick-Santoyo, 2007~2008).

테크놀로지는 우리가 하는 일을 더 잘 이해할 수 있도록 해 준다. 이를 위해서 우리는 테크놀로지를 능숙하게 다루어야 하는데 이는 상당한 학습을 필요로 한다. 특히 학교장이 테크놀로지를 수업 매체로 인식하는 것이 중요하다. 이런 교장은 교사, 부모, 더 넓게는 지역사회에까지 테크놀로지의 영향을 알릴 수 있는 리더의 역할을 할 수 있다(Ferrandino, 2007).

컴퓨터가 공교육에 도입된 지 몇십 년이 지났지만, 미국의 교실에서는 아직도 컴퓨터 사용의 유용성과 목적에 대해 회의적이다(Whitehead, Jensen, & Boschee, 2003). 또 정부와 공기업, 사기업 분야에서 컴퓨터 사용이 일상화되었다는 것도 사실이다. 학교는 학교 밖의 기관들과 동일한 하드웨어를 사용해야 한다. 나아가서 학교는 특별히 교육적으로 필요한 수많은 소프트웨어를 사용한다. 예를 들어 학생들은 인터넷과 웹을 이용하여 다양한 분야에 접속할 수 있다. 대부분의 지역 교육청은 교실에 테크놀로지를 지원할 수 있는 재정이 있다. 그렇다면 기업에서는 테크놀로지가 활성화되는데 왜 교육에서는 그렇지 못한가?

1) 환경의 변화

Layton(2000)은 디지털 학습에 관한 논문을 통해 교육 행정가들이 교육에서 테크놀로지를 활용하는 방식을 안내하고 전망을 제시하는 등의 이런 방식이 적절치 않다고 지적했다. 대안으로 그는 테크놀로지를 사용하는 최상의 모습을 상정하고 이를 위한 적절한 틀을 설계해 나가는 거꾸로 진행하는 방식을 제안하였다.

테크놀로지의 발달로 학교가 변할 것이라는 인식이 증가하면서 학교에 멀티미디어와 컴퓨터의 도입은 계속 확산되고 있다. 〈표 14-5〉에서 보듯이, 미국의 공립학교 교실에서 인터넷 연결은 1994년 35%였던 것이 2003년 100%로 증가했다.

Simkins, Cole, Tavalin 그리고 Means(2002)는 2002년 초에 멀티미디어 기반

〈표 14-5〉 1994~2003년 미국 공립학교와 교실의 인터넷 접근성

학교 형태	1994	1995	1996	1997	1998	1999	2000	2001	2002	2003
모든 공립학교	35	50	65	78	89	95	98	99	99	100[2]
교육 수준[1]										
초등	30	46	61	75	88	94	97	99	99	100[2]
중등	49	65	77	89	94	98	100[2]	100[2]	100[2]	100
학교 규모										
300명 이하	30	39	57	15	87	96	96	99	96	100
300~999명	35	52	66	78	89	94	98	99	100[2]	100[2]
1,000명 이상	58	69	80	89	95	96	99	100	100	100
지역										
도시	40	47	64	74	92	93	96	97	99	100
도시 주변부	38	59	75	78	85	96	98	99	100	100[2]
읍(town)	29	47	61	84	90	94	98	100	98	100
면(rural)	35	48	60	79	92	96	99	100[2]	98	100
소수민족 재학 비율[3]										
6% 미만	38	52	65	84	91	95	98	97	99	100
6~20%	38	58	72	87	93	97	100	100	100	100
21~49%	38	55	65	73	91	96	98	100	99	99
50% 이상	27	39	56	63	82	92	96	98	99	100
점심값을 면제받거나 할인받을 수 있는 학생 비율[4]										
35% 미만	39	60	74	86	92	95	99	99	98	100
35~49%	35	48	59	81	93	98	99	100	100	100
50~74%	32	41	53	71	88	96	97	99	100	100
75% 이상	18	31	53	62	79	89	94	97	99	99

1. 기타 특수한 학교의 자료는 별도로 제시하지 않고 총계와 학교 특징 분석에 포함하였다.

2. 반올림한 수치임.

3. 소수민족 학생의 재학 비율의 경우 일부 학교는 자료 수집이 불가능했다. 1994년 자료에서는 100개교가 제외되었다. 이후로는 0~46개교, 2003년에는 28개교의 자료를 제외하고 분석하였다. 가중반응비율은 97.5%였다.

4. 무상 급식 혹은 급식 비용 지원을 받는 학생의 비율은 일부 학교가 제외되었다. 1994년 통계자료는 CCD(Common Core of Data)에서 가져왔고, 430개교가 포함되지 않았다(이 표에서 나타내는 비율은 수집한 자료를 기초로 작성하였다.). 1998년 자료는 1994년 것과 비교하기 위해서 제시했다. 1999년 자료부터는 설문조사를 통해서, 또 필요한 경우 CCD 자료를 기초로 작성하였다. 2002년과 2003년 자료는 10개교가 누락되었다.

출처: From *Fast Response Survey System, Internet Access in Public Schools and Classrooms (1994-2003)*, by U.S. Department of Education, National Center for Education Statistics, Washington, DC: U.S Government Printing Office.

프로젝트(project-based multimedia) 학습이 유행했다고 했다. 특히 중핵 교육과정, 실생활과의 연계, 블록 타임 운영, 학생 의사 결정, 협동, 평가, 멀티미디어 등 7개 요소를 들었다. 현재 미국의 교실은 테크놀로지를 통합하고 멀티미디어를 활용하는 것이 확산되고 있다.

이런 변화는 21세기에는 이전과는 다른 학생에게 이전과는 다른 학습 양식이 필요함을 요청하는 것이다. 가령, 학교가 원거리 학생 및 지역에서 요청하는 원격 교육을 하기 위해서는 테크놀로지를 활용해야만 한다. 이미 지나간 형태의 정보화 교육을 시행하고 있는 것, 이것이 오늘날 학교가 학습에 미치는 테크놀로지의 무한한 영향력을 자각하기 힘든 원인이다.

학생들이 원하고 있는 변화하는 학습 환경에 테크놀로지를 충분히 연계하는 것이 여전히 힘들다는 것은 미국 학교의 테크놀로지 활용의 한계이다. 예를 들어 학교는 학습에 테크놀로지를 활용하도록 충분히 지원할 수 있는 재정을 확보하지 않고 테크놀로지를 도입하기 힘들다는 인식을 암암리에 갖고 있다. 현 시점에서 테크놀로지와 교육 관련 여러 기관들이 상당한 돈을 투자하여 학교에 컴퓨터실을 마련했지만, 학생들이 컴퓨터실을 충분히 활용하고 있지는 못하고 있다. 이런 문제의 원인은 컴퓨터실을 마련하는 식의 접근이 학생들이 필요로 하는 시간, 관계, 융통성 및 학습 양식과 어긋나 있다는 것이다. 정보화 교육 대통령 자문위(Panel on Educational Technology, 1997)에서는 교육에 테크놀로지를 도입하는 데 따르는 난점은 많은 사람들이 테크놀로지를 먼저 생각하고 교육은 나중에 생각하기 때문이라고 했다. 변화하는 학습자 환경에 대응하기 위해 학교교육 당국은 기존의 학교체제에서 테크놀로지 교실을 설계하는 구조를 구축해야 한다.

테크놀로지는 미국의 교육을 크게 재구조화할 만한 영향력이 있다. 오늘날 학교에는 새로운 테크놀로지와 그에 따른 변화들이 밀려들고 있다. 이런 변화를 인식하고 관심 있는 교사들은 지금 미디어 전문가가 되어 가고 있으며, 학생들은 10년 혹은 20년 전만 해도 상상조차 할 수 없었던 학습 환경에 살고 있다.

2) 학교 정보화 교육의 실제

학교 안을 들여다보면 일부 학교들이 테크놀로지를 사용하는 데 획기적인 발전을 이루고 있는 반면, 대부분의 학교와 교사들은 아직도 과거의 교육 형태에서 벗어나지 못하고 있다. 정보화 교육을 지원하기 위한 재정적 제약 때문에 대부분의 학교에서는 컴퓨터를 교실마다 배치하지 못하고 공동 컴퓨터실을 두고 있다. 따라서 학생들이 교실에서 소집단 활동으로 컴퓨터를 사용할 수 있는 현실이 아니다. 이런 상황을 인지하고 있는 교장이나 교육감은 이런 현실에 대해 우려하고 있다. 그들은 학생들의 학업적·사회적 요청을 적절히 충족시키기 위해서 주 정부나 지역이 학교의 정보화 기반 시설을 향상시키는 데 다시 한 번 관심을 가져야 한다고 생각하고 있다. 이런 지원으로 미국은 지금 테크놀로지의 진보가 주는 혜택을 전국의 모든 교실로 확대하는 운동을 하고 있다.

학교 행정가들과 교사들이 학생들의 학업적·사회적 효과를 신중하게 분석해 낼 때, 사람들은 테크놀로지의 '직접적인 영향'을 실감하게 될 것이다. 일부 학교에서는 학생들에게 조작기 혹은 웹 장치들을 제공하고 있다. 그러나 대부분의 학교에서는 아직 이렇게까지 못하고 있다.

일부 학교에서는 휴대용 워드프로세서 혹은 컴퓨터 정도의 기본적인 것을 사용하고 있다(COWs). 어떤 교실에서는 워드프로세서나 어플리케이션 기능을 수행하고 있다.

사정이 보다 나은 학교에서는 교실에 무선 노트북을 제공하고 있다. 이것은 더 효과적이다. 인터넷에 접속이 되는 무선 노트북은 전자칠판, 스캐너, 컬러 프린터와 연결할 수 있기 때문이다. 이 방식은 수업의 측면에서 교육과정과 테크놀로지를 가장 잘 연계하는 방식으로 보인다. 단점은 노트북 대체 비용이 많이 든다는 것이다.

최상급 학교에서는 교실에 인터넷 접속이 빠른 교사 컴퓨터, LCD 프로젝터, 전자 칠판, 스캐너, 프린터뿐만 아니라 학생 4명당 1대의 컴퓨터를 제공하고 있다. 교실마다 여러 대의 컴퓨터를 설치해 주기 힘든 것은 노후 컴퓨터 대체 비용이 많이 들기 때문이다. 노후된 컴퓨터들이 쌓여 가고 필요로 하는 재정이 부족하다는 것이 어려운 점이다.

대부분의 학교에서는 여전히 학생용 컴퓨터를 제외하고 교사용 컴퓨터만 제공하고 있는 실정이다. 즉 인터넷 접속이 빠른 컴퓨터, LCD 프로젝터, 전자 칠판, 스캐너, 프린터를 갖추고 있다. 이것은 노후된 학생용 컴퓨터를 교체하는 데 드는 비용 없이 웹 기반 정보화 교실을 구현할 수 있게 해 준다. 주요 교체 비용은 컴퓨터 한 대와 전자 칠판 한 개 수준에서 발생하고 있다.

최첨단 교실을 갖추고 있는 학교나 행정가, 위원, 이사, 교사들은 교육에 테크놀로지를 가장 잘 활용할 수 있는 방법들을 고민한다. 이런 과정에서 학교 행정가들은 다음과 같은 몇 가지 중요한 질문을 한다.

- 새로운 테크놀로지가 학업 성취를 높이는가?
- 현재 교실과 교육과정에 테크놀로지를 무리 없이 통합시킬 수 있는가?
- 새로운 정보화 교육이 기대하는 결과를 이끌어 낼 수 있는가?
- 테크놀로지를 도입하는 비용과 기존의 시설, 장비 및 프로그램 개선 및 교체에 드는 비용 중 어느 것이 더 가치 있는가?
- 테크놀로지의 빠른 진보로 우리가 구입하려는 장비들이 머지않아 구식이 될 가능성은 없는가?
- 테크놀로지를 교체하는 것이 나은지, 현 상태를 유지하는 것이 나은지에 대한 조언을 어디에서 구해야 하는가?

최근 연구는 학교에서 테크놀로지를 활용하는 것과 학생의 학업 성취 간에 높은 상관관계가 있다는 것을 보여 주고 있다. 그러나 일부에서는 교육에서 테크놀로지를 활용하는 것에 대해 문제를 제기하기도 한다. 그들은 정보화가 학생의 학업 성취에 영향을 준다는 것에 대해 의구심을 가지고 있다. 기술의 발전, 변화하는 사회, 직업의 세계, 새로운 학습 전략의 등장으로 학교는 테크놀로지를 교육과정 및 교육 환경과 공생할 수 있도록 수용해야 할 상황을 맞고 있음은 분명하다.

3) 교육과정의 도구로서 테크놀로지

인터넷은 정보의 초고속도로이다. 그러나 최근에는 이런 말을 잘 들을 수 없다. 대신 PDA(personal digital assistants, 일종의 휴대용 컴퓨터 단말기)와 팟캐스트(pod-cast, 사용자가 정기적으로 혹은 새로운 내용이 올라올 때마다 자동 구독 가능한 일종의 실시간 방송)와 같은 용어가 책무성과 표준 교육과정만큼이나 널리 통용되고 있다 (Padgett, 2007).

교육에서 테크놀로지는 주로 컴퓨터 기반 수업(Computer-based instruction)으로 널리 알려져 왔다. '컴퓨터 기반 수업'이란 교육에 컴퓨터를 사용한다는 일반적인 용어인데 반복이 필요한 연습, 튜터링, 모의실험, 수업 관리, 보충수업, 프로그래밍 수업, 데이터베이스 구축, 워드프로세싱, 네트워킹 등이 널리 활용되어 왔다.

수십 년 동안 테크놀로지는 학생들의 학업 성취 향상과 공립학교의 융통성을 증대시키는 데 기여해 왔다. 뉴멕시코 대학의 부교수인 Cheryl Franklin(2008)에 따르면, 학생이 WebQuests와 웹상의 탐구 프로젝트에 참가할 뿐만 아니라 교실 밖에 있는 자원을 연계하는 데 인터넷이 활용되어 왔다. 또한 교사는 인터넷을 통해 테크놀로지를 수업에 활용하고 학생들이 수행하는 프로젝트 학습에 그것을 통합시키고 다양하게 개발되어 있는 교육용 소프트웨어를 활용해 왔다.

Franklin은 정보화가 초등학교 교사들에게 다음과 같은 영향을 미친다고 하였다.

- 테크놀로지에의 접근과 가용성: 교실에서의 테크놀로지의 가용성은 교사의 컴퓨터 활용과 관계가 있다. 교실에서 컴퓨터를 더 많이 이용하는 교사일수록 학생들에게도 테크놀로지를 활용할 기회를 더 많이 제공한다.

- 교사 준비와 훈련: 테크놀로지를 사용할 줄 아는 교사일수록 학생에게 테크놀로지를 활용할 기회를 더 많이 제공한다. 교육과정에 테크놀로지를 통합하려면, 교사가 그 방법을 알아야 한다.

- 시간: 교사들이 교육과정에 테크놀로지를 접목시키려면 이를 위한 방법을 배우고 실천하고 계획할 수 있는 시간이 필요하다. 또 수업 시간에 학생들이 테크놀로지 사용법을 배울 시간이 필요하다.

- 리더십: 학교의 리더십, 공동체 의식은 정보화 교육을 확산시키는 데 필수적이다. 교장들이 정보화가 수업이나 학습을 하는 데 중요하다고 믿어야 테크놀로지를 교사에게 강조할 수 있기 때문이다.

4) 교육과정의 한 영역으로서의 정보화 교육

초등학교와 중등학교에서는 주로 웹을 기반으로 하는 테크놀로지를 활용하고 있다. 정보화를 비교적 효율적으로 교실에 정착시키는 방법은 학생들이 테크놀로지가 자신들의 학습에 여러모로 도움이 된다는 것을 인식하는 것이다. 예를 들어 예술 교과에서 테크놀로지를 활용하여 펭귄을 과학적으로 그린다거나 경제 대공황 단원을 마무리 하는 활동으로 신문을 발간하는 것이다. 어떤 교육청에서는 테크놀로지 기능에 능숙한 4~5학년 학생들을 저학년 학생 대상의 컴퓨터 수업을 보조하는 조교로 참여시키고 있다. 또 이 학생들은 학교에서 지역 주민에게 제공하는 정보화 교육을 보조하기도 한다. 이제는 어느 학교에서나 컴퓨터 혹은 테크놀로지가 활용된다. 따라서 정보화는 교육과정의 일부로 수용할 만하다.

평가에 테크놀로지를 활용할 때, 교실수업과 관련하여 지금까지는 어려웠던 일들을 쉽게 할 수 있다. 즉 평가 자료 수집하기, 자료 처리하기, 자료 분석이 훨씬 쉬워진다. 교사 교육을 통해서 교사들은 자료를 수집하고 해석하고 활용할 수 있게 되었다(Gallagher & Ratzlaff, 2007/2008). 또 교사들이 무선 네트워크를 통해서 수시로 형성평가를 실시하기도 한다.

교실에서 흔히 목격할 수 있는 테크놀로지의 예는 전자 칠판이다(Solvie, 2003). 전자 칠판은 전통적인 지우개 칠판의 전자 버전이다. 전자 칠판에서는 '버츄얼' 연필로 필기가 가능하고 지울 수도 있다. 전자 칠판은 수업 준비, 실행, 조직에 유용하게 활용되고 있다. 전자 칠판은 교실에서 그 활용이 널리 확산되고 있는 새로운 테크놀로지 중의 하나이다.

5) 교육과정으로서 테크놀로지

테크놀로지는 교육과정 및 교과 교육의 매체이다. 예를 들어 교육과정을 개발할 때 인터넷은 풍부한 자료를 제공하는 원천이다. 오늘날 교사들은 학교교육에 테크놀로지를 활용하고 있다. 예를 들어 고등학교 상급 학년 학생은 고등학교와 대학교에서 이중적으로 학점을 이수할 수 있고 학점 인정을 받으며 다른 장소의 학생들과 토론하며 인가된 인터넷 학교, 인터넷 대안 학교, 홈스쿨링 등에 참가할 수 있다.

테크놀로지는 교육과정 설계에 큰 도움을 줄 수 있다. Kristen Lee Howard(2004)는 테크놀로지가 일반적인 학습 설계(Universal Design for Learning: UDL)에 어떻게 이용될 수 있는지 소개하고 있다. UDL은 교사들이 교육과정을 융통성 있게 활용할 수 있도록 하고 다양한 방식으로 교육 내용에 접할 수 있게 하고 교사의 의견을 게시할 수 있도록 하고 학생들의 관심 및 동기를 부여할 수 있는 다양한 경로를 제공하는 데 초점을 둔다(컴퓨터를 이용해 교육과정을 관리하는 예는 〈표 14-6〉 참조).

〈표 14-6〉 교육과정 관리자로서의 컴퓨터

교육과정 개발
1. 학생들이 성취할 것 및 흥미 있어 하는 것을 분류해서 제공
2. 교육과정 내용의 계열성을 알 수 있는 표 제공
3. 학습 목표를 모아 둔 데이터베이스 제공
4. 학습 활동 사례 제시
5. 적절한 학습지 제시

교육과정 실행 촉진 및 평가하기
1. 적절한 학습 목표를 진술하기 위해서 학생들이 성취해야 할 것 및 흥미 데이터베이스 활용하기
2. 학생별로 수행 사항을 분류해서 기록하기
3. 학생의 수행 교정, 후속 탐구, 새로운 학습 목표 제시를 위해서 학생의 수행 자료 활용하기

교육과정 일치시키기
1. 변용할 수 있는 형태로 교육과정 문서 분류해 놓기
2. 교사가 가르친 목표 분류해 놓기; 교육과정–가르친 것 대조해 놓기
3. 평가 문항 분류해 놓기; 평가문항–교육과정–가르친 것 대조해 놓기
4. 시험 성적 분류해 놓기; 교사와 학교장이 활용할 수 있는 형태로 성취 정보 제공하기
5. 1~4까지 점검하기

교육과정 평가하기
1. 학생이 알고 있는 것, 교사가 알고 있는 것 구분해서 분석하기
2. 단원에서 성취한 것과 목표를 구분해서 분석하기

 도움말 14.6
학생들은 테크놀로지와 자료 분석을 통해서 하는 것과 생각하는 것을 드러낸다. 이것은 교사가 교실에서 이 결과를 자연스럽게 반영할 수 있게 한다.

Howard가 제안한 다음 질무은 교육과정 설계 시 유용하다.

• 학생들이 습득해야 하는 기본 개념은 무엇인가?
• 이러한 개념을 습득할 수 있는 방법은 무엇인가? 설명? 게임? 경험 공유?
• 읽기 자료의 경우, 학생들이 자율적으로 읽어야 하는가 아니면 특정한 정보를 얻을 목적으로 전략적으로 읽어야 하는가?

이런 식의 교육과정 설계는 웹을 기반으로 한 테크놀로지의 활용을 필요로 한다. 정보화 교육은 교사와 학생 간의 의사소통을 강화시키고 교사의 수업 참여를 높이고 집단 토론을 촉진시키며 적절한 피드백을 적시에 제공하도록 돕는다.

6) 학생 성취와 정보화 교육

지난 수년 동안 학교는 광역 정보통신망(WAN)과 같은 최첨단 테크놀로지 설비를 확충해 왔다. 학교는 정보화 시설을 적절히 갖춤으로써 학생의 성취가 향상되는 결과를 얻고 있다.

정보화 교육과 교육과정 그리고 학습이 서로 적절히 공생할 때, 몇 가지 긍정적 결과를 얻을 수 있다는 보고들이 나오고 있다. 정보화 교육은 다음과 같이 학업 성취에 영향을 미치는 것으로 보인다.

- 문제해결 능력의 향상
- 쓰기 향상
- 협동 학습 증가
- 기초 기능 학습 향상
- 수업의 범위가 확장됨
- 학생의 경력이 많아짐
- 고등 사고 기능 향상

정보화 교육이 학생의 학습에 영향을 미친다는 연구들은 다양한 결론과 견해를 제공한다. 정보화 교육의 지지자들은 다음 10가지 영역을 중심으로 정보화 교육이 학생의 성취, 학생의 요구에 부응해 왔다고 주장한다.

- 쓰기 학습의 양적 향상: 쓰기 학습에 컴퓨터를 이용하기만 해도 긍정적이다. 학생들이 쓰는 양과 쓰는 횟수가 증가한다. 교사들은 학생들이 워드프로세서를 사용하기 전보다 사용했을 때 학생들의 작문량이 3배 증가했다고 보고하고 있다. 학생들을 유심히 관찰한 교사는 학생들이 작문할 때 연필이나 볼펜보다 컴퓨터 키보드를 더 쉽게 이용한다는 것을 발견한다. 결과적으로 학생들은 더

쉽게 더 자주 작문했다. 이런 경향은 음성 인식 프로그램이나 다른 테크놀로지 응용 프로그램이 출현하면서 더욱 가속되고 있다.

- **쓰기 학습의 질적 향상**: 전문가들은 학생들이 작문한 글을 분석한 결과, 컴퓨터 워드프로세싱이 학생들의 작문력을 향상시키는 데 효과가 있다고 보고한다. 이 결과는 워드프로세서를 사용하는 사람들에게는 놀라운 일이 아니다. 왜냐하면 오늘날 학생들은 사용자 친화적인 컴퓨터와 유용한 보조 프로그램 덕분에 문법과 철자를 바로 확인할 수 있고 작성한 쓰기의 전체나 일부분을 원할 때마다 수정할 수 있기 때문이다.

- **협동 학습의 증가**: 교실에서 WAN, 컴퓨터, 프린터를 사용함으로써 이런 테크놀로지가 협동 학습을 지원하고 있다. 교실에서 교사가 컴퓨터 센터를 교실 학습의 거점으로 삼는 것이 학생들의 협동 학습 조장을 쉽게 한다고 밝혀졌다. 테크놀로지와 협동 학습을 연계함으로써 학생의 성취를 높일 수 있다.

- **교육과정 통합 촉진**: 인터넷이나 전자 스캐닝을 사용할 줄 아는 교사는 이를 활용하여 사회, 문학, 수학, 과학을 통합하여 좀 더 일관성 있는 일련의 학습경험들을 좀 더 쉽게 제공한다는 것을 발견했다. 학생들에게 몇 개의 교과에서 얻은 자료를 이용하여 발표를 준비하도록 하고 인터넷이나 스캐너를 이용할 수 있도록 하면서 실제로 좀 더 통합적인 학습이 가능해졌다. 또 멀티미디어를 사용해서 학생들이 프로젝트를 수행하고 발표를 할 때 여러 교과의 교과서 삽화, 지도, 그래프, 표를 활용할 수 있게 되었다.

- **학습자의 학습양식 및 전략 향상**: 정보화 교육은 교실 내 다양한 학생들의 개별 학습 양식을 수용할 수 있게 한다. 연구자들은 정보화 교육이 학생들의 시각적, 청각적, 운동감각적 학습 요소들을 향상시킨다고 보고한다.

- **무학년 튜터링 가능**: 고속 WAN을 이용할 수 있는 학생들은 이제 교육청 내 어느 컴퓨터나 이용할 수 있다. 이런 네트워킹을 통해서 나이가 많은 학생들은 나이가 어린 학생들과 함께 협동 프로젝트나 튜터링 프로젝트를 진행할 수 있

게 되었다.

- **교사의 의사소통 향상**: 여러 지역 교육청들에서 이루어지고 있는 기록물들을 분석한 결과 흥미로운 경향이 발견되었다. 학교에서 이메일과 인터넷을 사용하는 교사들은 학교 관리자 및 동료 교사들과 더 자주 의사소통을 한다는 점이다. 오늘날 새로운 기술의 발전 덕분에 교사들은 지역 및 주, 국가 그리고 세계의 교육자들과 좀 더 쉽게 정보를 교환할 수 있게 되었다. 점차 증가하는 전자 의사소통으로 모든 학교급의 교사들 사이에 의사소통이 향상되었다.

- **학부모 의사소통 향상**: 음성메일, 이메일, 문자메시지의 힘이 가정과 학교를 연결하는 새로운 매체가 되고 있다. 이제 대부분의 교사들은 웹 기반 기기들을 이용해서 학부모와 연락을 취하고 있고 부모들에게 학교 과제나 예정된 학교 활동에 대한 최신 정보들을 제공하고 있다. 또 학교를 통해 오가는 메시지 기록들을 분석해 보면 테크놀로지가 학교와 가정을 연결하여 정보를 나누고 이를 통해서 이들 간의 간극을 메우는 데 효과적으로 기여하고 있다는 것을 알 수 있다.

- **지역사회와의 관계 향상**: 테크놀로지를 활용함으로써 학교와 지역사회의 관계가 공고해지고 있다. 많은 지역의 주민 및 기관, 사업 종사자들은 학교의 컴퓨터실을 이용하여 정보화 교육에 참여할 수 있게 되었다. 이 결과 전문적인 기능을 갖춘 교사에 대한 필요와 학교에서의 성인 교육 기회가 증가하는 추세이다. 또 전국적으로 테크놀로지 기능이 우수한 학생이나 교사들은 시민 단체 및 중·소기업의 홈페이지 구축을 돕고 있다.

- **세계 시민으로서 자질 향상**: 이전에는 지금처럼 교사와 학생들이 타문화나 타문화 사람들을 이해할 수 없었다. 이제 학교는 웹 기반 장치들을 이용하여 전 세계의 모든 국가에 접속할 수 있다. 음성을 번역하고 음성을 인식하는 새로운 기기의 발전으로 이런 경향은 더 확산될 것이다. 분명한 사실은 학교의 정보화 교육을 통해서 학생, 교사, 시민들이 지구촌의 학습공동체에 참여할 수 있는 길을 열고 있다는 것이다.

7) 교실 테크놀로지

체계적인 리더십과 관리에 대해 새로운 이해가 생기면서 최첨단 미래 교실이라는 개념과 그런 교실을 설계하는 데 웹을 기반으로 한 테크놀로지가 융합되고 있다. 이런 최첨단 교실은 테크놀로지를 도구로서만 사용하는 것이 아니라 미래 학생의 학습에서 핵심으로 부각되게 하고 있다. 이제 학생 중심의 정보화 교육이 실행되고 정착할 수 있도록 리더십을 발휘해야 한다. 이 철학은 테크놀로지가 교육을 어떻게 발전시킬 수 있는지, 어떻게 학생의 학습 기회를 증가시키는지, 현재와 미래의 학습 형태에 어떤 변화를 제공할 수 있는지 등에 대한 인식과 비전을 구축하는 일이다.

이런 비전은 교실에서 테크놀로지를 활용하도록 하는 풍토 조성에 기여한다. 학교의 컴퓨터실은 테크놀로지 활용을 증가시키고, 교사와 학생들이 컴퓨터를 이용하여 교육과정을 설계하고 웹 기반 기기의 사용을 통해 진보된 접근을 할 수 있도록 돕는다. 교사와 학생은 미국 교육 역사상 최초로 학교에서 교육활동을 위한 각종 하드웨어와 교육용 소프트웨어, 전자 서비스를 제공받을 것이다.

8) 웹사이트

무선 통신망을 통해서 교실들을 하나의 서버에 연결시키고 웹 기반 장비들을 사용함으로써 행정가와 교사는 수많은 정보에 접속한다. 많은 교사들이 이제 교실에서 테크놀로지를 효과적으로 사용할 수 있는 방식들을 배우고 있다. 교사들은 홈페이지를 통해서 접근할 수 있기 때문이다.

Barger, Edens, O'Neill 그리고 Wilcoxen(2007)은 웹 기반 교육과정 맵핑 도구들이 특히 유용하다는 것을 발견했다. 이런 도구들의 사용은 지금 가르치고 있는 교육과정을 주 성취 기준과 견주었을 때 교육과정 일치를 촉진시키며 교사들이 이 작업을 혼자가 아니라 공동으로 할 수 있게 하였다.

(1) 교장/리더 교사

웹에 기반한 교육과정을 맵핑할 수 있는 도구를 활용하여 교장과 리더 교사는 각 교실을 방문하지 않고도 교실에서 무엇을 가르치고 있는지를 짐작할 수 있게 되었다. 그들은 교사의 이름, 학력 수준, 특기 분야, 가르치는 교과를 기준으로 교사들을 맵핑할 수 있고 또 찾을 수 있다. 웹 기반 맵핑을 통해서 교사와 학생의 성취수준, 평가, 교육과정, 수업에 대해 대화할 수 있기 때문에 그들 간의 의사소통을 증가시킨다.

(2) 교사

웹을 통해서 교사는 동료 교사가 설계한 교육과정에 접근하여 아이디어를 얻고 충실한 수업 계획을 하는 데 집중할 수 있으며 수업 준비 시간을 절약할 수 있다. 특히 신규 교사는 다른 학년 그리고 다른 학교 교사들과 실시간으로 만날 수 있다. 웹사이트는 교사들에게 교육활동 관련 기록들을 공유할 수 있는 역사적인 공간이다.

(3) 교수 · 학습에 미치는 영향

교사들이 일 년 동안 지도할 수업 계획을 전자 문서로 기록하여 웹을 기반으로 공유함으로써 기록을 체계화할 수 있다. 그들은 언제라도 웹에 접근하여 주제, 교실, 학년, 학교, 지역을 가로질러 수평적 · 수직적으로 자신의 수업 계획안을 만들거나 수정하고 종합적으로 보고 비교함으로써 자신의 수업에서 결함을 더 쉽게 찾아낼 수 있다.

(4) 지역 교육청

웹사이트를 중심으로 전체 교육청들을 연결함으로써 교장, 교사, 부모들은 수업 전략뿐만 아니라 교육청이 추진하는 중점 교육 및 평가에 도움을 받을 수 있다.

수년 동안 일부 교사와 행정가들은 광범위하고 많은 자료들을 활용해 왔다. 정보화 교육을 도입한 교실에서는 학생의 학습을 돕기 위해서 하이퍼텍스트 활용하기(웹상에서 읽고 쓰기), 팟캐스트, 화상회의, 전자 도서관, 음성 인식 프로그램, 전자 칠판, 자동 녹화(flex cams), 하이퍼텍스트 프레젠테이션, 웹 기반 교육과정 구성안, 기타 자료들을 활용할 기회를 제공한다. 결국 테크놀로지를 활용하는 학교에 근무하는 교사는 미래의 교실이 오늘 여기 있다는 것을 알게 된다. 그럼에도 불구하고 정보화 교육이든 교육과정이든 교사의 전문성의 질을 높이지 않고는 성공할 수 없다.

교사의 전문성 개발 혹은 교육과정 개발에 정보화 교육을 활용할 때 중요한 것은 교사 간 멘터링 프로그램을 형성하는 일이다. Craig Mills(2007)는 멘터링과 전문성 개발이 정보화 교육의 핵심이라고 했다. 버지니아 주의 체서피크 학교에서는 컴퓨터를 사용할 줄 아는 교사 중 10명에게는 전일 교육을 제공했고, 다른 교사에게는 반일 교육을 제공했다. 그리고 당해 학년도 연말에 전일 교육을 받은 교사들이 반일 교육을 받는 교사의 멘터로서 그들에게 필요한 것을 보충해서 제공했다. 멘터의 지도를 받은 교사들은 자신의 교실에 시스템을 갖추기 시작하면서 멘터가 인근에 있다는 것에 감사했다. 그들은 테크놀로지를 매주 활용해야 하고 최소한 한 번은 웹상에 자료를 올려야 한다.

디지털 방식의 학습 체제와 멘터링 프로그램으로 교사는 스스로 기존 수업을 넘어서거나 학생의 능력에 부합하는 차별화된 수업을 할 수 있는 능력을 습득할 수 있다. 전문성 훈련과 멘터링 체제는 또 협력을 이끌어 낸다. 학교가 테크놀로지를 활용하면서 교사들은 수업 관련 시간을 더 많이 확보하게 되었다.

학교는 테크놀로지에 능숙한 교사들을 교사 교육에 참여시킴으로써 그리고 그들에게 테크놀로지를 좀 더 자주 사용하도록 요구함으로써 학업 성취를 향상시키게 되었다. 어떤 학교는 디지털 학습과 멘터링을 접목시켜서 세 번에 걸친 주 수준의 시험을 성공적으로 이끌었다. 그들은 처음 세운 연간 진보 목표를 달성할 수 있었다.

체서피크 학교처럼 멘터링 프로그램을 실시한 학교는 학교의 분위기를 바꾸었다. 멘터링 프로그램의 첫 번째 단계에서 교사들을 안심시키는 것이다. 일단 교사들이 참여하기 시작하면 Kathleen Gora, Janice Hinson 그리고 Don Hall(2003~2004)이 제시한 다음의 과정을 수행한다.

- 학교교육의 목표를 중심으로 탐구할 주제 3~4개 찾기
- 각 목표별 활동 계획하기
- 정해진 시간에 멘터 활동하기
- 새로운 어플리케이션과 기법을 가르칠 수 있는 전문가 초정하기
- 설문조사를 통해서 진행 과정에서 피드백 제공하기

테크놀로지를 교육과정에 활용하기 위한 멘터링 프로그램 개발은 교육과정 계획 과정에서 중요하다. 멘터링은 교사들이 모두 테크놀로지를 활용할 수 있도록 하기 위해서 그 과정을 계속적으로 조정해야 한다. 양질의 멘터링 프로그램이 될 때, 교

사들은 교실에서 테크놀로지 활용의 진정한 가치를 이해하기 시작한다.

우리는 의사소통이 중요한 시대에 살고 있다. 또 일부 미래학자들은 이제 우리는 '학습 시대'에 진입하고 있다고 예견한다. 대부분의 사람들이 상호 밀접해지는 시대를 살고 있다. 새로운 기술의 진보로 미국 교실과 국민들은 확실히 이런 미래로 향하는 새로운 기회를 경험하고 있다. 테크놀로지 사회의 학생들은 다양한 모습으로 지역사회의 일원으로 기여하기 시작했으며 테크놀로지는 사회에서와 마찬가지로 교수·학습에 있어서도 다양하게 적용되기 시작했다.

9) 지역의 공동체 의식

테크놀로지와 수업을 완벽하게 통합한다면 좋은 학교를 더 좋게 만들 수 있다. 이를 위해서는 재정 확보와 교사 교육, 학부모의 지원을 필요로 한다. 교사, 학생, 부모들이 협력한다면 교실에 테크놀로지를 접목시키는 데 성공할 수 있을 것이다 (Patterson, 2007).

많은 교육청에서 부모 및 지역 주민들은 지금 이메일, 문자 메시지, 학교 직통 전화 서비스, 상호작용형 웹을 통해서 교사와 의사소통하고 있다. 이외에도 일부 진보적인 학교에서는 학생과 가정에 숙제나 학습용 노트북을 제공하고 있다.

테크놀로지 활용으로 인해서 학교교육에 대한 대중의 관심이 높아졌다. 지역 주민들이 교육에 대한 자신들의 관점을 바꾸기 시작했다. 지역에서 기업을 하는 경영자들은 학생의 테크놀로지 활용 능력과 직업적 성공 간에 관계가 있다는 것을 알게 되었다. 이런 인식을 바탕으로 주 정부와 납세자들은 정보화 교육 관련 재정을 마련하는 학교-일터 연계 프로그램을 만들게 되었다. 주민들은 미국이 더 이상 세상에서 가장 잘 교육받은 노동력을 가진 나라가 아니라는 걱정을 하게 되었고, NCSAW(New Commission on the Skills of the American Workforce)의 『냉정한 선택들 혹은 냉정한 시대(Tough Choices or Tough Times)』라는 보고서는 교육이 좀더 세계적인 이슈에 관심을 갖도록 했다(Tucker, 2007).

최근 학교-기업 간 파트너십이 증가하고 있다. 학교는 기업의 웹 페이지 개설, 웹을 기반으로 한 연계망 구축 등의 일을 돕게 되었다. 이에 대한 보답으로 지역 기업이 새로운 노동 시장을 개척하려는 노력의 일환으로 학교를 지원한다. 학교와 지역 주민과의 이런 공동체 의식이 가져다주는 부산물은 바로 주민이 낸 세금이 어디에 사용되는지를 이해하도록 하고 지역 주민들은 교육세를 기꺼이 내게 되었다는 것이다. 학교와 지역사회 간의 공동체 의식은 두 집단에게 모두 이익이 되고 있다.

10) 정보화 교육의 목표

지역 교육청이 설정해야 할 표준은 학생들이 전통적인 학교교육내용을 확장하고 새로운 수준의 학습으로 발달할 수 있도록 돕는 다음 네 가지의 정보화 교육 목표를 반영해야 한다.

첫째, 학교장은 학생들이 정보화 교육을 활용할 수 있는 서비스와 자원을 조성한다. 미국 전체를 소통하는 기반 시설을 갖추면 가장 확실할 것이다.

둘째, 정보화 교육 관련 설치 및 장비의 사용 설명서를 개발한다. 이렇게 하면 정보화의 유용성을 더 잘 이해하게 된다. 더불어 비전과 목표 설정, 정보화 교육위원회 구성, 정보화 프로그램에 대한 재정 지원, 기반 시설 갖추기, 담당자의 전문성 개발, 보수 관리 및 서비스 체제 확보, 프로그램 평가, 홍보 프로그램 개발 등도 지역 주민에게 정보화를 바르게 인식시키는 데 기여할 것이다.

셋째, 학교의 성공담을 지역사회와 공유한다. 학생 평가 자료를 기초로 정보화의 효과를 알리면 학교에서 실시하는 정보화 교육 전반에 대한 신뢰를 높인다. 이러한 정보는 학교 홈페이지를 통해서 손쉽게 할 수 있다.

넷째, 학생 평가 자료는 학교장과 교사에게 학생의 테크놀로지 활용이 지역, 주, 국가 수준의 교육과정에 부합한다는 것을 확인시키는 중요한 정보이다. 학교 리더들이 필요하다면 학생 성취에 대한 전국 성취 수준을 검색할 수 있다. 또는 표준화 시험 문항 분석을 통해서 학교장이나 교사는 단위 학교 및 표준 교육과정의 강점과 약점을 타당하게 평가할 수 있고, RTI(Response To Intervention) 같은 정부 정책을 점검할 수 있다. RTI에 대한 더 자세한 내용은 15장을 참조하라.

도움말 14.7
평가는 자체로 목적이 아니라 더 나은 수업의 시작이다(Tomlinson, 2007/2008).

주 정부의 입법사와 시민은 명확한 공식적인 정보를 기초로 정보화가 학생의 성취에 미치는 영향을 이해하게 된다. 지역사회의 지원이 증가함에 따라 학교는 교사와 학생의 요구를 보다 효율적으로 지원할 수 있게 되었다. 지역사회의 지원은 학교에서 수행하는 교육활동을 더욱 긍정적으로 가시화하게 하며 학부모의 학교 접근성을 높인다. 새로운 테크놀로지는 교사와 학생을 세계와 연결하도록 하고 새로운 학습 기회를 제공하는 가교 역할을 한다. 최첨단 테크놀로지는 확실히 미국 교육에 긍정적인 영향을 미치고 있다. 예를 들어 학생들의 탐구 능력을 향상시키고 교사 전문성을 도우며 학교 리더에게 학교 경영에 대한 정보를 제공한다. 정보화교육이 교실에서 어떤 역할을 하는지를 밝히는 일은 복잡하면서도 중요하다. 정책 입안자 및 관련 분야 종사자는 캠페인을 통해서 시민들에게 도움이 될 만한 정보를 제공함으로써 학교의 정보화 교육 관련 이해를 도와야 한다.

11) 주와 국가 수준에서의 인식

주와 국가에서는 이제 학교 정보화 교육을 위한 지침(frame of reference)을 개발 중이다. 주와 국가 수준의 교육 리더들은 정보화 교육에 대한 방향과 전반적인 계획을 제공해야 한다. 현재 주마다 제공하고 있는 것들은 오히려 학교에 혼란을 줄 수 있다. 주별로 학교 정보화 교육에 대한 재정 및 기술적 지원을 제공할 수는 있지만, 종종 이런 방식은 효과적이지 못할 때가 있다. 결국 학교에서는 네트워크, 데이터베이스, 하드웨어, 소프트웨어, 어플리케이션, 멀티미디어들이 뒤범벅이 되어 버린다. 현실적인 측면에서 기기나 홈페이지를 잘 조정하지 않으면 교사는 혼란에 빠질 수 있다. 다행히 이런 문제를 해결하기 위해서 연대 대책안을 마련 중이다. 또 어떤 교육 리더들은 새로운 테크놀로지를 도입하기 전에 교사, 관련 전문가, 영향력이 있는 인사들이 참여하여 절차를 개발하고 있다.

최근 최첨단 교육 환경 조성 과정에 웹 기반 및 디지털 매체를 활용하기 위한 국가와 주 수준의 표준안을 마련하고 있는데 이는 매우 중요하다.

ISTE(The International Society for Technology in Education)의 NETS(National Educational Technology Standards) 프로젝트는 오랫동안 학교가 테크놀로지를 효과적으로 통합하도록 도와 왔다. NETS 프로젝트는 교육 전문가 집단, 정부 기관, 재단, 기업 대표자들이 참여하고 있다(〈표 14-7〉).

이외에도 NCATE(National Council for the Accreditation of Teacher Education)

〈표 14-7〉 NETS 프로젝트 구성원	
연합회와 조직	웹사이트
미국 학교 사서 연합회(AASL), 미국 사서 연합회 분과(ALA)	www. ala.org/aasl
미국 교사 연합회(AFT)	www.aft.org
장학과 교육과정 개발 연합회(ASCD)	www.ascd.org
특수 아동을 위한 연합회(CEC)	www.cec.sped.org
주립학교 교장 연합회(CCSSO)	www.ccsso.org
국립 초등학교 교장 연합회(NAESP)	www.naesp.org
국립 중등학교 교장 연합회(NASSP)	www.nassp.org
국가 교육 연합회(NEA)	www.nea.org
교육 향상을 위한 국가 재단(NFIE)	www.nfie.org
국립 학교 위원회 연합회(NSBA)	www.nsba.org
소프트웨어 정보 산업 연합회(SIIA)	www.Ssiia.net

출처: ISTE and National Educational Technology Standards(2008, January 6). Retrieved February 18, 2008, from http://cnets.iste.org

의 인준 프로그램은 학교의 정보화 교육 프로그램이 이 인준 안에서 제시하는 기준을 충족시켜야 한다고 주장한다. 이러한 인준 단체는 학교에서의 정보화 교육이 중요하다고 생각하며, 정보화 교육을 교사 교육 프로그램의 주변부에서 핵심부로 옮겨야 한다고 주장한다.

대부분의 주나 지역 교육청의 교육 리더들은 학교에서의 정보화 교육과 관련하여 교육부와 긴밀하게 협력해야 한다고 생각하고 있다. 이런 공조로 웹사이트에 대한 교육적 이해가 높아졌고, 소프트웨어, 교육과정 정보화, 정보화 교육 프로그램 개발로 나아가고 있다.

대학, 기업, 연구소, 정부 기관 인사들이 참여하는 협력단을 구성한다. 이를 구성하는 목적은 국가 수준에서 정보화 자원 및 정보를 공유하기 위한 것이다. 국가 및 주 정부의 정보화 교육위원을 구성함으로써 교사, 행정가, 학부모, 대학의 전문가, 기업 간의 협력을 촉진할 수 있으며 교실에서의 정보화 교육을 강화할 것이다. 또 각 지방 정부에서는 학교와 학생의 테크놀로지 활용을 위한 재정을 지원하고 있다. 일부 정책입안자들은 교실에서 교사들이 멀티미디어를 더 광범위하게 이용할 수 있도록 정보 소양 능력을 갖추도록 하는 법안을 추진 중이다. 반면, 다른 주에서는 정보화 교육을 위한 주의 표준안을 만들고 있다.

12) E-learning

모든 학교를 인터넷으로 연결하는 것과 더불어 학교는 점점 E-learning 환경을 조성하고 있다(Remondino & Chen, 2004). Daniel J. Hoesing(2004)이 지적하듯이,

> 모든 학교를 인터넷으로 연결하면서 멀티미디어 및 인터넷은 종래의 원격 학습에 활용되었던 위성, 전파, 케이블 TV 등을 대체하고 있다. 결국 주, 교육청, 학교는 인터넷(가상 공간, virtual classroom)을 통해서 학교교육과정을 운영할 수 있게 되었다(p. 4).

〈표 14-8〉 고등학교의 온라인 프로그램

학교	결과
미주리-컬럼비아 대학교의 가상 고등학교	1999년 20개의 온라인 강의를 시작했다. 3년 뒤, 991개, 203명의 학생들이 이 강좌를 수강했고, 중도 탈락률은 학급당 1명 또는 4.8%로 낮아졌다.
앨러배마 온라인 고등학교	학교통폐합 정책으로 시골의 작은 학교를 지키기 위해서 시작되었다. 1999년 가을 학기에 40명의 학생들이 온라인 과학 수업을 수강했고, 이후 스페인어, 수학, 영어, 언어로 확장되었다.
일리노이 가상 고등학교	모든 중·고등학교 학생에게 AP코스, 이중 학점 인정, 교육과정 속진, 교정 교육, 심화 과정을 제공하는 것을 목표로 2001년에 개설했다.
캔자스의 Basehor-Linwood 가상 차터스쿨	정규 교육과정과 테크놀로지를 통합하기 위해서 주에서 설립했다. 3년이 지나자 등록 학생은 63명에서 368명으로 증가했다.
사우스다코타 E-learning 센터, 사우스다코타 주 애버딘의 노던 주립 대학교, Aberdeen, South Dakota	2001년 설립 이후 81개 교육청에서 909명의 고등학교 학생이 등록했다.
네브래스카 주의 콜리지, 로럴-콩코드, 뉴캐슬 그리고 위넛 공립 학교들	1998년에 4개 학교가 공동으로 개설했는데, 이후 8개교가 추가되어 E-learning 코스를 운영하고 있다. 주로 중점 교과를 개설하여 57개 학급이 자유롭게 이용할 수 있다.

출처: From *Student Perceptions of E-Learning in South Dakota High Schools*, by D. J. Hoesing, 2004. Unpublished doctoral dossertation, the University of South Dakota, Vermillion. For information about the E-learning program at the Nebraska schools, access www.laurel.esu1.org or call DR. Hoesing at 402-256-3133.

〈표 14-8〉은 온라인 강의를 제공하는 고등학교의 예이다.

다음은 Hoesing(2004)의 결론이다.

① E-Learning 환경에서도 학생-교사 관계를 맺을 수 있다.

② 원격 학습 참가 학생 수가 증가함에 따라 고등학교에서, 특히 시골 혹은 경제적으로 어려운 지역의 학교에서는 E-Learning이 필요하다.

③ E-Learning은 점점 증가하고 있으며 특히 고등학교 수준에서 효과적이며 경제적이다.

④ 원격 학습에서 학생의 만족도, 학습 정도, 학습에 대한 전반적인 경험은 교사의 질에 따라 다르다.

⑤ E-Learning 환경에서는 학습자의 특성이 학습 성공에 영향을 미친다.

⑥ 원격 학습에서는 코스 설계, 교수 방법이 학생의 흥미, 만족, 수행에 영향을 미친다.

⑦ 웹사이트에서 운영하는 무학년 E-Learning은 학생의 이해 수준과 교사-학생 간의 의사소통을 촉진할 수 있는 다양한 도구들을 지원한다(pp. 74-75).

많은 고등학교, 특히 시골 지역 학교에서 E-Learning은 21세기 학생 교육을 위한 중요한 대안 체제로서 발달하였다. E-Learning의 개념은 테크놀로지를 통해서 학습 시간과 장소 개념을 무너뜨리고 있다.

3. 성공을 위한 전략

정보화 시대에 우리는 정보화 기기들을 사용할 줄 알아야 한다. 또 정보화 교육의 형평성을 조성하기 위해서는 교사에게 적절한 훈련 프로그램을 지원하고 기술적 지원을 하고 배울 수 있는 시간을 마련해 주어야 한다. 정보화를 위해서 다음과 같은 것을 고려해야 한다.

• 학교의 리더들은 학교의 정보화 교육에 지역 주민을 참여시킨다.

• 학교는 정보화 교육에 대한 리더십을 개발하고 정보화 기기 활용 계획을 세

운다.
- 테크놀로지를 지원하는 재정은 지역교육청의 일반 회계에서 충당한다.
- 정보화 교육 학습 센터를 중심으로 테크놀로지를 교실에 통합한다.
- 교육과정은 테크놀로지를 활용해야 하지만, 그것에 의해 좌지우지되어서는 안 된다.
- 정보화 교육 관련 교사 연수에서 연수 강사로 '교사'를 초빙하는 것이 실질적이다.
- 새로운 정보화를 계획하고 실행할 때는 평가 기준도 포함한다.
- 적절한 홍보 프로그램을 통해서 성공 사례를 지역사회와 공유한다.

급속도로 변화하는 사회에서 지역사회와 개인은 정보의 접근성, 지식 구축 능력, 문제해결 능력, 공유 능력에 점점 더 의존하게 되었다. 이 과정에 정보화는 더 중요한 역할을 할 것이다. 때문에 학생들은 학교에서 정보화 관련 기능들을 습득해야

〈표 14-9〉 정보화 교육의 예

학년	교과			작동 방법
	영어	사회	작동 방법
5	테크놀로지로 말하기		팟캐스트와 화상회의
6		지역사회에서의 정보화 교육	레이저: 소리와 영상
7		테크놀로지의 올바른 사용법	웹사이트들
8	새로운 테크놀로지 이용하기(이용당하지 않으면서)		새로운 테크놀로지에서의 과학적 발견
9	의사소통 도구로서의 테크놀로지	새로운 테크놀로지와 정치	
10	예술로서의 새로운 테크놀로지		
11	테크놀로지 시대의 새로운 직업	우리 사회를 형성하는 새로운 테크놀로지	
12	새로운 테크놀로지와 미래	윤리적 선택과 새로운 테크놀로지	

한다(정보 테크놀로지 교육의 범위와 계열의 한 예는 〈표 14-9〉를 참조). 이는 오늘날 학생들의 미래에 실제가 될 정보화 시대를 대비해야 한다는 것을 의미한다.

4. 미래의 도전

누군가는 "정보화 교육은 이미 이루어지고 있다."고 말할지도 모른다. 베이비 붐 시대의 자녀 8,800만 명은 디지털을 VCR이나 토스터기를 사용하는 것처럼 쉽게 생각한다.

이 아이들은 종종 N세대(Net Generation)로 불리는데 그 이유는 이 아이들이 부모 세대의 같은 시기와 비교했을 때 미디어에 능숙하고 TV보다는 인터넷을 더 많이 이용하기 때문이다. 이 아이들의 2/3는 집이나 학교에서 컴퓨터나 웹사이트를 이용한다. 이는 이 아이들이 단순한 관찰자나 청취자가 아닌 적극적인 참여자라는 뜻이다. 사실 현대인에게 텔레비전은 좀 구식이 되었다. 당면할 도전적인 미래에 부응하기 위해서는 다음과 같은 질문에 답할 필요가 있다.

- 학생들을 온라인 수업에 적극적으로 참여시키는 방법은 무엇일까?
- 모든 교사들이 정보화 능력을 갖추기 위해서 지역 교육청은 무엇을 해야 하는가?

몬테나 주에 있는 웨스턴로키스(Western Rockies) 교육청은 "모든 교사들이 정보화 능력을 갖추기 위해서 지역 교육청은 무엇을 해야 하는가?"라는 질문에 답했다. 이 교육청은 정보화 교육 종합 계획을 세웠다. 그 문서에는 다음과 같은 내용이 있었다.

웨스턴로키스 교육청 공동체, 즉 학생, 교직원, 학부모들이 현재와 미래를 성공적으로 준비하는 것은 교육의 중요한 목적 중 하나이다. 우리 사회가 산업 사회에서 정보 사회로 변화하면서 우리 삶에서 테크놀로지의 잠재적 영향력이 증가했고 이는 학생들의 테크놀로지 문해력을 개발하는 것을 교육의 주요 목적 중의 하나로 요청하고 있다. 웨스턴로키스 교육청의 유치원~고등학교 학생들은 계속적으로 정보화 교육을 받을 것이다.

원격 통신 네트워크, 웹사이트, 멀티미디어 기기 형태의 테크놀로지는 점차 직장과 가정의 한 부분이 되고 있을 뿐만 아니라 수업에서도 중요해지고 있다. 우리의 노력은 모든 학생들에게 정보화 교육을 효과적으로 제공하고 개별 학교의 정보화 교육 계획을 세우는 데 도움이 될 것이다. 더 나아서 이 문서는 웨스턴로키스 교육청 관 내 학교들이 온라인 수업을 개설하는 데 안내서가 될 것이다(CUSD Instructional Center, 2005에서 채택됨).

최근 학생의 성취, 시험, 학교 책무성에 대한 정부의 관심이 증가함에 따라 학교장의 역할이 변하고 있다. 전통적으로 교장은 지역 교육청 정책을 실행할 책임자로 인식되었다. 정보화 시대가 도래할 때까지 학교 관리자들은 "고장 나지 않았으면 고치지 마시오!"라는 식의 사고방식을 가지고 있었다. 교수의 변화에 따라 장비에 대한 투자가 항상 동반되는 것은 아니기 때문에 학교장의 리더십이 확대되었다. 교사들이 어려움을 극복하고 테크놀로지를 실제 수업에 통합하기 위해서는 도움이 필요하다. 가장 중요한 질문은 '학교장은 무엇을 해야 하는가?'이다. 또한 만약 정보화 교육이 더욱 평등한 사회를 형성하는 데 도움이 된다면, 사회 경제적 지위, 가정의 교육 수준, 학교 접근성이 갖는 불평등 문제를 반드시 해결해야 한다.

교육자들은 현재 우리 사회에서의 테크놀로지가 미치는 영향과 우리 학생들이 물려받을 세상이 지닐 특성을 고려하기 때문에 우리는 테크놀로지를 현재의 교실에 도입해야 한다. 수준 높은 학교와 교육청들을 따라하는 일은 기존의 방식이다. 이제는 단위 학교별로 포괄적인 청사진이 필요하다. 학생 교육에 테크놀로지를 통합하고자 하는 교육자와 지역사회의 리더들은 이 책에서 제안하는 것들을 심사숙고해 볼 필요가 있다.

5. 미디어

우리 사회는 점차 정보 학습 시대가 되고 있기 때문에 학교교육 전반에서 미디어의 중요성이 증가하고 있다. 오늘날 정보화 사회에서 정보와 아이디어의 소통은 웹사이트를 통해서 일어난다. 각 사이트는 그에 적절한 특성을 갖고 있다. 또 전달된 정보나 아이디어는 테크놀로지를 활용하여 다시 조합되고 조직되며 타인에게 전달된다.

수업과 교육과정에 미디어를 효과적으로 통합해야 한다. 이런 통합을 기초로 학생에게 다음과 같은 기회를 제공할 수 있다. ① 미디어를 능숙하게 사용할 수 있는 기회, ② 학습에 미디어 자료를 이용할 수 있는 기회, ③ 미디어를 조작할 수 있는 기회.

학생들은 날로 증가하고 있는 많은 정보를 효과적으로 검색하고 이용하는 도구를 필요로 한다. 정보 관련 수업은 미디어를 계속적으로 자연스럽게 그리고 점점 더 정교하게 이용할 수 있도록 지원해야 한다. 도서관/미디어 센터를 일상적으로 이용할 수 있다. 또 테크놀로지를 이용하여 학습 부진아를 도울 수 있다. 미디어 문해력은 학교교육과정에서 핵심적인 위치를 차지하고 있다.

요약

이 장에서는 개별 교과를 초월하려는 교육과정 분야의 경향을 살펴보았다. 주요 경향은 쓰기를 통한 학습, 쓰기와 사고기능, 말하기, 듣기의 통합, 테크놀로지와 교육과정의 통합으로 나타났다. 이런 교과 초월적인 교육과정 경향은 교육과정 개발, 설계 및 운영에 대한 관점이 서로 다르다.

적용

1. 〈표 14-1〉을 이용하여 당신이 잘 아는 교과에서 '쓰기를 통한 학습'을 설계하라.

2. '고등 사고 기능(HOTS)'은 Bloom의 분류에서 상위 세 단계에 집중되어 있다. 그것은 분석, 종합, 평가이다. 교육과정 지도서 그리고/혹은 단원 혹은 차시 수업 계획안들을 검토하여 고등 사고 기능들을 확인해라.

3. 만약 당신이 비평적 사고력으로 지역 교육과정을 개발해야 하는 책임을 맡게 되었다면, 당신은 별도 과정이나 통합 과정 혹은 양자의 접근 모두 활용하는 것 중 어떤 것을 채택할 것인가? 그 이유는 무엇인가?

4. 교육에 테크놀로지를 통합하는 네 가지 방식은 개발자, 전달자, 도구, 교육과정으로서 테크놀로지를 활용하는 것이다. 잘 아는 어떤 학교의 체제를 평가한다면, 당신은 이 네 가지 접근 중 어떤 것을 우

선 따를 것인가? 그런 결정을 따를 때 당신은 어떠한 체계적 과정을 사용할 것인가?

5. 2장에서 진술한 바와 같이, 개혁 보고서 『위기에 처한 국가』는 '컴퓨터 문해력'을 '다섯 가지 새로운 기초' 중의 하나로 파악한다. 그리고 각 고등학교에서는 컴퓨터 문해력 관련 코스를 개설하도록 권장하고 있다. 이런 제안에 대해 당신은 어떻게 생각하는가?

6. 초기 어린이 교육에 대한 전문가들의 엇갈리는 의견 중 하나는 초등학교 저학년에서 정보화를 수업의 도구로서 얼마나 활용해야 하는가다. 당신은 어떤 입장을 취하며 또 그 이유는 무엇인가?

사례

다음 사례는 리더 교사가 교육청이 요구하는 '쓰기를 통한 학습'을 하지 않는 교사를 어떻게 하는지를 다루고 있다.

"나는 우리 5학년 학생 일부가 교육청의 '쓰기를 통한 학습'을 못하고 있다는 것을 알았습니다." 리더 교사 Bill Drucker가 말했다. "특별히 이 프로그램에 참여하지 않는 이유가 있습니까?"

5학년 교사 Pam Hollenbeck은 자신의 책상을 내려다보며, "예, 나는 이 프로그램을 실행할 시간이 없습니다. 가르쳐야 할 것이 너무 많습니다."

"나는 시간이 없다는 것을 알았습니다." 교사 리더는 한숨을 쉬며, "그럼에도 불구하고, 우리 학교 및 교육청은 교육과정에서 쓰기를 모든 교과 학습에 통합시킬 수 있는 방법을 찾아야 합니다. 이것은 의무 활동입니다."

Hollenbeck 여사는 리더 교사가 매우 걱정할 정도로 상황이 심각하다는 것을 알았다. "그럼, 사회 시간에 쓰기를 통합할 수 있을 것 같습니다."

Drucker는 안도의 한숨을 쉬면서 "좋습니다." 하고 대답했다. "사회 시간이 좋겠습니다."

웃으면서 Hollenbeck은 덧붙였다. "나의 학생 중 하나는 바다 사나이, 선장 Lewis의 개에 대한 이야기를 쓰면서 학습에 참여하고 있습니다. 이 개는 Lewis와 Clark의 탐험 내내 사람과 함께 동반했던 뉴펀들랜드의 개입니다." 그녀는 계속해서 "이 프로젝트의 부분으로 우리 반 학생들은 그 이야기를 파워포인트로 발표하였습니다."고 말했다. "또 4학년 학생이 몬태나 역사에 대한 단원을 공부할 때 쓴 글을 관내 모든 4학년 교실에 보냈습니다."

"네, 나도 4학년 교사에게서 들었습니다. 그들은 그 글을 좋아했습니다!" 그도 웃으면서 말했다. "우리가 다른 학년과 자료를 공유할 수 있다는 것이 좋습니다!"

도전 과제

Pam Hollenbeck 교사는 쓰기를 통합했다. 리더 교사 Drucker는 Hollenbeck의 아이디어를 다른 교사에게 사용하기 위해서 구체적으로 어떤 전략을 취할 수 있을까? Drucker는 교사로부터 어떤 저항을 받을까?

주요 질문

1. 쓰기 능력이 부족한 학생이 있는 학교가 테크놀로지를 사용하여 국가 수준의 성취 기준까지 학생들의 성취를 향상시킬 수 있을까? 왜 그런가 혹은 그렇지 않은가?

2. 몬태나 학교의 Pam Hollenbeck의 프로그램에 대해 당신은 어떻게 생각하는가? 이 프로그램을 다른 주에 지침으로 줄 수 있는가?

3. 교사들이 교실에서 테크놀로지를 활용할 때 어떤 문제점에 당면할까?

4. 학생의 쓰기와 사고력을 향상시키기 위해 어떤 전략을 사용할 수 있을까? 리더 교사와 교장들이 어떻게 하면 이러한 전략들을 잘 활용할 수 있을까?

5. 중학교와 고등학교에서 사용되는 테크놀로지는 초등학교에서 사용되는 방식과 어떻게 다른가?

---

e 참고 사이트

Center for implementing Technology in Education

www.cited.org

National Staff Development Council-Data-in-a-Day technique provides a snapshot of teaching that motivates

www.nsdc.org/library/publications/jsd/ginsberg222.cfm

International Society for Technology in Education's National Educational Technology Standards

www.oncto.iotc.org

Internet4Classrooms provides grade-level content skills

www.internet4classrooms.com/grade_level_help. htm

National Council of Teachers of English

www.ncte.org

National Writing Project

www.nwp.org

Teachers face handheld revolution

http://news.bbc.co.uk/1/hi/uk_politics4230832.stm

Technology in Education Resource Center

www.rtec.org

Topmarks educational search engine

www.topmarks.co.uk

◆ 제15장 ◆

교육과정 개별화

Plato는 능력별 편성을 통한 개별화를 제안한 최초의 학자일 것이다. 그는 『국가론(*Republic*)』을 통해서 아이 각자의 재능에 따라 철학자, 군인, 기술자로서 교육을 받아야 한다고 주장했다. 현대 교육자들은 이런 결정론적 차별화를 인정하지는 않지만 개개인에게 적절한 교육과정을 처치하는 개별화 연구를 계속하고 있다. 학생의 학습 참여를 높이는 교육과정 선택, 교육과정 통합, 개별학습, 자기평가 등이 여기에 해당한다(Brown, 2002).

이 장에서는 개별화 프로그램의 유형, 개별화를 위한 과거의 노력들, 현재의 여러 모형들을 살펴볼 것이다. 그리고 특별한 학생들에게 제공하는 도전적인 과제들을 검토할 것이다.

이 장에서는 다음과 같은 질문을 다룬다.

- 교육과정을 개별화하기 위한 과거의 시도로는 어떤 것들이 있었는가?
- 개별화 프로그램으로는 어떤 것들이 있으며, 그 프로그램들의 성공 이유는 무엇인가?
- 영재교육에서는 어떤 개별화된 접근 방식들을 활용하며 그것들을 어떻게 평가하고 있는가?
- 교육과정 개별화의 구체적인 사례가 있는가, 이런 프로그램에서는 개별화의 개념을 어떻게 담아 내고 있는가?
- 교육과정 개별화 영역에서 이중 언어 교육의 역할은 무엇인가?

리더십의 열쇠

성공적인 교육과정 리더들은 교육과정 변화의 중요한 측면이 표준 교육과정과 관련이 있고, 그것은 개별적인 수행 지표로 번역될 수 있다는 것을 알고 있다.

1. 개별화 프로그램의 유형

먼저 개념을 분명히 해 보자. 정확히 말하면 개별화(individualized)라는 말은 적응적(adaptive)이라는 의미이다. 개별화라는 용어는 여러 가지 의미가 함축되어 있어서 모호하기 때문에 이 분야의 전문가들은 적응적 교육과정과 적응적 수업이라고 부른다.

도움말 15.1
적응적 교육과정이란 교육의 과정에서 학습의 조건이나 자료를 조정하여 학생에게 맞춘다는 의미이다.

오늘날 학교는 예측하기 힘든 미래의 요구에 부응하여 학생들을 준비시키기 위해서 교육과정을 개별화해야 한다는 도전을 전례 없이 거세게 받고 있다. 해야 할 일이 무엇인가는 쉽게 알 수 있지만 그것을 실천하는 것은 쉽지 않다(Wiliam, 2007~2008). 펜실베이니아 주 웨스트체스터 대학의 교육학 교수인 Brown(2002)

은 적응적인 수업이나 교육과정 개발에 학생을 참여시키라고 제안한다. 학생이 중
요하게 생각하는 내용을 중심으로 학습하는 방법과 평가하는 방식을 정한다. 학생
이 교육과정 개발에 참여할 때, 그들은 깊이 있게 공부할 뿐만 아니라 의견을 내며
공부한다. 교사와 학생은 이런 일련의 과정이 지니고 있는 자기 주도성과 교육과정
통합이 주는 장점을 경험한다(Brown, 2002).

National Association for the Education of Young Children(NAEYC &
NAECS/SDE, 2004)은 개별화 교육과정의 설계를 잘 반영하는 일련의 특징들을 제
시하였다.

- 아동은 능동적이고 참여적이다.
- 목표가 분명하고 모두가 그 목표를 공유해야 한다.
- 교육과정은 증거를 토대로 한다.
- 검증된 내용을 탐구와 놀이를 통해서 집중적이고 의도적으로 학습한다.
- 선행 학습경험을 기초로 교육과정을 개발한다.
- 교육과정은 종합적이다.
- 교과 교육과정의 내용은 전문가 검토를 거친 것이다.
- 교육과정은 아동에게 유익하다.

NAEYC가 지적하였듯이, 중요한 것은 아동의 요구에 부응하는 개별적이고 통합
적인 교육과정을 만들어야 한다는 요청을 인식하는 것이다. 개별화되고 통합된 교
육과정을 통해서 저소득층의 아이들, 장애를 가진 아이들, 영어가 아닌 모국어를
가진 가정의 자녀들, 학습이 부진한 아이들을 지원할 수 있다. 학습에 대해 각기 다
른 흥미, 동기, 능력을 가진 학생들일지라도 그들의 학습은 교실에서 매일 매번 도
전적일 수 있어야 함을 전제로 한다(Page, 2000).

2. 교육과정 개별화에 대한 선행 연구들

오늘날 학교는 학생들의 다양성을 수용해야 한다. 경험이 있는 교사들이 매일매
일의 수업을 통해서 이들 다양한 학생들에게 어떻게 교육과정을 차별화하고 있는

지를 연구함으로써 그렇게 하지 못하고 있는 교사들의 실천을 촉구할 수 있다 (Carolan & Guinn, 2007).

미국 학교 교육사를 통해서 많은 교실에서 드러내 온 학생들의 능력의 범위를 가늠해 보자. Grinder와 Nelson(1985)의 연구는 미국 개별화 교육 연구를 식민지 시대까지 거슬러 올라가서 찾았는데, 식민지 시대 교육은 자연스럽게 개별화된 교육이라고 했다. 백여 명의 학생들을 학년 구분 없이 커다란 교실에 모아 놓고 한 사람의 교사가 지도를 했다. 다인수 학생들을 좀 더 체계적으로 지도해야 할 필요성이 대두되었고 19세기의 교육 개혁은 학년별 수업을 제도화하고 표준화된 프로그램을 제공하는 데 주안점을 두고 있었다. 거의 100년 동안 한편으로는 학년별 수업을 제도화해 왔고, 다른 한편으로는 표준화된 교육과정의 강압과 속박에서 벗어나기 위한 수많은 시도들이 있었다. 여기서는 이런 시도들을 종합적으로 고찰하기보다는 지금까지 전해지고 있는 것들을 살펴보고자 한다(개별화 교수의 역사에 대한 좀 더 자세한 내용은 Grinder와 Nelson의 저서를 참조하시오.).

1) 선택 과정 제공

미국 학교교육의 첫 세기는 모든 학생에게 공통적으로 제공할 수 있는 교육과정을 찾는 일에 매진했다. 선택 과목 같은 것은 고려조차 하지 못했다. 10인 위원회(Committee of Ten)의 의장인 Charles Eliot가 선택 과목이 바람직하다는 것을 제안했지만 위원들을 설득하지는 못했다. 10인 위원회가 제시한 제안서에 포함된 유일한 선택사항은 대수학 대신 부기와 상업수학을 선택할 수 있다는 것이었다 (Committee of Ten, 1893 참조). 선택 과목에 대한 최초의 공문서는 1918년 CRSE(Commission on the Reorganization of Secondary Education)에서 출판한 『중등교육의 기본 원리(*Cardinal Principles of Secondary Education*)』이다. 위원회는 이상적인 프로그램 개발을 위해서 필수 과정(constants, 모든 학생이 이수해야 하는 과목), 선택 과정(variables, 학생의 교육적, 직업적 목적에 따라 선택할 수 있는 과목) 그리고 자율 과정(free elective, 개별 학생의 관심 및 흥미에 따라 선택 가능한 과목) 간의 균형을 맞출 것을 제안했다.

지난 90년 동안 이 세 과정을 균형 있게 구성하기 위한 논의들을 계속 해 왔다. 이런 논의는 합리적인 분석을 기초로 이루어지기보다는 젊은이들의 교육을 통제하고자 하는 요구에 대한 참여자들의 편견들을 반영하는 처방들을 내리곤 했다.

2) 능력별 교육과정

학생을 능력별로 편성해야 한다는 것도 고려해 보아야 할 이슈이다. 특히 교육자들이 고민하는 문제는 어떻게 보통교육(모두를 위한 학교교육)과 '선택' 교육 간의 균형을 가장 잘 맞출 것인가 하는 것이다. 따라서 엘리트 코스를 제공하는 학교는 부유한 가정의 자녀들이 공립학교에 남아 있도록 하는 유인체제가 되는 반면, 그렇지 못한 코스를 밟는 학생들에게는 손해를 감수하도록 하곤 한다(Rotberg, 2007). Janet Atkins와 Judy Ellsesser(2003)의 연구는 온라인상에서 이루어진 교사 토론회에서 능력별 편성 자체와 그 영향에 대한 교사들의 의견 및 생각이 상이하다고 밝혔다. 10인 위원회는 최초로 학생의 진로와 교육 목적에 따라 차별화된 교육과정을 편성하는 것이 바람직하다는 공식적인 입장을 밝혔다. 10인 위원회는 사용하는 언어를 중심으로 4개(고전어, 라틴어, 현대어, 영어)로 차별화된 과정을 편성하도록 제안했고 네 가지 프로그램의 상대적인 수준에 대해서도 "현대어와 영어로 개발한 프로그램은 다른 2개에 비해 낮은 과정이어야 한다."고 밝혔다(p. 48). 결국 특정한 능력을 중심으로 교육과정을 편성, 운영하는 관례가 지난 100년 동안이나 유지되어 왔다. 현재 대부분의 고등학교에서는 대학 준비 과정, 일반 과정, 직업 및 기술 과정을 제공하는데, 이 과정들은 교육이나 진로에 따라 결정된다.

도움말 15.2
능력별 교육과정을 편성·운영하는 것이 개인차에 부응하는 유일한 방법은 아니라는 것이 연구를 통해서 다소 분명하게 드러났다.

Janet Atkins와 Judy Ellsesser(2003)는 알래스카 주의 한 교사의 경험을 인용했다.

학생들을 대상으로 능력별 학급을 편성을 할 때마다 학생 개개인에게 큰 소리로 메시지를 전달합니다. 중요한 것은 학생들에게 무엇이 옳고 무엇이 그른지에 대한 의견

〈표 15-1〉 다양한 학습 상황에서 형평성과 수월성을 유지하기 위한 지침

원리	설명
첫째는 좋은 교육과정 이어야 한다.	교사가 해야 할 첫 번째 과업은 항상 일관성 있고 의미 있고 생생하게 살아 있고 사려 깊은 교육과정을 개발하는 것이다.
모든 과제는 개별학습자에게 적절해야 한다.	학생들은 수업이 목표로 하는 필수 지식, 이해, 기능을 중심으로 다양한 활동을 한다. 모든 학생들은 고차원적인 사고를 하며 흥미롭고 역동적으로 활동해야 한다.
성공에 대한 의심이 약간 있을 때, 가르쳐라!	좋은 수업은 학습자가 발전하도록 하는 것이다. 어느 정도는 쉽게 해결하기 힘들 만큼 난이도가 있는 과제가 좋다. 학생이 성공할지 약간의 의구심이 드는 그 수준이 가르칠 수 있는 지점이다.
학습 집단을 융통성 있게 편성하라.	전체 학습, 개별학습, 다양한 집단에서 공부할 수 있는 방식과 시간을 찾아라. 한두 가지 집단 편성을 계속 사용하는 것은 학생들의 학습을 제한한다. 또한 자신과 다른 사람을 알 수 있는 기회를 제한하고 교실에서 일어나는 풍성한 나눔을 경험할 기회를 제한한다.
교육을 위한 평가를 하라.	평가는 학생이 말하고 행하는 모든 것을 대상으로 한다. 평가는 계속적이어야 하고 융통성 있지만 구별된 단계로 행해지며 학생의 학습 가능성을 넓게 열도록 기회를 극대화하여야 한다.
성장을 반영하는 방식으로 성적을 매겨라.	교사가 학생에게 요구하는 것은 학생이 최선을 다하도록 하는 것이다. 교사가 하는 일이란 그 과정을 안내하는 것이며 성적을 매기는 일은 학습자의 성장을 보여 주는 것에 초점을 둔다.

출처: Tomlinson & Edison(2003).

을 계속 말함으로써 이해시켜야 한다는 것입니다(p. 46).

그 결과, 대부분의 학교에서는 능력별 학급 편성을 없애고 총체적인 속진 프로그램을 채택하고 있는 편이다. 즉 이질집단 편성을 하는 경향이 있다. 이런 능력별 교육과정은 성취도가 높은 학생들에게 효과적이고 보다 많은 학생들이 높은 성취를 내게 하는 효과가 있다(Burris, Heubert, & Levin, 2004). 결국 "교사들은 모든 학생들이 공평하게 수월성을 성취하도록 하려면, 우리는 무엇을 해야 하는가라는 질문을 해야 한다. 이 질문에 대한 답은 다양한 학생, 교사, 사회를 가장 잘 지원할 수 있는 것이어야 한다."(Tomlinson, 2003, p. 7) 만약 교사들이 〈표 15-1〉의 원리들을 충실히 따른다면, 차별화 프로그램은 학생들을 전형화된 것에서 벗어나게 하여 공평하게 수월성을 경험할 수 있게 도울 것이다.

3) 단기 코스 제공

2장에서 언급했듯이, 많은 지역 교육청에서는 6~18주 정도의 단기 코스(mini-courses)들을 개발하여 학생들에게 교육과정 선택권을 확대하고 있다. 학생들은 영어 II를 대신해서 '문학 속의 여성(Women in Literature)' '대중 매체(The Mass Media)' '지혜 탐구(The Search for Wisdom)'와 같은 과목들을 선택할 수 있다. 단기 코스는 주로 영어과와 사회과를 중심으로 개설되는데, 점점 과학과 수학으로 확산되고 있다. 실제로 학교에서 개설하여 운영하고 있는 단기 코스는 200개가 넘는다.

단기 코스는 교사들에게 호응이 높은데, 그 이유는 교사들이 자신이 가지고 있는 특별한 흥미 분야를 쉽게 개발하여 지도하는 것을 가능하게 하기 때문이다. 단기 코스 교육과정을 운영하는 대부분의 학교들은 과정에 대한 학생 만족도가 높다고 보고하고 있다. 그러나 이런 단기 코스들 대부분은 엉성하게 설계된 듯 보인다. 개설 영역에 대한 전반적인 개념화를 기초로 개발되지 못하고 있을 뿐만 아니라 주요한 기술이나 내용에 대해서도 충분히 주의를 기울이지 못하고 있다. 따라서 단기 코스에 대한 경험적 증거가 명백한데도 불구하고 잡동사니 교육과정(smorgasbord curriculum)으로 학업 성취를 저하시킨다는 비판을 받고 있다.

4) 열린 교실

1960년대 후반과 1970년대 초에 쟁점이 되었던 열린 교실은 여러 가지 방식으로 개인차에 대응한 시도였다. 첫째, 열린 교실의 교사는 표준 교육과정에서 제시하는 지침의 제약을 덜 받으면서 학생의 요구와 흥미에 적절한 교육과정을 개발하였다. 열린 교실의 교사는 언어, 사회, 수학, 과학을 모두 가르치기보다는 학생에게 의미 있다고 생각하는 내용이나 교과를 통합하여 지도하였다. 둘째, 학생에게 시간을 어느 정도 자유롭게 활용할 수 있도록 하였다. 정해진 수업 시간이나 교과가 있는 것이 아니라, 학생이 어떤 학습 센터에서 얼마만큼 공부할지 선택할 수 있었다. 또 학습하는 방식과 학습 자료도 어느 정도 선택권이 있었다. 학습 센터에는 각종 학습 자료들이 갖추어져 있었다. 마지막으로 열린 교실은 열린 교육 주창자들이 진정한 개별화라고 생각했던 비형식적인 분위기가 조성되었다. 수업 중 학생이 필요하다고 판단하면 언제든 의논할 수 있었고 이동할 수도 있었다.

　열린 교실 운동은 학업 성취를 강조하는 보수주의자들이 지적하는 학생 통제 및 기초 학력 약화 문제로 오래 버티지 못했다. 열린 교실 운동이 금방 사라진 것은 유감스러운 일이었다.

5) 학생이 속도를 조절하는 수업

　1960년대와 1970년대에는 흔히 개별화 학습(individualized learning)이라고 불렸던 자기 속도에 맞춘 여러 종류의 수업이 주목받았다. 프로그램마다 미세한 차이는 있지만, 몇 가지 공통점이 있었다.

- 교육과정을 몇몇 구성요소들로 분석하고, 잘 짜여지고 통제된 순서로 정렬한다.
- 학습자들을 진단해서 적절한 계열의 학습을 하도록 한다.
- 학습자는 명시된 목표들을 성취하기 위해 개별적으로 자기 속도에 맞추어 자율 학습을 한다.
- 학습자는 진도 정도에 따라 피드백을 받고, 필요한 경우 보충 학습을 한다.
- 대부분 학습 속도(그리고 부수적으로 특정 학습을 하는 데 소요되는 시간)만 학습자에 따라 조정되고 그 외의 모든 요소들은 표준화된다.

　자기 속도 프로그램은 다수의 교재와 패키지화된 자료들의 사용을 강조하는 것이 중요하다. 엘파소(El Paso)에 있는 텍사스 대학교의 Valerie Chapman과 텍사스 주의 포트워스(Fort Worth)에 소재한 탈레튼 주립 대학교의 Diane Sopko(2003)는 학생들에게 종합적인 교과서들을 읽게 하는 것을 양파 껍질을 벗기는 것에 비유하였다. 학생은 교과서를 사용할 때 층을 따라 읽는다. 가령 삽화만 읽기, 텍스트만 읽기, 지시문만 읽기, 여백 읽기, 세부 사항 읽기 등의 방법으로 교과서를 읽는다. 다양한 텍스트를 읽는 방법을 학습하는 것이 자기 스스로 속도를 조절하는 학습자들에게는 '어떤 것을 조직한다'는 느낌을 발달시킬 수 있다.

3. 최근의 적응적 접근

Carol Ann Tomlinson은 표준 교육과정과 교육과정 차별화 간에 모순이 없다고
말한다. 교육과정은 무엇을 가르쳐야 하는 문제이고, 차별화는 어떻게 가르쳐야 하
는 문제이기 때문이다. 따라서 우리가 표준 교육과정을 가르칠 때, 차별화는 다양
한 학습자들을 위해 최적의 교육과정을 만드는 방법들을 제안한다(Protheroe,
2007). 적응적 접근의 중요한 특징은 그것이 표준 교육과정과 관련되어 있고 잘 조
직된 학습 계획과 목표를 가진 학업 수행 지표들로 전환될 수 있다는 것이다
(March & Peters, 2002). 교육 컨설팅을 해 온 Judith March와 Karen Peters는 새
로운 교육과정의 설계 또는 접근을 개발하는 데 영향을 주는 아홉 가지 요인을 지
적하고 있다.

- 문제해결에 더 관심 갖기
- 전 교수진이 교육과정의 가장 중요한 부분에 집중하기
- 기대하는 최종 결과 찾기
- 교육과정 맵핑을 통해 교과들을 상호 연계하기
- 다양한 방법(탐구, 토론 지도, 실행 연구)을 포함하기
- 교사들에게 협력할 기회를 다양하게 제공하기
- 학습 자료의 질 향상하기
- 상급 학년으로의 진급을 준비시키는 데 일관성 유지하기

도움말 15.3
교육과정 개별화에서 가장 중요한 것은 실질적으로 학급의 교육과정을 재조직하고 재조
직하는 것이다.

교육과정 개별화 설계를 돕는 다섯 가지의 주요 접근이 있는데, 그것들은 적응적
학습 환경 모형(ALEM), 협동 학습 모형, 학습 양식 모형, 완전학습 모형, 컴퓨터 활
용 모형이다. 다음에는 이들 모형을 살펴보고, 각 모형의 효과에 대한 연구들을 검

토해 보자.

1) 적응적 학습 환경 모형

적응적 학습 환경 모형(ALEM)은 피츠버그 대학의 학습 연구와 발달 센터 (Learning Research and Development Center)에서 개발하였다. 모형 개발자들은 이 모형이 처방적 또는 직접 교수법과 효과적이라고 밝혀진 열린 교육의 몇 가지 측면들을 결합하고자 한 시도라고 설명한다. 적응적 학습 환경 모형은 수업 방식뿐만 아니라 학교의 학습 환경을 전반적으로 재구조화하려고 했던 야심찬 모형이다.

2) 협동 학습 모형

헌신적인 교사들은 항상 그들이 학교에서 부딪히는 많은 도전, 특히 날로 증가하고 있는 학생들의 다양한 요구들을 보다 잘 다룰 수 있는 방법을 찾고자 노력한다. 협동 학습(cooperative learning) 모형은 이런 교사들에게 효과적인 대처 방법을 제공한다. 협동 학습은 학업 성취와 다문화 이해를 증진시킨다(California Department of Education, 2004).

팀 중심의 개별화 프로그램(Team-Assisted Individualized program: TAI)은 수학과 수업에서 집단학습과 개별학습을 결합한 방식이다. 4~5명의 이질 집단 학생들이 한 팀이 된다. 그리고 각자의 역할 및 위치를 결정하기 위한 배치 시험(place-ment test)을 치른다. 이 프로그램의 개별화 부분에서는 학생들이 미리 개인적으로 자료에 대한 학습을 해 오도록 한다. 이런 학습 자료는 학습 안내지(instructional sheet), 문제지(problem sheets), 연습용 시험지(practice test), 최종 시험지(final test)를 포함한다. 학생들은 각자 자기가 맡은 자료를 학습한다. 팀 구성원끼리 서로 도우며, 서로의 연습을 돕는다. 팀의 성과가 높으면 특별한 인정과 함께 점수를 받는다. 교사는 매일 같은 위치와 역할을 맡은 학생들을 대상으로 집단 지도한다.

3) 학습 양식 모형

뉴욕 주의 시오셋(Syosset)에 소재한 국립 읽기 양식 연구소(National Reading

Styles Institute)의 창립자이자 회장인 Marie Carbo(2003)는 "가장 늦게 읽고, 읽기를 가장 싫어하는 아이라 할지라도 아이의 개인적인 학습 양식에 맞춰서 가르칠 수 있다면 읽기를 잘 배울 수 있다."고 말한다. 학습 양식 모형(Learning-styles models)은 학습자마다 학습하는 양식이 다르고 이런 학습 양식의 차이는 진단할 수 있으며 학습 양식은 교사와 학생 모두에게 유용하다는 점을 전제로 한다.

Carbo(2007)는 즐거움을 위해 자발적으로 읽는 학생들은 그렇지 못한 학생들보다 읽기 기능, 읽기 속도가 눈에 띄게 좋아진다고 했다. Carbo 박사는 다음 다섯 가지 효과적인 읽기 전략을 제안한다.

① 부정적인 생각을 바꿔라: 어린아이들은 높은 흥미, 도전적인 읽기 자료, 구조화된 선택, 텍스트의 모방, 점진적으로 난이도가 높아지는 이야기들, 구체적인 조작 활동, 움직일 기회, 집단 활동 기회를 통해 많은 학습을 할 수 있다.

② 스트레스를 줄여라: 읽기에 대한 스트레스를 줄일 때, 학생들은 읽기 자체에 흥미를 느낄 것이다.

③ 읽기 방법들을 모델링하라: 모델링은 읽기에 어려움을 가진 아동들에게 해석(decoding) 과정을 거치지 않으면서도 유창하게 읽고 글의 의미에 집중하도록 돕는다.

④ Carbo 녹음 테이프를 사용하라: 이 녹음 테이프들은 학생들로 하여금 도전적인 읽기 재료들을 쉽게 읽도록 해 주고 읽기의 유창성, 어휘력, 독해력을 높인다.

⑤ 학생이 반응할 수 있는 환경을 만들어라: 어린아이와 특별히 읽기에 어려움을 가지고 있는 아이들은 포괄적이고 촉각적이며 감각적인 학습자인 경우가 많다. 이런 아동들은 움직임을 허용하고 안락한 의자와 여러 가지 불빛이 있고 여러 집단에 참여하여 활동하도록 하는 교실을 선호하고 잘 읽는다.

교사는 학생의 학습 양식을 파악한 후 무엇을 해야 하는가? 학습 양식 모형을 옹호하는 대부분의 사람들은 맞추기 전략을 권장한다. 학생이 선호하는 학습 양식을 파악한 후에 그 양식에 맞는 학습경험을 제공하는 것이다.

학습 양식 모형의 효과 연구들은 어떤 결과들을 내놓는가? 첫째, 학습 양식이 학습에서 중요하다는 것을 증명하고 있다. 장의존/장독립에 대한 연구가 가장 많을 것이다. 장의존적인 사람은 장독립적인 사람보다 사물을 배경과 분리해서 인식하는 능력이 떨어진다.

학습 양식에 대한 보다 많은 정보가 필요하면, 다음의 인터넷 사이트를 참조하라.

- 연구 업데이트(Research Update)라는 타이틀을 가진 국립 읽기 양식 연구소 프로그램(The National Reading Style Institute Program): www.nrsi.com
- 북서지역 교육연구소: www.nwrel.org
- 종합적인 학교 개혁 센터: www.centerforcsri.org(Carbo, 2003, p. 24)

4) 완전학습 모형

2장에서 언급했듯이, 완전학습의 원리들은 Benjamin Bloom에 의해 처음 제시되었다. 그 후 그 원리들은 여러 다양한 접근들에 적용되어 왔다. Anderson(1985)은 이런 여러 완전학습 모형의 접근 방법들을 모두 분석하여 6개의 공통적인 특징을 찾아냈다. 첫째, 명시적으로 진술된 학습 목표가 있다. 둘째, 짧고 타당한 평가 절차가 있다. 셋째, 완전학습 표준들이 있다. 넷째, 일련의 학습 단원들이 있다. 다섯째, 학습 진도에 관한 피드백을 학생에게 제공한다. 여섯째, 추가 시간을 제공하여 학생이 실패한 구체적인 오류들을 수정할 수 있도록 도와 완전학습의 표준들을 충족시킨다. 완전학습에 관한 모든 연구를 검토하고 Anderson은 완전학습을 한 학생들이 전통적인 수업을 한 학생들보다 성취도, 기억력, 학습 속도, 태도, 자긍심 등에서 더 높은 성과를 낸다고 결론지었다.

Anderson은 또한 완전학습 모형의 적용과 관련하여 몇 가지 중요한 발견을 하였다. 첫째, 연구를 통해 얻은 증거에서는 정확도가 85~95% 사이의 표준들이 가장 적절한 것으로 나타났다. 그보다 낮은 수준의 표준 설정은 실질적인 향상으로 이루어지지 않는다. 둘째, 교정 절차들을 효과적으로 사용하는 것이 결정적이다. 사실, Anderson은 특정 학생들의 요구와 학습상의 문제들을 표적으로 하는 교정적 교수가 원래 교수의 명료성보다 더 중요하다고 결론지었다.

5) 컴퓨터 활용 모형

14장에서 언급한 바와 같이 많은 학교에서는 학생용 컴퓨터, LCD 프로젝터, 전자 칠판, 스캐너, 컬러 프린터뿐만 아니라 초고속 무선 인터넷에 접근 가능한 교사 컴퓨터를 보유한 교실을 시범 교실로 사용하고 있다. 이 모형은 교사 개개인이 그들의 교실에 웹에 기반한 정보화 교육을 전달하도록 해 준다. 최신식 정보화 교실의 성공은 학교에서 테크놀로지가 잘 기능하도록 교육과정 설계의 전환을 꾀하는 것이다. 예를 들어 오늘날의 교실에서 교육과정 리더들은 새롭게 개발된 테크놀로지가 학생들의 학업 성취 향상뿐만 아니라 수업의 변화를 도모하는 데 도움이 된다는 것을 발견하고 있다.

4. 영재를 위한 적응적 프로그램

교육과정 리더들은 학교가 가르쳐야 할 것은 사회의 요구, 학습자의 요구, 다양한 학문 분야에 있어서의 학자들의 권고사항들을 반영해야 한다고 오랫동안 주장해 왔다. 안타깝게도 학교는 읽기와 수학에 있어 해마다 적절한 성장을 보이라는 압력을 상당히 받고 있기 때문에 교육과정을 좁히고 있다. 균형 잡힌 교육과정은 다양한 지식 영역의 상호 연관성을 강조해야 하는데, 교육과정 균형을 유지하는 것은 활기차고 열성적인 리더십을 요구한다(Cawelti, 2006).

최상의 프로그램이란 것이 논쟁의 소지가 있기는 하지만 많은 학자들은 특별한 교육 프로그램이 학습적 재능을 타고난 학생들에게는 권할 만하다는 것에 동의한다(Swiatek & Lupkowski-Shoplik, 2003), 특수 교육과 아동 심리학의 영역처럼 영재 교육의 영역은 급격한 변화를 겪고 있다. 그러한 변화는 이데올로기, 정치, 경제 그리고 문화의 극적인 변화와 최근의 기술 발전으로 인한 것이다. 예를 들어 지적 그리고 문화적 시대정신의 변화로 인해 영재 교육은 특별 프로그램의 필요성에 대해 의문을 제기하는 정규 교육과 통합(inclusion) 운동의 도전을 받고 있다(Pfeiffer, 2003). 단지 인지적인 것만이 아닌 영재적 특성에 관심을 두는 것은 교육자들로 하여금 많은 사람들의 재능을 사회적으로 건설적인 방법으로 활용할 수 있도록 하는 환경을 조성하는 방법에 관해 이해할 수 있는 길을 제공한다(Renzulli, 2002).

도움말 15.4
대부분의 적응적 모델은 영재 교육에 활용할 수 있다.

몇몇 프로그램들이 영재들의 특수한 요구에 대응하기 위해 만들어졌다. 특정한 적응적 프로그램을 살펴보기 전에 영재를 위한 프로그램의 개발과 평가의 일반적인 지침을 파악하는 것이 유용할 것이다. 이 분야의 교육자들 사이에서 가장 널리 활용되는 지침은 리더십 훈련 연구소(Leadership Training Institute)(VanTassel-Baska, 1985 재인용)에서 제안한 것이다.

- 영재(Gifted and Talented: G/T)를 위한 교육과정의 내용은 사고 체계 내부는 물론 사고 체계를 초월하는 지식 통합을 통해 주요 사상, 문제, 주제 등에 대한 한층 정교하고 복합적이고 심층적인 학습을 포함하는 데 초점을 맞춰야 하고 그렇게 구성되어야 한다.
- 영재를 위한 교육과정은 학생으로 하여금 기존의 지식을 재개념화하고 새로운 지식을 창출할 수 있게 하는 생산적 사고 기술의 발달과 적용을 고려해야 한다.
- 영재를 위한 교육과정은 학생이 끊임없이 변화하는 지식과 정보를 탐색하고, 지식은 열린 세계에서 추구할 만한 가치가 있다는 태도를 발달시킬 수 있도록 해야 한다.
- 영재를 위한 교육과정은 적절히 전문화된 자원에 대한 노출, 선택 그리고 활용을 촉진해야 한다.
- 영재를 위한 교육과정은 자발적이고 자기 주도적인 학습과 성장을 조장해야 한다.
- 영재를 위한 교육과정은 자기 이해의 발달과 사람, 사회 기관, 자연 그리고 문화 등과의 관계에 대한 이해를 제공하여야 한다.
- 영재를 위한 교육과정에 대한 평가는 사전에 정한 원칙을 준수하고 높은 수준의 사고 기술, 창의성, 성과와 산출의 탁월함을 강조해야 한다.

1) 영재를 위한 병행 교육과정

분명한 사실은 영재 학습자들도 다양하다는 것이다. 영재들의 능력이 한 분야에 서는 강할 수 있지만 다른 분야에서는 약할 수 있다. 영재들의 능력이 누구에게는 쉽게 보이지만 다른 누구에게는 어려워 보일 수 있다. 영재(gifted) 학생에게 쉬운 것이 재능 있는(talented) 학생에게는 어려울 수 있다.

병행 교육과정(Parallel Curriculum)의 개념은 교육과정의 다른 형태와 나란히 존 치시킨다는 것에서 그 기본 정의를 취하고 있다. 예를 들어 종합적인 또는 포괄적 인 교육과정이 영재 학습자를 위해 4개의 각기 다른 교육과정에 퍼져 병행한다. 4개 의 교육과정에는 중핵 교육과정(Core Curriculum), 연계 교육과정(Curriculum Connections), 실습 교육과정(Curriculum of Practice) 그리고 정체성 교육과정 (Curriculum of Identity) 등이 포함된다(Tomlinson et al., 2002). 중핵 교육과정은 교과와 병행한다. 반면에 연계 교육과정은 시간, 문화, 장소, 교과 내에서 또는 그 것들을 가로질러 연계한다. 실습 교육과정은 영재 학습자가 사실, 개념, 원리, 교과 의 방법론을 이해하고 적용할 수 있도록 지도한다. 정체성 교육과정은 학생이 자신 의 장점, 선호, 가치관, 헌신을 이해하도록 이끈다. 병행 교육과정을 사용하는 교사 는 사고의 틀뿐만 아니라 도전적이고 통합적인 교육과정을 만들어 냄으로써 실천 해야 한다.

2) 교육과정 압축

교육과정 압축(compacting)은 코네티컷 대학의 Joe Renzulli가 처음 개발하였 다. 일단 기본 교육과정에서의 숙달 수준을 보여 주면 압축은 학생들이 다른 학습 을 할 수 있는 수업 시간을 얻도록 허용한다. 교육과정 압축은 상급 또는 영재 학습 자가 학습에 있어서 시간을 최대한 활용할 수 있도록 돕기 위해서 고안되었다. 유 명한 저술가 Carol Tomlinson(2001)에 따르면 압축에는 3단계가 있다.

• 1단계: 교사는 영재와 재능 있는 학생들을 파악하고 그들이 아는 것과 알지 못 하는 것을 진단한다. 압축에 참여한 학생은 이미 완전학습을 이룬 내용 영역의 전체 수업과 활동을 면제받는다.

- 2단계: 교사는 학생이 완전학습을 하지 못한 부분에서 다루는 기술이나 이해를 파악한다. 교사는 학생의 목표 달성을 확실하게 하기 위한 계획을 세운다. 계획에 따라서 학생은 교실에서 다른 학생과 함께 공부할 수도 있다.

- 3단계: 교사와 학생은 나머지 학생들이 일반 단원을 공부하는 동안 영재 학생이 참여할 탐구나 학습 프로젝트를 설계한다. 프로젝트의 한계, 목적, 일정, 과제 완수의 절차, 평가 기준 등을 결정한다.

압축은 영재 학생이나 월반 학습자들이 이미 학습한 자료를 반복하지 않도록 도와준다. 그 대신에 영재들에게는 스스로 도전할 수 있는 기회를 제공하고, 학교에는 자극적이고 생산적인 학습을 제공한다.

3) 발견학습

Socrates식 방법론이라고 불리는 발견학습(discovery method)은 영재 학생이나 재능 있는 학생을 가르치는 교사들이 흔히 활용하지만, 모든 학생들에게 적용할 수도 있다. 우리가 학생들로 하여금 탐구자의 시각을 통하여 세계를 탐구하고 인식하게 해 주면 해 줄수록, 학생들은 세계적 다양성의 가치를 더 잘 이해하게 될 것이다(Connelly, 2007). 기술이나 전략을 직접적으로 가르치는 것보다 수행하는 방법을 '발견하는' 것이 더 낫다고 생각하는 것이다(Marzano, Pickering, & Pollock, 2001). 귀납적 추론과 연역적 추론 과정을 통해 학생들은 문제에 대해 깊은 이해를 더 잘 '발견'할 수 있게 되고, 학습에 대한 동기를 부여하거나 다른 수준의 학습으로 이어지도록 한다.

Marzano 등(2001)에 따르면 발견학습의 효과를 입증하는 연구는 그리 많지 않다. 그리고 발견학습을 통해 습득할 수 없는 기능들도 있다. 예를 들어 수학에서 문제의 해답을 찾기 위해서 일련의 단계를 따라가야 하는 경우가 종종 있다. 이때 그러한 단계의 순서를 바꾸거나 다른 식으로 바꾸기보다는 일련의 단계에 대한 시범을 보이고 학생들에게 기회를 제공하는 것이 더 낫다. 발견학습의 성공 여부는 아마 교사와 학생에 달려 있을 것이다. 문제해결에 대한 교사와 학생 모두의 인식과 흥미는 이해 또는 발견의 순간에 이르도록 한다.

4) 뇌 기반 학습

뇌 기반 학습(brain-based learning)은 뇌의 기능과 교육 실천 사이에 연관이 있다는 신념을 기초로 한다(Jensen, 2008). 신경학 연구를 통해서 뇌가 어떻게 활동하는지를 알아냈지만 교육자들은 이 연구결과를 가르치는 일에 적용할 때 주의할 필요가 있다(Willis, 2007). 그럼에도 불구하고 학생들의 경험과 관련된 충분한 예들을 제공하고 영재들을 경험에 참여시키는 교사의 능력은 뇌 기반 학습의 추상적인 개념을 더 잘 이해할 수 있게 한다. Patricia Wolfe(2001)에 따르면, 인간의 가장 강력한 신경망의 대부분은 실제 경험에 의해 형성된다. 학교와 지역사회에서 학생들을 문제해결에 참여시킴으로써 이러한 타고난 기질을 활용하는 것이 가능하다. 실제적인 문제해결(authentic problem solving)에 참여해서 얻는 가시적 이익 외에도 교사들은 그러한 방법이 학생들의 동기, 효능감, 자아존중감을 크게 향상시킨다고 보고하고 있다. 핵심은 학생의 뇌를 자극하는 도전적인 문제, 프로젝트, 시뮬레이션을 통해 의미 있는 교육과정을 만드는 것이다.

5) 속진

적응 전략으로서 속진(acceleration)은 영재 학생이 학년을 앞서 가거나 빠른 속도로 고급의 학습 내용을 완전학습하도록 하는 것이다. 그래서 10살짜리 영재가 9학년의 과학 수업을 들을 수도 있고 고등학교에서 가르치는 수학을 공부할 수도 있다. 또한 고등학생이 대학입학시험위원회(College Entrance Examination Board)에서 실시하는 대학과목 선이수 시험(Advanced Placement)을 치르는 것도 속진의 한 종류를 경험하는 것이다.

교실의 테크놀로지와 인터넷은 영재들에게 월반에 대한 대안을 제공할 수 있다. 영재와 재능 있는 학생들은 인터넷에 접속하여 웹사이트를 개설하거나 전 세계로부터 정보를 구해 자신들의 교실에 앉아서 학습을 향상시키고 속진을 할 수 있다. 적응적 가상매체(adaptive hypermedia)는 단 하나의 프로그램으로도 영재 학생을 교실에 앉아 있게 하면서도 상급 과정의 자료로 이동시킬 수 있는 좋은 예이다.

카네기 기술교육 연구소(Carnegie Technology Education Institute)의 Peter Brusilovsky(2004)에 따르면 적응적 가상매체 시스템은 개인 사용자 각각의 목적,

선호, 지식의 모형을 설정할 수 있다. 예를 들어 적응적 교육 가상매체 시스템에서는 개별 학생의 교과 지식 수준에 적절하도록 만들어진 내용을 그 학생에게 제공할 수 있다. 또한 학습을 계속 할 수 있도록 가장 관련성이 높은 링크만을 모아 놓은 학습 세트를 학생에게 제공할 수도 있다. 적응적 전자 백과사전은 조사할 내용을 개인화하는 데 도움을 제공하여 사용자의 현재 지식과 관심을 향상시킨다. 가상 박물관은 학생이 본 작품이나 지나간 경로를 지적하면서 프레젠테이션을 하는 데 적응적으로 도움을 제공한다. 가상매체는 교사들이 기술을 활용하여 영재들을 위한 속진 프로그램을 만들 수 있는 수백 가지의 방법 중 한 예에 불과하다.

6) 특별 교육과정

영재들을 위해 특별 교육과정을 만들 때 중요한 점은 교사가 표준 교육과정에서 암시적인 학습 목표들을 명료화하는 자료를 개발하는 것이다(Hamilton & Stecher, 2004). 주의 표준들을 그 목적과 목표들로 보다 상세화하는 작업을 통해 보완하는 것은 때때로 필요하다. 그리하여 교사와 교육 행정가들은 학생들이 알아야 할 것과 학생들이 해야 할 것을 이해하도록 한다. 영재들을 위한 교육과정의 수정은 일반적으로 두 가지 형식을 취한다. 특별 교과와 심화 활동을 제공하는 것이다. 많은 지역 교육청에서 영재 학생은 독립적인 학습 프로그램을 이수하거나 특별 프로그램에서 집단 교수를 받는 식으로 보통 교육과정에 포함되지 않는 교과를 공부할 수 있다. 아동 철학(Philosophy for Children)이라는 프로그램은 그런 목적으로 많은 지역 교육청에서 활용되었고 일반적으로 성공적인 결과를 가져왔다.

몇몇 심화 모형이 영재 교육을 위한 프로그램으로 활용되기도 했다. 그중 가장 널리 활용된 두 가지 모형은 Renzulli(1977; Renzulli, Reis, & Smith, 1981)의 Triad/RDIM 모형과 Meeker(1985)의 SOI 모형이다.

(1) 삼원 심화/회전문 선발 모형(Triad/RDIM Model)

Triad/RDIM(Revolving Door Identification Model) 모형은 Renzulli(1977)가 처음으로 제안했던 삼원 삼화 모형과 선발에 관한 비교적 최근의 접근 방법인 회전문 선발 모형을 조합한 것이다(Renzulli et al., 1981). 삼원 삼화 모형은 영재들을 위한 세 가지 유형의 심화 활동을 기초로 한다. I유형 활동은 일반적인 탐색 활동(general exploratory activities)으로 학습자가 개인적으로 관심을 갖고 있는 분야를 탐색한다. II유형 활동은 집단 훈련 활동(group-training activities)으로 비판적 사고와 창의적 사고 기능의 개발을 위해 만들어진 자료와 교수 기법으로 구성된다. III유형 활동은 개인 또는 소집단 조사(individual or small-group investigations)로 학생들이 연구와 탐구를 통해 실제 문제를 조사하는 기회를 갖는다.

회전문 선발 모형은 전체 학생의 상위 15~20%를 탤런트 풀(Talent Pool)로 정하는 것으로 시작된다. 그리고 그 학생들을 정규 과정으로 I유형과 II유형 활동에 노출시킨다. 학생들이 심화 활동을 하는 동안 교사들은 계속해서 흥미, 창의성, 과제 참여, 뛰어난 능력을 보이는 학생을 살핀다. 그런 학생이 발견되면 프로젝트가 완료될 때까지 정규 수업의 자료를 활용하거나 특별한 '자료실(resource room)'에 참여하게 하여 III유형의 활동에 참여하도록 격려한다.

코네티컷 주에 소재한 30개 학교에서 실시한 연구를 바탕으로 Reis와 Renzulli (1984)는 프로그램 성공을 보장하는 주요 특징을 파악할 수 있었다. 교사, 학부모, 행정가에 대한 철저한 오리엔테이션, 지역 학교 팀의 집중적인 계획, 교사 연수와 행정적인 지원, 교장, 자료 담당 교사, 담임교사, 학부모 그리고 경우에 따라서는 학생으로 구성된 학교 전체 교직원 차원의 팀, 프로그램에 대한 전체 직원의 주인의식 개발, 학생을 대상으로 한 자세한 오리엔테이션, 이해 집단과의 의사소통, 프로그램의 유연성, 평가와 프로그램 모니터링과 같은 주요 특징이 나타났다.

Triad/RDIM 모형은 흥미로운 학습경험을 제공하는 매우 생산적인 수단이다. 하지만 '왜 상위 20%만을 대상으로 하는가?' 라는 질문이 제기된다.

(2) Guilford의 지능 구조 모형

수십 년 동안 J. P. Guilford(1977)는 연구를 실시하고 3차원 입방체로 표현되는 지능에 관한 지능 구조(structure of the intellect) 모형을 개선해 왔다. 3차원은 다섯 가지의 지능 내용, 여섯 가지의 지능 결과 그리고 다섯 가지의 지능 조작이다. 3차원의 교차로 일어나는 120가지의 지적 능력 중에서 96개는 시험을 통해 검증되었다. Mary Meeker 등(Meeker, Meeker, & Roid, 1985)은 그러한 지적 능력 중에서 26개가 성공적인 학습에 필수적임을 입증할 수 있었다. 이러한 26개의 지적 능력은 잠재성을 지닌 영재 학생, 특히 소수민족 학생의 발굴에 매우 유용했던 몇몇 시험의 개발에 활용되었다. Meeker는 연구를 통해서 흑인, 히스패닉 그리고 미국 원주민 학생이 SOI 측정에서 백인 학생보다 높은 점수를 받았다는 것을 알아냈다. SOI 모형은 또한 영재의 발달 요구를 진단하고 기술할 때 유용하다.

7) 특별 프로그램

세 번째로 일반적인 접근 방법은 특별한 자원, 즉 특수 학교(예: Bronx High School of Science), 여름 특별 프로그램, 또는 영재를 위한 개별 멘터 등을 제공하는 것이다. 이 중에서 멘터링은 여기서 자세하게 알아볼 만한 가치가 있다. 멘터링 접근 방법은 영재 학생에게 역할모델이 될 수 있는 성인 멘터의 연결, 지원과 격려, 일대일 지도를 포함한다. VanTassel-Baska(1985)가 지적하듯이, 일부 멘터링 프로그램은 매우 체계적이며 멘터와 학생 간에 완수해야 할 과제, 제공하는 지원의 종류, 완료 일정 등을 약정한 계약서를 요구하기도 한다.

8) 영재 교사 배치

교사들은 그들이 가르치는 학생의 학문적 그리고 지적 발달을 조장하는 과업을 맡고 있다. 모든 학생이 세상에 한 사람밖에 없는 유일한 존재인 것처럼 교사도 유일한 한 사람이라는 것이 풀기 어려운 문제이다. 특히 한 집단의 학생을 효과적으로 가르치는 교사가 다른 학생들을 가르칠 때도 똑같이 효과적일 수 없다는 것도 딜레마이다.

교사의 전문 지식, 인성적 특징 그리고 선호하는 인지 방식 등은 그들의 교수 방식에 결정적인 영향을 미친다. 존스 홉킨스 대학의 Carol Mills 박사는 영재 학생들을 교수 방식과 인지 방식이 서로 다른 다양한 교사에게 많이 노출시켜야 한다고 제안했다. 연구에서 Mills 박사(2003)는 영재 담당 교사의 인성 유형이 영재 학생의 인성 유형과 비슷하다는 것을 알아냈다. 이것은 영재 학생들에게 매우 효과적으로 교수한다고 평가받는 교사들은 추상적인 주제와 개념을 선호하고 유연하고 열린 태도를 가지고 있고 논리적인 분석과 목표를 중요하게 생각한다는 점이다. 결과적으로 교사의 인성과 인지 방식이 영재 학생을 가르치는 데 있어서의 효율성에 영향을 미치는 것으로 나타났다. Mills 박사에 따르면 학생들은 무엇보다도 자신의 방식을 이해할 필요가 있다고 한다.

5. 학습 장애아 지도

장애를 가진 학생을 가장 잘 가르치는 방법에 대한 개념들은 극단적이다. 하나는 장애의 존재를 부정하는 것이고 또 하나는 현실적인 목표 아래 그들을 순응시키는 것이다. 이 두 태도는 모두 모든 학생들이 자신의 잠재 능력을 최대한 발휘할 수 있도록 돕는다는 초등교육의 목적을 좌절시키는 면이 있다.

학자들은 RTI(Response to Intervention)의 시행으로 교육이 다소 극적으로 변할 것이라고 믿는다. William Bender와 Cara Shores(2007)는 『RTI: 모든 교사를 위한 실행 지침(*Response to Intervention: A Practical Guide for Every Teacher*)』이라는 책에서 이러한 변화는 NCLB법과 더욱 구체적으로는 2004 장애인 교육법(Individuals with Disabilities Education Act, IDEA)을 포함한 여러 법적 장치들에 의해 촉진되었다고 언급했다. 이러한 변화의 움직임은 단순히 학습 장애의 존재를 문서화하는 것 이상으로 훨씬 더 광범위해지고 있다. 모든 교육자들은 학생들이 다양한 교육 중재 상황에서 어떻게 반응하는지를 보여 주는 프로그램들을 실행에 옮기는 데 참여하게 될 것이다. RTI 절차는 학생들의 초기 활동 대부분이 일반 학급에서 이루어질 것을 요구하고 있다. 따라서 이러한 초기 활동은 단지 특수 교육 담당 교사들에게만 영향을 미치는 것이 아니고 모든 교사들이 그들의 교실에서 이러한 절차를 실행해야 한다.

버몬트 대학 교육학 교수인 Michael Giangreco(2007)는 장애 학생들이라고 해서 항상 개별화된 교육 프로그램과 개별화된 지원을 필요로 하는 것은 아니라고 주장하며 중재반응의 지침은 적절하다고 지적한다. 그는 장애 학생을 위한 최초의 배치 장소는 일반 교실이라고 믿는다.

장애를 다루는 것은 평생의 과정이다. 버지니아 대학 교육학 교수인 Kauffman(Kauffman, McGee, & Brigham, 2004)은 장애를 가졌지만 성공한 많은 성인들에게서 공통적이었던 그 성공의 이유들이 비슷하다고 지적했다. 심각한 학습 장애를 가지고 있으면서도 Rhodes 장학금을 받은 Tom Clay는 가장 힘든 경험을 한 후에 가장 큰 힘을 얻었다고 말했다.

4장에서 설명한 바와 같이, 공법 94-142는 학교에서 특수 아동들을 위해 학교교육을 급진적으로 변화시킨 기념비적 법률이다. 공법 94-142에는 4가지의 기본권과 보호 조항을 규정하고 있다. Macmillan(1982)의 법 분석에 따르면, 학습자의 분류와 배정에 있어서 적법 절차를 받을 권리, 평가에서 차별적인 시험으로부터 보호받을 권리, 최소 제한 교육 환경의 배치 그리고 개별화된 학습 프로그램 등이 있다.

도움말 15.5
RTI는 거의 모든 학급 교사에게 영향을 미치고 있다.

1) 조기 개입

Barbara Taylor(2001)는 모든 아동들의 읽기를 지도하면서 당면하게 되는 문제들을 극복하기 위해 학교와 교사 변인이 가장 중요하다는 것을 발견했다. 조기 개입(early intervention)을 위한 요소는 다음과 같다.

- 학교와 학부모와의 연대 정도
- 학교 교사진들의 협동
- 읽기의 유창성, 정확성, 수준을 평가할 수 있는 평가 체계
- 수업에 대한 집중적이고 전문적인 능력 개발

일대일 수업의 강조도 중요한 요소이다. Taylor(2001)는 조기 개입에서 교사들이 활용하는 전략들을 다음과 같이 소개했다.

- 소집단 수업
- 읽기 시간 확보
- 부모와 같이 의사소통하고 읽기
- 단어 식별·적용하기
- 고등 수준의 질문하기

이것들은 모두 성공을 거둔 학교 교사들이 초등학교 저학년 과정에서 활용했던 조기 개입 전략들이다. Barbara Tayler에 따르면, 대도시의 빈곤층 아이들에게 특

히 효과적이었다고 한다.

　가난한 환경과 학습 발달 장애 간에는 상관이 있다는 것이 밝혀진 후 대부분의 조기 개입 프로그램은 빈곤층의 아동에 초점을 맞추고 있다. 그러한 프로그램들은 '빠르면 빠를수록 좋다(the earlier, the better).'는 이론을 근거로 영아와 그들의 부모들에게 접근하여 시도하고 있다.

2) 조기 개입 프로그램

　읽기 관련 특별 프로그램들(예: Reading Recovery, Reading for Success) 그리고 다른 개입 프로그램들은 현재 학교에서 광범위하게 사용되고 있다. Reading Recovery는 가장 널리 알려져 있고 가장 폭넓게 활용되었다. 지금까지 Reading Recovery에 참여한 교사들은 미국에서 160만 명의 아이들을 가르쳤다.

　미국 교육부와 교육과학 연구소의 분과인 WWC(What Works Clearinghouse, 2007)의 실험 연구에 관한 보고서는 Reading Recovery가 과학적인 연구에 기초한 효율적인 개입이라는 것을 분명하게 보여 주었다. [그림 15-1]에서 보는 것처럼 WWC 보고서는 Reading Recovery가 학생들의 알파벳 기술과 일반적인 읽기 성취에 있어서 긍정적인 영향을 이끈다고 지적했다. 특히 Reading Recovery가 학생들의 알파벳 기능과 일반적인 읽기 기능 습득에 효과적인 것으로 나타났다. 학생들

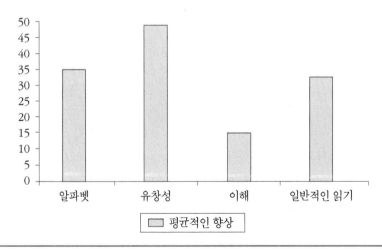

[그림 15-1] Reading Recovery의 효과

출처: What Works Clearinghouse(2007).

은 알파벳에서 평균 34%, 일반적인 읽기 성취에서는 평균 32% 이상의 향상을 보였다. 또한 잠재적으로 긍정적인 결과가 발견되었는데 유창성이 평균 46%, 이해는 평균 14% 이상의 결과가 나왔다.

Reading Recovery에 참여한 개별 학생들은 특별히 훈련된 교사들과 함께 12~20주 동안 학교에 등교하자마자 30분 정도의 수업을 받는다. 일일 레슨은 『Reading Recovery에 대한 교장의 지침(*A Principal's Guide to Reading Recovery*)』(Reading Recovery Council of North America, 2002)에서 설명한 읽기 수업의 다섯 가지 필수 요소를 포함한다. 학생들이 그들의 효과적인 읽기와 쓰기 전략을 개발함은 물론 문해력에 있어 지속적인 성취를 보여 줄 것으로 판단되는 순간 그들의 수업은 종료된다. 사실상, 이것은 학생들이 일반 학급의 문해력 교육에서 특별한 지원 없이는 학습하기 어려운 상태에서 그런 지원이 없이도 일반 학급에서 학습할 수 있는 상태로 이동했다는 것을 의미한다.

Reading Recovery는 학생의 학업 성취에 대한 책무성 차원에서 접근한다. 『Reading Recovery의 효과적인 실행을 위한 지침(*A Site Coordinator's Guide to the Effective Implementation of Reading Recovery*)』(Reading Recovery Council of North America, 2006)에 따르면, Reading Recovery의 목적은 문해력 습득 실패의 위험에 처해 있는 1학년 학생들의 수와 지역 교육청에서 이러한 학습자들에게 드는 비용을 크게 감소시키는 것이다. Reading Recovery는 얼마나 효과적일까? 2005~2006년에 걸쳐 108,000명의 학생들이 Reading Recovery에 참가했다. 프로그램을 이수한 학생들의 76%는 Reading Recovery 기준을 충족시켰다. 이 학생들의 읽기와 쓰기 능력은 평균이거나 평균 이상이었다(Gomez-Bellenge & Rogers, 2007). 사우스다코타 대학교의 Regional Reading Recovery 훈련 센터의 트레이너 겸 감독자인 Garreth Zalud 박사는 "Reading Recovery 프로그램이 문해력이 가장 낮은 학생들을 대상으로 한다는 사실을 고려할 때 이러한 수치 자료는 믿기 어려운 것이다."라고 말했다(개인적 의사소통, September 28, 2007).

또한 Reading Recovery는 사전 추천 서비스(pre-referral service)나 장애인 교육 향상법(Individuals with Disabilities Education Improvement Act, 2004)에서 진술된 바, RTI에서도 활용되기도 한다. 기준을 충족시키지는 못했지만 Reading Recovery 프로그램에서 진보하고 있는 아이들에게는 장기간 지원이나 추가적인 평가가 이루어진다(Zalud, 2005~2006). 이러한 경우에도 Reading Recovery에 의

한 평가, 학습 자료, 기록은 향후 개개인의 읽기 지도 계획에 큰 도움이 된다.

역사적으로 학교는 특수 교육으로서 통합교육(mainstreaming/inclusion)의 개념을 개발했다. 이러한 접근은 특수 교육을 받는 아이들이 정규반에 남아 있도록 하는 데 기여했다. 통합교육 지지자들은 함께 작업하며 통합의 이점과 그것이 경도 장애 학습자들에게 미치는 긍정적인 영향을 알려 주었다.

오늘날에는 통합교육보다는 RTI에 더 중점을 두고 있다. 다음은 RTI 과정을 안내하는 지침이다.

① 일반 교육이 이루어지는 교실에서 활용하고 있는 읽기 교육과정은 연구로 입증된 타당한 교육과정이고 교사들이 이 교육과정을 활용하는 훈련을 받았는지 확인한다. 이러한 조건이 충족이 된다면 '단계 I' 개입이 시도되는데, 이는 주 단위로 개별 아동의 진보를 점검하는 것이다. 별도로 그 아동을 지도하지는 않는다.

② 과학적으로 개입한다. 이런 면에서 볼 때, RTI 시행은 특수 교육 대상자들뿐만 아니라 모든 학생에게도 도움이 된다.

③ 단계 I과 단계 II에서 내용 전문가들의 모니터링을 활용한다. 읽기 장애의 경우, 읽기 교사, 석사 수준의 일반 교육 및 특수 교육 교사 또는 읽기 장애 관찰에 전문성을 갖춘 학교 심리학자(school psychologist)를 활용한다.

④ 학교 심리학자는 차이를 기반으로 하는 전통적인 패러다임(discrepancy-based paradigm) 아래 아동을 평가하는 데 시간을 할애하고 관찰자들은 상호 역할을 분담한다.

⑤ 가능하다면 단계 I과 단계 II 개입에서 다른 관찰자를 활용한다. 그러한 방식으로 더 많은 교육자들이 실제로 학생들이 어떻게 개입에 반응하는지를 볼 수 있고 그에 따라 추가적인 수업 아이디어를 얻을 수 있다.

⑥ 단계 II 개입을 위해 단계 II 개입을 필요로 하는 학생들이 학교에서 이미 진행되고 있는 소집단 수업에 참여할 수 있는 시스템을 개발한다. 예를 들어 단계 I 프로그램이나 기타 초기 개입 프로그램에서 운영하는 소집단 학습에 참여하도록 하여 일정 기간 동안 일별 또는 주별 진보 정도를 관찰하고 도표화한다.

⑦ 단계 III 개입에 앞서, 판별위원회는 아동이 단계 I과 단계 II에서의 수업에 대해 반응하는지의 여부를 확인한다. 판별위원회는 학생이 단계 I과 단계 II 개

입에 반응하지 않을 때마다 소집되고 단계 III의 특별한 교육 조치가 필요한지 여부를 결정한다.

단계 I, II, III은 수업의 단계를 말한다.

출처: *Response to Intervention: A Practical Guide for Every Teacher*, by W. N. Bender and C. Shores, 2007, Thousand Oaks, CA: Corwin Press & Council for Exceptional Children, p. 41.

현재 많은 학교들은 RTI의 개념을 받아들이고 있다. 그 결과, 일반 교실에서 빠져 나와 특수 교육 상황에 배치된 장애 학생들의 수는 점점 줄어들고 있다.

3) 특수 교육과정

RTI와 교육과정의 수정은 초등학교와 중등학교 수준에 영향을 미칠 것이다. 일반적으로 학습에 어려움을 겪고 있는 학생들을 위한 교육과정은 사회적 기술과 함께 기본 학업 기능들의 개선, 스스로의 행동 통제하기, 인지적 기능의 향상을 강조해 왔다. 그렇지만 이들을 위한 단원이나 차시 수업을 계획할 때, '이것저것 다루기식'의 접근은 피해야 한다. 이런 접근은 계획이 충분하지 않으며 목표들이 목적들과 잘 연계되지 않고, 학교의 교육 비전과도 잘 연계되지 않는다. 이런 형태의 교육과정 계획은 종종 믿을 수 없고 기껏해야 '치고 빠지는' 식의 교수가 되고 만다. 내용과 기대가 학급마다 다양하고 교수 목표들과 교과의 뒤죽박죽 현상이 일어난다 (Jerald, 2003). 이들을 위한 인지 기능 교육과정을 개발하고 실행할 때, 초점이 맞추어지고 잘 계획된 교육과정을 갖는 것이 중요하다.

최근의 연구들은 학습 장애가 있는 학생이 가진 특별한 학습 문제에 대한 통찰을 제공해 주고 있는데, 이 연구들에 비추어 보면 인지 기능을 강조하는 경향이 있다. 이러한 연구들을 검토해 보면, 학습 장애가 있는 학생은 구체적인 인지 결함이 만연해 있다는 사실을 알 수 있다. 그들은 주의력이 부족하고 단기 기억이 좋지 못하며 기억 전략이 거의 없고 지각 속도가 느리며 들어오는 정보를 처리하는 데 효율적이지 못하다. 또한 기억 리허설 전략을 비효과적으로 이용하고 전략들을 계획하고 선택하고 정리하고 평가하는 일을 잘하지 못한다.

6. 이중 언어 교육

최근에 학교들은 문화적으로나 언어적으로 다양한 학생들, 특히 특수 교육을 받을 필요가 있는 이중 언어 학생들에 대한 학습 요구를 충족시키고자 노력해 왔다. 그럼에도 불구하고 이 영역은 아직도 논란이 많으며 아마도 학교교육과정 영역에서 이중 언어 교육만큼 격렬한 논란이 된 주제도 없을 것이다.

Klingner와 Artiles(2003)에 따르면, 다른 문화에서 온 학생들의 비율이 미국 학교 전체에서 증가하고 있다. 예를 들어 영어 학습자(English Language Learners: ELLs)는 50개 주뿐만 아니라 푸에르토리코, 버진 아일랜드, 괌에도 있다. 학생들은 다양한 언어를 사용하고 다양한 사회적, 문화적, 경제적 배경을 가지고 있다. 역사적으로 영어 학습자(ELLs)만 있던 주에도 최근에는 영어 외의 학습자가 늘고 있다(Hill & Flynn, 2006).

청소년 영어 학습자들은 넓고 다양한 교육 배경과 사회 경제적 배경을 가지고 교실에 온다. 뉴욕의 카네기 법인은 청소년 영어 학습자들의 학습 문해력을 향상시키기 위한 방법들을 찾기 위해 응용 언어학 센터에 연구자 패널, 정책입안자, 실천가들을 소집했다. 자문 패널은 미국 교육체제는 날로 다양해지고 점점 그 수가 확대되고 있는 이들의 요구에 부응하고자 할 때에 중요한 제도적 장애물들이 있다는 것을 발견했다(Perkins-Gough, 2007).

도움말 15.6

이중 언어 교육과 관련해서 일반적으로 네 가지 이슈가 있다. 이중 언어 교육이란 무엇인가? 제한된 영어 능력을 가진 학생(Limited English proficiency: LEP)들의 요구는 얼마나 광범위한가? 지역 교육청이 그들의 요구에 부응하는 데 있어 어느 범위까지 가능한가? 이중 언어 교육은 그러한 학생들에게 효과적인가?

4장에서 밝혔듯이, 이중 언어 교육 프로그램은 우선적으로 정치적인 힘에 의해 법으로 제도화되었고 이중 언어 교육을 둘러싼 정치적 논쟁들은 계속되고 있다.

1) 이중 언어 교육이란 무엇인가

이중 언어 교육은 영어 능력이 제한된 학생들을 그들의 모국어로 가르치는 상황을 말한다. 1960년대에 개발된 이래, 이중 언어 교육 프로그램에서는 학생들이 영어와는 별도로 수학, 과학, 사회와 같은 과목에서 진보할 수 있도록 의도했고, 영어가 안 되는 학생들만 모아서 따로 영어를 가르쳤다. 이중 언어 교육은 전이적인 프로그램으로 개발되었지만 학생들은 종종 학년도 대부분의 시간을 그 프로그램에 머문다.

모든 논쟁을 이해하기 위해서는 복잡하고 다소 애매모호한 몇몇 용어를 명확히 이해하는 것이 중요하다. 다음에서 언급하는 바와 같이, 대부분의 논쟁은 정의를 내리는 문제에 집중되어 있고 가능한 한 객관적이기 위해 문헌 검토를 통해 다음의 정의들을 찾아냈다(Fillmore & Valadez, 1986).

- 잠수 프로그램(Submersion program): 이들은 '가라앉거나 헤엄치거나(sink-or-swim)' 식의 접근 방법으로서 기본적으로 제한된 영어 능력을 가진 학생들(LEP)들의 특별한 요구를 수용하는 어떠한 노력도 하지 않는 방법이다.

- 제2언어로서의 영어(ESL) 프로그램: ESL 프로그램은 영어가 모국어가 아닌 학생들에게 영어를 가르치는 공식적인 과정이다. 엄격히 말하면 이들 과정을 이중 언어 교육으로 분류시켜서는 안 된다.

(1) 이중 언어 교육

이중 언어 교육의 가장 중요한 특징 두 가지에 대해 Fillmore와 Valadez(1986)가 정의한 바는 다음과 같다. 수업은 두 가지 언어인 영어와 학생의 모국어로 이루어진다. 그리고 영어로 하는 수업은 학생들이 영어를 제2언어로 학습하도록 허용하는 방식이다. 다음에서 언급하는 것처럼, 용어에 대한 정의는 많은 논쟁이 되었다.

(2) 이중 언어 전이 프로그램

제한된 영어 능력을 가진 학생들(LEP)이 가능한 한 빠르게 영어를 사용하는 프로그램으로 이동하도록 하는 데 주 목적이 있다. 몇 가지 유형의 전이 프로그램이 있다. 이 학생들이 영어로 진행하는 수업 내용을 알아들을 수 있을 정도로 충분히 영어 실력을 갖출 때까지만 이중 언어로 수업을 진행한다.

(3) 이중 언어 지속 프로그램

이중 언어 지속 프로그램의 목적은 두 언어를 모두 유창하게 할 수 있도록 하는 데 있다. 영어의 유창성을 갖춘 후에도 학생은 이 프로그램에 참여한다.

2) 이중 언어 교육을 요구하는 학생은 얼마나 있는가

이중 언어 교육을 둘러싼 논쟁에 있어서 관계자들은 심지어 요구의 범위조차 동의하지 않는다. 대부분의 주에서는 제2언어로서의 영어(ESL)를 포함하는 연방 정부의 지침을 참고하고 있다. 예를 들어 몬태나 주(Montana Office of Public Instruction, 2004)에서는 제한된 영어 능력을 가진 학생들(LEP)을 다음과 같이 언급하고 있다.

- 미국에서 태어나지 않았거나 모국어가 영어가 아닌 사람
- 영어 이외의 언어를 대다수가 사용하는 지역 출신
- 영어 이외의 언어가 언어 능력 수준에 상당한 영향을 미치는 지역 출신인 미국 인디언과 알래스카 원주민

3) 이중 언어 교육은 효과적인가

특별한 교육적 도움을 필요로 하는 이중 언어 학생들의 급격한 증가가 큰 문제이다. 교육자들은 특수 교육 범주(학습 부진, 정신지체, 정서 장애)에 문화적 그리고 언어적으로 다양한 학생들이 과도하게 분포되어 있는 반면에, 프로그램은 너무 적다고 염려하고 있다(Klingner & Artiles, 2003). 중요한 문제 중의 하나는 문화적 · 언어적으로 다양한 학생들을 평가하는 것이다. 그러한 상황은 NCLB(No Child Left Behind Act)법과 하위 집단에 대한 평가를 통해 지적되고 있다. 그럼에도 불구하고 여전히 이론적인 오해와 실제의 결함이 많은 상태이다(Klingner & Artiles, 2003).

이 문제의 해결 가능성이 있다. 첫째, 문화적 · 언어적으로 어려움을 겪는 학생들

을 이해하기 위한 전문성 개발이다. 둘째, 영어 교수에 관한 전문가들을 학생 보조 팀(Student Assistant Team: SAT), 어린이 학습 팀(Child Study Team: CST) 그리고 개별화 교육 프로그램 팀(Individualized Educational Program: IEP) 관련 회의에 참석시키는 것이다. 이들 전략은 문화적으로 다르고 언어적으로 어려움을 겪는 학생들에게 필요한 도움을 제공할 뿐만 아니라 이중 언어 프로그램을 보다 잘 이해하는데 도움을 줄 것이다.

요약

　이 장에서는 학생이 학습에 깊이 관여하도록 학생의 선택, 교육과정 통합, 차별화된 학습 그리고 자기 평가를 증진시키는 개별화 프로그램의 유형들을 살펴보았다. 그리고 개인적 차이에 부응하고자 했던 이전의 노력들을 살펴보고, 현재의 모형들을 평가했다. 다른 특별한 학생군뿐만 아니라 ESL 학생들에게 제공하는 과정에서 비롯된 도전 과제를 조사하는 것으로 이 장을 마무리하였다. 이 장의 주제에는 개별화된 교육과정을 만들었던 초기의 시도들과 현재의 개별화 프로그램의 성공적인 예들이다. 또한 영재 교육에서 활용하고 있는 개별화된 적응적 접근뿐만 아니라 그 외의 특수 교육과정과 그러한 교육과정이 개별화의 개념을 어떻게 향상시키고 있는지를 다루었다. 마지막으로 개별화된 교육과정에 있어서 이중 언어 교육이 담당하는 역할에 대해 언급하였다.

적용

1. 학습은 개인적이라고 주장하는 이들이 있다. 즉, 학습자는 학습한 것으로부터 개인적인 의미를 만들어 낸다는 것이다. 그들은 어떠한 유형이든 개별화된 또는 적응적 교수의 필요성을 주장하며, 집단에 속도를 맞춘 학습이 비효과적이라고 주장한다. 당신은 그러한 주장에 대해 어떻게 생각하는가?

2. 당신이 잘 아는 과목이나 학년을 정하시오. 어떤 적응적 접근 방법이 가장 효과적일 것이라고 생각하는가? 당신의 선택과 그 선택을 뒷받침하는 논리를 제시하시오.

3. 학습 양식에 대한 지식이 '교육 혁명'을 일으킬 것이라고 주장하는 사람들이 있다. 지금까지의 연구에서 학습 양식의 적응에 대한 의미 있는 결과가 없었다는 것을 지적하면서 그러한 가능성을 그다지 낙관하지 않는 이들도 있다. 이 장에서 다룬 모형들을 검토하고 연구결과를 분석한다면 당신은 이 문제에 대해 어떤 입장을 취하겠는가?

4. 만약 교사들이 〈표 15-1〉에서 보는 것과 같은 원리들을 따른다면 차별화는 학생들을 정형화된 기대와 경험에서 자유롭게 하고, 탁월함에 이르게 할 것이다. 차별화 교육과정을 현실화시키기 위해 지역 교육청에서 해야 할 일은 무엇인가?

5. 통합교육을 명령하는 공법 94-142에 법적으로 제한을 받지 않는다고 가정해 보시오. 교육 리더로서 당신의 학교에서 통합교육을 적용하겠는가? 당신의 입장을 정당화할 수 있는 근거는 무엇인가?

6. 교육위원회에 Reading Recovery 또는 그와 유사한 프로그램을 어떻게 옹호하며 제안하겠는가?

7. 정치가들은 종종 이중 언어 교육을 반대하면 소수 인종들에게 적대적 인상을 줄까 걱정한다. 히스패닉계의 81%가 그들의 아이들이 영어를 먼저 배우기를 원한다고 했고, 단지 12%만 그들의 아이들이 스페인어를 배우기를 원한다는 READ 연구소 조사결과는 아이러니한 일이다. ProEnglish 단체(영어를 미국의 공식어로 만들려고 하는 비영리 단체)는 이중 언어 교육을 끝내자는 주의 계획들을 지지하고, 연방 정부가 이중 언어 교육 프로그램에 집중적으로 투자하는 것을 막아야 하고, 그 결정은 주와 지역 교육청으로 넘겨야 한다고 주장한다. ProEnglish 단체는 제2언어를 가르치는 것을 거부하지는 않으면서도 공립학교 체제의 첫 번째 책무성은 아이들에게 영어를 가르치는 것이라고 믿는다. 학생들은 학년도 내내 영어를 배워야 하는가? 왜 그런가? (www.proenglish.org/issues/education/beindex.html을 참고하여 답해 보시오.)

사례

학습에 어려움을 갖고 있는 학생들을 정규 수업에 참여시키는 것은 칭찬할 만한 일이지만 그것은 또한 몇몇 어려움을 야기할 수 있게 한다. 다음은 콜로라도 주에 있는 한 학교의 교장이 학습 위험에 처해 있는 학생을 정규 수업에 참여하도록 하는 문제를 어떻게 다루었는지를 보여 주는 사례이다.

6학년 교사인 Rusk 씨는 중학교 교장인 Susan Thomas를 교장실에서 만난다.

"선생님을 찾아뵙고 제6학년 교실에 있는 학생에 대해 상의 드리고 싶었어요."라고 그가 말한다. 그는 화가 난 것 같다. "저는 이 학생이 특수 교육에 배치되지 않은 것이 화가 나요."

"글쎄요, 저는 선생님과 이 문제에 대해 이야기할 수 있어 다행이군요."라고 교장이 말한다.

"그러면 이 문제를 어떻게 해야 할까요?"라고 Rusk 씨가 여전히 화가 난 음성으로 묻는다.

"글쎄요, 어려운 문제네요."라고 교장이 웃으며 말한다. "선생님도 알다시피 RTI가 지금 우리 문제의 핵심입니다. RTI가 주어졌다는 것은 우리 학생들이 가능하면 많이 정규 수업에 있기를 원한다는 것을 의

미합니다. 우리는 선생님이 이 학생에게 필요한 도움을 줄 거라 기대합니다." 그녀는 교장으로서 법을 따라야 하고 RTI 지침을 시행해야 한다는 것에 대해 더 많이 설명한다.

"글쎄요, 제가 그 학생을 받아들여야 하겠네요."라고 Rusk 씨가 말한다.

교장은 다음과 같이 대답한다. "네, 선생님이 그 학생을 위한 개입 전략을 개발하신다고 하니 정말 다행입니다. 저에게 한 번 보여 주시고, 다른 선생님들이 어떤 전략을 사용하고 있는지 살펴보세요. 아마도 그 선생님들은 몇 가지 도움을 주실 거예요. 가능하면 빠른 시간에 다시 뵙기로 하죠."

도전 과제

학교가 모든 학생의 요구를 다루고 연방 정부 지침을 따르는 것을 명확히 하는 것은 국가 전체적으로 교육과정의 결정적인 요소이다. Thomas 교장이 이 상황을 어떻게 처리했는지 분석하시오. RTI에 관한 그녀의 경험을 다른 학교의 교장과 리더 교사들과 어떻게 공유할 수 있는가?

주요 질문

1. Thomas 교장에 대한 인상은 어떠하며 그녀는 RTI를 어떻게 다루었는가?

2. RTI에 대한 당신의 생각은 어떠한가? 교육 행정가들은 RTI와 관련하여 얼마나 많은 연수를 제공해야 하는가?

3. 만약 교장이 RTI에 대한 교사의 태도를 긍정적으로 바꾸려면 무엇을 논의해야 하는가? 언제 교사를 이런 논의에 참여시켜야 하는가?

e 참고 사이트

Assistive technology and inclusion

www.newhorizons.org/spneeds/inclusion/teaching/sax.htm

Association for Positive Behavior

www.apbs.org

Center for Evidence-Based Practice: Young Children with Challenging Behavior

http://challengingbehavior.fmhi.usf.edu

Council for Children With Behavioral Disorders

www.ccbd.net

Emotional intelligence resource

www.eq.org

George Lucas Educational Foundation''s Edutopia site

www.edutopia.org

Institute for EQ Education/Emotional Intelligence

www.6seconds.org/school

Kentucky Department of Education and the University of Kentucky behavior home page

www.state.ky.us/agencies/behave/homepage.html

Learning Generation report on promoting the use of technology in special-education classrooms

http://learngen.org/cohorts/spedclass

PBS Misunderstood Minds?-resources for instructional strategies

www.pbs.org/wgbh/misunderstoodminds

Reading Recovery

www.whatworks.ed.gov

SMARTer Kids Foundation online strategies to help teach special-education students

http://smarterkids.org

Using Technology to Raise the Achievement of ALL Students Initiative

www.accessibletech4all.org

참고문헌

제1장

Achilles, C. M. (1997, October). Small classes, big possibilities. *School Administrator, 54*(9), 6-15.

Achilles, C. M., Finn, J. D., Prout, J., & Bobbett, G. C. (2001, February 18). *Serendipitous policy implications from class-size-initiated inquiry: IAQ?* Paper presented at Conference-Within-a-Conference, the American Association of School Administrators(AASA), Orlando, FL.

Allington, R. L. (2002). You can't learnmuch from books you can't read. *Educational Leadership, 60*(3), 16-19.

Anderson, C. S. (1982). The search for school climate: A review of the research. *Review of Educational Research, 52*(3), 368-420.

Apple, M. W. (1979, Winter). On analyzing hegemony *Journal of Curriculum Theorizing, 1*, 10-43.

Azzam, A. M. (2007). The intervention called NCLB. *Educational Leadership, 65*(2), 92.

Banks, J. A., & Banks, C. A. M. (1996). *Multicultural education: Issues and perspectives* (3rd ed., pp. 385-407). Upper Saddle River, NJ: Prentice Hall.

Berliner, D. C. (1984). The half-full glass: A review of research on teaching. In P. L. Hosford (Ed.), *Using whatwe knowabout teaching* (pp. 511-577). Alexandria, VA: Association for Supervision and Curriculum Development.

Bobbitt, F. (1918). *The curriculum.* Boston: Houghton Mifflin.

Boles, K., & Troen, V. (2007). How to improve professional practice. *Principal, 87*(2), 50-53.

Booher-Jennings, J. (2006). Rationing education in an era of accountability. *Phi Delta Kappan, 87*(10), 756-761.

Brown, D. F. (2006). It's the curriculum, stupid: There's something wrong with it. *Phi Delta Kappan, 87*(10), 777-783.

Butzin, S. M., Carroll, R., & Lutz, B. (2006). Schools that like a challenge: Letting teachers specialize. *Educational Leadership, 63*(8), 72-75.

Carbo, M. (2007). Best practices for achieving high, rapid reading gains. *Principal, 87*(2), 42-45.

Caswell, H. L., & Campbell, D. S. (1935). *Curriculum development.* New York: American Book.

Century, J. (1994). *Making sense of the literature on equity in education. Draft one: "... A think* piece ..." Newton, MA: Educational Development Center, Statewide Systemic Initiative Equity Leadership Institute.

Chambers, L. (1999, September). Sizing up the effects of class size. *Changing Schools, 8,* 1-2.

Cunningham, P., & Allington, R. (1994). *Classrooms that work.* New York: HarperCollins College.

Danielson, C. (2002). *Enhancing student achievement: A framework for school improvement.* Alexandria, VA: Association for Supervision and Curriculum Development.

Deutsch, N. (2004). *Hidden curriculumpaper.* Retrieved December 15, 2007, from http://www.nelliemuller.com/HiddenCurriculum.doc

Dewey, J. (1902). *The child and the curriculum.* Chicago: University of Chicago Press.

Doyle, W. (1983). Academic work. *Review of Educational Research, 53*(2), 159-199.

Dreeben, R. (1968). *On what is learned in schools.* Reading, MA: Addison-Wesley.

Dugger, W. E., Jr., Meade, S., Delany, L., & Nichols, C. (2003, December). Advancing excellence in technological literacy. *Phi Delta Kappan, 85*(4), 316-317.

Ellis, A. K. (2004). *Exemplars of curriculum theory.* Larchmont, NY: Eye on Education.

Farber, S., & Finn, J. (2000, April). *The effect of small classes on student engagement.* Paper presented at the annual AREAmeeting in New Orleans, LA.

Finn, J., & Achilles, C. (1990). Answers and questions about class size: A statewide experiment. *American Educational Research Journal, 27*(3), 557-577.

Fleck, F. (2007). The balanced principal: Joining theory and practical knowledge. *Principal,* 24-31.

Gagne, R. W. (1967). Curriculum research and the promotion of learning. In R. W. Tyler, R. M. Gagne, & M. Scriven (Eds.), *Perspectives of curricular evaluation.* Chicago: Rand McNally.

Giroux, H. A. (1979). Toward a new sociology of curriculum. *Educational Leadership, 37*(3), 248-253.

Giroux, H. A., & Penna, A. N. (1979). Social education in the classroom: The dynamics of the hidden curriculum. In H. A. Giroux, A. N. Penna, & W. F. Pinar (Eds.), *Curriculum and instruction* (pp. 209-230). Berkeley, CA: McCutchan.

Glatthorn, A. A. (1980). *A guide for developing an English curriculum for the eighties.* Urbana, IL: NCTE.

Goodlad, J. I. (1984). *A place called school: Prospects for the future.* New York: McGraw-Hill.

Goodlad, J. I., & Associates. (1979). *Curriculum inquiry: The study of curriculum practice.* New York: McGraw-Hill.

Guilfoyle, C. (2006). NCLB: Is there life beyond testing? *Educational Leadership, 64*(3), 13.

Hanley, M. S. (1999). The scope ofmulticultural education. *NewHorizons for Learning.* Retrieved January 26, 2008, from http://www.newhorizons.org

Hargreaves, A., & Fink, D. (2006). The ripple effect. *Educational Leadership, 63*(8), 20.

Hass, G. (1987). *Curriculumplanning: A new approach* (5th ed.). Boston: Allyn & Bacon.

Hopkins, L. T. (1941). *Interaction: The democratic process.* Boston: D. C. Heath.

Jackson, P. (1968). *Life in classrooms.* New York: Holt, Rinehart & Winston.

Kahlenberg, R. D. (2006). The new integration. *Educational Leadership, 63*(8), 22-26.

Karweit, N. C. (1983). *Time-on-task: A research review*. Baltimore: Johns Hopkins University, Center for Social Organization of Schools.

Kirschenbaum, V. R. (2006). The old way of reading and the new. *Educational Leadership, 63*(8), 49-50.

Kirst, M. W. (1983). Policy implications of individual differences and the common curriculum. In G. D. Fenstermacher & J. I. Goodlad (Eds.), *Individual differences and the common curriculum* (Eighty-Second Yearbook of the National Society for the Study of Education: Part I, pp. 282-299). Chicago: University of Chicago Press.

Martinez, M. F. (2006). What is metacognition? *Phi Delta Kappan, 87*(9), 696-699.

Marzano, R., Pickering, D., & Pollock, J. (2001). *Classroom instruction that works: Researchbased strategies for increasing student achievement*. Alexandria, VA: Association for Supervision and Curriculum Development.

McBrien, J. L., & Brandt, R. (Eds.). (1997). *The language of learning: A guide to educational terms*. Alexandria, VA: Association for Supervision and Curriculum Development.

McGill-Franzen, A., & Allington, R. (2006). Contamination of current accountability systems. *Phi Delta Kappan, 87*(10), 762-766.

Mosteller, F. (1995). The Tennessee study of class size in the early school grades. *Future of Children, 5*(2), 113-127.

National Education Association. (2007). *Class size*. Retrieved December 10, 2007, from http://www.nea.org/classsize/index.html

Oakes, J., Ormseth, T., Bell, R., & Camp, P. (1990, July). *Multiplying inequalities: The effects of race, social class, and tracking on opportunities to learnmathematics and science*. Santa Monica, CA: RAND.

Pellegino, J. (2007). Should NAEP performance standards be used for setting standards for state assessments? *Phi Delta Kappan, 88*(7), 541.

Pennsylvania Department of Education. (2007). *Curriculum alignment: Definition of curriculum*. Chapter 4, PA State Board of Education. Resource 1.D. Retrieved December 10, 2007, from http://smasd.k12.pa.us/pssa/html/CURRDEVL/res1-d.htm

Perkins-Gough, D. (2007). Giving intervention a head start. *Educational Leadership, 65*(2), 8-14.

Pinar, W. F. (1978). The reconceptualization of curriculum studies. *Journal of Curriculum Studies, 10*(3), 205-214.

Popham, W. J. (2007). Instructional insensitivity of tests: Accountability's dire drawback. *Phi Delta Kappan, 89*(2), 146-147.

Popham, W. J., & Baker, E. I. (1970). *Systematic instruction*. Englewood Cliffs, NJ: Prentice Hall.

Ragan, W. B. (1960). *Modern elementary curriculum* (Rev. ed.). New York: Henry Holt.

Rosenbaum, J. E. (1980). Social implications of educational grouping. In D. C. Berliner (Ed.), *Review of research in education* (Vol. 8, pp. 361-404), Washington, DC: AERA.

Rotberg, I. C. (2007). Schoolsmaking tough choices: An international perspective. *Principal, 86*(4), 32-37.

Rugg, H. O. (Ed.). (1927). *The foundation of curriculum making* (Twenty-Sixth Yearbook of the National Society for the Study of Education, Part II). Bloomington, IL: Public School Publishing.

Saylor, J. G., Alexander, W. M., & Lewis, A. J. (1981). *Curriculum planning for better teaching and learning* (4th ed.). New York: Holt, Rinehart & Winston.

Scherer, M. (2007). Playing to strengths. *Educational Leadership, 65*(1), 7.

Schmoker, M. (2007). Radically redefining literacy instruction: An immense opportunity. *Phi Delta Kappan, 88*(7), 488.

Secada, W. (1992). Race, ethnicity, social class, language, and achievement in mathematics. In D. Grouws (Ed.), *Handbook of research on mathematics teaching and learning* (pp. 623-660). Reston, VA: National Council of Teachers of Mathematics.

Shaywitz, S. E., & Shaywitz, B. A. (2007). What neuroscience really tells us about reading instruction. *Educational Leadership, 64*(5), 74-76.

Slavin, R. E., Chamberlain, A., & Daniels, C. (2007). Preventing reading failure. *Educational Leadership, 65*(2), 22-27.

Stallings, J. (1980, December). Allocated learning time revisited or beyond time on task. *Educational Researcher, 9*(4), 11-16.

Tagiuri, R. (1968). The concept of organizational climate. In R. Tagiuri & G. H. Litwin (Eds.), *Organizational climate: Exploration of a concept.* Boston: Harvard University, Graduate School of Business Administration.

Tanner, D., & Tanner, L. (1995). *Curriculum development: Theory and practice* (3rd ed.). New York: Merrill.

Tomlinson, C. A., Burns, D., Renzulli, J. S., Kaplan, S. N., Leppien, J., & Purcell, J. (2002). *The parallel curriculum: A design to develop high potential and challenge high-ability learners.*

Thousand Oaks, CA: Corwin Press.

Tyler, R. W. (1957). The curriculum then and now. In *Proceedings of the 1956 Invitational Conference on Testing Problems.* Princeton, NJ: Educational Testing Service.

Villegas, M., & Lucas, T. (2007). The culturally responsive teacher. *Educational Leadership, 64*(6), 28-33.

Walcott, H. F. (1977). *Teacher vs. technocrats.* Eugene: University of Oregon, Center for Educational Policy and Management.

Walker, D. (1979). Approaches to curriculum development. In J. Schaffarzick & G. Sykes (Eds.), *Value conflicts and curriculum issues: Lessons from research and experience* (pp. 263-290). Berkeley, CA: McCutchan.

Waters, T., Marzano, R. J., & McNulty, B. (2003). *Balanced leadership: What 30 years of research tells us about the effect of leadership on student achievement* (Working paper). Aurora, CO: McREL.

Wilhelm, J. D. (1996). *Standards in practice, Grades 6-8.* Urbana, IL: National Council of Teachers of English.

Wilson, L. O. (2005). *What is curriculum? And what are the types of curriculum?* Retrieved December 15, 2007, from http://www.uwsp. edu/Education/lwilson/curric/curtyp.htm

Wolfe, P. (2001). *Brain matters: Translating research into classroom practice.* Alexandria, VA: Association for Supervision and Curriculum Development.

제2장

Allington, R. L. (2005). *What really matters for struggling readers: Designing research-based pro-*

grams. Boston: Allyn & Bacon.

Archived information. (n.d.). *Goals 2000: Educate AmericaAct* (H.R. 1804: 103rd Congress). Retrieved April 11, 2005, from http://www. ed.gov/legislation/GOALS2000/TheAct/intro. html

Banks, J. A. (1994). *Multiethnic education: Theory and practice* (3rd ed.). Boston: Allyn & Bacon.

Barton, P. E. (2006, November). Needed: Higher standards for accountability. *Educational Leadership, 64*(3), 28-36.

Bast, J., Harmer, D., & Dewey, D. (1997, March). *Vouchers and educational freedom: A debate*. Retrieved February 7, 2004, from http://www.cato.org/ pubs/pas/pa-269.html

Bender, W. N. (2007). *Response to intervention: A practical guide for every teacher*. Thousand Oaks, CA: Corwin Press & the Council for Exceptional Children.

Bernhardt, V. L. (1998). *Data analysis: For comprehensive schoolwide improvement*. Larchmont, NY: Eye on Education.

Bloom, B. S. (Ed.). (1956). *Taxonomy of educational objectives: The classification of educational goals: Handbook 1. Cognitive domains*. New York: McKay.

Bobbitt, F. (1913). *The supervision of city schools* (Twelfth Yearbook of the National Society for the Study of Education, Part I). Chicago: University of Chicago Press.

Boschee, F., Beyer, B. M., Engelking, J. L., & Boschee, M. A. (1997). *Special and compensatory programs: The administrators role*. Lanham, MD: Rowman & Littlefield Education.

Boschee, F., & Hunt, M. M. (1990). Educational choice and vouchers—Where do you stand?

NASSP Bulletin, 74(524), 75-86.

Boyer, E. L. (1983). *High school: A report on secondary education in America*. New York: Harper & Row.

Bracy, G. W. (2003). The 13th Bracey report on the condition of public education. *Phi Delta Kappan, 85*(2), 148-149.

Bruner, J. S. (1960). *The process of education*. Cambridge, MA: Harvard University Press.

Center on Juvenile and Criminal Justice. (2000). *School house hype: Two years later*. Retrieved March 3, 2005, from http://www.cjcj.org/ pubs/schoolhouse/ shh2.html

Chamberlin, M., & Plucker, J. (2008). P-16 education: Where are we going? Where have we been? *Phi Delta Kappan, 89*(7), 472-479.

Commission on the Reorganization of Secondary Education. (1918). *Cardinal principles of secondary education*. Washington, DC: U.S. Government Printing Office.

Conant, J. B. (1959). *The American high school today*. New York: McGraw-Hill.

Cook, G. (2004, January). Vouchers, choice & controversy. *American School Board Journal, 191*(1).

Cuglietto, L., Burke, R., & Ocasio, S. (2007, March). A full-service school. *Educational Leadership, 64*(6), 72-73.

Cunningham, P. M., & Allington, R. L. (1994). *Classrooms that work: They can read and write*. New York: HarperCollins.

Curriculum Development Associates. (1972). *Man: A course of study*. Washington, DC: Author.

Czarra, F. (2002~2003). Global education checklist. *The American Forum for Global Education, 173*. Retrieved April 17, 2008, from http://www.globaled.org/fianlcopy.pdf

Danielson, C. (2002). *Enhancing student achievement: A framework for school improvement.* Alexandria, VA: Association for Supervision and Curriculum Development.

Dewey, J. (1900). *The school and society.* Chicago: University of Chicago Press.

Dewey, J. (1902). *The child and the curriculum.* Chicago: University of Chicago Press.

Dewey, J. (1916). *Democracy and education.* New York: Macmillan.

Dewey, J. (1938). *Experience and education.* New York: Macmillan.

Dewey, J. (1964). *John Dewey on education: Selected writings* (R. Archambaust, Ed.). New York: Random House.

Education Commission of the States. (1982). *The information society: Are high school graduates ready?* Denver, CO: Author.

Eisner, E. W., & Vallance, E. (1974). *Conflicting conceptions of curriculum.* Berkeley, CA: McCutchan.

Ferrandino, V. (2003, July 25). *A practical guide to talking with your community: Talking points on No Child Left Behind* [Newsletter to NAESP members]. Alexandria, VA: National Association of Elementary School Principals.

Ferrandino, V. (2007, January/February). Keeping up with the fourth graders. *Principal, 86*(3), 64.

Flexner, A. (1916). The modern school. *American Review of Reviews, 8,* 465-474.

Friedman, T. L. (2005). *The world is flat: A brief history of the twenty-first century.* New York: Farrar, Straus and Giroux.

Fullan, M. (2001). *Leading in a culture of change.* San Francisco: Jossey-Bass.

Gelman, R., & Baillargeon, R. (1983). A review of some Piagetian concepts. In P. H. Mussen (Ed.), *Handbook of child psychology* (Vol. 3, pp. 167-230). New York: John Wiley.

Giles, H. H., McCutchen, S. P., & Zechiel, A. N. (1942). *Exploring the curriculum.* New York: Harper.

Gilmore, J. (2005, August). Keep the home-school fires burning. *New American, 21*(17), 29-33.

Glass, G. V. (Ed.). (2003). *Education policy analysis archives.* Retrieved February 7, 2004, from http://epaa.asu.edu/epaa/board/darling-hammond.html

Glatthorn, A. A. (1975). *Alternatives in education: Schools and programs.* New York: Dodd, Mead.

Goens, G. A., & Clover, A. (1991). *Mastering school reform.* Boston: Allyn & Bacon.

Gorski, P. C. (1999, November). A brief history of multicultural education. *Research Room. EdChange Multicultural Pavilion.* Retrieved March 19, 2008, from http://www.edchange.org/multicultural/papers/edchange_history.html

Hall, G. S. (1904). The natural activities of children as determining the industries in early education. *National Education Association Journal of Proceedings and Addresses,* pp. 443-444.

Hall, G. S. (1969). *Adolescence.* New York: Arno Press and *The New York Times.* (Original work published 1904)

Hardy, L. (2004, March). A nation divided. *Education Vital Signs 2004* (An ASBJ Special Report), 2-6.

Havighurst, R. J. (1972). *Developmental tasks and education* (3rd ed.). New York: David McKay.

Haycock, K., & Huang, S. (2001, Winter). Are today's high school graduates ready? *Thinking*

K-16, 5(1), 3–17.

Hewitt, T. W. (2008). Speculations on a nation at risk: Illusions and realities. *Phi Delta Kappan, 89*(8), 579.

Holt, J. (1964). *How children fail.* New York: Pitman.

IntoMedia, Inc. (1993). *Educational reform: A national perspective.* Ellenton, FL: Author.

Jones, R. (2000, September). Making standards work: Researchers report effective strategies for implementing standards. *American School Board Journal, 187*(9), 27–31.

Kliebard, H. M. (1985). What happened to American schooling in the first part of the twentieth century? In E. Eisner (Ed.), *Learning and teaching the ways of knowing* (pp. 1–22). Chicago: University of Chicago Press.

Knudsen, L. R., & Morrissette, P. J. (1998, May 12). Goals 2000: An analysis and critique. *International Electronic Journal for Leadership in Learning, 2*(4). Retrieved February 7, 2004, from http://www.ucalgary.ca/~iejll/volume2/knudsen2_html

Kozol, J. (2007, September/October). The single worst, most dangerous idea. *Principal, 87*(1), 56–59.

Marzano, R. J., Waters, T., & McNulty, B. A. (2005). *School leadership that works.* Alexandria, VA: Association for Supervision and Curriculum Development.

Murphy, J., & Shiffman, C. D. (2002). *Understanding and assessing the charter school movement.* New York: Teachers College Press.

National Center for Education Statistics. (2004). *Homeschooling in the United States: 1999.* Washington, DC: U.S. Department of Education, Office of Educational Research and Improvement.

National Commission on Excellence in Education. (1983). *A nation at risk: The imperative for educational reform.* Washington, DC: U.S. Government Printing Office.

National Education Association. (1893). *Report of the Committee on Secondary School Studies.* Washington, DC: U.S. Government Printing Office.

National Education Association. (1895). *Report of the Committee of Fifteen.* New York: Arno Press and *The New York Times.*

North Idaho State College. (2007). *Tech prep leads from high school to technical training, to college degrees and high demand careers.* Retrieved December 15, 2007, from http://www.nic.edu/techprep/Region1

Oliver, A. I. (1977). *Curriculum improvement: A guide to problems, principles, and process* (2nd ed.). New York: Harper & Row.

O'Shea, M. R. (2005). *From standards to success.* Alexandria, VA: Association for Supervision and Curriculum Development.

Palmer, L. B. (2007, December). The potential of "alternative" charter school authorizers. *Phi Delta Kappan, 89*(4), 304–309.

Parker, F. W. (1894). *Talks on pedagogics.* New York: E. L. Kellogg.

Physical Science Study Committee. (1961). *PSSC physics: Teacher's resource book and guide.* Boston: D. C. Heath.

Piaget, J. (1950). *The psychology of intelligence.* New York: Harcourt.

Potter, W. (2003, May 2). Report seeks to align state standards for high schools and colleges.

Chronicle of Higher Education, 49(34), A31.

Provenzo, E. F. (2003). Contemporary educational thought. University of Miami School of Education. Retrieved December 21, 2004, from http://www.education.miami.edu/ep/contemporaryed/home.html and http://www.education.miami.edu/ep/contemoraryed/Eliott_Eisner/eliott_eisner.html

Purkey, S. C., & Smith, M. S. (1983). Effective schools: Areview. Elementary School Journal, 83(4), 426–452.

Ravitch, D. (1983). The troubled crusade: American education 1945-1980. New York: Basic Books.

Ray, B. D. (2006). Research facts on homeschooling. Retrieved March 20, 2008, from http://www.exploringhomeschooling.com/ResearchFactsonHomeschooling.aspx

Rogers, C. (1969). Freedom to learn: A view of what educationmight become. Columbus, OH: Merrill.

Rugg, H. O. (Ed.). (1927). The foundation of curriculummaking (Twenty-Sixth Yearbook of the National Society for the Study of Education, Part II). Bloomington, IL: Public School Publishing.

Sarason, S. B. (1990). The predictable failure of educational reform. San Francisco: Jossey-Bass.

Schwab, J. J. (1969). The practical: A language for curriculum. School Review, 78(1), 1–23.

Schwab, J. J. (1971). The practical: Arts of eclectic. School Review, 79(4), 493–542.

Schwab, J. J. (1973). The practical 3: Translation into curriculum. School Review, 81(4), 501–522.

Schwab, J. J. (1978). Education and the structure of the disciplines. In I. Westbury & N. J. Wilk of (Eds.), Science, curriculum, and liberal education: Selected essays of Joseph T. Schwab (pp.

229–270). Chicago: University of Chicago Press.

Schwab, J. J. (1983). The practical 4: Something for curriculum professors to do. Curriculum Inquiry, 13(3), 239–265.

Silberman, C. (1970). Crisis in the classroom. New York: Random House.

Taylor, F. W. (1911). The principles of scientific management. New York: Harper and Bros.

Tomlinson, C. A., Kaplan, S. N., Renzulli, J. S., Purcell, J., Leppien, J., & Burns, D. (2001). The parallel curriculum: A design to develop high potential and challenge high-ability learners. Thousand Oaks, CA: Corwin Press.

Tomlinson, C. A., & McTighe, J. (2006). Integrating plus differentiated instruction and understanding by design. Alexandria, VA: Association for Supervision and Curriculum Development.

Tyler, R. W. (1950). Basic principles of curriculum and instruction. Chicago: University of Chicago Press.

Tyler, R. W. (1971). Curriculum development in the twenties and thirties. In R. M. McClure (Ed.), The curriculum: Retrospect and prospects (pp. 26–44). Chicago: University of Chicago Press.

US Charter Schools. (2008). US Charter Schools history and overview. Retrieved January 12, 2008, from http://www.uschaarterschools.org/lpt/uscs_docs/309

Van de Water, G., & Krueger, C. (2002). P-16 education. Clearinghouse on Educational Policy and Management. Eugene: College of Education, University of Oregon. Retrieved April 24, 2008, from http://eric.uoregon.edu/publications/digests/digest159.html

Van Til, W., Vars, G. F., & Lounsbury, J. H. (1961). Junior high years. Indianapolis, IN: Bobbs-

Merrill.

Vu, P. (2007). *Govs call for more control over NCLB.* Retrieved March 18, 2008, from http://www.stateline.org/live/details/story?contentId=196302

Whitehead, B. M., Jensen, D. F. N., & Boschee, F. (2003). *Planning for technology: A guide for school administrators, technology coordinators, and curriculum leaders.* Thousand Oaks, CA: Corwin Press.

Willis, J. (2007, March). Toward neuro-logical reading instruction. *Educational Leadership, 64*(6), 80-82.

Wolfe, P. (2001). *Brainmatters: Translating research into classroompractice.* Alexandria, VA: Association for Supervision and Curriculum Development.

Wormeli, R. (2006). *Fair isn't always equal: Assessing & grading in the differentiated classroom.* Portland, ME: Stenhouse; Westerville, OH: National Middle School Association.

Wraga, W. G. (2001, Winter). A progressive legacy squandered: The "cardinal principles" report reconsidered. *History of Education Quarterly, 41*(4), 494-519.

제3장

Abbot, J., & Ryan, T. (1999). Constructing knowledge, reconstructing schooling. *Educational Leadership, 57*(3), 66-69.

Apple, M. W. (1975). Scientific interests and the nature of educational institutions. In W. Pinar (Ed.), *Curriculumtheorizing: For reconceptualists* (pp. 120-130). Berkeley, CA: McCutchan.

Atkins, E. S. (1982). *Curriculumtheorizing as a scientific pursuit: A framework for analysis.* Unpublished doctoral dissertation, University of Pennsylvania.

Bambrick-Santoyo, P. (2007, December/2008, January). Data in the driver's seat. *Educational Leadership, 65*(4), 43-46.

Beauchamp, G. A. (1981). *Curriculum theory* (4th ed.). Itasca, IL: Peacock.

Bobbitt, F. (1918). *The curriculum.* Boston: Riverside Press.

Bowers, C. A. (1977, September). Emergent ideological characteristics of educational policy. *Teachers College Record, 79*(1), 33-54.

Bransford, J., Brown, A. L., & Cocking, R. R. (2001). *How people learn: Brain, mind, experience, and school.* Washington, DC: National Academy Press.

Brooks, M. (1986, April). *Curriculumdevelopment from a constructivist perspective.* Paper presented at the annualmeeting of the American Educational Research Association, San Francisco.

Brooks, M., & Brooks, J. (1999). The courage to be a constructivist. *Educational Leadership, 57*(3), 18-24.

Brown, G. I. (1975). Examples of lessons, units, and course outlines in confluent education. In G. I. Brown (Ed.), *The live classroom* (pp. 231-295). New York: Viking.

Burks, R. (1998). *A review and comparison of Ralph W. Tyler's basic principles of curriculum. Curriculum and instruction.* Retrieved March 8, 2003, from http://www.randallburks.com/critique.htm

Carolan, J., & Guinn, A. (2007, February). Differentiation: Lessons from master teachers. *Educational Leadership, 64*(5), 44-47.

Caulfield, J., Kidd, S., & Kocher, T. (2000). Brain-based instruction in action. *Educational Leadership, 58*(3), 62-65.

Christie, K. (2007, November). Stateline: Premature arrival of the future. *Phi Delta Kappan, 89*(3), 165-166.

Counts, G. S. (1932). *Dare the school build a new social order?* New York: Day.

Davis, S. H. (2007, April). Bridging the gap between research and practice: What's good, what's bad, and how can one be sure? *Phi Delta Kappan, 88*(8), 569-578.

Doll, R. C. (1986). *Curriculum improvement: Decision making and process* (6th ed.). Boston: Allyn & Bacon.

Eisner, E. (Ed.). (1985). *Learning and teaching the ways of knowing* (Eighty-Fourth Yearbook of the National Society for the Study of Education, Part II). Chicago: University of Chicago Press.

Eisner, E. W., & Vallance, E. (Eds.). (1974). *Conflicting conceptions of curriculum.* Berkeley, CA: McCutchan.

Faix, T. L. (1964). *Structural—functional analysis as a conceptual system for curriculum theory and research: A theoretical study.* Unpublished doctoral dissertation, University of Wisconsin, Madison.

Farmer, D. (1996, January). *Curriculum differentiation: An overview of the research into the curriculum differentiation educational strategy.* Retrieved April 5, 2005, from http://www.austega.com/gifted/provisions/curdifferent.htm

Foti, S. (2007, May). Technology: Did we leave the future behind? *Phi Delta Kappan, 88*(9), 647-648, 715.

Franklin, C. A. (2008, January/February). Factors determining elementary teachers' use of computers. *Principal, 87*(3), 54-55.

Freire, P. (1970). *Pedagogy of the oppressed.* New York: Herder and Herder.

Gagne, R. (1985). *The conditions of learning and theory of instruction* (4th ed.). New York: Holt, Rinehart & Winston.

Gagne, R., Briggs, L., & Wager, W. (1992). *Principles of instructional design* (4th ed.). FortWorth, TX: HBJ College.

Gay, G. (1980). Conceptual models of the curriculum planning process. In A. W. Foshay (Ed.), *Considered action for curriculum improvement* (pp. 120-143). Alexandria, VA: Association for Supervision and Curriculum Development.

Given, B. (2000). Theaters of the mind. *Educational Leadership, 58*(3), 72-75.

Glatthorn, A. A. (1980). *A guide for designing an English curriculum for the eighties.* Urbana, IL: National Council of Teachers of English.

Glatthorn, A. A. (1987). Analysis of Glatthorn's (1986) curriculum-development process. In A. A. Glatthorn (Ed.), *Curriculum leadership* (p. 120). New York: HarperCollins.

Goodlad, J. I. (Ed.). (1979). *Curriculum inquiry: The study of curriculumpractice.* New York: McGraw-Hill.

Hanson, N. R. (1958). *Patterns of discovery.* Cambridge, UK: Cambridge University Press.

Hess, F. M. (2008, January). The politics of knowledge. *Phi Delta Kappan, 89*(5), 354-356.

Hirsch, E. D., Jr. (1995). *What your fifth grader needs to know: Fundamentals of good fifth-grade education.* Los Alamitos, CA: Delta.

Hoer, T. R. (2007, December/2008, January). What is instructional leadership? *Educational*

Leadership, 65(4), 84-85.

Huenecke, D. (1982). What is curricular theorizing? What are its implications for practice? *Educational Leadership, 39*, 290-294.

Imagitrends. (2000). *Future primary educational structure.* Retrieved April 5, 2005, from http://pages.prodigy.net/imagiweb/reports/file 00/oct1.htm

Kaplan, A. (1964). *The conduct of inquiry: Methodology for behavioral science.* San Francisco: Chandler.

Keat, R., & Urry, J. (1975). *Social theory as science.* London: Routledge & Kegan Paul.

Levine, M., & Barringer, M. (2008, January/February). Getting the lowdown on the slow-down. *Principal, 87*(3), 14-18.

Macdonald, J. B. (1974). A transcendental developmental ideology of education. In W. Pinar (Ed.), *Heightened conscience, cultural revolution, and curriculum theory* (pp. 85-116). Berkeley, CA: McCutchan.

Macdonald, J. B. (1977). Value bases and issues for curriculum. In A. Molnar & J. A. Zahorik (Eds.), *Curriculum theory* (pp. 10-21). Alexandria, VA: Association for Supervision and Curriculum Development.

Maheshwari, A. N. (2003). *Value orientation in teacher education.* Retrieved March 1, 2003, from http://www.geocities.com/Athens/Parthenon/2686/value.htm

Martinez, M. E. (2006, May). What is metacognition? *Phi Delta Kappan, 87*(9), 696-699.

McNeil, J. D. (1985). *Curriculum: A comprehensive introduction* (3rd ed.). Boston: Little, Brown.

Papert, S. (1993). *The children's machine: Rethinking school in the age of the computer.*

New York: Basic Books. Retrieved March 9, 2004, from http://www.stemnet.nf.ca/~elmurphy/emurphy/papert.html

Parker, F. W. (1894). *Talks on pedagogics.* New York: E. L. Kellogg.

Patterson, P. (2007, January/February). Mission possible: Teaching through technology. *Principal, 86*(3), 22-25.

Perkins, D. (1999). Themany faces of constructivism. *Educational Leadership, 57*(3), 6-11.

Pinar, W. F. (1978). The reconceptualization of curriculum studies. *Journal of Curriculum Studies, 10*(3), 205-214.

Popper, K. R. (1962). *Conjectures and refutations.* New York: Basic Books.

Posner, G. J., & Strike, K. A. (1976). A categorization scheme for principles of sequencing content. *Review of Educational Research, 46*, 665-690.

Purpel, D. E., & Belanger, M. (1972). Toward a humanistic curriculum theory. In D. E. Purpel & M. Belanger (Eds.), *Curriculum and the cultural revolution* (pp. 64-74). Berkeley, CA: McCutchan.

Racer, C. E. (2007, September). Best of the blog: In-response to "engaging the whole child," summer online. *Educational Leadership, 65*(1), 94-95.

Scherer, M. (1999). The understanding pathway: A conversation with Howard Gardner. *Educational Leadership, 57*(3), 12-16.

Schiro, M. (1978). *Curriculum for better schools: The great ideological debate.* Englewood Cliffs, NJ: Educational Technology.

Schon, D. A. (1983). *The reflective practitioner: How professionals think in action.* New York: Basic Books.

Schwab, J. (1970). *The practical: A language for curriculum*. Washington, DC: National Education Association.

Short, E. C. (1983). The forms and use of alternative curriculum development strategies: Policy implications. *Curriculum Inquiry, 13*, 45-64.

Shulman, J. (2003). *Institute for case development*. Retrieved March 2, 2004, from http://www.wested.org/cs/we/view/pj/173

Smith, M. K. (1996, 2000). Curriculum theory and practice. *The encyclopaedia of informal education*. Retrieved December 24, 2007, from http://www.infed.org/biblio/b-curric.htm

Suppe, F. (Ed.). (1974). *The structures of scientific theories*. Urbana: University of Illinois Press.

Swain, S. (2003). *Research and resources*. Westerville, OH: National Middle School Association.

Tomlinson, C. A., & McTighe, J. (2006). *Integrating+differentiated instruction and understanding by design*. Alexandria, VA: Association for Supervision and Curriculum Development.

Tyler, R. W. (1950). *Basic principles of curriculum and instruction*. Chicago: University of Chicago Press.

Vallance, E. (1985). Ways of knowing and curricular conceptions: Implications for program planning. In E. Eisner (Ed.), *Learning and teaching the ways of knowing* (pp. 199-217). Chicago: University of Chicago Press.

Weber, L. (1971). *The English infant school and informal education*. Englewood Cliffs, NJ: Prentice Hall.

Wiggins, G., & McTighe, J. (2005). *Understanding by design* (Expanded 2nd ed.). Alexandria, VA: Association for Supervision and Curriculum Development.

Willis, J. (2007, March). Toward neuro-logical reading instruction. *Educational Leadership, 64*(6), 80-82.

Willwerth, D. (2003). *Heuristics and curriculum theory*. (Originally cited in Schiro, M. [1978]. *Curriculum for better schools: The great ideological debate* [pp. 7-16]. Englewood Cliffs, NJ: Educational Technology Publications.) Retrieved March 1, 2004, from http://www2.bc.edu/~evansec/curriculum/ index.html

제4장

Alexander, K., & Alexander, M. D. (2005). *American public school law* (6th ed.). Belmont, CA: Thomson West.

Atkin, J. M., & House, E. R. (1981). The federal role in curriculumdevelopment, 1950-80. *Educational Evaluation and Policy Analysis, 3*(5), 5-36.

Bell, T. H. (1986). Educational policy development in the Reagan administration. *Phi Delta Kappan, 67*, 487-493.

Bender, W. N., & Shores, C. (2007). *Response to intervention: A practical guide for every teacher*. Thousand Oaks, CA: Corwin Press & Council of Exceptional Children.

Berliner, D. C., & Biddle, B. J. (1997). *The manufactured crisis: Myths, fraud, and the attack on America's public schools*. White Plains, NY: Longman.

Christie, K. (2005, January). Stateline: Providing the facts. *Phi Delta Kappan, 86*(9), 341-342.

Christie, K. (2008). Stateline: An exponential payoff. *Phi Delta Kappan, 89*(5), 325-326.

Conners, J. (2007). Casualties of reform. *Phi Delta Kappan, 88*(7), 518-522.

Curriculum Development Associates. (1972). *Man: A course of study*. Washington, DC: Author.

Donaldson, G. A., Jr. (2007). What do teachers bring to leadership? *Educational Leadership, 65*(1), 26-29.

Doyle, D. P., & Hartle, T.W. (1985). Leadership in education: Governors, legislators and teachers. *Phi Delta Kappan, 66*(1), 21-28.

Elmore, R. F. (1997, Fall). The politics of education reform [Electronic version]. *Issues in Science and Technology Online*, 1-3.

Evans, M. (2008, January/February). Developing diverse communities. *Principal, 87*(3), 63.

Fugate, C. (2007). Vonnegut warned us. *Phi Delta Kappan, 89*(1), 71-72.

Gallagher, C. W. (2008). Democratic policy making and the arts of engagement. *Phi Delta Kappan, 89*(5), 340-346.

Garrison, W. H. (2008). Democracy and education: Empowering students to make sense of their world. *Phi Delta Kappan, 89*(5), 347-348.

Gregory, G. H., & Kuzmich, L. (2008, January/February). Jump-starting learning communities. *Principal, 87*(3), 57.

Harrison, C., & Killion, J. (2007). Ten roles for teacher leaders. *Educational Leadership, 65*(1), 74-77.

Harvest, D. (2008, January/February). Voices from the road: Succeeding with struggling learners. *Principal, 87*(3), 12.

Henig, J. R. (2008, January). The evolving relationship between researchers and public policy. *Phi Delta Kappan, 89*(5), 357-360.

Hertling, J. (1986, March 12). Block grants found to achieve gains. *Education Week*, p. 8.

Hess, F. (2008, January). The politics of knowledge. *Phi Delta Kappan, 89*(5), 354-356.

Hill, J. D., & Flynn, K. M. (2006). *Classroom instruction that works with English language learners*. Alexandria, VA: Association for Supervision and Curriculum Development.

Hoerr, T. R. (2007, December/2008, January). What is instructional leadership? *Educational Leadership, 65*(4), 84-85.

Holt, J. (1964). *How children fail*. New York: Dell.

Hubbard, R. (2007). Quoting Marc Tucker in back-talk: A real system-level change. *Phi Delta Kappan, 89*(1), 81.

Illich, I. (1972). *Deschooling society*. New York: Harper and Row.

Ingersoll, R. M. (2007). Short on power, long on responsibility. *Educational Leadership, 65*(1), 25.

Ingersoll, R. M. (2008). A researcher encounters the policy realm: A personal tale. *Phi Delta Kappan, 89*(5), 369-375.

Kliebard, H. M. (1979). Systematic curriculumdevelopment, 1890-1959. In J. Schaffarzick & G. Sykes (Eds.), *Value conflicts and curriculum issues* (pp. 197-236). Berkeley, CA: McCutchan.

Kozol, J. (1991). *Savage inequalities: Children in America's schools*. New York: Crown.

Lau v. Nichols, 414 U.S. 563 (1974).

Levine, E. L., & Wexler, E. M. (1981). *P.L. 94-142: An act of Congress*. New York: Macmillan.

Lewis, A. C. (2007a, March). Washington commentary, Looking beyond NCLB. *Phi Delta Kappan, 88*(7), 483-484.

Lewis, A. C. (2007b, September). Washington commentary, choices: Rational or otherwise. *Phi Delta Kappan, 89*(1), 3-4.

Llewellyn, G. (1991). *Teenage liberation handbook:*

How to quit school and get a real life and education. Eugene, OR: Lowery House.

Lynch, K. L. (1986). *School finance policy formulation in Pennsylvania: A case study*. Unpublished doctoral dissertation, University of Pennsylvania.

Marshall, C. (1985, March). *Policymakers' assumptive worlds: Informal structures in state education policymaking*. Paper presented at the meeting of the American Educational Research Association, Chicago.

Mathews, J. (2003). *To educators, "No Child" goals out of reach*. Retrieved September 16, 2004, from http://www.washingtonpost.com/ac2/wp-dyn/A15836-2003Sep15-language=printer

Mills v. Board of Education, 348 F. Supp. 866 (D.D.C. 1972).

National Council for Accreditation of Teacher Education. (2007, updated May 3). *State relations FAQs*. Retrieved May 28, 2008, from http://www.ncate.org/states/StateRelationsFAQ.asp?ch=104#stRfaqs4

Parents choose schools via vouchers. (2003). Retrieved May 3, 2004, from http://www.issues2000.org/VoteMatch/q10.asp

Partnerships 1990-2000: Ten years of supporting education. (2003). Retrieved November 20, 2003, from http://www.napehq.org/d.pdf

Payne, R. K. (2002). *Understanding learning: The how, the why, the what*. Alexandria, VA: Association for Supervision and Curriculum Development.

Phillips, M. (2007, May). Backwards into the future–Again. *Phi Delta Kappan, 88*(9), 712-714.

Popham, W. J. (2007, March). All about accountability: Another bite out of the apple. *Phi Delta Kappan, 64*(6), 83-84.

Ravitch, D. (1983). *The troubled crusade: American education, 1945-80*. New York: Basic Books.

Scherer, M. (2007, December/2008, January). An answer for the long term. *Educational Leadership, 65*(4), 7.

Schon, D. A. (1971). *Beyond the stable state*. New York: Random House.

Schugurensky, D. (2003). *History of education: Selected moments of the 20th century*. Retrieved November 20, 2004, from http://fcis.oise.utoronto.ca/~daniel_schugurensky/assignment1/1994goals2000.html

Shorr, P. W. (2006, October/November). Best of class. *Scholastic Administrator, 6*(3), 24.

Summary of the Individuals with Disabilities Education Act (IDEA). (2003). Retrieved November 20, 2004, from http://edworkforce.house.gov/issues/108th/education/idea/idea.htm

Tomlinson, C. A., & McTighe, J. (2006). *Integrating differentiated instruction & understanding by design*. Alexandria, VA: Association for Supervision and Curriculum Development.

Van Geel, T. (1979). The new law of the curriculum. In J. Schaffarzick & G. Sykes (Eds.), *Value conflicts and curriculum issues* (pp. 25-72). Berkeley, CA: McCutchan.

Waskiewicz, J. (2007). Best of the blog. *Educational Leadership, 64*(6), 96.

Wiles, J., & Lundt, J. (2004). *Leaving school: Finding education*. St. Augustine, FL: Matanzas Press.

Wiliam, D. (2007, December/2008, January). Changing classroom practice. *Educational Leadership, 65*(4), 36-42.

Young, E. (2008). Focus on global education: A report from the 2007 PDK summit. *Phi Delta*

Kappan, 89(5), 349-353.

Zirkel, P. A. (2007). Courtside: True diversity? *Phi Delta Kappan, 89*(3), 238-239.

제5장

Bambrick-Santoyo, P. (2007, December/2008, January). Data in the driver's seat. *Educational Leadership, 65*(4), 43-46.

Berry, B., Norton, J., & Byrd, A. (2007, September). Lessons fromnetworking. *Educational Leadership, 65*(1), 48-52.

Blanchard, J. (2007). New schools chief takes lessons during first day on job. *Seattle Post-Intelligencer.* Retrieved July 10, 2007, from http://seattlepi.nwsource.com/local/323031_schools10.html

Christensen, D. (2004). *2002-2003 state of the school report: A report on Nebraska public schools* [Electronic version]. Lincoln, NE: Department of Education.

English, F. W. (1980). *Improving curriculum management in the schools.* Washington, DC: Council for Basic Education.

Ferrandino, V. L. (2007, March/April). Postscript: Sizing up the competition. *Principal, 86*(4), 80.

Fleck, F. (2007, September/October). The balanced principal. *Principal, 87*(1), 24-26.

Goodlad, J. I. (2004). *A place called school.* New York: McGraw-Hill.

Kaufman, R. A. (1982), Needs assessment. In F. W. English (Ed.), *Fundamental curriculum decisions* (pp. 53-67). Alexandria, VA: Association for Supervision and Curriculum Development.

Keech, C., Stahlecker, J., Thomas, S., & Watson, P. (1979). *National Writing Project evaluation report.* Berkeley, CA: University Press Books.

Lattimer, H. (2007, September). To help and not to hinder. *Educational Leadership, 65*(1), 70-73.

Mills, C. (2007, January/February). Building curriculum with digital materials. *Principal, 86*(3), 26-28.

O'Shea, M. R. (2005). *From standards to success.* Alexandria, VA: Association for Supervision and Curriculum Development.

Owens, T. R., & Wang, C. (1996, January). *Community-based learning: A foundation for meaningful educational reform* (Topical Synthesis #8). Portland, OR: Northwest Regional Laboratory. Retrieved April 5, 2005, from http://www.nwrel.org/scpd/sirs/10/t008.html

Patterson, P. (2007, January/February). Mission possible: Teaching through technology. *Principal, 86*(3), 22-25.

Pollock, J. E. (2007). *Improving student learning one teacher at a time.* Alexandria, VA: Association for Supervision and Curriculum Development.

Protheroe, N. (2008, January/February). District support for school improvement. *Principal, 87*(3), 36-38.

Reeves, D. B. (2007, December/2008, January). Making strategic planning work. *Educational Leadership, 65*(4), 87.

Suarez-Orozco, M. M., & Sattin, C. (2007). Wanted: Global citizens. *Educational Leadership, 64*(7), 58.

Vermillion School District 13-1. (2004). *Lessons for standardized curriculum: Mathematics, Grades 7-12.* Vermillion, SD: Author.

Zmuda, A., Kuklis, R., & Kline, E. (2004). *Transforming schools: Creating a culture of continuous improvement.* Alexandria, VA:

Association for Supervision and Curriculum Development.

제6장

Adler, M. J. (1982). *The Paideia proposal: An educational manifesto.* New York: Macmillan.

American Association of Colleges for Teacher Education. (2004, December 30). No Child Left Behind (NCLB) research [Electronic version]. *AACTE Education Policy Clearinghouse.* Retrieved December 30, 2004, from http://www.edpolicy.org/research/nclb/index.php

Ashton, A. (2004, May 5). Report: U.S. losing ground in science education. *USA Today.* Retrieved December 28, 2004, from http://www.usatoday.com/news/education/2004-05-05-sciteach_x.htm

Bernhardt, V. L. (1998). *Data analysis for comprehensive schoolwide improvement.* New York: Eye on Education.

Bracey, G. W. (2006). How to avoid statistical traps. *Educational Leadership, 63*(8), 78-83.

Bunting, D. (2007). Principals as classroom leaders. *Principal, 86*(3), 39-41.

Cawelti, G. (1982). Redefining general education for the American high school. *Educational Leadership, 39,* 570-572.

Educational Policies Commission. (1952). *Education for all American youth? A further look.* Washington, DC: National Education Association.

Friedman, T. L. (2005). *The world is flat: A brief history of the twenty-first century.* New York: Farrar, Straus and Giroux.

Goldys, P., Druft, C., & Subrizi, P. (2007). Action research: Do it yourself! *Principal, 86*(4), 60-63.

Goodlad, J. I. (2004). *A place called school.* New York: McGraw-Hill.

McConnell, S. (2007, March/April). Rescuing public education. *Principal, 86*(4), 16.

Northwest Mississippi Community College. (2004, October). *NWCC SCANS committee monthly minutes.* Retrieved December 30, 2004, from http://www.northwestms.edu/administration/scans.html

Olson, L. (2004). Researchers sort out data-analysis software. *Education Week, 23*(18), 6.

Reeves, D. B. (2006, December/2007, January). How do you change school culture? *Educational Leadership, 64*(4), 94-95.

Snyder, C. W. (2004). *Calendar of activities/itinerary narrative.* Unpublished paper completed for the University of Montana International Studies program.

Stallings, J. (1980). Allocated academic learning time revisited, or beyond time on task. *Educational Researcher, 9,* 11-16.

Wormeli, R. (2005). *Summarization in any subject.* Alexandria, VA: Association for Supervision and Curriculum Development.

Zellmer, M. B., Frontier, A., & Pheifer, D. (2006). What are NCLB's instructional costs? *Educational Leadership, 64*(3), 43-46.

제7장

Bender, W. N., & Shores, C. (2007). *Response to Intervention: A practical guide for every teacher.* Alexandria, VA: Association for Supervision and Curriculum Development & Council for Exceptional Children.

Cawelti, G. (2006, November). The side effects of NCLB. *Educational Leadership, 64*(3), 64-68.

Copperman, P. (1978). *The literacy hoax.* New

York: William Morrow.

Corcoran, T., McVay, S., & Riordan, K. (2003). *Getting it right: The MISE approach to professional development.* Philadelphia: Consortium for Policy Research in Education.

Cusick, P. A. (1983). *The egalitarian ideal and the American high school: Studies of three schools.* New York: Longman.

Darling-Hammond, L., & Berry, B. (2006). Highly qualified teachers for all. *Educational Leadership, 64*(3), 14-20.

Education Commission of the States. (2005). Professional development database. Denver, CO: Author. Retrieved April 2, 2008, from http://mb2.es.org/reports/ Report.aspx?ed=425

English, F. W. (1980). Curriculum mapping. *Educational Leadership, 37*(7), 558-559.

Fugate, C. (2007). Vonnegut warned us. *Phi Delta Kappan, 89*(1), 71-72.

Goodlad, J. I. (1977). What goes on in our schools. *Educational Researcher, 6*(3), 3-6.

Guilfoyle, C. (2006). NCL: Is there life beyond testing? *Educational Leadership, 64*(3), 8-13.

Hillocks, G., Jr. (1972). *Alternatives in English: A critical appraisal of elective programs.* Urbana, IL: National Council of Teachers of English.

Jacobs, H. H. (2004). *Getting results with curriculum mapping.* Alexandria, VA: Association for Supervision and Curriculum Development.

Kozol, J. (2007, September). Letters to a young teacher. *Phi Delta Kappan, 89*(1), 8-20.

National Staff Development Council. (2001). *Tools for growing the NSDC standards.* Oxford, OH: Author.

Oliver, A. I. (1978). *Maximizing mini-courses: A practical guide to a curriculum alternative.*

New York: Teachers College Press.

Reason, C., & Reason, L. (2007). Asking the right questions. *Educational Leadership, 65*(1), 36-40.

Schmidt, B. W. (2004, June 21). District's new leader plans better learning. *Argus Leader,* p. A2.

Snow-Renner, R., & Lauer, P. A. (2005). *Professional development analysis.* Denver, CO: McREL. Retrieved March 18, 2008, from http://www.mcrel.org/PDF/ProfessionalDevel opment/5051IR_Prof_dvlpmt_analysis.pdf

Snyder, C. W. (2004). *Calendar of activities/itinerary narrative.* Unpublished paper completed for the University of Montana International Studies Program.

Washburne, C. W., & Marland, S. P., Jr. (1963). *Winnetka: The history and significance of an educational experiment.* Englewood Cliffs, NJ: Prentice Hall.

Whitehead, B., Jenson, D. F. N., & Boschee, F. (2003). *Planning for technology: A guide for school administrators, technology coordinators and curriculum leaders.* Thousand Oaks, CA: Corwin Press.

Wormeli, R. (2006). *Fair isn't always equal: Assessing & grading in the differentiated classroom.* Alexandria, VA: Association for Supervision and Curriculum Development.

Ysseldyke, J. E., & Tardrew, S. P. (2003). *Differentiating math instruction: A large-scale study of acceleratedmath: Final report.* Wisconsin Rapids, WI: Renaissance Learning. Retrieved March 23, 2005, from http://research.renlearn.com/ research/139.asp

Zellmer, M. B., Frontier, A., & Pheifer, D. (2006, November). What are NCLB's instructional costs? *Educational Leadership, 64*(3), 43-46.

제8장

Assessment Reform Group. (1999). *Assessment for learning: Beyond the black box* [Electronic version]. Cambridge, UK: Cambridge University School of Education.

Bambrick-Santoyo, P. (2007, December/2008, January). Data in the driver's seat. *Educational Leadership, 65*(4), 43-46.

Chrisman, V. (2005). How schools sustain success. *Educational Leadership, 62*(5), 16-20.

Christie, K. (2007). Stateline: States seek to leverage assistance. *Phi Delta Kappan, 88*(7), 485-487.

Glatthorn, A. A. (1987). *Curriculum leadership.* New York: Harper Collins.

Guskey, T. R. (2007, December/2008, January). The rest of the story. *Educational Leadership, 65*(4), 28-34.

Leithwood, K. A., & Montgomery, D. J. (1982). The role of the elementary principal in programimprovement. *Review of Educational Research, 52*, 309-339.

McConnell, S. (2007). Rescuing public education. *Principal, 86*(4), 16-19.

Montana State University. (2007). *Montana university system position on Administrative Rule N. 10-55-907: Alternative Dual Credit Licensure for MUS Online Faculty.* Unpublished report presented to the Montana Distance Learning Task Force, January 15, 2008.

Packer, J. (2007). The NEA supports substantial overhaul, not repeal, of NCLB. *Phi Delta Kappan, 89*(4), 265-269.

Patterson, P. (2007). Mission possible: Teaching through technology. *Principal, 86*(3), 22-25.

Richardson, W., & Mancabelli, R. (2007). The Read/WriteWeb: New tools for a new genera-tion of technology. *Principal, 86*(3), 12-17.

Schmoker, M. (2001). *The results fieldbook: Practical strategies from dramatically improved schools.* Alexandria, VA: Association for Supervision and Curriculum Development.

Sholten, C. (2003). *Developing acceptable use policies: How can I develop an acceptable use policy that will work for my school?* Learning to Teach With Technology Studio. Course TE 001. Retrieved February 26, 2004, from http://ltts.indiana.edu

Snyder, C. W. (2004). *Calendar of activities/itinerary narrative.* Unpublished paper completed for the University of Montana International Studies Program.

Stiggins, R. J. (2002, June). Assessment crisis: The absence of assessment for learning. *Phi Delta Kappan, 83*(10), 758-765.

Tomlinson, C. A. (2007, December/2008, January). Learning to love assessment. *Educational Leadership, 65*(4), 8-13.

Tucker, M. (2007). Charting a new course for schools. *Educational Leadership, 64*(7), 48-52.

Tyler, R. W. (1949). *Basic principles of curriculum and instruction.* Chicago: University of Chicago Press.

Wulf, K. M., & Schave, B. (1984). *Curriculum design: A handbook for educators.* Glenview, IL: Scott, Foresman.

제9장

Allen, T. (2004). No school left unscathed. *Phi Delta Kappan, 85*(5), 396-397.

Allington, R. L. (2002). *Big brother and the national reading curriculum: How ideology trumped evidence.* Portsmouth, NH: Heinemann.

Berliner, D. C. (1984). The half-full glass: A review of the research on teaching. In P. Hosford (Ed.), *Using what we know about teaching* (pp. 51-85). Alexandria, VA: Association for Supervision and Curriculum Development.

Boles, K. C., & Troen, V. (2007). How to improve professional practice. *Principal, 67*(2), 50-53.

Brophy, J. E., & Good, T. L. (1986). Teacher behavior and student achievement. In M. C. Wittrock (Ed.), *Handbook of research on teaching* (3rd ed., pp. 328-375). New York: Macmillan.

Costa, A. L., & Garmston, R. J. (2002). *Cognitive coaching: A foundation for renaissance schools.* Norwood, MA: Christopher-Gordon.

Danielson, C. (2002). *Enhancing student achievement: A framework for school improvement.* Alexandria, VA: Association for Supervision and Curriculum Development.

Elliot, D., & Woodward, A. (1990). Textbooks and schooling in the United States (Ninetieth Yearbook of the Society for the Study of Education). Chicago: University of Chicago Press.

Gersten, R., Green, W., & Davis, G. (1985, April). *The realities of instructional leadership: An intensive study of four inner city schools.* Paper presented at the annual meeting of the American Educational Research Association, Chicago.

Gilman, D. A., & Gilman, R. A. (2003). Standardbased teaching: Overcoming the side effects. *Principal, 83*(2), 44-47.

Glatthorn, A. A. (1984). *Differentiated supervision.* Alexandria, VA: Association for Supervision and Curriculum Development.

Glatthorn, A. A. (1987). *Curriculum leadership.* New York: Harper Collins.

Glickman, C. D. (2001). *Leadership for learning:*

How to help teachers succeed. Alexandria, VA: Association for Supervision and Curriculum Development.

Glickman, C. D., Gordon, S. P., & Ross-Gordon, J. M. (2003). *Supervision and instructional leadership: A developmental approach.* Boston: Allyn & Bacon.

Glover, E. (2007). Real principals listen. *Educational Leadership, 65*(1), 60-63.

Harmon, M. B. (2004, March). Rewriting the book on literacy. *Scholastic Administrator, 3*(5), 18-22.

Hunter, M. (1984). Knowing, teaching, and supervising. In P. L. Hosford (Ed.), *Using what we know about teaching* (pp. 169-193). Alexandria, VA: Association for Supervision and Curriculum Development.

Komoski, P. (1985). Instructional materials will not improve until we change the system. *Educational Leadership, 42*(7), 31-37.

Lattimer, H. (2007). To help and not hinder. *Educational Leadership, 65*(1), 70-73.

McGreal, T. L. (1983). *Successful teacher evaluation.* Alexandria, VA: Association for Supervision and Curriculum Development.

Merrow, J. (2004). Meeting superman. *Phi Delta Kappan, 85*(10), 455-460.

Muther, C. (1985). *The pitfalls of textbook adoption and how to avoid them.* Alexandria, VA: Association for Supervision and Curriculum Development.

Penuel, W. R., & Riel, M. (2007). The "new" science of networks and the challenge of school change. *Phi Delta Kappan, 88*(8), 611-615.

Perspectives: What works in reading? (2004). *Educational Leadership, 61*(6), 5.

Piltch, B., & Quinn, T. (2007). Practitioner's corner:

Don't throw in the towel just yet. *Principal, 87*(2), 54-55.

Pitler, H., & Goodwin, B. (2008). Classroom walk-throughs: Learning to see the trees and the forest. *Changing Schools, 58,* 9-11.

Reason, C., & Reason, L. (2007). Asking the right questions. *Educational Leadership, 65*(1), 36-40.

Reeves, D. B. (2007). Coaching myths and realities. *Principal, 65*(2), 89-90.

Richards, J. (2007). How effective principals encourage their teachers. *Principal, 86*(3), 48-50.

Riggins-Newby, C. G. (2003). Improving curriculum and instruction. *Principal, 83*(2), 8.

Rosenshine, B., & Stevens, R. (1986). Teaching functions. In M. C. Wittrock (Ed.), *Handbook of research on teaching* (3rd ed., pp. 376-391). New York: Macmillan.

Sergiovanni, T. J. (1985). Landscapes, mindscapes, and reflective practice in supervision. *Journal of Curriculum and Supervision, 1,* 5-17.

Sergiovanni, T. J. (2005). *Strengthening the heartbeat: Leading and learning together in schools.* San Francisco: Jossey-Bass.

Stallings, J. (1986, April). *Report on a three-year study of the Hunter model.* Paper presented at the annual conference of the American Educational Research Association, San Francisco.

Tomlinson, C. A., Kaplan, S. N., Renzulli, J. S., Purcell, J., Leppien, J., & Burns, D. (2002). *The parallel curriculum: A design to develop high potential and challenge high-ability learners.* Thousand Oaks, CA: Corwin Press.

Weeks, D. J. (2001, Winter). Standards and the impulse for human betterment. *Northwest Teacher, 2*(1), 2-5.

Weis, I. R., & Pasley, J. D. (2004). What is high quality education? *Association for Supervision and Curriculum Development, 61*(5), 24-28.

제10장

Baron, M. A., Boschee, F., & Jacobson, M. (2008). *Performance-based education: Developing programs through strategic planning.* Lanham, MD: Rowman & Littlefield Education.

Bradley, L. H. (1985). *Curriculum leadership and development handbook.* Englewood Cliffs, NJ: Prentice-Hall.

Canadian Ministry of Education. (1992). *Language arts English primary—graduation curriculum guide.* (1992). Victoria, BC: Author.

Kizlik, B. (2008). Definitions of behavioral verbs for learning objectives. *ADPRIMA.* Retrieved May 12, 2008, from http://www.adprima.com/verbs.htm

Perkins-Gough, D. (2003/2004). Creating a timely curriculum. *Educational Leadership, 61*(4), 12.

Waters, J. T., & Marzano, R. J. (2006, September). *School district leadership that works: The effect of superintendent in student achievement* (Working Paper). Retrieved May 10, 2008, from http://www.mcrel.org/pdf/leadershiporganizationdevelopment/4005RR_Superintendent_Leadership.pdf

제11장

Arhar, J. M. (1997). The effects of interdisciplinary teaming on students and teachers. In J. L. Irvin (Ed.), *What current research says to the middle level practitioner* (pp. 49-56). Columbus, OH: National Middle School Association. (ERIC Document Service No. ED 427 847)

Bambrick-Santoyo, P. (2007, December/2008, January). Data in the driver's seat. *Educational Leadership, 65*(4), 43-46.

Baron, M. A., Boschee, F., & Jacobson, M. (2008). *Performance-based education: Developing programs through strategic planning.* Lanham, MD: Rowman & Littlefield.

Beane, J. A. (1997). *Curriculum integration: Designing the core of democratic education.* New York: Teachers College Press.

Bernhardt, V. L. (1998). *Data analysis for comprehensive schoolwide improvement.* New York: Eye on Education.

Bloom, B. S., Hastings, J. T., & Madaus, G. F. (1971). *Handbook on formative and summative evaluation of student learning.* New York: McGraw-Hill.

Danielson, C. (2002). *Enhancing student achievement: A framework for school improvement.* Alexandria, VA: Association for Supervision and Curriculum Development.

Duffy, G., & Kear, K. (2007, April). Compliance or adaptation: What is the real message about research-based practices? *Phi Delta Kappan, 88*(8), 579-581.

Fusarelli, L. D. (2008, January). Flying (partially) blind: School leaders' use of research in decision making. *Phi Delta Kappan, 89*(5), 365-368.

Gallagher, C. W., & Ratzlaff, R. (2007, December/2008, January). The road less traveled. *Educational Leadership, 65*(4), 48-53.

Herman, J. L., Baker, E. L., & Linn, R. L. (2004, Spring). Accountability systems in support of students learning: Moving to the next generation. *CRESST LINE.* Retrieved May 8, 2008, from http://www.cse.ucla.edu/products/newsletters/cresst_cl2004_2.pdf

Lyon, G. R., & Chhabra, V. (2004). The science of reading research. *Educational Leadership, 61*(6), 12-17.

Marzano, R. J., Waters, T., & McNulty, B. A. (2005). *School leadership that works: From research to results.* Alexandria, VA: Association for Supervision and Curriculum Development.

National Association for Core Curriculum. (2000). *A bibliography of research on the effectiveness of block-time, core, and interdisciplinary team teaching programs.* Kent, OH: Author.

Nichols, S. L., & Berliner, D. C. (2008). Why has highstakes testing so easily slipped into contemporary American life? *Phi Delta Kappan, 89*(9), 672.

Stiggins, R. J. (2001). *Student-involved classroom assessment* (3rd ed.). Upper Saddle River, NJ: Prentice Hall.

Tomlinson, C. A., Kaplan, S. N., Renzulli, J., Purcell, J., Leppien, J., & Burns, D. (2002). *The parallel curriculum: A design to develop high potential and challenge high-ability learners.* Thousand Oaks, CA: Corwin Press.

Torff, B., & Fusco, E. (2007, December/2008, January). Teachers who know their stuff-but can't teach it. *Principal, 86*(3), 61-62.

Vars, G. F. (1996). Effects of interdisciplinary curriculum and instruction. In P. S. Hlebowitsh & W. G. Wraga (Eds.), *Annual review of research for school leaders* (pp. 147-164). Reston, VA: National Association of Secondary School Principals and Scholastic Publishing.

Vars, G. F. (1997). Effects of integrative curriculum and instruction. In J. L. Irvin (Ed.), *What current research says to the middle level practi-*

tioner (pp. 179-186). Columbus, OH: National Middle School Association. (ERIC Document Service No. ED 427 847)

Vars, G., & Beane, J. A. (2000). *Integrative curriculum in a standards-based world*. Champaign, IL: ERIC Clearinghouse on Elementary and Early Childhood Education, University of Illinois, *ERIC Digest*. (ERIC Document Reproduction Service No. ED 441 618) Retrieved March 27, 2005, from http://www.eric.ed.gov

Weiss, I. R., & Pasley, J. D. (2004). What is high-quality instruction? *Educational Leadership, 61*(5), 24-28.

Whitehead, B. M., Jensen, D. F. N., & Boschee, F. (2003). *Planning for technology: A guide for school administrators, technology coordinators, and curriculum leaders*. Thousand Oaks, CA: Corwin Press.

제12장

Brandt, R. S. (Ed.). (1981). *Applied strategies for curriculum evaluation*. Alexandria, VA: Association for Supervision and Curriculum Development.

Eisner, E. W. (1979). *The educational imagination: On the design and evaluation of school programs*. New York: Macmillan.

Ferrero, D. J. (2006). Having it all. *Educational Leadership, 63*(8), 8-14.

Glatthorn, A. A. (1987). *Curriculum leadership*. New York: HarperCollins.

Guba, E., & Lincoln, Y. (1981). *Effective evaluation*. San Francisco: Jossey-Bass.

Guskey, T. R. (2007, December/2008, January). The rest of the story. *Educational Leadership, 65*(4), 28-35.

Holland, R. (2001, December). *Indispensable tests: How a value-added approach to school testing could identify and bolster exceptional teaching*. Retrieved March 17, 2004, from http://www.lexingtoninstitute.org/education/schooltesting.htm

Homan, P. (2003). *Sioux Falls School District 2002-2003 value-added analysis of student achievement and effective instruction*. Unpublished manuscript. Available from Sioux Falls School District, South Dakota.

Kohn, A. (1994). Grading: The issue is not how but why. *Educational Leadership, 52*(2), 40.

Mayer, R., Schustack, M. W., & Blanton, W. E. (n.d.). *What do children learn from using computers in an informal collaborative setting?* Retrieved March 28, 2005, from http://129.171.53.1/blantonw/5dClhse/publications/tech/mayer_schustak_blanton.html

National Educational Association. (1969). *Report of the Committee of Ten on secondary school studies*. New York: Arno Press and *The New York Times*. (Originally published in 1893 by the U.S. Government Printing Office)

Olson, A. (2004, March). Tailor tests for every student. *Scholastic Administrator*. Retrieved March 28, 2005, from http://www.scholastic.com/administrator/march04/articles.asp?article=opinion

Popham, J. W. (2001). *The truth about testing: An educator's call to action*. Alexandria, VA: Association for Supervision and Curriculum Development.

Scriven, M. (1972). Prose and cons about goal-free evaluation. *Evaluation Comment, 3*(4), 1-4.

Stake, R. E. (Ed.). (1975). *Evaluating the arts in education: A responsive approach*. Columbus,

OH: Bobbs-Merrill.

Stufflebeam, D. L. (1971). *Educational evaluation and decision-making*. Itasca, IL: Peacock.

Tyler, R. W. (1950). *Basic principles of curriculum and instruction: Syllabus for Education 305*. Chicago: University of Chicago Press.

Worthen, B. R. (1981). Journal entries of an eclectic evaluator. In R. S. Brandt (Ed.), *Applied strategies for curriculumevaluation* (pp. 58-90). Alexandria, VA: Association for Supervision and Curriculum Development.

제13장

Allen, R. (2004, Summer). Shaking up science: Putting physics first changes more than sequence. *Curriculum Update*, 1-2, 6, 8.

Allington, R. L. (2001).*What really matters for struggling readers: Designing research-based programs*. New York: Addison-Wesley Educational.

American Council of Teachers of Foreign Languages. (1982). *ACTFL provisional proficiency guidelines*. Hastings-on-Hudson, NY: Author.

Americans for the Arts News. (2008). Standards for arts education. Retrieved March 10, 2008, from http://www.americansforthearts.org/public_aw areness/artsed_facts/oo4.asp

Armstrong, T. (2003). *The multiple intelligences of reading and writing*. Alexandria, VA: Association for Supervision and Curriculum Development.

Beck, I. L., & McKeown, M. C. (2002). Questioning the author: Making sense of social studies. *Educational Leadership, 60*(3), 44-47.

Bohn, A. P., & Sleeter, C. E. (2000, October). Multicultural education and the standards movement: A report from the field. *Phi Delta Kappan, 82*(2), 156-159.

Boss, S. (2001, Winter). Teachers taking charge of change. *Northwest Teacher, 2*(1), 6-9.

Bracey, G. W. (2006). Research: Is literacy lagging? *Phi Delta Kappan, 87*(9), 713-714.

Camilli, G., & Wolfe, P. (2004). Researchonreading: Acautionary tale. *Educational Leadership, 61*(6), 26-29.

Canadian Association for Health, Physical Education, Recreation and Dance. (2008). *Quality daily physical education*. Retrieved July 18, 2008, from http://www.cahperd.ca/eng/ physicaleducation/about_qdpe.cfm

Carbo, M. (2003, November/December). Achieving with struggling readers. *Principal, 83*(2), 20-24.

Carbo, M. (2007). Best practices for achieving high, rapid reading gains. *Principal, 87*(2), 42-45.

Chalufour, I., Hoisington, C., Moriarty, R., Winokur, J., & Worth, K. (2004). The science and mathematics of building structures. *Science and Children, 41*(4), 30-34.

Chandler, H. (2003). Conceptmapping & WebQuests in social studies. *Media and Methods, 39*(3), 38-39.

Coles, G. (2004). Danger in the classroom: "Brain glitch" research and learning to read. *Phi Delta Kappan, 85*(5), 344-351.

Colombo, M. W., & Colombo, P. D. (2007). Blogging to improve instruction in differentiated science classrooms. *Phi Delta Kappan, 89*(1), 60-65.

Connell, D. R., Turner, R. R., & Mason, E. F. (1985). Summary of findings of the School Health Education Evaluation: Health promotion effectiveness, implementation, and costs. *Journal of School Health, 55*, 316-321.

Cox-Petersen, A., & Olson, J. K. (2007). Alternate assessments for English language learners. *Principal, 87*(2), 32-34.

Crocco, M. S., & Thornton, S. J. (2002, Spring). Social studies in the New York City public schools: A descriptive study. *Journal of Curriculum and Supervision, 17*(3), 206.

Czarra, F. (2002~2003). Global education checklist. *American Forum for Global Education, 173*. Retrieved April 17, 2008, from http://www.globaled.org/fianlcopy.pdf

Daniels, Y. D., Queen, J. A., & Schumacher, D. (2007). Obesity and poverty: A growing challenge. *Principal, 86*(3), 42-47.

Darling-Hammond, L., & Berry, B. (2006). Highly qualified teachers for all. *Phi Delta Kappan, 64*(3), 14-20.

Department of Health and Human Services. (1995). *Strategic plan for promoting physical activity*. Dallas, TX: Centers for Disease Control and Prevention; American Heart Association.

Dunn, R., & Griggs, S. A. (Eds.). (2007). *What if? Promising practices for improving schools*. Lanham, MD: Rowman & Littlefield Education.

Education for Global Leadership. (2007). *Business and academic leaders endorse CED foreign language studies project*. Committee for Economic Development/ Creative Commons Attribution. Retrieved March 10, 2008, from http://www.ced.org/projects/educ_forlang.shtml

Gay, G. (2003, December/2004, January). The importance of multicultural education. *Educational Leadership, 61*(4), 30-34.

Glendening, M. (2004, February/March). Learning through literature connections. *Reading Today, 21*(4), 10.

Gold, R. S. (1994). The science base for comprehensive school health education. In P. Cortese & K. Middleton (Eds.), *The comprehensive school health challenge: Promoting health through education* (pp. 545-573). SantaCruz, CA: ETRAssociates.

Gomez, L. M., & Gomez, K. (2007). Reading for learning: Literacy supports for 21st-century work. *Phi Delta Kappan, 89*(3), 224-228.

Hammerberg, D. D. (2004). Comprehension instruction for socioculturally diverse classrooms: A review of what we know. *Reading Teacher, 57*(7), 648-661.

Hammill, C. (2008). Finding value in the answers [Review of the book *What if? Promising practices for improving schools*]. *Principal, 87*(3), 57.

Harris, L., & Associates. (1989). *Health? You've got to be taught: An evaluation of comprehensive health education in American public schools*. New York: Metropolitan Life Foundation.

Hubbell, E. R., & Kuhn, M. (2007). Using technology to promote science inquiry. *Principal, 87*(2), 24-27.

Hunsader, P. D. (2004, April). Mathematics trade books: Establishing their value and assessing their quality. *Reading Teacher, 57*(7), 618-629.

International Reading Association. (2000, October). Excellent reading teachers. *Reading Teacher, 54*(2), 235.

International Reading Association. (2004, April/May). Setting an example. *Reading Today, 21*(5), 15.

Jarolimek, J. (1981). The social studies: An overview. In H. D. Mehlinger & O. L. Davis, Jr. (Eds.), *The social studies* (pp. 3-18). Chicago: University of Chicago Press.

Jensen, E. P. (2008). A fresh look at brain-based education. *Phi Delta Kappan, 89*(6), 412.

Keith, C. L. (2004, February/March). Libraries called key. *Reading Today, 21*(4), 1-4.

Kolbe, L. J. (1993a). Developing a plan of action to institutionalize comprehensive school health education programs in the United States. *Journal of School Health, 63*(1), 12-13.

Kolbe, L. J. (1993b). An essential strategy to improve the health and education of Americans. *Preventive Medicine, 22*(4), 1-17.

Lewis, C., Perry, R., & Hurd, J. (2004). A deeper look at lesson study. *Educational Leadership, 61*(5), 18-22.

Long, T. W., & Gove, M. K. (2004). How engagement strategies and literature circles promote critical response in a fourth-grade, urban classroom. *Reading Teacher, 57*(4), 350-361.

Loveless, T., & Coughlan, J. (2004). The arithmetic gap. *Educational Leadership, 61*(5), 55-59.

Lozanov, G. (1978). *Suggestology and outlines of Suggestopedia.* New York: Gordon and Breach.

Lyon, G. R., Fletcher, J. M., Torgeson, J. K., Shaywitz, S. E., & Chhabra, V. (2004). Preventing and remediating reading failure: A response to Allington. *Educational Leadership, 61*(6).

McDaniel, C. (2004). Critical literacy: A questioning stance and the possibility for change. *Reading Teacher, 57*(5), 472-473.

McGuire, M. E. (2007). What happened to social studies? The disappearing curriculum. *Phi Delta Kappan, 88*(8), 620-624.

Melber, L. M. (2003, Fall). Partnerships in science learning: Museum outreach and elementary gifted education. *Gifted Child Quarterly, 47*(4), 251-258.

National Association for Sport and Physical Education. (2008, Winter). On pace: Physical activity in contemporary education. *NASPE News, 77,* 7.

National Council for the Social Studies. (1984). In search of a scope and sequence for social studies. *Social Education, 48,* 249-262.

National Council of Teachers of English. (2005). *IRA/NCTE standards for the English language arts: The 12 standards.* Retrieved on March 28, 2005, from http://www.ncte.org/about/over/standards/110846.htm

National Council of Teachers of Mathematics. (1989). *Curriculum and evaluation standards for school mathematics.* Reston, VA: Author.

National Council of Teachers of Mathematics. (2004). *Principles and standards for school mathematics.* Reston, VA: Retrieved April 22, 2004, from http://standards.nctm.org/document

National Education Association. (1969). *Report of the Committee of Fifteen.* New York: Arno Press. (Original work published in 1895 by New England Publishing)

National Institute of Child Health and Human Development. (2000). *Report of the National Reading Panel: Teaching children to read: An evidence-based assessment of the scientific research literature on reading and its implications for reading instruction.* Washington, DC: U.S. Department of Health and Human Services.

National Standards in Foreign Language Education Project. (1996). *Standards for foreign language learning: Preparing for the 21st century.* Yonkers, NY: Author. (ERIC Document

Reproduction Service No. ED 394 279) North Central Educational Regional Laboratory. (n.d.). *Integrating technology into the curriculum: Technology in social studies.* Retrieved March 28, 2005, from http://www.ncrel.org/tplan/guide/int7.htm

O'Brien, T. C. (2007). The old and the new. *Phi Delta Kappan, 88*(9), 664-668.

Padgett, R. (2007). New developments in K-8 science instruction. *Principal, 87*(2), 6.

Perkins-Gough, D. (2004). Web wonders. *Educational Leadership, 61*(6), 91-92.

Ponder, G. (1979). The more things change: The status of social studies. *Educational Leadership, 36*(7), 515-518.

Protheroe, N. (2007). Differentiating instruction in a standards-based environment. *Principal, 87*(2), 36-40.

Reys, B. J., Reys, R. E., & Chavez, O. (2004). Why mathematics textbooks matter. *Educational Leadership, 61*(5), 61-66.

Richardson, W., & Mancabelli, R. (2007). The Read/WriteWeb: New tools for a new generation of technology. *Principal, 86*(3), 12-17.

Roberts, H. D., Kaulfers, W. V., & Kefaurer, G. N. (Eds.). (1943). *English for social living.* New York: McGraw-Hill.

Robertson, W. C., Gallagher, J., & Miller, W. (2004, March). Newton's first law: Not so simple after all. *Science & Children, 41*(6), 25-29.

Roschelle, J., Penuel, W. R., & Abrahamson, L. (2004). The networked classroom. *Educational Leadership, 61*(5), 50-53.

Santos, R. M. (2004, January). Ensuring culturally and linguistically appropriate assessment of young children. *Young Children, 59*(1), 48-50.

Scherer, M. (2004). Perspectives: What works in reading? *Educational Leadership, 61*(6), 5.

Schleicher, A. (2008). PISA, PIRLS spotlight global trends and literacy skills: Foundation for success. *Reading Today, 25*(4), 4.

Schmidt, W. H. (2004). A vision for mathematics. *Educational Leadership, 61*(4), 6-11.

Schneider, E. (2000). Shifting into high gear. *Educational Leadership, 58*(1), 57-60.

Schulte, P. L. (1996, November/December). A definition of constructivism. *Science Scope, 20*(6), 25-27.

Schutz, R. (2007). *Stephen Krahsen's Theory of Second Language Acquisition.* Retrieved March 10, 2008, from http://www.sk.com.br/sk-krash.html

Seffrin, J. R. (1990). The comprehensive school health curriculum: Closing the gap between state-of-the-art and state-of-the-practice. *Journal of School Health, 60*(4), 151-156.

Shaver, J. P., Davis, O. L., Jr., & Helburn, S. W. (1979). The status of social studies education: Impressions from three NSF studies. *Social Education, 43*(2), 150-163.

Shaywitz, S. E., & Shaywitz, B. A. (2004). Reading disability and the brain. *Educational Leadership, 61*(6), 7-11.

Slavin, R. E., Chamberlain, A., & Daniels, C. (2007). Preventing reading failure. *Educational Leadership, 65*(2), 22-27.

Snow, C. E., Burns, M. S., & Griffin, P. (Eds.). (1998). *Preventing reading difficulties in young children.* Washington, DC: National Academy Press.

Stepanek, J. (2001, Winter). Using standards to illuminate big ideas in science. *Northwest*

Teacher, 2(1), 10-13.

Stigler, J. W., & Hiebert, J. (2004). Improving mathematics teaching. Educational Leadership, 61(5), 12-17.

Stoskopf, A. (2001). Reviving Clio: Inspired history teaching and learning (without high-stakes testing). Phi Delta Kappan, 82, 468-473.

Strong, R., Thomas, E., Perini, M., & Silver, H. (2004, February). Creating a differentiated-mathematics classroom. Educational Leadership, 61(5), 73-78.

Superka, D. P., Hawke, S., & Morrissett, I. (1980). The current and future status of the social studies. Social Education, 44(5), 362-369.

Thornton, S. J. (2007). Geography in American history courses. Phi Delta Kappan, 88(7), 535-536.

Tomlinson, C. A., & McTighe, J. (2006). Integrating differentiated instruction & understanding by design. Alexandria, VA: Association for Supervision and Curriculum Development.

Vitaska, D. (2002, September/October). The new language classroom. Media & Methods, 39(1), 10-13.

Walling, D. R. (2001). Rethinking visual arts education: A convergence of influences. Phi Delta Kappan, 82(8), 626-631.

Weiss, I. R., & Pasley, J. D. (2007). Teachingmath and science: Improving instruction through local systemic change initiatives. Phi Delta Kappan, 88(9), 669-675

Whyte, D. (2008). Focus attention on high-impact activities. Phi Delta Kappan, 1(15), n.p. Retrieved May 13, 2008, from http://www.pdkintl.org/publications/Sparks_080512.pdf

Willis, J. (2007). Toward neuro-logical reading instruction. Educational Leadership, 64(6), 80-82.

Wolfe, P. (2001). Brainmatters: Translating research into classroom practice. Alexandria, VA: Association of Supervision and Curriculum Development.

Yager, R. E., Aldridge, B. G., & Penick, J. E. (1983). Current practice: School science today. In F. K. Brown & D. P. Butts (Eds.), Science teaching: A profession speaks (pp. 1-22). Washington, DC: National Science Teachers Association.

Young, B. (2007). Rewriting the book on science instruction. Principal, 87(2), 28-31.

제14장

Bambrick-Santoyo, P. (2007, December/2008, January). Data in the driver's seat. Educational Leadership, 65(4), 43-46.

Barger, S., Edens, D., O'Neill, B., & Wilcoxen, S. (2007). Strengthening instruction through Web-based curriculum mapping. Principal, 87(2), 56-57.

Brown, D. (2002). Self-directed learning in an 8th grade classroom. Educational Leadership, 60(1), 54-59.

CUSD Instructional Center. (2005). Educational technology master plan. Retrieved March 29, 2005, from http://www.cusd.claremont.edu/tech/plan/intro.html

Dahl, K., Bart, A., Bonfils, A., Carasello, M., Christopher, J., Davis, R., et al. (2003~2004). Connecting developmental word study with classroom writing: Children's descriptions of spelling strategies. Reading Teacher, 57(4), 310-321.

Ferrandino, V. L. (2007). Keeping up with fourth graders. Principal, 86(3), 64.

Franklin, C. A. (2008). Factors determining elementary teachers' use of computers. *Principal, 87*(3), 54-55.

Gallagher, C. W., & Ratzlaff, S. (2007, December/2008, January). The road less traveled. *Educational Leadership, 65*(4), 48-52.

Gibbons, M. (2004). Pardon me, didn't I just hear a paradigmshift? *Phi Delta Kappan, 85*(6), 461-467.

Glatthorn, A. A. (1984). *Writing to learn.* Unpublished manuscript, University of Pennsylvania.

Glatthorn, A. A. (1985). *Teaching critical thinking: A teacher-centered process.* Unpublishedmanuscript, University of Pennsylvania.

Gora, K., Hinson, J., & Hall, D. (2003-2004, December/January). Teacher-to-teachermentoring. *Learning & Leading With Technology,* pp. 36-39.

Henk, W. A., Marinak, B. A., Moore, J. C., & Mallette, M. H. (2003~2004). The writing observation framework: A guide for refining and validating writing instruction. *Reading Teacher, 57*(4), 322-333.

Hoesing, D. J. (2004). Student perceptions of e-learning in South Dakota high schools (Doctoral dissertation, the University of South Dakota). *Dissertation International Abstracts, 65*, 4532A.

Howard, K. L. (2004). Multidisciplinary Universal Design: Meeting the needs of all students. *Learning & Leading With Technology,* p. 26.

Johnson, D. (2004). Plagiarism-proofing assignments. *Phi Delta Kappan, 85*(7), 549-552.

Layton, T. (2000). Digital learning. Why tomorrow's schools must learn to let go of the past. *Electronic School. Com,* p. 6.

Lewis, A. C. (2004). Schools that engage children. *Phi Delta Kappan, 85*(7), 483-484.

Liben, D. M., & Liben, M. (2004). Our journey to reading success. *Educational Leadership, 61*(6), 58-61.

Lieberman, A., & Friedrich, L. (2007). Teachers, writers, and leaders. *Educational Leadership, 65*(1), 42-47.

March, J., & Peters, K. (2002). Curriculum development and instructional design in the effective school process. *Phi Delta Kappan, 83*(5), 379-381.

Martinez, M. E. (2006). What is metacognition? *Phi Delta Kappan, 87*(9), 696-699.

McCaulley, R. J. (1992). The effects of a semester-long listening skills program on listening comprehension and reading comprehension (Doctoral dissertation, University of South Dakota, 1992). *Dissertation International Abstracts, 53*, 1432A.

MIT Online Writing and Communication Center. (1999). Massachusetts Institute of Technology. Retrieved May 24, 2008, from http://web.mit.edu/writing/Writing_Process/writingprocess.html

National Council of Teachers of English. (2008). NCTE beliefs about the teaching of writing. Retrieved May 24, 2008, from http://www.ncte.org/prog/writing/research/118876.htm

Noddings, N. (2004). War, critical thinking, and self-understanding. *Phi Delta Kappan, 85*(7), 489-495.

Northwest Regional Educational Laboratory. (2001, March/April). *6+1 Trait Writing Program: Study findings on the integration ofwriting assessment & instruction.* Retrieved April 10, 2005, from http://www.nwrel.org/assessment/

department.php?d=1

Padgett, R. (2007). Helping you embark on a new frontier. *Principal, 86*(3), 63.

Panel on Educational Technology. (1997, March). *Report to the president on the use of technology to strengthen K-12 education in the United States.* Washington, DC: President's Committee of Advisors on Science and Technology.

Patterson, P. (2007). Mission: Teaching through technology. *Principal, 86*(3), 22-25.

Remondino, F., & Chen, T. C. (2004). 35 years of Internet—10 years of ISPRS online [Electronic version]. *British Library Direct, 35*(6), 111-122.

Schmoker, M. (2007). Reading, writing, and thinking for all. *Educational Leadership, 64*(7), 63-66.

Simkins, M., Cole, K., Tavalin, F., & Means, B. (2002). *Increasing student learning through multimedia projects.* Alexandria, VA: Association for Supervision and Curriculum Development.

Smith, B. M. (2004). No time for thinking [Editorial]. *Phi Delta Kappan, 85*, 482.

Solvie, P. A. (2003). The digital whiteboard: A tool in early literacyinstruction. *Reading Teacher, 57*(5), 484-487.

Sternberg, R. J. (2008). Assessing what matters. *Educational Leadership, 65*(4), 25.

Taylor, B. O. (2002). The effective schools process: Alive and well. *Phi Delta Kappan, 83*(5), 375-378.

Tomlinson, C. (2007, December/2008, January). Learning to love assessment. *Educational Leadership, 65*(4), 8-13.

Tucker, M. (2007, April). Charting a new course for schools. *Educational Leadership, 64*(7), 48-52.

Weiss, I. R., & Pasley, J. D. (2004). What is high-quality instruction? *Educational Leadership, 61*(5), 24-28.

Whitehead, B. M., Jensen, D. F. N., & Boschee, F. (2003). *Planning for technology: A guide for school administrators, technology coordinators, and curriculum leaders.* Thousand Oaks, CA: Corwin Press.

제15장

Anderson, L. W. (1985). A retrospective and prospective view of Bloom's "Learning for Mastery." In M. C. Wang & H. J. Walberg (Eds.), *Adapting instruction to individual differences* (pp. 254-268). Berkeley, CA: McCutchan.

Atkins, J. T., & Ellsesser, J. (2003). Tracking: The good, the bad, and the questions. *Educational Leadership, 61*(2), 44-49.

Bender, W. N., & Shores, C. (2007). *Response to intervention: A practical guide for every teacher.* Thousand Oaks, CA: Corwin Press & Council for Exceptional Children.

Brown, D. F. (2002). Self-directed learning. *Educational Leadership, 60*(1), 54-59.

Brusilovsky, P. (2004). Adaptive hypermedia: From intelligent tutoring systems to Web-based education. *Carnegie Technology Education and HCI Institute.* Retrieved April 24, 2004, from http://www.sis.pitt.edu/~peterb/papers/ITS00inv.html

Burris, C. C., Heubert, J. P., & Levin, H. M. (2004). Math acceleration for all. *Educational Leadership, 61*(5), 68-72.

California Department of Education. (2004). *Cooperative learning: Response to diversity.* Curriculum Instruction Web Team. Retrieved

April 25, 2004, from http://www.cde.ca.gov/iasa/cooplrng2.html

Carbo, M. (2003). Achieving with struggling readers. *Principal, 83*(2), 20-24.

Carbo, M. (2007). Best practices for achieving high, rapid reading gains. *Principal, 87*(2), 42-45.

Carolan, J., & Guinn, A. (2007). Differentiation: Lessons from master teachers. *Educational Leadership, 64*(5), 44-47.

Cawelti, G. (2006). The side effects of NCLB. *Educational Leadership, 64*(3), 64-68.

Chapman, V. G., & Sopko, D. (2003). Developing strategic use of combined-text trade books. *Reading Teacher, 57*(3), 236-241.

Commission on the Reorganization of Secondary Education. (1918). *Cardinal principles of secondary education.* Washington, DC: U.S. Government Printing Office.

Committee of Ten. (1893). *Report of the Committee of Ten on secondary school students.* Washington, DC: National Education Association.

Connelly, G. (2007). Opening the doors to discovery. *Principal, 87*(2), 68.

Fillmore, L. W., & Valadez, C. (1986). Teaching bilingual learners. In M. C. Wittrock (Ed.), *Handbook of research on teaching* (3rd ed., pp. 648-685). New York: Macmillan.

Giangreco, M. F. (2007). Extending inclusive opportunities. *Educational Leadership, 64*(5), 34-37.

Gomez-Bellenge, F. X., & Rogers, E. M. (2007). *Reading recovery and Descubriendo la Lecura (National Report 2005-2006).* Columbus: Ohio State University College of Education, National Data Evaluation Center.

Grinder, R. E., & Nelsen, E. A. (1985). Individualized instruction in American peda-gogy. In M. C. Wang & H. J. Walberg (Eds.), *Adapting instruction to individual differences* (pp. 24-43). Berkeley, CA: McCutchan.

Guilford, J. P. (1977). *Way beyond the IQ.* Great Neck, NY: Creative Synergetic Associates.

Hamilton, L., & Stecher, B. (2004). Responding effectively to test-based accountability. *Phi Delta Kappan, 85*(8), 578-583.

Hill, J. D., & Flynn, K. M. (2006). *Classroom instruction that works with English language learners.* Alexandria, VA: Association for Supervision and Curriculum Development.

Individuals with Disabilities Education Improvement Act of 2004, P.L. 108-446 (2004).

Jensen, E. P. (2008). A fresh look at brain-based education. *Phi Delta Kappan, 89*(6), 408-417.

Jerald, C. (2003). Beyond the rock and the hard place. *Educational Leadership, 61*(3), 12-16.

Kauffman, J. M., McGee, K., & Brigham, M. (2004). Enabling or disabling? Observations on changes in special education. *Phi Delta Kappan, 85,* 613-620.

Klingner, J. K., & Artiles, A. J. (2003). When should bilingual students be in special education? *Educational Leadership, 61*(2), 66-71.

March, J. K., & Peters, K. H. (2002). Curriculum development and instructional design in the effective schools process. *Phi Delta Kappan, 83,* 379-381.

Marzano, R. J., Pickering, D. J., & Pollock, J. E. (2001). *Classroom instruction that works: Researchbased strategies for increasing student achievement.* Alexandria, VA: Association for Supervision and Curriculum Development.

Meeker, M. N. (1985). SOI. In A. L. Costa (Ed.), *Developing minds: A resource book for teach-*

ing thinking (pp. 187-192). Alexandria, VA: Association for Supervision and Curriculum Development.

Meeker, M. N., Meeker, R., & Roid, G. (1985). The basic SOI manual. Los Angeles: WPS.

Montana Office of Public Instruction. (2004). Montana comprehensive assessment: Limited English proficiency. Helena, MT: Author.

NAEYC & NAECS/SDE. (2004, January). Where we stand on curriculum assessment and program evaluation. National Association for the Education of Young Children, 59(1), 51-63.

Page, S. W. (2000). When changes for the gifted spur differentiation for all. Educational Leadership, 58(1), 62-65.

Perkins-Gough, D. (2007). Focus on adolescent English language learners. Educational Leadership, 64(6), 90-91.

Pfeiffer, S. I. (2003, Spring). Challenges and opportunities for studentswho are gifted: What the experts say. Gifted Child Quarterly, 47(2), 161-169.

Protheroe, N. (2007). Differentiating instruction in a standards-based environment. Principal, 87(2), 36-39.

Reading Recovery Council of North America. (2002). A principal's guide to Reading Recovery. Worthington, OH: Author.

Reading Recovery Council of North America. (2002). More than one million children served: Results 2000-2001. Columbus: Ohio State University College of Education, National Data Evaluation Center. Retrieved April 20, 2005, from http://www.readingrecovery.org/pdfs/FinalARlayout.pdf

Reading Recovery Council of North America. (2006).

A site coordinator's guide to the effective implementation of Reading Recovery. Worthington, OH: Author.

Reis, S. M., & Renzulli, J. S. (1984). Key features of successful programs for the gifted and talented. Educational Leadership, 41(7), 28-34.

Renzulli, J. S. (1977). The enrichment triad model: A guide for developing defensible programs for the gifted. Mansfield Center, CT: Creative Learning.

Renzulli, J. S. (2002). Expanding the conception of giftedness to include co-cognitive traits and to promote social capital. Phi Delta Kappan, 84(1), 33-58.

Renzulli, J. S., Reis, S. M., & Smith, L. H. (1981). The revolving door identification model. Mansfield Center, CT: Creative Learning.

Rotberg, I. C. (2007). Schoolsmaking tough choices: An international perspective. Principal, 86(4), 32-37.

Swiatek, M. A., & Lupkowski-Shoplik, A. (2003, Spring). Elementary and middle school student participation in gifted programs: Are gifted students underserved? Gifted Child Quarterly, 47(2), 118-120.

Taylor, B. M. (2001, Spring). Beating the odds in teaching all children to read. Of Primary Interest. National Association of Early Childhood Specialists, 8(2), 1-2.

Tomlinson, C. A. (2001). How to differentiate instruction in mixed-ability classrooms (2nd ed.). Alexandria, VA: Association for Supervision and Curriculum Development.

Tomlinson, C. A. (2003). Deciding to teach them all. Educational Leadership, 61(2), 6-11.

Tomlinson, C. A., & Edison, C. C. (2003).

Differentiation in practice: A resource guide for differentiating curriculum, Grades 5-9. Alexandria, VA: Association for Supervision and Curriculum Development.

Tomlinson, C. A., Kaplan, S. N., Renzulli, J. S., Purcell, J., Leppien, J., & Burns, D. (2002). *The parallel curriculum: A design to develop high potential and challenge high-ability learners.* Thousand Oaks, CA: Corwin Press.

VanTassel-Baska, J. (1985). Appropriate curriculum for the gifted. In J. Feldhusen (Ed.), *Toward excellence in gifted education* (pp. 45-67). Denver, CO: Lows.

What Works Clearinghouse. (2007, March 19). *WWC intervention report: Reading Recovery.* Washington, DC: U.S. Department of Education, Institute of Education Sciences.

Wiliam, D. (2007, December/2008, January). Changing classroompractice. *Educational Leadership, 65*(4), 36-42.

Willis, J. (2007, May). Which brain research can educators trust? *Phi Delta Kappan, 88*(9), 697-699.

Wolfe, P. (2001). *Brain matters: Translating research into classroom practice.* Alexandria, VA: Association for Supervision and Curriculum Development.

Zalud, G. (2005~2006). *Reading Recovery executive summary 2005-2006.* Vermillion: University of South Dakota, Regional Reading Recovery Training Center.

찾아보기

인명

내용

🌱 저자 소개

Allan A. Clatthorn(1924~2007)은 생전에 노스캐롤라이나 주 그린빌 소재 이스트캐롤라이나 대학교 교육학부에서 명예 연구교수로 재직하면서 독보적인 연구 활동을 보여 주었다. 펜실베이니아 대학교 교육대학원에서 교수로 출발한 그는 55년 동안 교육학 분야에서 교사, 교장, 장학사, 그리고 교수로서 활동했다. 또 교육과정 및 장학 분야에서 20여 권이 넘는 저서를 집필했으며, 200여 개 지역 교육청에서 교육과정 개발 및 개선을 위해 기여했다.

Floyd Boschee는 교직 및 교육 리더십 분야에서 활동해 왔다. 그는 공립학교 교사, 장학사, 교장을 역임했고, 교수로서는 교육대학장을 지냈다. 현재 그는 사우스다코타 대학교의 교육행정, 학교교육 전공 명예 교수이며, 사우스다코타 주 버밀리언 지역 교육청 선임 교육위원이다. 대학에 재직하는 동안 지역 교육청의 연수 및 학교 재구조화에 기여했고, 교육분야 주요 학술지에 수많은 논문을 발표했으며, 교육과정 개발 및 개선, 교수·학습 과정, 평가 관련 워크숍을 이끌었다. 학교행정 및 교육과정 리더십 분야에서 10여 권의 저서 및 공저서를 집필했다.

Bruce M. Whitehead는 현재 몬태나 대학교 겸임교수이며, 몬태나 주 미줄라 지역 교육청 관할의 한 초등학교 교장을 지낸 바 있다. 그 밖에 몬태나 초등학교장협회 회장, 몬태나 주 읽기협회 회장뿐만 아니라 전국 및 국제 규모의 여러 위원회의 위원직을 역임한 바 있다. 또 그는 몬태나 주 정보화교육 특별위원이기도 하다. 그는 행정, 읽기, 정보화 교육 관련 분야에서 6권의 저서를 집필했고, 교육 분야의 주요 학술지에 수많은 논문을 발표했다. 또, NAESP에서 교장상, Milken Family Foundation에서 올해의 교육자상, Hohn F. Kennedy 협회에서 교육상을 받았으며, 국제읽기협회와 일본의 국제수학기구에서도 수상한 바 있다.

🌱 역자 소개

강충열

위스콘신 대학교 매디슨 캠퍼스 대학원 Ph.D.(교육심리학 전공)
전 교육개혁위원회 위원(전문위원)
　교육과정심의회 위원
현 한국교원대학교 초등교육과 교수

〈관심 분야〉
학교교육과정 개발, 교과 영재, 창의성

정광순

한국교원대학교 대학원 박사(초등교육과정 전공)
전 김해 삼성초등학교 외 3개교 교사
　앨버타 대학교 연구원
현 한국교원대학교 초등교육과 교수

〈관심 분야〉
초등교육과정 및 수업

유위준

한국교원대학교 대학원 박사(교육행정학 전공)
전 서울 길동초등학교 외 4개교 교사
　교육부 교육과정정책과 교육연구관
　한국교원대학교 종합교육연수원 교육연수부장
　한양대학교, 순천향대학교, 중부대학교 등 시간강사 및 겸임교수
현 한국교원대학교부설 월곡초등학교 교장

〈관심 분야〉
교육과정 정책

교육과정 리더십
-개발과 실행 전략-
Curriculum Leadership (2nd ed.)

2011년 5월 20일 1판 1쇄 발행
2011년 5월 25일 1판 1쇄 발행

지은이 • Allan A. Glatthorn · Floyd Boschee · Bruce M. Whitehead
옮긴이 • 강충열 · 정광순 · 유위준
펴낸이 • 김진환
펴낸곳 • (주) **학지사**

　　　　　121-837 서울시 마포구 서교동 352-29 마인드월드빌딩 5층
대표전화 • 02-330-5114　　팩스 • 02-324-2345
등록번호 • 제313-2006-000265호

홈페이지 • http://www.hakjisa.co.kr
커뮤니티 • http://cafe.naver.com/hakjisa

ISBN 978-89-6330-626-1　93370

정가 23,000원